2001–2021

申遗成功 20 周年纪念文集

云冈石窟

保　护　卷

云冈研究院　编

江苏凤凰美术出版社

序

2001 年 12 月 14 日，是云冈历史上一个值得铭记的日子。在芬兰首都赫尔辛基召开的联合国教科文组织世界遗产委员会第 25 次会议上，云冈石窟被列入世界文化遗产名录。这标志着历经了一千五百多年风霜雨雪、无数次战火摧残的云冈石窟终于赢得了世界的掌声，被永久定格为人类瑰宝。

20 年后的今天，我们再度回首，云冈石窟早已不复往昔寂寞寒窑或凌乱村庄的破败景象。从申报遗产前夕的核心区域环境治理，到接踵而来的大景区建设，再到近年来各色文化场馆、艺术景观的星罗棋布，绿色云冈，人文云冈，美丽云冈，一步步幻化为令人赞叹的现实，成为代表国家形象的文化地标和旅游名片。就云冈石窟的历史而言，20 年并非漫长，这却是一段罕有的跳跃式发展时期。告别衰败，改良生态，彰显人文，铸造辉煌。

在沧桑巨变、圣地重新的同时，当然离不开云冈研究的深入和文物保护力度的增强。从 20 世纪初日本学者的发现之旅与云冈调查，到随后中国学者的史实考证和考古发掘，云冈学从无到有，由浅入深，经历了几个波段的曲折发展，呈现出一浪高过一浪的良性循环。研究领域逐步扩展、涉及学科逐渐增多，追根溯源持续推进，云冈面貌日益清晰。特别是进入 21 世纪，云冈研究再掀热潮，云冈研究院专业队伍迅速崛起。云冈学如日中天，正在演化成为一门多维度、全方位的文化系统工程：地域突破云冈、超越大同，扩及中国北疆辽阔地区；时间聚焦北朝、涵盖汉唐，延续至今；波长跨越新疆、中亚、印度、希腊、罗马，甚至两河流域、古埃及。云冈石窟的多元文化性质，注定其研究视角和发展方向必定是世界范围的。

新时期的云冈学根基正在筑牢，包括地质地理、历史考古、民族宗教、建筑装饰、造像艺术、音乐舞蹈、色彩服饰、空间艺术、墓葬时尚、中西文化交流等领域课题，进入全面深入解析阶段。《云冈石窟编年史》《云冈石窟词典》《云冈石窟全集》《云冈石窟山顶佛教寺院遗址发掘报告》等著作陆续出版；《云冈石窟志》《云冈石窟窟前遗址发掘报告》《云冈石窟纹饰全集》《云冈石窟雕刻分类全集》《山西省石窟寺保护现状调查报告》等正在编纂过程中。云冈学术成果不断积累，定将绽放出更加绚丽的花朵。

云冈石窟文物保护事业空前繁荣。在 20 世纪 70 年代解决洞窟稳定性问题的基础上，近年来开展的山顶防渗水工程、五华洞窟檐建设、洞窟日常性保养维护项目，都取得了显著成效。云冈研究院文物保护队伍发展壮大，与全国文保单位、科研院校建立起密切合作关系，云冈石质文物保护修复中心、彩塑壁画保护修复中心、馆藏文物修复中心、数字化中心、文物监测中心，"五驾马车"合力齐行。岩土文物的水害研究和防风化治理，传统材料与工艺的研究、运用，现代材料与技术的研究、应用，全面提高了云冈石窟的文物保护水平。

2020 年 5 月 11 日，习近平总书记视察云冈石窟并发表重要讲话："云冈石窟是世界文化遗产，保护好云冈石窟，不仅具有中国意义，而且具有世界意义。历史文化遗产是不可再生、不可替代的宝贵资源，要始终把保护放在第一位。发展旅游要以保护为前提，不能过度商业化，让旅游成为人们感悟中华文化，增强文化自信的过程。要深入挖掘云冈石窟蕴含的各民族交往交流交融的历史内涵，增强中华民族共同体意识。"

这里，我们可以满怀信心地说：云冈的春天，云冈文化的春天，正在向我们走来！

张 焯

2021 年 12 月

目　录

云冈石窟测绘方法的新尝试
——三维激光扫描技术在石窟测绘中的应用

云冈研究院

对云冈石窟进行的全方位的系统测量，是石窟文物保护管理工作的需要。考古研究、文物档案的建立、维修设计与施工、文化出版等，均离不开通过准确测绘得到的文物实测图件。因此获得准确的文物测绘图件，是文物保护管理单位最重要的工作之一。

对云冈石窟进行系统的测量工作，始于 20 世纪 30—40 年代。日本学者利用日军占领大同的时机，以手工方法对石窟进行了测绘，并将绘制的图件 122 幅，发表于《云冈石窟——公元五世纪中国北部佛教石窟寺院的考古调查报告》[①]。1960—1963 年，中国古代建筑修整所（中国文化遗产研究院前身）杨玉柱等学者对云冈石窟进行了中华人民共和国成立后的首次系统测绘，分别绘制第 7、8 窟，第 9、10 窟，第 14 窟，第 15 窟，第 20 窟，第 39 窟等洞窟的实测图 60 张。历史上的这两次测绘均为传统手工方法，它们存在着明显的弱点，如：接触文物测量，易使文物受到人为损害，且速度慢、周期长、精度低、适用范围小等等。其两次测绘均没有绘制石窟立面全图，这是因为石窟群不仅东西长度大（近 1 千米），而且崖壁高（最高处近 40 米），手工操作具有极大难度因而无法完成。

1986—1988 年和 1994 年，由建设部城市综合遥感与制图中心对云冈石窟部分洞窟进行近景摄影测绘。先后绘制第 5、6 窟，第 12 窟，第 20 窟和第 1、2 窟，第 3 窟，第 4 窟等洞窟的实测图 87 张，其中 1986 年完成的部分测绘图，先后发表于《中国石窟·云冈石窟》和申报世界遗产文本《云冈石窟》中，其准确程度较高。然而经过仔细核对，1994 年完成的第 1 窟至第 4 窟的测绘图，虽然图的整体尺寸框架没有差错，但由于绘图技术人员不熟悉云冈艺术特点，所有提供的线描图，几乎都出现了与洞窟艺术造像不相符的情况。因而，这次测绘结果没有通过评审。事实证明，虽然近景摄影测绘能够满足石窟寺的准确测绘记录要求，但由于其最终的图件形式为线描图，往往在前期做了大量工作，而在后期描图过程中缺乏既具有美术绘画功底又熟知石窟艺术的考古人员参与，终使图件成果无法使用，造成人力、物力、财力的浪费，给工作带来损失。

由于云冈石窟规模宏大，洞窟形制多样，造像形式复杂，而以往的测绘或是不全面，或是不准确，或是不规范，不能满足开展业务和研究的需要。为此，我院于 2004 年引入三维激光扫描测绘技术，以期在石窟的测量方面有所创新和突破，从而为文物档案的建立、石窟保护、考古研究、数字化云冈的制作提供可靠、坚实的基础。

---

① 日本军队占领大同期间，日本学者水野清一、长广敏雄等在云冈石窟做了考古调查研究，1956 年完成《云冈石窟——公元五世纪中国北部佛教窟院的考古学调查报告》。该考古调查报告从 1951 年开始出版第五卷始，到 1956 年出版以索引为主的补充卷（第十六卷），用时 6 年。之后的 1975 年，作为京都大学人文科学研究所研究报告，又出版了《〈云冈石窟〉续补第十八窟实测图》单行本。

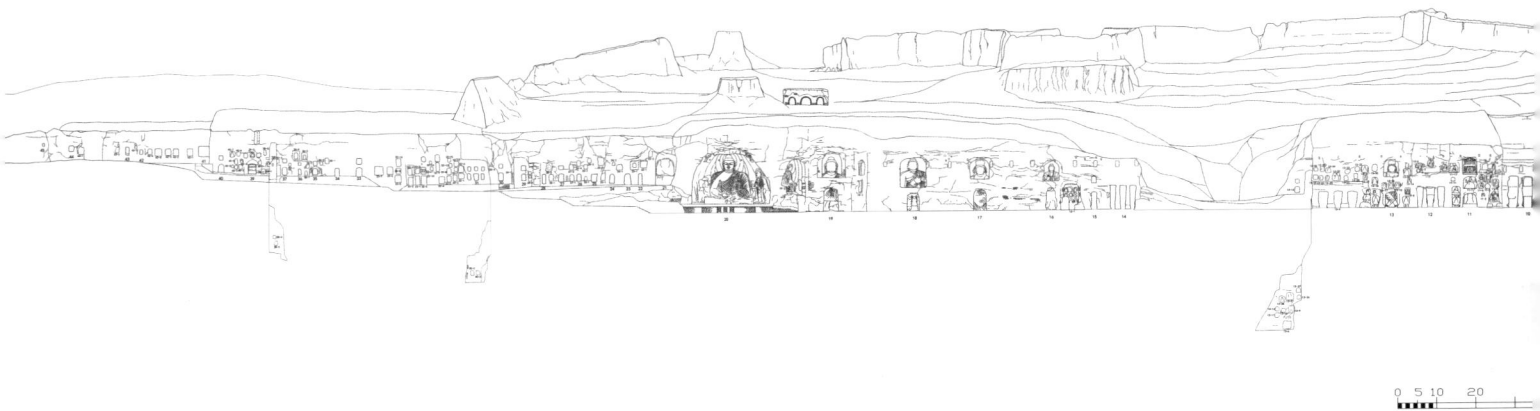

激光测量技术出现于 20 世纪 80 年代，90 年代以后引入我国。由于激光具有单色性、方向性、相干性和高亮度等特性，将其引入测量装置中，在精度、速度、易操作性等方面均表现出巨大的优势。随着激光技术、半导体技术、微电子技术、计算机技术、传感器等技术的发展和应用需求的推动，激光测量技术也逐步由点对点的激光测距装置，发展到采用非接触主动测量方式快速获取物体表面大量采样点三维空间坐标的三维激光扫描测量技术。

2005 年，以三维激光扫描测绘技术制作的云冈石窟立面正射影像图，全面准确地记录了这一大型石窟群立面的具体尺寸、洞窟布局及其相互关系、洞窟外部形态和石窟群整体形象[①]，这是云冈石窟的首张比例尺寸准确、外部形象清晰的测绘全图。

激光扫描技术对云冈石窟的三维测绘，为全面准确记录洞窟现状提供了条件。

一是实现了洞窟内部的数字化虚拟漫游。我院研究人员完成的《数字云冈示范研究》课题，通过激光测绘点云图以及数码摄影机提供的影像资料，将云冈第 2 窟以虚拟形式展示。不同于普通三维虚拟漫游制作的是在计算机上，这一成果不仅让阅读者如身临其境，并且还可以通过微机工具测量窟内各位置的准确尺寸及其比例关系。完成了洞窟内部的真正数字化。

二是获得了比例尺寸准确的壁面正射影像图。一个完整的壁面点云，经过建立三角网模型后，将若干张高清晰数码照片纹理映射到模型上（由点云模型对照片进行纠正）后，就可获得一张高清晰的壁面正射影像图。这样的图件不仅比例尺寸准确、纹理清晰，其色彩也近似文物本体面貌，较之人工测绘的线描图，有更多的文物信息体现其中。如将其置入普通计算机 CAD 软件中，读者即可获得该影像图中的各种所需数据了。同时，一幅客观准确反映洞窟壁面的正射影像图，不仅可以记录当时文物的保存状况，还可以用来记录该壁面的病害状态。根据针对性的设计，在壁面正射图的相应位置涂以标记和颜色，以表示其位置的病害状况，能够帮助人们了解和治理洞窟病害。

三是根据激光扫描测绘技术提供的点云数据，实现了洞窟测绘中各个方向的剖面处理，使洞窟的多个角度得以全面展示，对准确了解洞窟形制、认识洞窟间的相互关系具有重要意义。如在第 1、2 双窟的北壁前、塔柱后（客观条件不允许与壁面平行）做一东西向的剖面，就直接看到了该双窟两个正壁（北壁）的主像组合，即为交脚弥勒与释迦佛的组合。如以其他测绘方法取得同样图件，就显得较为困难了。

---

① 包括直线距离 820 米的向阳的石窟群立壁和非向阳的立壁。非向阳的立壁有 10 个：第 1 窟东侧一级浮图的东壁、西壁；第 2 窟西侧一级浮图的东壁、西壁；第 3 窟外东侧壁、西侧壁；"龙王庙沟"第 5 窟附属洞窟立壁；第 13 窟西侧壁；第 30 窟西侧壁；第 38 窟东侧壁等。

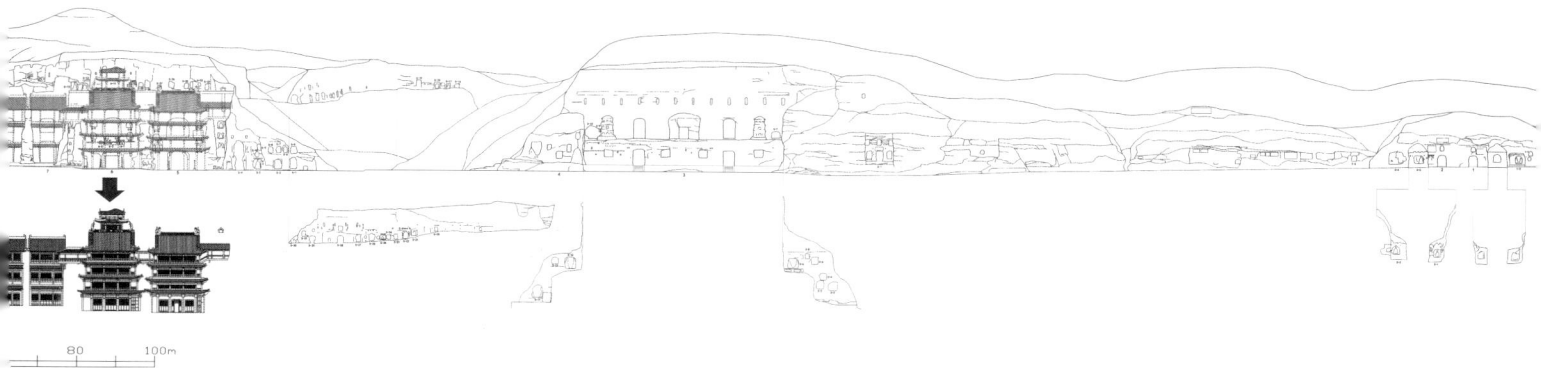

图 1 云冈石窟立面图

与此同时，我们在各个剖面图中叠加了与该剖面图平行的正射图像，使读者能更加直观地看到剖面位置和方向，在二维平面视觉上获得更多的洞窟信息。如在第3窟后室北壁主佛像正面做一纵向剖面，经过若干次不同位置的图像叠加，不仅看到了后室窟内主像的左侧手臂、下肢和东侧胁侍菩萨，还看到了窟内地面台阶、东壁；也看到了前室东侧各壁面状态及其较薄的窟顶平台面；窟外的面貌则是立于平台上东侧圆雕大塔的西壁和第3窟外的东侧崖壁面及其各附属洞窟等内容。

四是通过对洞窟中特定部分的精细扫描，得到了该特定石雕艺术形象的正射影像，这种看似去底的摄影照片的图像，是比例准确、反映真实和细微的实测图像。用它替代传统的墨拓，尽管缺少了墨拓的特殊韵味，但图像表现更加完整、细准。最重要的是，完全去除了墨拓作业对石雕艺术的直接损害。

五是经过软件开发，实现了对一些三维弧形画面的二维处理，使原来的弧形（凹形或凸形）画面伸展开来，得到一个完整的测绘图形。制作完成的第1窟拱门（凹形）和第3窟后室北壁西侧胁侍菩萨的头光及宝冠（凸形）的正射影像具有代表性。

六是展示了被立体镂空雕刻遮挡的画面。第1窟中心塔柱上层四面，均是三角帷幔伞盖下的盝形龛设计，由于伞盖为镂空的立体雕刻，其下部的帷幕遮挡了部分盝形龛楣，因而在正射图中，部分龛楣便被隐藏在帷幕后面了。为此，通过激光三维扫描测绘的方式，制作了东、西、南、北四面的盝形龛及其造像的正射图像，并且将其制作为二维平面四联式，这样不仅看到了塔柱四面完整的盝形龛式龛楣，并且能够有比较地观察四幅图像的设计异同。其中由于北面的整体画面和东西两面画面的北侧部分为1983年由普通石工仿照旧作品雕刻，比较之下显现了明显的不同。为人们了解当时修复的主要意图（加固塔柱，以防止洞窟落顶）及其艺术修复理念提供了必要的信息。

另外，在准确绘制大型高浮雕造像的等值线图中，三维扫描技术也显出了方便快捷，并且更加准确的优势。较之手工测绘及近景摄影测绘，其外业过程不受环境和操作人的影响，数据采集机械化、自动化、简单化；在内业的过程中，等值线完全是基于所采集的三维实体模型，在软件中一键生成等值线，等值距可随意设置，算法完善，无须人工干预。

目前，三维激光扫描测绘技术虽然费用相对昂贵，但作为一种先进的测量方法，在精度、速度、操作等多个方面表现出的巨大优势，是传统手工测绘方式不能比拟的，其中很多图件成果，传统测绘方法几乎无法完成。云冈石窟研究院所进行的尝试，试图加快石窟保护管理现代化进程，同时也为石窟调查报告的编写创造条件。

（原文刊载于《文物》2011年第1期）

三维激光扫描技术为云冈石窟保护注入新活力

宁　波

云冈石窟位于山西省大同市城西 16 公里的武州（周）山南麓，始建于 5 世纪中叶，距今已有 1500 多年的历史。石窟依山而建，东西绵延约 1 公里，现存大小洞窟 254 个，各类佛教造像 59000 余尊，石雕面积约 18000 平方米。云冈石窟规模之宏伟，雕刻艺术之精湛，造像内容之丰富，见证了古代亚欧交流并积聚于中华大地的时代精神，成为世界性的佛教雕刻艺术"陈列馆"和全人类共同拥有的珍贵遗产。1961 年被国务院公布为首批全国重点文物保护单位，2001 年被联合国教科文组织列入《世界文化遗产名录》。

面对经历十五个世纪以上的历史冲刷、石窟日渐风化凋零的实际，20 世纪以来，云冈石窟的保护者们在不断维修加固试图延长其生命的同时，还以多种手段（文字、摄影、测绘等）不停地记录着石窟艺术的实时面貌，取得了一定的成果。但以往的记录，特别是测绘记录，无论是手工测绘，还是立体摄影测绘，最终的手工线描图件，均不能够立体的、准确的、全方位的展示石窟艺术的真实面貌。或多或少地存有不同缺陷。近年来，随着三维激光扫描测绘技术的出现与推广，获得更加丰富、全面的高浮雕石窟艺术信息成为了可能。

1　三维激光扫描技术

三维激光扫描技术是 20 世纪 90 年代中期开始出现的一项高新技术，它通过高速激光扫描测量的方法，以被测对象的采样点（离散点）集合——称之为"点云"的形式获取物体或地形表面的阵列式几何图像数据。可以快速、大量的采集空间点位信息，为快速建立物体的三维影像模型提供了一种全新的技术手段。它可以深入到任何复杂的现场环境中进行扫描操作，并直接将各种实体的三维数据完整的采集到电脑中，进而快速重构出目标的三维模型及线、面、体、空间等各种制图数据。目前已广泛应用于各行各业，如：快速建立城市模型、古建测量与文物保护、逆向工程应用、复杂建筑物施工、地质研究、建筑物形变监测以及在安全方面的应用等。

由此，将三维激光扫描测绘技术引入云冈石窟的测绘，无需接触文物测量，避免了手工测绘对文物的可能伤害，并具有测绘速度快、周期短、精度高、适用范围大等诸多优点。同时，一个完整的壁面点云，经过建立三角网模型后，将若干张高清晰数码照片纹理映射到模型上（由点云模型对照片进行纠正）后，就可获得一张高清晰的壁面正射影像图。这样的图件不仅比例尺寸准确、纹理清晰，并且其色彩也近似文物本体面貌，较之人工和近景摄影测绘的线描图，有更多的文物信息体现其中。如将其置入普通计算机 cad 软件中，读者即可获得该影像图中的各种所需数据了。这样的最终成果，无论手工测绘，还是近景摄影测绘都是不可能实现的。

2　三维激光扫描技术的具体应用

2005 年，云冈石窟研究院与北京建工建方科技公司（北京建筑工程学院校产公司）展开合作，采用地面三维激光扫描技术对云冈石窟东西长约 1 公里、高约 20 至 40 米的外立面进行测绘。通过近 1 个月的扫描测绘，共获取原始点云数据 17.6G。生成云冈石窟外立面完整点云及正射影像图各一套。

云冈石窟外立面正射影像图（图 1、图 2），经实地核对，准确无误。该图准确描述了云冈石窟外立面的具体尺寸、洞窟布局及其相互关系、洞窟外部形态和石窟群整体形象（包括直线距离 820 米的向阳的石窟群立壁和非向阳的立壁。非向阳的立壁有 10 个：第 1 窟东侧一级浮图的东壁、西壁；第 2 窟西侧一级浮图的东壁、西壁；第 3 窟外东侧壁、西侧壁；"龙王庙沟"第 5 窟附属洞窟立壁；第 13 窟西侧壁；第 30 窟西侧壁；第 38 窟东侧壁等）。对于我们准确掌握和认识石窟，继而保护石窟具有重要意义。当然它在考古学上的价值也是值得肯定的，在此图基础上绘制的云冈石窟实测线描图，弥补了云冈石窟长久以来没有全景正射实测线描图的缺憾。

2008—2009 年，又对云冈石窟第 1 ～ 4 窟洞窟内部进行了三维激光扫描测绘。目前外业测绘工作已全部结束，共获取点云数据 6.4G。内业工作正在收尾阶段。

通过 5 年来的研究与实践，三维激光扫描技术在云冈石窟以下方面得到了良好的应用。

2.1　数字洞窟档案

地面三维激光扫描系统能够得到完整的、全面的、连续的、关联的全景点坐标数据，可以真实描述目标的整体结构及形态特性，完整原形及矢量化数据结构。三维点云模型提供了一种记录文物本体现状的手段。

三维激光扫描系统内置了一个与激光发射系统光轴相同的数码相机。由于相机被内置在扫描系统内部，因此，在扫描系统工作中，数码摄影系统与激光扫描系统之间的相对位置及偏移角不变，即数码相片相对于扫描坐标系统的相对位置不变，这样在扫描系统中就可以得到带有彩色纹理的点云数据（图 3）。

2.2　正射影像图

在原始点云经过一系列的平滑、去噪后，我们利用三角剖分来制作出不规则三角网（Tin）来表达文物

图 1　云冈石窟外立面正射影像图

图 2　云冈石窟外全景立面正射影像图（部分）

图 3　三维激光扫描仪获取云冈石窟
第 7、8 窟彩色纹理点云

的实体模型，之后用采集的彩色照片将纹理映射到模型上，进而得到物体的正射影像图。图 4 为点云生成三角网模型过程图。

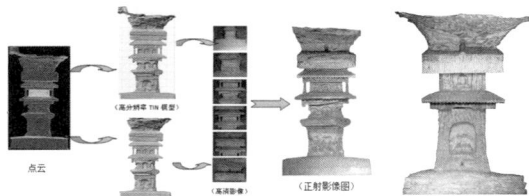

通过纹理映射技术，得到了可以任意设置比例尺的正射影像图。这种看似摄影照片的图像，已然是一幅比例准确、反映真实、细微的实测图像。图 5 为第 2 窟塔柱南壁正射影像图的生成过程图。

图 6 为第 1 窟塔柱南壁正射影像图，图 7 为第 1 窟西壁正射影像图，图 8 为第 2 窟东壁正射影像图，图 9 为第 2 窟天井正射影像图，图 10 为第 3 窟后室北壁大佛正射影像图，图 11 为第 3 窟后室北壁右胁侍菩萨正射影像图，图 12 为第 3 窟后室北壁左胁侍菩萨正射影像图。

同时可以解决一些传统测绘和摄影技术无法解决的问题。例如第 3 窟地面凹凸不平，应为古代采石所用。采用三维激光扫描技术所生成的正射影像图可以很好地表达这一情况，图 13 为第 3 窟地面正射影像图。正射影像图具有尺寸精准、图像清晰、可在电子版中量测距离、面积的特点。

图 4　点云生成三角网模型过程图

图 5　第 2 窟塔柱南壁正射影像图的生成过程图　　图 6　第 1 窟塔柱南壁

图 7　第 1 窟西壁　　图 8　第 2 窟东壁　　图 9　第 2 窟天井　图 10　第 3 窟后室北壁大佛

图 11　第 3 窟后室北壁右胁侍菩萨　　图 12　第 3 窟后室北壁左胁侍菩萨　　图 13　第 3 窟地面正射影像图

2.3 正射影像叠加图

将两张或多张正射影像图按照其文物本体的空间关系相叠加，即可获得正射影像叠加图。这种图能够更好地表达不同壁面之间的关系及特点。图 14 为第 2 窟西壁与塔柱东壁叠加图。

2.4 数字拓片

在正射影像图的基础上，经过一系列加工处理，即可得到代替传统拓片的"数字拓片"。用它来替代传统的墨拓作品，尽管缺少了墨拓图像的艺术韵味，但图像表现更加完整、细致、准确。最重要的是，完全去除了墨拓作业对石雕艺术的直接损害。对于砂岩结构的云冈石窟来说，日益严重的风化剥蚀，使很多艺术作品的内部和表面都已经"憔悴"不堪了，再也经不起类似墨拓这种人为活动对它的再"摧残"了。

数字拓片与传统拓片相比，具有不接触文物，尺寸精准的特点。图 15 为第 3 窟菩萨头冠及背光数字拓片。图 16 为第 1 窟拱门龙形展开影像图。

2.5 剖面图

以往的云冈石窟实测图，多为洞窟壁面正投影像线图。只有个别大型高浮雕造像作品，才可见侧面图或剖面图。而云冈石窟是一座高浮雕非常普遍的石窟，多数高浮雕作品没有侧面或剖面。而在完整的数字洞窟档案中，可以按照任意方向、任意高度对石窟切割，切割后生成的剖面即可修改生成剖面图。剖面图一般有两种手段：一是直接对点云进行剖切，二是对基于点云建立的不规则三角网模型进行剖切，前者方便快捷，灵活性强，但精度相对较低，后者模型拟合的精度高于点云，因而制作出的成果精度也较高。图 17 为第 2 窟直剖面图。

图 14　第 2 窟西壁与塔柱东壁叠加图

图 15　第 3 窟菩萨头冠及背光数字拓片

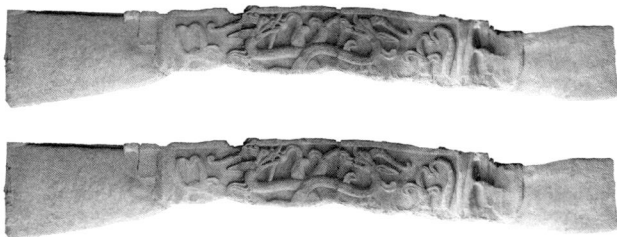

图 16　第 1 窟拱门龙形展开影像图

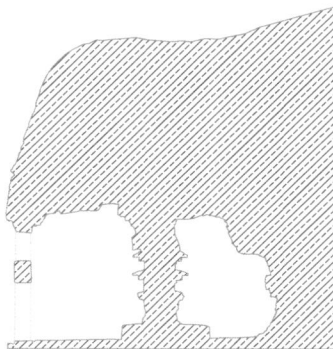

图 17　第 2 窟直剖面图

2.6　等值线图

等值线图能够准确客观地反映云冈石窟这种高浮雕造像特征。部分石质佛像等值线的制作，是文物数字信息采集的重要部分。较之手工测绘甚而近景摄影测绘，外业过程不受环境和操作人的影响，数据采集机械化、自动化、简单化；在内业的过程中，等值线完全是基于所采集的三维实体模型，在软件中一键生成等值线，等值距可随意设置，算法完善，无需人工干预。图 18 为第 3 窟后室主佛像五角度等值线图。

图 18　第 3 窟后室主佛像五角度等值线图

3　结束语

三维激光扫描技术不仅具有高效、快速、准确等优势，而且能够制作形式多样的数字产品，并为后人留下真三维的文物数字档案，较之传统测量方法具有无可取代的优越性。将今天所采集的点云数据存档，能够满足今后科技不断发展进步中不同时期的制作需求，甚至可以制作出一座与扫描测绘之时完全一致的造像或洞窟来。

（原文刊载于《中国文物报》2010 年 3 月 12 日）

云冈石窟的文物数字化探索与实践

卢继文　宁　波

云冈石窟位于山西省大同市城西 16 千米的武州（周）山南麓，营建于公元 5 世纪中叶，距今已有 1500 多年的历史。石窟依山开凿，东西绵延约 1 千米，现存大小窟龛 254 个，造像 59000 余尊。石窟规模宏大，造像内容丰富，雕刻艺术精湛，形象生动感人，堪称中华佛教艺术的巅峰之作，代表了 5 世纪世界美术雕刻的最高水平。1961 年被国务院公布为首批全国重点文物保护单位，2001 年被联合国教科文组织列入《世界文化遗产名录》。

面对经历 1500 多年的历史、石窟日渐风化的实际，20 世纪以来，云冈石窟的保护工作者们不断地对石窟进行维修加固，尽力延长其生命，与此同时保护工作者还以多种手段（文字、摄影、测绘等）不停地记录着石窟艺术的实时面貌，但以往的记录特别是测绘记录，无论是手工测绘，还是立体摄影测绘，最终的手工线描图件，均不能够立体的、准确的、全方位的展示石窟艺术的真实面貌，都存在有不同程度的缺陷。近年来，随着三维激光扫描测绘技术的出现与推广，获得更加丰富、全面、精准的石窟艺术信息成为了可能。

1　传统手工测绘

对云冈石窟进行全方位的系统测量，是石窟文物保护管理工作的亟须。考古研究、文物档案建立、保护设计与保养、文化出版等等，均离不开精细测绘得到的文物实测图件。从这个意义上讲，对石窟文物的测绘全面与否，实测图件精度的高低，决定了石窟文物保护管理工作的水平，有时甚至会成为工作成败的关键因素。因此获得准确的文物测绘图，是文物保护管理最重要的业务工作之一。

对云冈石窟进行系统的测量工作，始于 20 世纪 30 年代至 40 年代。日本学者在日军侵华期间，以手工方法对石窟进行了测绘，并将得到的图件 122 幅，发表于《云冈石窟——公元 5 世纪中国北部佛教石窟寺院的考古调查报告》中。1960—1963 年，中国古代建筑修整所（中国文化遗产研究院前身）杨玉柱等学者对云冈石窟进行了中华人民共和国成立后的首次系统测绘，分别绘制第 7、8 窟，第 9、10 窟，第 14、15 窟，第 20 窟，第 39 窟等 8 个洞窟的实测图 60 张。历史上的这 2 次测绘都是采用传统手工测绘方法，今天看来它们存在着明显的弱点，如：接触文物本体测量，易使文物本体受到人为损害；速度慢、周期长、精度低、适用范围小等等。其中 2 次系统测绘均没有产生石窟立面全图，大约是因为石窟群东西长度大（约为 1 千米），石窟壁面高（最高处为 50 米），手工操作具有极大难度而无法完成所致。

2　近景摄影测量

改革开放以来，于 1986—1988 年和 1994 年由国家建设部城市综合遥感与制图中心对云冈石窟部分洞窟进行近景摄影测绘，先后绘制第 5、6 窟，第 12 窟，第 20 窟和第 1 ~ 4 窟等洞窟的实测图 87 张，其中 1986 年完成的部分测绘图，先后发表于《中国石窟·云冈石窟》和申报世界遗产文本《云冈石窟》中，其准确程度较高。

事实证明，虽然近景摄影测量在一定程度上能够满足石窟寺准确测绘记录的基本要求，但由于云冈石窟规模巨大，洞窟形制多样，造像形式复杂，近景摄影测量在记录异面体较多的大型石刻造像时，产生误差较大，不能全面准确的记录石窟的实时面貌。虽然近景摄影测量存在诸多缺陷，但近景摄影测量技术的使用，标志着云冈石窟的数字化记录时代开始。

3　云冈数字化探索与实践 [1-4]

三维激光扫描技术出现于 20 世纪 80—90 年代以后引入我国。由于激光具有单色性、方向性、相干性和高亮度等特性，将其引入测量装置中，在精度、速度、易操作性等方面均表现出巨大的优势。随着激光技术、半导体技术、微电子技术、计算机技术、传感器等技术的发展和应用需求的推动，激光测量技术也逐步由点对点的激光测距装置，发展到采用非接触方式主动测量快速获取物体表面大量采样点的三维空间坐标的激光扫描测量技术。

针对云冈石窟高浮雕造像的特点，我们于 2003 年起将三维激光扫描技术引入云冈，期望在石窟的测量工作上有所创新和突破，使文物档案的建立、石窟的科技保护、考古研究、数字化云冈的制作等工作取得新成绩。目前我们形成了以三维激光扫描与数字近景摄影测量为主，毫米级精度的数字化技术路线。图 1 为云冈石窟三维数字化工作流程图。

为了更好地落实数字化实践工作，推进云冈数字化的发展进程，研究院成立了云冈数字中心。中心负责制定云冈石窟数字化发展纲要，统筹全院数字化方案，并与国内高校及科研单位共同研究与探索，形成了依托高精度测绘技术、地理信息系统技术（GIS）、计算机科学与网络技术等科技手段，永久数字化保存云冈石窟文物本体方法。解决了石窟雕刻的数字化获取（几何与色彩）、存储和展示等难题。

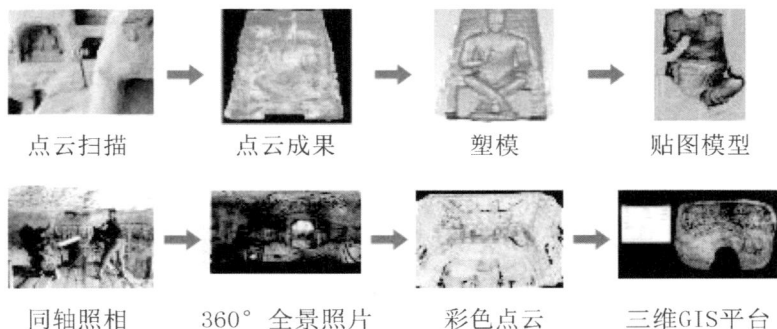

点云扫描　　　　点云成果　　　　塑模　　　　贴图模型

同轴照相　　　360°全景照片　　　彩色点云　　　三维 GIS 平台

图 1　云冈石窟三维数字化工作流程

中心对石窟本体进行数字化采集工作，对采集到的数据进行整理，建立了可调整视角、可量测毫米级精度的洞窟数字档案。目前我们已完成云冈石窟外立面第 1 ~ 4 窟，第 9 ~ 13 窟，第 18 窟，第 38 窟、第 39 窟的点云数据采集工作。图 2 为第 13 窟精细点云数据，图 3 为附着纹理信息的彩色点云，图 4 为第 9 窟、第 10 窟外立面点云。

根据获取的点云数据，我们先后绘制出云冈石窟外立面的立面图和正射影像图，图 5 为云冈石窟立面图，图 6 为云冈石窟外立面正射影像图，2005 年绘制出的云冈石窟立面图是中国石窟界第一副高精度（误差不超过 3 毫米）的石窟立面图。

图 2　云冈石窟第 13 窟主佛点云

图 3　云冈石窟彩色点云

图 4　第 9、10 窟外立面点云数据

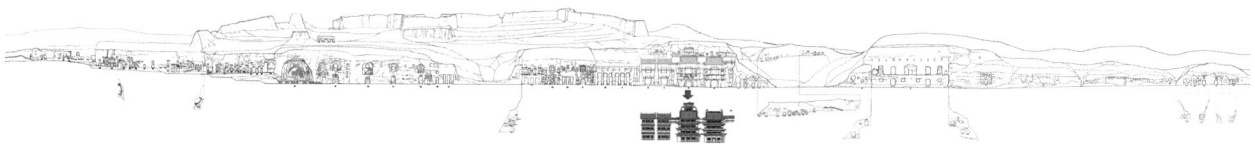

图 5　云冈石窟立面图

图 6　云冈石窟外立面正摄影像图

同时，我院将数字化与石窟保护相结合，利用虚拟现实技术模拟保护工程的各个步骤，对比收集洞窟修复前以及修复之后的相当一段时间内的图像信息（图7、图8），用于评估保护措施以及方法的有效性和时效性。石窟数字化后还可以模拟自然灾害对石窟的损坏，如模拟地震应力（图9、图10）对石窟的损坏等。

近年来，我们陆续承担了《云冈石窟数字化工程示范》《石质文物风化速度定量测定》《基于三维激光扫描技术的云冈第12窟数字化获取及展示系统》等科研攻关项目，并且进行了《高浮雕石窟寺与雕塑类文物三维数字化标准》与《基于三维激光扫描技术的高浮雕石窟寺与雕塑类文物三维数字化规程》《基于多图像的高浮雕石窟寺与雕塑类文物三维数字化规程》等标准和规范编写，同时就"定量测定砂岩质文物表面风化速度的方法"向国家知识产权局申报了发明专利。

近年来，在对石质文物数字化探索和实践的同时，我们着力对大遗址、古建筑、古墓葬、彩塑壁画等多类别文物进行数字化的尝试和探索。中心在完成本院数字化发展任务的同时对外进行技术支持，其中包括大同华严寺薄伽教藏殿、大同关帝庙、阳高云林寺、汾阳太符观、恒山悬空寺、长治大云院、大同辽代墓室、大同观音堂、五台山广济寺等。图11—图12为辽代墓葬壁画的成果图。

党的十八大以来，习近平总书记站在实现中华民族伟大复兴中国梦的战略高度，多次指出文化复兴的重要性，要"把继承传统优秀文化又弘扬时代精神、立足本国又面向世界的当代中国文化创新成果传播出去"。聚焦当下，科学信息技术飞速发展，"互联网＋"为传统行业带来了巨大的改变，跨界融合创新成为产业发展新常态，全球文化遗产保护事业也开始呈现多方面貌，"数字遗产"的概念得到了越来越多的关注和认同，

图7　石窟病害图

图8　云冈石窟第2窟西壁与塔柱东壁叠加图

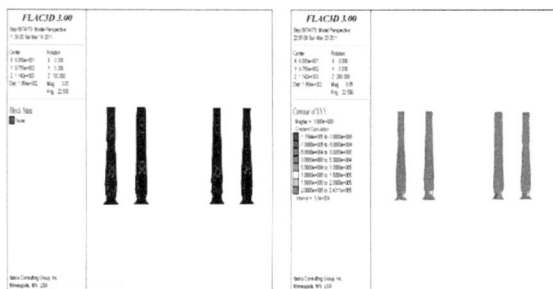

1. 小震下立柱塑性区分布图　2. 小震下立柱剪应力分布图
图9　小震情况下裂柱受力情况

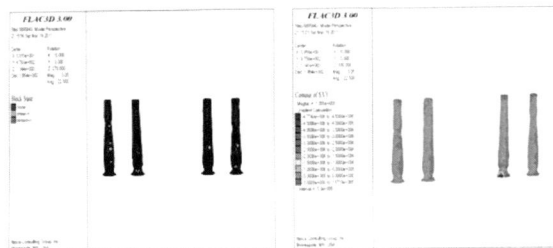

1. 大震下立柱塑性区分布图　2. 大震下立柱剪应力分布图
图10　大震情况下裂柱受力情况

图 11　辽代壁画墓纵向剖北视图

图 12　辽代壁画墓纵向剖西视图

国内很多遗产地都积极展开了尝试性的探索。随着大量实践经验的陆续取得，也需要及时的总结和开展理论研究，以更有效地发挥新技术在遗产研究保护、展示阐释和教育传播上的作用，帮助文化遗产重拾活力、重现自身价值。

数字化成果的广泛应用，是未来文物资源数字化发展的主要空间，我们希望构建应用型的共享的数据平台，通过简便的操作就能满足不同使用者的需求，真正实现大数据的快速有效使用。

参考文献：

[1]　白成军. 三维激光扫描技术在古建筑测绘中的应用及相关问题研究 [D]. 天津：天津大学建筑学院，2007.

[2]　丁宁，王倩，陈明九. 基于三维激光扫描技术的古建保护分析与展望 [J]. 山东建筑大学学报，2010（3）:274—276，284.

[3]　白成军，吴葱. 文物测绘建筑中三维激光扫描技术的核心问题研究 [J]. 测绘通报，2012（1）:36—38.

[4]　赵煦，周克勤，闫利，等. 基于激光点云的大型文物景观三维重建方法 [J]. 武汉大学学报：信息科学版，2008（7）:684—687.

（原文刊载于《遗产与保护研究》2016 年第 2 期）

世界第一例可移动 3D 打印复制洞窟彩绘工程
——云冈石窟第 12 窟 3D 打印作品彩绘

董　凯

随着科学技术的进步，各种高新技术逐渐进入到我们生活的各个领域，同时也为文物复制领域提供了技术支持。过去雕刻只能通过模具翻制、拓片等形式来进行复制，但这些操作会对文物本体造成一定的损害，所以针对雕刻文物尤其是大型雕刻的复制工程始终存在难题。3D 打印技术的发展，使得文物雕刻的无损复制成为可能，利用这种技术不仅能够促进大型文物雕刻的文化交流，而且对文物的保护保存以及修复技术研究发挥长远作用。

云冈石窟第 12 窟又名"音乐窟"，建造于 5 世纪中叶，前殿后室，入深 14 米、宽 11 米、高 9 米。石窟内部用立体雕刻的形式记载了古代音乐人在佛世界盛大演出的场面。清代的彩绘使整个洞窟色彩斑斓，富丽堂皇，经过时间的锤炼，更增添了历史的韵味。在习总书记"让文物活起来"指示的指导下，山西省重点研发计划——云冈石窟第 12 窟原比例 3D 打印复制窟项目，在 2017 年正式立项开工，2019 年 12 月竣工。复制窟由 110 个模块构成，每个模块 2 米见方，分为前室、后室两个部分，可单独展示，也可以拼合展示，是世界上首次立体化可移动大型洞窟复制，实现了巨型雕刻文物活起来、走出去。完成等比例 3D 打印石窟模型制作后，如何能完美再现云冈石窟第 12 窟的神韵，是此项目的重点和难点。2019 年 3 月，云冈研究院派出彩绘工作小组赴虎门为复制窟完成上色绘制工程。整个工程历时 8 个月，全窟彩绘壁面面积达 920 平方米。本文针对 3D 打印文物雕刻上色中的技术难点和要点，进行详细阐述。

1　云冈石窟第 12 窟 3D 打印原比例复制窟彩绘技术初探

雕刻摹复与平面壁画摹复有许多不同之处，雕刻不能像壁画那样进行彩色打印，3D 打印的立体作品一般为白色，色彩、纹路和印记的复制工作非常有特殊性，这就需要专业人员与原石窟颜色形态对比，进行手工绘制来复原石窟样貌。云冈石窟第 12 窟原比例 3D 打印复制窟上色项目为世界首例，面积大、色彩形貌复杂，难度高，对绘制团队的考验非常大，要求在绘制材料、绘制方法、呈现效果等方面必须提前做出预测，在不断摸索中总结经验。

1.1　确定绘画方法

云冈石窟第 12 窟为砂岩雕刻，古人在雕刻好的砂岩表面先涂一层粗泥层，然后再涂一至两层细泥层，待其干透后再加白粉层，打磨平整后进行绘画。所以我们一致认为不能像平常绘制作品一样，看到什么画什么，否则会缺乏古代绘制的层次感，无法表现出洞窟的形貌效果。最终我们确定按照古人绘制步骤，更加真实地再现石窟的历史样貌。

1.2　确定绘画材料

云冈石窟第 12 窟主要是清代时期绘制，大部分颜色由矿物颜料组成。但是，矿物颜料比较昂贵，绘制工程耗资巨大，并且矿物颜料的调制和胶结材料的准备耗时费力，同时当今多数的彩绘工作者对矿物原料的使用经验相对不足，综上，我们决定使用市面上其他颜料来替代。

现今颜料主要分为广告色、水彩、油画、丙烯、国画等，其中广告颜料调和方便，价格低廉，但绘制后容易变色，不耐老化；水彩覆盖力差，无法在打印模块上绘制；油画使用油调和，方便调制各种复杂颜色，便于绘制多种细节，但颜色晾干后会有一层亮膜，与矿物颜料绘制效果相差较大；丙烯颜料绘制效果与油画颜料类似，但因为是用水调制，只要加水比例合适可减弱干后亮膜的效果，操作更加方便，干燥速度快，也可以按照古代绘画步骤进行绘制，同时还能起到防水的作用；国画颜料是仿造中国古代矿物颜料的一种现代材料，它的颜色分类、绘制方法和绘制效果更贴近洞窟传统绘画，且用水调色，方便易于操作。

综合以上各颜料的特性，我们决定使用国画颜料作为洞窟内部绘制的主要材料，考虑到今后有可能到露天的场所进行展览，所以选用有防水性的丙烯颜料作为洞窟外壁的主要绘制材料。外壁均为砂岩，没有彩绘，只需绘制岩层颜色的变化及水渍、污渍等颜色，不需太多细节刻画，所以使用丙烯时水的比例加大，调制几个主色即可防止漆膜效果。

1.3　确定绘画步骤

古代绘制石窟的步骤依次是：雕刻砂岩—刮粗泥层—刮细泥层—涂白粉层—绘制色彩。随着时代变迁石窟的各个泥层龟裂起甲、斑驳脱落，颜色变浅变脏。石窟表面也受到灰尘、油渍、烟熏、污渍、水渍及人为刻画的破坏，逐渐演变成今天的样貌。根据这个形成过程，我们经过一段时间的探索和改进绘制方法，通过不断研究对比和总结，针对此过程中的经验和历程作详细阐述，以备交流和借鉴。

1.3.1　绘制与做旧技术的前期尝试

前期，尝试按照古代绘制步骤先绘制出崭新色彩，之后再做脏做旧，做出历史的痕迹。具体技术流程如下。

（1）先将复制作品喷涂上砂岩色彩，加入沙子以达到砂岩粗糙的颗粒感，使整体效果更贴近原石窟；考虑到泥层与砂岩颜色相近，白粉层在上色时大部分被覆盖，只有少部分裸露，因此略掉了粗、细泥层和白粉层，直接在砂岩效果上绘制原始色彩（原始色彩即古人刚绘制时的鲜艳色彩）。

（2）颜色绘制完成后，利用技法将石窟做旧。首先，用清水刷洗表面，以弱化边缘，减弱生硬的效果，同时颜色变浅能体现出年代感；其次，用硬毛刷用力蹭，表现历史剐蹭的痕迹；再次，蘸脏水涂刷局部，以达到变灰、变脏及水渍的效果，蘸泥土涂抹表现泥渍、灰尘的效果；最后，再绘制烟熏、人为刻画等局部细节，使画面具有层次感。

（3）观察整体效果，进入调整阶段，实现各模块画面风格的协调，鲜艳度的得当，避免画面太灰显得脏，太艳又没有陈旧感。

用上述方法尝试结果显示，颜料层脱落、残缺的边缘一般或多或少都有裸露的白粉层（图 1），虽然面积不大，但绘制出来没有叠压的层次感，而且手绘不规则形状的外轮廓白粉层会显得死板，白色浮于表面，不够真实；其次，这些做旧技法一般用在绘画创作或模仿古旧效果，而本项目是一比一的文物彩绘，需要

图 1 裸露的白粉层

尽可能真实地呈现石窟的原貌，以达到参观者身临其境的目的，这种方法虽有陈旧感，但画面效果难以把控；并且，用水调和后画面整体变灰，需要突出的位置不够鲜明，后续还需重新调配较纯的颜色进行填补，既费时又费力。

1.3.2 绘制与做旧技术的中期改进

总结前期经验基础上进行改进，完全按照古人的绘画步骤，整体依次喷涂砂岩层—粗、细泥层—白粉层，粗细泥层裸露面积较少，且颜色和砂岩接近，在后面刻画细节时再进行绘制，然后再按照之前的步骤进行绘制。

此方法绘制结果发现，虽然能实现边缘白粉层层次分明的效果，但由于部分砂岩裸露还得重新再画出来，第一遍的砂岩色彩喷涂并没有起到作用；其次，白粉颜色在进行深入刻画时，白色因水溶解上翻，导致画面泛白、粉气；再者，因为工作人员能力、习惯不同，绘制出来的效果很不统一；同时，细节做旧又容易导致画面鲜艳度不够，变灰。

综上，以上前期和中期的两种方法在砂岩、泥层、白粉层之间的裸露效果返工较多，调整起来耗时耗力，不同人的细节把控能力不同，导致效果也不协调。

2 云冈石窟第 12 窟 3D 打印原比例复制窟彩绘技术要点

根据上述经验总结，团队技术人员从绘制颜色的饱和度、干湿程度、深入程度、绘制步骤等方面反复研究，形成了一套科学合理的，适用于云冈石窟第 12 窟上色绘制工程的技术。

2.1 打底色

首先，将 3D 打印出的白色树脂作品，整体喷涂成云冈石窟砂岩质地的颜色，并在颜料中加入沙子以达到砂岩粗糙的效果。

其次，局部涂白粉层再进行绘制，增加了画面的层次感和真实感。并且在颜料和白粉层都已脱落露出了岩石的区域，无须再喷涂白粉层。石窟中白色部分主要集中在有色区域，呈点状、片状不规则分布，故而白色由整体喷涂改为用笔模仿原石窟样貌绘制，需注意笔法要自由放松。

再次，仿砂岩底色层由于带有沙粒，在其上画白粉层，要采用干擦的方法，用干笔快速擦涂白色，能保证颜色只涂刷在微小的沙粒凸起处，凹陷处则不会涂到，自然斑驳感油然而生；而在泥层上裸露的白粉层，因泥层表面平整，所以要用颜料较多较湿润的笔按形状绘制，在斑驳点状的地方，将笔放倒以快速拉蹭的方式进行绘制，呈现出时有时无的效果。此技法中由于笔较湿润，颜色会渗透到缝隙里，表面会显得平整，有绘制在泥层上的感觉（图 2）。同时能够更好地利用砂岩底色层，达到更加逼真的效果（整体绘制步骤如图 3 所示）。

2.2 上主色

古代中国传统绘画是用单一或少量颜色调和，然后通过平涂晕染等方法进行绘制，有别于西方通过多种颜色调和，根据结构、光影进行绘制，故在上色时需按照传统绘制方法确定整体颜色。虽然石窟色彩随着时间推移已不再鲜艳，但如果直接将颜色调制成较灰的色彩，考虑到后期深入刻画，油渍、水渍、泥渍、集尘等细节脏色的加入，就很容易使整个画面显得灰脏，后期添色加工后会使得调配色调更不易统一。因此，在确定好石窟的主色调后，需将颜色进行统一调制。

主色的调制不采用之前的恢复原始色彩方法，无需大面积做旧，效果更易把控。在调制出原始主色的基础上，需要加入一定量的其他色。例如，调制红色，以朱砂、铁红为主；呈现水渍、风化等原因导致的颜色变浅变灰时，添加胭脂、土黄、白色；呈现脏而带有灰尘的颜色，则添加赭石、焦茶等。总之，颜色的鲜艳程度要把握在比现在新，比原始色略旧的效果。在上述基础上，继续深入呈现细节，通过略加做旧，精细刻画历史痕迹等技法，实现部分露出的少量纯色不突兀，整体效果既鲜明又富有历史的陈旧感，更接近本体原貌（图4）。

2.3 局部刻画

细节刻画是使画面丰富，趋于真实的重要步骤，如刻画太多，画面容易偏脏、偏花或偏灰，而刻画不够，画面又容易空洞、简单、缺乏真实感。局部刻画需要绘制出细节花纹、轮廓线以及洞窟色彩因时间推移所出现的颜色变化、斑驳脱落、水锈烟熏、泥渍、灰尘等状态（图5）。此步骤特别考验上色团队的绘画水平和画面整体把控能力，需要远距离观察整体效果，近距离观察侧重深入，根据实际情况适当调整。技法得当非常重要，如果细节太多太碎就要用主色部分覆盖，刻画调整；如果过于简单，则继续深入刻画。

图2 泥层上裸露的白粉层（左），砂岩上裸露的白粉层（右）

图3 喷砂岩底色（左）、绘制白粉层（右）

图4 绘制大色　　　　图5 局部刻画

例如，砂岩表面残留的泥层，略高于砂岩层的，为强化高低边缘的立体感，泥层的斑驳感，首先，在调整的时候先调一个相对深一点的颜色，按照画面边缘线的形状放松自然地勾勒出虚实变化来，以作投影效果增加立体感；然后，再调配白粉层的颜色，将毛笔放倒，沿着前面虚实变化的线条，运用干蹭的方式绘制，线条实的地方多蹭一些白，以强化黑白对比，线条虚的地方少蹭几笔，弱化黑白对比，这样既强化了泥层的立体效果，又使得画面虚实有度、自然生动（图6、7）；同时，提亮高点也可强化砂岩的凹凸立体感，用干涂的方式擦涂砂岩相对凸起的地方，凸起越高，白色越多，这样就有高低错落的效果，起伏越高对比越清楚，反之亦然（图8、9）。

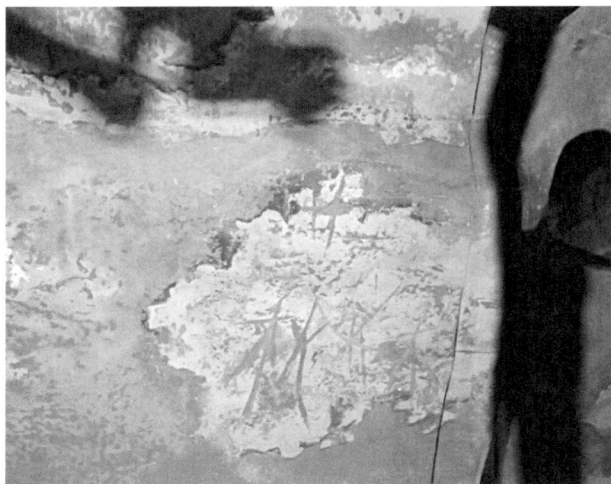

图6　泥层边缘细节调整前

图7　泥层边缘细节调整后

图8　砂岩凹凸效果调整前

图9　砂岩凹凸效果调整后

在图10中，左右两头鹿由不同的两人绘制，其中主要的区别在于白粉层的绘制，以及结构的把控不尽相同，此时最好是同一工作者将两头鹿的绘制风格统一。需注意的是，一般结构转折凸起的地方，颜料层容易受到外界影响导致脱落，故特意绘制白粉层以强化右侧鹿的结构转折，使得鹿的形体更加立体，线条更加清晰（图11）。

绘制立体雕刻时，线条的虚实变化非常重要。如图12，佛像身上的衣纹线条，随着形体的变化而产生虚实变化，如衣纹搭在上面时，由于重力原因，衣纹会紧贴身体，此时衣纹很浅，线条所投射出的投影相

图 10 砂岩凹凸效果调整前

图 11 砂岩凹凸效果调整后

图 12 线条虚实变化处理对比（右半部分未处理）

对较浅；随着身体形体转折，垂钓下来的衣纹相对宽大且厚，此时线条所投射出的投影又宽又黑；当随着衣纹到达衣服边缘，衣纹虽宽大，但逐渐变薄，线条变浅。基于以上现实中衣纹的变化，在绘制立体佛像衣纹雕刻时，需要将线条绘制出相应的虚实、宽窄变化，否则会显得死板，线条像铁丝一样。其后，融入之前处理凹凸变化的方法，会使得画面更加立体、生动自然。

2.4 整体调整

在绘制不同模块时，由于操作者调配颜料和绘制手法的差异，各个模块彩绘的明度、纯度会有所差别。在绘制完成后，将所有模块拼接组装，观察和对比整个石窟的整体效果非常重要。

在某一壁面或某一层模块绘制完成后，将模块拼装整体观察，商讨后续各区域需要调整的方式方法。当个人完成调整后，再由负责人对拼装画面进行二次统一调整。例如，局部颜色影响整体效果，可适当减弱；两个模块接缝处颜色衔接不当，组装起来深入细致刻画（图 13）。在前、后室全部绘制完成后，继续进行整体调整，直至整个洞窟各模块衔接柔和，画面效果统一而又丰富，同时又与原石窟相近的效果（图 14）。

经过不断探索实践，按照目前展示的经验和技术流程，不仅实现了完美彩绘洞窟的效果，同时彩绘工作分工明确，易于上手，积累了高效高质量的上色绘制经验（绘制现场如图 15、16 所示）。

图 13　前室西壁拼接后整体调整

图 14　前室东壁彩绘效果与原石窟对比图（右为原石窟）

图 15　前室绘制现场

图 16　后室绘制现场

3　总结

云冈石窟第 12 窟原比例 3D 打印复制窟项目，利用可移动 3D 打印复制洞窟，经过大型的上色绘制工程，首次实现了大型 3D 打印复制窟的完美彩绘，推动大型文物走出当地走向世界，标志着保护文物，弘扬中国传统文化迈出了新的一步。

通过八个月的彩绘工作，使彩绘工作者深刻领悟到习近平总书记"让文物活起来"的思想，增加了推动文化交流的信念和信心。我们在艰苦的工作实践中，再次践行不怕苦不怕累的工作精神，克服种种困难完成了这次历史性的、大体量的绘制工程。同时，期望通过将其中的工作经验和技术进行分享，为以后大型雕刻彩绘上色领域相关工作的开展提供助益。

（原文刊载于《石窟寺研究》2021 年）

云冈石窟砂岩中碳酸盐胶结物化学风化及相关文物病害研究

马在平　黄继忠　张　洪

云冈石窟位于山西省大同市西郊武州（周）山南麓，距大同市区约 16 千米。其始凿于北魏和平元年（460），兴盛于 5 世纪 60 年代至 90 年代，延续到 6 世纪 20 年代，是我国早期石窟艺术的代表作及现存最大的古代石窟群之一；1961 年被国务院列入第一批全国重点文物保护单位；2001 年被联合国教科文组织列入《世界文化遗产名录》。

长期的风化作用对云冈石窟造成了严重破坏。在东西长约 1 千米的窟区内，现存主要洞窟 45 个，大小窟龛共 254 个，雕像 59000 余尊，石雕面积 1.8 万平方米，不同程度的风化破坏现象随处可见。虽然从 20 世纪 50 年代末期开始，人们即陆续开展了关于云冈石窟风化病害的研究和防治工作，但是，由于自然条件复杂，对石窟岩体风化作用的机理认识不足，加上工程措施不到位等，目前，云冈石窟的风化病害问题仍然十分突出并引起社会广泛关注。[1]

云冈石窟地区出露的地层包括中侏罗统云冈组上段碎屑岩层及第四系亚黏土、轻亚黏土层[2]。前者是一套以砂岩为主的辫状河流沉积[3]，地层产状平缓，云冈石窟即雕凿于其中。文物研究工作者发现，碳酸盐胶结物在包括云冈石窟在内的我国众多砂砾岩类石窟岩体中广泛分布[4-7]，但是，从文物保护角度对其风化作用进行专门性的研究尚未见公开报道。

在对云冈石窟石雕及其围岩风化情况进行实地观察的基础上，应用手工采集、手持式工程钻机钻取等方法，从窟内外允许部位获取了大量岩石及其风化产物样品，又收集了国家"十五"重点文物保护工程——"云冈石窟防水保护工程"在窟区顶部北侧布置的 3 口深钻孔云冈组上段碎屑岩的岩芯样品，经室内分析测试，本文对云冈石窟地区砂岩中碳酸盐胶结物的化学风化情况及相关文物病害等进行了研究。

1　碳酸盐胶结物的矿物成分和分布

根据镜下鉴定，云冈石窟地区云冈组上段的砂岩多属中厚层粗、中粒岩屑砂岩及长石质岩屑砂岩，其中片麻岩岩屑、石英岩岩屑、石英（图版 –1，见文末。下同）、长石（以微斜长石为主）（图版 –2）等碎屑颗粒含量约 65%，黏土杂基含量约 10%，高岭石胶结物含量为 5%—10%；碳酸盐胶结物含量多在 10%以上，部分样品中可达 20% 左右（一般说来，层理发育的中粒砂岩中，碳酸盐胶结物含量较高）。砂岩碎屑颗粒分选、磨圆程度差（图版 –1），以孔隙式胶结为主。

应用薄片染色法[8]鉴定发现，碳酸盐胶结物主要由含铁方解石和含铁白云石组成，二者可独立或以后者交代并包围前者的方式存在于碎屑颗粒间孔隙内（图版 –3，4）。

2　碳酸盐胶结物化学风化机理

2.1　碳酸盐胶结物化学风化方式

2.1.1　碳酸盐矿物溶解

云冈石窟地区云冈组上段砂岩中碳酸盐胶结物的溶解现象既可见于岩体露头浅表部，也可出现在深钻孔岩芯的不同深度，并具显著的镜下和肉眼识别标志。在镜下，当碳酸盐胶结物发生部分溶解时，其剩余部分呈连续或断续残留边状、悬浮状并在溶解形成的孔隙内壁形成铁锈色沉淀物（图版 -5，其成因见下文）；当碳酸盐胶结物完全溶失时，则只能在溶解孔隙内壁见到一圈铁锈色沉淀物。从手标本上看，新鲜砂岩多呈灰绿色、灰色，碳酸盐胶结物发生显著溶解的砂岩表面因出现密集铁锈色斑点而呈土黄色（图版 -6）。

总结镜下观察结果发现：①不同碳酸盐矿物的溶解速率不同，即含铁方解石普遍比含铁白云石溶解得快，当二者一起出现时，水溶液往往从碳酸盐胶结物裂隙等部位进入其内部优先溶解含铁方解石；②裂隙越发育处的砂岩样品，其所含碳酸盐胶结物的溶解程度越高；③层理面附近的碳酸盐胶结物普遍比层理内部的溶解程度高。

对于地表环境下方解石与白云石之间溶解速率差异问题，前人曾经从水溶液中 CO_2 含量、盐溶效应[9]及环境温度、压力的影响[10]等方面进行了解释。我们认为，含铁方解石中 FeO 含量低于含铁白云石[11]可能也是二者之间存在溶解速率差异的一个不可忽视的原因。因为含铁白云石 FeO 含量较高，所以，当其风化后，将生成较多的铁锈色物质并在其残留部分周围积聚（图版 -7），从而阻碍了溶解作用的进程。至于岩体不同部位碳酸盐胶结物溶解程度不等，其主要原因则在于各部位水溶液流通性不同，本文将在下文"影响碳酸盐胶结物化学风化的外部因素"部分作进一步解释。

碳酸盐胶结物溶解后，在砂岩体内形成了新的孔隙空间，导致岩石孔隙度增加。根据对风化程度不同的砂岩的物性实测结果作孔隙度、渗透率关系图（图 1），发现孔隙度与渗透率之间有显著的正相关关系。又通过压汞法[8]对部分砂岩样品进行孔隙结构分析，其结果如表 1 所示。由表可以看出，随岩石颜色从灰色到浅灰色至土黄色、褐黄色的变化（意味着碳酸盐胶结物风化析出的铁锈色物质逐渐增加及砂岩风化程度逐渐加深），岩石的孔隙度也不断增加，其平均孔喉半径亦变大。岩石孔隙度与渗透率和平均孔喉半径之间的正相关关系预示着在碳酸盐胶结物不断溶解、岩石风化逐渐加剧的过程中，砂岩体内部水溶液的流动将渐畅、渐快。近年来的研究发现，不饱和水溶液流速越高，方解石的溶解速率越高[12]。由此可以认为，

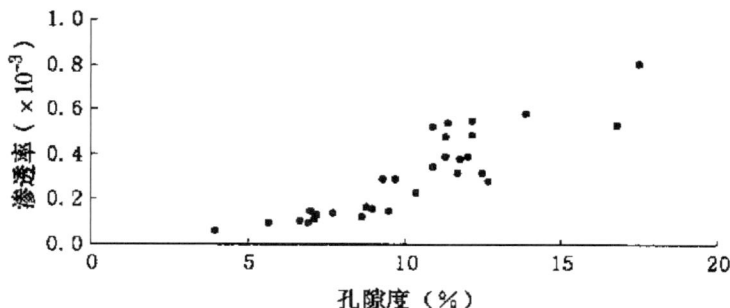

图 1　部分砂岩样品孔隙度与渗透率关系图 *
* 图中孔隙度和渗透率值系分别应用美国岩芯公司 Corel AB 孔隙度仪和 Corel AB 渗透率仪测得（下同）

云冈石窟砂岩中方解石的溶解进程是以一定加速度进行的。

表1　部分砂岩样品孔隙度及平均孔喉半径值 *

序号	岩石名称	采集位置	平均孔喉半径（μm）	孔隙度（%）
1	褐黄色含细砾长石质岩屑粗砂岩	7号孔，12.60m	0.350	13.0
2	土黄色含细砾长石质岩屑粗砂岩	7号孔，14.80m	0.362	16.3
3	灰色长石质岩屑中砂岩	7号孔，19.51m	0.035	7.5
4	浅灰色长石质岩屑粗砂岩	7号孔，22.20m	0.112	8.4
5	浅灰色长石质岩屑粗砂岩	7号孔，25.69m	0.153	11.1

* 应用胜利油田产SS–55高压孔隙结构仪测定

2.1.2　Fe^{2+} 离子氧化及 Fe^{3+} 离子水解

在砂岩碳酸盐胶结物溶解过程中，Fe^{2+} 离子析出、氧化成 Fe^{3+} 离子并发生水解，其产物即为前文提及的分布于碳酸盐胶结物溶解孔隙内壁的铁锈色物质。前人通过实验发现，Fe^{3+} 离子的水解产物包括针铁矿和赤铁矿[13]。由于条件限制，此次研究工作中未能测定出 Fe^{3+} 离子水解产物的矿物相。

2.1.3　次生盐类矿物结晶

应用X射线衍射技术对从部分洞窟内石雕和无石雕洞壁表面采集的样品进行分析，发现了多种次生盐类矿物。考虑到碳酸盐胶结物与次生盐类矿物化学成分的相关性，推断与砂岩中碳酸盐胶结物风化有关的次生盐类矿物有石膏、泻利盐、水碳镁石、球碳镁石等，它们是由碳酸盐胶结物中的 $CaCO_3$、$MgCO_3$ 组分与溶解于水中的 O_2、SO_2、CO_2 等经以下一系列化学反应形成的：

$$2SO_2+O_2=2SO_3$$

$$SO_3+H_2O=H_2SO_4$$

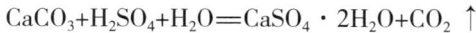
$$CaCO_3+H_2SO_4+H_2O=CaSO_4 \cdot 2H_2O+CO_2 \uparrow$$

（石膏）

$$MgCO_3+H_2SO_4+6H_2O=MgSO_4 \cdot 7H_2O+CO_2 \uparrow$$

（泻利盐）

$$MgCO_3+H_2O=Mg(OH)_2+CO_2 \uparrow$$

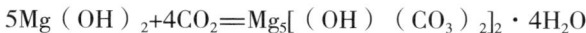
$$5Mg(OH)_2+4CO_2=Mg_5[(OH)(CO_3)_2]_2 \cdot 4H_2O$$

（水碳镁石）

$$5Mg(OH)_2+4CO_2+H_2O=Mg_5[(OH)(CO_3)_2]_2 \cdot 5H_2O$$

（球碳镁石）

石膏（其特征衍射峰d值分别为0.756纳米、0.427纳米、0.306纳米、0.287纳米和0.268纳米）在第43窟北壁中上部呈不连续薄皮壳状附着于岩石表面，在从第3窟东壁和第5窟内雕像表面刷落的粉末中亦可见及（图2–1、2、3）。泻利盐（其特征衍射峰d值分别为0.598纳米、0.535纳米、0.421纳米、0.286纳米和0.266纳米）、水碳镁石（其特征衍射峰d值分别为0.920纳米、0.641纳米、0.554纳米、0.334纳米和0.286纳米）、球碳镁石（其特征衍射峰d值分别为1.080纳米、0.817纳米、0.509纳米、0.311纳米和0.293纳米）等一起出现于第3窟1号平碉顶部表面的不连续薄皮壳中（图2–4）。

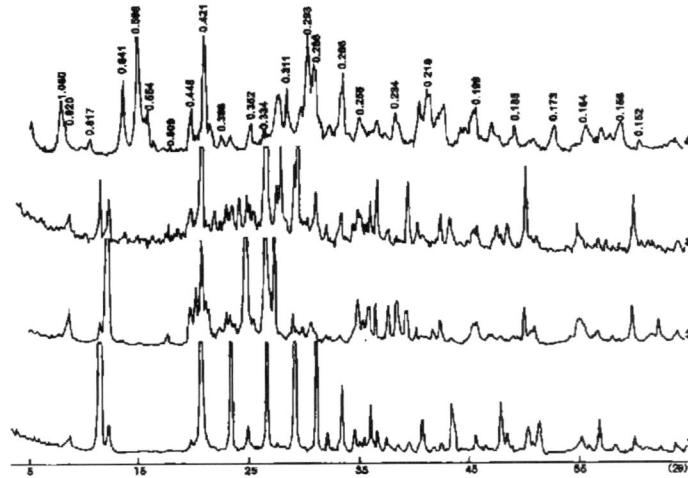

图 2　部分含次生盐类矿物样品的 X 射线衍射谱图

1. 第 43 窟北壁中上部盐皮壳；　2. 第 3 窟东壁表面粉末；　3. 第 5 窟石雕表面粉末；　4. 第 3 窟 1 号平硐顶部盐皮壳

2.2　影响碳酸盐胶结物化学风化的外部因素

砂岩中碳酸盐胶结物的化学风化作用从本质上说是在表生环境下发生的一系列复杂的水岩反应。综合以往相关研究成果和本次研究工作的新发现，我们认为影响云冈石窟砂岩中碳酸盐胶结物化学风化的外部因素主要有下列三点：

2.2.1　多种形态的水

在碳酸盐胶结物溶解、Fe^{2+} 离子氧化及 Fe^{3+} 离子水解、次生盐类矿物结晶等化学反应过程中，水既是反应介质，也是重要的反应物。因此，水对碳酸盐胶结物的化学风化至关重要。在云冈石窟地区，水的存在形态包括渗透水、凝结水、毛细水及片状流水。渗透水是指大气降水通过裂隙、孔隙等通道渗入岩体内部的水。云冈石窟地区虽处于大陆性半干旱气候区，年平均降雨量仅为 423.8 毫米，降雪亦仅为 200 毫米左右，但由于降雨多在每年 7—9 月（月平均达 100 毫米以上），降雪时间也相对集中，窟区上部第四系覆盖层较薄（多不超过 8 米）且渗透性好，基岩顶部起伏不平，大气降水极易在基岩顶部低洼处聚集并沿裂隙下渗。当遇到泥岩等隔水层时，则形成暂时性上层滞水并通过岩石孔隙侧向渗透。

云冈石窟曾经有半数以上的洞窟北壁及窟顶有显著渗水现象，其表现通常为小片潮湿状，渗水严重时（主要在降水集中期），可见微细的水流或滴水。经过长期反复治理，目前，仍有 8 个洞窟渗水严重，而洞窟后壁潮湿现象则更为普遍[14]。前人曾经对第 2 窟内渗水进行化学分析，发现其水化学类型为 HCO_3^-·Ca·Mg，水溶液 pH 值为 7.7[4]，反映渗水对砂岩中碳酸盐胶结物有显著的溶解作用。

凝结水是指潮湿空气进入洞窟后，其所含水分在温度较低的岩石表面冷凝形成的水。研究人员曾对 5 个洞窟内的空气含水状况进行了连续 6 天的观测，发现其相对湿度均在 80% 以上，有时达饱和[4]。另有实验表明，在雨季约 1 昼夜时间内，第 5 窟砂岩表面的凝结水量可达 28 千克[15]。

由于 20 世纪 70 年代临时修建的窟前路面标高超过部分窟内地面，雨季时发生雨水倒灌使 21 个较大的洞窟中有 14 个（第 7～20 窟）窟内长期积水。通过毛细作用，窟内积水可到达壁面约 2 米高处。1994 年 10 月，采取工程措施使上述窟前地面下降约 1 米后，毛细水对砂岩中碳酸盐胶结物的风化作用才得到有效控制。

片状水流主要见于降水期间窟外无遮挡的砂岩表面。对裸露于窟区顶部及东西向开凿面上的砂岩浅表部碳酸盐胶结物的风化作用有重要意义。

2.2.2 较发育的裂隙和层理

云冈石窟砂岩中发育多种成因的裂隙，包括构造裂隙、卸荷裂隙和风化裂隙等。其中，切割最深、沟通范围最广的是构造裂隙，其走向共有 4 个方向[4]，均与东西向开凿面斜交且为高角度裂隙，在窟内北壁及窟外崖壁有出露，风化后裂隙间距显著扩大。

卸荷裂隙平行于洞窟内壁及窟外崖壁壁面发育，前人研究发现其出现范围为离崖壁 30 米以内且愈近崖壁密度越大[4]。此次研究在观察第 3 窟东、北壁沿卸荷裂隙垮塌岩体的同时，于第 10 窟诵经道北壁西侧用手持式工程钻机垂直壁面钻孔，发现卸荷裂隙间距集中在 2 厘米至 5 厘米之间。

风化裂隙主要发育于东西向开凿面上及窟区顶部裸露或浅埋藏砂岩的浅表部，方向不一。

各种裂隙的存在，为水溶液活动提供了良好的通道。例如，在 3 号深钻孔 31.64 米（不含第四系覆盖层厚度）处，可见水溶液沿构造裂隙下渗引起的砂岩严重风化现象（图版 –6）；2002 年 12 月 8 日，在第 3 窟 1 号平碉口顶部，可见沿卸荷裂隙下渗水溶液冻结形成的冰柱。

另外，受沉积作用控制，云冈石窟砂岩中平行层理、交错层理等十分发育。层理面是岩体中的薄弱部位，水溶液较顺畅地沿层理面进入岩体内部，可加速碳酸盐胶结物的风化。为了定量了解层理对渗透性的影响，挑选了 5 个砂岩样品，分别测定其水平和垂向渗透率值（见表 2），发现前者明显高于后者。

表 2　部分砂岩样品水平和垂向渗透率值

序号	岩石名称	采集位置	水平渗透率 （×$10^{-3}\mu m^2$）	垂向渗透率 （×$10^{-3}\mu m^2$）
1	褐黄色含细砾长石质岩屑粗砂岩	7 号孔，12.60m	0.285	0.104
2	土黄色含细砾长石质岩屑粗砂岩	7 号孔，14.80m	0.804	0.531
3	灰色长石质岩屑中砂岩	7 号孔，19.51m	0.130	0.099
4	浅灰色长石质岩屑粗砂岩	7 号孔，22.20m	0.164	0.099
5	浅灰色长石质岩屑粗砂岩	7 号孔，25.69m	0.226	0.149

2.2.3 燃煤造成的大气 SO_2 污染

据文献报道，由于工业生产和生活用煤、煤矸石堆自燃等，云冈石窟地区大气中 SO_2 含量严重超标[15]。云冈石窟文物研究所在 1988 年至 1997 年对窟内外空气中 SO_2 含量和雨水酸碱度进行监测，发现 SO_2 日均值窟外为 0.093 毫克 / 立方米，第 5 窟内为 0.064 毫克 / 立方米，第 16 窟内为 0.075 毫克 / 立方米；雨水 pH 值平均为 6.75。

溶解有丰富 SO_2 的酸性水溶液加剧了碳酸盐胶结物的溶解，也是云冈石窟地区石膏、泻利盐等硫酸盐类次生矿物广泛分布的重要原因。

3　与碳酸盐胶结物风化有关的文物病害形态

经历了漫长风化作用的云冈石窟，其残留石雕表面呈现多种风化病害形态。其中，与砂岩中碳酸盐胶结物化学风化有关的包括变色、条纹状切割、沙化等，它们对石窟的文物价值造成了严重的破坏。

3.1　变色

如前文所述，云冈石窟石雕岩体在未风化时主要呈灰绿色、灰色。在其所含碳酸盐胶结物遭受一定程度风化后，由于铁锈色物质大量形成、次生盐类矿物积聚于表面等，将使石雕颜色发生改变。一般而言，无次生盐类矿物显著集聚的石雕表面多呈土黄色和以土黄色为主的杂色（图版 –8、9）；洞窟北壁，特别是其下部的石雕表面，因次生盐类矿物丰富，往往呈白色、灰白色（图版 –10）。

石雕表面变色，尤其是不均匀变色，使其视觉效果变差，有明显积盐的石雕其表面的完整性也往往受到破坏（见下文"沙化"部分）。

3.2　条纹状切割

表现为石雕表面被疏密不等、形态不一的凹入条纹切割（图版 –9），本次研究测得的最大切割深度达 20 厘米。其成因在于水溶液顺层理界面进入并将界面两侧的碳酸盐胶结物溶解，从而导致碎屑颗粒等岩石组分脱落、界面间距扩大，使原本均一完好的石雕表面出现各种层理的痕迹。

此种病害形态分布广泛，在云冈窟区各洞窟内、外部的石雕表面均可见到。其危害在于使石雕表面的完整性和视觉效果均受到严重影响。

3.3　沙化

表现为石雕表面疏松并呈碎屑状自然脱落。这种现象的形成与水溶液长期作用于石雕岩体而使其浅表部碳酸盐胶结物溶解殆尽，甚至连微斜长石等砂岩骨架组分也严重风化和次生盐类矿物在岩体浅表部结晶膨胀等有关。

此种病害形态多见于云冈窟区渗水较显著部位的石雕（图版 –10）。受其影响，石雕多损毁严重，甚至面目全非。

4　结论

（1）云冈石窟地区云冈组上段砂岩中的碳酸盐胶结物主要由含铁方解石和含铁白云石组成，其含量普遍在 10% 以上。

（2）砂岩中碳酸盐胶结物化学风化反应的方式包括含铁方解石及含铁白云石溶解，Fe^{2+} 离子氧化及 Fe^{3+} 离子水解，石膏、泻利盐、水碳镁石、球碳镁石等次生盐类矿物结晶等；影响碳酸盐胶结物化学风化的主要外因包括多种形态的水、砂岩体裂隙和层理发育及大气 SO_2 污染等。

（3）与碳酸盐胶结物风化有关的石雕病害形态包括变色、条纹状切割、沙化等，它们对石窟的文物价值造成了严重的破坏。

参考文献：

[1] 池茂花，丁若亭 . 云冈石窟顶部渗水严重 [EB /OL]. 维修工程十月动工 . 新华网，2002. 2. 9.

[2] 黄继忠 . 云冈石窟地质特征研究 [J]. 东南文化，2003（5）：91—93.

[3] 王随继 . 大同盆地中侏罗世河流沉积体系及古河型演化 [J] . 沉积学报，2001，19（4）：501—505.

[4] 黄克忠，解廷藩 . 云冈石窟石雕的风化与保护 [C] // 潘别桐，黄克忠 . 文物保护与环境地质 . 武汉：中国地质大学出版社，1992: 19—33.

[5] 张赞勋，付林森，姚金石等 . 大足石刻砂岩的岩石学特征 [J]. 重庆建筑大学学报，1995，17（2）：58—62.

[6] 李最雄 . 丝绸之路石窟的岩石特征及加固 [J] . 敦煌研究，2002（4）：73—83.

[7] 李黎，谷本亲伯 . 龙游石窟地质环境及病害的初步调查 [J] . 敦煌研究，2002（4）：92—96.

[8] 陈丽华，姜在兴 . 储层实验测试技术 [M]. 东营：石油大学出版社，1994: 16—17，207—214.

[9] 翁金桃 . 方解石和白云石的差异溶蚀作用 [J] . 中国岩溶，1984（1）：29—36.

[10] 杨俊杰，黄思静，张又正，等 . 表生和埋藏成岩作用的温压条件下不同组成碳酸盐岩溶蚀成岩过程的实验模拟 [J]. 沉积学报，1995，13（4）：49—53.

[11] 郑浚茂，庞明编 . 碎屑储集岩的成岩作用研究 [M]. 武汉：中国地质大学出版社，1989: 10.

[12] 刘再华，W Dreybrodt. DBL 理论模型及方解石溶解、沉积速率预报 [J]. 中国岩溶，1998，17（1）：1—7.

[13] 徐拔和著 . 土壤化学选论 [M] . 北京：科学出版社，1986: 71—72.

[14] 郭桂香 . 世纪维修 [J]. 中国文化遗产，2004（1）：12—23.

[15] 李海，石云龙，黄继忠等 . 大气污染对云冈石窟的风化侵蚀及防护对策 [J]. 环境保护，2003（10）：44—47.

（原文刊载于《中国岩溶》2005 年第 1 期）

图　版

图版说明：1. 岩屑砂岩中的石英岩岩屑（A）、白云母石英片岩岩屑（B）、石英（Q）等（第 3 窟主室东壁，正交光，×40）；2. 长石质岩屑砂岩中的微斜长石碎屑（M）等（第 3 窟内 1 号平硐口西侧，正交光，×100）；3. 含铁方解石（紫红色）充填碎屑颗粒（F）间孔隙（7 号孔，12.60 米；单偏光，×40）；4. 含铁方解石（紫红色）与含铁白云石（淡蓝色）一起充填碎屑颗粒（F）间孔隙（7 号孔，22.20 米；单偏光，×40）；5. 碎屑颗粒（F）间含铁方解石（紫红色）部分溶解后形成孔隙（P）和铁锈色残留边；其未溶解部分呈悬浮状、残留边状（1 号孔，27.99 米；单偏光，×100）；6. 碳酸盐胶结物风化后在岩芯上呈现的密集铁锈色斑点（3 号孔，31.46 米）；7. 含铁白云石（淡蓝色）风化后形成丰富的铁锈色物质（第 2、3 窟间崖壁表面；单偏光，×40）；8. 石雕表面因风化而呈以土黄色为主的杂色（第 20 窟"露天大佛"）；9. 石雕表面因水溶液活动引起的条纹状切割及变色（第 14 窟东壁）；10. 石雕表面沙化并变色（灰白）（第 18 窟北壁底部）

云冈堡土遗址病害调查及其防治措施建议

任建光　黄继忠　石云龙　李　海　杨成全　卢玉和

在云冈石窟的崖前、窟顶残留着两座城堡，合称为"云冈堡"，据清代雍正《朔平府志·武备》卷八记载："云冈堡，建于前明嘉靖三十七年，万历甲戌改建于冈上，"同卷又云："云冈堡，今裁，归左云县，改为民堡。"说明云冈下堡于明嘉靖三十七年（1558）在崖前修建，云冈上堡于万历二年（1574）在云冈洞窟顶上新建，为形成犄角之势，随又修建东西八字墙，将上下两堡连在一起，构成了封闭的防守体系；在明代"云冈堡"为屯兵城堡，进入清朝驻军撤销后，成了当地百姓居住的村庄。有的学者考证认为，云冈下堡是在一座叫"石佛寺堡"废弃旧堡的基础上重新修建的 [1, 2]。云冈上堡于 1989 年进行过考古发掘，出土了明代以来古人居住的房屋遗址。由于云冈堡特殊的历史地位，2001 年作为云冈石窟的重要组成部分被列入《世界遗产名录》。

几百年来，由于自然侵蚀和人为因素的破坏，特别是土质力学强度低，遇水易崩解、松散等自身因素的影响，目前云冈下堡几近湮灭，仅存迎薰门以西和以南部分堡墙，云冈上堡保存相对完整，但风化破坏也十分严重。为了对该遗址进行抢救性保护提供科学依据，我们对云冈堡的现状进行了调查，并提出相应的防治措施建议。

1　云冈堡的布局形制和建造工艺

1.1　云冈堡的布局形制

关于云冈堡的形制和布局文献中提及较少，仅光绪《左云县志》卷三有简单叙述："云冈堡，……新旧二堡……旧者仍留，以便行旅；新者尚土筑，女墙系包砖，共高三丈五尺，周围一里五分"；云冈石窟研究院藏碑《重修云冈堡记》也简略记述嘉靖筑堡工程的概况："古者，石佛寺通西四卫道也，……用本堡军士河南运土，修造堡门一□、□楼一座；筑堡东面敌台三座，上盖城楼□间；修公馆二所；修塌堡墙一面，周围栏□墙，挑洗壕堑；修盖披塌营房百间，改□□装，什物鲜明；要路挑□，赚窖三百余个；□饬火路烽燧、墩台十座"。当时的云冈堡盛况，现在已看不出完整的样式。

张焯根据 1939 年秋在云冈石窟进行调查、测绘的日本学者拍摄的航空照绘制了"云冈堡示意图" [1]，见图 1。云冈下堡在石窟前，大致为纵向长方形，今只剩下了迎薰门以西和以南部分堡墙。云冈上堡位于石窟顶部的山岗上，城堡呈长方形，东西约 190 米、南北约 150 米；南堡墙正中为堡门，堡门外是形状呈大半圆的瓮城，瓮城门开向西面，与堡门方向接近 90 度，两城门均留有一些砖砌痕迹，其平面形制和规模比较清晰。

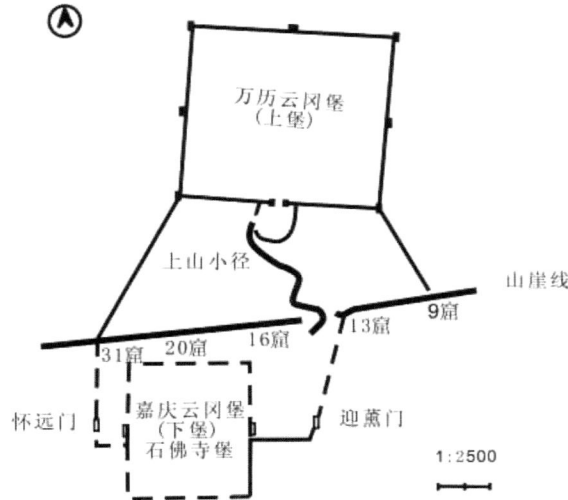

图 1　云冈堡示意图

1.2 云冈堡的建造工艺

云冈堡和东西八字墙建造工艺比较简单，在生土中挖造基础，采用粉土夯筑的方法建造，土层一般厚13—20厘米不等。云冈下堡建造在十里河河床阶地上，墙体分为两重，外层（东侧）斜压内层（西侧），土质混杂，夯筑疏松；内层土质纯净，夯体坚硬，被包压的夯土比包压它的土层更古老[1]。云冈上堡建造在石窟顶部第四纪高台地表层上，属古河床相的冲洪积层，主要岩性为轻亚黏土；根据西南角墙体坍塌残留断面清理情况观察，最下层为宽约13米的夯土台基，没有分层，整体夯筑，由于没有清理到底部，厚度不详，土质强度比较大，为淡棕红色，内有大量白灰状物质；其上为宽约9米的夯土台基，也为整体夯筑，厚约1米，土质强度大，为淡灰黑色，内无白灰状物质；台基上为两层厚约20厘米的夯土层，即为城堡的墙体部分。云冈上堡前的瓮城建造工艺相对复杂，其台基呈长方形，粉土夯筑层厚约15厘米，中间夹杂0.1—5厘米不等磨圆度比较差的小石子；瓮城墙体由两部分组成，紧靠台基的部分由两层土层相继夯筑而成，一层厚为3—4厘米，质地比较坚硬，灰黑色，有比较均匀的白灰状粉末；另一层厚为12厘米，颜色发黄，比相邻土层硬度小，夹杂有白石灰。城墙上部分土层是由厚约20厘米的土层夯筑的，为粉沙土，内有少量的白灰，夹杂小石块。

2　云冈堡保存现状调查

2.1　云冈上堡瓮城

台基：呈长方形，东西长30.9米、南北宽8.3米、最高约6米。台基立面发育有孔洞、裂隙和20条冲沟，并有坍塌现象和灰黑色表面沉积，以鳞片、鳞块状风化为主。

瓮城：东西长约30米、南北25米、墙体高9米、墙基宽8米、顶部宽4.5米。瓮城门南侧墙基处石条砌建遗址，上面的砌砖已被破坏，两侧墙段面上发育有5条裂隙和一条冲沟，门洞墙基处有一处人工破坏痕迹。瓮城墙体外侧面发育5条裂隙和一条冲沟，以鳞片和鳞块状风化为主。瓮城墙体内侧上有20条冲沟发育和一处坍塌，以片状风化为主。整个墙基都有蚀空病害现象。

2.2　云冈上堡

城堡门：云冈上堡门遗址南北长 14.7 米、东西宽 6.7 米，在门洞两侧的墙基下有古砖和石条砌建遗址，在距地面 4m 高的两侧马面端面上，有厚约 50 厘米砖砌层。堡门两侧有 5 条裂隙发育和片状风化层，墙基处有蚀空现象。

城堡南墙：墙体顶部宽约 4.5 米、高 9 米，堡墙内侧面有片状风化、两处大片坍塌和 6 条冲沟发育。墙体外侧面发育有 8 条冲沟和 2 条裂隙，距地面 6 米高的墙体面上有一处房屋遗址，以鳞片和鳞块状风化为主，并有灰黑色表面沉积。整个墙基都有蚀空风化现象产生。

城堡东墙：保存最完好，墙体高 9 米。墙体内侧面发育有 17 个大孔洞、18 条冲沟和 6 条裂隙，中间马面基部有一个坍塌空洞。堡墙外侧面上发育有 11 条冲沟和 3 条裂隙，中间马面基部还有一个人为挖凿的水平洞穴。整个墙面以片状风化为主。并有表面沉积。

城堡北墙：人为破坏严重，豁口 5 处，宽 4—5 米、高 2—3 米，其中二处是旧房屋遗址；内侧墙面发育有 10 条冲沟和 30 个孔洞。外侧墙面风化比较严重，以条、带状风化和洞穴状风化为主。墙基有风化蚀空现象。

城堡西墙：墙体上有一处大面积坍塌和 2 处豁口，豁口宽约 4 米、高 3 米。墙体内侧面有 4 条冲沟发育。墙体外侧墙面发育冲沟 3 条，以条、带状和洞穴状风化为主，并有灰黑色表面沉积。

2.3　八字墙

墙高 12 米、顶部宽 2.5 米。西八字墙 107.5 米，毁坏严重，墙体上有一处坍塌和 7 条冲沟发育。东八字墙长 80 米，保存较完好，墙体上发育有 5 条冲沟和一条裂隙，以鳞片和片状风化为主，墙基处有风化蚀空现象。

2.4　云冈下堡

云冈下堡坍塌破坏比较严重，除了迎薰门以西和以南部分堡墙以及怀远门以南墙体还存在外，其他墙体不复存在。迎薰门向西的东西墙体长约 54 米，高仅剩 4 米，在墙体内侧有 20 米长的错动坍塌，墙面上发育有裂隙和冲沟。南北墙体长 49 米，高仅剩 3 米左右，有 4 处修补痕迹。

3　云冈堡主要病害类型及成因

由于云冈堡处于骤热骤冷干燥的气候环境中，秋冬春季风力比较强劲，且时有沙尘暴发生，再加上雨水冲刷，造成云冈堡的破坏十分明显。主要病害有下列几种：

3.1　裂隙

土体裂隙是云冈堡中常见的早期病害现象。它是在强烈日温差所引起的反复胀缩、地震和冻融等自然因素的影响下，使墙体产生许多纵向的裂隙。裂隙在云冈堡墙体上随处可见，其中瓮城、城堡东墙和下堡墙体裂隙发育比较多。

3.2　坍塌

墙体坍塌是云冈堡中破坏最严重的病害现象。主要因素是自重、地震、暴雨侵蚀等自然灾害和人为破坏，最终形成不稳定土体，从而产生坍塌。其中八字东墙和城堡东墙坍塌现象少，保存比较完好，其他墙体破坏都非常严重。

3.3　蚀空

云冈堡墙体中含有较多的方解石，在冻融反复作用下，方解石易产生风化。另外云冈堡土体中含有可溶盐，可溶盐随雨水迁移富积在墙基处，随环境温湿度频繁变化，可溶盐溶解膨胀—结晶收缩—再溶胀—再收缩，并在风力的吹蚀下，云冈堡墙基的风化蚀空现象非常普遍。

3.4　风化

风化病害是云冈堡最普遍的病害之一，一般发生在墙体的土体表层。表层土体在风吹、雨淋等自然因素作用下，土体强度下降、颗粒黏结力降低，继而引起的表层酥碱、剥离和剥落情况。几百年来，风化作用一直侵蚀破坏云冈堡墙体，使墙体变薄、坍塌以致最后消失。其风化表现形式多为片状、鳞片和鳞块状、条带状和洞穴状风化。鳞片和鳞块状风化主要分布在瓮城外墙面、城堡南墙体外侧面、八字东墙内侧面，主要影响因素是雨水冲刷和日光照射；条带状风化主要分布在城堡西墙的外侧和北墙的外侧，主要影响因素是西北风吹蚀；洞穴状风化形式主要分布在城基台立面、东墙内侧面、北墙和西墙内外侧面等。

3.5　冲沟发育

云冈堡降雨集中，雨水在墙体顶部汇集成水流，沿着裂隙或墙面流下来，使墙体表面形成冲沟。这种病害对云冈堡的毁坏非常严重，其中瓮城和城堡东墙冲沟发育程度比较严重。

3.6　人为破坏

明朝后云冈堡一直无人管理，云冈石窟保护区划规以前，上堡内外是耕地，再加上游客攀爬照相，墙体人为破坏比较严重。最典型的是北堡墙上有 5 处豁口，西堡墙 2 处豁口，南墙 1 处豁口，八字西墙 1 处豁口，这些都是人为轰炸和挖掘所致。另外，城墙顶部受破坏严重，堡内人行小道纵横交错。

总之，对云冈堡破坏最为严重的是人为破坏，其次是冲沟发育病害和自然坍塌现象。

4　云冈堡的保护应对措施建议

云冈堡为明代珍贵的历史遗存，其维护须按照文物保护的相关规则进行，工程应分为保护对策研究和保护工程两部分进行。

4.1　保护对策研究部分

4.1.1　云冈堡的形制、布局研究

云冈上堡布局清晰，云冈下堡几乎全部消失，两堡的形制资料更加缺乏。为给保护修复和旅游展示提供依据，需要对同时代的同类遗存做深入的研究考证。

4.1.2　云冈堡病害影响因素监测和测试

云冈堡病害严重，影响因素分为内、外部环境因素，对云冈堡墙体土质和环境因素进行成分分析测试

和监测，是进行保护对策研究的基础资料：

（1）云冈堡墙体土质成分分析测试、力学强度测试、遇水崩解试验、冻融实验、可溶盐测试；

（2）云冈堡自然环境因素监测，包括：温度、湿度、风力、雨水和堡内地下水监测；

（3）云冈堡周边环境监测，包括：污染气体、震动监测和人为破坏评价。

4.1.3 保护对策研究

针对云冈堡的保存现状、存在病害及成因，我们对其保护措施进行以下科学研究：

（1）防风化材料研究；（2）锚固技术研究；（3）灌浆材料及工艺研究；（4）补砌材料与工艺研究。

4.2 云冈堡的保护工程部分

在前期调查资料和保护对策研究的基础上，进行有效的云冈堡保护工程，工程步骤如下：

4.2.1 考古清理发掘

在采取加固工程之前，首先对云冈堡遗址及四周进行考古清理发掘，对周围的浮土进行清理，以免考古信息的流失，揭示其文化内涵。

4.2.2 墙基加固

墙基加固主要采用土坯和夯土相结合的方法进行支护加固，然后作旧处理。

4.2.3 坍塌墙体夯补

对已经坍塌的墙体和台基要进行夯补，主要注意的问题是怎样和原墙体衔接[3]。

4.2.4 裂隙灌浆

采用专用的灌浆材料对云冈堡裂隙进行封闭注浆。

4.2.5 表面防风化加固

对云冈堡墙体表面风化病害部位，可采用特殊的锚固技术与专用的防风化浆液相结合的工艺进行加固[3]。

4.2.6 冲沟处理

对云冈堡墙体的冲沟问题，可采用补砌材料与工艺研究的成果进行加固，然后作旧处理。

4.2.7 排水问题处理

对处于水道边沿的墙基设置防水挡墙等设施，使水流不能直接冲击遗址本体；同时在水流冲出的地方建排水沟，排水沟应低于目前的地面，并且保证城堡内部的排水畅通。

4.2.8 防止人为破坏

由于云冈堡有专人看管，只需设置高度为1.3米左右的木质防护栏杆，但其木材要经过特殊的防腐处理。

4.2.9 恢复保护性砖墙建筑

为了更有效地保护云冈堡遗址，在处理完裂隙和冲沟、夯补墙体、墙面风化加固后，根据翔实的历史文献，可以恢复保护性砖墙建筑。

综上所述，云冈堡为明代历史遗迹，长期以来，自然和人为因素的影响，使得云冈堡墙体风化、坍塌破坏十分严重，其保护存在迫切性和必要性。只有在广泛调查和细致科学研究的基础上，通过采取灌浆、锚固、表面防风化处理和恢复保护性砖墙等防护措施，才使得云冈堡面临坍塌的现状得到彻底的改善，既达到了修旧如旧的效果，又很好地延缓了云冈堡的寿命。

参考文献：

[1]　张焯. 云冈石窟编年史 [M]. 北京：文物出版社，2006.

[2]　云冈石窟文物研究所. 云冈石窟大事记 [M]. 北京：文物出版社，2005.

[3]　李最雄. 丝绸之路古遗址保护 [M]. 北京：科学出版社，2003.

（原文刊载于《山西大同大学》（自然科学版）2009 年第 3 期）

水岩作用对云冈石窟石雕风化破坏的化学效应研究

黄继忠　袁道先　万　力　闫宏彬

1　云冈石窟的风化病害

云冈石窟位于中国首都北京以西 300 千米外的山西省大同市，石窟依西郊武州（周）山北崖开凿，东西绵延 1000 米。现存主要洞窟 45 个，大小造像 59000 余尊，是中国规模最大的古代石窟群之一。1961 年，中华人民共和国国务院公布云冈石窟为全国重点文物保护单位。2001 年，云冈石窟被列入《世界遗产名录》。

云冈石窟开凿于公元 460 年，距今已有 1500 多年的历史。历史上云冈石窟号称大小石佛 10 万尊，但由于自然界各种营力的作用和人为的破坏，目前仅存造像 59000 余尊。风化或被盗的雕像减少了四成多，其中被盗雕像 1000 余尊，其余皆为自然风化。可见，自然风化对云冈石窟造成极大的破坏，是石窟保存的最大的问题。

多年的研究表明，水的作用是石窟风化的主要原因。水的作用而引起的石窟雕刻的主要病害类型有：粉末状、絮状、钟乳状与泉华状风化，叶片状（薄壳状）风化，带状与洞穴状风化等 [1-2]。

2　影响云冈石窟保存的水的来源

2.1　窟顶与窟壁裂隙直接渗水

当窟顶与窟壁存在与上部岩体贯通的裂隙时，雨水可以通过裂隙直接渗入洞窟，导致石窟文物风化。

2.2　窟壁泥岩上部渗水

当大气降水沿砂岩裂隙下渗，遇窟壁出露的页岩或泥岩夹层时，就成为局部上层滞水，并沿泥岩与砂岩的接触面渗出，导致石雕风化。

2.3　窟底毛细水

云冈石窟 21 个大的洞窟中，过去有 14 个长期积水，有 7 个窟内地面低于窟外，雨水经常倒灌入窟内。在这种条件下，砂岩较大的孔隙产生的毛细作用高达 2 米左右，使窟壁及石雕下部 2 米以下的雕刻普遍严重风化。经过 40 余年的治理，加之周边煤矿开采已使地下水位降低至窟底以下十余米，窟底毛细水的风化作用已基本得到控制。

2.4　第 2 窟泉水

云冈石窟第 2 窟中常年流淌的泉水——二窟泉。出露点标高为 1142.5 米，高于地下水位（1126 米）约 16.5 米。在 1964 年的加固工程中，已经降低泉水出露高度，开挖深部暗沟导流。泉水目前对石窟已基本无影响。

2.5 空气凝结水

云冈石窟夏季窟内外的温差较大，且空气湿度大，雨季时最大可达100%，当热湿空气进入石窟，遇到温度较低的岩石时，便在岩石表面形成凝结水。

2.6 雨水的直接冲涮

云冈石窟洞窟外壁面直接暴露在外，雨水可以直接冲刷壁面雕刻，已使外壁雕刻严重地风化，不少洞窟外壁雕刻已荡然无存。第9、10窟和第12窟窟前列柱也变得越来越细，长此以往甚至有可能造成列柱的失稳，危及这些洞窟的安全。

可见，目前影响云冈石窟保存的水源主要是：窟顶与窟壁裂隙直接渗水、窟壁泥岩上部渗水、空气凝结水和雨水的直接冲涮。

3　影响云冈石窟石雕保存的水的特征

2003年，我们分别对云冈石窟周围的各种天然水包括矿井水、机井水、第2窟泉水、河水、石窟渗水、雨（雪）水、钻孔内和探坑内积水的化学成分进行了分析，结果见表1。与20世纪60年代第2窟泉水水质分析的结果进行的比较见表2。

表1　云冈石窟天然水化学分析结果表[①]

名称	取样地点	水化学成分（毫克／升）									矿化度（毫克／升）	取样时间
		pH	Ca^{2+}	Mg^{2+}	K^+	Na^+	HCO_3^-	CO_3^2	SO_4^{2-}	CL^-		
地下水	云冈机井（120m）	6.83	234.90	163.35	15.20	205.0	385.49	—	941.36	315.54	2269.54	2003.1.16
地下水	二泉窟	6.79	59.03	40.50	2.60	71.0	286.85		84.43	97.64	642.06	2003.1.16
矿井水	晋华宫煤矿	7.28	283.05	209.14	72.80	285.0	512.69		1514.69	272.0	3149.37	2003.1.17
河水	十里河	6.75	289.88	157.70	50.00	297.0	360.83		1349.96	313.84	2819.21	2003.1.16
地下水	水泉村泉水	7.00	95.70	48.05	2.32	30.62	344.87		145.90	34.08	701.54	2003.2.26
地下水	水泉村机井	7.43	76.12	43.24	1.99	28.56	332.27		90.96	36.81	609.95	2003.2.25
石窟渗水	云冈第3窟	7.30	20.51	36.74	2.16	9.87	190.80		51.11	13.63	324.82	2003.2.25
雪水	云冈	6.59	23.72	4.71	0.91	1.11	45.43		30.17	12.27	118.32	2003.2.25
井水	云冈村	6.99	330.96	129.94	10.79	155.8	350.45		937.62	313.54	2229.09	2003.4.14
泉水	二窟泉	7.33	65.73	41.85	1.91	54.53	372.57		100.44	88.61	634.64	2003.4.14
地下水	B7孔	7.09	59.16	48.43	4.73	45.25	428.33		79.86	28.63	694.09	2003.4.14
地下水	T7探井	7.18	60.43	30.09	1.25	19.73	275.17		68.03	27.26	482.00	2003.4.14
雨水	云冈院内	6.36	18.90	2.19		4.83	48.67		16.21	6.82	97.62	2003.8.15

[①] 建设综合勘察研究设计院：《云冈石窟防水保护工程岩土勘察报告》，2004年。

表 2　20 世纪 60 年代云冈石窟第 2 窟泉水与 2003 年水质分析对比表[①]

pH	水化学成分（毫克 / 升）							矿化度（毫克 / 升）	取样时间
	Ca^{2+}	Mg^{2+}	$K^+ + Na^+$	HCO_3^-	CO_3^{2-}	SO_4^{2-}	Cl^-		
8.7	28.236	23.35	32.407	178.361		38.592	25.347		1960.12.23
7.7	32.25	28.87	57.72	255.50		62.11	28.44		1962.06.14
7.7	33.81	30.48	40.88	235.30		55.14	22.90		1962.09.13
6.79	59.03	40.50	62.71	286.85		84.43	97.64	642.06	2003.01.16
7.33	65.73	41.85	93.07	372.57		100.44	88.61	634.64	2003.04.14

3.1　云冈石窟天然水矿化度、SO_4^{2-}、Cl^- 化学分析结果

根据表 1 对云冈石窟天然水化学分析结果进行矿化度、SO_4^{2-}、Cl^- 对比得出：

（1）第 3 窟渗水的矿化度、SO_4^{2-}、Cl^- 最接近雪水，说明是雪融后很快渗入窟内的。

（2）云冈石窟顶部钻孔 B6、B7、B1、T3、第 3 窟水、二窟泉几个水样和雪水矿化度都小于 1000 毫克 / 升，属于地下水补给循环条件较好的一类，可视为一个含水体系。

（3）矿坑水、云冈村井、钻孔 B3、B10，矿化度相对较高，与煤矿中排水属同一类，为深层地下水，水循环比较弱，与大气降水没有直接水力联系，主要受深部地层水化学环境的影响。

3.2　云冈石窟天然水中 pH 和 HCO_3^- 浓度化学分析结果

根据表 1 对云冈石窟天然水化学分析结果进行水中 pH 和 HCO_3^- 浓度比较可以看出，泉水和渗水中的 HCO_3^- 比雪水和雨水高，而泉水更高，说明降雨携带的碳酸盐组分少；相反泉水则是具有一定补给面积的输出，并发育于岩土界面或岩石裂隙中，泉水在出露前有较充分的时间和空间与碳酸岩作用，携带大量的碳酸盐组分（接近地下水的含量）；而洞窟渗水由于是降雨之后短时间地与碳酸盐组分接触，因而其携带的碳酸盐组分较前者多而较后者少，介于二者之间。

同样地，雨水和雪水的 pH 值也较渗水和泉水低，表现为低 pH 值的强腐蚀性水。

3.3　云冈石窟第 2 窟不同年代水质分析结果

根据表 2 将 20 世纪 60 年代云冈石窟第 2 窟泉水与 2003 年水质分析结果进行比较可以看出，2003 年云冈石窟第 2 窟泉水 pH 值与 20 世纪 60 年代比较有明显的降低趋势，特别是冬季污染严重时，更加明显，甚至出现呈酸性的情形。同时，各种阴阳离子的含量也明显增加，特别是 $K^+ + Na^+$、SO_4^{2-}、Cl^- 的变化更加明显。这一变化与云冈石窟目前环境污染状况较严重有着密切的关系。

4　影响云冈石窟石雕风化的盐类沉积物

云冈石窟洞窟内各壁面分布着各种形态和性质的盐类，石窟中石雕风化与盐类沉积有着密不可分的关系。通常盐类沉积的地方，往往水的活动比较频繁，如地下水的毛细带、渗水裂隙以及易形成凝结水的部位。

---

① 黄继忠，袁道先：《水岩作用与云冈石窟石雕风化病害机理研究》（中国地质科学院博士论文），2005 年。

这些部位常是盐类沉积的地方，同时也是风化病害最严重的地方。盐类在石雕表面的聚积对云冈石窟造成了严重的危害。

4.1　盐类沉淀物的来源

（1）人类活动

历史上人为因素引起的盐类来源：明清以来，云冈石窟一度被废弃，后有士兵和村民在此居住生活。有时在此圈养牲畜。这些因素极有可能是造成洞窟内下部盐类富集的原因之一。

不恰当的维修产生的盐类：近代文物工作者在石窟开展了大量的保护维修工作，特别是在早期加固石窟的过程中大量使用普通水泥，造成其周围石雕内部盐分含量明显高于其他地方，这一现象在云冈石窟早年维修过的洞窟几乎随处可见。

环境污染造成的盐类的增加：近现代工业生产是石雕表面盐分的又一来源[①]。

（2）盐类沉积形成的主要自然因素

针对云冈石窟顶部第四纪黄土层、钻孔中各种岩石样品以及洞窟渗水进行的研究表明：第四纪黄土中和各种岩石样品中都不同程度地含有可溶性盐类，而这些含有可溶性盐类的黄土层和岩石正是已经遭受污染而呈酸性的云冈石窟大气降雨进入洞窟的必由之路。受污染的大气降水不断地淋滤黄土和岩石中的可溶性的盐类，并通过一定的途径到达洞窟内岩石的表面蒸发，即可在岩石表面留下大量的可溶性盐，盐类的不断累积，不断地随着水的运动而运移，对石窟造成了严重和更广泛破坏性的影响。

5　石雕风化过程中的水岩作用对岩体（石雕）的化学效应研究

云冈石窟石雕风化过程中，各种来源的水与岩体（石雕）发生了极其复杂而长期的反应。其中，较为重要的反应方式有：碳酸盐胶结物溶解，碎屑长石水解，盐类矿物结晶，氧化铁及氢氧化铁矿物形成和转变。

5.1　碳酸盐胶结物溶解

云冈地区碎屑岩埋藏成岩作用的研究表明[3-6]，各种碳酸盐矿物是最重要的胶结物质，对岩石（和石雕）力学强度的贡献很大。但是，当原来处于埋藏状态的岩石被抬升到地表或近地表时，由于环境变化，碳酸盐矿物与地表水、空气接触，发生以溶解为显著特征的水岩反应。我们采集的不同的岩石样品中，碳酸盐胶结物被溶解的程度不同。当碳酸盐胶结物发生部分溶解时，剩余碳酸盐呈残留边状、悬浮状存在。同一样品的不同部位，碳酸盐胶结物溶解程度也可能不一致，一般说来，碎屑颗粒内部的碳酸盐胶结物较粒间的更易保存。当岩石中的碳酸盐胶结物发生不同程度的溶解后，便在碎屑颗粒间或粒内形成新的孔隙空间，新生成的孔洞边缘往往出现数量不等的高价铁等元素的氧化物或氢氧化物残留边。

5.2　碎屑长石水解

长石在表生风化环境下的水解作用是一种很普遍的现象，由此而形成的风化产物类型是多种多样的[7-13]。云冈窟区碎屑岩中的长石以微斜长石为主，在埋藏成岩过程中已经历过被高岭石交代等成岩变化，这就使

[①] 黄继忠：《煤尘对云冈石窟石雕的影响》（复旦大学硕士研究生论文），1996 年。

对其表生作用产物的鉴定工作变得较为复杂。

长石是地壳中含量最丰富的矿物。云冈窟区碎屑岩中微斜长石向高岭石转化反应的发生与该地区长期处于风化状态、气候偏旱导致岩体内水溶液渗流活动不强及水溶液矿化度较高有关。

长石风化成伊利石、高岭石等黏土矿物后，导致岩石中刚性颗粒含量减少，力学强度降低，黏土矿物晶粒间微孔隙增加，可溶盐结晶膨胀破坏性增强，石雕发生酥化。

5.3 可溶性盐类矿物结晶

云冈窟区碎屑岩（含石雕）在风化过程中形成了多种可溶性盐类矿物。采用 X 射线衍射、扫描电镜与能谱、偏光显微镜等技术手段可以确定有石膏 $CaSO_4 \cdot 2H_2O$、泻利盐 $Mg_2SO_4 \cdot 7H_2O$、球碳镁 $Mg_5[(OH)(CO_3)_2]_2$ $\cdot 5H_2O$、水碳镁石 $Mg_5[(OH)(CO_3)_2]_2 \cdot 4H_2O$、芒硝 $NaSO_4 \cdot 10H_2O$、石盐 $NaCl$、方解石 $CaCO_3$ 等。

5.4 氧化铁及氢氧化铁矿物形成和转变

云冈地区碎屑岩及石雕风化后，在碳酸盐胶结物溶解形成的孔洞内壁、风化黑云母边缘均有较多的铁锈色物质积聚。它们分别是碳酸盐胶结物和碎屑黑云母中的 Fe^{2+} 氧化成 Fe^{3+}，并进一步水解形成的[14-15]。

借助于扫描电镜，我们在云冈地区部分风化岩石样品中发现一些微小针状矿物，其化学成分以 Fe 为主，推测其为针铁矿。而另一些呈网状形态的风化产物，则不仅含 Fe，而且富含 Ti、Mn 等，其矿物成分可能较复杂。

6 结论

水岩作用在云冈石窟岩体的形成和变化过程中广泛存在着。全面而深入地认识云冈石窟石雕风化过程中的水岩作用过程，对于全面深入认识石窟风化机理具有十分重要的意义。

云冈石窟砂岩岩体和石雕的化学风化过程中，发生了一系列水岩化学反应。其中，较为重要的反应方式有：碳酸盐胶结物溶解、碎屑长石水解、盐类矿物结晶、氧化铁及氢氧化铁矿物形成和转变。其中，碳酸盐胶结物溶解是较早发生且对岩体强度软化影响最大的水岩反应方式；长石等铝硅酸盐矿物水解也在整体上降低了岩石的力学强度；可溶盐类矿物结晶主要削弱了已风化岩石表面颗粒之间的连接力；富铁质胶结物的细粒岩石，在较长时间浸水、赤铁矿发生转变的过程中，其力学强度也将受到破坏。

参考文献：

[1] 王大纯，沈孝宇．云冈石窟工程地质问题 [R]．北京：北京地质学院，1960.

[2] 林茂炳，赵不忆．大同云冈石窟岩石风化调查报告 [R].1964.

[3] 陈庸勋，戴东林．山西省大同地区侏罗系的沉积相 [J]．地质学报，1962，42（3）：321—332.

[4] 程守田，黄焱球，付雪洪．早中侏罗世大鄂尔多斯古地理重建与内陆坳陷的发育演化 [J]．沉积学报，1997，15（4）：43—49.

[5] 王随继．大同盆地中侏罗世河流沉积体系及古河型演化 [J]．沉积学报，2001，19（4）：501—505.

[6] 山西省地质矿产局．山西省岩石地层 [M]．武汉：中国地质大学出版社，1997：231—233，

[7]　马在平 . 我国热带亚热带部分长石风化产物研究 [J]. 石油大学学报（自然科学版），1998，22（5）：14—18.

[8]　Eggleton，R.A. and Buseck，P.R. High resolution electron microscopy of feldspar weathering [J]. Clays & Clay Minerals，1980，28（1）：173—178.

[9]　Wilson, M.J. Chemical weathering of some primaryrock–forming minerals[J]. Soil Science, 1975, 119（5）：349—355.

[10]　Parham, W.E.. Formation of halloysite from feldspar：low temperature, artificial weathering versus natural weathering [J]. Clays & Clay Minerals, 1969, 17（1）：17—22.

[11]　Keller, W.D.. Kaolinization of feldspar as displayed in scanning electron micrographs[J]. Geology, 1978, 6：184—188.

[12]　Geong, G.Y. et al. Boxwork fabric of halloysite–rich Kaolin formed by weathering of anorthosite in the Sancheong Area, Korea [J]. Clays and Clay Minerals, 1993, 41（1）：56—65.

[13]　Huang, W.H. Stabilities of kaolinite and halloysite in relation to weathering of feldspar and nepheline in aqeous solution[J]. American Mineralogist, 1974, 59：365—371.

[14]　徐拔和 . 土壤化学选论 [M]. 北京：科学出版社，1986：71—72.

[15]　章明奎 . 赤铁矿在淹水还原条件下转化的实验室观察 [J]. 土壤通报，1993，24（6）：248—249.

（原文刊载于《敦煌研究》2010 年第 6 期）

云冈石窟砂岩表面凝结水形成机制

黄继忠

近几十年来石窟中的雕像风化速度日益突出。

其原因主要有以下两方面：一是，近几十年来环境污染加重，空气中的 CO_2、SO_2 含量增高，增强了水对岩石的侵蚀能力；二是，空气中酸性粉尘悬浮物含量增加，附着在雕像表面上的粉尘与水作用后，也会腐蚀岩石表面。

岩石风化作用中水是最重要的因子，雨水、洞窟渗水、洞底的上升毛细水以及凝结水是石窟中水的主要来源。在文物保护中对防治雨水、洞窟渗水和毛细水已有一些方法和措施，但对凝结水的形成机制和防治认知甚少，原因是目前尚无合适的测量装置来准确测定岩石表面凝结水量，阻碍了凝结水对岩石风化作用的认识。本文中采用新研制的岩石表面凝结水量测量装置，对云冈石窟砂岩表面凝结水量进行实地测量，并探讨了砂岩表面凝结水形成机制及其对岩石风化的影响。

1 试验装置

在密封条件下，让气流循环通过不同的循环路径，分别对岩石表面的凝结过程及产生的凝结量进行研究和测量。

采用的主要仪器有：密封罩、三台数字相对湿度仪（附带测温功能）、两台数字温度计、空气流量计一个、空气循环泵一个、加湿瓶一个、干燥瓶一个，用管路和阀门将其连接，构成一个完整的密闭测量系统。附带一个用于凝结试验的冷却箱。测量图如图 1 所示。

该装置用于室内试验，若稍加改动管路系统，去掉加湿瓶部分，将密封罩直接扣在有凝结水的岩壁上，便可进行实地测量（图 1）。

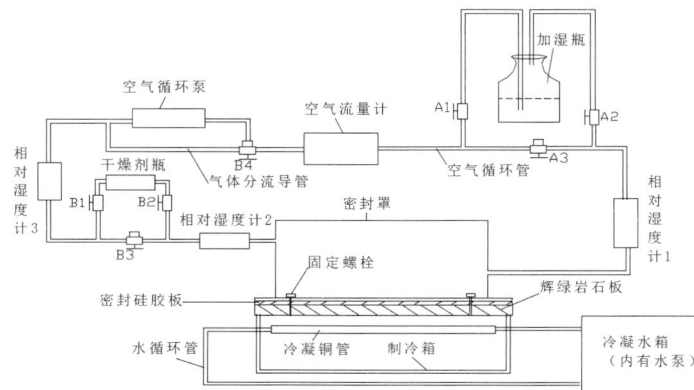

图 1 室内凝结水水量测量装置示意图

1.1　试验装置功能测试

采用不透水的辉绿玢岩板材进行试验装置的性能测试。

1.1.1　凝结试验

关闭 A_3 和 B_1、B_2 阀门，开启 A_1 和 A_2、B_3 阀门，启动气流测量系统和冷却系统。直到岩样表面出现凝结水为止。

1.1.2　凝结水量测量试验

关闭冷却系统，关闭 B_3 和 A_1、A_2 阀门，开启 B_1 和 B_2、A_3 阀门，让气流通过干燥剂瓶，由干燥剂吸收循环气流中的水分，采集相对湿度、空气流量、进、出气口温度、岩样表面温度、密封测量箱内的温度等的数据。直到岩石表面凝结水消失为止。

1.2　凝结水量的测量与计算

方法一：称重法。

方法二：利用进、出口相对湿度之差乘气流量计算凝结水量。

2　室内试验

室内试验的目的有两个：一是检验装置的可靠性；二是测定不同凝结时间和不同粗糙度岩石表面对凝结水量的影响。

试验时装置测定的有效凝结面积为 1000 平方厘米，采用天平称干燥剂称重法来确定凝结量。

2.1　光滑岩石表面的凝结试验

试验中采用吸水性很小的辉绿玢岩石板作为凝结试验板，板面经过磨光处理，粗糙度为 3 级。

为了解凝结量随时间的变化规律，进行了 6 组不同凝结时间的试验，试验时间分别为 40 分钟、80 分钟、120 分钟、160 分钟、200 分钟、240 分钟。不同凝结时间的凝结试验结果如表 1 所示，凝结时间与凝结量关系曲线如图 2 所示。

试验条件为：岩石温度控制在 15℃—17℃；岩石表面与循环空气温差控制在 7℃—10℃；循环风量控制在 0.55—0.60×10^3 L/h 之间；循环空气相对湿度控制在 80%—100% 之间。

表 1　不同凝结时间的凝结试验结果

试验次数	第 1 次	第 2 次	第 3 次	第 4 次	第 5 次	第 6 次
凝结时间 T（min）	40	80	120	160	200	240
凝结量（g）	0.86	1.31	2.2	2.78	4.35	6.89
空气平均相对湿度%	93.20	91.80	91.10	94.30	89.50	91.60
平均风量（×1000L/h）	0.55	0.58	0.55	0.56	0.55	0.55
循环气流与板面温差（℃）	8.4	9.2	8.3	8	8.5	9.5
板面温度（℃）	15.6	14.8	15.3	14.4	15.5	15.7

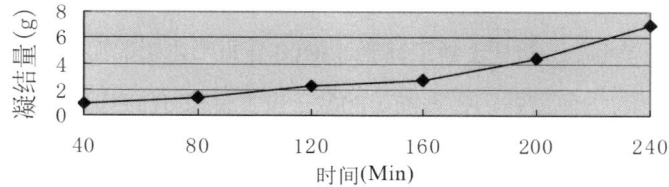

图 2　凝结时间与凝结量关系曲线

2.2　不同粗糙岩石表面的凝结试验

制作粗糙度为 5、7 级的辉绿玢岩石板进行凝结试验。试验条件不变。

结果表明：不同粗糙度岩石表面凝结水量随时间变化曲线与图 2 相近，试验开始前 80 分钟内凝结的速率较快，之后凝结速率较低，随着凝结时间延长到 160 分钟以后，凝结速率逐渐增大，总凝结水量却不及光滑板面来得多，1000 平方厘米面积上仅有 2.2 克。

3　现场凝结水量的测量

3.1　现场条件及测量装置安装

野外试验场地选择在云冈石窟第 3 窟内东侧 20 世纪 60 年代开凿的试验洞内，洞高、宽各约 2 米，深度约 2.5 米。试验装置安装在试验洞的西侧壁上。岩壁为中粒长石、岩屑砂岩，微风化，表面粗糙，相当于标准粗糙度 7 级，洞内岩壁上裂隙不发育，无渗水现象。该试验于 2004 年 8 月进行，试验结果如表 2 所示。

表 2　云冈石窟第 3 窟岩壁凝结水量测量结果

试验	相对湿度（%）		循环气流温度（℃）		洞内温度、湿度		循环气流流量（×10³L/h）	岩石温度（℃）		凝结水量 g/m²
	进气口	出气口	进气口	出气口	温度（℃）	湿度（%）		表面	内部	
第一次	72.74	83.47	19.8	20.6	23.9	72.54	0.5	16.26	15.66	70.3
第二次	76.23	85.43	19.6	21.25	21.1	87.46	0.51	16.51	15.86	91.2

3.2　试验结果及分析

由表 2 可知，所测得的洞窟壁上凝结水量分别为 70.3 克 / 平方米和 91.2 克 / 平方米，显然，它在岩石风化中的作用不可忽视；凝结水量随洞内空气中相对湿度增高而增大；凝结水主要出现在洞内靠山体后壁的岩石表面和内部温度较低处，也就是说，在相对湿度较大的条件下，岩壁与气温温差较大处容易形成凝结水。

4　砂岩表面凝结水形成机制及其对砂岩风化的影响

4.1　砂岩表面凝结水形成机制

云冈石窟窟内、外及窟内气温与岩石表面温差较大，试验期间，洞外气温为 28—31℃，洞内气温为 19—23℃，相差 10℃以上；窟内气温与岩石表面也存在较大温差，第 3 窟内岩壁表面温度为 15.2—

18.4℃，窟内气温为 20.1—25.6℃，而且岩石内部温度比表面温度低 1—2℃，这为凝结水在岩石表面形成提供了良好的物理条件。

当空气中湿度增大时，水汽压增高，岩石表面附近空气温度较低，水汽极易达到饱和，岩石表面的饱和水汽压低于周围空气中的饱和水汽压，于是水汽以附着在岩石表面微粒作为凝结核进行凝结，形成凝结水附着在岩石表面。

值得注意的是云冈石窟内的砂岩并非十分致密，而是一种具有微孔隙、低渗透性的岩石。孔隙主要由砂岩原有孔隙中未被胶结物充填部分，或是胶结物被后期潜蚀作用溶蚀后形成的孔隙组成，架构成一个与外界相沟通的孔隙网络系统，尽管孔隙微小，却足以使气态水分子自由通过。由于砂岩内部温度比表面低，孔隙内部饱和水汽压比外界还低，根据水汽凝结总是最先出现在最低温度界面附近的原则，水汽凝结首先从砂岩外界沟通的孔隙网络中温度最低处开始，逐渐向外扩展，在外界饱和水汽源源不断地供应条件下，孔隙会逐渐被凝结水充满。这意味着，在云冈石窟的凝结水不仅可在岩石表面形成，而且可通过孔隙在岩石内部形成，形成深度受控于孔隙网络发育尺度、与外界联系的通畅性以及温度分布等因素，孔隙中凝结水形成时间可早于岩石表面的凝结水。凝结水主要出现在洞外温度高、洞内温度低、空气相对湿度大的夏秋两季，而干燥的冬春两季则不会出现凝结水。

4.2　凝结水对砂岩风化的影响

云冈石窟中砂岩的风化作用与水的关系十分密切，有水经常活动的地方，砂岩风化通常比较强烈。洞窟中的水主要来源于雨后渗水、毛细上升水和凝结水。雨后渗水对风化的影响多半出现在洞窟顶部和洞壁上部导水裂隙附近；毛细上升水的影响出现在洞窟底部和距离洞底 1—2 米的侧壁上；凝结水影响作用则通常出现在岩石表面温度较低的后壁（靠山体）。本文这里只着重讨论凝结水对风化作用的影响。

相对湿度、风速、气温、岩石表面及内部温度是控制凝结水生成的 4 个主控因子，对第 3 窟，第 5、6 窟三个石窟监测数据表明，4 个因子在洞窟中分布不均，但有一定的分布规律。总的来看，从洞窟前室→中室→后室，气温、风速和岩石表面温度逐渐减小，相对湿度则逐渐增大；侧壁的岩石表面温度上、下部不一，下部温度较低，而上部温度较高；侧壁岩石表面温度还与洞窟结构有关，前壁温度最高，其次是位于第 5、6 窟洞窟之间的侧壁（厚度只有 5—50 厘米），表面温度要比其他地方高出 3—4℃。另外，洞窟形制对 4 个主控因子分布也有影响，有窟檐的第 5、6 窟中的气温、风速和岩石表面温度日变化较小，而没有窟檐、通风较好的第 3 窟则日变化较大。石窟中靠山体的后壁及其附近的侧壁岩石表面温度最低，风速最小，相对湿度最大，对凝结水形成十分有利，造成后壁风化十分严重，如位于第 5、6 窟后壁上的雕像已被破坏得失去原貌，只留下依稀可辨的轮廓。而在岩石温度较高、风速较大的前室和洞窟上部凝结水则不容易形成，大部分雕像依然栩栩如生，神采依旧，风化现象十分微弱。

云冈石窟周围有许多矿区和居民区，空气中 CO_2、SO_2 含量较高，尤其在清晨和傍晚空气中常弥漫着 SO_2 呛人的气味，当 CO_2、SO_2 溶入凝结水后，就会具有较强的化学风化能力，侵蚀砂岩中的胶结物、长石和岩屑。对风化残留物分析表明，残留物中含有泻利盐（$MgSO_4 \cdot 7H_2O$）、芒硝（$Na_2SO_4 \cdot 10H_2O$）、石膏（$CaSO_4 \cdot 2H_2O$）等成分，并伴有微量的 $NaHCO_3$。显然，它们是 CO_2、SO_2 和水的杰作。

如前所述，凝结水不仅可以在砂岩表面上形成，而且可以通过与外界相通的孔隙网络在一定深度的岩石内部形成。前者仅能引起岩石表面风化，而后者引起风化深度的则要大的多，更具破坏性。

5　结论

通过室内试验和野外试验表明，笔者新研制的岩石表面凝结水量测量装置性能良好，完全可用于岩石表面凝结水量的测量。凝结水在砂岩表面形成机制表明，由于砂岩内部温度低于岩石表面，凝结水不仅可在岩石表面形成，而且水汽可通过与外界连通的孔隙网络进入岩石内部凝结，其作用深度受控于孔隙网络的发育尺度，其形成时间先于岩石表面凝结水的形成时间。凝结水在岩石风化中的作用不可忽视，尤其是通过孔隙网络进入岩石内部的凝结水所引起的风化更具破坏力。

（原文刊载于《中国文物报·保护科学周刊》2010 年 11 月 19 日）

云冈石窟第 9、10 窟列柱地质病害特征与加固设计

马淑芝　方　云　贾洪彪　钱同辉　黄继忠

云冈石窟开凿于公元 5 世纪中叶的北魏时期，是我国雕刻艺术的宝库之一。1500 余年来，在长期自然营力作用下，云冈石窟围岩产生了一系列严重的地质病害，尤以石窟前厅承载列柱为甚 [1–2]。因其遭受风化，表层不断剥落，有受压断裂的危险，需要进行支撑加固处理。由于列柱受力条件复杂，支撑结构与石窟围岩系双固相耦合作用体系，采用传统结构力学设计计算十分困难。笔者以石窟中部第 9、10 窟的列柱为代表，对其地质病害进行分析并制定加固方案，采用围岩—加固结构耦合有限元模拟与结构力学解析计算相结合的方法对加固结构的可行性和加固效果进行分析，可以弥补传统结构分析方法对这一复杂耦合体系分析的不足。

1　第 9、10 窟列柱主要地质病害

1.1　石窟区基本地质条件

云冈石窟开凿于由中侏罗统云冈组（J_2y）灰褐、灰黄色巨厚层状中粗粒长石石英砂岩和薄层状泥质粉砂岩、泥岩等组成的岩层中 [3]。岩石软硬适中，完整性较好，适于雕刻，但抗风化能力差，风化岩石与新鲜岩石强度差异较大（表 1）。岩层平缓，结构较单一，发育 3 组主要的构造裂隙（走向分别为近 EW 向、近 SN 向和 NE 向，倾角一般为 70°—85°）。此外还发育少量层间裂隙和风化裂隙。这些裂隙互相交切，将岩体切割成巨块状，构成了渗流网络系统，成为地下水的渗流通道和储存空间 [4–5]。

表 1　砂岩的抗压强度

新鲜砂岩抗压强度 /MPa		风化砂岩抗压强度 /MPa	
天然状态	饱水状态	天然状态	饱水状态
40.5—41.5	30.8—35.8	33.8	17.9

石窟区所在的地貌单元为低山丘陵区内的一独立高台地，构成了一个相对独立的水文地质单元，主要接受大气降水补给，除地表径流外，其余部分垂直入渗到第四系覆盖层，形成上部滞水，并通过岩体裂隙网络渗流，在陡崖底部以泉的形式排泄，在窟壁常有水渗出。

1.2　列柱主要地质病害

云冈石窟第 9、10 窟为一组双窟，是典型的庑殿窟，分前后室。前室前沿各有两根列柱，上覆岩体荷重主要靠列柱承担。列柱表层风化十分严重，原为八角立柱，目前已不再规则，而多呈半圆柱状，仅残留

有朝内的 2、3 面雕像（图 1）[6-7]。列柱下部直径 1.50—1.69 米，上部直径约 1 米。据黄克忠等[1]采用 γ—散射及电法测试的结果，列柱风化层厚度已达 20 厘米。

图 1 第 9、10 窟外观及列柱

列柱风化以物理风化为主，同时也有一定程度的化学风化。由于列柱突出在外，且向阳，温差及湿度变化大，物理风化由表层开始，不断产生风化裂隙，造成薄片状或鳞片状剥落[1, 8]。化学风化主要是水溶液与围岩矿物发生化学反应。石窟围岩中的长石经水解作用常在石窟下部形成一层白色粉末状或絮状的风化产物。经矿物成分鉴定，风化产物中盐类的质量分数高达 15%—25%，远高于新鲜岩石。例如，镁所参与构成的碳酸盐质量分数在新鲜岩石中不足 1%，而在风化产物中可高达 18%。这说明化学风化比较严重。但由于列柱通风条件好，湿度相对较小，其化学风化程度不如石窟内部强烈。列柱由于遭受风化，承载力不断降低，同时又承受着上部较大的荷载，因此是整个石窟中稳定性最差的部位，一旦受压断裂，会危及整个石窟的安全。另外，风化等作用还在持续进行，列柱安全储备仍然会进一步丧失。因此，需要对这些列柱进行支撑加固。

2 第 9、10 窟列柱加固方案

2.1 加固方案的确定

根据石窟文物保护的要求和列柱病害特征，一方面可以对列柱裂隙滴注有机硅复合黏结剂进行密封，以减少空气中水分的渗入；另一方面应对列柱进行加固，不致其在上覆荷重作用下断裂。对列柱的加固方法可以从两种途径来考虑：①对列柱进行补强，即在列柱四周用钢筋混凝土或高强度材料进行浇注、包裹，以提高其承载能力，但显然这种方法不适用于文物的加固；②采用其他承载结构进行托换，以减少上覆荷重对列柱的压力。图 2 所示即为该方案的一种，它是在窟口处设置框架式钢管混凝土支撑框柱来分担上部荷载。

图 2 加固效果图

该支撑方案由钢管混凝土梁和柱构成，由梁承受上部荷载，然后传递给柱。这一方案具有以下优点：①在压力作用下钢管和混凝土之间会产生相互作用的紧箍力，钢管纵向和径向受压而环向受拉，混凝土则三向受压，其抗压强度会得到提高。同时其塑性和延性得以改善，能提高其整体稳定性。②钢管混凝土柱所占空间较小，对过往游人不会造成太大影响。③钢管混凝土受力均匀，可减少应力集中的发生。

2.2 钢管混凝土支撑方案设计

2.2.1 结构内力计算

根据石窟尺寸和上覆围岩压力估算结果，确定框架高 $H = 8.9$ 米，横梁长 $L = 2$ 米，承受均布荷载 $P = 900$ 千牛 / 米。结构内力计算简图见图 3-A，由此可得到图 3-B、C、D 所示的计算结果。

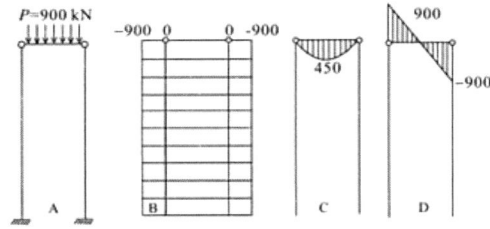

图 3　结构内力计算简图及计算结果

2.2.2　钢管混凝土设计

根据所要加固工程的特点，钢管选 Q235，$\Phi 299 \times 8$；混凝土选 C40，钢筋选 HPB335 级，则钢管断面面积 A_s 和混凝土断面面积 A_c 分别为：

$$A_s = \frac{\pi}{4}(299^2 - 283^2) \approx 7\,310\,(\text{mm}^2) \tag{1}$$

$$A_c = \frac{\pi}{4} \times 283^2 \approx 62\,870\,(\text{mm}^2) \tag{2}$$

钢管混凝土极限承载力 N_0 按下式计算：

$$N_0 = A_s f_c (1 + \theta + \sqrt{\theta}) \tag{3}$$

式中：θ 为套箍指标，$\theta = (A_s f_s) / (A_c f_c) = (7310 \times 215) \div (62870 \times 19.1) \approx 1.31$，$f_s$、$f_c$ 分别为钢管和混凝土的抗压强度。

则 $N_0 = 4148\text{kN}$，$N_0 > P$，满足承载力要求。

框架列柱长细比 λ_0 按下式计算：

$$\lambda_0 = 4H/d \tag{4}$$

式中：d 为钢管外径，取 299mm；H 为框架高。

取 $H = 8900\text{mm}$ 代入上式，得 $\lambda_0 \approx 119 < 120$，满足抗弯稳定性要求。

3　列柱加固效果分析

从理论上讲，钢管混凝土与立柱岩体的力学参数相近，其变形较为协调，可以较好地达到应力分担效果。但由于列柱与加固结构构成了一个复杂的双固相耦合作用体系，它们共同承担上覆岩体荷重，产生耦合变形，采用传统的结构分析方法单独对其中任何一方进行分析都十分困难[3-4]。为此，笔者采用有限元耦合模拟方法对加固前后列柱的受力状况进行分析对比[5]，以验证该加固方案的效果。

3.1　有限元模拟方案

由于第 9、10 窟距离近，可以作为一个整体建立计算模型。x 方向右边界取第 9 窟与第 8 窟隔墙中线，左边界取第 10 窟与第 11 窟隔墙中线，总长 29.38 米；y 方向由石窟向里取约 6 倍石窟等效半径的长度（约 30 米），窟底平台向窟外取 5 米；z 方向由窟底向下取 2.5 米，由窟顶向上取到窟顶，最大高差 26 米。施加支撑后将支撑体与围岩作为整体进行网格剖分和模拟。图 4 为施加支撑前后的模拟模型及计算网格。

边界条件确定如下：底面为铰支座约束（x、y、z 方向）；两侧面采用侧向约束（x 方向）；后侧面采

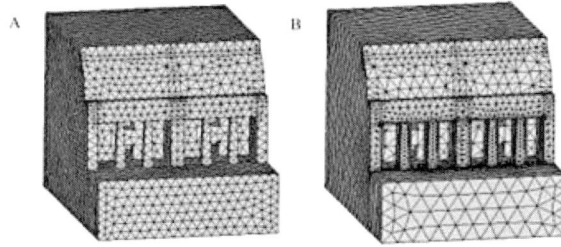

图 4　施加支撑前后的模拟模型和计算网格

用侧向约束（y 方向）；坡面及石窟正面取为自由边界。由于石窟所在斜坡岩体位于地表，因此，在计算模型中不考虑构造应力场荷载作用。

　　模型按弹塑性问题考虑，采用增量初应力法，屈服准则采用 Druck 准则，迭代收敛精度由前后迭代的应力相对误差来控制。计算工况分 3 种：现状（无支撑）；现状＋Ⅷ度地震；现状＋支撑。

　　根据岩性及风化程度的不同，模型所涉及的岩土体类型及其物理力学参数见表 2。

表 2　岩土体类型及计算参数

介质类型	新鲜岩体	弱风化岩体	强风化岩体	第四系
变形模量 E / MPa	3 494.0	3 200.0	3 089.0	0.4
泊松比 μ	0.22	0.25	0.29	0.34
内聚力 / MPa	1.00	0.45	0.15	0.025
内摩擦角 / （°）	32	29	2 7	22
容重 / （kN·m⁻³）	25.9	25.1	24.5	21.0
抗压强度 / MPa	30.0	22.0	19.5	1.5

3.2　模拟结果分析

图 5 为列柱加固前后有限元分析的部分结果。

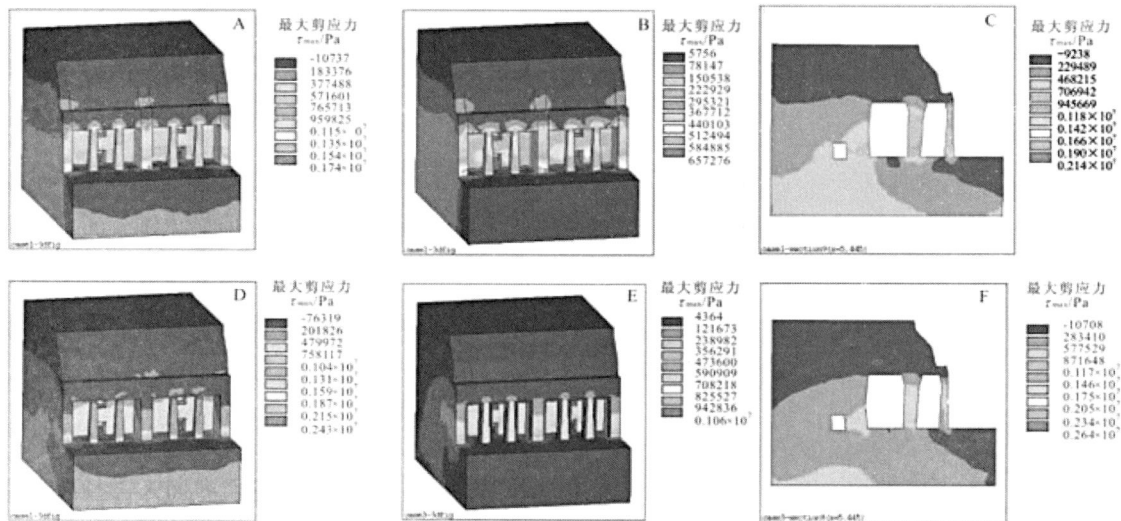

图 5　无支撑时（A、B、C）及有支撑时（D、E、F）模拟结果（应力单位：Pa）
支撑：A. 最大主应力；B. 最大剪应力；C. 剖面上的最大主应力；有支撑：D. 最大主应力；E. 最大剪应力；F. 剖面上的最大主应力。

（1）加固前列柱应力 σ_1 和最大剪应力 τ_{max} 集中明显，特别是在列柱底部。列柱内的 σ_1 比同一深度其他位置的 σ_1 都大，且 τ_{max} 的最大值也出现在列柱底部。因此从受力条件看，列柱是整个围岩中受力条件最差的部位，安全隐患最大。而在Ⅷ度地震时，稳定性更差。

（2）采用支撑后，列柱的 σ_1 和 τ_{max} 都明显降低，应力分布趋于均匀，应力集中不再明显，τ_{max} 最大值也不出现在列柱上。同时，石窟前室围岩（特别是前室的前墙）的应力分布也得到改善，应力集中明显弱化，因此不仅有利于列柱的稳定，而且有利于整个围岩的稳定。

（3）表3列出了有限元模拟计算出的3种工况下列柱所承受的竖向荷载 σ_v。可以看出，施加支撑后，列柱上所承担的竖向荷载明显降低。与现状比平均降低了63%；与现状＋Ⅷ度地震相比平均降低了70%。因此，加固方案的应力分担效果很明显。

表3　列柱竖向荷载

σ_v/MPa

计算工况	9 窟左柱	9 窟右柱	10 窟左柱	10 窟右柱
现状	1.15	1.20	1.21	1.13
现状＋Ⅷ度地震	1.41	1.48	1.48	1.44
现状＋支撑	0.43	0.45	0.44	0.42

（4）通过对比可以看出，对列柱进行支撑加固，其受力条件明显改善，并使整个前室围岩的稳定性比现状都得到提高，可以起到较好的加固效果，说明加固方案可行。

4　结论与建议

（1）云冈石窟围岩遭受风化严重，对石质文物的保护和石窟的稳定都带来很大的影响，尤其是前厅列柱稳定性最差。

（2）有限元模拟分析表明，列柱底部的 σ_1 和 τ_{max} 集中明显，列柱内的 σ_1 比同一深度其他位置围岩的 σ_1 都大，τ_{max} 最大值也出现在列柱底部。因此从受力条件看，列柱是整个围岩中受力条件最差的部位，安全隐患最大，必须进行加固整治。

（3）根据文物保护要求以及列柱受力特征，选择框架式钢管混凝土支撑框柱来分担上部荷载，框架高 $H = 8.9$ 米，横梁长 $L = 2$ 米。钢管选 Q235，$\Phi 299 \times 8$；混凝土选 C40，钢筋选 HPB335 级。

（4）支撑结构—围岩耦合有限元分析表明，施加支撑后列柱上所承担的竖向荷载与现状比平均降低了63%，与现状＋Ⅷ度地震相比平均降低了70%。因此，支撑加固方案的应力分担效果明显，能起到保护列柱的作用，达到加固的目的，是合理的、可行的。

（5）建议对加固前后立柱和支撑体系进行变形和受力的测试，通过对比分析进一步检验了加固效果。

参考文献：

[1] 黄克忠，解廷藩．云冈石窟石雕的风化与保护 [C]// 潘别桐、黄克忠 . 文物保护与环境地质 . 武汉：中国地质大学出版社，1992：19—33．

[2] 苑静虎，石美风，温晓龙．云冈石窟的保护 [J]. 中国文化遗产，2007（5）：100—110．

[3] 黄继忠．云冈石窟地质特征研究 [J]. 东南文化，2003（5）：91—93．

[4] 张红梅，马国栋，速宝玉．大同云冈石窟文物渗水病害防治方案探讨 [J]. 水文地质工程地质，2004（5）：64—67．

[5] 黄继忠．世界文化遗产云冈石窟的防水保护 [J]. 文物保护与考古科学，2008，20（增刊）：114—121．

[6] 黄继忠．云冈石窟主要病害及治理 [J]. 雁北师范学院学报，2003，19（5）：57—59．

[7] 周尚忠．仿自然条件对云冈石窟风化的研究 [J]. 山西能源与节能，2003（4）：35—36．

[8] 闫宏彬，黄继忠，赵新春．云冈石窟温湿度变化规律及对石窟保存的影响 [C]. ∥云冈石窟研究院．2005 年云冈国际学术研讨会论文集：保护卷．北京：文物出版社，2005：101—108．

（原文刊载于《地质科技情报》2011 年第 1 期）

云冈石窟危岩发育的成因分析

方　云　陈　星　刘俊红　陈　勋　严绍军

世界文化遗产——云冈石窟位于山西省大同市西约 16 千米处的武州（周）山上，现存主要洞窟 45 个，大小造像 59000 余尊。开凿时间约在公元 460 年的北魏文成帝时期，迄今已有 1500 多年的历史。千百年来，在自然及人为作用下，云冈石窟破坏严重。引起石质文物破坏的原因很多，涉及范围广而且复杂，破坏的类型也很多，总的来说，可以分为两个大类：一类是由于自然界各种营力的作用引起的病害，如石雕溶蚀、风化剥蚀、渗水、危岩崩塌等；另一类是由于人类活动引起自然环境的改变，在改变后的自然营力作用下，引起原有病害的加剧或诱发新的文物环境蚀变等[1]。危岩发育是云冈石窟主要病害之一。本次云冈石窟病害勘察共调查危岩体 106 处，大部分处于不稳定状态。保护部门报告近年来发生石窟落石事件十几起，严重威胁到石窟文物和游客的安全。危岩的集中发育与危岩体所处环境条件密切关联。本文试图通过对云冈石窟危岩发育的地质环境调查，进行危岩成因分析，以加深对砂岩石窟危岩发育特征和规律的认识，为有效解决砂岩石窟危岩防治问题提供理论依据。

1　云冈石窟危岩发育的内在环境条件

1.1　地质构造

褶皱和断层构造地带通常是危岩多发地带，其中褶皱的核部和断层破碎带两侧，岩体破碎，构造活动强烈，若地形陡峭，则易发危岩。云冈石窟地处山西中台隆大同—平鲁拗陷区的东北端箱形向斜的轴部，地层走向北北东，倾角 3°—4°。参照《大同幅 1：200000 区域地质图》及本次勘察实测结果，窟区及附近有影响的断裂为：吴官屯断裂及大同西弧形断裂带，为一级构造，两断裂派生一些次级构造。箱形向斜和断裂的存在为该区域危岩的发育提供了内部条件。

砂岩内具交错层理，岩层产状变化较大。区内主要分布 3 组构造裂隙（图 1），其发育方向分别为近东西向、近南北向和北东向，多为陡倾角裂隙，倾角一般为 70°—85°，有的甚至直立。陡倾角的岩体结构面是构成危岩的重要边界条件，其连通程度、粗糙度及充填性能直接影响着危岩的发育程度。岩体内软弱结构面的存在常常是岩体边坡不稳定的主要原因。软弱结构面遇水浸泡就容易软化，强度大大降低，促使岩体边坡沿着它发生滑动。其中近东西走向一组裂隙较为发育，该组裂隙与崖面大致平行，往往在陡崖附近形成卸荷裂隙，构成岩体的崩塌滑动面。构造裂隙的隙宽多为 0.1—5 厘米，最宽可达 20 厘米。从外向里裂隙张开度由宽变窄，直至闭合。有的裂隙中有泥质充填。构造裂隙密度 0.3—1 条 / 米。除上述 3 组构造裂隙外，岩体内还发育有层面裂隙和风化裂隙。构造裂隙和层面裂隙互相交切，将区内岩体切割成块状。

这些岩块在重力作用下，产生向南面临空方向的崩塌。

由云冈石窟的地质构造特征可见，箱形向斜和断裂是危岩发育的宏观构造成因。近东西向的张裂隙（叠加卸荷）和北东向剪切裂隙直接控制石窟区域内危岩的发育。由于裂隙的相互交切导致局部岩体破碎而成危岩。

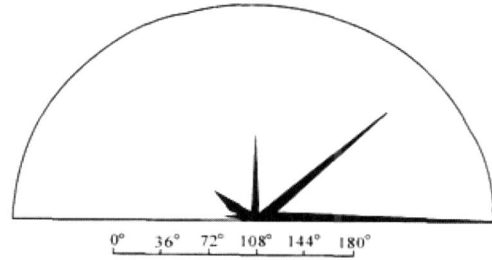

图 1　云冈石窟裂隙走向玫瑰花图

1.2　地形地貌

云冈石窟开凿于十里河Ⅲ级基座阶地砂岩中。石窟南临十里河，窟顶北部为低山丘陵，地势呈波状起伏，地形北高南低，最大高差 55 米左右（水泉村南最高 1218 米，石窟前沿 1163 米）；石窟东侧为冲沟；西侧为十里河谷。石窟砂岩陡崖顶面与十里河谷垂直高差达 30 米左右。窟区被南北向大冲沟（东谷、西谷）分为东、中、西 3 部分。冲沟的特点是坡降大，切割深度大。在云冈石窟 3.6 平方千米的保护范围内，地貌类型较简单。按成因可分为 2 大单元：其一为云冈顶部高台地与构造剥蚀低山丘陵，高程为 1163—1218 米，丘陵顶面坡角 4°—9°，比较平缓；其二为十里河侵蚀堆积阶地，高程为 1124—1140 米，河床两侧为河漫滩，Ⅰ级阶地较发育，Ⅱ、Ⅲ级阶地只有部分残存，云冈镇坐落在一级阶地上，石窟开凿在Ⅲ级基座阶地的砂岩陡崖中。陡崖的高差直接控制岩坡卸荷带的发育规模，也决定着危岩体的致灾能量。

1.3　地层岩性

石窟区出露的地层为侏罗系中统云冈组（J_2y）长石石英砂岩以及第四系（Q）的残坡积、冲洪积层。石窟区出露的云冈组砂岩称为石佛砂岩，为一砂岩透镜体，主要出露在石窟陡壁处。石刻岩体最大出露厚度＞20 米，由中间向东西两端逐渐变薄。地形上向两端由陡崖逐渐变为陡坡。由东向西砂岩的粒度变粗，含砾成分增高。岩性组合为灰褐、灰黄色巨厚层状中粗粒长石石英砂岩夹薄层状泥质粉砂岩、泥岩等。本次调查将云冈组对石窟有影响的地层划分为 6 个岩性段，云冈石窟开凿于云冈组第 2—第 4 岩性段。窟区地层如表 1 所示。

表 1　云冈石窟地层划分一览表

系	统	组	段	组成、特征与分布	厚度 /m
第四系	全新统 Q₄			砂土、砾石、碎石，成分复杂，分选差	0—5
	上更新统 Q₃			粉土，多孔、垂直节理发育	0.2—6.5
	中更新统 Q₂			砂卵石层、粉质黏土层	2.0—8.0
侏罗系	中侏罗统	云冈组 J_2y	第 6 段（J_2y_6）	黄灰色中粒钙质长石岩屑砂岩	5.7—8.0
			第 5 段（J_2y_5）	紫红色泥岩（黏土岩）夹含铁泥质（黏土）粉砂岩	4.3—11.0
			第 4 段（J_2y_4）	黄褐、灰黄色粗中粒长石岩屑砂岩，铁、钙质长石岩屑砂岩，钙质长石岩屑砂岩	7.5—18.8
			第 3 段（J_2y_3）	灰、紫灰色泥质粉砂岩夹粉砂质泥岩	1.1—5.0
			第 2 段（J_2y_2）	灰黄色、黄白色粗中粒夹细粒钙、铁、硅质长石岩屑砂岩，局部夹灰色钙质泥岩透镜体，交错层理发育，窟区西部夹紫红色粉砂质泥岩	2.1—15.1
			第 1 段（J_2y_1）	紫红色细粒铁、钙质长石岩屑砂岩及紫红色泥岩（黏土岩）	10.0 左右

软质岩层遇水浸泡极易软化，强度降低，形成软弱层。软硬相间的岩层必然产生差异风化，硬岩抗风化能力强而多成为陡崖，软岩抗风化能力差而多形成岩腔。岩腔多位于砂岩底部，对上部砂岩体的稳定性不利。

2　石窟危岩发育的外在环境条件

2.1　降雨及地下水

雨季是危岩失稳的多发季节，降雨强度越大、历时越长越易发生失稳。强降雨将导致岩石内渗水作用增强。渗水使石窟岩石干湿交替变化，加速了岩石的风化[2]。岩体裂隙含水后强度降低，应力增加。另外，边坡表面水的冻结能堵塞排水通道，渗流水无法排出坡外，导致地下水位升高，引起边坡中水压的增高，从而降低边坡的稳定性[3]。降雨产生了不利于岩石稳定的裂隙压力，软化裂隙中的充填物，带走细微颗粒等，属危岩主要诱因之一。地下水的存在，产生与边坡压应力反向的水压力，使边坡有效应力减小。根据有效应力原理可知，

$$\tau = c + (\sigma - \mu) \tan\theta \tag{1}$$

当孔隙水压力 μ 增大时，有效应力 σ 相应会减小，这样岩体的抗剪强度 $\sigma - \mu$ 降低，直接影响到坡体的稳定。

坡顶和坡面上的张裂缝充水后，还会增大滑动力。水对岩体的作用力有 3 种，即平行于裂隙面的粘性切向力、垂直于裂隙面的静水压力和动水压力（或渗透力），这些力对边坡稳定性都是起消极作用的。地下水的存在，使危岩和山体之间的摩擦系数和粘聚力减小，使裂隙填充物软化，安全系数减小。冬季地下水冻结成冰，体积发生膨胀，在充水裂隙中产生楔胀作用。地下水的流动引起地表土和裂隙填充物的侵蚀，这种侵蚀不但会降低边坡稳定性，而且还会淤塞排水系统。对于岩坡，当岩体内水压增加时，会使有效应力减小，从而较大程度降低岩坡的稳定性。

选取云冈石窟 1# 危岩体，分析降雨及地下水对危岩稳定性的影响。

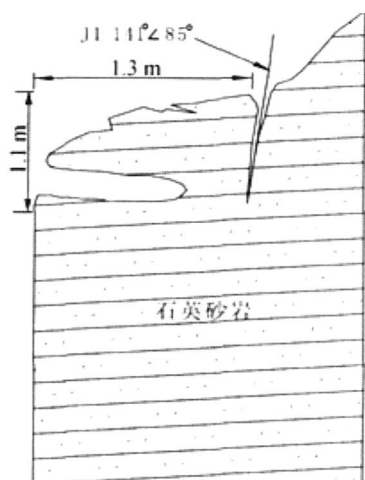

1# 危岩体几何参数：靠近崖壁面处高 1.1 米，靠近临空面侧高 0.4 米、宽 2.8 米、厚 1.3 米。该危岩存在裂隙 J1，141°∠85°，沿 SE 方向切割岩体，靠近崖壁处隙宽为 8—15 厘米，无充填，该裂隙上端构成危岩体的后缘结构面。危岩体下方为软弱夹层，在差异风化作用下不断侵蚀，形成了一风化岩腔。该风化凹槽外侧高 0.7 米，内侧高 0.15 米、深 1.1 米、宽 2.5 米。该岩体在 J1 裂隙切割以及风化岩腔作用下形成危岩体。

受构造和卸荷裂隙作用，危岩体中 J1 裂隙贯通岩体，1# 危岩体已经与山体基本脱开。其可能的破坏模式为：近直立的宽大裂隙及风化凹槽发育，岩体以块石底部风化凹槽最深处为支点，向临空方向发生拉裂倾覆破坏。

图 2　危岩体 1# 稳定性计算简化模型

砂岩力学参数：砂岩重度 $\gamma = 21.0$ 千牛／立方米；砂岩体抗拉强度参数 $c = 500$ 千帕；泥质粉砂岩抗拉强度参数（软弱夹层带）$c = 25$ 千帕。采用极限平衡理论计算云冈石窟 1# 危岩体的稳定性系数，考虑如下几种工况：（1）无地下水；（2）地下水充满裂隙 1/3 高度（一般降雨工况）；（3）地下水充满裂隙 2/3 高度（强降雨工况）。

结合现场调查与室内计算发现，该危岩体在无地下水情况下处于欠稳定状态；当裂隙中充水达到其高度的 1/3 时，危岩体处于临界失稳状态；当裂隙中水充满 2/3 高度时，危岩体将失稳。说明裂隙水压力的增加对危岩体的影响较大。

表 2　危岩体 1# 稳定性计算结果

工况	1	2	3
稳定性系数	1.13	1.03	0.76

2.2　风化作用

中国北方石窟的岩体风化以冻融、温差、干湿交替作用等引起的物理风化为主[4]。气温的反复变化以及各种气体、水溶液和生物的活动使石刻岩体在结构构造甚至化学成分上逐渐发生变化，使岩石由整块变成碎块，由坚硬变得疏松。

岩体为热的不良导体。岩体白天受阳光照射，外热内冷，夜间外冷内热，产生温差现象。夏季遭曝晒的岩体突然受到暴雨的浇淋，岩石中的膨胀性矿物遇水膨胀，加速破坏石刻岩体颗粒间的连接和岩体表层与里层的连结，使岩体表层疏松产生裂缝，温差风化造成岩体的鳞片状剥落。云冈石窟危岩的表面多见鳞片状剥落现象。鳞片的厚度与岩石矿物颗粒的直径有关，粗砂岩的鳞片厚度约为 3—4 毫米，细砂岩中形成的鳞片厚度约为 0.5—1 毫米。这是由于当地温差大，而岩石中的矿物膨胀系数不同，例如石英的体积膨胀系数约为长石的 1 倍。不同的涨缩力造成了岩体表面开裂。温差效应不断作用于岩体，产生很多小型开裂体。该类型开裂体是云冈石窟一种较常见的小型危岩体。

云冈石窟冬季最低温度 –30℃，且 11 月至次年 3 月仍属于低温气候。当气温降到 0℃ 以下时，渗入危岩体裂隙中的水冻结成冰，水结成冰时其体积会增大 1/11 倍左右，将对岩壁产生很大的压力，测试表明这种压力可达 96 兆帕。在裂隙水冻结压力的反复作用下，裂隙逐渐扩大和加深，最终导致危岩体崩解失稳。此外，裂隙水分迅速蒸发时，水中盐类结晶体积的膨胀将对岩壁产生压力，也会引起岩体的碎裂。

云冈石窟气候干燥，风化作用的影响显著，这是危岩形成的重要外部因素。风化作用下，岩体中的结构面不断扩展，危岩体稳定性不断劣化。在风化作用下，砂岩底部的泥岩层形成岩腔，并不断扩大，导致在上部砂岩体中出现裂隙，进而形成危岩体，当危岩体失稳后，新的陡崖形成，同时新的危岩又开始孕育，如此反复。

2.3　人工开凿

在崖壁岩体上人工开凿洞窟，破坏了崖壁原有的保存状态和应力状态，对石窟崖壁岩体的稳定性有不利影响。在坚硬或半坚硬岩层中，岩体被结构面切割成各种类型的块体。在自然状态下，这些空间块体处于静力平衡状态。当进行石窟开挖后，使暴露在临空面上的某些块体失去原始静力平衡，造成某些块体首先沿结构面滑移、失稳，进而产生连锁反应，造成整个石窟的破坏。

3　云冈石窟危岩的分类

危岩是指位于陡崖或陡坡上被岩体结构面切割且在重力、地震、裂隙水压力、人工开凿等诱发因素作用下稳定性较差的岩石块体[5]，其形成、失稳与运动属于边坡地貌动力过程演化的主要形式之一。危岩是砂岩石窟的主要地质灾害类型，危岩崩塌是灾害性地貌过程。危岩的破坏失稳具有突发性，致灾具有毁灭性。在我国各大砂岩石窟中普遍存在的危岩体，威胁着石窟文物和广大游客的安全。按照危岩特性分类，对危岩的防治具有指导意义。石窟危岩体崩塌的力学机制与一般危岩体相同。陈洪凯（2005）建立的崩塌源危岩的成因分类模式[6]，从崩塌源危岩体的群发性特征出发，宏观上把危岩分为单体危岩和群体危岩两大类；他认为群体危岩由单体危岩叠置组合而成，并将单体危岩分为压剪滑动型危岩、拉剪倾倒型危岩、拉剪坠落型危岩和拉裂 – 压剪坠落型危岩 4 类，将群体危岩分为底部诱发破坏型危岩和顶部诱发破坏型危岩两类。依据该分类模式，云冈石窟危岩为单体危岩。该区域单体危岩类型主要为压剪滑动型和拉剪倾倒型。

压剪滑动型危岩的典型物理模型如图 3 所示。此类危岩的主控结构面为陡崖或缓坡内倾角的卸荷拉张结构面或缓倾角地层软弱面。危岩体重心在主控结构面内侧，主控结构面所受荷载主要为危岩体自重及作用于危岩体的地震力以及裂隙中的水压力。危岩体沿着主控结构面滑动变形破坏，呈现压剪破坏力学机理。

拉剪倾倒型危岩的典型物理模型如图 4 所示。此类危岩的主控结构面多为陡崖或陡坡的卸荷张拉结构面，且主控结构面下端潜存于陡崖或陡坡岩体内。危岩体的重心位于主控结构面外侧是此类危岩的特征，在荷载作用下通常围绕主控结构面的下端部或下端部与临空面的交点旋转倾倒破坏，危岩呈现拉剪破坏力学机理。

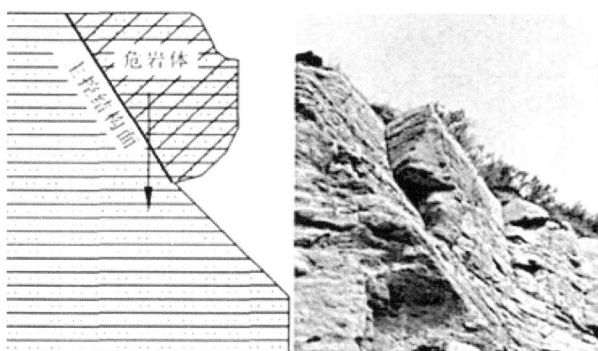

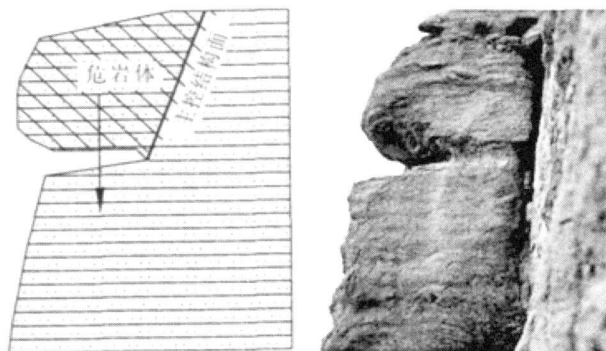

| 1. 危岩物理模型 | 2. 危岩照片 | 1. 危岩物理模型 | 2. 危岩照片 |

图 3　压剪滑动型危害　　　　　　　　　图 4　拉剪滑动型危害

4　结论

诱发云冈石窟危岩发育的典型条件包括内在地质成因和外在环境影响因素：

（1）岩体结构面及其组合关系、软硬相间的岩层组合、岩石的物理化学性质、夹层、地形地貌等是危岩发育的内在条件；

（2）地下水、重力卸荷作用、风化作用等是危岩发育的外在环境条件，其中最主要的是地下水的活动；

（3）强降雨、人工开凿等是危岩发育的激发条件，最主要的是强降雨；

（4）根据云冈石窟区域危岩体不同力学机制对其进行分类，便于保护部门针对不同类型危岩体采取有效的治理措施，在对危岩体防治时，应综合考虑各方面因素，分清主次，抓住主要因素，确定合理的危岩体防治设计方案。

参考文献：

[1] 黄克忠. 岩土文物建筑的保护 [M]. 北京：中国建筑工业出版社，1998：1—50.

[2] 方云，魏海云，王金华. 隧洞排水法治理大足石刻渗水病害 [J]. 现代地质，2001，15（3）：351—353.

[3] 蔡美峰. 岩石力学与工程 [M]. 北京：科学出版社，2002：1—100.

[4] 方云，邓长青，李宏松. 石质文物风化病害防治的环境地质问题 [J]. 现代地质，2001，15（4）：458—461.

[5] 陈洪凯，唐红梅，叶四桥，等. 危岩防治原理 [M]. 北京：地震出版社，2006：1—50.

[6] 陈洪凯，唐红梅. 长江三峡水库区危岩分类及宏观判据研究 [J]. 中国地质灾害与防治学报，2005，16（4）：53—57.

（原文刊载于《现代地质》2011 年第 1 期）

地球物理勘探方法在云冈石窟保护中的应用

黄继忠　任建光

云冈石窟位于山西大同市城西约 16 千米处，开凿于北魏和平元年（460），东西绵延 1 千米，现存主要洞窟 45 个，大小窟龛 254 个，造像 59000 余尊，为中国规模最大的古代石窟群之一。1961 年国务院公布云冈石窟为全国重点文物保护单位，2001 年被列人《世界遗产名录》。

云冈石窟地形属高台地构造剥蚀低山丘陵区，出露中侏罗统上部和第四系中上部地层，石窟雕像开凿于云冈组（J_2y）砂岩透镜体上。千百年来，由于自然和人为因素的影响，云冈石窟风化十分严重，有的已威胁到文物本身的安全。其环境地质病害类型主要有：①裂隙，云冈石窟岩体中普遍发育卸荷裂隙、构造裂隙、风化裂隙和层间裂隙，这些裂隙互相切割导致石窟边坡岩体崩塌或成为良好的渗水通道；②水害，雨水冲刷、岩体渗水、洞窟内积水以及凝结水在云冈石窟是最常见的，也是危害最大的病害；③风化，云冈石窟雕刻以物理风化和化学风化作用为主，物理风化使岩面产生大量的风化裂隙，造成石雕呈薄片状或鳞片状剥落。化学风化在石雕表面产生一层白色粉末或絮状风化产物 [1-4]。

为探究石质文物风化机理，更好地制定科学的保护措施，多年来，国内外学者曾使用不同的地球物理探测方法对石质文物内部情况进行了研究，解决了一些直观上难以解决的问题 [5-6]。而云冈石窟作为我国最为重要的石窟寺之一，也是我国最早开始石质文物科学保护研究地之一，从 20 世纪 60 年代开始，文物保护工作者和地质工作者应用地球物理勘探技术对云冈石窟的地质环境进行大量的勘查和探测。尤其是近年来，建设综合勘察研究设计院在云冈石窟防水保护工程勘察设计中，较全面地使用了多种地球物理勘探方法，同时中国地质大学（武汉）应用探地雷达对洞窟岩壁厚度进行了探测，给石窟保护提供了科学的依据。

1　云冈石窟不同岩性的地球物理特征

云冈石窟区出露的不同岩石的岩性地球物理特征各不相同，这为应用地球物理勘探方法调查石窟岩石埋深及厚度、裂隙发育、破碎情况及含水情况、覆盖层厚度和基岩风化程度等提供了基本条件。

1.1　弹性波特征

岩石的弹性波速与岩性、岩石矿物成分、密度、裂隙发育程度、含水率等有关。野外现场试验表明：云冈石窟砂岩较泥岩波速高，密度高的岩石较密度低的岩石波速高，裂隙不发育的岩石较裂隙发育的岩石波速高，含水率高的岩石较含水率低的岩石波速高。

1.2 电阻率特征

云冈石窟顶部轻亚黏或亚黏土的电阻率较低，约 40—150 欧·米，砂砾石的电阻率约 120—180 欧·米，未风化砂岩电阻率 200—300 欧·米，风化砂岩电阻率约 100 欧·米，这些特征是应用电法勘探方法调查裂隙带或破碎带、含水区及泥岩夹层的地球物理前提。

1.3 电磁波特征

由于发育破碎带与裂隙的地层相对松散，易充填其他物质（如空气、水或其他充填物），使得破碎带、裂隙与周围地层的电性参数（ε）产生较大差异。这些特征为地质雷达勘探云冈石窟顶部岩体破碎带和裂隙提供了良好的地球物理条件。

2 各种适用的地球物理方法原理

地球物理方法是一种有效的地质探测技术，依据地下不同构造、岩石的地球物理性质不同，从而产生不同的物理场，在地表使用仪器将它测量并记录下来，然后进行分析研究，做出解释，从而了解地下地质特征，依据云冈石窟区不同岩石的物性和探测目的，在云冈石窟保护中采取了不同的勘探方法。多年来，先后在云冈石窟保护中应用的地球物理勘探方法有：电法勘探、探地雷达、地震勘探、井下电视等方法。

2.1 电法勘探原理

电法勘探是以专门仪器探测地壳表层各种地质体的电场，从而判定各种地质现象的一种勘探方法，包括电阻率测深法、电剖面法、高密度电法和自然电场法等。电阻率测深法经常用于岩石表层裂隙的调查，应用联合电剖面法可以确定断裂带的位置，高密度电法集中了常规的电测深和电剖面法的优点，能够揭示基岩沿测线地下各断面的垂向电性差异和横向电性差异，自然电场法是通过观测和研究自然电场的分布来解决地质问题的一种勘探方法。

2.2 探地雷达探测原理

探地雷达是利用高频电磁脉冲波的反射来探测目的体，它通过发射天线向目的体发射高频宽带短脉冲电磁波，经过地下地层或目的体反射后返回地面，为接收天线所接收，数据处理后形成雷达探测图像，来推测地下介质或目的体的结构、构造及埋藏深度等。

2.3 地震勘探原理

地震勘探是通过对岩石弹性性质的研究来解决地质问题，通过人工激发所产生的地震波在地壳内传播，当遇到弹性性质不同的分界面时可以产生反射和折射等物理现象，利用安置在地表的地震仪将反射和折射波接收并记录下来，经过研究和分析，了解地下构造、岩性和地质特征。

3 地球物理勘探方法在云冈石窟保护中的应用

3.1 电法勘探在云冈石窟保护中的应用

电法勘探在云冈石窟保护中是使用最早和使用次数最多的一种方法，可以用来探测石雕的风化深度、岩体的裂隙发育以及含水岩层分布等情况。

3.1.1　应用电法探测石雕的风化层厚度有以下两种方法探测：

（1）微电极测深。2001 年钟世航、黄克忠等首次采用电测 C-1 微测深仪在云冈石窟探测了岩面风化深度。实测结果如图 1、2 所示，现场"ρs- 深度曲线"的纵、横坐标轴都采用对数坐标，分别表示视电阻率 ρs 值和 AB/2，曲线上的转折点所对应的 AB/2 的值就是风化深度值[7]。

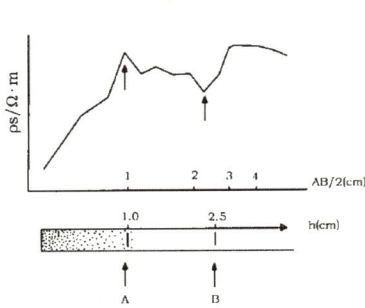

图 1　云冈石窟实测石雕风化深度与
实际观察资料对比
A. 含盐富集层下界，B. 强风化层下界

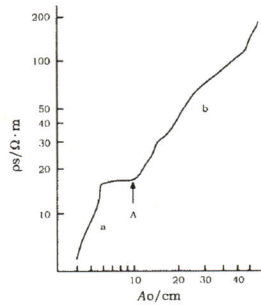

图 2　云冈石窟实测石雕风化
深度电测深曲线
a 为强风化岩段，b 为较致密
岩段，A 所指处的 AO 值指
示线的深度

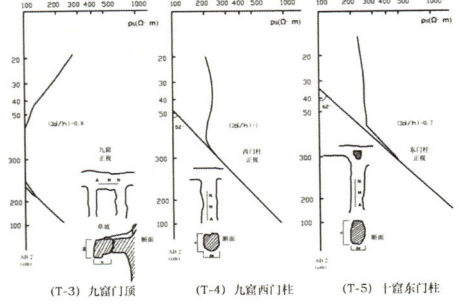

图 3　云冈石窟第 9、10 窟列柱电测深曲线

（2）垂向电测深法。1964 年原北京地质学院方玉禹等利用垂向电测深法研究云冈石窟第 9、10 窟列柱岩石风化厚度，结果如图 3 所示，强风化层厚度为 25—30 厘米，有的甚至达到 40 厘米，总风化厚度 65—130 厘米，风化较轻岩面，风化厚度达 20 厘米左右[8]。

3.1.2　应用电法探测云冈石窟岩体裂隙

岩体裂隙是影响洞窟稳定性的最主要因素，它一方面直接造成石窟坍塌和石雕破坏；另一方面为上层滞水的入渗提供了输水通道。几十年以来，多家地质单位曾应用电剖面法、高密度电法等方法探测云冈石窟顶部岩体裂隙发育情况。

1963 年和 1964 年北京地质学院贾苓希等应用电剖面法研究了云冈石窟岩体裂隙问题。探测结果表明：第 16 窟和第 17 窟立壁面上有一条风化裂隙，以 45~50° 角向西倾斜；而贯穿第 9、10 窟顶板的裂隙走向近东西向，基本上直立，从窟顶将第 9、10 窟前后室切开，使前室有崩塌的危险[8-9]。1988 年煤炭科学院西安分院物探研究所采用高密度电法，证实在第 18 窟，第 19 窟顶部可能有三条主要裂隙发育带，走向北西西，其次是位于碧霞洞后上方和第五窟东北侧 45 米处有两条裂隙[10]；1993 年山西省 216 地质队电法探测结果认为全区内有 11 条规模较小的裂隙带，其中 5、6、7、8 号 4 个异常带距石窟较远，对石窟影响不大，而 1、2、3、4、9、10、11 号 7 个异常带距石窟较近，可能成为地表水垂直渗入洞窟的通道，危害比较大[11]。

3.1.3　采用高密度电法划分破碎含水区和泥岩滞水区

石窟顶部破碎含水区和泥岩滞水区对石窟内部渗水起控制作用，是雨季时可能渗入洞窟内部水源的重点区域。为了探测云冈石窟顶部破碎含水区和泥岩滞水区，建设综合勘查研究设计院于 2003 年至 2004 年采用二维高密度电法和三维高密度电法，使用 DUK-2 型高密度电法仪对石窟顶部进行了大规模的勘探。本次勘探在云冈石窟顶部共布置 44 条测线，其中东西向 27 条，南北向 17 条。

根据野外采集的数据，经 Zoddy 方法反演，得到地下真电阻率分布。结果显示石窟顶部砂岩破碎、裂隙和层理发育，裂隙多被地表渗水或泥质、铁质物质充填后，其电阻率相对围岩电阻率低，形成低阻异常，泥岩电阻率与砂岩相比亦明显为低阻。通过分析研究这些低阻异常，即可达到发现与追溯滞水区、泥岩夹层和水的通道的目的，成果见图 4 [12]。

3.1.4　利用自然电场法探测云冈石窟第 2 窟泉水源

云冈石窟第 2 窟俗称"寒泉洞"，是因为洞窟内部有一泉经久不息，"石鼓寒泉"曾经是明代大同八景之一。由于大同地区连年降雨偏少，从 20 世纪 60 年代至今第 2 窟泉流量已降低 60%。了解第 2 窟泉的形成和水的流向与补给情况对于研究石窟顶部治水具有重要意义。建设综合勘查研究设计院于 2003 年至 2004 年应用自然电场法实施了这一调查。自然电场法布置在云冈石窟第 2 窟泉北部，共布置 3 个测点，工作中采用环形观测法，然后将观测结果绘成电位差方位图。

由图 5 可以看出：第 2 窟泉水来自于北部区域。自然电位显示水流优势方向主要为北西方向，次之为北东方向，局部显示正北方向。这说明泉水主要由北西方向流来，第 2 窟西北部有大片较厚的第四系、岩石风化层和泥岩层分布，为该区大气降雨赋存提供了条件，赋存的水随网状通道汇集到第 2 窟泉流出 [12]。

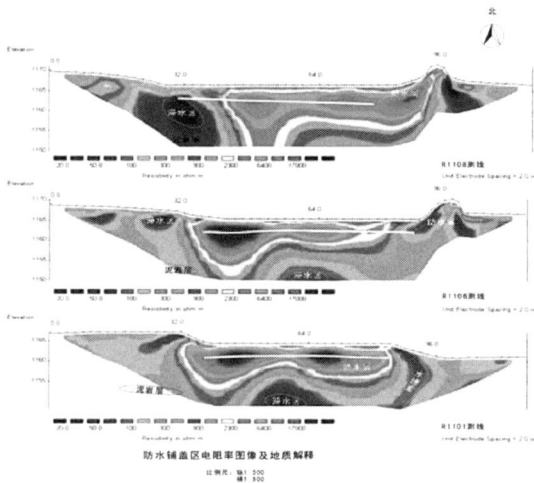

图 4　第 40 窟顶上高密度电法探测结果

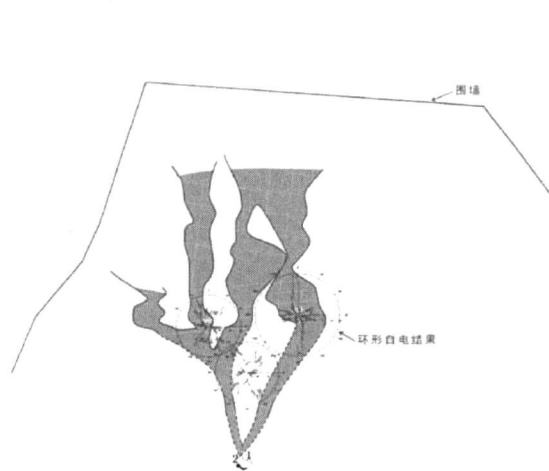

图 5　第 2 窟泉水来源通道图

3.2　探地雷达在云冈石窟保护中的应用

3.2.1　探测第 5、6 窟之间的岩壁厚度

第 5 、6 窟是云冈石窟的精华洞窟，二者之间的岩壁上雕有精美雕刻，但其中部最薄处已经相通，一旦坍塌将造成毁灭性破坏。为了解整个岩壁的厚度分布情况，从而计算其稳定性，2005 年中国地质大学（武汉）利用探地雷达技术对云冈第 5、6 两窟之间岩壁的厚度进行了测定。本次探测采用 EKKO1000 型高频探地雷达系统，测线布置于第 6 窟东壁。

图 6 说明：在检测范围内，该墙体厚度为 0.6—0.8 米。水平方向上，由中间向南北两侧厚度逐渐增大。垂直方向上，由中部朝上、下厚度逐渐增大。仅在几个大的龛窟部位，墙体厚度明显减薄 [13]。

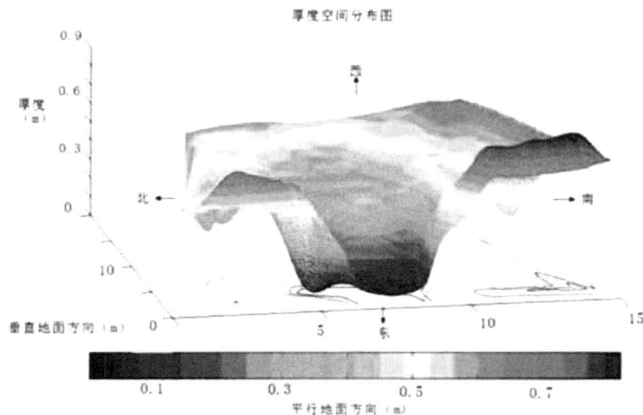

图 6 第 5、6 窟之间岩墙三维厚度

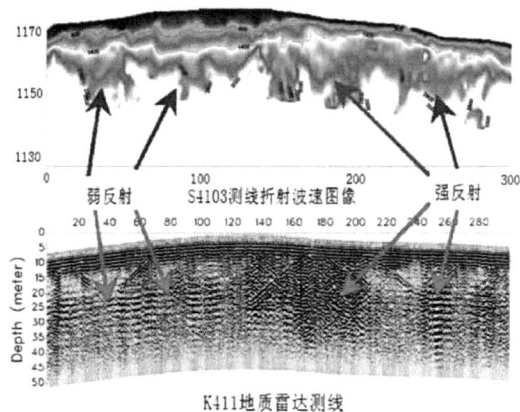

图 7 探地雷达异常与地震折射结果对比

3.2.2 利用探地雷达探测浅部破碎区裂隙密集带

探地雷达还可用于石窟顶部裂隙发育区的调查，2003 年至 2004 年，建设综合勘查研究设计院在云冈石窟防水保护勘察中应用探地雷达结合地震勘探对石窟顶部裂隙发育情况进行了调查。

图 7 是探地雷达与地震折射结果对比，图中雷达信号在强反射位置振幅增强、频率降低与地震折射图中相应位置表现为低速带相对应，推测为裂隙发育区；在图中弱反射异常区，雷达信号振幅减小与地震折射图中相应的低速区相对应，推测为裂隙发育区[13]。

3.3 地震探测方法在云冈石窟保护中的应用

3.3.1 利用浅层地震反射波法探测沿保护区界线地下情况

云冈石窟周围煤矿众多，采煤巷道及煤矿采空区是否延伸至云冈重点保护区内，从而给石窟安全造成隐患。2003 年云冈石窟研究所与北京勘查公司利用浅层地震反射波法探测沿保护区界线地下 100—150 米深度范围内是否存在采煤巷道及采空区，并圈定其空间位置，从而为监督煤矿开采，保护文物安全提供可靠的依据。

图 8 探测结果表明：石窟北保安煤柱测线（1）56、305、545、585 处，石窟南保安煤柱测线（3）692 处，石窟东保安煤柱测线（4）95、308 处有断层存在，但断距很小，说明在云冈石窟保安煤柱范围内没有大的采空区，对保护区安全影响不大[14]。

3.3.2 利用浅层地震折射波法探测保护区山顶覆盖层厚度和基岩风化程度

为了解石窟保护区山顶覆盖层厚度和基岩风化程度，2003 年至 2004 年建设综合勘查研究设计院采用美国 Geometrics 公司的 StrataView R24 型高分辨数字地震仪对石窟顶部进行了系统的勘探。本次勘探采用 CDJ–60Hz 检波器，震源激发采用 12—24 磅长柄大锤激发，测区内共布置折射测线 44 条。

探测结果表明：可根据折射得到的地层纵波速度，对覆盖层厚度和基岩风化程度进行划分。对于破碎带和裂隙发育程度的判定，主要依据横向波速的差异。如图 9 所示，高速层中的低速带可判断为裂隙发育。因此，向未风化层里延伸的微风化层，特别是向微风化层里延伸的中风化层，均反映了不同程度的裂隙发育[12]。

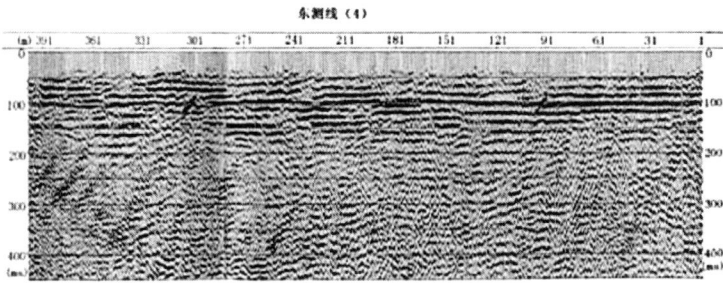

图 8　云冈石窟浅层地震时间剖面图

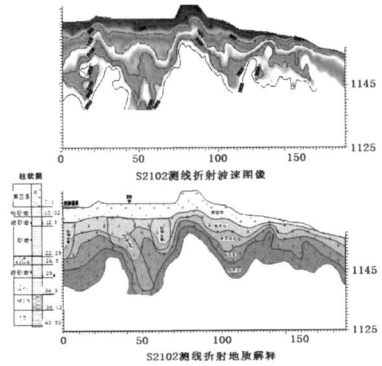

图 9　依据折射速度剖面划分风化带、
破碎带和裂隙发育情况

3.3.3　利用瞬态多道面波探测石窟顶部第四纪覆盖层厚度

多道面波法可以对石窟顶部第四纪覆盖层厚度进行调查并分层，2003 年、2004 年建设综合勘查研究设计院使用 StrataView R24 型高分辨数字地震仪，SST-4.5 Hz 低频检波器对石窟顶部第四纪覆盖层进行了勘探。依据勘探结果中的剪切波速度，对第四纪进行了分层。瞬态面波勘探结果与钻孔记录相比较（图 10），面波的分层结果要比钻探更为详细，只要有弹性波差异的界面，均有相应的频散曲线"拐点"反映[12]。

3.4　井中物探技术在云冈石窟保护中的应用

解决云冈石窟窟顶渗水问题的难点是查清大气降水的渗漏通道。2002—2004 年，云冈石窟研究院和建设综合勘察研究设计院合作利用物探技术查明防水保护治理范围。除了采用地面物探技术外，为了分析钻孔周围的地质情况，探测钻孔周围目的层、破碎带的走向及空间展布，还大量使用了井中物探方法，包括井中地震 CT、井地电法和井下电视法。结合少量钻探等地质资料，揭示了云冈石窟地表水下渗聚积区和基岩中的破碎渗透区，为窟顶防渗的分区治理提供了重要的科学依据[12]。

3.4.1　井中地震 CT

井中地震 CT 法勘探采用 StrataView R24 数字地震仪，观测系统布置如图 11（左）。井中地震 CT 在石窟顶部 B1 和 B7 两个钻孔中进行，结果如图 11（右）所示，地震波射线正交性和射线密度分布显示，钻孔底部和地面远端地震波射线密度小，射线正交性差，井中地震 CT 的结果需结合其他资料进行综合分析才能得到较为准确的探测结果[12]。

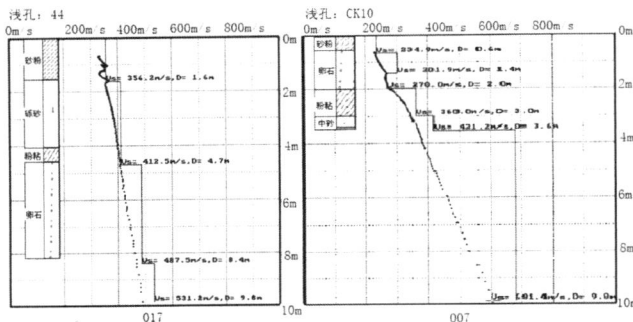

图 10　瞬态面波结果与钻孔资料对比

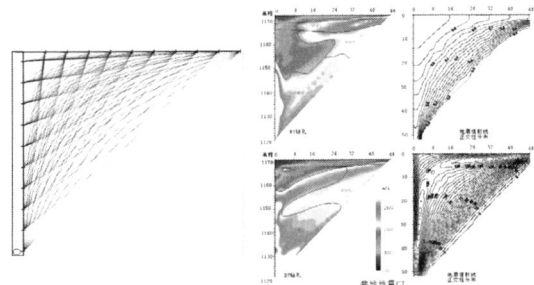

图 11　井中地震 CT 观测布置示意图（左）和 CT 成果图（右）

3.4.2　井地电法

井地电法是把地面高密度电法引入井中,采用二极装置,井中供电,地表测量,观测系统布置如图12(左)。在井中布置供电一个电极,自井底向上提升逐点供电。在地表布置地面测量电极,记录地表测得的电压数据 V,这样就得到了井—地视电阻率剖面,根据该剖面分析可得到井孔周围的地质和地下水的分布情况。本次工作在 B1、B3、B4、B7、B10、B11 共 6 个钻孔开展。结果见图 12(右)[12]。

3.4.3　井下电视

井下电视方法可用于探测井中不同深度岩层的裂隙和破碎带,而使用全景式井下彩色电视可以探测钻孔孔壁四周及下部的全景图像,同时对远近景物无需调焦均呈清晰图像。本次工作在云冈石窟顶部 12 个深孔中开展,并且对部分钻孔进行二次测试,检查了水流情况,结果见图 13[12]。

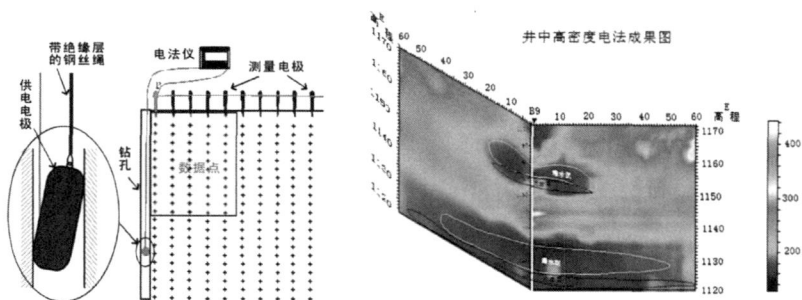

图 12　井地电法观测布置示意图(左)和井地电法成果图(右)

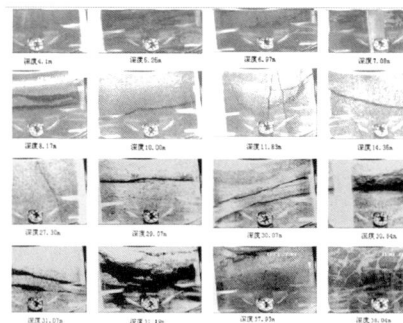

图 13　井下电视结果图

4　存在问题及发展趋势展望

地球物理勘探方法作为一种成熟的现代科学技术,由于其快速、简便等特性,是探测石窟病害分布、发育情况和了解石窟环境地质特征的十分重要的手段。而云冈石窟区不同岩石的地球物理特性有着明显的差异,为应用地球物理方法调查云冈石窟顶部基岩埋深、裂隙发育、破碎情况、含水情况以及覆盖层厚度和基岩风化程度等提供了基本条件。

几十年来,许多单位的科技工作者先后应用微电极测深和垂向电测深法探测了云冈石窟石雕的风化深度和岩体的裂隙发育情况;采用高密度电法划分了石窟顶部破碎含水区和泥岩滞水区;利用自然电场法探测了云冈石窟第 2 窟泉水源;采用探地雷达探测了第 5、6 窟之间的岩壁厚度和石窟顶部浅部破碎区裂隙密集带;利用浅层地震反射波法探测了沿保护区界线地下采煤巷道及煤矿采空区情况;利用浅层地震折射波法探测了石窟顶部覆盖层厚度和基岩风化程度;利用瞬态多道面波探测了石窟顶部第四纪覆盖层厚度;使用井中地震 CT、井地电法和井下电视法等井中物探方法探测了钻孔周围目的层、破碎带的走向及空间展布情况,揭示了云冈石窟地表水下渗聚积区和基岩中的破碎渗透区。地球物理勘探方法在云冈石窟保护中的成功应用,解决了多年来石窟保护、石窟防水中的一系列水文地质、工程地质等问题,为窟顶防渗排水以及保护研究提供了科学依据。但任何技术手段都有其局限性,地球物理勘探方法在石窟保护中的应用仍然存在许多问题：

（1）一般常规物探方法都有一定的局限性，如探测精度不够、物探数据具有多解性等，所以宜采用多种物探手段相互验证；在一些重点区域必要的情况下，还要与其他勘探手段相结合，以便取得更为客观、准确的信息。

（2）由于测区内地球物理条件多变，对物探探测成果的解释有不同程度的干扰。

（3）由于局部地段有沟壑分布，石窟顶部还有明城墙及"八字墙"等，有些区域靠近石窟崖壁，这些因素都可能对物探勘探结果带来干扰或者产生假异常。

（4）由于测区周围为矿区，工业干扰对电法勘探带来了一定的干扰信号。

鉴于上述问题，所以在今后的勘探调查时应尽量避免干扰因素，加密点、线距，以解决更细微的问题；采用多种物探方法，以增强结果的可靠性和准确性。随着浅层地球物理探测仪器设备精度的进一步提高和新的物探技术和手段的出现，对探测对象没有损伤的地球物理探测技术将会在石窟保护领域有更广的应用[15]。

参考文献：

[1] 黄继忠. 云冈石窟地质特征研究 [J]. 东南文化，2003（5）：91—93.

[2] 黄继忠. 云冈石窟主要病害及治理 [J]. 雁北师范学院学报，2003，19（5）：57—59.

[3] 赵不忆，林茂炳. 大同云冈石窟岩石风化调查报告 [Z].

[4] 黄继忠. 水岩作用与云冈石窟风化病害机理研究 [D]. 中国地质科学院博士论文，2005.

[5] 钟世航，黄克忠. 用物探技术探查乐山大佛内部状况 [J]. 工程地球物理学报，2004，1（3）：226—230.

[6] 马涛，孙渊，Simon S. 乾陵石刻内部裂隙的超声波探测研究 [J]. 文物保护与考古科学，2002，4（2）：9—20.

[7] 黄克忠，钟世航. 云冈石窟石雕风化的微测深试验 [J]. 文物保护和考古研究，1989，1（1）：28—33.

[8] 方玉禹，夏鸿，欧宗豪，等. 地球物理勘探方法在云冈石窟的应用 [Z]. 1965：1.

[9] 贾苍希. 应川地球物理勘探方法研究云冈石窟围岩裂隙分布与风化厚度 [Z]. 1963：12.

[10] 西安煤炭科学院地勘分院物探研究所. 用地球物理法探测云冈岩石裂隙的技术报告 [R]. 1988：11.

[11] 山西省地矿局 216 勘察处工程队. 云冈石窟顶部电法助察报告 [R]. 1993；9.

[12] 中国建设综合勘察研究设计院. 地球物理勘察报告 [R].

[13] 方云，黄继忠，晏鄂川，等. 云冈石窟第 9、10、12 窟洞窟稳定性三维有限分析研究报告 [R]. 2006：12.

[14] 北京勘察技术工程公司. 山西大同云冈石窟浅层地震反射波法勘察报告 [R]. 2002：12.

[15] 任建光，黄继忠，李海. 无损检测技术在石质文物保护中的应用 [J]. 雁北师范学院学报，2006（5）：58—62.

（原文刊载于《文物保护与考古科学》2011 年第 2 期）

云冈石窟的地震动力响应研究

钟秀梅　秋仁东　陈永明　石玉成

　　云冈石窟位于山西省大同市西郊武州（周）山南麓，石窟依山开凿，东西绵延 1 千米。现存主要洞窟 45 个、大小窟龛共 254 个，大小造像 59000 余尊，为我国规模最大的古代石窟群之一，被誉为中国美术史上的奇迹，代表了公元 5 至 6 世纪时中国杰出的佛教石窟艺术，是中国佛教艺术第一个巅峰时期的经典杰作。石窟建窟已有 1500 多年的历史，由于风化、水蚀和地震的影响，毁损较为严重[1-2]。21 世纪以来，中国大陆进入地震活跃期，已先后发生了 2001 年青海昆仑山口西 M_s8.1 级、2008 年四川汶川 8.0 级和 2010 年青海玉树 7.1 级等大地震。而该石窟又地处历史地震活动强度较大的山西断陷带内，附近有活动断裂存在。因此，未来地震的发生很可能是石窟破坏的最大诱因之一。本文用动力有限元分析研究其在地震荷载下的动力响应特性和可能遭受的破坏，比较不同方向荷载对石窟的影响，以便揭示其震害机理[3-6]，从而有针对性的采取抗震防护措施，对于开展云冈石窟防震减灾工作、最大限度的减轻地震灾害具有重大意义。

1　石窟的地震地质环境

　　云冈石窟保护区内出露的地层比较简单。主要是中生界侏罗系云冈组和新生界第四系上更新统及全新统地层。其中侏罗系云冈组主要是云冈统上部的一个砂岩透镜体，岩性为中粗粒长石砂岩夹有泥岩、砂质泥岩。石窟就雕刻在这一砂岩透镜体之上[7]。

　　历史地震资料显示，区内历史上没有发生过 7 级以上地震，地震活动以 5.0—6.0 级中强地震为主[8]。公元 1000 年以来共记载 4.7 级以上中强地震 17 次，其中 6.0—6.9 地震 6 次，4.7—5.9 级地震 11 次，地震活动水平在山西断陷带各断陷盆地居中等水平。1989 年大同—阳高 6.1 级地震及其随后发生的 1991 年 5.8 级、1998 年的 5.6 级地震都是区内中强地震的延续，对石窟最大地震影响烈度为Ⅷ度。

2　建立计算模型

　　本文建模采用的是 ADINA（automatic dynamic incremental nonlinear analysis）有限元软件，该软件为动力非线性有限元分析软件，除用于求解线性问题外，还具备分析非线性问题的强大功能。

　　地震荷载作用下洞窟所在崖体的动态变形及破坏主要取决于工程地质条件、加固工程对崖体的加固效果和地震荷载 3 个方面的因素，这些因素的不同组合，将使不同区段崖体在地震条件下发生破坏的可能性不同，即具有不同的振动破坏危险性。石窟地震响应研究是一个十分复杂的课题，除了地震作用的复杂性外，石窟所在崖体的性质、崖体内层面断层、节理、裂隙、夹层等软弱结构面的物理力学特性及其在崖体内的分布和规模等因素，都将使问题变得异常繁琐，以致难以求解。二维模型使用的比较多，但是无法真实的模拟地震对石窟崖体的动力影响。因此，在这里，将石窟所在崖体简化为均质、连续的三维弹塑性模型进行研究。选用以莫尔—库仑破坏准则为基础的弹塑性模型，莫尔—库仑破坏准则偏向于安全，因而应用较广。莫尔—库仑条件表述为以下形式[9]：

$$\frac{1}{2}(\sigma_1 - \sigma_3) = c \cdot \cos\varphi + \frac{1}{2}(\sigma_1 + \sigma_3)\sin\varphi \qquad (1)$$

洞窟分为前室和后室（主室），前、后室以甬道贯通，后室有中心岩柱。石窟地层岩性的各项物理力学参数取自文献[7]，为了研究石窟动力响应的规律，假定研究石窟崖体均由各向同性、弹性材料构成，而且不考虑其他因素的作用。假定边坡是较坚硬的中砂岩，弹性模量取为 1.48×10^5 兆帕，泊松比取 0.2，密度为 2500 千克 / 立方米，抗压强度取为 36.7 兆帕，抗拉强度为 16.5 兆帕。

实体三维模型长 30 米、宽 30 米、高 25 米，嵌于山体之中，一共上下 2 层，上层石窟上开有一个窗户，下层石窟离地面 3 米。共计 2574 个有限元单元，11839 个节点。该模型代表了云冈石窟的分布特点，可反应云冈石窟震害的一般规律。有限元计算模型见图 1，假定石窟左右两侧受到 X 方向的约束，底面和背面被全部约束，其余为自由平面。

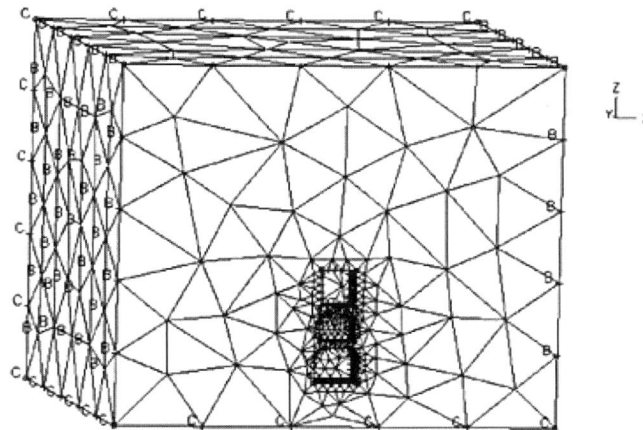

图 1　有限元计算模型

3　云冈石窟动态损伤特性分析

载荷以地震加速度时程方式水平方向（X 方向）输入，持续时间为 5 秒。为方便分析，在三维模型的 X 方向上截取一个平面观察位移和应力变化。

3.1　位移场的综合分析

在地震水平左右往复激振下，洞窟围岩随之发生的位移呈现时空上的规律变化。由位移等值线图（图 2）来看，石窟的立柱部位和入口处上部岩体是产生位移较大的部位，其中，最大值为 1.75 厘米，在石窟入口处，出现在 $t=3.685$ 秒的时刻。其余时刻的最大值也都在 1 厘米左右。

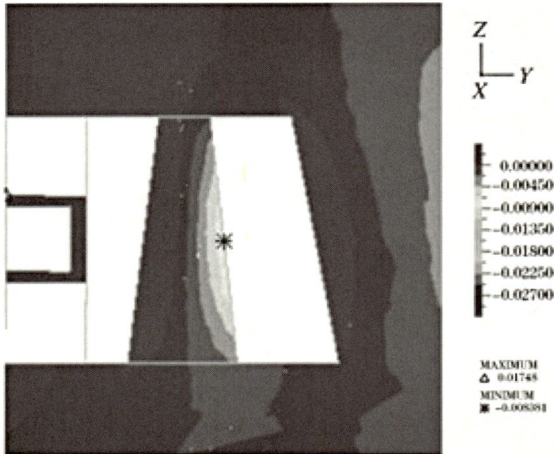

图 2　位移等值线图（ $t=3.685\mathrm{s}$ ）

图 3　拉应力等值线图（ $t=4.875\mathrm{s}$ ，单位 Pa ）

3.2　应力场的综合分析

应力是反应岩体受力状态、判断岩体是否损伤破裂的最直接证据。在洞窟的周围，尤其是洞窟开挖的薄壁部位，形成了压应力、拉应力和剪应力的高度集中区，是围岩容易发生破坏的地方。

3.2.1　拉应力分析

根据不同时刻的拉应力等值线图（图 3），数值相差较大。但是，在不同时刻，石窟的同一位置——石窟最里端上方拐角部位，是拉应力较为集中的部位，在 2.88 秒和 4.875 秒最大值分别达到 14.9MPa 和 18.6MPa。根据莫尔—库仑强度准则[10]，屈服函数如下：

$$f_s = \sigma_1 - \sigma_3 N_\varphi + 2c\sqrt{N_\varphi} \tag{2}$$

$$f_\tau = \sigma_3 - \sigma_\tau \tag{3}$$

式中： σ_1 、 σ_3 分别为最大、最小主应力； c 为黏聚力， σ_τ 为岩石单轴抗拉强度； N_φ 可以表示为：

$$N_\varphi = \frac{1+\sin\varphi}{1-\sin\varphi} \tag{4}$$

当岩体内某一点应力满足 $f_s < 0$ 时，发生剪切破坏；当岩体内某一点应力满足 $f_\tau > 0$ 时，发生拉伸破坏。对于本模型， φ 取 48°， δ_τ 是 16.5 兆帕。当 $t=4.875$ 秒，石窟最里端上方拐角处 $f_\tau < 0$ ，该处安全，不太容易出现拉伸破坏。另外，石窟的外间与围岩、中心柱子和上下岩体接触部位的拐角部位也会出现拉应力的极大值，最大拉应力的数值在 0.5—0.6 兆帕之间，小于围岩体的抗拉强度，属于安全部位。

3.2.2　压应力分析

根据不同时刻的压应力等值线图（图 4），石窟的拐角处、石窟内壁和围岩接触的部位，都容易出现压应力集中区，最大值出现在 $t=4.675$ 秒时刻，数值为 17441 帕，远远小于围岩的抗压强度（36.7 兆帕），因此，不会出现压裂破坏。

3.2.3　最大剪应力分析

根据不同时刻的最大剪应力等值线图（图 5），最大剪应力集中区主要出现在石窟开挖的拐角处以及中心柱和围岩接触的位置， $t=2.37$ 秒时刻出现最大值为 0.4 兆帕，远远小于中砂岩的内聚力 160 兆帕，因此，

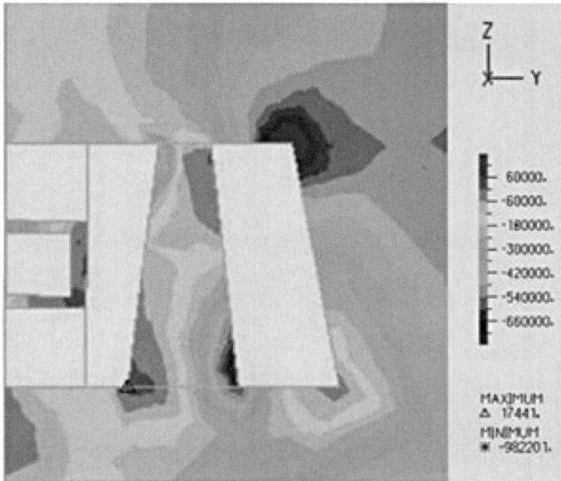

图 4　不同时刻压应力等值线图（$t=4.675$s，单位 Pa）　　　图 5　最大剪应力等值线图（$t=2.37$s，单位 Pa）

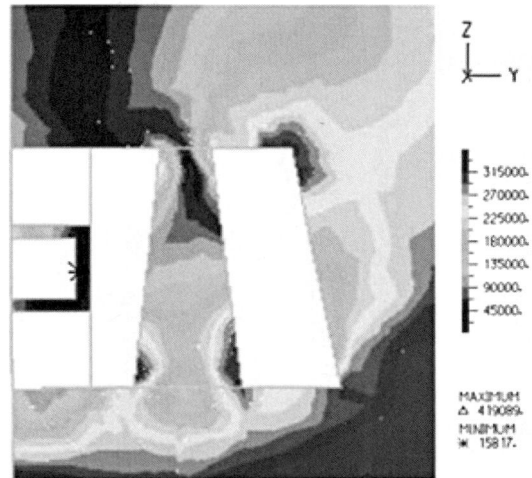

石窟在地震荷载作用下发生剪切破坏的可能性也不大。

3.3　不同方向地震荷载对石窟稳定性的影响

为了更全面的反应地震荷载对石窟稳定性的影响，分别在模型中输入神户海洋气象台实测的横向、竖向的加速度记录（图6），调整使其峰值加速度相等，持续时间相同，以便比较不同方向上地震荷载对石窟稳定性的影响。云冈石窟所在地区抗震设防烈度为Ⅶ度，设计基本加速度值为0.10g；对石窟最大地震影响烈度为Ⅷ度，因此，调整输入的地震峰值加速度分别为0.1g和0.2g。

3.3.1　拉应力的变化

据图7，左、右两列是分别输入不同峰值加速度（0.1g、0.2g）、不同持续时间（5秒、10秒）的竖向、横向地震波后，得到的拉应力等值线的比较。

（1）不同PGA对拉应力的影响。通过计算竖向和横向PGA等于0.1g、0.2g两种情况下模型的拉应力（图7，1、2、3、4），可以看出无论地震波的方向如何，地震加速度大小变化对拉应力的影响是显著的：随着地震峰值加速度的增大，石窟的拉应力值增大，数值上近似为倍数关系。

（2）不同持续时间对拉应力的影响。在加速度峰值为0.1g的地震荷载下，对比竖向、横向地震波作用下（图7，1、2、5、6），均发现在10秒持时条件下石窟的最大拉应力略大于在5秒条件下发生的最大拉应力。说明持时对石窟的拉应力有轻微的增强作用。

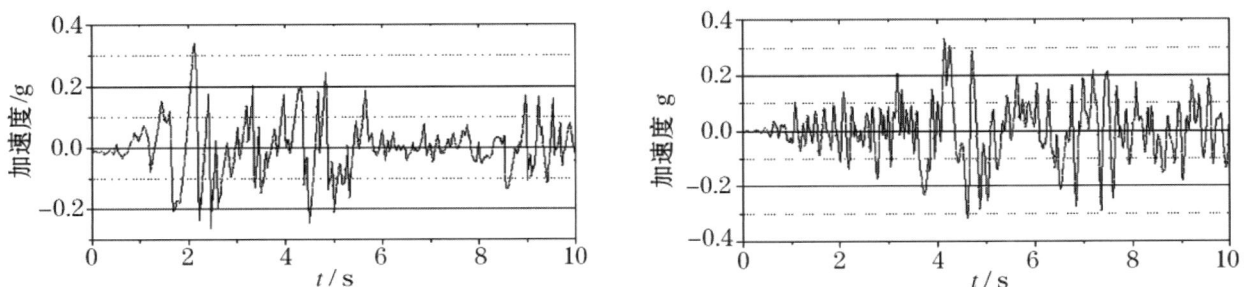

图 6　1995 年神户 7.2 级地震加速度记录（左：横向；右：竖向）

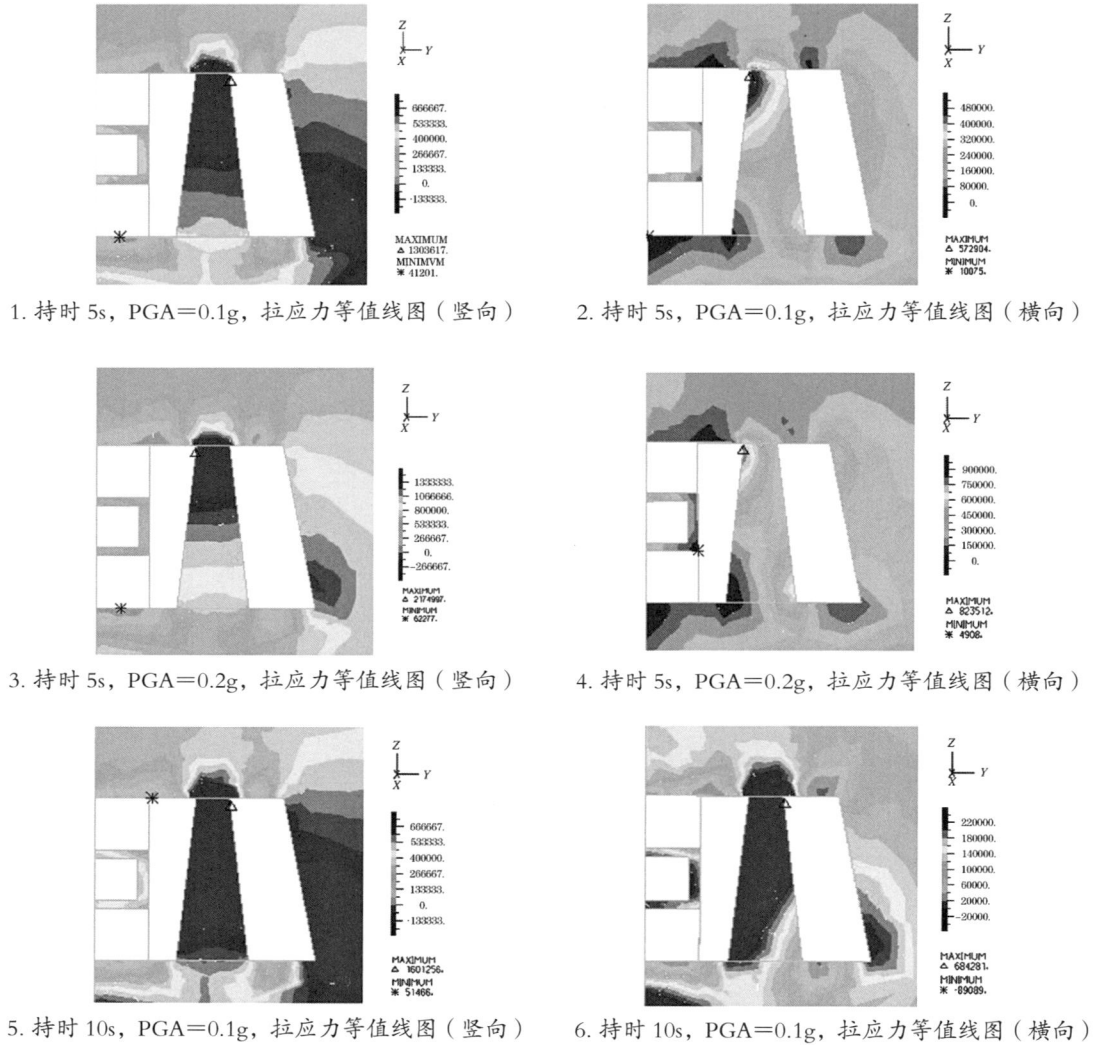

1. 持时 5s，PGA＝0.1g，拉应力等值线图（竖向）　　2. 持时 5s，PGA＝0.1g，拉应力等值线图（横向）

3. 持时 5s，PGA＝0.2g，拉应力等值线图（竖向）　　4. 持时 5s，PGA＝0.2g，拉应力等值线图（横向）

5. 持时 10s，PGA＝0.1g，拉应力等值线图（竖向）　　6. 持时 10s，PGA＝0.1g，拉应力等值线图（横向）

图 7　拉应力等值线图

（3）不同方向地震荷载对拉应力的影响。对比左、右两列，在相同加速度峰值、相同持续时间条件下，竖向地震荷载作用下的最大拉应力值均大于横向地震荷载作用下的最大拉应力值，数值上近似为倍数关系，说明不同方向地震荷载对拉应力的影响是显著的，竖向地震荷载对石窟拉应力的影响较横向地震荷载的影响要更为显著，有较大增强的作用。

3.3.2　压应力的变化

图 8，左、右两列是分别输入不同峰值加速度的竖向、横向地震波后，得到的压应力等值线的比较。总体来说，压应力的值都比较小，不会产生破坏。竖向地震荷载产生的压应力值远远小于横向地震荷载产生的压应力值。峰值加速度对压应力的影响是显而易见的，在 PGA 从 0.1g 增加到 0.2g 时，压应力的值都是几乎成倍的增加，说明石窟处于弹性变形的范围。持续时间对压应力有增强作用，只是，这种增强作用没有峰值加速度显著。

3.3.3　最大剪应力的变化

图 9，左、右两列是分别输入相同峰值加速度、相同持时竖向、横向地震波后，得到的最大剪应力等

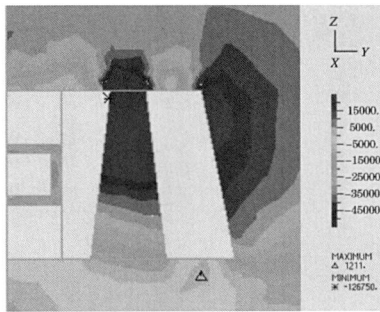

1. 持时 5s，PGA＝0.1g，压应力等值线图（竖向）

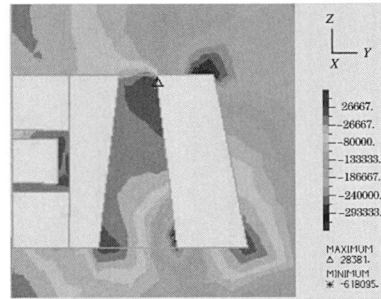

2. 持时 5s，PGA＝0.1g，压应力等值线图（横向）

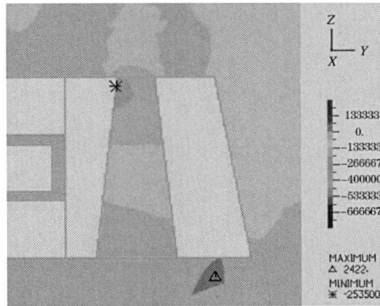

3. 持时 5s，PGA＝0.2g，压应力等值线图（竖向）

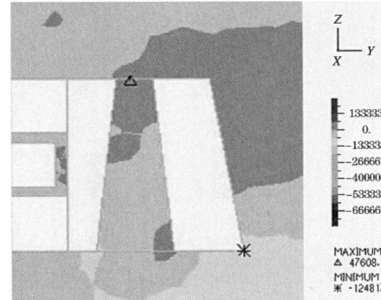

4. 持时 5s，PGA＝0.2g，压应力等值线图（横向）

图 8　压应力等值线图

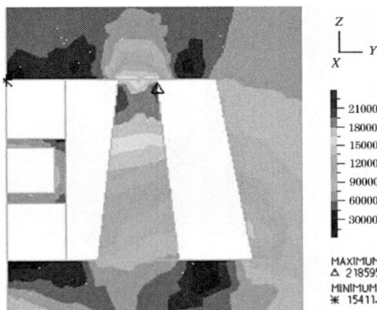

1. 持时 5s，PGA＝0.1g，最大剪应力等值线图（竖向）

2. 持时 5s，PGA＝0.1g，最大剪应力等值线图（横向）

图 9　最大剪应力等值线图

值线的比较。在峰值加速度相同、持续时间一致的情况下，横向地震荷载产生的最大剪应力大于竖向地震荷载引起的值，说明横向地震荷载比竖向地震荷载更容易引起最大剪应力的集中，从而导致石窟的破坏。峰值加速度和持续时间对最大剪应力的增强作用与拉应力、压应力相似。

4　结论和讨论

通过输入横向地震波的三维数值模型计算可以知道：

石窟的立柱部位和入口处上部岩体是产生位移较大的部位，最大位移值都大于 1 厘米；在洞窟的入口处和四周，尤其是洞窟开挖的薄壁部位，形成了压应力、拉应力和剪应力的高度集中区，是围岩容易发生破坏的地方。

分别输入不同峰值加速度、不同持续时间的竖向、横向地震波后，得到以下结论：

（1）石窟的拉应力值、压应力值和剪应力值都随峰值加速度的增大而增大，几乎是倍数的增加；

（2）持时对石窟的拉应力、压应力和剪应力都有轻微的增强作用；

（3）竖向地震荷载对石窟拉应力的影响更为显著，有较大增强的作用；

（4）横向地震荷载比竖向地震荷载更容易引起最大剪应力的集中。

对石窟影响最大的历史地震是 1989 年大同—阳高 6.1 级地震，未来可能的地震影响烈度为Ⅷ度（地震峰值加速度为 0.2g）。通过模型计算可知，石窟在地震烈度Ⅷ度的影响下基本不会造成严重的破坏，但是，由于本文建立的是理想的弹塑性模型，没有考虑诸如地形地貌、水文气象、围岩裂隙等不利工程条件的影响，实际中石窟所在岩体的各项强度指标应该有所降低，地震稳定性也有所偏差，此中涉及的一系列问题以后将会得到进一步的研究和深化。

参考文献：

[1] 杨晓杰，彭涛，李桂刚，等 . 云冈石窟立柱岩体长期强度研究 [J]. 岩石力学与工程学报，2009，28（增 2）：3402—3408.

[2] 石玉成，王旭东，秋仁东等 . 竖向地震荷载下人字批顶结构石窟的稳定性分析 [J]. 世界地震工程，2009，25（4）：148—152.

[3] 石玉成，付长华，王兰民 . 石窟围岩地震变形破坏机制的数值模拟分析 [J]. 岩土力学，2006，27（4）：543—548.

[4] 秋仁东，石玉成，徐舜华，等 . 预应力锚索加固石窟岩体的地震动力响应研究 [J]. 西北地震学报，2007，29（1）：49—53.

[5] 秋仁东，石玉成，付长华 . 高边坡在水平动荷载作用下的动力响应规律研究 [J]. 世界地震工程，2007，23（2）：131—138.

[6] 韦凯，高峰，石玉成，等 . 石窟地震反应分析 [J]. 兰州交通大学学报（自然科学版），2005，24（6）：46—49.

[7] 李文军，王逢睿 . 中国石窟岩体病害治理技术 [M]. 兰州大学出版社，2006.

[8] 仇转，刘巍 . 山西大同—阳高地震活动背景 [J]. 山西地震，2005（2）：1—10.

[9] 戴自航，沈蒲生 . 莫尔—库仑等面积圆屈服准则的简化形式及应用 [J]. 福州大学学报（自然科学版），2003，31（4）：454—459.

[10] 隋斌，朱维申，李晓静，地震荷载作用下大型地下洞室群的动态响应模拟 [J]. 岩土工程学报，2008，30（12）：1877—1882.

（原文刊载于《世界地震工程》2011 年第 4 期）

云冈石窟石雕科学保护的技术限制

黄继忠　姜建利　戴仕炳

世界文化遗产云冈石窟因其历史悠久、规模宏大、内容丰富、独特的雕刻技术而举世闻名（图1）。对其保护一直倍受政府部门、研究机构、新闻媒体等多方的关注[1]。

图1　云冈石窟最著名的第20窟

云冈石窟中众多的塔院式石窟（如第6窟的塔柱，第39窟等）是研究北魏时期中国建筑的重要史料之一[2]。

从1950年以来，在云冈石窟研究院等单位的组织下，不仅对石窟危岩体进行了加固，还开展了众多的保护研究工作[3-5]。但是由于云冈石窟石雕的科学保护涉及到地质、工程、水文、材料、建筑化学、建筑物理学等十分错综复杂的问题，很多研究尚处于探索阶段，未能够付诸实施[6]。

根据从1994年以来的实验研究及追踪观测[7-14]，作者认为，云冈石窟石雕的保护遭遇到众多的技术限制，现代工程、材料等科技成果在解决云冈石窟的保护问题时遭遇适应性问题。这些问题与云冈石窟的石雕材料类型及病害特点、地质环境与水环境等有关。国内外在砖石建筑保护领域取得的成果不能简单类推到云冈石窟。

1　云冈石窟石雕的石材类型

1.1　云冈石窟石雕的主体岩石为杂砂岩（Greywacke）

对云冈石窟石雕的载体——石材的材料学（矿物学、岩石学、地球化学）等研究证明，云冈石窟石雕的主体岩石属于岩石学[15]中的杂砂岩（Greywacke）[16]。杂砂岩与砂岩（Sandstone）尽管汉语在字面上只有一字之差，但性能却存在巨大差别。

这种杂砂石不同于同属世界文化遗产的重庆大足石刻砂岩。云冈杂砂岩的砂颗粒大小变化范围大，细的胶结物含量高，孔隙率很低，新鲜的没有发生风化的云冈杂砂岩的总孔率只有3.3—7.6%，风化明显的云冈杂砂岩其孔率只有10%左右，而一般砂岩的孔隙率均在20%以上（表1）。

低孔隙率的云冈杂砂岩的强度很高，其抗压强度最高达90兆帕。高的抗压强度保证了云冈可以雕刻高达17米以上的宏伟佛像，只有在层理发育部分才可能发生失稳（图2）。

图2　第17窟巨大主佛
下颚沿杂砂岩的层理方向发生的垮落

表 1　云冈杂砂岩与一般经典砂岩的区别

	总孔隙率（%）	毛细吸水系数（kg/m²oh0.5）	单轴抗压强度（MPa）
云冈杂砂岩	3.3—7.6	0.2—1.0	17—91
大足砂岩约	25	–	5—6
陕西彬县（今彬州市）大佛寺砂岩	22—28	11—37	2—5
德国 Stolzenfels 教堂杂砂岩	2.6—4.1	0.4	130

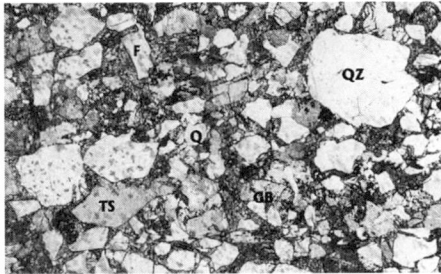

图 3　新鲜的长英石英杂砂岩
（QZ= 石英岩石碎屑，Q= 石英，TS= 泥质岩碎屑，
GB= 其他岩石碎屑，F= 长石，偏光显微镜照片）

图 4　云母岩石碎屑杂砂岩（偏光显微镜照片）

1.2　云冈杂砂岩有不同于一般砂岩的病害特点

云冈石窟杂砂岩的材料成份不均匀，特别是泥质成份含量变化很大。主体为块状的含泥比较少的杂砂岩（图 3），还有条带状、结核状的含泥土、云母等成份比较高的岩石（图 4）。这些含泥成分高的岩石耐老化的能力很低，其上的雕刻几乎已经风化殆尽。

杂砂岩形成的原始环境为氧气不充足的还原条件，当开凿后暴露到空气中，必然发生风化。在云冈杂砂岩中发现很多还原条件下稳定的硫化物，如白铁矿（一种硫化铁）等，它们在水和氧气的作用下，变得不稳定，硫化铁会氧化成铁锈（铁的氧化物），副产物即为腐蚀性非常强的硫酸（G1）：

$$4FeS_2+15O_2+10H_2O \rightarrow 4FeOOH+8H_2SO_4 \rightarrow （G1）$$

云冈杂砂岩自身生成的硫酸腐蚀杂砂岩中的碳酸钙，形成石膏等有害的水溶盐（G2）：

$$H_2SO_4+CaCO_3+2H_2O \rightarrow CaSO_4 \cdot 2H_2O+2H^++CO_2 \rightarrow （G2）$$

这种腐蚀过程不仅可以在云冈杂砂岩的显微分析中可以看出（图 5），也在试验室的模拟试验中得到验证。将新鲜的没有风化的云冈杂砂岩浸泡在二次蒸馏水面之上，在 4 个星期后即发现水蒸发面附近有白色粉状物，X 光分析结果，这些粉状物为石膏、粘土等（图 6），而与水接触部位出现褐色铁氧化物。

显微研究发现，杂砂岩分解石膏、粘土、铁氧化物，在表层形成壳（图 7、图 8），这种壳密封住发生风化的石雕，使一般的渗透保护材料难以渗透进去，保护的难度极高。

此外，云冈杂砂岩表层以鳞片状剥落为特点，在显微镜下，这些鳞片以平行雕刻表面的显微裂缝为特征，开裂的特点显示它们由剪切作用力导致的（图 8）。这种剪切作用力与云冈杂砂岩干湿交替过程不均匀膨胀、不可恢复收缩有关。

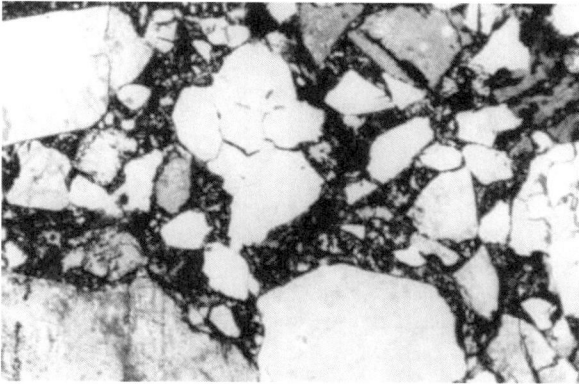

图 5　表层云冈杂砂岩中次生毛细孔隙（蓝色部分），
与水导致的溶蚀或硫酸的腐蚀有关（偏光显微镜照片）

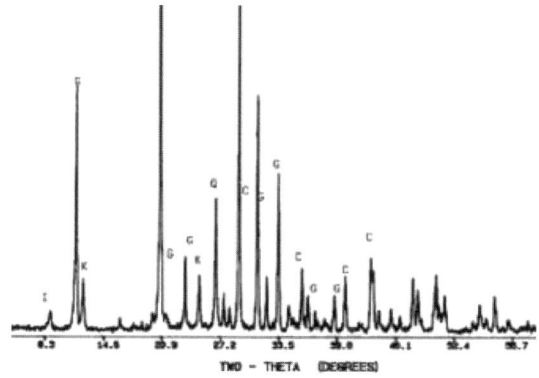

图 6　云冈杂砂岩自然老化模拟试验的风化产物的
X－光粉晶分析（G＝石膏，C＝方解石，
K＝高岭土，I＝伊利石，一种黏土）

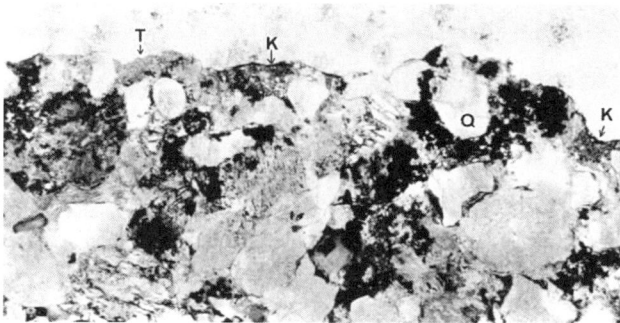

图 7　云冈石雕表面分解的杂砂岩碎片断面，表面被泥质
黏土（T）及黑色沉积层覆盖，黑色－褐色为氧化铁，
无开放的孔隙（单偏光显微照片）

图 8　同图 7，石英颗粒
（Q）平行碎屑表面的剪切裂纹（垂直偏光显微照片）

1.3　保护技术要求

由于云冈杂砂岩的性能、病害的特点与经典砂岩有重要区别，使得在欧美研究非常成熟的砂岩增强、"防风化"技术 [17—18] 在云冈几乎无任何用武之地。

实验研究证明，成功运用于一般砂岩的化学增强剂纯硅酸乙酯在云冈杂岩石中渗透深度只有 1—5 毫米，很低。而且，当云冈杂砂岩遇到这些增强剂时发生膨胀（图 9），云冈杂砂岩在吸收增强剂时，膨胀达 0.27 毫米／米。膨胀的结果是：本来就很少的毛细孔隙由于膨胀闭合掉了，增强剂只停留在石材表面，不仅起不到加固增强作用，如果处理不当，会在表面形成一个硬壳。

作者于 2008 年对比了在 1998 年在第 3 窟所做的试验面，可以发现，采用纯硅酸乙酯增强处理的云冈杂砂岩与未处理的相比，增强处理的杂砂岩尽管没有起壳，但其抗风化的程度几乎没有得到改善（图 10）。

至于改变杂砂岩的毛细作用的憎水处理等则对石雕存在危害。任何石雕本体的保存方法必须不改

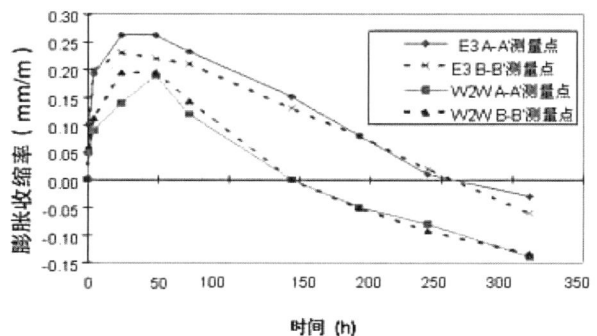

图 9　采用纯硅酸乙酯处理云冈杂砂岩时测定
的不同面的膨胀（24h）前及固化过程中的收缩现象

图 10　1998 年采用纯硅酸乙酯在第 3 窟窟内（左侧，原始编号 M3）及窟外（右侧，原始编号 M1）
渗透增强试验，10 年后的效果监测

变现有杂砂岩的毛细作用，让岩石中的水溶盐能够透到表面[19]。

2　水—冰—汽

已经公认的事实是水是云冈石窟杂砂岩风化的头号敌人[20]。水导致云冈杂砂岩发生风化的机理在于多方面：与水有关的干湿交替导致云冈杂砂岩发生不均一的膨胀收缩使杂砂岩的表层干裂；水的作用可以加速岩体结构性裂隙的扩张，降低岩石的力学强度；"冰—水—冰"的冻融循环，使岩石强度大大降低，岩体破碎程度增加（图 11）；杂砂岩的化学风化及硫化物的氧化也需要水。

试验研究发现，当云冈杂砂岩一个表面开始吸水时，吸水面发生膨胀，而不吸水的面保持不变或甚至产生收缩。在干燥过程中，云冈杂砂岩发生不均的收缩，而且收缩的程度与膨胀的程度不相等，也就是说，云冈杂砂岩吸水膨胀是不可完全恢复的。不同的杂砂岩膨胀收缩程度不同，富含云母粘土的杂砂岩膨胀程度大，而含粘土少的杂砂岩膨胀程度低（图 12）。

图 11　云冈石窟崖壁结冰情况（黄继忠摄于 2006 年 4 月 12 日晨）

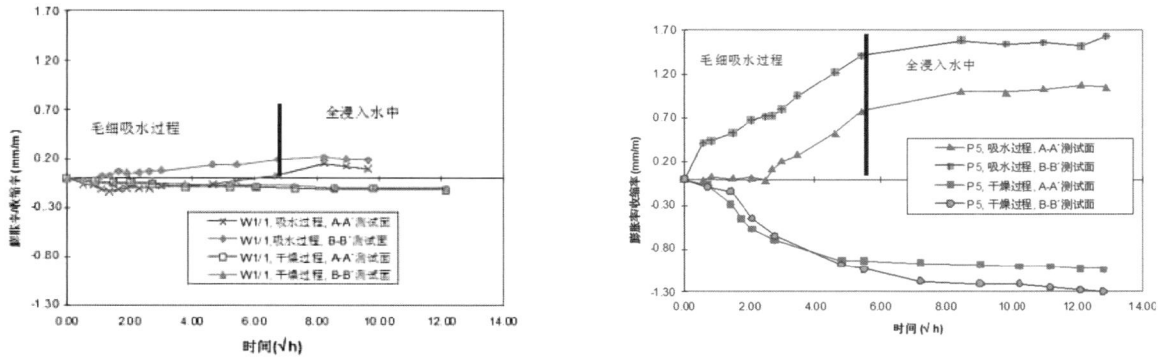

图12 含黏土少的石英长石杂砂岩（左侧，样品编号W1/1，材料的显微特点见图3）吸水过程膨胀（上部曲线）与干燥收缩（下部曲线）实验测试结果与富含黏土云母的杂砂岩（右侧，样品编号P5，材料的显微特点见图4）吸水过程膨胀（上部曲线）与干燥收缩（下部曲线）实验测试结果

但同时也要明确两点：第一，水本身不是石窟损害的罪魁祸首，罪魁祸首是石窟岩石内部的水含量变化，也即干湿交替是导致石雕劣化的根源。完全干燥时石雕劣化的速度非常缓慢，这是常识。但是，当石雕完全浸于水下或者被水饱和而与空气几乎不接触时，其劣化的过程也是十分缓慢的。第二，水的来源有我们看得见的水，如顶部渗水，背面山体渗水、雨水等，也有我们看不见的由空气中的水蒸气凝结而成的凝结水。特别是洞窟外温暖潮湿的空气进入石窟后在表面形成的凝结水对石雕的损坏是缓慢而致命的。

云冈石窟的治水一直是各项研究的重中之重，但是治云冈石窟的水是个挑战人类智慧的工程。与一般砖石建筑不同的是，石窟的石雕是与周围地质体没有分离的构筑物，是雕有文物的特殊地质体，由于水源探测技术没有取得根本性突破，我们依然还不完全清楚雨水甚至水汽是通过何途径进入石窟的，使石窟治水的有效性受到限制[21]。

如何做到恒定石窟的温度、湿度以防止凝结水的发生也是技术上难度很高的工程。一方面要求对近几年来的监测数据进行整理分析，另一方面要对各石窟的微气候环境进行建筑物理学计算或模拟，并进行大量的实验研究。监测数据显示，建有窟檐的石窟内的温度变化要远低于无窟檐的洞窟（图13），所以，窟檐对石窟内的雕刻保护具有重要意义。但是，窟檐的建造也有可能增加石雕表面凝结水形成的机会，应该制订相应的措施尽量减少或者避免凝结水的形成。此外，新窟檐的建造会改变现有石窟的景观，与狭义的不改变文物现状的原则有所抵触，所以窟檐的设计应该以实现保护性功能为主，尽量淡化建筑本身。

图13 窟檐对稳定洞窟的温、湿度有益

3　水溶盐——云冈石窟石雕病变的隐性杀手

云冈石窟众多的石雕表面有厚厚的水溶盐（图 14）。水溶盐是在水中能够溶解的盐分。它在云冈杂砂岩潮湿时溶解，在杂砂岩干燥时结晶。当温度降低时，盐在水中的溶解度降低，这种温度—湿度—盐的溶解结晶过程可以使杂砂岩的构造在较短的时间内发生崩解。

云冈石窟石材的吸湿性与盐含量之间存在一定相关关系（图 15），当含有 SO_4^{2-}、NO_3^- 及 Cl^- 的混合水溶盐含量达到 0.5—0.6% 时，在高湿度（相对空气湿度 93%）的环境下，通过从空气中吸湿导致的水可使云冈杂砂岩达到饱和，而当混合水溶盐总量降低到 0.1% 左右时，其吸湿导致的相对含水率明显降到较低的程度。

图 14　第 5 窟北壁厚达数毫米的水溶盐结晶

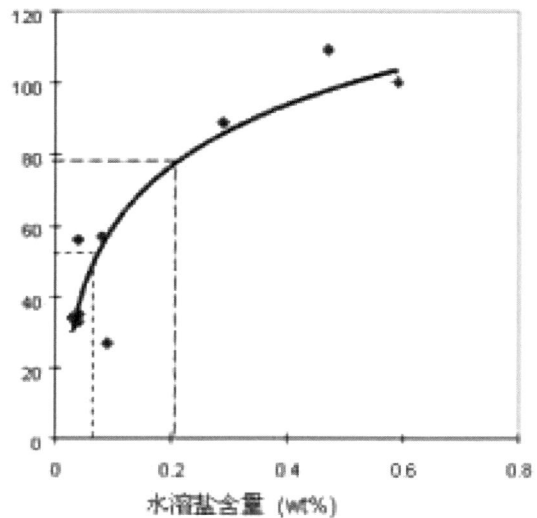

图 15　水溶盐含量与相对空气湿度在 93% 时的相对含水率的关系

研究证明，水溶盐聚积部分来源于环境污染的产物，也有一部分盐分是云冈杂砂岩自身（insitu）风化产物。杂砂岩在氧化时会产生硫酸盐。

采用无损方法排除掉水溶盐是被国际公认的有效的主动式保护方法。但是目前的技术难点在于采取何种标准、何种方法在多长的时间内排除掉这些水溶盐盐分。国际国内均有生产无损排盐灰浆材料，但其适用性尚需研究。另一个关键性技术指标是：盐分排除到什么程度才算干净。德国的"国际建筑维护与文物保护科技工作者协会"（WTA）协会提出了水溶盐含量的分类[22]，但是这一分类是否适合云冈也值得探讨。从图 15 中可以看出，当云冈杂砂岩中总盐含量达到 0.1% 以下时，在高湿度的空气中其吸湿导致的相对含水率降低到 50% 以下，或许 0.1% 是一个可参考的定量指标。

4　保存与修复

除自重失衡及人为破坏外，云冈石窟众多的石雕本身已经发生皮壳状风化、剥落等，一部分柱体开裂明显，石雕表层缺失严重，部分已经失去其艺术价值。作者认为，对表层风化十分严重且影响美学价值的或者是影响到雕刻稳定性的部位（如图16）进行必要的修复是不违背文物保护基本原则的。

重要的是在修复材料的选择上要采用与云冈杂砂岩性能类似的无机材料，强度要低（表2），使其在后续的老化中起牺牲品的作用，吸水、吸水溶盐。根据作者采用天然水硬性石灰（NHL）加固修复岩石的经验[24]，这类修复材料可用天然水硬性石灰为黏结剂，添加云冈杂砂岩岩石碎屑，详细配方需要经过进一步有针对性地开发实验而完善。在修复工艺方面，以不破坏原有岩石为前提，做到可逆，技术上满足表2中的附着力要求，可以比较容易地从本体揭取下来。颜色质感与石质现状相协调，但有区别，做到可识别。

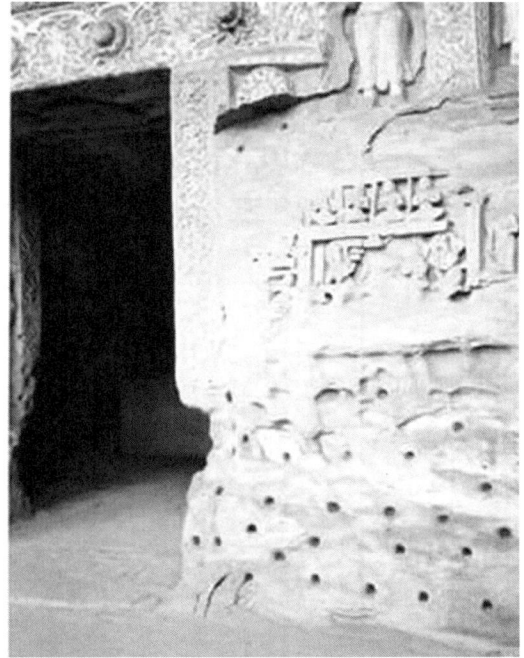

图16 缺损严重并对石窟的稳定性可能产生隐患的部位，可以参照可逆性及可识别性的原则进行保护修复

表2 云冈石材修补材料的性能理论要求[23]

技术性能		测试方法	要求
基本要求	材料性质	干混砂浆的生产、质量控制和运输	为配制好的粉料
干粉	粒径分布	–	和周围石接近
固化后修复剂	颜色	–	不影响整体美观
	动态弹性模量	超声波方法	是风化基材的20—100%
	抗压强度	JG J/T70-2009	
	收缩	JGJ/T70-2009	<2mm/m
	导热系数	–	是风化基材的50—150%
	吸水性 w	D IN 52617	是风化基材的50—100%
	透气性 m	D IN 52615	
和基材的关系	可施工性	现场测试	满意
	抗拔强度（附着力）	JG J/T70-2009	（1）被拔断的部位位于修补材料内部，修补材料与石材的附着力大于修补材料内部的附着力 （2）修补材料与石材的附着力小于石材本身的附着力
	开裂、老化、变色	现场实验面	一定时间后满意，无裂纹，无视觉变化

5　结论与讨论

云冈石窟石雕主要载体为杂砂岩，不同于一般的砂岩，高强度的杂砂岩一方面保证了云冈石雕的宏伟性，但另一方面也导致国内外成熟的砂岩加固保护技术在云冈无法得到应用。对云冈杂砂岩的保护研究必须另起炉灶。

水是云冈石窟石雕的头号敌人，但是水破坏石雕主要是通过干湿交替导致的不均匀膨胀不可恢复的收缩及复杂的水—冰—盐的复合作用而导致的。防水治水时需要内外有别，有形水与无形水（水蒸气导致的凝结水）有别。在建筑砖石保护中取得的成功的防水、防风化经验也不适用云冈石窟内的石雕，因为后者是见不到天、淋不到雨水的。目前几乎所有的岩石渗透加固防风化的材料在云冈都不适用，任何方法必须不改变现有杂砂岩的毛细作用。

上述两个重要特征要求，要科学保护云冈石窟这个珍贵的世界文化遗产，必须针对云冈石窟砂岩进行专门的长期的观察研究。在很多技术细节没有阐明的前提下，"无所作为"是一正确的选择。

参考文献：

[1]　李治国 . 云冈石窟 [M]. 北京：文物出版社，1995：6—18.

[2]　潘谷西 . 中国建筑史 [M]. 北京：中国建筑工业出版社，2004：31—33.

[3]　黄继忠 . 云冈石窟石雕保护研究五十年 [D]. 内部资料 .

[4]　黄克忠 . 云冈石窟砂岩石雕的风化问题 [J]. 水文地质工程地质，1984（3）：32—35，51.

[5]　黄继忠、解廷藩、张莉 . 云冈石窟大气粉尘中无机离子的分析 [J]. 文物世界，1997（3）：86—90.

[6][21]　黄继忠等 . 中国石质文物保护技术研究现状及存在的问题 [R]. 内部资料，2009.

[7]　DAI, Sh.: Untersuchungen zu den Ursachen der Schäden und zur Konservierung der buddhistischen Yungang—Grotten bei Datong, VR China, OHG , Heft Nr. 59 1998.

[8]　DAI, Sh. u. STRÜBEL, G .: Untersuchungen zur Restaurierung der Yungang—Grotten in der Provinz Shanxi/China—Lehm—Kalk—Putz und Zementmörtel, in VENZMER（Hrsg.）: "Putzinstandsetzung", Verlag für Bauwesen, Berlin, S.137—149 1998.

[9]　DAI, Sh.; STRÜBEL, G.; QU , A. u. HUANG, J.: Detereoration of the Natural Stones of the Yungang Grottoes—Natural and Environmental Factors, in China Committee of Sciences and Technology（ed.）: Sciences of Resources & Environment and Technologies for Sustainable Development, Press of China Sciences and Technology, Beijing, P.249—252.

[10]　DAI, Sh.u. STRÜBEL, G.: Konservierungsversuche an Natursteinen mit Steinkonservierungs m itteln auf der Basis von Kieselsaureestern, in STRÜBEL, DAI & WEBER（Hrsg.）: Chinesisch—Deutsche Kooperation zur Konservierung der Yungang—Grotten—Symposium 1998, 1999.

[11]　STRÜBEL, G ., WANG , A .u.DAI, Sh.: Zerfall und Konservierung der Yungang—Grotten: Ursachenforschung und Problem lösungen in einem deutsch—chinesischen Projekt, Spiegel der Forschung, 13.Jg./Nr.1, S.2—6

1996.

[12] STRÜBEL, G. u. DAI, Sh.: Untersuchungen zu den Schäden und zu einer Konservierungskonzeption der Yun-gang—Grotten, International J for Restoration of Building and Monuments, AEDIFICATIO Verlag, 2000.

[13] STRÜBEL, G. u. DAI, Sh.: Mineralogische und technologische Untersuchungen an Natursteinen zu einer Kon-servierungskonzeption der Yungang—Grotten, in STRÜBEL, DAI & W EBER（Hrsg.）：Chinesisch—Deuts-che Kooperation zur Konservierung der Yungang—Grotten—Sym posium 1999.

[14] STRÜBEL, G ., Weber，H. & .DAI, Sh. 主编《中德合作保护云冈石窟 1998 研讨会论文集》，1999 年。

[15] Pettijohn, F. J. et al: Sand and Sandstone, Second Edition, Springer—Verlag, 1987, 139—155 und S.163—175.

[16] 戴仕炳：德国 Justus—Liebig—University Giessen 大学博士论文 1999 年 3 月：Untersuchungen zum Zer-fall und zur Konservierung der Natursteine der Yungang—Grotten, VR China, Dissertation at Justus Liebig Uni-versity of Giessen, Germany, March 1999.

[17] Snethlage, R.: Leitfaden Steinkonservierung, Fraunhofer IFB Verlag, 1997, S.71—86, 191—194.

[18] Reul, H.: Handbuch Bautenschutz und Bausanierung, 5. Auflage, Rudolf Mueller, 2007, S.255—290.

[19][23] 戴仕炳、张德兵 . 古代建筑砖石立面修缮防护技术进展 [M] // 王东林、张剑 . 基础设施腐蚀研究及防护技术 . 北京：化学工业出版社，2010: 44—54.

[20] 黄继忠 . 水岩作用与云冈石窟风化病害机理研究 [D]. 北京：中国地质科学院 ,2005.

[22] WTA 3—13—01/D Zerstörungsfreies Entsalzen von Naturstein und anderen porösen Baustoffen mittels Kom-pressen《石材及其他多孔材料的无损排盐技术规范》，2001.

[24] STRÜBEL, G. u. DAI, Sh.: Putzmörtel mit hydraulischen Kalken im Bereich der Denkmalpflege—Erhartungs-verhalten, Carbonatisierung und Schadenvermeidung, in VENZMER（Hrsg.）："Putzinstandsetzung, Verlag f ü r Bauwesen"，Berlin, 1998, S.5—18.

（原文刊载于《文物世界》2011 年第 5 期）

云冈石窟砂岩微观风化特征研究

翁履谦　杨海峰　王逢睿　宋申华

云冈石窟是世界闻名的石雕艺术宝库之一，位于山西省大同市以西 16 千米处的武州（周）山南麓，依山而凿，东西绵延约 1 千米。现存主要洞窟 45 个，大小窟龛共 254 个，造像 59000 余尊，代表了公元 5—6 世纪时中国杰出的佛教石窟艺术。千余年来，在自然环境以及环境污染的影响下，云冈石窟及其周边地区的岩石风化严重。

对于云冈石窟文物的保护，尤其是在危岩加固方面的研究工作，多集中在岩石的宏观力学方面[1]。岩石的微观特征往往能很好地反映其宏观特性，深入研究岩石的微观结构及成分特征对岩石宏观特性的把控和保护具有重要意义。通过扫描电镜和 X 射线衍射技术分析云冈石窟风化严重的砂岩和较新鲜的砂岩，在结构上和物相上有各自的特点，研究风化即是对岩石造成的成分改变及微观结构的破坏进行研究，并从微观角度解释了岩石的风化机理。

1　云冈石窟环境及风化情况

云冈石窟岩性为中粗粒长石砂岩，并夹有泥岩，石窟雕刻在砂岩透镜体之上。地质上，云冈地区位于山西台背斜大同平鲁坳陷区东北端，是一个北北东向的箱形向斜构造，两侧受断裂影响，局部呈倒转状，东北部还露出一系列北东及北北东向的中断层及正断层。云冈主要分布在云冈镇粟家沟兴旺庄等地区，与大同统地层呈平行不正和接触[2]，云冈石窟地形为低山丘陵高台地，上层覆盖轻亚粘土、亚粘土及砂石砾石层。由于顶部地形高低不平以及人为的影响，低洼区较多，造成大气降水的贮存，为地表水入渗创造了条件[3]。云冈石窟岩层趋于水平，砂质页岩的隔水性良好，上层滞水存在时间长[4]。云冈石窟地区的气候为大陆性季风半干旱气候，全年降水量为 330 毫米，最高可达 614 毫米，最低 143 毫米，大部分降水集中在 7、8 两月，雨雪偏酸性，蒸发量为降水量的 3—4 倍。日温差变化显著，最高可达 20℃，月温差最高可达 40℃。11 月至次年 3 月为冰冻期，冰冻深度为 1.5 米。风向主要为西北风，最大风速约 216 米 / 秒[4、5]。

石质文物的风化是普遍存在的，是文物保护的关键性问题。早在 20 世纪 60 年代云冈石窟的保护人员就开始了石窟防风化的研究工作。岩石的风化主要分为物理风化和化学风化，物理风化是在环境的温度、湿度的影响下，岩石颗粒物质间的联结被破坏，逐渐成为松散破碎状态，随着破碎程度的增加，岩石的密度、比重减小，孔隙度、表面积增加；化学风化是指岩石在水或水溶液的化学作用下，发生化学变化并生成新的矿物成分[6]。

云冈石窟的许多洞窟在雨天后有返潮现象，易形成凝结水，空气干燥时岩石会蒸发部分水。吸湿和蒸发的循环运动形成雕刻品表面的物理风化，严重者龟裂起翘，以至部分脱落。云冈石窟开凿于钙质胶结的长石砂岩上，长石风化后形成高岭石及铝矾土，破坏了岩石原有结构，使其力学性能改变。另外砂岩中的碳酸盐胶结物在风化过程中发生化学反应，使碳酸盐矿物溶解，在砂岩体内形成了新的孔隙空间，导致岩石孔隙度增加，加速岩石风化过程[4、7、8]。经历了千余年各种自然现象的侵袭，石窟的风化现象已十分严重。

2 材料与方法

云冈石窟及周边地区岩石岩性为中粗粒长石砂岩并夹有泥岩和砂质泥岩。为全面分析云冈石窟砂岩微观特性，在云冈石窟西围墙以西 80 米处采样。所采风化较严重的砂岩试样呈浅灰黄色，中厚层状，层理发育，属中等坚硬的岩石。较为新鲜的砂岩呈浅灰褐、灰黄色，由铁质和钙质胶结，岩性较坚硬，层理较发育。

实验室分析过程中，采用扫描电子显微镜（SEM）和 X– 射线衍射分析（XRD）对样品的结构和物相进行了分析。SEM 方法利用图像分辨率高、景深大的特点，对风化的岩石直接观察，了解其表面矿物微观结构特征。

3 结果与讨论

3.1 微观结构

将所采集的样品按要求制成规定的试样，在不同的放大倍率下观察，获得了较为详细的微观结构信息，对于风化严重的砂岩，主要在电镜下进行 500 倍、2k 倍、5k 倍、10k 倍的扫描观察，可以从 500 倍（图 1（a））及 2k 倍（图 1（b））中观察到，其结构主要为片层聚集的团块状结构，形态不规则，结构较为松散。从 5k 倍（图 1（c））、10k 倍（图 1（d））扫描图片可以看出，微观团块间的间隙较大，缺少胶结物，砂岩片层状结构逐渐展现，但片层间的分界线仍难以清晰地分辨。

针对较新鲜的砂岩，在同样放大倍数下进行观察（见图 2）。在 500 倍（图 2（a））及 2k 倍（图 2（b））的微观结构中，其结构较致密，由细小的层片组成。层片间排列整体无序，局部整齐。从 5k 倍（图 2（c））、10k 倍（图 2（d））扫描图片可以看出，新鲜的砂岩局部层片排列整齐，层片间的分界清晰可见，层片的

图 1　风化严重的砂岩在不同放大倍率下的微观结构

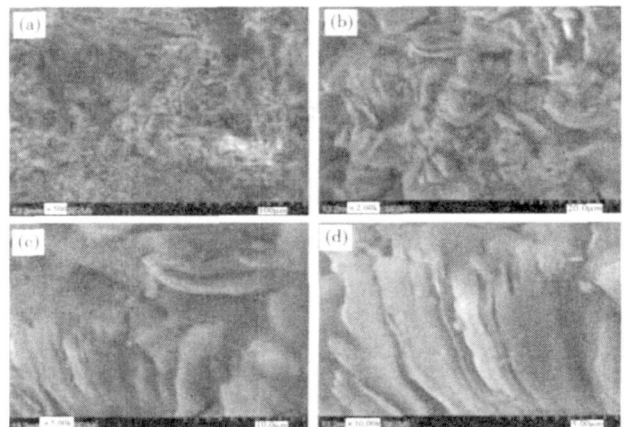

图 2　较新鲜砂岩在不同放大倍率下的微观结构

厚度为 0.1—1 μm，整体上胶结较好。

通过以上分析可以看出，风化严重的砂岩与较新鲜的砂岩相比最明显的区别是片层间的结构。风化后的砂岩结构松散，片层间的分界模糊，片层间有较大的空隙，这与砂岩胶结物的风化有直接联系。以碳酸盐胶结物为例，云冈石窟砂岩含有大量的碳酸盐胶结物，其含量可达 10%—20%。碳酸盐胶结物在环境污染的影响下，加速了风化过程。根据检测，云冈地区空气中的 SO_2 含量严重超标[9]。云冈石窟地区的大气中最主要的污染物是 SO_2 和工业粉尘。SO_2 和工业粉尘中金属元素含量偏高，是导致大气污染对云冈石窟侵蚀的主要因素。根据国家环保总局的要求，大同市环境监测站采用将碳酸钾溶液浸渍过的玻璃纤维滤膜置于大气中，使其与气态二氧化硫等发生反应生成硫酸盐，通过测定硫酸盐含量计算硫酸盐化速率，据此推知大气中 SO_2 的含量。其测试结果如表 1 所示[9、10]。

表 1　大同市云冈石窟硫酸盐化速率监测数据统计表 [mg·SO_3/（100cm^2·碱片·d）]

年份	1月	2月	3月	4月	5月	6月	7月	8月	9月	10月	11月	12月	年平均
1991	2.410	1.597	1.158	0.461	0.535	0.306	0.515	0.510	0.306	0.735	1.409	1.565	0.959
1992	2.24	1.14	0.98	0.52	0.47	0.49	0.34	0.37	0.53	0.89	1.31	1.66	0.912
1993	3.49	0.95	0.90	0.49	0.63	0.33	0.36	0.36	0.55	0.76	1.24	1.39	0.954
1994	0.81	1.64	0.37	0.63	0.61	0.37	0.33	0.37	0.49	0.84	1.24	2.19	0.824
1995	1.64	1.59	1.86	0.87	0.60	0.32	0.15	0.37	0.46	0.33	1.18	1.79	0.930
1999	1.55	1.98	1.02	1.04	0.96	0.55	0.89	0.53	0.48	0.73	1.26	1.21	1.017
2000	1.00	0.65	0.74	—	—	0.77	0.79	0.67	—	—	—	1.00	0.803
2001	0.60	0.54	0.51	0.31	0.21	0.27	0.34	0.37	0.20	0.32	0.50	1.28	0.454
月平均	1.718	1.261	0.942	0.617	0.574	0.426	0.464	0.444	0.431	0.658	1.163	1.511	0.857
季度	一季度			二季度			三季度			四季度			
平均值	3.903			1.617			1.338			3.333			

由表 1 可知，云冈石窟地区硫酸盐化速率年平均最高值出现在 1999 年，高达 1.017mg·SO_3/（100cm^2·碱片·d），超标 3.1 倍；年平均最低值在 2001 年，为 0.454mg·SO_3/（100cm2·碱片·d），超标 0.8 倍。8 年月平均值最高为 1.718mg·SO_3/（100cm^2·碱片·d），超标 2.4 倍；最低为 0.426mg·SO_3/（100cm^2·碱片·d）。由此可以看出云冈石窟污染的严重程度。但从 2000 年开始，石窟的大气环境逐步改善，但之前因污染而对石窟造成的破坏却无可挽回。

SO_2 在 Fe 离子的催化作用下生成 SO_3，加之云冈的地质用，即含有 SO_2 的雨水渗透到岩石内部后，砂岩的碳酸胶结物在酸性环境中发生变化，其过程如下：特点及人为因素的影响，云冈地区易贮存大气降水。SO_3 进一步与水及岩石发生化学反应，使岩石胶结物发生硫化作用，即含有 SO_2 的雨水渗透到岩石内部后，砂岩的碳酸胶结物在酸性环境中发生变化，其过程如下：

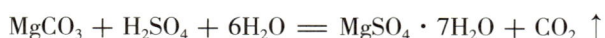

$$CaCO_3 + SO_2 + O_2 + H_2O = CaSO_4 \cdot 2H_2O + CO_2$$

$$CaSO_4 \cdot 2H_2O \rightleftharpoons CaSO_4 + 2H_2O$$

$$MgCO_3 + H_2SO_4 + 6H_2O = MgSO_4 \cdot 7H_2O + CO_2 \uparrow$$

$$MgCO_3 + H_2O = Mg(OH)_2 + CO_2 \uparrow$$

$$5Mg(OH)_2 + 4CO_2 = Mg_5[(OH)(CO_3)_2]_2 \cdot 4H_2O$$

$$5Mg(OH)_2 + 4CO_2 + H_2O = Mg_5[(OH)(CO_3)_2]_2 \cdot 5H_2O$$

上述碳酸胶结物逐步流失生成石膏（$CaSO_4 \cdot 2H_2O$）、水碳镁石（$Mg_5[(OH)(CO_3)_2]_2 \cdot 4H_2O$）及球碳镁石（$Mg_5[(OH)(CO_3)_2]_2 \cdot 5H_2O$），导致矿物颗粒间结合强度降低，最终使砂岩结构疏松。另外，硬石膏在吸水转化为石膏时体积膨胀可达 31%，产生的膨胀压力可达 15 千克/平方厘米，而水碳镁石和球碳镁石也均有干缩湿胀的特点。以上生成的矿物吸水膨胀后施力于周围的岩石空隙壁上，使岩石空隙扩大，一方面降低岩石的结合强度，另一方面加速颗粒连接的破坏和裂隙的扩张，加速岩石的进一步风化，并促使砂岩表面风化剥落[2、7、8、11]。

3.2 砂岩物相

对砂岩进行 XRD 分析，分析结果如图 3 所示。从图 3（a）、图 3（b）可知，云冈石窟周边山体砂岩岩中主要成分为石英（SiO_2）、高岭石（$Al_2Si_2O_5(OH)_4$）、微斜长石（$KAlSi_3O_8$）。在矿物学中，长石成分主要为石英和长石，且长石含量大于 25%，其次有微量锆石和磷灰石。胶结物为碳酸盐及硅质或铁质成分[12]。图 3（c）为较新鲜砂岩和风化严重砂岩 XRD 结果的比较。其中风化严重的砂岩在微斜长石标准峰位置 $2\theta = 21.035°$ 和 $27.507°$ 处降低，尤其在 $2\theta = 27.507°$ 处尤为明显；而在高岭石标准峰位置 $2\theta = 12.355°$ 和 $24.856°$ 处有所上升。根据以上对比结果可以推断，在砂岩风化过程中，微斜长石有所消耗并且有高岭石逐渐形成。此过程与水的存在有着密切的关系。

图 3 较新鲜砂岩 9（a）和风化严重砂岩（b）的 XRD 图谱

水对云冈石窟的危害普遍存在并且十分严重，是岩石风化的主要原因。水通过风化裂隙岩体内的上层滞水、风化壳网状裂隙水、凝结水及毛细水等形式与岩石长期缓慢相互作用[11]。SO_2、CO_2 及氮氧化物等与水结合形成 SO_4^{2-} 和 CO_3^{2-} 等阴离子，形成酸性条件，而酸性条件进一步促进硅酸盐的水解。砂岩中长石与水化学反应如下[8]：

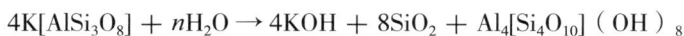

$$4K[AlSi_3O_8] + nH_2O \rightarrow 4KOH + 8SiO_2 + Al_4[Si_4O_{10}](OH)_8$$

长石水解后生成高岭石，高岭石长期与水作用进一步水解：

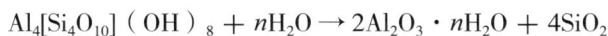

$$Al_4[Si_4O_{10}](OH)_8 + nH_2O \rightarrow 2Al_2O_3 \cdot nH_2O + 4SiO_2$$

其中，碎屑矿物被溶蚀成粘土矿物，使原有结晶胶结的岩石演化为由粘土填充的岩石，坚硬程度大幅下降；形成的钾盐在下雨时随水流失，故风化后的主要矿物为高岭石。图 3 中微斜长石峰值降低而高岭石的峰值升高即是此过程的表征。

高岭石的化学稳定性及抗酸溶性好，但高岭土与水结合后在外力作用下能够变形且易分散，故高岭土的形成在很大程度上降低了岩石的强度。加之在常温下岩石胶结物风化形成的硬石膏有很大的膨胀性，易

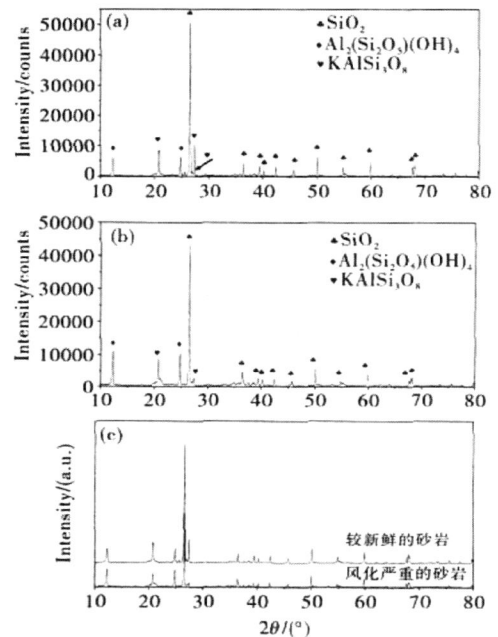

把酥松岩石胀裂，形成片状剥落或粉末状脱落。同时，水在岩石孔隙和裂隙内冻结时体积也会发生膨胀。水的膨胀率为 $e = \alpha \Delta t$，其中 Δt 为系统内最大水温差，α 为水的膨胀系数。云冈石窟地区的气候为大陆性季风半干旱气候，日温差变化显著，最高可达 20℃，月温差可达 40℃，云冈岩石中水的膨胀率可达 9%[4、8]。水在岩石内膨胀所产生的压力会造成岩石空隙增大、强度降低。高岭土良好的可塑性、水及硬石膏的膨胀压力成为岩石开裂形成裂隙的重要成因。裂隙的产生不仅降低岩石的力学性能，同时为顶部渗水提供了良好通道，进而加速了石雕文物的风化。

4　结论

相对于较新鲜的砂岩，风化严重的砂岩由于胶结物及长石的风化，造成微观结构松散，片层间有较大的空隙，由此造成宏观上岩石强度下降，并且为水的储存提供了空间上的条件。空气污染是云冈岩石化学风化的重要因素。一方面，空气中的 SO_2 在金属离子的催化下与岩石胶结物发生化学反应，其中与胶结物中含量居高的 $CaCO_3$ 反应生成 $CaSO_4$，降低矿物颗粒间的结合强度，导致砂岩胶结度下降，其生成物中硬石膏在吸水转化成为石膏时体积急剧膨胀，在岩石内部形成巨大的压力；另一方面，SO_2、CO_2 及氮氧化物等与水结合形成 SO_4^{2-} 和 CO_3^{2-} 等阴离子，为长石的风化提供了酸性条件，而进一步促进硅酸盐的水解。长石在酸性条件下水解生成高岭土，高岭土在与水结合后具有良好的塑性，在外界压力下易产生变形，大幅降低岩石整体的强度，为岩石的开裂及裂纹的发展提供了内在的条件。

参考文献：

[1]　冯文凯，黄润秋，许强 . 岩石的微观结构特征与其力学行为启示 [J]. 水土保持研究，2009，16（6）：26—29.

[2]　黄继忠 . 云冈石窟地质特征研究 [J]. 东南文化，2003（5）：91—93.

[3]　王晋东，杨国礼，等 . 大同云冈石窟工程地质勘察报告 [R]. 山西省地质矿产局第三综合勘察公司，1990

[4]　苑静虎，丰晓军 . 云冈石窟风化研究 [J]. 文物世界，2004（5）：74—81.

[5]　苑静虎 . 云冈石窟风化因素之探讨 [J]. 敦煌研究，1989（3）：94—96.

[6]　林玉华 . 浅谈石材的风化 [J]. 石材，2002（10）：14—16.

[7]　马在平，黄继忠，张洪 . 云冈石窟砂岩中碳酸盐胶结物化学风化及相关文物病害研究 [J]. 中国岩溶，2005，24（1）：71—76，82.

[8]　黄继忠 . 云冈石窟主要病害及治理 [J]. 雁北师范学院学报，2003，19（5）：57—59.

[9]　陈日 . 硫酸盐化速率对云冈石窟的环境污染分析及防治对策 [J]. 大同职业技术学院学报，2002，16（3）：64—67.

[10]　李海 . 大气污染对云冈石窟的风化侵蚀及防护对策 [J]. 雁北师范学院学报，2003，19（5）：60—63.

[11]　黄继忠，袁道先 . 水与盐对云冈石窟石雕的影响初探 [J]. 文物世界，2004（5）：61—66.

[12]　吴良士，白鸽，袁忠信 . 矿物与岩石 [M]. 北京：化学工业出版社，2005：201.

（原文刊载于《材料导报》2011 年 S2 期）

云冈石窟污染物与砂岩结合状态的分析检测研究

张秉坚　刘仁植　沈忠悦　张润平　石美风

1　概述

云冈石窟已有 1500 多年的历史。长期以来，在各种自然作用和人为因素的影响下，石窟污染和风化严重 [1]。半个多世纪以来，云冈周边经济发展、工业开发等因素使当地自然环境发生了一定程度的改变；石窟本身成为旅游热点，也使石窟内的病害类型和特征等都有所变化。如何科学、系统地保护云冈石窟这类珍贵的文化遗产已经成为当前国家和社会关注的重要问题。

作为国家科技支撑计划课题"石质文物表面有害污物清洗技术研究"的研究内容之一，从 2010 年 1 月起，浙江大学文物保护材料实验室会同云冈石窟研究院和西安文物保护修复中心，共同对云冈石窟 45 个洞窟内的污染物病害进行了系统调查 [2]，对污染物种类和污染程度进行了分类统计，开展了污染物状况的初步分析研究。

关于石质文物病害中的污染物病害，目前标准术语还不全。本次现场调查，主要借鉴 1988 年意大利规定的国际标准化石材病变类型定义，同时结合我国 2008 年发布的行业标准《石质文物病害分类与图示》，将云冈石窟石雕表面污染物病害进行了分类描述 [3]：

（1）粉尘沉积：因灰尘、煤尘、风沙等长时间沉积作用形成的沉积层。

（2）盐碱结晶：各种来源的盐类或碱类在岩石表层结晶析出的盐碱。

（3）烟熏黑垢：由烟熏和烟尘等的吸附沉积作用形成的黑色垢层。

（4）微生物：各种在石质文物表面生长的苔藓、地衣、真菌等。

（5）氧化物色斑：由岩石内部或外部的金属离子，如铁、铜等，氧化后形成的有色斑痕。

（6）雨迹水渍：因雨水冲刷或长期潮湿导致的岩石表面出现的水迹或湿痕。

（7）鼠雀秽物：鼠类、鸟雀、昆虫等各种生物的排泄物或分泌物形成的污垢。

（8）油脂污迹：蜡液、灯油、长期人手触摸等在岩石表面形成的带油渍的痕迹。

（9）涂鸦划痕：各种有意或无意刻画、涂抹或滴溅在文物表面的墨水、粉笔、色笔和油漆涂料等印迹。

（10）石膏壳层：由含硫气体与岩石钙质成分反应形成的以硫酸钙为主要成分的壳层。

（11）保护残迹：以前加固和保护所用的各种聚合物、有机物及其老化后的残留物等。

（12）水泥斑：因修缮、粘接、支撑、加固等工程措施遗留或滴溅在文物上的水泥痕迹。

调查结果显示，云冈石窟石雕表面的 12 种主要污染性病害的相对面积比见图 1。

分析检测是病害调查的重要环节，已有许多学者和保护工作者曾对洞窟污染物以及病害影响因素等进行过分析检测。但是从文献检索看，对污染物与岩石基底结合方式的分析检测研究还相当欠缺，作为洞窟污染物清洗技术研究的基础工作，我们开展了以污染物与文物本体结合状况为重点的分析检测研究。

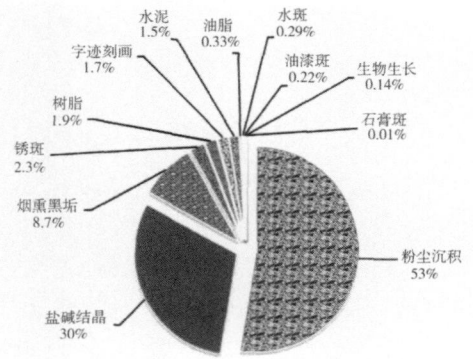

图 1 云冈石窟各种污染物病害的相对比例

2 实验仪器与样品制备

2.1 实验仪器

场发射扫描电镜（SEM），SIRION-100，FEI（美国）；X 射线衍射仪（XRD），AXS D8 ADVANCE（德国）；三维视频显微镜，KEYENCE VHX-1000（日本）；X 射线荧光光谱仪，XRF-1800（日本）；傅里叶变换红外光谱（FT-IR），NICOLET 560（美国）；偏光显微镜，Nikon Eclipse E600 POL（日本），配置 Digital Camera DXml200F 工业摄像头。

2.2 样品制备

样品均来自云冈石窟，大部分取自掉落石块的表面层，按仪器检测需要的大小制备。垂直剖面薄片样品采用包埋法制样。首先将小块样品放入小容器内，加入胶水使样品完全浸入，静置一天使胶固结，样品完全被包埋，以确保样品表层在切制薄片过程中不脱落，并使风化表层和被膜层被完整保留。然后，按岩石薄片切制方法，制成 0.03—0.05 毫米厚度的薄片。对于某些污染物病害，为观察到表面风化或沉积包膜现象，磨制的薄片厚度约 0.05 毫米，取偏厚片。为便于电镜观察与能谱分析，所有薄片均未加盖玻片。

3 分析检测

3.1 粉尘沉积

在云冈石窟所有污染物病害种类中，粉尘沉积的比例高居首位，占污染物病害总面积的 53%，达 3700 平方米有余，而其中重度污染占 39%，中度污染占 43%，轻度污染占 18%[2]。云冈石窟内粉尘的成分，OlmeZ 和 Christoforou 等曾用中子活化分析法 [4] 和 ICP-MS 法 [5] 做过样品成分分析，结果表明云冈石窟粉尘中含有 Cu、Pb、Zn、Ti、K、Al、Ca、Fe、Mn 等 22 种金属元素；Weiss[6] 还采用离子色谱法分析了云冈石窟粉尘样品的水溶液，证实溶液中有硫酸盐、硝酸盐和氯化物等可溶盐。在此次调研中，浙江大学文物保护材料实验室对取自云冈第 33 窟的两块砂岩样品，分别扫去表面粉尘，将裸露出的灰色壳层砂岩（粉尘砂岩）和表层下约 3 厘米处的内层，采用 EDAX 和 FT-IR 等仪器进行了分析。比较从其他各窟所取样进行的分析结果看，情况都十分类似。

（1）EDAX 能谱数据（wt. %）

	C	O	Mg	Al	Si	P	S	Cl	K	Ca	Fe
内层砂岩	11.91	15.93	1.26	6.07	52.47	4.94	2.84	0.48	0.49	1.02	2.55
粉尘砂岩	16.21	38.26	1.64	4.51	8.58	–	12.04	–	1.17	15.08	1.92

（2）SEM 照片

A 20100603 粉尘砂岩 1000×

B 20100512 粉尘砂岩 3000×

C 20100603 粉尘砂岩 5000×

D 20100512 粉尘砂岩 10000×

（3）FT-IR 图谱

（4）XRD 图谱

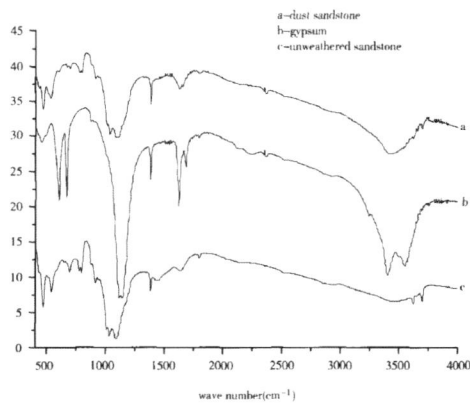

FT-IR 图谱（a 粉尘砂岩，b 石膏，c 内层砂岩）

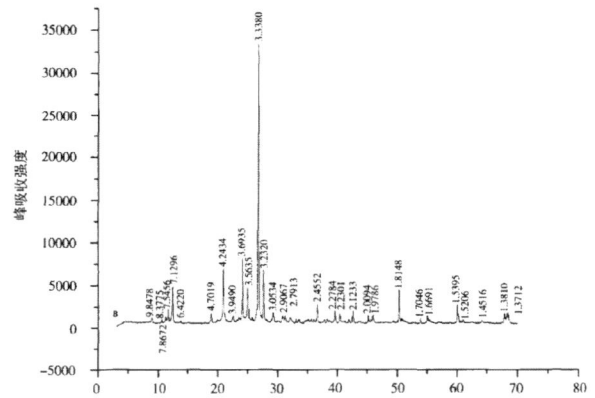

粉尘沉积砂岩的 XRD 图谱

（5）视频显微镜照片

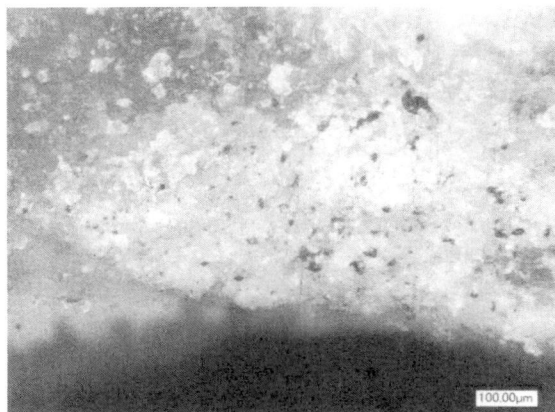

A　粉尘沉积砂岩 500×

B　粉尘沉积砂岩 500×

（6）偏光显微镜——垂直剖面切片照片

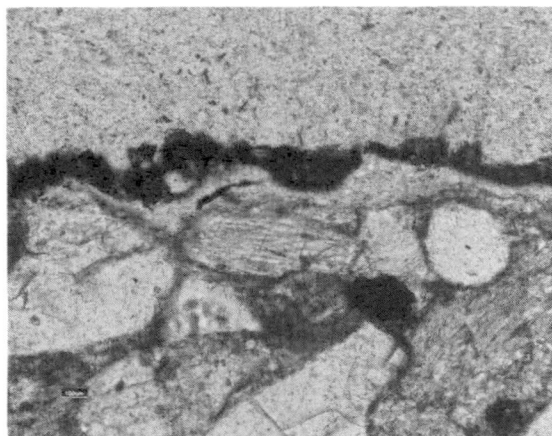

A　7-2S4 粉尘沉积砂岩 500×

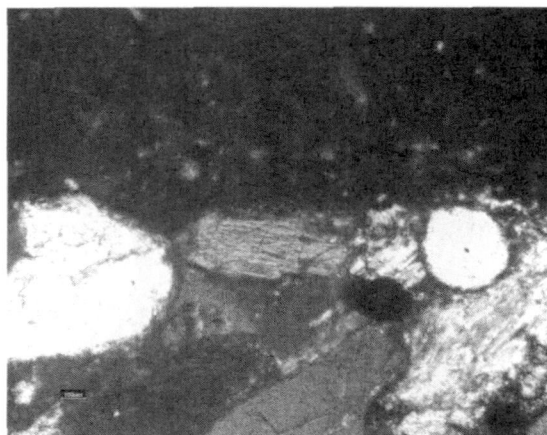

B　7-2Z4 粉尘沉积砂岩 500×

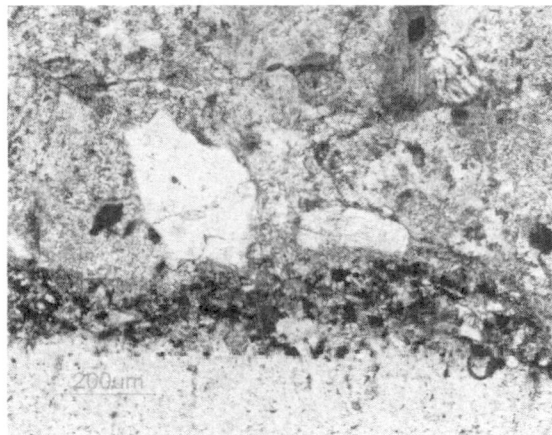

C　7-2S5 粉尘沉积砂岩 300×

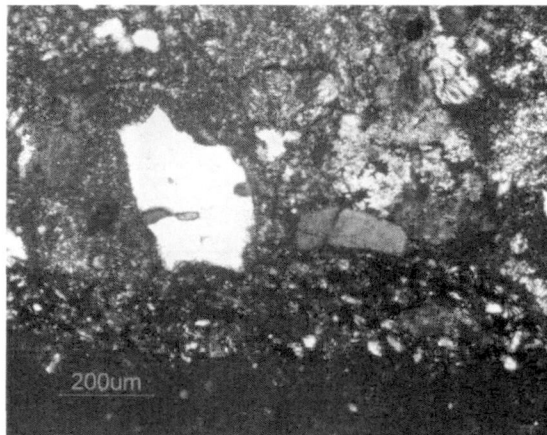

D　7-2Z5 粉尘沉积砂岩 300×

结果讨论：

从 FT-IR 图谱看到，云冈石窟粉尘砂岩样品的峰值信号分别为（单位：厘米$^{-1}$）：3541、1643、1632、1115、667、471 厘米$^{-1}$。纯石膏（$CaSO_4 \cdot 2H_2O$）的 FT–IR 图谱主要含有 SO_4^{2-} 和 H_2O 的吸收峰：（1）SO_4^{2-} 的吸收带：1000—1170 厘米$^{-1}$ 范围内 SO_4^{2-} 的对称和不对称伸缩振动吸收带，600—700 厘米$^{-1}$ 范围内 SO_4^{2-} 的弯曲振动吸收带；（2）H_2O 的两个吸收带：1610—1680 厘米$^{-1}$ 范围内水的弯曲振动吸收带，3400—3600 厘米$^{-1}$ 范围内水的伸缩振动吸收带。对比粉尘砂岩和石膏的 FT-IR 图谱后可以明显看到，粉尘砂岩中含有 SO_4^{2-} 和 H_2O。粉尘砂岩样品的 XRD 图谱也证明这两种原子团以石膏矿物的形式存在（d＝7.782）。

从 EDAX 能谱数据可知，相比于未风化的云冈石窟内层砂岩，粉尘砂岩样品表面的 C、O、S、Ca 等元素的含量明显增加，而 Si 元素的含量显著下降，Al 元素含量略有降低。从 FT-IR 和 XRD 图谱可知，O、S、Ca 元素是以硫酸钙的形式存在于砂岩中，说明粉尘砂岩表面已因硫的作用而发生了化学风化；而 Si 和 Al 元素是砂岩矿物的重要组成元素，其在表面含量的减少是因砂岩风化和矿物成分流失的结果。从 SEM 电镜照片也可见，粉尘砂岩样品的结构疏松，颗粒物具有较大的结晶度，晶粒较大，棱角分明，可以清晰地看到砂岩基底的层状结构，以及层状结构之间的较大空隙。由于砂岩表层硫酸钙的形成和表层结构的酥松化，明显增加了砂岩表面对粉尘的吸附量。

从视频显微镜照片可见，粉尘砂岩表面沉积层颗粒细小，结构比较疏松。

从偏光显微镜照片可见，砂岩表层被黑灰色颗粒物（灰尘）堆积覆盖，与岩石表面贴合密切（见正交偏光照片 A7-2S4 和 B7-2Z4）；岩石表面下氧化态的 Fe 质扩散染色明显，表层岩石风化强烈，边缘有细粒风化层（见正交偏光照片 C7-2S5 和 D7-2Z5）。结合前面 EDAX、SEM、FT-IR、XRD 等检测结果可以判断，砂岩上粉尘沉积的结壳是硫酸钙与吸附灰尘的结合壳层。

3.2 盐碱结晶

在云冈石窟，有盐碱结晶（包括石膏壳层）现象的面积约占污染物病害总面积的 31%，有 2236 平方米，仅次于粉尘沉积，其中重度污染占 71%，中度污染占 21.8%，轻度污染占 7.2%[2]。以第 4 窟和第 26 窟因盐结晶剥落的砂岩样品为例，对盐碱砂岩的检测分析数据如下：

（1）EDAX 能谱数据（wt.%）

（2）XRD 图谱

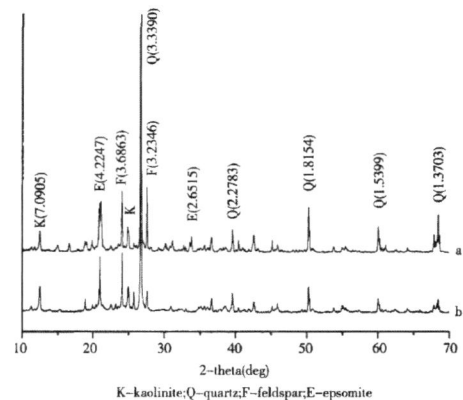

K-kaolinite;Q-quartz;F-feldspar;E-epsomite

盐碱砂岩 XRD 图谱

	C	O	Mg	Al	Si	P	S	Cl	K	Ca	Fe
内层砂岩	11.91	15.93	1.26	6.07	52.47	4.94	2.84	0.48	0.49	1.02	2.55
盐碱砂岩 1	12.12	45.69	3.88	5.34	22.15	0.70	6.36	0.23	1.06	1.21	1.25
盐碱砂岩 2	11.04	46.67	4.13	9.86	20.11	0.79	1.02	0.59	2.82	1.14	1.65

（3）SEM 照片

A　20101011 盐碱砂岩 2000×

B　2010 盐碱砂岩 5000×

（4）视频显微镜照片（砂岩背面聚集的盐碱结晶）

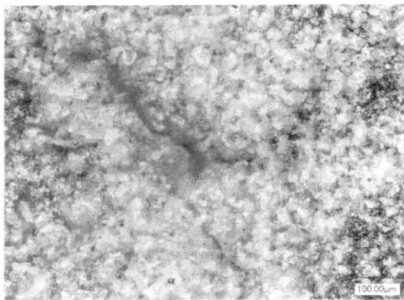

A　盐碱砂岩 500×

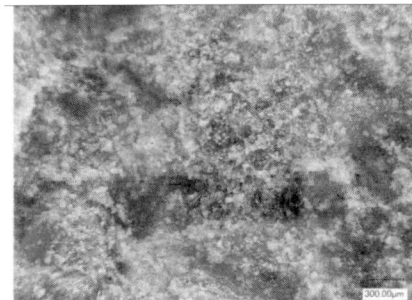

B　盐碱砂岩 150×

（5）偏光显微镜——垂直剖面切片照片

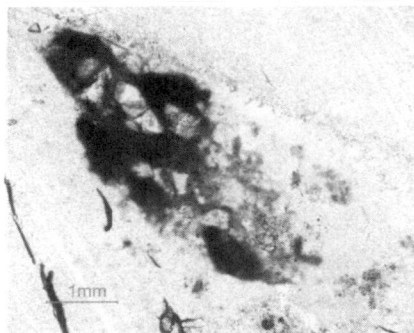

A　10-1S2 盐碱砂岩 50×

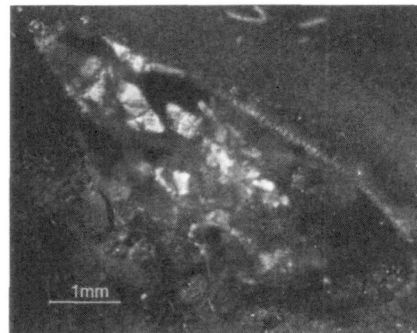

B　10-1Z2 盐碱砂岩 50×

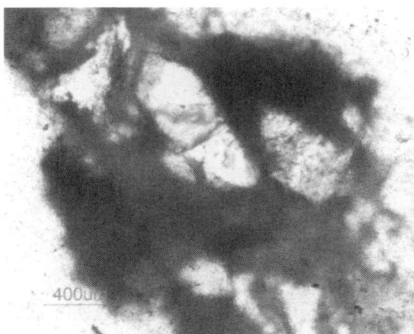

C　10-1S1 盐碱砂岩 150×

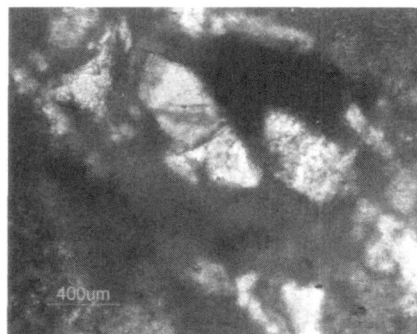

D　10-1Z1 盐碱砂岩 150×

结果讨论：

从 EDAX 能谱数据可知，盐碱砂岩样品中 O、Mg、S 元素的含量都有不同程度的上升，而粘土矿物的主要成分 Si、Al 等元素含量却显著下降。O、Mg、S 元素在样品中的富集，以及 Si、Al 等元素的流失足以说明盐碱结晶样品的矿物成分和矿物结构发生了改变。

由 XRD 图谱可知，盐碱砂岩样品的矿物成分除了长石、石英、高岭石等主要砂岩矿物外，还有一定量的硫酸钙和硫酸镁盐存在，这与能谱数据中 O、Mg、S 元素含量的增加相符，只是由于其相对含量较小，在 XRD 图谱中的信号值不明显。

从视频显微镜照片可以看到盐碱砂岩样品表面的盐碱结晶颗粒。从盐碱砂岩的 SEM 电镜照片可见，盐碱砂岩样品的结构疏松，颗粒物结晶度高，晶粒较大，棱角分明，形状较规则。这些结晶物充填在砂岩孔隙中，成为盐碱结晶破坏砂岩孔隙的证据。

盐碱砂岩样品的偏光显微镜剖面照片质量不佳，是考虑到砂岩表面盐碱会溶解于磨片的水流，所以样品切片较厚，因而薄片清晰度欠佳；由于盐碱已溶解于切片时的水流，所切岩石薄片上局部成分已缺失，形成空洞（见偏光显微镜垂直剖面切片照片 A10-1S2 和 B10-1Z2）；薄片上石英颗粒有脱落现象（见切片照片 C10-1S1 和 C10-1Z1）。原因应该是盐碱占据在岩石颗粒之间，因盐碱的结晶膨胀作用已使岩石颗粒松动所致。结合前面 EDAX、SEM、XRD 等检测结果可以判断，易溶盐和中溶盐在砂岩表面和表层颗粒间结晶析出，明显地改变了砂岩的微结构，使岩石变得疏松。

3.3 烟熏黑垢

烟熏黑垢是云冈石窟内污染面积位列第三的污染物病害，占污染物病害总面积的 8.7%，有 600 平方米，而其中重度污染占 46%，中度污染占 42%，轻度污染占 12%[2]。

以第 32 窟等窟内烟熏黑垢砂岩掉落块为例，对烟熏黑垢砂岩的主要分析数据有：

（1）EDAX 能谱数据（wt. %）

	C	O	Mg	Al	Si	P	S	Cl	K	Ca	Fe
内层砂岩	11.91	15.93	1.26	6.07	52.47	4.94	2.84	0.48	0.49	1.02	2.55
烟熏样品	38.22	8.36	0.22	6.29	11.43	0.22	3.72	3.65	3.65	7.52	16.72

（2）SEM 照片

A 20100603 烟熏黑垢 1000×

B 20100415 烟熏黑垢 3000×

C　20100415 烟熏黑垢 5000×

D　20100415 烟熏黑垢 100000×

（3）FT-IR 图谱

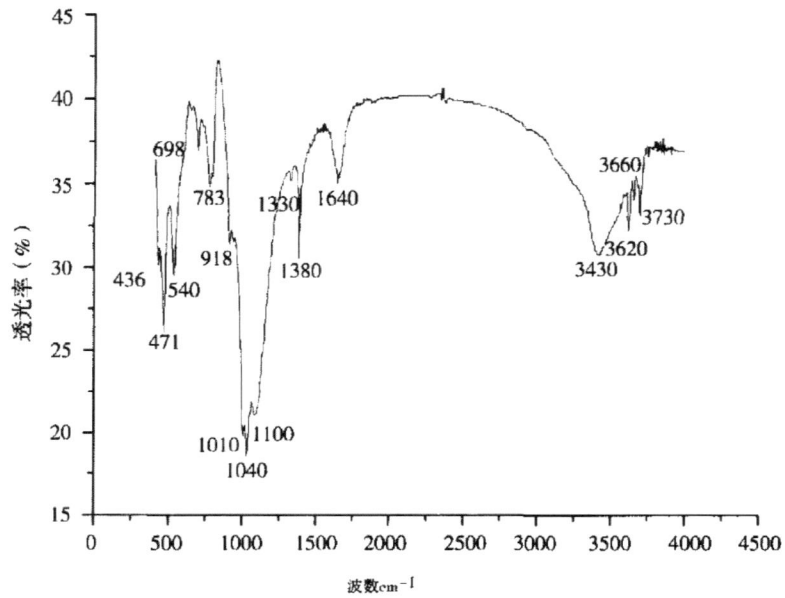

烟熏黑垢砂岩 FT-IR 图谱

（4）视频显微镜照片

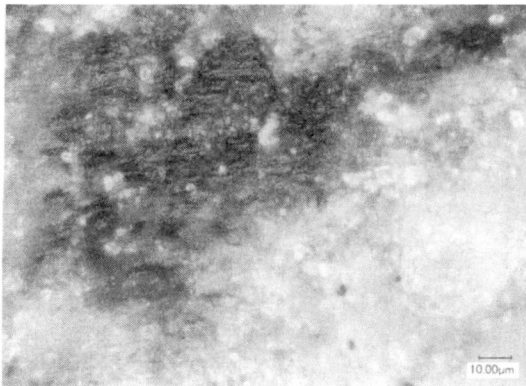

A　烟熏黑垢砂岩 180×

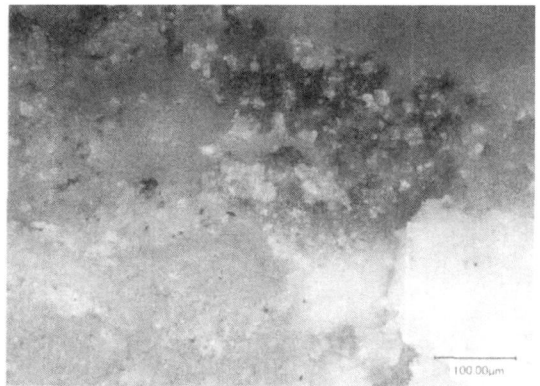

B　烟熏黑垢砂岩 500×

（5）偏光显微镜——垂直剖面切片照片

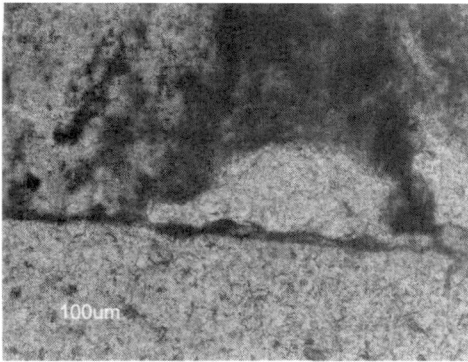

A 1S-3 烟熏黑垢砂岩 500×

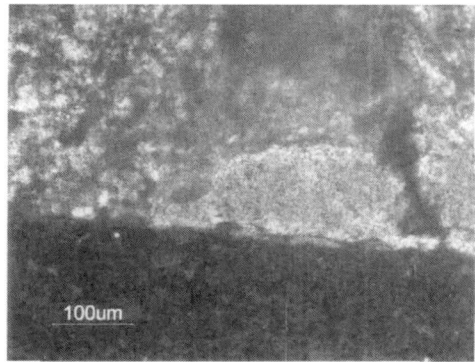

B 1Z-3 烟熏黑垢砂岩 500×

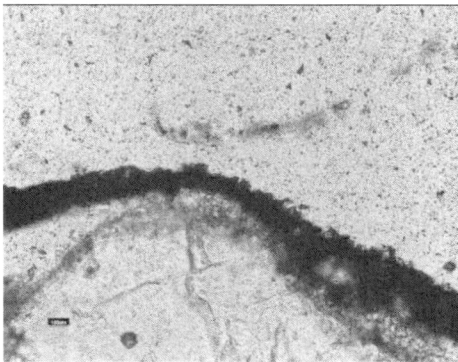

C 4S-3 烟熏黑垢砂岩 800×

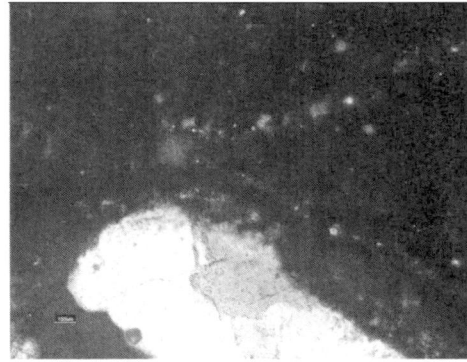

D 4Z-3 烟熏黑垢砂岩 800×

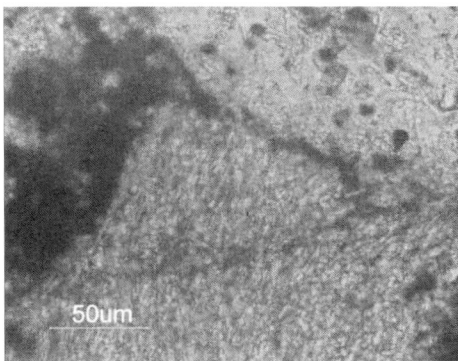

E 2S-3 烟熏黑垢砂岩 1000×

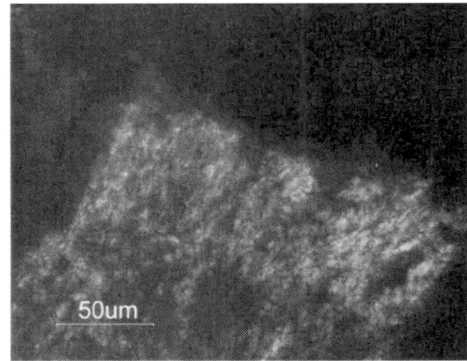

F 2Z-3 烟熏黑垢砂岩 1000×

结果讨论：

从 EDAX 数据可以发现，与内层砂岩相比，烟熏黑垢砂岩样品中的 C、Fe 元素含量显著增加，Si 元素的含量明显变少，而 S 元素含量变化较小。无疑，C 的增加是烟尘附着的结果。

从 SEM 电镜照片看到，烟熏砂岩表面颗粒棱角圆润，放大到 50000 倍以上后，能够清晰地看到表面细小的烟尘颗粒，这些颗粒的粒径小于 100 纳米，是均匀的纳米级颗粒，形状大多呈圆球形，看不出有明显的晶体形貌，说明其结晶程度较低。

在烟熏黑垢砂岩的 FT – IR 图谱中，各物质所对应吸收峰值信号如下（单位：cm^{-1}）：石膏（698、1640、3430、3660、3700）、石英（436、471），高岭石（1040、3620），方解石（698、1640），草酸钙（783、918、1330、1380），碳酸盐（540）和硅酸盐（1100），长石（1010）。

从偏光显微镜照片看到，烟熏黑垢一般都比较均匀地覆盖在岩石表面，边界清晰，无向岩石内部渗透的现象（见正交偏光显微镜照片 A1S–3 和 B1Z–3）；以黑褐色细小粒子堆积为主、并以无光性反应为特征，对石面的覆盖包裹较严密，无缝隙；烟尘粒子堆积厚度不均匀，有厚有薄（见偏光显微镜照片 C4S–3 和 D4Z–3）；部分区域的烟熏黑垢有松散堆积现象（见偏光显微镜照片 E2S–3 和 F2Z–3）。结合前面 EDAX、SEM、FT – IR 等检测结果可以判断，烟熏黑垢为极其细小的含碳颗粒附着在砂岩面构成的外源性污染物。

3.4　锈黄斑

云冈洞窟表面有黄斑的区域大约占总污染物病害总面积的 2.3%，有 134 平方米，其中重度污染占 36%，中度污染占 57%，轻度污染占 7%[2]。黄斑主要包括锈黄斑和有机黄斑，一般呈黄褐色、土黄色等，结构或致密或疏松。云冈石窟的黄斑主要以锈黄斑为主，以第 18 窟等窟内砂岩掉落块为例，样品分析结果如下：

（1）EDAX 能谱数据（wt. %）

	C	O	Mg	Al	Si	P	S	Cl	K	Ca	Fe
内层砂岩	11.91	15.93	1.26	6.07	52.47	4.94	2.84	0.48	0.49	1.02	2.55
锈斑砂岩	5.36	15.17	2.38	14.12	25.08	1.28	0.70	0.40	8.40	060	26.52

（2）SEM 照片

A　20100415 锈黄斑砂岩 3000×

B　20100415 锈黄斑砂岩 2000×

（3）视频显微镜照片

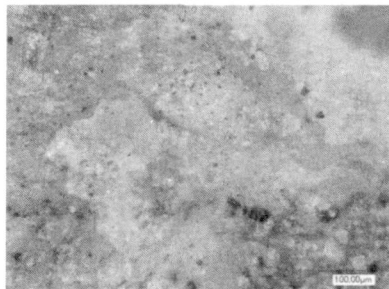

A　锈黄斑砂岩 500×

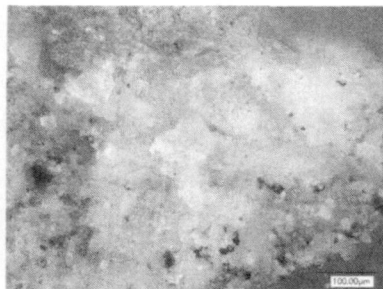

B　锈黄斑砂岩 500×

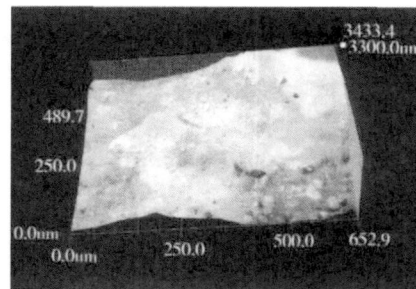

C　锈黄斑砂岩三维照片 500×

（4）偏光显微镜——垂直剖面切片照片

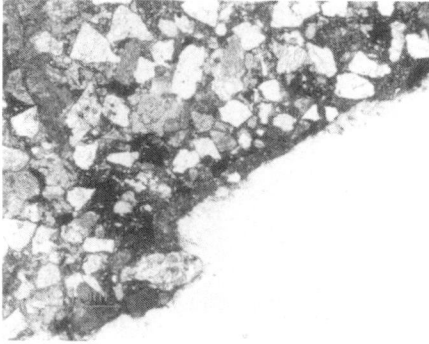

A 5-1S2 锈黄斑砂岩 50×

B 5-1Z2 锈黄斑砂岩 50×

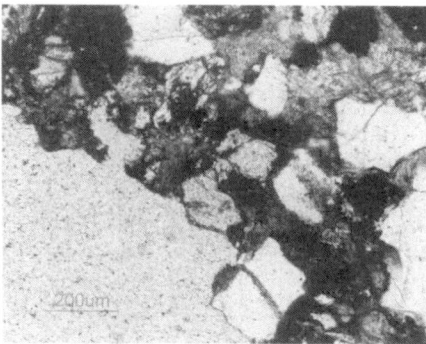

C 4-3S4 锈黄斑砂岩 250×

D 4-3Z4 锈黄斑砂岩 250×

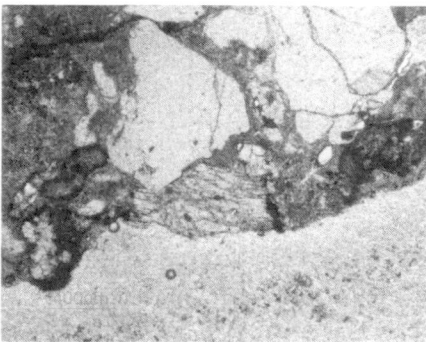

E 4-4S2 锈黄斑砂岩 120×

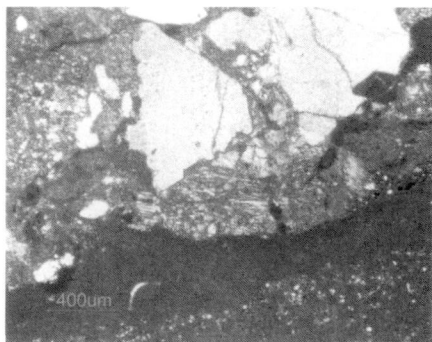

F 4-4Z2 锈黄斑砂岩 120×

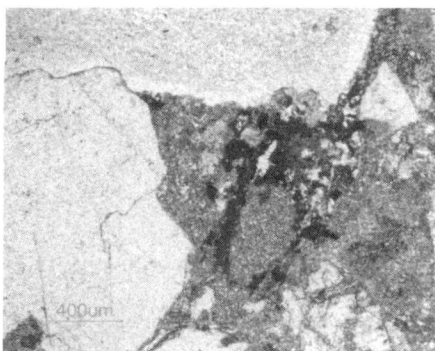

G 4-4S1 锈黄斑砂岩 120×

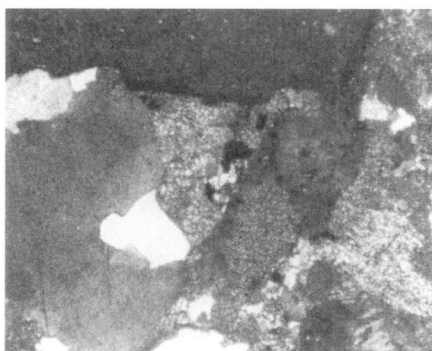

H 4-4Z1 锈黄斑砂岩 120×

结果讨论：

从 EDAX 能谱数据看，与内层砂岩元素成分相比，洞窟内黄斑砂岩的 Fe 元素含量显著上升，可占到总重量的 10%—28%，且由内到外明显增加，这表明云冈石窟岩石表面的黄斑主要是锈黄斑，且普遍呈现岩石风化程度越高其含铁量也越高的状况。

从 SEM 电镜照片看到，锈黄斑砂岩样品在放大 2000 倍下就可以很清楚地看到其疏松的结构，颗粒物较大，棱角分明，形状不规则，岩石基底也存在较大的空隙。有明显的岩石风化特征。

由视频显微镜二维和三维照片可以看到，黄色的锈斑呈带状或条状分布，应为沿着毛细水迁移而扩散的结果，表面不平整，起伏较大。

从切片偏光显微照片可以看到：铁锈黄斑呈褐色，既有覆盖在岩石表面的，也有出现在岩石内部的。在表层为砂岩风化残留粘土与 Fe_2O_3 和 MnO_4 的混合体（见正交偏光显微照片 A5–1S2 和 B5–1Z2）；氧化铁的褐色分布越往表层越多，应与岩石的风化情况有关（见正交偏光显微照片 C4–3S4 和 D4–3Z4）；铁锈沿裂隙发育，应与毛细水的迁移活动有关（见正交偏光显微照片 E4–4S2 和 F4–4Z2）；在某些岩石颗粒（云母）局部周围可发现较严重的锈蚀，并呈向外扩散的现象。结合前面 EDAX、SEM 等检测结果可以判断，铁锈斑主要是某些含铁量高的岩石颗粒风化形成的内源性污染（见正交偏光显微照片 G4–4S1 和 H4–4Z1），呈现出在岩石颗粒和颗粒间扩散的结合方式。

3.5　生物生长有机黄斑

本次云冈石窟调查是在冬季进行的，鲜见生物生长的踪迹，只在几处窟崖外发现有若干苔藓遗迹，因此统计的生物污染物病害面积很少。仔细观察，还是有一些生物生长过的痕迹，苔藓等生物的繁殖留下了渗入性有机黄斑。以残留有机黄斑的砂岩样品为例，分析结果如下：

（1）EDAX 能谱数据（wt. %）

	C	O	Na	Mg	Al	Si	P	S	Cl	Ca	Fe	K
生物繁殖砂岩	25.8	18.32	1.99	1.76	5.56	9.43	3.22	2.56	0.69	1.44	15.52	13.72
内层砂岩	11.9	15.93	—	1.26	6.07	52.47	4.94	2.84	0.48	0.49	1.02	2.55

（2）视频显微镜照片

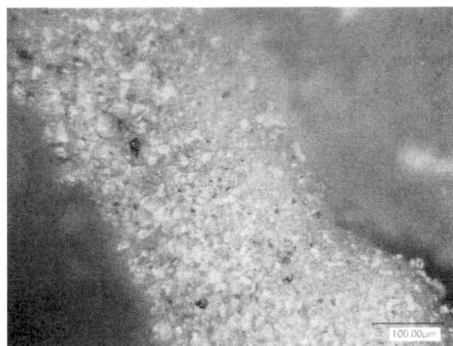

A　生物繁殖砂岩的有机黄斑 500×　　　　　　B　生物繁殖砂岩的有机黄斑 500×

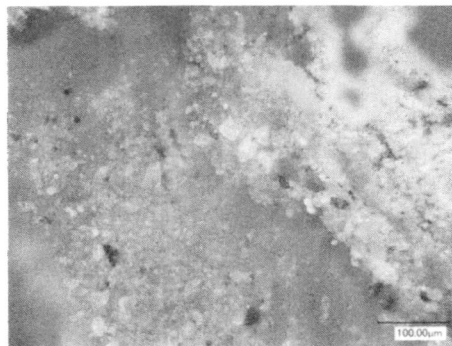

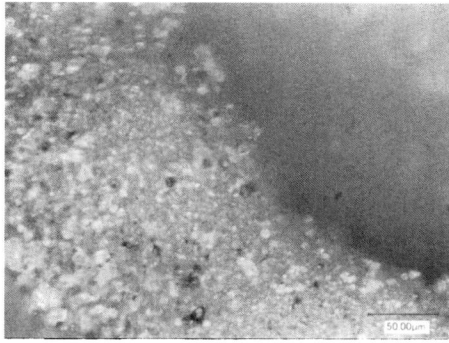

C　生物繁殖砂岩的有机黄斑 1000×

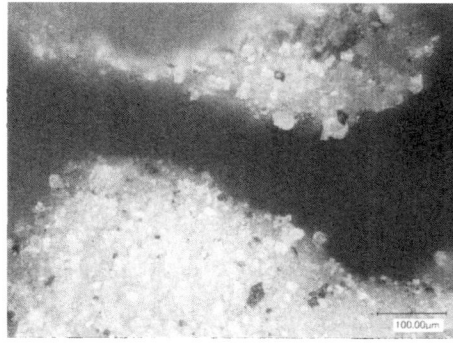

D　生物繁殖砂岩的有机黄斑 500×

（3）SEM 照片

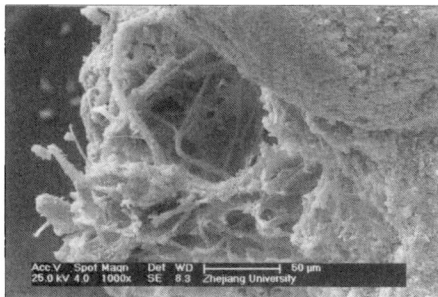

A　20100415 生物繁殖砂岩 1000×

B　20100415 生物繁殖砂岩 5000×

（4）偏光显微镜——垂直剖面切片照片

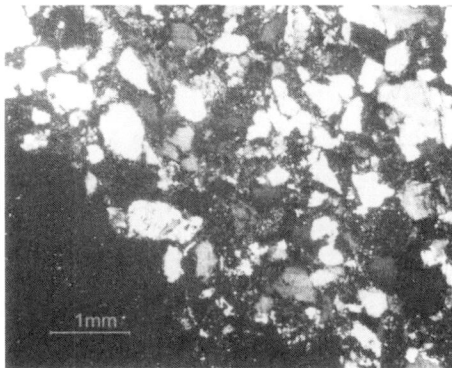

A　8S1 有机黄斑砂岩 50×

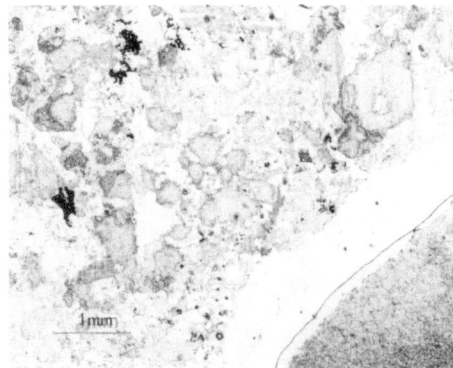

B　8S2 有机黄斑砂岩 50×

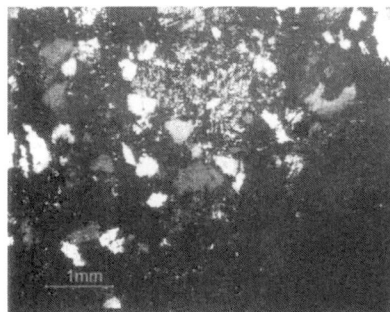

C　8Z2 有机黄斑砂岩 50×

结果讨论：

生物繁殖砂岩的 EDAX 能谱数据的特征是 C、Fe、K 元素含量上升，表明有机物和可溶盐的增多，岩石风化特征明显。

从视频显微镜照片（A、B、C、D）看，生物繁殖遗留下了明显的黄色物质，对照 EDAX 能谱数据应是有机物。从 SEM 电镜照片可看到生物残留。

从切片偏光显微照片（A、B、C）都可以看到：生物残留污染物分布在岩石表面和岩石颗粒之间，呈现出从外向内扩散的趋势。很明显：生物残留有机黄斑属于从外向内的渗入性污染，与砂岩的结合相当紧密。

3.6　残留树脂

历史上云冈石窟曾使用多种高分子聚合物进行过局部加固，包括脱落岩石的粘接、裂隙的灌浆、起壳部分的回贴等。使用过的有文献记录的材料有：丙烯酸树脂和呋喃改性环氧树脂等。随着时间的推移，许多老化树脂裸露出来或者分解渗漏出来。调查表明云冈石窟有残留树脂的区域大约占总污染物病害面积的 1.9%，有 131 平方米，其中重度污染占 49.6%，中度污染占 45.8%，轻度污染占 4.6%[2]。这些残留树脂呈褐色、黑色或深灰色。取样分析数据如下：

（1）EDAX 能谱数据（wt. %）

	C	O	Mg	Al	Si	P	S	Cl	Ca	Fe	K
树脂样 1	25.94	27.06	1.19	3.22	5.61	2.01	1.19	0.33	0.98	8.33	—
内层砂岩	11.91	15.93	1.26	6.07	52.5	4.94	2.84	0.48	0.49	1.02	2.55

（2）视频显微镜照片

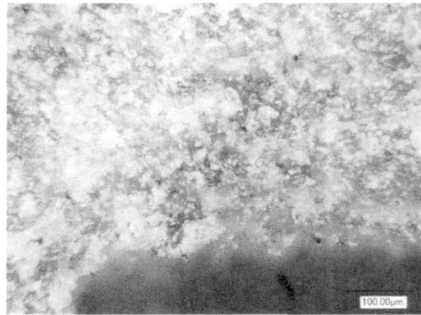

残留树脂（黑色部分）砂岩视频显微照片 500×

（3）SEM 照片

A　20100415 残留树脂砂岩 3000×　　　　B　20100415 残留树脂砂岩 3000×

C 20101011 残留树脂砂岩 5000×

D 20101011 残留树脂砂岩 2000×

（4）偏光显微镜——垂直剖面切片照片

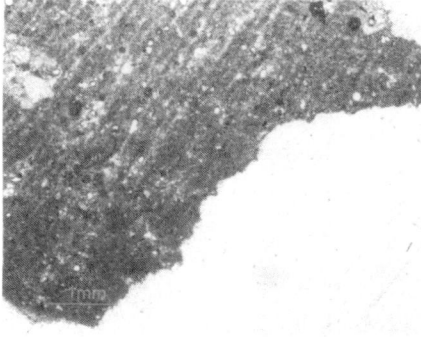

A 3-1S1 残留树脂 50×

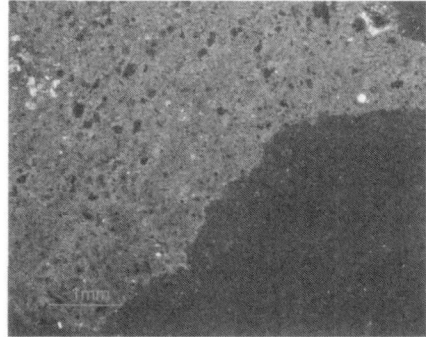

B 3-1Z1 残留树脂 50×

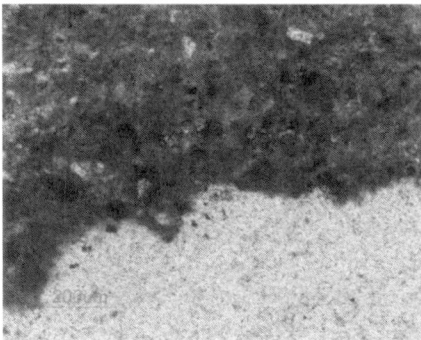

C 3-1S2 残留树脂砂岩 250×

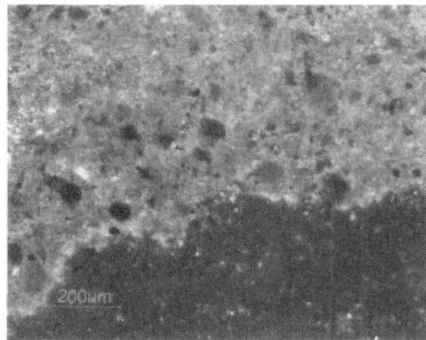

D 3-1Z2 残留树脂砂岩 250×

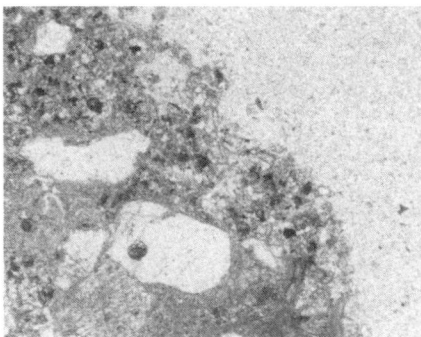

E 3-1S3 残留树脂砂岩 150×

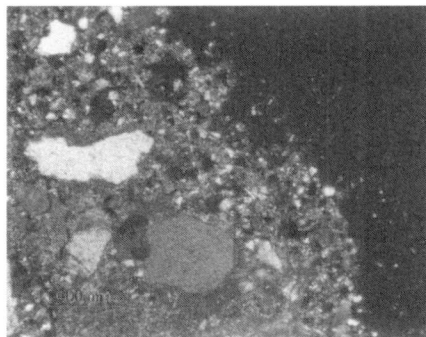

F 3-1Z3 残留树脂砂岩 150×

结果讨论：

与其他风化砂岩成分变化情况类似，残留树脂砂岩的 Si 元素含量显著下降，另外 C、O、Fe 元素的含量上升幅度较大。有可能是使用树脂粘接加固前岩石就已风化，也有可能是高分子聚合物的存在加速了周边岩石的风化[7]。

从切片的偏光显微照片和视频显微镜照片可以看到：窟内粘接树脂老化后的污染物树脂部分呈黑褐色，越接近表面颜色越深，说明表层风化较重；树脂内部夹杂着砂粒，应为粘接砂岩的剥离体（见正交偏光显微照片 A3–1S1 和 B3–1Z1）；树脂表层粘聚着细小颗粒的砂和灰尘，结构松散（见正交偏光显微照片 E3–1S3 和 F3–1Z3）；对于岩石本体来说，老化树脂污染物属外源性污染，已渗入岩石的颗粒之间。

3.7　手摸油脂

手摸油脂斑多出现在洞窟门拱两侧壁面和造像突出部位，很明显是游客长期触摸的结果。其表面油光滑亮，颜色深沉，表层结构致密，触摸较多的石面大都没有风化的现象。

（1）EDAX 能谱数据（wt. %）

	C	O	Mg	Al	Si	P	S	Cl	Ca	Fe	K
油脂脂样	47.09	10.83	1.98	2.34	3.3	2.81	3.55	3.39	1.97	2.59	20.17
内层砂岩	11.91	15.93	1.26	6.07	52.5	4.94	2.84	0.48	0.49	1.02	2.55

（2）视频显微镜照片

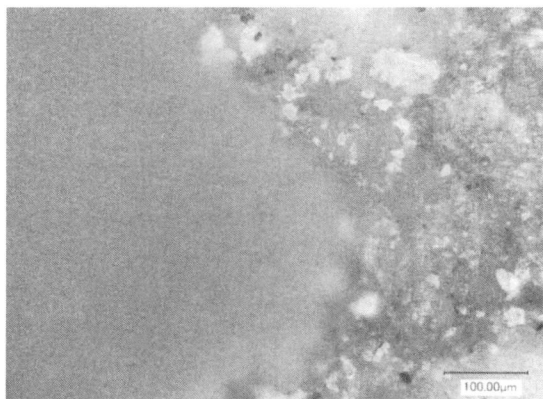

A　手摸油脂斑砂岩 500×

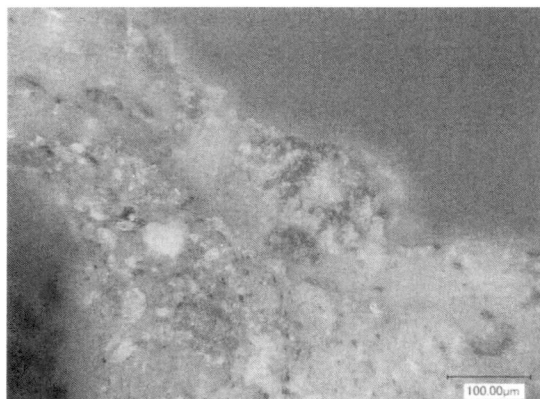

B　手摸油脂斑砂岩 500×

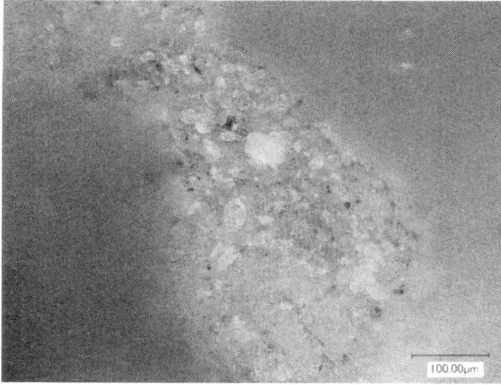

C 手摸油脂斑砂岩 500×

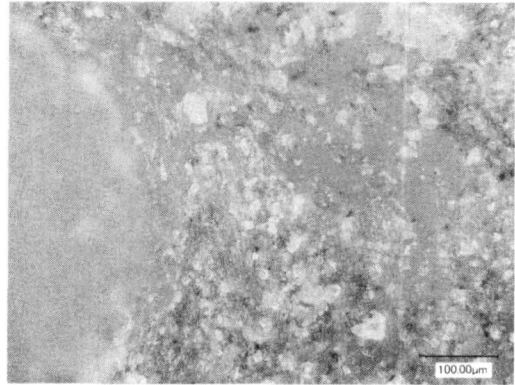

D 手摸油脂斑砂岩 500×

（3）SEM 照片

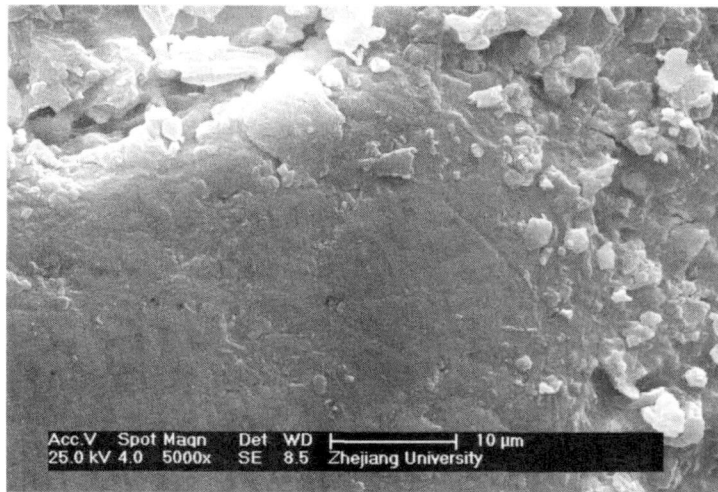

手摸油脂斑砂岩的 SEM 照片 5000×

（4）偏光显微镜——垂直剖面切片照片

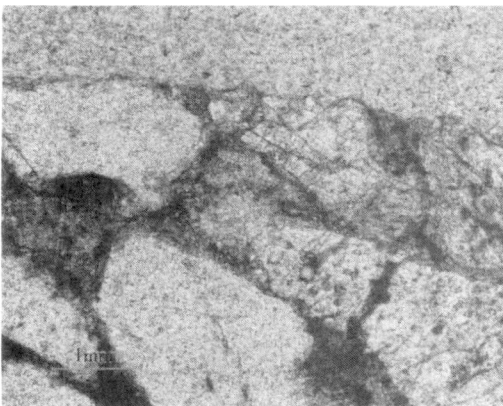

A 2S-3 手摸油脂斑砂岩 50×

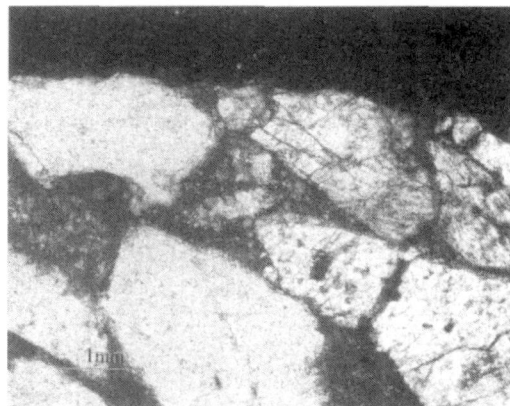

B 2Z-3 手摸油脂斑砂岩 50×

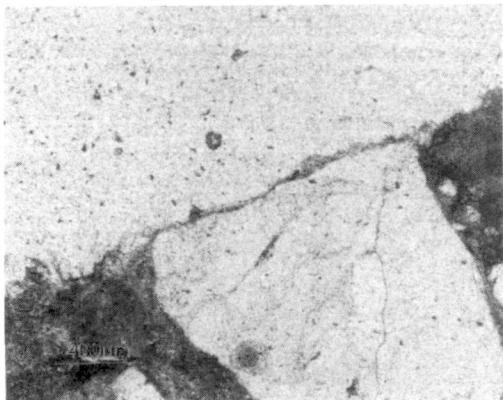

C　2S-4 手摸油脂斑砂岩 150×

D　2Z-4 手摸油脂斑砂岩 150×

E　2S-3 手摸油脂斑砂岩 150×

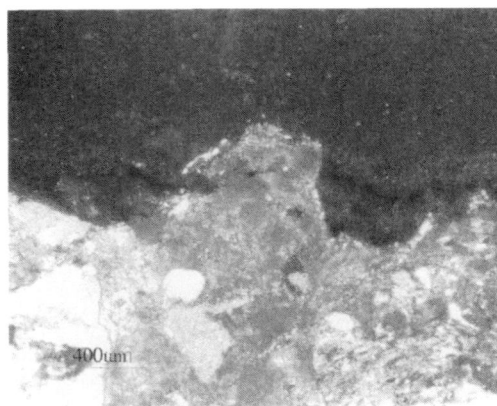

F　2Z-3 手摸油脂斑砂岩 150×

结果讨论：

比较 EDAX 能谱数据发现，手摸油脂斑砂岩表面的 C 和 K 元素含量显著上升，表明有机物和钾盐较多。

从视频显微镜照片看到，手摸油脂斑砂岩表面都有明显的油脂渗染现象，颜色变深。

从 SEM 照片可以看出手摸油脂斑砂岩表面平整光滑，呈板状，有颗粒物附着在表面，观察不到岩石表面的孔隙结构。

手摸油脂污染物是人类身体脂类和盐类的遗存，是外源性污染。从切片偏光显微照片可以看到：砂岩上的手摸油脂为褐色连续的膜层，一般都比较均匀地覆盖于岩石表面，与岩石表面结合紧密，对于石英等未风化的岩石颗粒，油脂覆盖膜厚度大多小于 10 微米见正交偏光照片 A2S-3 和 B2Z-3）；在岩石松软处，油脂渗入微孔隙中，可深达数百微米（见正交偏光照片 C2S-4 和 D2Z-4）；在岩石的凸出部位油脂覆盖层很薄，在岩石的凹陷处油脂污垢膜厚度很大，油污几乎填补了凹陷处，形成整体上基本平整的外表面（见正交偏光照片 E2S-3 和 F2Z-3）。

3.8　水泥修补或污染

为了支撑和加固坍塌的洞窟，或者修补部分缺失的石雕造像，历史上云冈石窟曾多次使用水泥材料进行修缮。调查显示，云冈石窟洞窟中经水泥修补或被水泥污染的面积共达 107 平方米，若作为一种污染物考虑，大约占病害总面积的 2%[2]。对石雕造像表面水泥污染物的分析检测如下：

偏光显微镜——垂直剖面切片照片

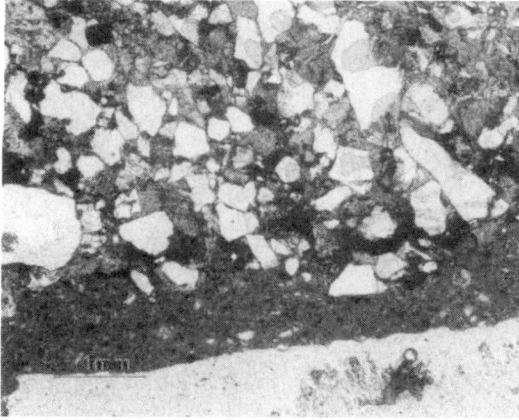

A　9S1 水泥污染砂岩 50×

B　9Z1 水泥污染砂岩 50×

C　9S2 水泥污染砂岩 50×

D　9Z2 水泥污染砂岩 50×

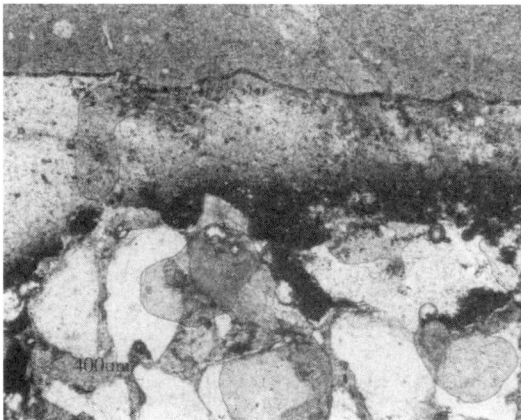

E　9S3 水泥污染砂岩 150×

F　9Z3 水泥污染砂岩 150×

结果讨论：

对于石窟造像表面的水泥污染物：从切片的偏光显微镜照片上可见水泥体中石英砂棱角分明，呈破碎的砂粒状结构（见正交偏光照片 A9S1 和 B9Z1），应为人工砂浆凝固体。切片表层被细小颗粒物覆盖和堆积，应为析出的石膏和灰尘的复合体（见正交偏光照片 C9S2 和 D9Z2），另外表面壳层有铁质渗染现象（见正交偏光照片 E9S3 和 F9Z3），呈黄色，这些都表现出水泥风化的特征。

4　结论

分析和研究表明，云冈石窟各种污染物与基底砂岩表层的结合状况比较复杂：

（1）粉尘沉积的黑灰色颗粒物与岩石表面贴合密切，堆积层颗粒细小，结构疏松，与岩石表面风化形成的硫酸钙（石膏）结合形成灰尘 + 石膏的灰黑色壳层。

（2）由易溶盐和中溶盐形成的盐碱结晶占据在沙岩的颗粒之间，使岩石颗粒松动，形成空隙，造成岩石表层微结构破坏。

（3）烟熏黑垢比较均匀地覆盖在岩石表面，边界清晰，无向岩石内部渗透的现象，以黑褐色纳米级细小球型颗粒不均匀堆积为特征，对石面的覆盖包裹较严密，无缝隙。

（4）铁锈污染物呈褐色，既出现在岩石表面，也出现在岩石内部。呈现出随毛细水迁移和沿岩石裂隙发育的渗染现象，在某些岩石颗粒（如云母）局部周围有比较严重的锈蚀，并呈向外扩散现象，说明铁锈斑主要是某些含铁量高的岩石颗粒风化形成的内源性污染。

（5）微生物残留形成的有机黄色污染物分布在岩石表面和岩石颗粒之间，呈现出从外向内扩散的趋势，很明显生物残留黄斑属于从外向内的渗入性污染。

（6）老化树脂污染物是以前粘接岩石裂隙的树脂的老化层，已渗入岩石的颗粒间，呈黑褐色，越接近表面风化越严重，颜色也越深，混合着细小的砂和灰尘，结构松散，属外源性污染。

（7）手摸油脂污染物为褐色连续的膜层，比较均匀地覆盖于岩石表面，与岩石表面结合紧密，在石英等未风化岩石颗粒表面覆盖厚度大多小于 10 微米，在岩石松软处，油脂可渗入微孔隙达数百微米，因油脂污染物对岩石凹陷处的填补作用，往往形成整体上基本平整的外表面。

（8）水泥污染物是早期洞窟修复流挂或滴落的水泥砂浆，表层为析出的石膏和灰尘的复合体，结构疏松，外表面有铁质渗染，呈黄色，风化特征明显。

关于石窟表面各种污染物与砂岩的作用机理，以及这些污染物是否对砂岩有危害？浙江大学文物保护材料实验室联合云冈石窟研究院已经开展了一系列研究，其结果正在整理发表中[8]。

参考文献：

[1] 李海、石云龙、黄继忠 . 大气污染对云冈石窟的风化侵蚀及防护对策 [J]. 环境保护，2003（10）：44—47.

[2] a.Renzhi Liu，Bingjian Zhang，Hui zhang，Meifeng Shi，Deterioration of Yungang Grottoes：Diagnosis and research，Journal of Cultural Heritage，2011（12），pp.494—499.b. 刘仁植、张秉坚、魏国锋、张晖、石美凤：《云冈石窟的污染物病害调查研究》，《文物保护与考古科学》，2016 年第 2 期，第 101—110 页。

[3] 石美凤、陈刚、张秉坚 . 石质文物保护中的化学清洗技术 [J]. 文物保护与考古科学，2001（1）：89—96.

[4] Olmez，I．，Instrumental neutron activation analysis of atmospheric particulate matter. Methods of Air Sampling

and Analysis f 1989（3）, Lewis Publishers, Inc., Michigan.

[5] Christoforou, C. S., L. G. Salmon and G. R. Cass, Deposition of atmospheric particles within the Buddhist cave temples at Yungang, China, Atmos. Environ. 1994（28）, pp. 2081—2091.

[6] Weiss, J, Handbook of Ion Chromatography. In：E. L. Johnson（Ed）. 1986, Dionex Corp, Sunnyvale, California.

[7] 张秉坚、铁景沪、刘婷. 防止化学保护的保护性破坏——大型石质文物保护中的问题和对策 [J]. 石窟寺研究，2010（00）：207—213.

[8] Hui Zhang, Meifeng Shi, Wei Shen, Zhiguo Li, Bingjian Zhang, Renzhi Liu, Runping Zhang, Damage or Protection·The Role of Smoked Crust on Sandstones From Yungang Grottoes, Journal of Archaeological Science, 2013, 40（2）, pp. 935—942.

（原文刊载于《石窟寺研究》2012 年）

云冈石窟石质文物表面及周边岩石样品中微生物群落分析

颜　菲　葛琴雅　李　强　于　淼　朱旭东　潘　皎

云冈石窟位于山西省大同市西郊武州（周）山南麓，石窟依山开凿，东西绵延 1 千米，因地势较高，东南面又有山岭阻挡海洋气流，故较邻近的华北平原气温低，降水少，昼夜温差较大。石窟长期暴露在自然界，受到多重因素的腐蚀与损坏。除去物理、化学因素对文物的影响，生物尤其是微生物的腐蚀也是造成文物损坏的一个重要因素[1]。从微观上的石面裂化矿物、腐生矿物和晶体沉积，到宏观上的一些石面的片状剥落、裂开和粉化等，微生物污染和腐蚀不仅破坏了文物的外观和结构，也对古建筑、石刻和纪念碑表面的雕刻、文字和画作等对人类文明具重要意义的文化特征造成了损害。人们早已发现在古旧石质建筑上附生着大量微生物，尤其是大理石或石灰石表层有许多喜钙微生物，它们是侵蚀大理石等石材的主要祸害之一[2]。例如，在某些气候条件下凹坑地衣会造成大理石崩解；异养菌能够从石灰石中溶解钙，其中丝状真菌溶解矿物的能力特别强；硝化菌可以分泌硝酸并改变钙联结材料的化学组成；硫杆菌能够产生硫酸并腐蚀其所寄居的石材等。由此可见，我们对云冈石窟的保护迫在眉睫。为了更有针对性地保护石窟，我们必须先要对石窟中石质文物中的微生物类群进行深入了解，在此基础上制定合适的方案有效的保护石质文物。

传统的微生物研究方法，如显微镜观察微生物形态、微生物计数、纯种分离纯化和生理生化反应存在很大的缺陷[3]。研究证明，可分离培养土壤微生物种类仅占土壤微生物种类总数的 0.1%—1%[4]，若以这极少部分的微生物来代表环境中复杂的微生物群体将导致极大的误差。因此，传统的微生物培养和鉴定方法不足以反映微生物环境中的真实情况，需要其他技术来补充。

由于分子生物学技术可以通过直接从环境样品中提取微生物 DNA 或直接在原位对微生物进行研究，而不需要对微生物进行分离培养，因而能够动态研究微生物群落的多样性，能够真实地反映微生物的存在状态，因此，近年来越来越多的研究者开始应用分子生物学技术对环境微生物进行研究[5-6]。目前，基于 16S rRNA 基因的分子微生态学技术对传统的培养方法给予了很大的补充[7-8]。这些技术可以把微生物群落定性和定量化，还可以为微生物种族发育关系提供科学的分类依据。

变性梯度凝胶电泳（Denaturing Gradient Gel Electrophoresis，DGGE）是近几年应用比较广泛的分子技术之一。1979 年 Fischer 和 Lerman 首先提出了 DGGE 技术[9]，最初用于医学上基因点突变的检测。自 1993 年，Muyzer 等[10] 把 DGGE 技术引入微生物生态学领域以来，它已成为一种研究微生物多样性和种群差异的重要工具，能够弥补传统微生物研究方法的不足。

1 材料和方法

1.1 主要试剂和仪器

土壤样品总DNA提取试剂盒（天津原平皓生物技术有限公司），DNA Gel Extraction Kit（OMEGA公司），Poly-Gel DNA Extraction Kit（OMEGA公司），引物由北京六合华大有限公司合成，PCR试剂均购自宝生物有限公司，PCR仪为美国BIO-RAD公司（原MJ Research公司）PTC220型PCR仪，凝胶成像仪为Bio-Rad公司的Gel-Doc XR凝胶成像系统。

1.2 样品的采集

本研究以云冈石窟第38窟和云冈石窟周边类似岩石为研究重点。石质样品由中国文化遗产研究院的工作人员定点采集，样本采集后立即置于4℃冰盒保存。将从第38窟不同位置采集的样品编号为1—4（表1）。从云冈石窟周边类似岩石样品，钻孔取样，样品截断，标记为Y外（1.2厘米）、Y中（1.5厘米）、Y内（2厘米），进行微生物检测。

表1 云冈石窟取样表

Sample number	Sampling location	Sampling environment	Sampling method
1	North wall in 38 grotto	Black mudstone	Scraping
2	North wall in 38 grotto	Rotten sandstone	Scraping
3	North wall in 38 grotto	Dust full	Scraping
4'	North wall in 38 grotto	Greenblack power	Scraping

1.3 样品总DNA的提取

选用天津原平皓生物技术有限公司的土壤样品总DNA提取试剂盒，对石质样品进行前处理并提取每份样品的总DNA。分别取250毫克样品进行提取，总DNA溶于50微升洗脱溶液中。

1.4 细菌16S rRNA保守区的扩增

第38窟的1、2、3、4号样品的总DNA为模板，以341f（5'-CCTACGGGAGGCAGCAG-3'）和907r（5'-CCCCGTCAATTCATTTGAGTTT-3'）为首轮引物[11]，进行PCR，PCR反应条件（touchdown PCR）为95℃5分钟，16×（95℃1分钟，63℃降至55℃，每循环降0.5℃，72℃1分钟），14×（95℃1分钟，55℃1分钟，72℃1分钟），72℃10分钟。再以首轮PCR反应的产物为模板，以341fGC（5'-CGCCCGCCGCGCGGCGGGCGGGGCGGGGGCACGGGGGGCCTACGGGAGGCAGCAG-3'）和518r（5'-ATTACCGCGGCTGCTGG-3'）为引物，进行巢氏PCR，PCR反应条件（touchdown PCR）为95℃5分钟，16×（95℃1分钟，63℃降至55℃，每循环降0.5℃，72℃1分钟），14×（95℃1分钟，55℃1分钟，72℃1分钟），72℃10分钟。'

以云冈石窟周边岩石Y外、Y中和Y内样品总DNA为模板，采用通用引物GC-338F（CGCCCGGGGCGCGCCCCGGGGCGGGGCGGGGGCGCGGGGGGCCTACGGGAGGCAGCAG）和518R（ATTACCGCGGCTGCTGG）为引物进行PCR，PCR反应条件为：94℃预变性5分钟；94℃变性30秒，55℃复性30秒，72℃延伸30秒，30个循环；最终72℃延伸10分钟。将得到的PCR产物均采用OMEGA公司DNA Gel Extraction Kit进行纯化回收。

1.5　PCR 产物的 DGGE 分析

每个样品各取 PCR 产物 20 微升进行变性梯度凝胶电泳，参考 Muyzer 和 Q. Y. Yan 的方法，根据本研究实际情况，进行了预实验以摸索适合本实验的最佳电泳条件，最后确定电泳条件是：聚丙烯酰胺凝胶的浓度为 6%，变性剂的梯度范围为 40%—70%，电压为 160V，温度为 60℃，电泳时间 200 分钟。电泳完毕后，将胶于含有 EB 的 1×TAE 缓冲液中染色，将染色后的凝胶用凝胶影像分析系统分析，观察每个样品的电泳条带并拍摄。

1.6　DGGE 条带的序列分析及系统发育树的构建

用灭菌手术刀切下待回收 DGGE 条带，采用 OMEGA 公司 Poly-Gel DNA Extraction Kit 回收目的条带，分别以其作为模板再进行一轮 PCR 扩增，将重新扩增的 DNA 片段切胶回收、纯化后，连接到 pEASY-T 载体上，并转化至 DH5α 感受态细胞中，筛选阳性克隆，由北京六合华大有限责任公司对插入的细菌 16S rRNA 片段进行序列测定[12]。实验过程中，每一条 DGGE 条带都做了 TA 克隆，并且随机挑取 3 个克隆进行测序，3 个克隆序列一致的认为是该序列代表的 DGGE 条带。

将测得的序列在 GenBank 数据库资料上进行比对，以其中同源性最高的序列确定为参照菌株，相似性 ≥97% 的序列视为同一序列型（sequence type）[13]，经 ClustalX 软件处理，剪齐序列头尾，输出分析结果的 Aln 文件。将文件转换为 MEGA 格式，并使用 MEGA4.0 软件，以邻接法（neighbor-joining，NJ），自展（bootstrap）重复次数 1000 次构建系统发育树，有许多 Model 供选择，默认为 Kimura 2-parameter。

1.7　DGGE 图谱分析

观察各样品的 PCR 产物经 DGGE 分离后的电泳图谱结果，采用 Quantity One 分析软件（Bio-Rad）对各样品条带的灰度进行分析，获得各条带细菌在细菌群落中所占比例。

2　结果

2.1　样品总 DNA 的提取

选用天津原平皓生物技术有限公司的土壤样品总 DNA 提取试剂盒，提取每份样品的总 DNA，将总 DNA 溶于 TE 后取 10 微升用于电泳检测，结果因样品量少，样品的总 DNA 没有电泳带。

2.2　16S rRNA 保守区的扩增

云冈石窟第 38 窟样品 1、2、3、4 号首轮 PCR 产物为 600bp 的特异性条带，大小与预期结果相符。以 1、2、3、4 号首轮 PCR 产物进行巢式 PCR，结果获得 150bp 的特异产物，与预期结果相符。这些产物可用于后续的 DGGE 分析。

以云冈石窟周边类似岩石样品 Y 外、Y 中和 Y 内为模板扩增到 200bp 的 DNA 片段可用于 DGGE 分析。

2.3　各样品的 PCR 产物的 DGGE 图谱分析

将云冈第 38 窟 1、2、3、4 号样品的细菌 16Sr RNA 的巢氏 PCR 产物进行 DGGE 凝胶电泳分析，结果如图 1 所示。云冈石窟周围类似岩石样品的细菌种群的 16Sr RNA PCR 产物的 DGGE 分析结果如图 2 所示。不同的条带表示该样品中不同细菌的 16Sr RNA 的保守区，每个样品可分离得到数目不等、位置不同的条带。图 1 中有 9 条条带比较明显，图 2 中有 24 条条带较明显，将这些条带为优势条带，将其回收后测序。图 1、图 2 中数字标注的 DNA 条带为优势条带。图中位置一致的 DNA 带，可以被认为是同一种微生物的特征 16Sr RNA 序列。

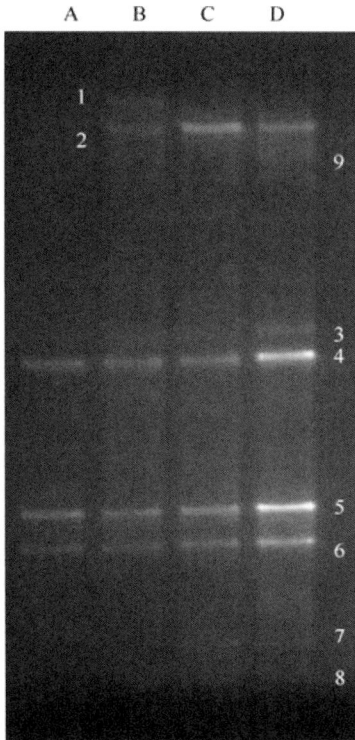

图 1　第 38 窟不同样品的细菌的 DGGE 指纹图谱　　图 2　云冈石窟周边不同样品的细菌的 DGGE 指纹图谱

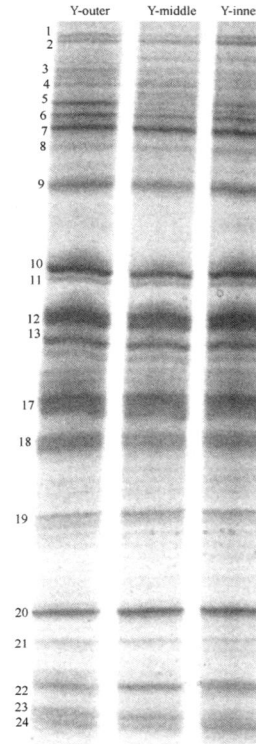

2.4　DGGE 凝胶优势条带回收测序及序列分析

将云冈石窟第 38 窟样品的 PCR-DGGE 图谱中的 9 条优势条带和云冈石窟周边岩石样品的 PCR-DGGE 图谱中的 24 条优势条带切胶回收，对这 33 条条带进行测序。测序结果递交 GenBank 数据库（表 2 和表 3），并与 GenBank 中的序列进行比对。

结果发现，云冈石窟第 38 窟样品中含有假单胞菌属、微杆菌属及其他未培养微生物，根据系统发育树聚类分析，可以得出检测出的微生物主要分为四大类群：γ－变形菌纲（Gamma-proteobacteria），鞘脂杆菌门（Sphingobacteria），α－变形菌纲（Alpha-proteobacter）和放线菌纲（Actinobacteria）。而 α－变形菌纲和 γ－变形菌纲均具有广泛多样的代谢能力，其中不乏硝化杆菌属、红假单胞菌属、根瘤菌属等已知对石质材料有明确侵蚀能力的微生物，如表 2 和图 3 所示。与云冈石窟周边岩石样品同源性最高的序列也多为未培养微生物，分属于 Gamma-proteobacteria，Firmicutes 和 Alpha-proteobacteria（表 3）。在 Y－外样品中，第 5、9、12、17、19 号条带，代表的 Lactobacillus 在种群中所占比例最多，总共为 23.7%。第 7、11、20 号条带，代表的 Uncultured Firmicutes bacterium clone 在种群中所占比例次之，总共为 12.7%。第 10 号条带，代表 Anaerobiospirillum 在种群中所占比例也较多，为 6.36%。在 Y－中样品中，第 9、12、17、19 号条带，代表的 Lactobacillus 在种群中所占比例最多，总共为 21.36%。第 7、11、20 号条带，代表的 Uncultured

Firmicutes bacterium clone 在种群中所占比例次之，总共为 14.39%。第 10 号条带，代表 Anaerobiospirillum 在种群中所占比例也较多，为 6.37%。

表 2　第 38 窟样品 DGGE 切胶条带的序列比对结果及其在种群中所占的比例

Band	GenBank accessionnumber	Closestorganism	Similarity/%	Proportion/%
1	JQ180225	Uncultured bacterium（FJ753412.1）	90	5.36
2	JQ180226	Uncultured Pseudomonassp.　（FJ868262.1）	98	6.76
3	JQ180227	Uncultured Pseudomonassp.　（AM711886.1）	94	9.43
4	JQ180228	Soil bacterium（EU515384.1）	90	25.2
5	JQ180229	Uncultured Hyphomicrobiaceaebacterium（GQ351484.1）	83	30.28
6	JQ180230	Uncultured bacterium（GU564130.1）	85	17.92
7	JQ180231	Uncultured bacterium（HM326366.1）	93	3.08
8	JQ180232	Uncultured Microbacteriumsp.（GQ365756.1）	97	1.04
9	JQ180233	Uncultured bacterium（GQ153955.1）	94	0.93

表 3　云冈石窟周围样品 DGGE 切胶条带序列比对结果及其在种群中所占的比例

Band	GenBank accession number	Closest genera	Similar-ty%	Proportion%		
				Y−outer	Y−middle	Y−inner
2	JQ248030	Acinetobacter johnsonii（JF915343）	98	3.58	2.78	3.49
4	JQ248031	Pseudomonas indoloxydans（FJ944696）	99	3.65	3.48	2.88
5	JQ248032	Lactobacillus sp.（AB559567）	100	4.74		
6	JQ248033	Acinetobacter sp.（JN000337）	98	5.14	4.29	4.74
7	JQ248034	Uncultured Firmicutes bacterium clone（GU959162）	100	4.97	5.99	4.85
9	JQ248035	Lactobacillusmurinus（HQ668465）	100	4.30	4.28	4.43
10	JQ248036	Anaerobiospirillum succiniciproducens（EU863654）	97	6.36	6.24	6.24
11	JQ248037	Uncultured Firmicutes bacterium clone（GU958887）	99	3.65	3.55	3.76
12	JQ248038	Lactobacillus johnsonii（HQ828141）	98	6.22	6.89	6.40
17	JQ248039	Lactobacillus reuteri（CP002844）	99	5.76	6.37	3.65
19	JQ248040	Lactobacillus murinus（HQ668465）	98	2.68	3.82	5.23
20	JQ248041	Uncultured Firmicutes bacterium clone（GU956121）	97	4.08	4.85	4.62
21	JQ248042	Uncultured Sphingomonadales bacterium（JF733117）	99	2.18	2.52	3.13
22	JQ248043	Anaerobiospirillum sp.（EU863654）	95	3.37	3.46	4.62
23	JQ248044	Pseudomonas putida（CP002870）	99	2.93	3.63	2.26
		No sequence		36.39	38.66	39.70

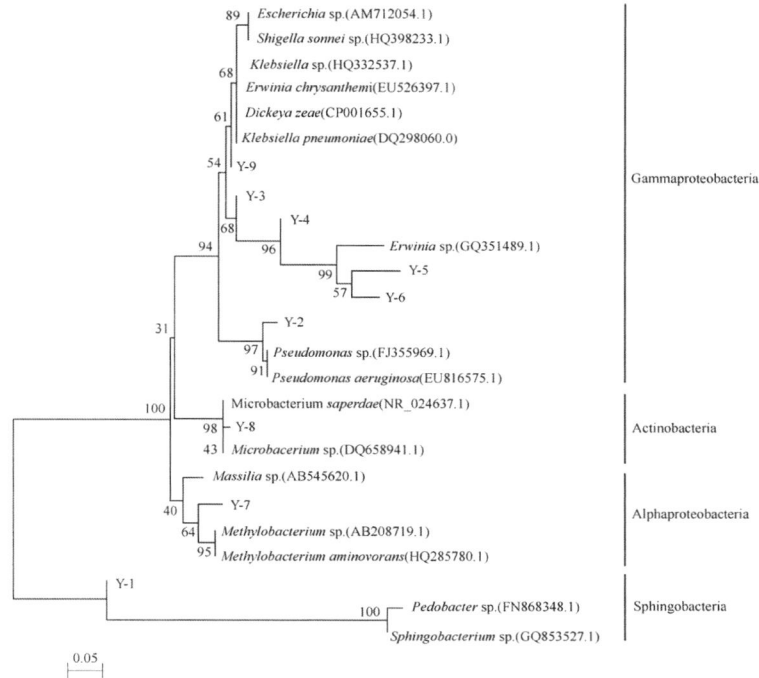

图3　第38窟样品DGGE切胶条带的系统发育树，序列的GenBank登录号列于括号中，标尺长度为5%的核苷酸置换率

3　讨论

云冈石窟历史悠久，规模宏大，内容丰富，品位高雅，尤以高超技艺和独特风格在我国雕塑艺术史上占有重要一页。但是千余年来这座举世闻名的艺术宝库却受到严重的破坏，除去物理、化学因素影响外，微生物腐蚀也是造成文物损坏的一个重要因素。不经微生物分离培养，直接从土壤中抽提总DNA，分析其中16Sr RNA的序列多态性，以此反映微生物的种群构成，是近年来逐步发展起来的新方法。该方法对于研究云冈石窟石质样品中微生物群落组成具有重要的理论和现实意义[14]。

利用DGGE分离16Sr RNA的PCR产物，从梯度凝胶DNA条带的数量、条带中DNA浓度及条带的分布来分析石质样品中细菌的群落特征，是一种快速研究石质样品中微生物群落的方法[15]。本文通过应用DGGE技术，分析了云冈石窟第38窟及云冈石窟周边类似岩石样品中的细菌群落组成，从不同样品的DGGE图谱可以看出，每个样品均可以分离得到数目不等、位置各异的条带，表明每个样品中都存在不同的微生物类群。

研究中发现，云冈石窟第38窟样品中的假单胞菌属细菌（Pseudomonas）占到种群的16.19%。假单胞菌为革兰氏阴性无芽孢杆菌，目前已确认的有29种，常见代表种有铜绿假单胞菌（绿脓杆菌）、荧光假单胞菌、恶臭假单胞菌等。在微生物与岩石土壤作用的相关研究中，发现该属细菌有较强的解磷作用，即将植物等难以利用的含磷成分转变为可以利用的磷盐形式，特别是以溶解不溶性磷酸盐类为特征的无机解磷作用。此外，该属的部分种类在N元素循环中也扮演着重要角色，如斯氏假单胞菌（Pseudomonas stutzeri）、荧光假单胞菌（Pseudomonas fluoresoens）、弯曲假单胞菌（Pseudomonas geniculata）等的部分菌株具有联合固氮作用，即可将空气中的游离氮气以 NH₃ 形式固定下来。固定下来的 NH₃ 在其他亚硝化、硝化微生物作用下可氧化生成硝酸、亚硝酸，对岩石等材料造成腐蚀。调查研究发现，云冈石窟的周边环境中含有高浓度的含磷、硫、氨的大气污染物质，该属的细菌可将这些物质降解并进一步产生酸性物质，云冈石窟的石质文物主要是由砂岩构成，砂岩的胶结物中含有大量的 CaCO₃，这些酸性物质会对云冈石窟的石质文物及周边岩石造成腐蚀。研究中还发现第 38 窟石质样品表面的微杆菌属占到种群的 1.04%，微杆菌隶属于放线菌门，革兰氏阳性。到目前为止有关该类菌与土壤岩石相互作用方面的相关研究还比较少，但在煤矿、黄铁矿等污染处理中，发现该属部分细菌具有良好的脱硫能力，虽目前的研究显示其脱硫能力主要是针对含硫杂环类有机物，但不可排除其他种可能具有无机硫代谢能力而会对云冈石窟石质文物造成破坏。其他第 38 窟样品中检测出的微生物主要为非培养微生物，相关序列同源度较低，难以进行准确的种属鉴定。但就其所属门类而言，Alpha-proteobacteria 及 Gamma-proteobacteria 均具有广泛多样的代谢能力，其中不乏硝化杆菌属、红假单胞菌属、根瘤菌属等已知对石质材料有明确侵蚀能力的微生物。西班牙研究人员在对阿尔塔米拉山洞中旧石器时代晚期彩色岩画的研究中也发现，Alpha-proteobacteria、Gamma-proteobacteria 和 Pseudomonas 在彩色岩画样品中的微生物种群中所占的比例也较高，另外在彩色岩画样品的微生物种群中还存在酸杆菌门（Acidobacteria）和放线菌门（Actinobacteria）的细菌[16]。

在云冈石窟周边类似岩石样品中主要含有以下几个种属的微生物：（1）乳杆菌属（Lactobacillus）：革兰氏染色阳性、无芽孢杆菌，分解糖的主要终产物是乳酸；（2）厚壁菌门（Firmicutes）：多数为革兰氏阳性。很多厚壁菌可以产生内生孢子，它可以抵抗脱水和极端环境，轻度嗜盐碱；（3）不动杆菌属（Acinetobacter）：不动杆菌广泛分布于外界环境中，主要存在于水体和土壤中，可降解自然环境中的污染物；（4）厌氧螺菌属（Anaerobiospirillum）：其模式种为产琥珀酸螺菌，发酵碳水化合物主要产生乙酸和琥珀酸，也可能产生少量的乳酸和甲酸；（5）假单胞菌属（Pseudomonas）：少数为固氮菌，具有耐盐、耐碱、兼性厌氧、不运动等特性。这些微生物多属于异养型微生物，异养型微生物可以利用石质文物中的有机材质作为自身生长繁殖的碳源和氮源，同时会产生有机酸和无机酸等物质，它们直接与石材中的组分发生反应（如螯合或酸化），这样长期作用后使石质文物易于酥碱分化、变色甚至褪色，这是石质文物腐蚀风化的重要原因之一[17]。此外还存在一些可以生存在极端环境的微生物，及可以降解环境污染物的微生物，这与云冈石窟的自然环境相关。

由此可见，微生物对石质的文物有极大的危害，这些巨大的危害性甚至超过水、光、气、有害元素等因素对文物的危害。微生物腐蚀研究还有很大的潜力，随着研究的深入，人们会发现微生物对文物的腐蚀程度大大高于人们现在对它们的想象程度，抑制微生物的腐蚀将成为今后文物保护工作的重中之重[18]。现今国际上用于防止微生物腐蚀石质文物的方法有很多，比较常用的是清洗法、使用防腐防霉杀菌剂和应用加固封护剂等方法。清洗法一般可以有效清除微生物，但不应该产生任何危及将来再处理的物质，更重要的是不能引起任何严重划痕、裂隙及其他损伤石质文物的后果。但是清洗之后并不能完全解决问题，因为残留在石质文物中的微生物仍可以继续生长，因此需要研制出适合于特定环境的防腐防霉杀菌剂。这类杀菌剂应该不仅可以杀灭石质文物上生长的菌类微生物，还应可以预防新的菌类微生物再生，这就达到了以防为主、防治结合的文物保护基本原则。此外还可以在石质文物表面使用化学防护或化学加固材料进行化学保护，以减轻或阻止其毁损。现代有机聚合物因具有较好的粘结性、防水性和抗酸性而被广泛地应用于石质文物的保护和加固。在一般情况下微生物是石质文物的破坏因素，但在某些特殊情况下微生物也有缓解其他因素腐蚀石质文物的作用，例如草酸钙膜的防酸雨作用等。研究微生物腐蚀石质文物的机理，对于我们控制微生物生长，保护石质文物和古迹具有十分重要的作用；另外，也告诫我们在开发使用新型维修防护材料时都应该考虑材料本身带来或引起的生物破坏问题[17]。

致谢 感谢武汉大学测试中心童华教授课题组提供的钻孔取样样品，感谢南开大学宋存江教授、马挺副教授和李国强副教授在 DGGE 技术上提供的指导与帮助。

参考文献：

[1] 张秉坚，陈劲松. 石材的腐蚀机理和破坏因素 [J]. 石材，1999（11）：14—17.

[2] Bock E，Sand W. The microbiology of masonry biodeterioration. J Appl Bacteriol, 1993, 74: 503—504.

[3] Th. Warscheid J. Braams Biodeterioration of stone: a review. International Biodeterioration & Biodegradation, 2000, 46（4）：343—368.

[4] Rappe MS, Giovannoni SJ. The uncultured microbial majority. Annual Review of Microbiology, 2003, 57: 369—394.

[5] Steele HL，Streit WR. Metagenomics: advances in ecology and biotechnology. FEMS Microbiology Letters, 2005, 247（2）：105—111.

[6] Handelsman J. Metagenomics: application of genomics to uncultured microorganisms. Microbiology and Molecular Biology Reviews，2004，68（4）：669—685.

[7] 郑雪松，杨虹，李道棠，韩文卿. 基因间隔序列（ITS）在细菌分类鉴定和种群分析中的应用 [J]. 应用与环境生物学报，2003，9（6）：678—684.

[8] Felske A, Wolterink A, Van Lis R, Akkermans AD. Phylogeny of the main bacterial 16S rRNA sequences in Drentse A grassland soils. Applied and Environmental Microbiology, 1998, 64（3）：871—879.

[9] Muyzer G, Smalla K. Application of denaturing gradient gel electrophoresis （DGGE） and temperature gradient electrophoresis （TGGE） in microbial ecology. Antonie van Leeuwenhoek, 1998, 73: 127—141.

[10] Muyzer G, Waal E C, Uitterlinden A G. Profiling of complex microbial populations by denaturing gradient gel electrophoresis analysis of polymerase chain reactionamplified genes encoding for 16S rRNA. Applied and Environmental Microbiology, 1993, 59: 695—700.

[11] Huang X, Tian Y, Luo YR, Liu HJ, Zheng W, Zheng TL. Modified sublimation to isolate phenanthrene-degrading bacteria of the genera Sphingomonas and Burkholderia from Xiamen oil port. Marine Pollution Bulletin, 2008, 57（6—12）：538—543.

[12] Sun HY, Deng SP, Raun WR. Bacterial community structure and diversity in a century-old manure-treated agroecosystem. Applied and Environmental Microbiology, 2004, 70 （10）：5868—5874.

[13]　周峻沛，邹长松，顾英琦，莫明和 . 16S rDNA–RFLP 方法分析抑菌土中的细菌多样性 [J]. 云南大学学报（自然科学版），2007，29（4）：424—429.

[14]　刘慧杰，杨彩云，田蕴等 . 基于 PCR—DGGE 技术的红树林区微生物群落结构 [J]. 微生物学报（Acta-MicrobiologicaSinica），2010，50（7）：923—930.

[15]　王岳坤，洪蔡 . 红树林土壤细菌群落 16S rDNA V3 片段 PCR 产物的 DGGE 分析 [J]. 微生物学报，2005，45（2）：201—204.

[16]　M. Carmen Portillo，Juan M．Gonzalez. Comparing bacterial community fingerprints from white colonizations in Altamira Cave（Spain）．World J Microbiol Biotechnol，2009，25：1347—1352.

[17]　张秉坚，周环，贺筱蓉 . 石质文物微生物腐蚀机理研究 [J]. 文物保护与考古科学，2001，13（2）：15—20.

[18]　许飞 . 文物保护技术新世纪展望 [J]. 东南文化，2002，159（2）：93—96.

（原文刊载于《微生物学报》2012 年第 5 期）

云冈石窟在风化作用下岩体稳定性的数值模拟分析

李天祺　董松源　周太全

人类在漫长的历史进程中创造并发展了各种文化。石窟作为一种古代文化保存形式，有着极高的历史、艺术、科学研究价值，同时也是一种重要的旅游资源[1]。我国历史悠久，石窟文化遗产十分丰富，如何保护这些遗产，延长其存在年代，使其所携带的历史文化信息源远流长，是当前摆在我们面前的重要课题。

云冈石窟以其历史悠久、规模宏大、气势雄伟、内容丰富、雕刻精湛而闻名于世，是我国古代雕刻和佛教艺术之瑰宝[2]，2001年，云冈石窟被联合国教科文组织确认为世界文化遗产。云冈石窟历经1500多年，如今却面临着洞窟渗水、雕刻品风化等严重的地质环境病害[3]。在云冈石窟过去的相关科研工作中，针对石窟岩体风化原因和洞室渗水等问题进行了研究，并取得了可喜的成果，但对于风化作用所导致的石窟岩体的失稳问题却少有研究。

本文根据工程地质资料以及现场实测数据建立了云冈石窟的三维数值模型，通过数值模拟分析石窟在风化作用下的应力变化，得出云冈石窟当前的应力分布图以及经受风化作用后的应力分布图。根据研究结果，可以找出石窟受力的最不利点，从而有针对性地进行加固处理。同时，本文利用力学参数的变化来模拟岩体的风化过程，表现出了几次风化过程中应力的变化情况，对岩体防风化工作也具有一定的帮助。

1　石窟围岩地质概况

云冈石窟位于山西省大同市西郊云冈镇，距大同市16千米。窟区南侧、西侧毗临十里河，北依武州（周）山。地理位置为东经113°　20′，北纬40°　04′。大同至左云公路从石窟前穿过，交通便利[4]。在云冈石窟保护区3.6平方千米的范围内，地质类型较简单。按成因可分为二大单元：一为云冈顶部高台地与构造剥蚀低山丘陵，高程为1163—1218米，地面坡角4—9°，较平缓；二为十里河侵蚀堆积阶地，高程为1124—1140米，河床两侧为河漫滩。一级阶地较发育，二、三级阶地只有部分残存，云冈镇坐落在一级阶地上，石窟开凿在三级基座阶地的砂岩透镜体中。

窟区地层结构简单，属中生代中侏罗统上部云冈组（J_2y）和第四系中上部的中更新统（残积—冲积）、上更新统（冲积—洪积）、全新统（冲积—坡积）[5]。本次将云冈组对石窟有影响的地层划分为4个岩性段，由上而下依次为：

1.1　第1段

为石窟佛像群上部岩层，岩性为黄褐色、灰黄色长石岩屑砂岩。本段岩石质地较疏松，易风化，具交错层理。厚度变化大，东院东部厚8.5米，西院月牙墙附近厚7.5米，第2窟至第20窟之间厚达16.0—18.8米。

1.2　第 2 段

呈东西向断续出露于石窟佛像群区及两侧，岩性为灰绿色、灰紫色泥质粉砂岩夹暗紫色粉砂质泥岩。第 6 窟以西以灰黄色泥质长石岩屑砂岩为主，具水平层理，厚度 1.1—3.5 米；第 20 窟以西至月牙墙一带以紫色泥岩夹紫色、灰紫色泥质、铁质细粒长石岩屑砂岩为主，厚度 5 米左右。质地松软，易风化成碎片、碎块。

1.3　第 3 段

出露于石窟佛像群区，呈东西向分布，位于悬崖陡壁的下部，岩性为粗中粒长石石英砂岩、钙质长石岩屑砂岩、夹灰黄色细粒长石岩屑砂岩，交错层理发育，以大型板状斜层理为主，另有楔状交错层理。本段岩石厚度变化大，从东到西分别为 2.1—15.1 米和 15.1—10.3 米。

1.4　第 4 段

仅出露于一窟以东，岩性为紫红色细粒铁质、钙质长石岩屑砂岩及紫红色、灰紫色泥岩，夹 0.6 米灰白色中粒钙质长石岩屑砂岩。薄层状、块状，岩石质地松软，易风化成碎块，可见最大厚度 9.8 米。

2　石窟风化灾害情况

1500 多年来，云冈石窟在自然界各种营力的作用下，风化极为严重[6]。特别是近年来，不断加剧的环境污染又加快了石窟的风化速度。据统计，云冈石窟历史上有大小佛像约 100000 尊，现仅存 59000 余尊，其中 1474 尊还是被盗失佛头的。风化损坏最严重的东部、西部洞窟，石窟外壁的雕像与题记几乎已风化殆尽，其中，第 16 ～ 19 窟的窟外壁上原来密布大小千佛造像，现已基本风化殆尽，无法辨认。石窟内各壁面近窟底 2 米的雕刻几乎全部风化损坏。许多石窟内的窟顶雕刻已呈板状剥落。石窟前的岩石立柱也处于不安全状态，局部窟顶岩石有崩塌、掉块的危险[7]。

石窟顶板岩层、窟内拐角部位及高大佛像的突出部位，岩石往往呈板状剥落，板厚 2—4 厘米，见图 1 所示。此现象在第 3 窟东北角尤其明显，在地下水长期作用的部位，壁面已剥蚀 1.2—1.7 米。

第 9、10 窟和第 12 窟的窟前石雕立柱风化严重，如图 2 所示。第 9、10 窟前的 5 根立柱经 γ 射线及电法仪器测量，风化层深度已达 20 厘米，而立柱的直径仅 80—100 厘米。极易因承载能力不足而发生失稳。窟前立柱的风化，主要是风雨侵蚀，特别是酸雨、酸雪对岩石的风化作用，使岩石立柱产生粉末状、片状、带状等多种形式的风化所致[8]。

图 1　大佛顶部板状风化、掉块

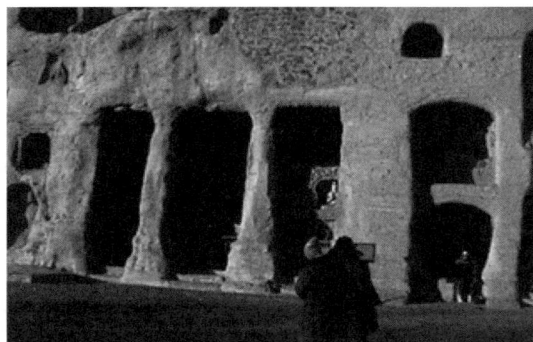

图 2　窟前立柱

3 石窟当前稳定性的数值模拟

3.1 计算模型和参数

根据云冈的工程地质资料和现场实测的数据建立了云冈石窟的工程地质力学模型与数值模拟计算几何模型，数值模拟模型宽为177米，最高点为41米，其中岩层根据实际工程地质资料分为4层，共369029个六面体、415725个结点，主要包括3个部分：

（1）石窟顶部的中风化泥质砂岩及中风化粗砂岩岩体的几何模型；

（2）石窟所处位置的微风化粗砂岩体的几何模型；

（3）石窟底部基岩的微风化细砂岩体的几何模型。

图3给出了石窟山体外立面图形，图4为石窟工程地质模型。

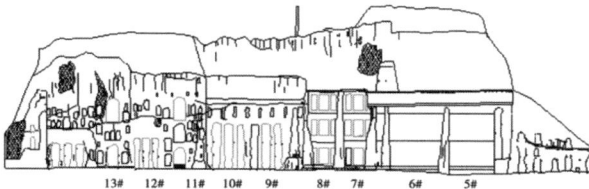

图3 石窟山体外立面图形

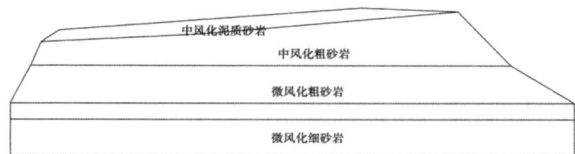

图4 石窟工程地质模型

根据石窟岩体的类型和完整性程度，参照《工程岩体分级标准》（GB 50218-94），得到石窟数值模拟的岩体力学参数，如表1所示。

表1 岩体的力学参数（现状）

岩性及其风化程度	中风化泥质砂岩	中风化粗砂岩	微风化粗砂岩	微风化细砂岩
内摩擦角 ϕ/（°）	29.52	31.8	40	46.15
粘聚力 C/MPa	0.3	0.4	0.77	1.22
抗拉强度 σt/MPa	0.51	0.67	1.23	1.88
密度/（kg·m^{-3}）	2292	2330	2468	2580
剪切模量 G/GPa	0.88	1.24	2.8	5.94
体积模量 K/GPa	2.45	3.24	5.9	10.94
纵波速度平均值/（m·s^{-1}）	2100	2400	2800	3000

3.2 计算结果分析

分析云冈石窟数值模拟结果显示，在云冈石窟的隔墙与立柱中，应力出现最大位置点为第10窟的立柱，其纵向应力最大值达到3.1兆帕，其他各窟的应力差别不大。由于云冈石窟第5～8窟的尺寸较大，因此在石窟前室与后室的承力墙受力较大，而在后室中也是第5～8窟的间隔墙承载力大。而第5、6窟是云冈石窟中文物价值较高的，因此应列为重点保护对象。在目前情况下，云冈石窟各个窟中比较而言，第9、10窟的前石柱处于最不稳定状态，也是受力最大的位置，纵向应力最大值为3.1兆帕，其他受力较大的部位为第 5 ～ 8 窟前室与后室之间的隔墙，纵向应力最大值为 2.3 兆帕。但各窟在目前的应力状态下，岩体基本保持稳定。图 5 和图 6 给出了部分数值模拟的结果。

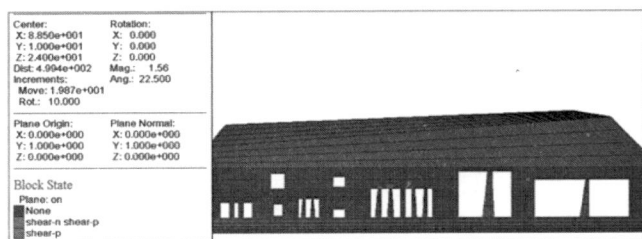

图 5　数值模拟稳定性剖面图（现状）

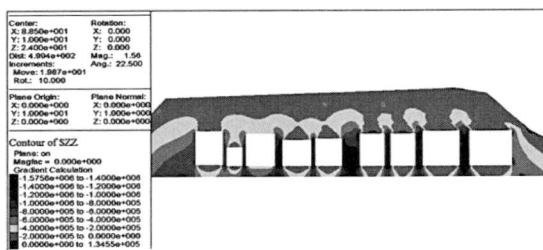

图 6　数值模拟应力云图（现状）

4　石窟在风化作用下稳定性数值模拟

根据以上数值模拟计算分析，在目前的工程地质力学条件下，云冈石窟各个部分基本保持稳定，但是随着时间的推移，岩体发生继续风化，石窟稳定性也将受到影响，因此，通过对石窟在无支护的条件下继续风化的稳定性进行数值模拟计算分析，所得到的计算结果能够对今后的石窟维护设计提供理论与实际依据。

在数值计算中，以改变岩体的纵波速度来模拟岩体继续风化，通过对继续风化的岩体进行质量平均，重新选取计算力学参数，对石窟的稳定性进行分析计算，以确定石窟失稳与岩体的风化程度之间的关系。假设在岩石单轴饱和抗压强度不变的情况下，降低岩体的纵波速度，每次纵波速度降低值为 400 米 / 秒，再根据岩体质量评价，参照相关规范给出的岩体物理力学参数范围，利用线性插值的方法得到数值模拟计算的岩体力学参数。表 2 和表 3 分别给出了石窟经过一次风化和二次风化之后的岩体力学参数。

表 2　岩体的力学参数（一次风化）

岩性及其风化程度	中风化泥质砂岩	中风化粗砂岩	微风化粗砂岩	微风化细砂岩
内摩擦角 ϕ /（°）	25	27.27	34.6	40.83
粘聚力 C/MPa	0.18	0.21	0.52	0.83
抗拉强度 σt/MPa	0.31	0.36	0.85	1.33
密度 /（kg · m^{-3}）	2150	2255	2377	2483
剪切模量 G/GPa	0.4	0.52	1.62	3.22
体积模量 K/GPa	1.41	1.55	3.92	6.66
纵波速度平均值 /（m · s^{-1}）	1700	2000	2400	2600

表3　岩体的力学参数（二次风化）

岩性及其风化程度	中风化泥质砂岩	中风化粗砂岩	微风化粗砂岩	微风化细砂岩
内摩擦角 φ/（°）	24	27	29.96	35.93
粘聚力 C/MPa	0.16	0.18	0.32	0.57
抗拉强度 σt/MPa	0.28	0.31	0.55	0.94
密度 /（kg·m⁻³）	2050	2200	2299	2399
剪切模量 G/GPa	0.32	0.4	0.91	1.83
体积模量 K/GPa	1.36	1.43	2.56	4.21
纵波速度平均值 /（m·s⁻¹）	1300	1600	2000	2200

　　云冈石窟一次风化数值模拟计算显示，第5、6窟及第7、8窟的前室与后室之间的隔墙的应力集中处，已经出现局部的塑性变形破坏，而第9、10窟前室的立柱上部也出现局部的塑性破坏，但是都未有大面积的塑性破坏形成，不足以对石窟的整体稳定性造成较大的影响。其他各窟基本没有塑性变形发生，石窟尚能保持稳定。

　　二次风化数值模拟计算结果显示，第5、6窟及第7、8窟发生了整体性的破坏，包括前室与后室之间的隔墙及后室之间的隔墙，已经出现大面积的塑性变形，而第9、10窟前室的立柱及前室与后室的承重墙及后室之间的隔墙都出现较大的塑性破坏，其他各窟的前室及后室也发生了较大的塑性变形，在此风化程度下，云冈石窟的第5～13窟均处于整体失稳的破坏状态。图7—10给出了石窟在继续风化过程中的部分破坏状态及应力云图。

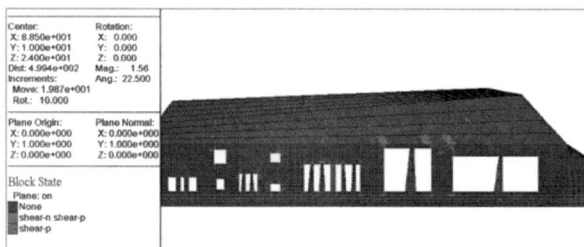

图7　数值模拟稳定性剖面图（一次风化）

图8　数值模拟稳定性剖面图（二次风化）

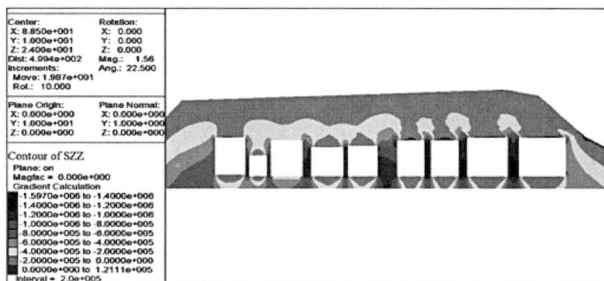

图9　数值模拟应力云图（一次风化）

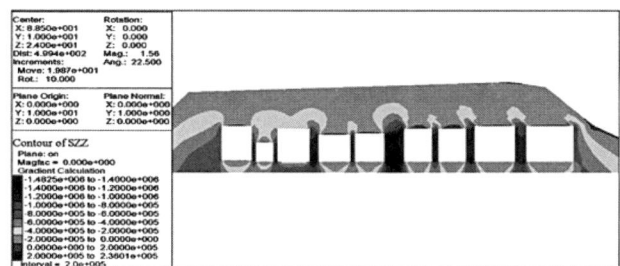

图10　数值模拟应力云图（二次风化）

5　结论

通过研究云冈石窟中部第 5 ~ 13 窟的工程地质资料及现场试验分析，结合对石窟在风化作用下的数值模拟分析，得到以下一些结论：

（1）云冈石窟目前风化较为严重，尤其第 9、10 窟和第 12 窟的窟前石雕立柱风化更为严重，第 9、10 窟前的 5 根立柱经 γ 射线及电法仪器测量，风化层深度已达 20 厘米，而立柱的直径仅 80—100 厘米。极易因承载能力不足而发生失稳。

（2）将石窟的工程地质模型分成 4 类，分别为中风化泥质砂岩、中风化粗砂岩、微风化粗砂岩、微风化细砂岩，并据此确定数值模拟的岩体力学参数。数值模拟计算结果显示，云冈石窟在目前所处的应力状态下各窟岩体保持基本稳定；从云冈石窟所处的破坏状态及应力状态分析，中部各窟的稳定状态从差到好的排列顺序为：第 9、10 窟前室立柱，第 5、6 窟，第 7、8 窟，第 9、10 窟，第 11 ~ 13 窟。

（3）对于云冈石窟的防治方面，应重点加强对于第 9、10 窟前立柱及第 5、6 窟的治理防护，结合其他各窟进行整体的防渗治理，从而降低渗水对石窟岩体的破坏，保证岩体的稳定性。

（4）通过云冈石窟的继续风化的数值模拟计算确定了云冈石窟在风化持续作用下的岩体失稳破坏状态，在二次风化作用下，云冈石窟的第 5 ~ 13 窟均处于整体失稳的破坏状态。

参考文献：

[1]　黄克忠 . 岩土文物建筑的保护 [M]. 北京：中国建筑工业出版社，1998.

[2]　牟会宠，杨志法，伍法权 . 石质文物保护的工程地质力学研究 [M]. 北京：地震出版社，2000.

[3]　QU Y X, HUANG K Z, XU X L, et al. A study of powder substances on the surface of carved stones and its effect on weathering at Yungang Grottoes, Datong city, Shanxi provice, China ［C］// Contributions to the 28th International Geology Congress, 1989: 273—282.

[4]　张咸恭，王思敬，张倬元等 . 中国工程地质学 [M]. 北京：科学出版社，2000.

[5]　晏鄂川，唐辉明 . 工程岩体稳定性评价与利用 [M]. 武汉：中国地质大学出版社，2002.

[6]　高尚玉，史培军，哈斯，等 . 我国北方风沙灾害加剧的成因及其发展趋势 [J]. 自然灾害学报，2000，9（3）：31—37.

[7]　晏鄂川，方云 . 云冈石窟立柱岩体安全性定量评价 [J]. 岩石力学与工程学报，2004，23（增 2）：5046—5049.

[8]　石玉成 . 石窟文物病害成因分析及其对策研究 [J]. 自然灾害学报，1997，6（1）：104—110.

（原文刊载于《自然灾害学报》2012 年第 6 期）

云冈石窟水分来源探查及若干成果

黄继忠　万　力　彭　涛　曹文炳　王旭升

云冈石窟是我国列入《世界文化遗产名录》的三大石窟之一，为北魏时期石质文物的典型代表，开凿于山西省大同市西郊的砂岩山体。与其他石质文物类似，云冈石窟也面临比较严重的风化损坏。历经1500多年的风雨沧桑后，很多造像发生局部损坏，有些甚至整体损坏只留痕迹，石窟内壁彩绘也大面积脱落，石壁刻字几乎都斑驳不清。20世纪70年代在国务院的直接关注下，实施了"三年保护"工程[1]，此后进行了一系列病害调查和保护工作。1990年召开了"云冈石窟石雕风化治理规划"专家论证会，1996年国家文物局发布《云冈石窟规划》，对石窟文物的后续保护研究起到了重要的推动作用。

50多年来，对于云冈石窟文物表面风化破损问题的成因和控制要素，经历了一个逐步探索的过程。20世纪60—70年代，研究者主要从工程地质的角度论述石窟围岩风化的条件[2]，注重文物的加固修复工作。80—90年代，则突出了砂岩材料结构特征及采煤运煤活动产生的含硫粉尘对石雕的损害作用[3-7]，研究成果"工业粉尘对云冈石窟石雕的影响"获得了2005年全国文物保护科学和技术创新二等奖。2000年之后，水患对石窟文物的破坏作用则越来越得到重视[8-10]。2002年召开的"大同云冈石窟防渗保护工作会议"启动了云冈石窟防水保护工程，除了石窟顶部防渗处理之外，首次把凝结水作为水患综合治理的观测研究对象。2009年科技部启动了国家科技支撑计划项目"石质文物保护关键技术研究"，其中"石窟水分来源综合探查技术研究"属于重点课题之一（以下简称"水分来源"课题）。由云冈石窟研究院和中国地质大学（北京）合作完成的"云冈石窟凝结水监测研究"获得了2010年全国文物保护科学和技术创新二等奖。

尽管研究者已经意识到水是云冈石窟文物损害的重要因素，但是对于这些水分的来源和组成却还存在一些尚未解决的问题。大气降水通过裂隙的下渗、砂岩内残留孔隙水的渗出、地下水的毛细上升以及空气中水汽的凝结，这4种途经都有可能为石窟内壁的表面提供液态水。然而，人们对于不同来源的水分运移通道、水量组成及其时空变化特征等都还不够清楚，需要采取综合的调查分析手段加以确定。本文之目的，就是在"水分来源"课题的研究基础上，综合说明十几年来云冈石窟水分来源探查工程所取得的进展，为分析石窟文物水患形成机制和提出保护措施提供现实依据。

1　研究区概况

云冈石窟在构造上位于大同地区晋华宫宽缓向斜的西北翼，该向斜轴向NE30°—35°，主要地层为侏罗系砂岩。其中，上部的云冈组砂岩厚度40—50米，是石窟的主体围岩，突兀耸立在十里河的北岸附近。砂岩顶部覆盖有第四系砂砾石和粉土层。石窟山体顶部高程1165—1175米，比十里河一级阶地高出近40米，为凿刻高大石窟创造了天然地貌条件。石窟北部与延伸较远的丘陵山区相接。包括明城墙在内的石窟重点保护区东西长约 1000 米，南北宽约 300 米。

研究区具有大陆季风性半干旱气候特征。多年平均降水量 372 毫米，雨季集中于 7—9 月，月最高降雨量可超过 100 毫米，冬季平均积雪深度 20 毫米左右。多年平均水面蒸发量 1700 毫米，季节性变化具有随气温升高而增大的特点。年平均气温 7—10℃，1 月平均气温可以低于 −10℃，7 月平均气温可以达到 20℃以上。由于气候相对干旱，地表径流并不发达。十里河是当地的排泄基准面，水位高程一般低于 1130 米。地下水补给条件较差，砂岩含水层地下水位一般低于石窟底部，因此石窟山体总体上处于包气带。地下水位偏低与附近煤矿采坑长期排水有很大关系，1992 年周边 5 个矿区的总排水量[10]达到约 320 万立方米。

云冈石窟壁面和石雕的风化损坏存在粉末状、叶片状、板状、带状等各种形式。其中，粉末状风化是位于石窟深部侧面的常见损坏形式，表现为岩石表面存在白色或浅黄色薄层粉末，有时砂岩颗粒与粉末混杂，一般比较疏松，也可能再次胶结成坚硬的钟乳状或泉华状。这一强风化层含有多种盐类结晶物，如硫酸盐、重碳酸盐等，其形成与水的溶解作用密切相关。叶片状风化常见于暴露在阳光下的砂岩壁面，薄片呈多层重叠翘起的方式组合，易于脱落，往往产生类似缓倾裂隙的假象。这种薄片的形成与热胀冷缩产生的松弛作用和裂隙渗水蒸发导致盐分结晶产生的膨胀作用都可能有关系。板状和带状风化则与砂岩裂隙切割作用、岩性不均匀变化等因素有关。

为了查明水分的来源及运移途径，需要对气象、地形地貌、地层分布、裂隙发育特征、降水入渗条件、地下水和石窟空气要素等进行较为全面的调查、勘探和试验分析。2000 年以来，研究者对此开展了大量的工作[8-13]。

2　石窟山体水文地质结构探查

2.1　砂泥岩地层结构

云冈石窟围岩为砂岩和泥岩互层的中侏罗统地层。鉴于基岩风化壳和泥岩夹层具有重要水文地质意义，2002 年以来专门开展了场地工程勘察[10]，以期查明各地层厚度、风化带的结构和泥岩分布特征。

工程勘察的手段包括地质测绘、钻探和物探等。其中，石窟主要保护区的地质测绘比例尺达到了 1∶500、面积 0.9 平方千米，而更大区域的水文地质填图比例尺则达到了 1∶5000、面积 7.0 平方千米。施工勘探孔 95 个，其中 25 米以上的深孔 12 个、大部分呈 3 排分布于西区石窟山顶（图 1）。在地球物理探测方面[10、11]，实施了 44 条地震折射测线、399 个瞬态面波测点、44 条高密度电法测线、含 2 个三维高密度电法测区，另外布置了 56 条地质雷达测线。此外，还采取探坑勘察、井下摄像、岩矿鉴定、土工试验等方法进行了更加详细的调查分析。2011 年，又专门施工了 2 个水平孔进行探查研究（图 1）。

根据勘察结果，石窟所在地层为云冈组，可分为 J_2y^1—J_2y^6 共 6 段，主要岩性为灰黄色钙质或铁质长石岩屑砂岩，局部分布有灰紫色泥质砂岩和紫色、灰绿色粉砂质泥岩（图 2），属于河湖相沉积岩。地层十分平缓，倾角小于 5°，大体倾向 NE，发育大量斜层理结构。砂岩顶面高程 1165—1170 米。泥岩主要呈透镜体状分布，高程 1130 米以上主要存在于 1158—1168 米、1153—1155 米、1140—1144 米这 3 个范围，有一定的起伏变化，单个泥岩夹层的厚度一般小于 4 米。在 1158 米高程以上，泥岩夹层是普遍存在的，有可能为发育包气带上层滞水创造条件。然而，第 5 ~ 10 窟的开凿高程在 1140—1160 米之间，泥岩几乎不发育。高程 1134 米以下则存在多层较厚的泥岩，其中东部窟区在 1130—1135 米高程具有一个分布较为稳定的泥岩层（B12 孔揭露），延伸到 B7 孔西部后逐渐尖灭。这个稳定的泥岩层对第 2 窟发育的泉水具有决定性的意义。

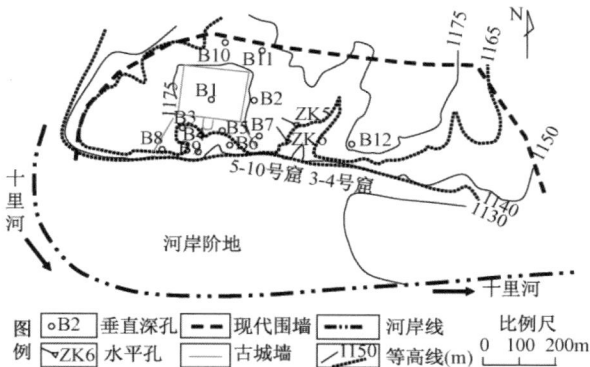

图 1　云冈石窟勘探孔分布

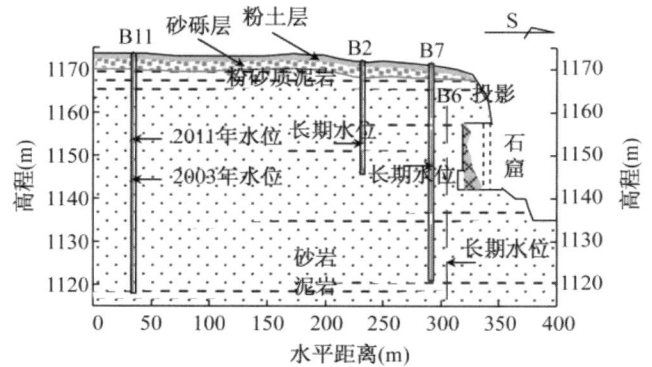

图 2　云冈石窟西区南北向剖面

窟区砂岩的风化具有分层分带特点。根据钻探和物探结果 [10]，基岩顶部的强风化层岩体成碎块状，厚度一般为 1.3—4.5 米，在 B7 孔与 B1 孔之间存在一个厚度 3.5—4.5 米的强风化条带。中风化带的岩体被风化裂隙切割成岩块状，厚度 4—10 米。深部砂岩地层基本为未风化的裂隙岩体，根据抽水试验资料，砂岩层的渗透系数为 0.2×10^{-8}—6.3×10^{-8} 厘米 / 秒。

2.2　岩体结构面

研究区砂岩的结构面包括断层、构造节理、卸荷裂隙和风化裂隙等。直接影响石窟岩体的断层很少，只在第 5 窟（西区）和第 4 窟（东区）之间发育一个破碎带，走向北东，断面近似垂直，疑似剪切断层，具有沟谷地貌。构造节理可以在砂岩露头观测到，均为陡倾裂隙，大致分为 2—3 组，延伸长，从东侧到西侧节理发育特征有所变化。卸荷裂隙和风化裂隙主要在岩体临空面及其附近发育，表现为楔形或弧形不规则结构面，延伸短。石窟内壁岩体在卸荷破碎带会产生板片状或鱼鳞状的卸荷裂隙，如第 3 窟内的东北角。

构造节理是水分向云冈石窟下渗的主要通道，发育在厚层砂岩内，近似垂直层面，但很少能够贯穿泥岩夹层。优势节理的走向为第 1 组 41—60°、第 2 组近东西向、还发育一些走向 300—320° 和近南北向的节理。这种节理发育格局反映了研究区的构造应力特征：在东西方向受到挤压作用，形成 41—60° 和 300—320° 两组共轭"X 型"剪切节理，东西向张性节理则叠加了石窟开挖造成的卸荷作用。研究区的水平层面裂隙不太发育。

第 5 窟东部的砂岩峭壁和石窟顶部的小片区域存在可供进行裂隙测量的窗口。"水分来源"课题专门对此进行了观测。第 1 组优势节理的平均迹长 6.6 米、平均隙间距 0.77 米、平均表面隙宽为 0.6 毫米，隙宽近似呈对数正态分布（图 3）。第 2 组优势节理的平均迹长 1.2 米、平均隙间距 0.8 米、平均表面隙宽为 1.1 毫米。第 3 组 300—320° 走向的节理延展性与第 1 组节理近似，平均隙间距 1.1 米，平均表面隙宽接近 1.0 毫米。总体而言，第 1 组节理延伸长、发育稳定，是砂岩山体最主要的渗流通道。

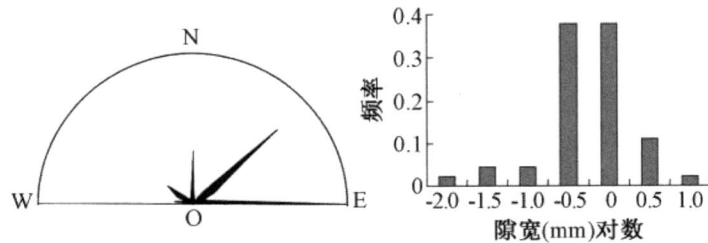

图3　云冈石窟节理走向玫瑰花和第1组节理的表面隙宽分布

2.3　覆盖层特征

石窟山体的顶部覆盖有第四系沉积物，生长了稀疏的植被。这个覆盖层由上部的粉土层和下部的砂砾层组成。粉土层呈黄色，土质可为粉质粘土或粘质粉土，在石窟重点分布区厚度一般小于2米，在第5~10窟的顶部其厚度一般小于1米。在粉土层取样进行了土工试验和渗坑试验，结果表明其渗透系数为 6.8×10^{-5} —3.6×10^{-3} 厘米/秒，平均值为 9.6×10^{-4} 厘米/秒。砂砾层结构并不均匀，常混杂中粗砂、细砂乃至粉质粘土，厚度一般为1.0—2.5米，根据渗坑试验其渗透系数为 1.2×10^{-2} —2.1×10^{-2} 厘米/秒。覆盖层并不完全是自然沉积而成，近期的考古发掘发现，在西区和中区石窟顶部的粉土层内包含大量瓦片、砖块等人工堆积物，说明覆盖层受到了较为强烈的人类活动干扰。具有粘性的土壤能够滞流水分、在植被的作用下把大量水分蒸散消耗掉，对减少降水下渗是有利的。

2.4　地下水

分布在石窟保护区的12个勘探孔虽然没有作为长期地下水观测孔处理，但从一些钻孔获取了2003—2011年期间的零星水位数据。钻孔水位埋深在18—50米之间，水位高程1122—1153米，缺少统一的水位面，显示出水位随孔底加深而降低的趋势。这说明石窟山体的地下水存在自上而下的流动趋势。根据单孔水位变化信息，研究区地下水位很稳定，年变幅小于1米，可能因为地下水的季节性补给受到厚层包气带的影响而比较微弱。大部分钻孔水位在2003—2011年期间的变化也小于2米，以抬升为主。位于石窟后方的B11孔水位抬高了将近10米，而其附近的B2孔水位只抬高了约1.7米，导致这两个距离仅100米左右的钻孔水位落差达16米。这种显著差异的具体原因尚不清楚，但反映了裂隙岩体地下水连续性差的特点。

石窟山体北靠丘陵山区，西侧和南面为十里河，地下水的总体流动方向是自东北流向西南。典型钻孔水位与石窟的关系如图2所示，可以看出B11、B2和B7孔的水位均高于石窟的底部，然而更靠近沿线石窟的B6孔水位比石窟底部低15米左右，B7孔以西钻孔的水位均低于石窟底部。西区的所有石窟都不存在地下水的持续溢出点，说明石窟地下水位并不受B2和B7孔中的高水位控制，而很可能受西部的低水位控制。当然，这种显著的水位差异也很有可能是砂岩裂隙水连通性太差的表现，具体成因还需要进一步的探查研究。

3　石窟水汽运移环境探查

不管是石窟山体的包气带还是在石窟内部，都存在大量空气。这些空气与外界大气之间存在密切的联系，又含有一定量的气态水，即水汽。只要空气的湿度、温度和压强达到某种临界条件，水汽就可以通过凝结的方式转变为液态水，从而影响石窟砂岩表面的风化。通过水汽运移环境探查，可以得到石窟山体、石窟内室和外部大气特征的季节性变化，为凝结水的成因和控制研究提供基础资料。

3.1 窟内凝结水观测

水汽在岩石表面的凝结主要受到气温、空气湿度和岩体温度的控制。当岩体温度低于空气的露点时，岩石表面会吸附一层很薄的凝结水。由于凝结水层太薄，很难通过直接取样的方法进行测量，在国内外还没有成熟的观测方法。为此，"水分来源"课题组研制了一种专门的凝结水测量装置，如图4（左）所示。这个装置使用一种空气回路系统吸收石壁上的凝结水，通过测量干燥剂瓶重量的变化获取凝结水量数据。测量原理如图4（右）所示：当石壁温度高于空气露点时（时间段为 $t \leqslant t_1$），无凝结水产生，只有大气中的水汽和岩石孔隙空气中的水汽被干燥剂吸收，累计吸湿量增加缓慢；当石壁温度低于露点时（时间段为 $t_1 < t < t_2$），水汽凝结在石壁上，测量装置通过与密封舱相连的回路收集水分，累计吸湿量快速增加；当石壁温度再次高于空气露点时（时间段为 $t > t_2$），凝结水重新汽化，累计吸湿量趋于稳定。累计吸湿量的变化速率反映了水汽凝结的过程。在夏季，露点温度高于石壁温度的时间可以持续20小时乃至数天。

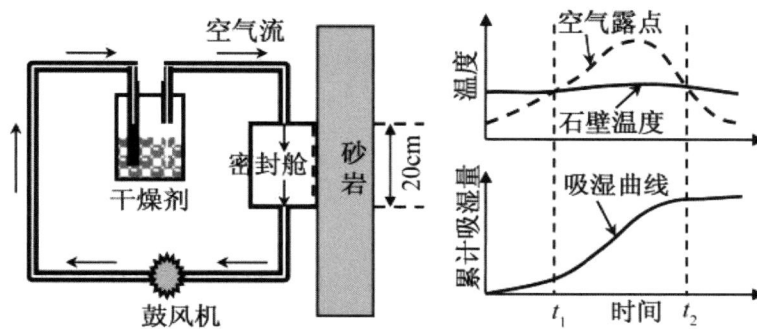

图4　凝结水测量装置的主体结构（左）及观测曲线示意图（右）

装置的吸湿速率 W（毫米／小时）可近似用下式计算：

$$W = \frac{\Delta M}{\rho_w A \Delta t} \tag{1}$$

其中，Δt 为测量周期（小时），ΔM 为相应的吸湿增量（克），A 为密封舱的覆盖面积（500平方厘米 $= 5 \times 10^4$ 平方毫米），ρ_w 为水的密度（取 10^{-3} 克／毫升）。测量周期一般为2小时。通过2005—2011年夏季的实际观测表明，当空气露点大于石壁温度时，吸湿速率为0.04—0.1毫米／小时。而平常条件下的吸湿速率为0.02—0.04毫米／小时，这说明凝结水对吸湿量的贡献达到0.02—0.06毫米／小时。吸湿速率主要取决于露点大小。在夏季的阴雨天，大气湿度大，露点很高，则水汽凝结速率就很大，一旦凝结水的厚度积累得足够大，还可能形成滴水或流淌现象。式（1）只是一个近似公式，便于从宏观上评价凝结水的产量。水汽在石材表面的凝结过程实际比较复杂，其详细特征需要做更多的研究。

3.2 山体水汽运移环境监测

云冈石窟所在山体大部分为包气带，含有一定量的空气，与外界存在密切的水汽交换关系，必然对石窟表面的风化有影响。从宏观上来认识，可以把存在于石窟山体覆盖层、砂岩裂隙岩体、石窟内室和外界大气作为一个整体，其运动特征不仅受到气候条件的影响，而且受到山体水文地质条件的影响。山体水汽运移环境监测，就是对各个组成部分的空气因子进行系统的观测，掌握其分布特征和动态变化规律。

根据云冈石窟的特点，"水分来源"课题组初步设计了如图 5 所示的山体水汽运移环境监测系统。这个监测系统主要由 4 个部分构成：（1）石窟内室监测子系统，监测空气的温度、湿度、窟壁温度和窟门气流风速等；（2）由垂直钻孔（B7）和水平钻孔（ZK6）构成的砂岩裂隙岩体监测系统，在钻孔内观测气温和气压的变化；（3）覆盖层监测系统，主要进行土壤和空气温度、湿度、气压监测；（4）气候环境监测系统，主要通过小型自动化气象站观测降水、风速、大气温度、湿度和压强等要素。利用湿度计进行的反复观测表明，无论是覆盖层还是岩体内的钻孔，只要深度超过大约 60 厘米，相对湿度就可以达到 96% 以上，几乎是饱和的。相比钻孔，土壤和岩石孔隙更加细小不易散失水分，其内空气的相对湿度更大。因此，可以认为岩土体的孔隙和裂隙中，空气的相对湿度基本上都是饱和的，不必进行额外的监测。

目前，这套监测系统的数据还在积累之中，有待分析。现有数据初步揭示出水汽运移环境的 2 个重要特征：（1）云冈石窟山体深部温度约为 9—10℃，十分稳定，几乎没有季节性变化；（2）云冈石窟大气压既有冬季高、夏季低的季节波动，又有半日波的潮汐变化特征，这种波动向深部岩体传播过程中产生滞后性，从而形成驱动山体空气运动的气压梯度。岩土中的水汽伴随空气运动发生对流迁移，其强度会比单纯的水汽扩散更大，从而影响石窟表面的水分聚散。

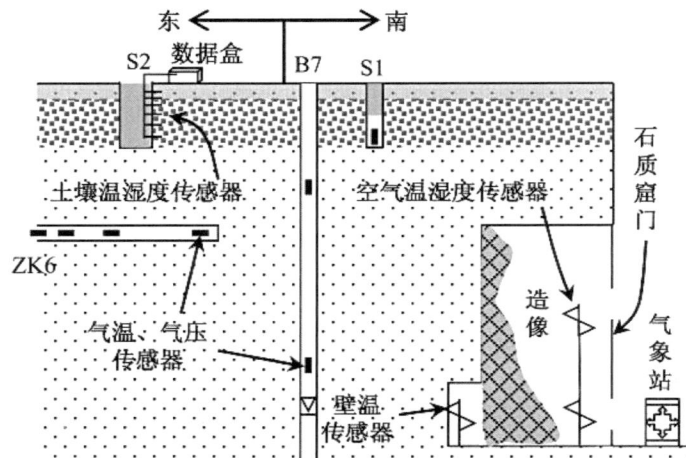

图 5　石窟山体水汽运移环境监测系统示意图

4　主要结论和建议

在云冈石窟，水和盐是造成砂岩表面风化的两个主要因素，其中水分起关键作用。为查清石窟水分的来源，近 10 年来进行了一系列调查，采取综合的探查工程手段，确定了石窟山体的砂泥岩互层结构特征、岩体裂隙发育特征、山顶第四系覆盖层特征和地下水的分布特点，并对窟内凝结水的形成和山体的水汽循环等新问题进行了初步的调查研究。

探查成果表明石窟山体大部分为包气带，石窟附近的地下水位普遍低于石窟底部，而且地下水的连通性较差，不会直接影响石窟文物。然而，大面积连续分布的泥岩夹层可以形成上层滞水，这是第 2 窟发育泉水的原因。砂岩中发育 2 组优势垂直节理，走向分别为 41—60° 和近东西向，构成入渗水的运移通道。

石窟山顶第四系覆盖物由上部的粉土层和下部的砂砾层组成，生长植被，土壤的持水作用和蒸腾蒸发作用有效减少了降水的入渗。夏季7—8月份，石窟内室存在形成凝结水的条件，采用自行研制的装置进行观测表明凝结水对吸湿量的贡献达到0.02—0.06毫米/小时。石窟山体覆盖层、砂岩裂隙岩体、石窟内室和外界大气应视为一个整体，其水汽环境的变化对石窟文物有重要影响，初步观测表明石窟山体包气带的空气基本上处于饱湿状态，山体深部温度稳定在9—10℃、气压与大气压存在一定的差别，具备水汽运动的驱动力。

对石窟山体水汽环境进行更加系统的、长时期的监测，是作为下一步工作的重点。

参考文献：

[1]   山西省云冈石窟维修工程领导组.云冈石窟三年维修工程总结报告[R].云冈石窟研究院，1976.

[2]   王大纯，沈孝宇.云冈石窟工程地质问题（研究报告）[R].中国地质大学（北京），1960.

[3]   黄克忠.云冈石窟砂岩石雕的风化问题[J].水文地质工程地质，1984（3）：32—35，51.

[4]   曲永新，黄克忠，徐晓岚，吴芝兰.大同云冈石窟石雕表面和表层的粉状物及其在石雕风化中的作用研究[C]//.中国地质学会工程地质专业委员会（编）.全国第三次工程地质大会论文选集.成都：成都科技大学出版社，1988：241—246.

[5]   苑静虎，黄继忠.环境污染对云冈石窟的影响（研究报告）[R].云冈石窟研究院，1990.

[6]   黄继忠.煤尘对云冈石窟石雕的影响（研究报告）[R].云冈石窟研究院，1996.

[7]   李海，石云龙，黄继忠.大气污染对云冈石窟的风化侵蚀及防护对策[J].环境保护，2003（10）：44—47.

[8]   黄继忠，袁道先.水与盐对云冈石窟石雕的影响初探[J].文物世界，2004（5）：61—66.

[9]   黄继忠.世界文化遗产云冈石窟的防水保护[J].文物保护与考古科学，2008（Z1）：114—121.

[10]   傅志斌，彭涛等.云冈石窟防水保护工程勘察报告[R].建设综合勘察研究设计院，2003.

[11]   黄继忠，任建光.地球物理勘探方法在云冈石窟保护中的应用[J].文物保护与考古科学，2011（2）：87—95.

[12]   甘向群.云冈石窟凝结水研究与防治[D].中国地质大学（北京），硕士学位论文，2006.

[13]   柴利杰.云冈石窟水分来源控制因素[D].中国地质大学（北京），硕士学位论文，2011.

（原文刊载于《工程勘察》2012年第11期）

云冈石窟入渗水的形成和运移

王旭升　万　力　彭　涛　董　佩　钱　静

位于山西省大同市的云冈石窟是我国北魏时期大型石窟文化遗存，距今有 1500 多年的历史，2001 年被联合国教科文组织批准列入《世界文化遗产名录》，2007 年被评 5A 级旅游景区。由于年代久远，很多洞窟、造像和雕刻发生了损坏，其文物保护问题长期受到国内外的关注。

中侏罗统砂岩是云冈石窟的主体基岩，长期受到自然风化作用，其病害特征具有一般石质文物的共性，即以粉末状、叶片状、板状、带状等各种形式发生表层结构的松散和脱落。根据前人研究，水分和盐分的变化是这种石质文物损坏的主要成因。例如，云冈石窟周边的煤矿开采和煤炭运输曾经产生含硫粉尘，这些粉尘被大量吸附在砂岩表面，通过水分吸收可以转化成酸性溶液，乃至增加砂岩孔隙硫酸盐的含量，会加速砂岩的风化损坏[1]。在风化过程中，盐分只有在水分的参与下才能够发挥作用。借助于水分的迁移和聚散，盐分也发生运移、溶解和结晶等各种变化，从而产生破坏石质材料结构的机械力[2]。因此，弄清楚石质文物水分的来源和作用，是控制其风化损害的关键前提。

由于自然环境的差异，不同地区的石质文物具有不同的水分来源及组成。对于云冈石窟，其水分的来源与所在山体的特殊水文地质、工程地质和气候条件有关。2002 年启动的云冈石窟防水保护工程，就考虑了水分的多种可能来源，除加强防渗外，还首次把凝结水作为调查对象[3]。经过多年的调查研究，人们认为云冈石窟砂岩表层的液态水可能存在 4 种来源或迁移转化途径：大气降水通过裂隙的下渗、砂岩内残留孔隙水的渗出、地下水的毛细上升以及空气中水汽的凝结。然而，对于不同来源的水分运移通道、水量组成及其时空变化特征等都还存在很多疑问。2009 年科技部启动了国家科技支撑计划项目"石质文物保护关键技术研究"，其中"石窟水分来源综合探查技术研究"作为重点课题之一（以下简称"水分来源"课题），目的就是通过系统的探查研究进一步弄清楚云冈石窟水分的基本来源和迁移转化特征。

除了石窟空气中的水汽凝结外，其他水分的根本来源都是石窟山顶大气降水的入渗，在此称为入渗水。本文根据以往调查研究和"水分来源"课题的若干探查成果，对云冈石窟入渗水的形成、运移通道和影响因素提出一些初步的认识和判断，以起到抛砖引玉的作用，为研究区水患防治和文物保护提供科学依据。

1　研究区水文地质条件

云冈石窟所在山体的北部是丘陵地貌，向南面临十里河阶地，地势高差近 40 米。作为基岩的侏罗系砂岩地层产状平缓，发育交错层理，含有少量粉砂质泥岩夹层。厚层砂岩被北东向和东西向的垂直节理所切割，形成裂隙岩体。砂岩的顶部覆盖有第四系松散沉积物，厚度最大可达 8 米，但洞窟伸展范围第四系厚度一般小于 3 米，越靠山体边缘厚度越薄。第四系地层具有二元结构，上部为粉砂质黏土（粉土层），下部为粉砂、中粗砂和砾石的混合物（砂砾层），砂砾层的厚度比粉土层略大。根据考古发掘结果，粉土层含有瓦砾、煤灰等人类活动遗迹。粉土层上生长了一些植被，主要是较为密集的矮草、稀疏分布的乔木和少量灌木。2009 年以来，石窟东部山顶通过人工植树形成了树林。

大同市域属于半干旱气候带，多年平均降水量 372 毫米、水面蒸发量 1700 毫米、年平均气温 7.0℃、平均风速达 2.3 米 / 秒。根据 1971—2000 年气象资料得到的降水量和气温各月平均值如图 1 所示，可以看出两者都存在显著的季节变化。平均月降水量高于 30 毫米的月份是 6—9 月，这 4 个月份的平均降雨天数为 9—14 天，其中 7 月份雨量最大，平均雨强达到 7.5 毫米 / 天。1—2 月、11—12 月的平均气温低于 0℃，冬季最大冻结深度可达 1.5 米，平均积雪厚度 20 毫米左右。

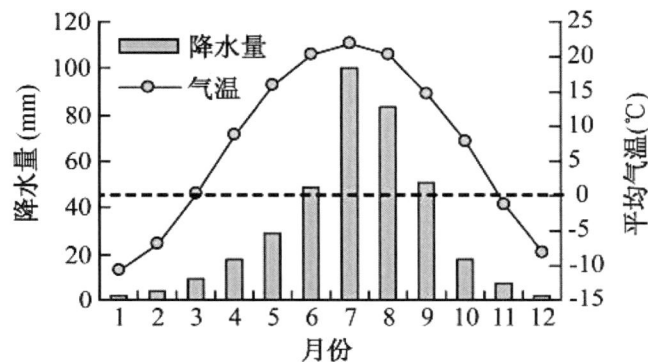

图 1　大同市各月降水量和气温的多年平均值

研究区东北部地势高，西部和南部地势低，从宏观上决定了地下水自东北流向西南的趋势。十里河位于石窟南约 300 米处，多年平均径流量为 0.4×10^8 立方米 / 年，水位约 1126 米，比石窟底部低 12—14 米，是区域上的排泄基准面。侏罗系砂岩是研究区的主要含水层，由于长期煤矿开采排水，地下水位总体具有下降趋势。根据石窟保护区 12 个勘探孔（图 2）的水位记录[4]，砂岩裂隙水水位一般在 1138 米以下，即低于洞窟底板，也有零星钻孔水位可以达到 1150 米。总体上，石窟保护区地下水具有东北高、西南低的特点，并且显示出水头随深度增加而降低的趋势，说明存在自上而下的地下水运动。由于地下水位偏低，石窟山体大部分处于包气带，包气带厚度 20—40 米，局部可能存在由泥岩夹层引起的上层滞水。由于降水量少、风速大、蒸发强烈、又有植被蒸腾作用，大气降水入渗量较少，在厚层包气带的影响下，地下水的补给微弱且季节性变化不显著，这从钻孔水位年变幅小于 1 米得到反映。地下水主要通过侧向径流的方式向十里河排泄，少量地下水受到泥岩夹层的顶托作用，以泉的方式排泄至石窟边缘，如第 2 窟发育的泉水（图 2）流量为 1.7—1.9 立方米 / 天，常年稳定。

窟区地下水 pH 值为 6.8—7.8、矿化度为 0.6—1.7 克 / 升，其中第 2 窟泉水的矿化度为 0.6 克 / 升，均小于十里河河水的矿化度（2.8 克 / 升）。地下水中盐分以 $Ca(HCO_3)_2$ 为主，阴离子中占次要地位的是 SO_4^{2-} 和 Cl^-，阳离子中占次要地位的是 Mg^{2+} 和 Na^+。

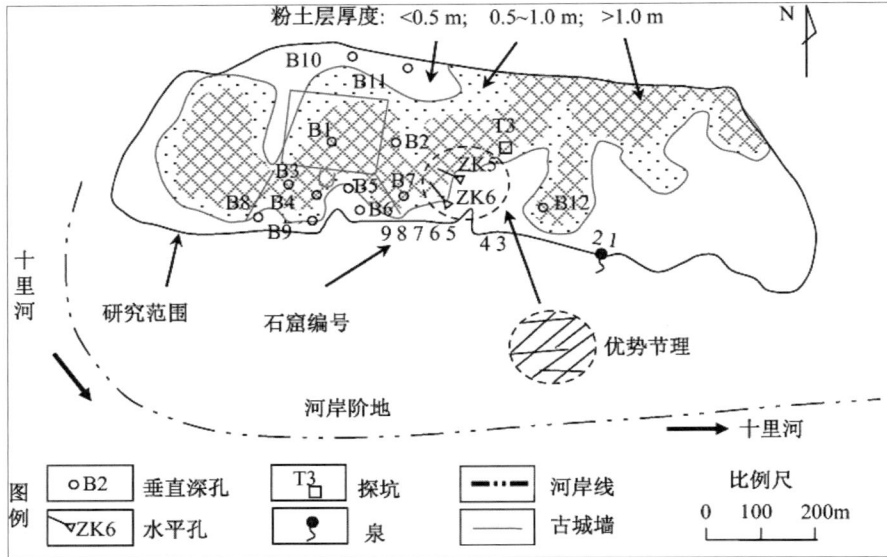

图 2　云冈石窟概况图

2　入渗水的形成条件和运移特征

2.1　降水入渗条件

除了北部山区地下水的侧向补给外，大气降水入渗是石窟山体地下水的主要补给来源。夏季强降雨和春季积雪的融化，都可能产生显著的入渗补给作用。

降水入渗除受气候季节变化的影响外，主要受粉土层及植被生长的控制。对粉土层取样进行试验分析，得到了粒径分配曲线和水分特征曲线（图 3），土质可定性为粉质黏土，砂粒含量占 27%、黏粒含量占 34%、孔隙度为 0.43、残余含水量为 0.13。由于粘粒含量高，该层土壤持水性好。根据土壤水分仪的观测结果，粉土层平均体积含水量可以达到 0.15—0.25，即保持 1/4—1/3 的相对饱和度。山顶植被根系层的深度为 0.3—0.5 米，雨季观察发现暴雨之后湿润锋面在 2—3 天内可以穿过根系层，但一般很难下渗到深度 1 米以下。一旦水分穿越粉土层，由于下部的砂砾层持水性差，水分可以直接到达基岩顶部转化为地下水的补给。粉土层厚度越薄，越有利于降水入渗补给地下水。根据大量浅层钻孔揭露的数据，绘制了粉土层厚度分布

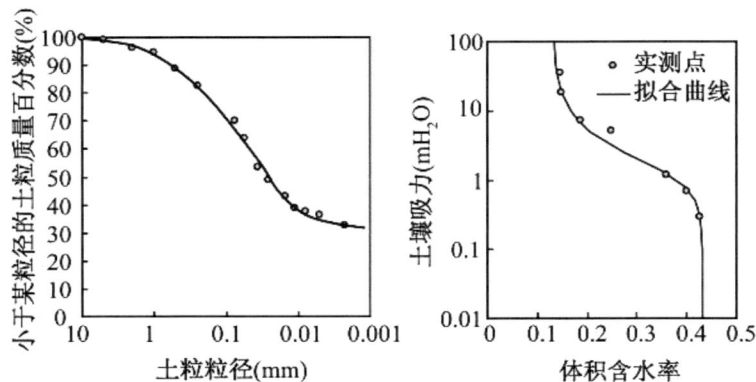

图 3　粉质粘土的粒径分配曲线（左）和水分特征曲线（右）

图（图2），可以看出，山体南侧粉土层厚度小于1米的区域主要在窟缘以北10—50米以内，其中对应第5～8窟的区域分布在B7孔以南。然而，在基岩裸露的窟顶边缘斜坡地带，降水容易转变为地面水流散失掉，也不利于入渗。

局部和微地貌对降水入渗也会有重要影响。围绕B1孔的古城墙圈闭了一片面积约2.7平方千米的区域，其内地形低于城墙，可以阻隔地表产流，具有一定的汇水作用。在该处尽管粉土层平均厚度大于1.0米，但强降雨滞留的水分仍有可能下渗到基岩顶面。一些地形微弱起伏产生的洼地对雨水积存也有一定作用，如B11至B2孔之间的低洼处可在强降雨之后形成地面积水。山顶散布有过去植树造林留下的小坑和沟道，尤其在西区石窟的山顶分布较为密集，深度0.5—0.8米，有利于雨雪积存和直接下渗。未填埋的考古探坑也可以增加雨雪的积存量和下渗能力。目前，第2窟以东存在大片绿化带，通过人工灌溉进行养护，已经显著增加了入渗量，浇水过后可以发现有水从出露的泥岩夹层流出。

2.2 裂隙运移通道

入渗水自上而下到达基岩顶面后，将在以砂岩为主的裂隙岩体中发生进一步的垂向和水平运移，使水分得到重新分配，并直接影响石窟。根据在砂岩顶面和侧面的裂隙调查结果，石窟山体最主要的构造节理是2组，一组走向41—60°，另一组走向85—95°，几乎都呈铅直产状发育（图4）。其中前一组节理延伸很长，平均迹长6.6米，最大迹长达22.1米，隙间距0.4—1.9米，平均表面隙宽为0.6毫米，基本贯通厚层砂岩，遇到泥岩夹层会发生中断或弯折。第二组节理相对稀疏，迹长也多在1米以上，其平均表面隙宽达1.0毫米，为张节理。还有少量走向300—320°和近南北向呈陡倾产状的节理，连续性和密度不如上述优势节理，但与上述优势节理构成两个共轭节理组。这些共轭节理构成了石窟砂岩山体的垂向导水通道。砂岩的水平节理不发育，但是存在偶发性的层面错动裂隙，延伸很短，起伏不平，在山体边缘因卸荷作用会增加延伸长度，在水平方向有一定的导通作用。在石窟顶部边缘，如图4中的A–B段，受卸荷和风化作用裂隙密度增大。这种裂隙发育格局决定了砂岩渗透性的强烈各向异性和非均质性，总体上东西向的渗透性强而南北向的渗透性差。

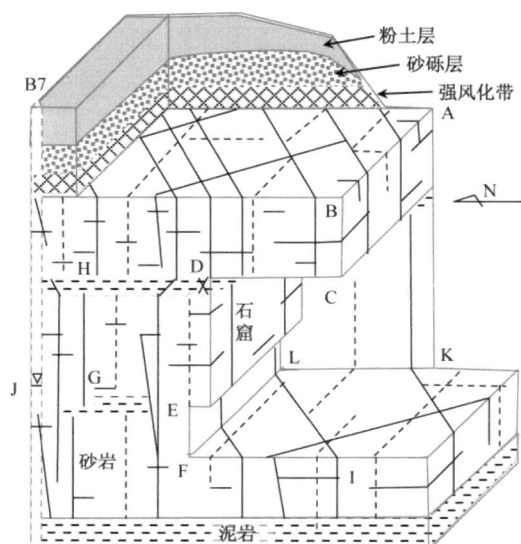

图4 云冈石窟砂岩裂隙网络立体示意图

入渗水可以通过 2 种方式运移到石窟：第 1 种，直接从基岩顶部顺着垂直裂隙下渗到石窟的顶板，如图 4 中的 A–B–C–D 段；第 2 种，入渗水先顺着垂直裂隙下渗，在遇到泥岩夹层时发生滞留（图 4 中的 H–D 段），如果入渗强度足够大，可以积累成为暂时性的上层滞水，然后顺着层面自北东向南西方向运移到石窟的内侧边缘（图 4 中的 D 点），从泥岩边缘破碎带沿垂直裂隙（图 4 中的 D–E 段）再次下渗。其中，第 1 种方式普遍存在，只在雨后或融雪后发生，可以形成滴水或导致裂缝出现湿痕，滴水现象在第 3 窟、第 14 窟、第 43 窟特别明显。第 2 种方式取决于泥岩夹层的情况，B7 孔南部的第 5 ～ 10 窟在接近窟顶高度存在一层厚度 1—3 米的粉砂质泥岩夹层，有利于形成季节性的上层滞水，第 5 窟，第 9 窟诵经道（对应图 4 中 E–F–L 段南通道）顶板的雨季渗水现象与此有关。以第 1 种方式到达石窟顶板的水分，也可以在裂隙毛细张力的顶托作用下，以侧向运动的方式运移到石窟边缘裂隙再下渗。一旦形成上层滞水，入渗水有可能长期贮存在泥岩上部。例如 T3 探坑在施工到 1.7 米时，遇到几乎不透水的新鲜泥岩并出现积水，当天取出 55 千克水，数月后探坑才逐渐干涸[5]。这说明当地的上层滞水是在长期缓慢入渗补给下积存的，一旦排泄条件改善则会消失。显然，垂直裂隙构成了上层滞水的排泄通道，由洞窟开挖导致的裂隙卸荷作用或新生卸荷裂隙能够加快上层滞水的排泄，从而使石窟周边原有的一些上层滞水消失掉。

2.3　水化学特征

入渗水在自上而下的渗流过程中，不断溶滤岩土体中的盐分，其水化学特征会发生相应的变化，并对运移方式有指示作用。作为水源，云冈石窟雨水的矿化度（TDS）很小（TDS < 0.05 克 / 升），雪水矿化度略大，可达 0.1 克 / 升，雨水和雪水的 pH 值为 6—7，偏酸性的水源。其酸性特征会增强水源对岩土中盐分的溶滤作用。经过粉土层和砂砾层时，以 Ca^{2+}、Mg^{2+} 为主要阳离子的重碳酸盐和硫酸盐溶解到入渗水中，使 TDS 显著增大，而 pH 值偏向碱性。如 T3 探坑（图 1）在 1.7 米深度的渗出水 TDS 近 0.5 克 / 升，pH 值为 7.2，HCO_3^- 含量比雪水含量大 5 倍多，而 SO_4^{2-} 和 Cl^- 含量也达到 2 倍多。相比之下，直接通过窟顶砂岩风化带和裂隙下渗的水分，在砂岩中吸收的盐分较少一些，如第 3 窟的滴水 TDS 为 0.3 克 / 升。这可作为区分水源是否经过厚层覆盖物的指示。根据钻孔地下水和第 2 窟泉水的取样测试，深部砂岩裂隙水的 TDS 为 0.6—1.7 克 / 升，其盐分可能还是主要来自第四系覆盖层的溶滤作用，砂岩中的矿物溶解也会贡献一部分重碳酸盐和硫酸盐，其中黄铁矿的氧化水解不仅释放铁质进入水溶液、也能增加入渗水中 SO_4^{2-} 含量。水分在砂岩表面蒸发后析出的盐分多为芒硝、泻利盐和石膏。

2.4　入渗水量的估算

研究区地下水埋深大，包气带又含有多个岩土层，砂岩裂隙岩体被泥岩夹层干扰，这些因素导致评价地下水的补给量比较困难。由于缺少地下水补给的直接证据，在此只能根据理论和经验作出初步的估算。在云冈石窟这样的半干旱区，雨季强降雨入渗和春季融雪下渗是地下水获得补给的主要途径。根据土质和植被覆盖条件，区内降水入渗系数的经验值为 3%—8%，则降水入渗强度为 11—30 毫米 / 年。在大尺度范围，可以根据山区水文情况估算降水入渗系数。流经云冈石窟的十里河，其流域面积为 1185 平方千米，枯水期流量为 0.6—1.0 立方米 / 秒。取流域平均降水量为 372 毫米 / 年，基流量为枯水期流量即（0.19—0.32）× 10⁸ 立方米 / 年，则平均降水入渗系数为 4.3%—7.2%。按照这一入渗系数，窟区降水入渗强度为 16—27 毫米 / 年。在云冈石窟现场，已经发现砂岩钻孔水位随深度增加而降低的现象，假设砂岩水头随深度呈线性关系，则

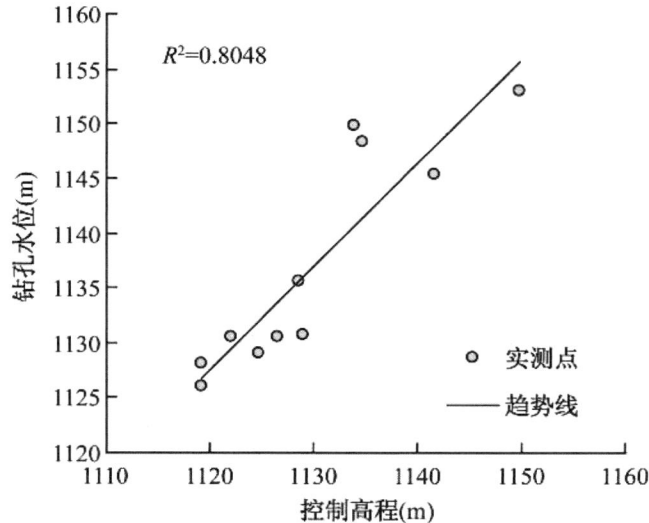

图 5　云冈石窟砂岩钻孔水位随控制高程的变化

钻孔水柱的中点高程可视为水头的控制高程，根据控制高程和水位的关系（图 5）可以初步得到垂向水力梯度为 0.94，这一水力梯度是入渗水自上而下渗流产生的。根据抽水试验资料，砂岩裂隙岩体的渗透系数为 $(0.2—6.3) \times 10^{-8}$ 厘米 / 秒，由此估算垂直流速是 0.6—18.7 毫米 / 年。另一种方法是利用第 2 窟泉水的流量（平均流量 657 立方米 / 年）来进行估算，根据物探资料，形成泉水的泥岩夹层面积约为 $(3—5) \times 10^4$ 平方米，假设泥岩分布区的入渗量全部汇集为泉水，则入渗强度为 13—22 毫米 / 年。综合所有这些信息，笔者认为云冈石窟降水入渗强度取 10—20 毫米 / 年是较为可靠的，即入渗系数达到 2.6%—5.4%。

在石窟群中，第 1 ~ 12 窟的开凿深度是 10—25 米，且一般东西向宽度为 6—17 米，但第 3 窟宽度达 43 米。当下渗强度为 10—20 毫米 / 年时，通过直接垂直下渗方式到达每个石窟顶部的入渗水量为 0.6—8.5 立方米 / 年，对第 3 窟则可达 21.5 立方米 / 年。其实这些水分大部分在裂隙毛细张力的顶托作用下，水平运移到石窟边缘再沿着垂直裂隙下渗流失，只有少量聚集超过毛细张力作用而形成滴水。

3　入渗水与地下水

入渗水在下渗到深部裂隙岩体时，将转化为地下水补给，进入饱水裂隙带。区内地下水具有北部高、南部低的特点，产生向南的区域水流。在石窟北侧附近，入渗水转化为地下水后，可以发生水平方向的缓慢流动（图 4 中的 J → G → E 方向），在石窟后缘附近的裂隙中聚集，再以砂岩孔隙渗流的方式侧向渗透到石窟内侧（图 4 中的 E–F 段），或者以裂隙毛细水的方式湿润石窟底部。

入渗水这样影响石窟是一种比较间接和隐蔽的方式，与石窟北部的地下水位有关。如果石窟北部的地下水位高于窟底，产生水力梯度，就能通过水平运移、以孔隙水和裂隙毛细水的方式影响洞窟，造成石窟内侧和后缘底部潮湿。这种方式目前可能只存在于 B7 孔南部的第 5 ~ 10 窟，因为在靠近石窟后侧的钻孔中，只有 B7 孔的水位常年高于窟底（高出 10 米左右）。第 2 窟泉水也是地下水的排泄，曾经直接在窟底出露，1964 年开挖排沟后水位显著降低，减轻了地下水对石窟的影响。

4　结论和建议

在云冈石窟地区，大气降水的入渗不仅是地下水的补给来源，也是洞窟石壁表面水分的来源之一。夏季强降雨和春季积雪的融化都可以明显产生入渗水。石窟前缘的北部 10—50 米以内，山顶粉土层厚度一般小于 1 米，有利于雨雪入渗。入渗水主要沿着走向为 41—60° 和 85—95° 的 2 组优势垂直裂隙在砂岩中自上而下运移，在遇到泥岩夹层时发生滞留并转变为水平运移。入渗水经过覆盖层时 TDS 显著增加，且从偏酸性水向偏碱性水转化，而经过砂岩时水化学性质变化相对较小。根据多种方法对降水入渗系数进行估计，得到较为可信的取值区间为 2.6%—5.4%，意味着单个石窟顶部的入渗水量为 0.6—8.5 立方米 / 年，这些水分大部分在裂隙毛细张力的顶托作用下运移到石窟边缘流失掉了。研究区地下水存在自上而下的渗流特征，在第 5 ~ 10 窟北部裂隙水位偏高，可能对石窟有潜在的影响。

云冈石窟山体包气带厚，入渗水需要经过多层介质才能补给地下水，其渗流转化过程较为复杂。岩体裂隙的毛细作用及裂隙中的空气如何控制入渗水流动，如何与砂岩孔隙交换水分影响石窟水汽环境，这些问题还有待进一步加以研究。

参考文献：

[1]　黄继忠，张俊芳 . 粉尘对云冈石窟石雕影响的研究 [J]. 文物保护与考古科学，2004（1）：1—8.

[2]　Charola A. E. Salts in the deterioration of porous materials: an overview [J]. Journal of American Institute for Conservation，2000，39（3）：327—343.

[3]　黄继忠 . 世界文化遗产云冈石窟的防水保护 [J]. 文物保护与考古科学，2008（Z1）：114—121.

[4]　傅志斌，彭涛，等 . 云冈石窟防水保护工程勘察报告 [R]. 建设综合勘察研究设计院，2003.

[5]　李金柱 . 降水入渗补给系数综合分析 [J]. 水文地质工程地质，2009（2）：29—33.

（原文刊载于《工程勘察》2012 年 11 期）

云冈石窟水汽转化特征的初步研究

万　力　曹文炳　王旭升　黄继忠　许　飞

控制岩石表面风化速率的因素，包括岩石的内在因素和外在的环境因素。内在因素是诸如地层类型、矿物组成、结构构造等岩性特征，外在因素则有气候、植被、微生物、地形、土壤覆盖物等。从微观层面上讲，盐分和水是控制岩石风化的两个最主要因素[1]。其中，盐分既可能来源于岩石矿物本身，属于内因，又可能来源于外界的输入，属于外因。而水一般被认为是从外部进入岩石中的。水作为载体，不仅把环境中的化学物质输入到岩石中，也对岩石中原有的矿物质产生溶解作用，从而带动盐分发生迁移和转化，并最终破坏岩石的表面结构。因此，研究水如何进入岩石材料、如何运移以及如何影响盐分是深入理解岩石风化的关键[1,2]。

作为"世界文化遗产"，云冈石窟乃是我国石质文物中的瑰宝。由于经历了1500多年的历史，以砂岩为基底的石窟文物承受了长期的风化作用，损坏较为严重。过去几十年来，云冈石窟周边煤炭资源的开发利用曾产生大量含硫粉尘降落在文物表面，在水分的参与下形成酸性的表面环境，更加快了石窟雕刻的风化侵蚀[3-6]。为使石窟文物能够长久保存，必须从水分控制和盐分控制两个方面延缓砂岩风化的损坏速率。而能够做到这一点的前提，则是弄清楚砂岩表面水分的来源。

在云冈石窟的保护研究中，已经做了大量工程地质稳定性和材料表面改性方面的工作，如何防止水患也受到关注。石窟山体砂岩发育一些裂隙，雨水和融雪可以沿着裂隙下渗进入洞窟内，人们已经通过观察窟顶滴水和裂缝的潮湿现象注意到这些水分来源。另外，地下水的作用也受到重视。第2窟曾经有泉水直接从窟底出露，1964年专门进行改造，使地下水从更低的排水沟道流出窟外。然而，水分的来源不止这些。在2002年启动的云冈石窟防水保护工程中，除加强防渗措施外，还第一次把凝结水也作为调查对象[7]。经过多年的调查研究，人们发现空气中水汽的凝结是水分进入石窟表面、推动风化作用的一个重要途径[8、9]，但凝结水的形成与石窟山体的独特水汽环境有关，其具体特征和控制方法需要做更多的研究。2009年科技部启动了国家科技支撑计划项目"石质文物保护关键技术研究"，其中包含"石窟水分来源综合探查技术研究"这一重点课题(以下简称"水分来源"课题)。凝结水及石窟山体水汽环境的探查正是该课题的一项重要任务。本文根据以往观测研究和"水分来源"课题的若干探查成果，对云冈石窟水汽转化方面的问题提出一些初步的认识和判断，以推动凝结水这种特殊水源的研究，为窟区石质文物保护提供科学依据。

1　水汽转化的原理和观测方法

水能够以3种相态存在：固态、液态和气态。固态的冰主要存在于永久冻土、季节性冻结的岩土孔隙和裂隙中，反复冻融作用也可以造成岩石风化损坏。然而，冰缺少移动能力，影响有限。液态和气态的水都可以在岩土材料中自由流动。其中，液态水的流动特征无论是在饱和介质还是在非饱和介质中都有成熟的研究。气态水，又被称为水汽，是大气的重要组成部分，但其对岩石风化的影响人们还知之甚少。本文把液态水和气态水之间的转化称为水汽转化，在石窟山体水汽环境的探查中，也需要考虑它们与固态水之间的转化。

可以根据水的三相图（图 1）来说明水汽转化的物理条件。众所周知，在 1 个大气压（1atm）下，水的温度升高到 100℃时将沸腾转化成汽，这就是沸点。沸点随着水的压强而变化，表示为图 1 中的 OK 曲线。同理，不同压强下水和冰的转化温度取决于曲线 OL。在三相点（图 1 左中的 O 点），水可以同时以 3 种相态存在，而在 O 点以下只发生冰和汽的直接转化。实际上，曲线 OK 也决定了水汽凝结的条件，即如果纯水蒸气的压强为 1atm，在温度降低到 100℃会凝结成液态水，这个温度就是露点。然而，大气中的水汽分压几乎不可能达到 1atm，因为空气中水汽的含量一般低于 4%。在这种情况下，露点就要低很多。当水汽含量和气压保持不变时，气温下降到露点会使水汽压达到饱和临界值，从而促使水汽凝结为液态水。水汽压与相同气温下饱和水汽压的比值，即为空气的相对湿度，可以使用湿度计进行测量。露点低于气温，但也取决于气温和空气湿度。如图 1（右）所示，空气湿度越大，露点就越接近气温，当气压为 1 个标准大气压、气温 0℃—30℃、相对湿度达到 90% 时，露点只比气温低不到 2℃。

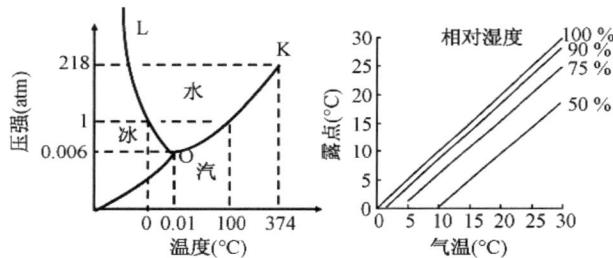

图 1　水的三相图（左，改自李椿等[10]）和 1 个标准
大气压下空气露点随气温和相对湿度的变化（右）

岩石表面发生水汽凝结的条件，除了空气湿度和露点外，还与岩石本身的特征有关。只有岩石表面温度低于空气露点时，水汽才会以岩石颗粒为凝结核转化成液态水。山体洞室的壁面温度在夏季往往低于气温，有利水汽凝结。然而，岩石表面温度即使高于露点，也能发生水汽转化为液态水的现象，这是因为岩石材料的孔隙和盐分本身可以产生吸湿作用。孔隙毛细吸力和盐分能够降低饱和水汽压，相当于提高局部空气的露点。干燥的多孔材料吸湿能力更强，当表面变湿润之后，饱和梯度还能够促使水汽在孔隙通道中向内扩散，从而持续吸收水汽。

与水汽凝结相反的过程是液态水的蒸发，只要岩石孔隙中存在液态水，其蒸发就可以在孔隙通道和岩石表面发生。这个过程其实与水汽的扩散有关，并且与凝结过程之间是可逆的。当水汽分子向液态水中扩散的速率大于液态水分子逃逸速率时，表现为凝结；相反则表现为蒸发。如果两者速率相同则属于平衡状态。含有一定水量的岩土体其孔隙空气的湿度往往很大，多数情况下以蒸发为主，相对而言水汽凝结的时间段和透过表面的深度都是有限的。水汽凝结会向环境中释放热量，而蒸发则吸收热量，这会反过来影响水热平衡过程。

尽管水汽凝结的现象人们早有观察，但在野外现场对岩石表面凝结水进行定量观测仍然存在很大的难度。这是因为凝结水形成的时间较为短暂，而且吸附在岩石表面的水层很薄，易受扰动，难以采样。新西兰的 De Freitas 和 Schmekal[11] 在研究洞室凝结水时，发明了一种电路板式的小型测量装置，根据仪器电性变化间接推算凝结水量。这种仪器工艺较复杂、采样面较小。"水分来源"课题组则发明了一种不同类型的凝结水测量装置（图2），通过吸湿方法获取水量信息。这个装置在待测点位覆盖密封舱，捕获岩石表面的水分，风机驱动湿空气至盛有干燥剂的吸收瓶中，干空气再由管道输送回密封舱，继续采集水分。一般运行2小时后，测量吸收瓶的重量，计算一次测量周期的吸湿水量。下次测量使用烘干的干燥剂。运行期间同时使用温、湿度计观测空气和密封舱进、出气的温度和湿度，另外，对回路空气流量和岩石表面温度也进行观测。由于初始空气中的水汽、砂岩孔隙中的水分都可以被干燥剂吸收，这个装置的吸湿水量并不全是岩石表面的凝结水，需要进行校正。装置的吸湿速率 W（毫米／小时）近似用下式计算

$$W = \frac{\Delta M}{\rho_w A \Delta t} \tag{1}$$

其中，Δt 为测量周期（小时），ΔM 为相应的吸湿增量（克），A 为密封舱的覆盖面积（500平方厘米 $=5 \times 10^4$ 平方毫米），σ_w 为水的密度（取 10^{-3} 克／毫升）。吸湿速率越大，说明岩石表面越潮湿。存在水汽凝结现象时，吸湿速率大于平常时期，两者的差别可以作为凝结水的校正观测值。这套凝结水装置在正式使用前，利用不同粗糙度的辉绿玢岩石板做了测试，验证了方法的可靠性。

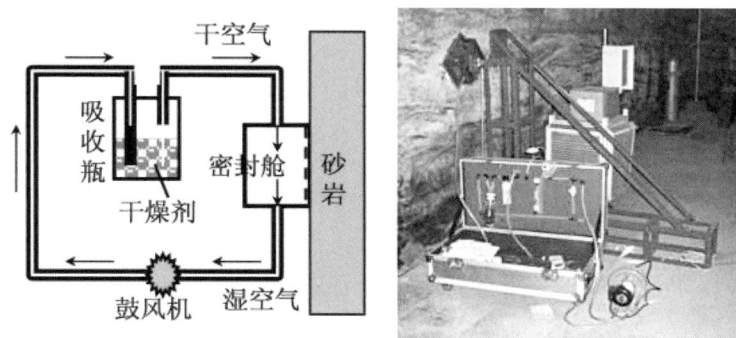

图2　凝结水测量装置结构（左）及实物（右）

2　洞窟内水汽转化特征

2.1　监测系统

针对云冈石窟的特点，在洞窟内不同空间部位设置了水汽环境的监测仪器。以第5窟为例，布置了8个观测点（图3），主要监测后侧诵经道、侧面廊道和前门的水汽环境，编号为M1—M8。除M8和M2外，测点的高度均为2米，M2放置在石门的明窗上，M8使用立柱支撑，放置高度与M2一致。每个测点的监测指标包括气温、空气湿度、砂岩壁面温度，对M1—M6测点还安装了风速传感器，但实际结果表明只有M1和M2测点的风速达到了感应程度。各种传感器将不同指标的监测结果传输到专门的数据采集中心保存，数据的输出频率为1小时。第9窟也安装了这套监测系统。

　　凝结水的现场监测位于 M4 点。在易于形成凝结水的夏季，将装置运送到第 5 窟和第 9 窟诵经道，对 M4 点位置进行连续观测。为了提供更多的对比数据，在其他洞窟也进行了观测，包括非凝结期的吸湿观测。

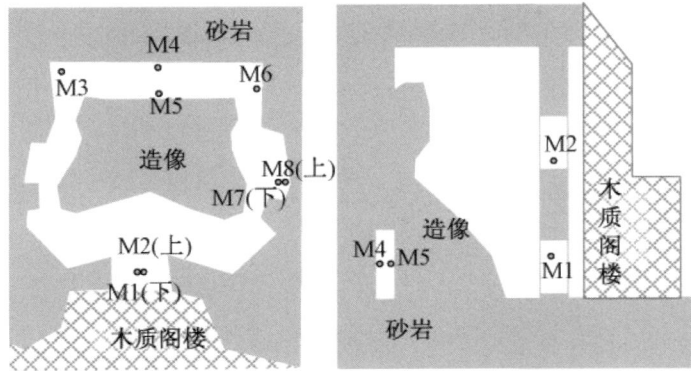

图 3　五号窟内室水汽环境监测点布置
平面示意图（左）和剖面示意图（右）

2.2　凝结水产量

　　石窟内室表面能够产生凝结水的空间和时间范围都是有限的，凝结期集中在 7—8 月份，凝结面以石窟后侧和侧廊深部为主。凝结水量也受到水汽环境因子的影响。表 1 中给出了 2010 年 8 月在第 9 窟的 M4 点若干典型测量结果，其中 4 次非凝结期的吸湿速率平均值为 0.036 毫米 / 小时，可以作为这个时期吸湿速率的背景值。只要窟内空气的露点高于壁面温度，水汽就必然能够在壁面凝结成液态水。表 1 中有 2 次测量遇到了凝结水，均发生在阴雨天气中，期间吸湿速率比非凝结期的平均值大 0.017—0.054 毫米 / 小时，反映了凝结水对吸湿的贡献。考虑到测量周期为 2 小时，观测期间凝结水膜的厚度可能为 0.03—0.10 毫米。其他月份水汽凝结量比 8 月份少，总体上随着露点与壁面温度的差增大，凝结水量也增多，但目前的数据还不足以建立两者之间的定量关系。凝结期过后，被砂岩表面吸收的水分又会逐渐蒸发掉。

表 1　2010 年 8 月在第 9 窟后侧凝结水观测结果

日期	开始时刻	测量周期（h）	空气指标平均值			平均壁面温度（℃）	吸湿增量（g）	吸湿速率（毫米 / 小时）
			气温（℃）	相对湿度（%）	露点（℃）			
8 月 1 日	8：15	8	17.5	77.8	13.6	15.8	13.3	0.033
8 月 3 日	9：04	2	18.3	94.9	17.5	16.4*	9.0	0.090
8 月 5 日	8：46	2	17.7	77.7	13.8	15.6	4.3	0.043
8 月 10 日	14：57	2	19.0	50.1	8.6	16.6	3.0	0.030
8 月 18 日	10：33	2	17.7	92.1	16.4	15.7*	5.7	0.057
8 月 21 日	12：40	2	16.9	83.4	14.1	15.4	3.8	0.038

注：* 有水汽凝结发生

2.3 水汽环境的动态特征

石窟内室通过门窗不断与外界交换空气，因此其水汽环境因素也不断随着外界气候条件的变化而变化，显示出季节性和昼夜性的动态。总体而言，壁面温度与窟内气温的季节性变化趋势与大气温度一致，表现为夏季高、冬季低的特点。然而，壁面温度相对更加稳定，因此夏季窟内气温一般高于壁面温度，而冬季窟内气温一般低于壁面温度。每年的 12 月至次年 2 月期间，窟内气温和壁面温度都可以达到零度以下，最低温可以达到 –10℃。窟内空气湿度的季节性变化也十分明显，每年 6 月至 9 月，相对湿度的平均值在 50% 以上，而冬季的相对湿度很少超过 60%。因此，冬季空气湿度太低，不太可能发生水汽在岩石表面凝结为液态水的情况。但是，如果壁面温度低于 0℃，表层岩石中的孔隙水发生冻结，会增加岩石的吸湿能力，有可能导致少量水汽直接转变为岩石孔隙中的冰。这一点目前还没有确切的研究结果。

进出洞窟的风速在 M1 和 M2 测点有显示，主要表现为逐小时和逐日的波动特征，季节性的变化并不显著。第 9 窟 M2 测点的平均风速为 0.4 米/秒、最大风速 0.9 米/秒，M1 测点的平均风速小于 0.05 米/秒，最大风速 0.4 米/秒。第 5 窟 M2 测点的平均风速小于 0.05 米/秒，最大风速 0.5 米/秒，而 M1 测点的风速很不稳定，有风日少，但偶尔发生的最大风速可达 0.7 米/秒，多数月份的最大风速为 0.2 米/秒。第 5 窟和第 9 窟都显示出 M1 测点风速稳定性较差的特点，且其风速只有相应的 M2 测点风速的 1/3—1/2，这可能与近地面大气运动特征有关。另外，第 5 窟的风速明显小于第 9 窟，说明第 5 窟的木质阁楼对阻碍空气的流通起到了显著作用。由于风速太低，未能获得有效的风向数据。

石窟内的水汽凝结现象主要发生在夏季 7—8 月份，以诵经道的 M3—M6 测点最为明显。图 4 给出了 2007 年 7 月 19 日—22 日期间 M4 测点的情况，反映了夏季石窟内室水汽环境的昼夜变化特征。可以看出这一期间白昼气温高、夜晚气温低，而空气相对湿度则白昼低而夜间高。气温的峰值推后到下午 14:00—18:00 之间，这是因为石窟面向南，下午日光斜晒进入石窟地面，产生持续加热作用，升温过程直到 17:00 左右才结束。壁面温度明显低于气温，且波动不如气温剧烈。7 月 22 日阴雨天气下，石窟内空气湿度逐渐增加，相对湿度在下午达到 80% 以上，出现凝结期。通过对比可以发现第 9 窟各项环境指标的波动幅度都大于第 5 窟，且第 9 窟的凝结期时间明显比第 5 窟长。这再次说明第 5 窟的木质阁楼削弱了窟内与外界的联系，而敞开的第 9 窟受到外界较强烈的影响。

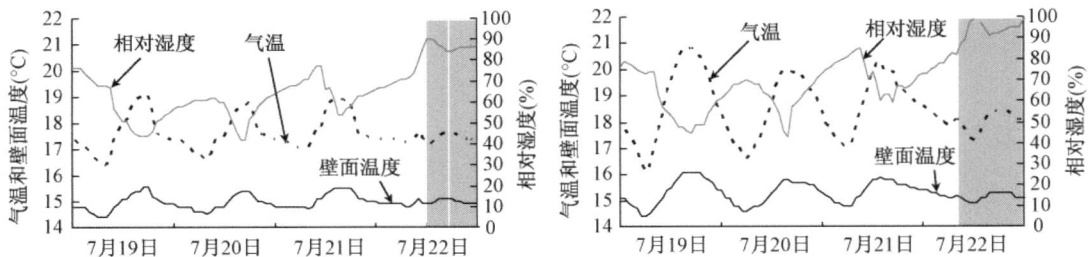

图 4　在 2007 年观测的第 5 窟（左）和第 9 窟（右）M4 测点水汽环境变化特征
（阴影部分表示凝结期）

3　山体水汽转化条件

前期的观测研究已经获得了一些石窟内室水汽环境的变化特征。从宏观上来理解，石窟内室环境应该属于石窟山体环境的一部分，与山体中的裂隙岩体和山体周围的大气环境进行着水汽交换。室内水汽环境的变化与整个山体水汽环境的变化存在着相互作用。为了弄清楚石窟山体水汽转化的宏观特征，"水分来源"课题组进行了有针对性的观测试验，监测系统由覆盖层监测孔、砂岩垂直和水平监测孔、窟内监测子系统及窟外自动气象站组成，监测指标有土壤湿度、孔内不同深度气压、气温和空气湿度等。

根据在开放性的第四系浅孔、砂岩深孔和水平孔的测量结果，一般深度超过 0.6 米时，孔内空气的相对湿度就可以达到 96% 以上。这是因为地层孔隙中的毛细水通过蒸发作用补充了钻孔空气中的水汽。可想而知，比钻孔细小得多的孔隙和裂隙中空气的湿度应该基本上处于饱和状态。也就是说，石窟山体包气带相当于一个含有饱和水汽的空气储藏室。

山体中水汽的运移有扩散、对流和弥散等几种形式。如果存在包气带的空气运动，那么对流将成为水汽运移的主要途径，而这种对流运动受到岩体气压和温度的影响。现有的一些观测数据已经显示出石窟山体的气压梯度和温度梯度，说明确实存在驱动空气流动的条件。图 5 给出了夏季在 B11 孔中观测到的现象，即孔内气温随深度有下降趋势，而气压随深度的分布有偏离自重压力曲线的特征。在 10 米深度以下，气温基本稳定在 9—10℃ 之间，气压也遵从自重分布，5 米深度以上则气温和气压都受到外界的大气影响，且大气压相对自重气压线略偏低。这可能是夏季下垫面被加热导致空气上浮，气压下降造成的，而深部岩体受渗流阻力作用其气压下降慢于地表，形成了向上的气压梯度。图 6 给出了 2011 年下半年在第 9 窟后侧 B7 孔的观测结果，可以看出 15 米深度处气温几乎不随外界变化。用 15 米深度处的气压扣除自重增量，与大气比较，可以得到有效气压差，也绘制在图 6 中。有效气压差越大，说明向下的气压梯度越强烈。观测结果表明夏季的有效气压差为负值，而冬季转变为正值，这说明受大气压夏季低、冬季高的季节性波动影响，空气对流驱动力也存在夏季向上而冬季向下的季节性变化。由于石窟深入到山体内 10—25 米，石窟空气压强和温度的变化也必然引起岩体包气带的气温和气压变化，并与山体的宏观空气运动发生相互作用，对包气带水汽运移会有很大的影响。关于这一点，还需要更多的考察研究。

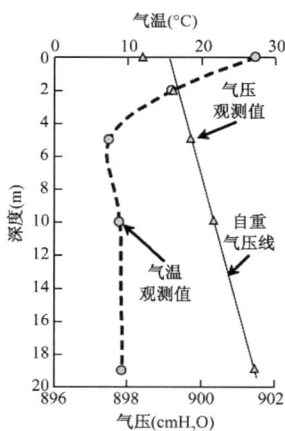

图 5　在 B11 孔观测到的 2011 年 6 月 12 日 13 时刻气温和气压随深度变化

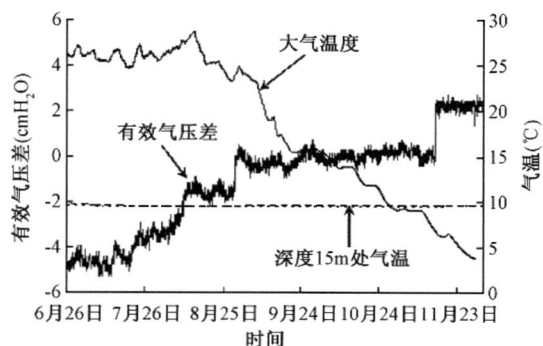

图 6　在 B7 孔观测到的 2011 年气温和气压动态（有效气压差为大气压减去 15m 深处扣除自重增量后的气压）

4　结论和建议

　　云冈石窟洞室内具有冬暖夏凉的特点，夏季阴雨天气下，温暖湿润的空气通过对流循环进入石窟。如果石窟壁面温度低于露点，则空气中的水汽会在砂岩表面发生凝结，产生足可以影响风化进程的液态水。这种现象已经利用特制的测量装置在石窟内进行了观测，发现水汽凝结期间吸湿速率比非凝结期大 0.017—0.054 毫米 / 小时，推算凝结水膜的厚度可以达到 0.03—0.10 毫米。洞窟内空气温度、相对湿度以及壁面温度都存在季节性变化和昼夜变化，凝结期集中在 7—8 月份。冬季数月壁面温度低于 0℃，有可能发生冻结现象。在第 5 窟，第 9 窟的窟门和明窗进行的风速观测表明，窟门前的木质结构建筑物能够显著减弱洞窟内外的空气对流。

　　石窟内的水汽环境变化与整个山体水汽环境的变化存在着相互作用。石窟山体包气带相当于一个含有饱和水汽的空气储藏室。现有的水汽环境监测表明山体深部气温基本稳定在 9—10℃之间，且与大气之间存在超过自重作用的气压差，这种气压梯度可以驱动空气在山体内流动，并携带水汽发生运移。山体水汽循环特征有待进一步研究。

　　石窟山体水汽环境的变化对石质文物有重要的影响，建议在现有研究基础上，进一步完善水汽环境的综合监测系统，坚持长期监测，为揭示山体水汽循环规律积累观测数据，从而为控制石窟水汽风化效应提供科学依据。

参考文献：

[1]　Charola A. E. Salts in the deterioration of porous materials: an overview [J]. Journal of American Institute for Conservation，2000，39（3）:327—343.

[2]　Amoroso G. G.，Fassina V. Stone decay and conservation[M]. Amsterdam and New York：Elsevier，1983.

[3]　苑静虎，黄继忠 . 环境污染对云冈石窟的影响（研究报告）[R]. 云冈石窟研究院，1990.

[4]　黄继忠 . 煤尘对云冈石窟石雕的影响（研究报告）[R]. 云冈石窟研究院，1996.

[5]　李海，石云龙，黄继忠 . 大气污染对云冈石窟的风化侵蚀及防护对策 [J]. 环境保护，2003（10）：44—47.

[6]　黄继忠，张俊芳 . 粉尘对云冈石窟石雕影响的研究 [J]. 文物保护与考古科学，2004（1）：1—8.

[7]　黄继忠 . 世界文化遗产云冈石窟的防水保护 [J]. 文物保护与考古科学，2008（Z1）：114—121.

[8]　甘向明 . 云冈石窟凝结水研究与防治 [D]. 中国地质大学（北京），硕士学位论文，2006.

[9]　柴利杰 . 云冈石窟水分来源控制因素 [D]. 中国地质大学（北京），硕士学位论文，2011.

[10]　李椿，章立源，钱尚武 . 热学 [M]. 北京：高等教育出版社，1979.

[11]　De Freitas C. R.，Schmekal A. A. Condensation as a microclimate process:Measurement，numerical simulation and prediction in the Glowworm Tourist Cave，New Zealad[J]. International Journal of Climatology，2003，23（5）:557—575.

（原文刊载于《工程勘察》2012 年第 11 期）

核磁共振（NMR）T2 分布对云冈石窟风化的初步研究

周　华　赵芳琴　高　峰　魏　侠　王昌燧

　　核磁共振，英文为 Nuclear Magnetic Resonance，简写为 NMR。核磁共振是一种物理现象，于 1946 年分别被哈佛大学的 E.M.Purcell 和斯坦福大学的 F.Bloch 发现，两人因此而荣膺 1952 年诺贝尔物理学奖[1]。1956 年，Brown 和 Fatt 在 Chevron 研究室发现，处于微小空间内（如岩石孔隙）的流体，其 NMR 弛豫时间相对于自由状态而言将显著减小[2]。后来，这种受限扩散对弛豫时间影响的现象便成为核磁测井的应用基础。20 世纪 90 年代初，中国地质大学、航空物探和遥感中心等有关专家利用核磁共振技术，开展了地下水探测的工作。近年来，NMR 方法又拓展至滑坡监测和文物保护等领域[3]。

　　核磁共振在石油勘探开发领域的应用颇为有效，而核磁共振岩芯分析也正在发展成为一种重要的地球物理检测手段[4]。运华云等学者根据岩芯分析数据，从物理学原理出发，探讨并明确了核磁共振 T2 分布与毛细管压力曲线之间的良好对应关系和相互转化方法[5]。目前，评价岩石孔隙结构分析主要依据实验室岩芯分析的毛细管压力曲线，然而这种方法具有明显的局限性和损害性，特别不利于文物研究。事实上，核磁共振 T2 分布与孔隙结构的关联分析指出核磁共振 T2 分布同样可获取毛细管的压力信息[6]。这样，NMR 方法的快速、经济、无损等特点，便决定了其在评价石窟文物孔隙结构方面的广阔应用前景。

　　如今，将各种便携式 NMR 仪器，应用于古代书籍、法典等纸张中 H 信号的检测，根据其含水状态，鉴定其风化状态，已有不少成功事例。例如，意大利学者 I.Viola[7] 利用便携 NMR 仪器，原位无损分析了 Altaempsiana 的一部古法典，评价了法典纸张的腐蚀状况、扩展趋势及铁胆油墨对纸张的腐蚀影响，使相关保护有了重要依据；又如，意大利学者 N.Proietti[8] 利用单边 NMR 技术，探索了纤维素基材料的降解过程，其灵敏度之高，甚至可以检测到早期阶段的降解过程；顺便指出，Blumich[9] 率先利用 NMR–MOUSE 技术，成功测定了纸张的降解程度；而 C.Casieri[10] 根据自旋扩散的简化物理图片，探讨了晶体和非晶纤维素的平衡转变与纸张降解过程的关系。

　　此外，还有一些专家运用 NMR 仪器，分析了木材和岩石的含水率及岩石孔隙的类型。例如，C.Casieri[11] 测得不同树种、切块的含水量；S.Sharma[12] 证实了 NMR 所测岩石的孔径大小分布基本符合镜像分析的结果；M.C.Bowers[13] 则明确指出，弛豫时间 T2 的平均值与镜像分析所得的孔径成线性关系，进一步证明了 NMR 应用于岩石孔径分布方面的可靠性和可行性。

　　岩石的孔隙尺寸及其分布是表征岩石力学、水理性质的重要参数。同种岩石，其孔隙率越高或者孔隙分布越大，则表示岩石的力学和水理性质越差。由此可见，借助孔隙率及孔隙分布状况，可表征同种岩石的风化情况。

　　云冈石窟的保护历来受到我国文物保护工作者的重视。恶劣的自然环境，特别是近些年来，山西的煤矿及其他矿藏资源的过分开采，使当地的环境污染雪上加霜，云冈石窟的保护问题也日显严峻。石窟保护是一个系统工程，涉及众多学科领域，影响因素极其复杂，必须综合治理。然而，在这些复杂因素中，岩体的风化治理最为关键。

如前所述，岩体风化状况的检测和监控是其保护的前提，为此，拟首先在实验室对云冈石窟新鲜岩石样品，结合抗盐风化安定性实验，对不同深度、不同风化周期的岩石切片进行台式核磁测量，借以研究石雕艺术品的风化状况与核磁弛豫时间的关系，其次对自然风化样品采用便携式核磁进行无损检测，探究便携式核磁在文物现场测试研究的可行性，为后续的现场保护措施提供有价值的信息。

1 实验材料与方法

1.1 研究对象概况

早在 1961 年，云冈石窟群即为国务院颁布的全国重点文物保护单位之一；2001 年，又被列为世界文化遗产，它与甘肃敦煌莫高窟、河南龙门石窟并称"中国三大石窟群 [14-15]，也是世界闻名的石雕艺术宝库之一（图 1）。

坐落在山西省大同市西郊的云冈石窟始凿于北魏和平元年（460），其背依武州（周）山，面临十里河，具体地理位置为东经 113° 7'20"、北纬 40° 6'35"。该区域位于著名的大同侏罗纪沉积盆地西缘，代表为波状起伏的丘陵，地形的标高为 1133—1178 米。石窟砂岩透镜体与十里河

图 1　云冈石窟

最大高差约 30 米。整个石窟东西绵延 1 公里，有主要洞窟 45 个，大小造像 59000 多尊。

云冈石窟在 1500 多年的自然和人为因素影响下，遭受着严重的风化和破坏。云冈石窟的保护日显严峻。

1.2 仪器测量原理

核磁共振（NMR）自旋—自旋弛豫时间 T2 又叫横向弛豫时间，它是一个时间常数，用于表征原子核磁化强度在撤除外加脉冲磁力（B1）后，在 XY 平面，即垂直于恒磁场（B0）面或横向平面，消失过程所需的时间。主要用于测试样品中的氢原子量。通常来讲，结合越紧密的氢原子弛豫过程越慢，弛豫时间越短。对于岩石核磁，当自由流体弛豫，分子自扩散弛豫远小于岩石表面弛豫时，弛豫时间与岩石孔径分布呈现正比例关系，是低场核磁研究多孔材料孔径分布的基础 [16-19]。

1.3 样品制备及测试方法

1.3.1 实验室分析样品制备及测试方法

本研究选取的分析样品是云冈石窟第 45 窟窟外的粉砂岩，呈新鲜岩石状态。样品制备需首先配备浓度为 20% 的芒硝溶液。将样品浸没于芒硝溶液中，放入设置为 40℃ 的电热恒温水浴锅，恒温水浴 8 小时后，取出放入干燥箱恒温 40℃ 干燥 8 小时，以此为一循环，十个循环为一周期，共四个风化周期。

病害现象：云冈试样（图 2）在实验第一周期，表面覆盖一层白色盐粒；实验第二周期，样品有松散

颗粒掉落，上表面的白色结晶物明显增加，并产生裂纹；实验三周期，样品表面胶结物部分溶解，表面孔隙度增大；第四周期，样品有裂纹，同时有小块状脱落。

图 2　芒硝溶液干湿交替前后的云冈样品

图 3　切割成薄块状的试样

图 4　表层岩石风化样品

测试设备为德国 BRUKER 公司研制的——Minispec 型核磁共振仪，实验参数设置：扫描次数设为 32 次、增益值设为 98、测试回波间隔为 0.1 毫秒。研究思路是：将老化后试样烘干，取不同老化周期试样，对不同深度的小块样品进行分析。样块选自试样中部，切割成 5—7 毫米厚度，截取中间部位同一位置的 1.5 厘米 × 1.5 厘米小块（图 3）。分别取不同老化周期的云冈砂岩样品四个，根据老化周期分别标定为老化一周为 m1，以此类推分别为 m2、m3、m4。对于同一老化样品，从上至下标定 m1-1、m1-2、m1-3 等。将切割好的小样块置入去离子水中 24 小时，待其饱和吸水后，取出擦干试样小块表面的自由水，放入试管内进行测试。

1.3.2　自然风化样品制备及测试方法

样品取自云冈石窟第 38 窟外侧，为粒状风化表层砂岩（图 4）。测量前，将样品置于去离子水中 48 小时，待其饱和吸水后，取出擦干样品表面的自由水，为了减少测试过程中水分蒸发，用塑料薄膜包裹置于样品台上进行测试。

自然风化样品分析设备为德国亚琛工业大学生产研发的 NMR-MOUSE:PM-25；测试最大精度为 100 微米；磁场强度为 14 兆赫。实验参数设置：

扫描次数设为 512 次、增益值设为 110、测试点数为 64 点、回波间隔为 0.045 毫秒。分析方法采用剖面分析法对饱和砂岩进行从岩石外表面到岩石内部的 CPMG 分析，由于 CPMG 测试的首波幅度为该样品内含自由氢的总量，则可采用此方法表征岩石的总含水量和孔隙度情况，通过对 CPMG 的 Laplace 转换，可获得不同类型孔隙的平均弛豫时间 T2，据此表征表层岩石从内部到外部孔径的变化情况。

2 结果与讨论

2.1 实验室老化样品测量结果与分析

2.1.1 第一周期老化样品 m1 测试结果

对于风化岩石的孔隙，根据文献[13]的研究定义为三类：弛豫时间小于 3 毫秒的可定义为微孔，存在于胶结物中的微小孔隙；弛豫时间在 3—10 毫秒之间的为小孔，可能为毛管孔隙；大于 10 毫秒的为大孔隙，在此孔隙里，水可自由流动。

从图 5 可以看到，从岩石内部 m1-3 到岩石表面 m1-1、孔径分布右移，呈现增大的趋势，微孔增大趋势明显。

由表 1 可知，从岩样 m1-3 到 m1-1，三类孔隙 T2-1、T2-2、T2-3 均呈现增大的趋势，其中 T2-3 增大趋势明显；三类孔隙占总孔隙的比例，从 m1-3 到 m1-1 微孔 T2-1 比例

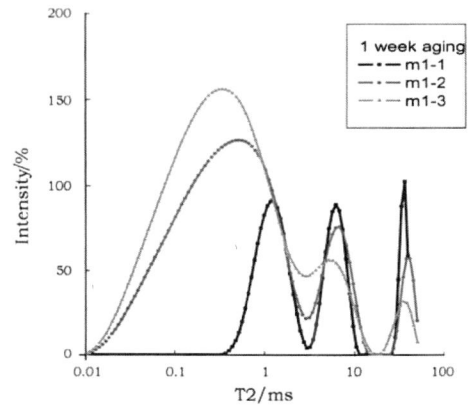

图 5　老化一周期样品 T2 分布

降低，小孔 T2-2 和大孔 T2-3 比例均增加，可见随着岩石风化增强，三类孔隙平均半径均有所增加，其中以大孔隙平均半径增加最为明显；三类孔隙中，小孔和大孔数量增加明显，小孔隙占总孔隙的比例随着风化增强而减少。据此可以以孔隙半径和孔隙类型比例变化作为风化程度强弱的指标。

表 1　老化一个周期岩石各剖面 T2 分布与氢含量比较

	T2-1/ms	%	T2-2/ms	%	T2-3/ms	%
m1-1	1.79 ± 0.22	51.32	7.41 ± 0.62	33.92	37.82 ± 1.71	14.76
m1-2	1.70 ± 0.15	56.53	7.90 ± 0.51	31.92	43.30 ± 2.08	11.55
m1-3	1.56 ± 0.16	61.34	6.70 ± 0.52	29.41	35.97 ± 1.92	9.25

注：（m1-1，m1-2，m1-3 分别为风化一周期从表面到内部的岩石样品）

2.1.2 老化两个周期和老化四个周期结果

如图 6、7 所示，试样老化越久，其 T2 的曲线变化趋势是越往右移，则岩样孔径分布平均值越大，岩石风化越严重。从图 8 的孔径平均值变化可知，随着老化周期的增加，岩石孔径均有所增加，由于样品均处于试样表层，根据样品的风化形态，可知第三周期与第四周期样品均可界定为严重风化，据表 2，大孔隙 T2-3 在第三周期和第四周期基本没有增大；而微孔 T2-1 和小孔 T2-2 仍增加明显。

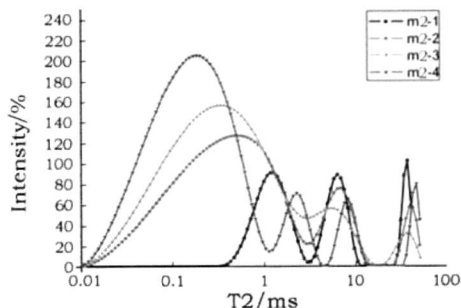

图 6　老化两个周期样品 T2 分布

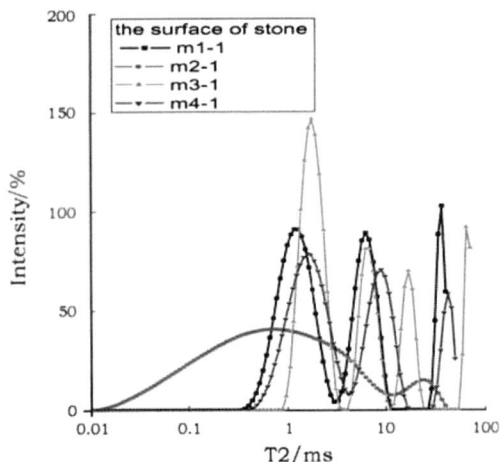

图 7　老化四个周期式样最表层 T2 分布

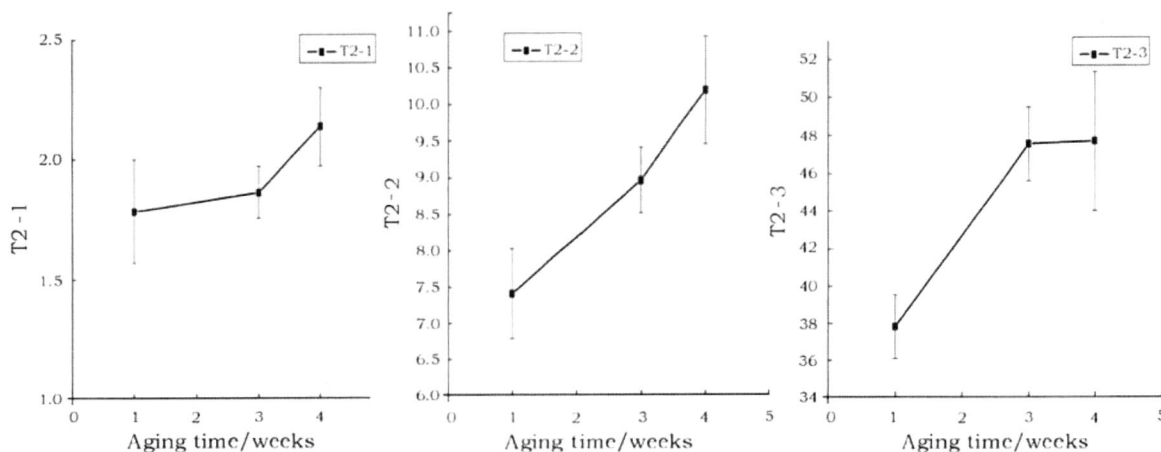

图 8　老化四周期 T2 孔隙半径 T2-1、T2-2、T2-3

表 2　岩石各剖面 T2 分布与氢含量；随着老化周期比较

	T2-1/ms	%	T2-2/ms	%	T2-3/ms	%
m1-1	1.79 ± 0.22	51.32	7.41 ± 0.62	33.92	37.82 ± 1.71	14.76
m3-1	1.87 ± 0.11	57.17	8.96 ± 0.45	30.90	47.55 ± 1.94	11.94
m4-1	2.14 ± 0.16	54.60	10.19 ± 0.74	34.02	47.69 ± 3.68	11.38

2.1.3　结果

由于盐风化及温、湿度交替变化，引起石质表面凝结、蒸发现象反复发生，导致岩石内的易溶盐在岩体内部的运移、溶解、结晶。岩石中的长石和粘土矿物的水解过程是吸热过程，因此，温度越高，水解速度越快。干湿的交替，会使得易溶盐不断在溶解→结晶→重结晶→脱水这样的过程中循环，由此产生的压力和破坏对石雕的影响是显而易见的。

由图 4—7 的孔径分布示意图明显看出，从总体上来看，在每个不同的老化周期及不同的纵向深度的试样中，测得微孔的横向驰豫（自旋—自旋驰豫）时间 T2 主要分布在 1.4—2.5 毫米的区间，约占总数的

50%—60%左右，在风化初期，微孔隙比例降低明显，随着风化增强，微孔比例趋于稳定，在整个风化过程，微孔隙半径均有所增大；小孔的弛豫时间为T2为6—12毫秒的区域，约占总孔隙的比例为29%—35%左右，并随着风化的加强，孔隙比例略有增加，同时孔隙半径有所增大；最少的是弛豫时间相对很大，集中在35—50毫秒的区域，所占比例不到总数的15%，同时孔隙半径增加明显，在第三周期时，趋于稳定。

2.2 风化砂岩的单边核磁分析

对于文物岩石材料的风化而言，其存在同地质学风化相同的地质学和矿物学特征。即，风化岩石从表面到岩石内部，存在严重风化到新鲜岩石的过渡。同时，在岩石物理、水理、化学性质上存在地质学上严重风化到新鲜岩石的变化的类似特征。

2.2.1 孔隙率及平均孔径分析

图9中，横坐标为岩石剖面深度，纵坐标为含氢幅度，即为岩石表面到内部的含水率，及孔隙变化情况，从图中可知风化岩石表层具有更高的孔隙度，大约在5毫米深度达到均衡，可知此风化岩石的风化深度为5毫米。

图10中，横坐标为岩石剖面深度，纵坐标为岩石孔径平均值，由曲线变化趋势可知，在表面0—3.5毫米深度内，岩石具有较大的孔径，虽然岩石表面不很规整，结合图5—10可知，0—3.5毫米深度内，岩石具有很大的孔隙度和平均孔径；3.5—5毫米深度范围内，孔径相对5—20毫米深度较小，而此深度范围内含氢总量较5—20毫米深度范围多，推测原因可能由于可溶盐析出填充了部分孔隙，导致孔径减小；5—20毫米深度剖面样品总含氢量较为平稳，T2孔径也比较一致，由此可见，岩石在5—20毫米深度范围内，样品处于微风化或者新鲜岩石状态。

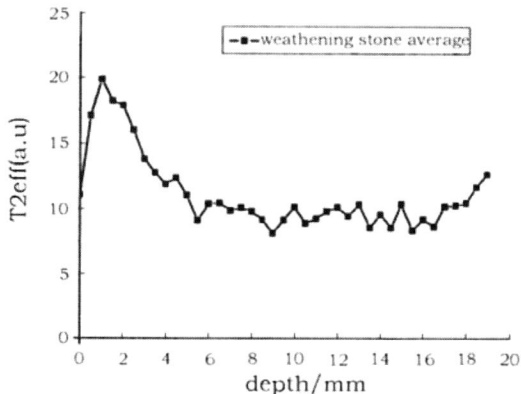

图9　岩石剖面含水率

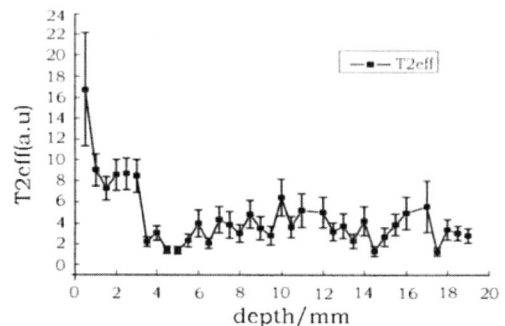

图10　岩石剖面T2分布

2.2.2 不同深度孔径分布分析

图11为岩石剖面的孔径分布情况，可见从岩石表面到岩石内部，孔径分布总体左移，趋于减小，在9毫米深度处达到稳定。并可以发现，在9—12毫米深度，岩石只有一类小孔隙；在岩石剖面6.5毫米深度内，岩石出现一类大孔隙，可以判定这类大孔隙是由风化造成的。7—8.5毫米深度孔径位于两类孔隙之间，应为T2反演造成，是这两种孔隙的综合反映。

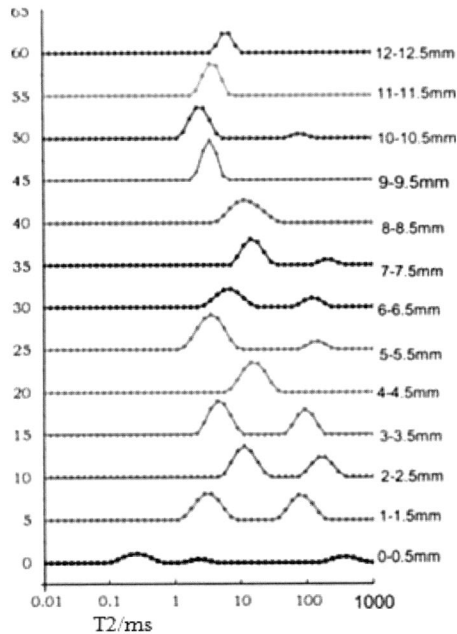

图 11　岩石剖面 T2 孔径分布

2.2.3　结果

通过 NMR-MOUSE 对风化岩石的剖面含水率分析，得出样品的风化层厚度为 5 毫米左右，在大于 5 毫米深度范围内，孔径分布平均值和含水率基本不变，为新鲜岩石层，与地质学风化具有相似的特性，验证了石质文物表层风化概念的假设。同时剖面的孔径分布表明，风化岩石的新鲜层只有一类小孔隙，弛豫时间约为 2—6 毫秒，风化层岩石有大孔隙生成，从岩石内部到岩石表层，孔径分布右移，呈现不断增大的趋势。据此可将孔隙率和孔隙半径变化作为风化程度强弱的指标。

3　结论

（1）通过居中匀场核磁 T2 分布对老化试验样品切片的分析，可获得不同老化周期及不同的纵向深度的试样不同类型孔隙的横向弛豫（自旋—自旋弛豫）时间 T2 主要分布和各自所占的比例。随着风化的增强，微孔平均尺寸有所增大，而微孔比例有所减少；小孔和大孔孔径均有所增加，比例有所增加；随着风化程度持续增加达到严重风化时，微孔和小孔尺寸仍继续增大，大孔尺寸趋于稳定。由于所采取的老化方式为抗盐安定性实验，可以推断，盐的迁徙和结晶破坏首先发生在微孔和小孔部分，孔隙尺寸足够大时（大孔）盐的破坏不明显。

（2）通过便携式单边核磁对风化岩石样块的无损测试可获得不同风化剖面的孔隙结构信息。通过完整的剖面分析，尤其不同深度剖面的孔径分布比较，可知风化岩石的新鲜层只有一类小孔隙，弛豫时间约为 2—6 毫秒，风化层岩石有大孔隙生成，从岩石内部到岩石表层，孔径分布右移，呈现不断增大的趋势。而由于云冈砂岩为侏罗纪时期河相沉积，具有一定的不均匀性，根据剖面含水率变化，可推断所测样品的风化深度为 5 毫米左右。

（3）由于岩石为天然沉积产物，其自身具有一定的不均匀性，即使同处于文物上的未风化状态，其孔隙结构亦会有所差异，这给自然岩石的风化研究带来一定的困扰。由于本次试验分别取自云冈石窟不同位置的砂岩，岩性稍有不同，其测试的孔隙结构也有明显的差别。

关于文物岩石的孔隙结构研究进展较少，然岩石的孔隙结构是岩石风化研究、岩石加固材料保护效果研究的重要参数，本工作仅做了初步分析，时域核磁对文物多孔材料的研究还需要更深入的研究。

参考文献：

[1]　肖立志 . 核磁共振成像测井与岩石核磁共振及其应用 [M]. 北京：科学出版社，1998：1—4.

[2]　肖立志，谢然红 . 核磁共振在石油测井与地层油气评价中的应用 [J]. 中国工程科学，2003（9）：87—94.

[3]　李振宇，唐辉明，潘玉玲 . 地面核磁共振方法在地质工程中的应用 [M]. 武汉：中国地质大学出版社，

2006：2—7.

[4] 何宗斌，倪静，伍东，等.根据双 TE 测井确定含烃饱和度 [J].岩性油气藏，2007（3）：89—92.

[5] 运华云，赵文杰，刘兵开，等.利用 T2 分布进行岩石孔隙结构研究 [J].测井技术，2002，26（1）：18—21.

[6] 何雨丹，毛志强，肖立志，等.核磁共振 T2 分布评价岩石孔径分布的改进方法 [J].地球物理学报，2005，48（2）：373—378.

[7] Viola, Bubici S, Casieri C,et al. The codex major of the collection Altaempsiana：a non—invasive NMR study of paper [J]. J Cult Herit, 2004，5（3）：257—261.

[8] Proietti N. Capitania D. Pedemontec E,et al. Monitoring degradation in paper: non—invasive analysis by unilateral NMR. Part II[J]. J Mag Res, 2004，170（1）：113—120.

[9] Blumich B, Anferova S, Sharma S, et al. Degradation of historical paper: nondestructive analysis by the NMR—MOUSE [J]. J Mag Res, 2003，161（2）：204—209.

[10] Casieri C, Bubici S, Viola I,et al. A low—resolution non—invasive NMR characterization of ancient paper[J]. Solid State Nucl Mag Res, 2004，26（2）：65—73.

[11] Casieri C, Senni L, Romagnoli M, et al. Determination of moisture fraction in wood by mobile NMR device[J]. J Mag Res, 2004，171（2）：364—372.

[12] Shanna S, Casanova F, Wache W,et al. Analysis of historical porous building materials by the NMR—MOUSE[J]. Mag Res Imag, 2003，21（3—4）：249—255.

[13] Bowers M, Ehrlich, R Howard JJ, et al. Determination of porosity types from NMR data and their relationship to porosity types derived from thin section[J]. J Petr Sci Eng, 1995，13（1）：1—14.

[14] 云冈石窟研究院编.云冈石窟 [M].世界遗产丛书.上海：上海世界图书出版公司.2008.

[15] 黄继忠.云冈石窟地质特征研究 [J].东南文化，2003，（5）：91—93.

[16] 刘堂宴，马在田，傅容珊.核磁共振谱的岩石孔喉结构分析 [J].地球物理学进展，2003，18（4）：737—742.

[17] 肖亮，刘晓鹏，陈兆明，等.核磁毛管压力曲线构造方法综述 [J].断块油气田，2007，14（2）：86—89.

[18] 李天降，李子丰，赵彦超，等.核磁共振与压汞法的孔隙结构一致性研究 [J].天然气工业，2006，26（10）：57—61.

[19] 李海波，朱巨义，郭和坤.核磁共振 T2 谱换算孔隙半径分布方法研究 [J].波谱学杂志，2008，25（2）：273—280.

[20] 刘晓鹏，胡晓新.近五年核磁共振测井在储集层孔隙结构评价中的若干进展 [J].地球物理学进展，2009，24（6）：2194—2201.

（原文刊载于《文物保护与考古科学》2013 年第 4 期）

云冈石窟龙王庙沟风化砂岩风化深度与风化速度环境磁学无损探测

任建光 黄继忠 王旭升

风化深度是石窟等石质文物稳定性、耐久性评价和保护方案制定的重要依据之一。它不仅是判定哪一部分发生风化、材料性质发生变化的依据，同时还是计算风化速度、判定风化程度和确定石窟等石质文物加固方法与加固深度的依据[1]。在风化深度确定方法方面，石窟等石质文物与地质体或传统地质工程相比有其特殊性，因此用确定地质体风化深度的传统方法去研究石窟等石质文物的风化深度是不适宜的[2]。目前，确定石窟等石质文物风化深度的方法主要是基于风化前后岩石的结构与强度及成分等会发生不同程度的变化，在此基础上，取不同深度岩样作物理、化学、矿物成分或表面强度等测试，以这些测试结果的单一指标或多个指标沿深度的变化趋势来确定石质文物的风化深度[1-4]。由于风化岩样的物理力学指标（强度、孔隙率、渗透系数等）的测试结果受取样扰动影响较大[1]，同时石质文物为不可再生的文化资源，岩石样品的采集必定会影响文物的完整性。因此，部分文物专家将无损或微损测试技术应用到石质文物风化深度的确定上[5-8]。

环境磁学是20世纪80年代发展起来的一门介于地球科学、环境科学和磁学之间的新兴学科。它通过研究环境物质的磁性特征，探索磁性矿物在环境系统中的迁移、转化和组合规律，利用物质在磁性特征上的联系及其所反映的环境内涵，研究不同时空尺度的环境问题、环境过程和作用机制[9、10]。磁学参数磁化率是表征岩石受磁化难易程度的物理量，主要用于土壤学研究[11、12]、古气候与古环境变迁[13]、人类活动影响与环境污染[14-17]研究中。近年来也被应用于与岩石风化相关的研究[18、19]。但利用便携式磁化率仪对风化岩石现场进行风化深度测量的报道，还鲜有见到。本文利用环境磁学便携式无损检测仪器，结合定性观察，现场探测云冈石窟风化砂岩的磁学特征，定量评价其风化程度，确定风化深度和速度，为治理雕像的风化病害、制定合理的保护措施，提供科学依据。

1 云冈石窟龙王庙沟概况及研究区的气候

世界文化遗产地云冈石窟始建于北魏王朝，规模宏大，雕饰奇伟，是我国规模最大的古代石窟群之一，具有极高的历史、科学和艺术价值。龙王庙沟（见图1）为云冈东区第4窟和第5窟间的冲沟，其特点为坡降较大、切割较深。因清代在冲沟北端建有龙王庙而得名，沟口宽约70米，北高南低，沟内西侧崖壁上分布有14

图 1　龙王庙沟全景

个小型洞窟，北魏晚期开凿，为云冈石窟申报世界文化遗产的重要组成部分。1938 年，日本学者水野清一在云冈石窟调查中，于龙王庙沟北进行了小规模试掘，发现了兽面纹瓦当和羽纹板瓦滴水等物，推测沟北端曾有过一定规模的建筑。1957 年，云冈石窟文物管理所在对石窟进行全面调查时，从崖壁木构建筑的遗迹得知杂石土内尚有窟龛存在，当时清理出其中一个较大的洞窟。为了了解龙王沟内北魏窟龛的全貌，1987 年云冈石窟文物管理所对洞窟窟前地面进行了考古清理，杂土清运，并加固维护了崖壁，清理出房屋基址三座（见图 2），地炕基址一处，出土瓷、陶、石等生活用具及货币、装饰品等约 30 件，对了解云冈石窟的历史风貌，提供了宝贵的科学依据。千百年来，由于自然和人为因素的摧残破坏，龙王庙沟石窟及佛像遭受着不同程度的风化侵蚀，片状风化[20、21]病害十分严重（见图 3），有的甚至已影响到文物本身的安全。

图 2　龙王庙沟窟前考古遗址

图 3　龙王庙沟西崖壁片状风化砂岩

云冈石窟区域属温带大陆性半干旱气候。年平均气温 7—10℃，1 月最冷，月平均气温 –11.4℃，7 月最热，月平均气温 23.1℃；年平均降水量 432.8 毫米，雨季集中在 7—9 月，月最高降水量达到 100 毫米以上；年平均蒸发量 1748 毫米，其中 6 月最大蒸发量为 801.8 毫米，12 月蒸发量为 74.9 毫米；年积雪在 20 毫米左右，冻结期为 10 月下旬至次年 4 月，平均冻结深度 1.5 米，全年无霜期 120 天。

2　岩石风化程度环境磁学定量分级标准

2.1　理论基础

岩石磁性主要是由岩石所含铁磁性矿物产生的。EDX 能谱分析表明，云冈石窟新鲜砂岩中含有丰富的铁元素。对新鲜砂岩及风化砂岩不同深度的化学成分测试表明：不同深度的风化砂岩，铁氧化物的成分、含量会发生变化[22]。云冈石窟砂岩在风化退质过程中，伴随着氧化铁及氢氧化铁矿物的形成和转变[23]。

2.2　SM-30 便携式磁化率仪

现场测试使用的是捷克产 SM-30 便携式磁化率仪（见图 4），在地理和地质方面用途广泛，由于具有高敏感度，达到 1×10^{-7}SI，能精确地测出顺磁性、反磁性、铁磁性岩石的磁化率。体积 100 毫

图 4　SM-30 磁化率仪

米 ×65 毫米 ×25 毫米，重量 180 克。六个测量模式，传感器直径 50 毫米，在 20 毫米范围内可获取 90%
的信号，自动调整测量，操作简单。打开开关后，凭借复杂的信号处理系统，在几秒内，就能显示出精确
的测量数值，同时它能有效地减少外部的电磁干扰和电子设备的噪音影响。具有体积小、重量轻、快速、
成本低、对被测物体无破坏性的特点，是非常理想的野外无损磁测仪器。

2.3　定量分级标准

云冈石窟开凿于中侏罗统上部云冈组（J_2y）砂岩
透镜体上 [24]，岩性以中粗粒长石石英砂岩为主。在前人
研究的基础上 [25]，结合云冈石窟砂岩风化的实际情况，
根据风化岩石颜色光泽、岩体组织结构的变化及破碎情
况、矿物成分的变化情况、物理力学特征的变化和锤击
声等定性划分为五类：新鲜砂岩、弱风化砂岩、中等风
化砂岩、强风化砂岩、全风化砂岩。利用 SM–30 便携
式磁化率仪现场对云冈石窟新鲜中粗砂岩、片状风化砂
岩进行测试。使用 EXCEL2003 软件进行数据分析统计

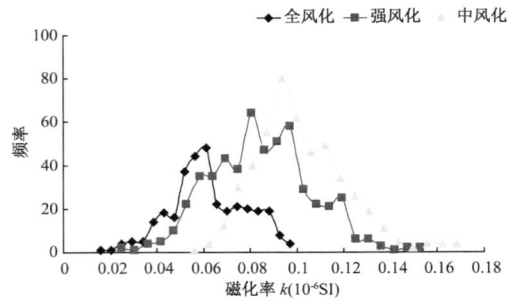

图 5　云冈石窟片状风化砂岩现场无损测试
磁化率频率分布曲线

见图 5。图 5 中，不同风化程度片状风化砂岩磁化率值频率分布曲线呈偏正态分布，根据正态曲线在区间
（$\mu-2\sigma$，$\mu+2\sigma$）内取值的概率为 95.4%，以及与相邻磁化率值频率分布曲线相交点数值，对片状风化砂
岩的风化程度进行划分，结果见表 1。

表 1　云冈石窟片状风化砂岩现场无损测试磁化率值统计

风化程度	平均值 μ (10⁻⁶SI)	有效值范围 (10⁻⁶SI)	标准方差 σ (10⁻⁶SI)	最大值 (10⁻⁶SI)	最小值 (10⁻⁶SI)	个数
新鲜砂岩	0.056			0.107	0.004	287
弱风化	0.051	0.035—0.066	0.016	0.117	0.005	140
中等风化	0.099	0.086—0.121	0.022	0.196	0.056	503
强风化	0.082	0.066—0.086	0.022	0.154	0.025	540
全风化	0.060	0.044—0.070	0.016	0.097	0.016	325

（1）云冈新鲜中粗砂岩磁化率平均值为 0.056×10^{-6}SI；（2）片状弱风化砂岩磁化率平均值 μ 为
0.051×10^{-6}SI，标准方差 σ 为 0.016×10^{-6}SI，磁化率范围为（0.035—0.066）$\times10^{-6}$SI；（3）中等风化砂岩磁
化率平均值 μ 为 0.099×10^{-6}SI，标准方差 σ 为 0.022×10^{-6}SI，范围为（0.086—0.121）$\times10^{-6}$SI；（4）强
风化砂岩磁化率平均值 μ 为 0.082×10^{-6}SI，标准方差 σ 为 0.022×10^{-6}SI，范围为（0.066—0.086）$\times10^{-6}$SI；
（5）全风化砂岩磁化率平均值 μ 为 0.060×10^{-6}SI，标准方差 σ 为 0.016×10^{-6}SI，范围为（0.044—0.070）
$\times10^{-6}$SI。总体上看，云冈石窟片状风化砂岩在风化退质过程中磁化率值具有先升高后降低的特征，这种趋势为：
弱风化阶段，磁化率低；中等风化阶段，磁化率最高；强风化阶段，磁化率较高，较中等风化阶段略有下降；
全风化阶段，磁化率较低。

3 根据环境磁学确定风化深度与风化速度

3.1 风化深度测试

为了了解岩体稳定性及岩体内水汽运移情况，2011年4月，在龙王庙沟西崖壁同一层面砂岩上打了两个水平钻孔，北面水平钻孔为ZK3（见图6），相对沟口直线距离75米，南面为ZK6（见图7），相对沟口直线距离10米。钻孔孔径约10厘米，正好适合人手伸入孔内，笔者手持SM-30磁化率仪利用连续扫描模式分别对钻孔内壁从外向里进行了磁化率测试，测试间隔距离2—3厘米，将测试数据在室内利用软件EXCEL2003进行数据处理，得到磁化率随深度的变化曲线，见图8、图9。

图6　ZK3水平钻孔（距沟口75m）

图7　ZK6水平孔钻探现场（距沟口10m）

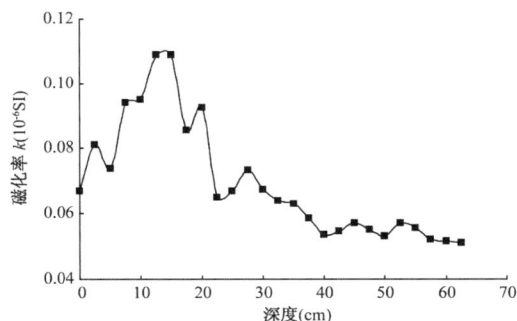

图8　ZK3水平钻孔现场无损测试磁化率值
随深度变化曲线

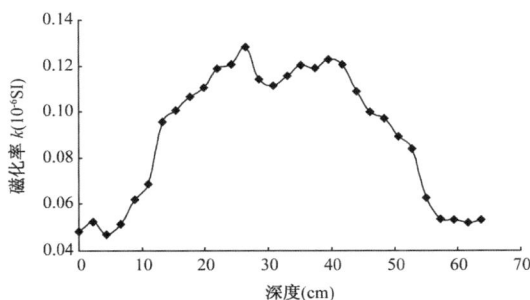

图9　ZK6水平钻孔现场无损测试磁化率值
随深度变化曲线

根据云冈石窟片状风化砂岩风化程度环境磁学分级定量标准（见表1）及岩石风化程度由外向里逐渐减弱的特点，对龙王庙沟西侧崖壁上两水平钻孔风化程度进行环境磁学无损评价。

（1）由图8所示，ZK3水平钻孔风化层厚度约400毫米。表层风化砂岩磁化率最小值为0.067×10^{-6}SI，钻孔从外表面向里0—75毫米段，磁化率变化范围（0.067—0.081）$\times 10^{-6}$SI，风化程度为强风化砂岩，强风化层厚度为75毫米；钻孔75—200毫米段，磁化率变化范围（0.086—0.109）$\times 10^{-6}$SI，为中等风化砂岩，中等风化层厚为125毫米；钻孔200—400毫米段，磁化率变化范围为（0.058—0.086）$\times 10^{-6}$SI，为弱风化砂岩，弱风化层厚为200毫米；钻孔深度400毫米以里为新鲜岩石。

（2）由图9所示，ZK6水平钻孔风化层厚度约为570毫米。表层风化砂岩磁化率最小值为0.048×10^{-6}SI，钻孔从外表面向里0—110毫米段，磁化率变化范围（0.048—0.069）$\times 10^{-6}$SI，风化程度为全风化砂岩，全风化层厚度为 110 毫米；钻孔 110—130 毫米段，磁化率变化范围（0.069—0.086）×10^{-6}SI，为强风化砂岩，强风化层厚为 20 毫米；钻孔 130—520 毫米段，磁化率变化范围（0.083—0.121）×10^{-6}SI，为中等风化砂岩，中等风化层厚为 390 毫米；钻孔 520—570 毫米段，磁化率变化范围为（0.053—0.083）×10^{-6}SI，为弱风化砂岩，弱风化层厚为 50 毫米；钻孔深度 570 毫米以里为新鲜岩石。

3.2　风化速度计算

龙王庙沟内的小型石窟为北魏晚期洞窟，为僧侣生活区，开凿于公元 494—524 年。水平钻孔 ZK3 的风化深度为 400 毫米，相应的风化速度为 0.26350—0.26882 毫米 / 年；水平钻孔 ZK6 的风化深度为 570 毫米，相应的风化速度为 0.37549—0.38306 毫米 / 年。

将云冈龙王庙沟西侧崖壁砂岩上的水平钻孔 ZK3、ZK6 的风化深度、相对沟口直线距离、开凿年代、风化速度整理为表 2，由表 2 可知，离沟口的直线距离不同钻孔处砂岩的风化程度差异很大。相比较而言，水平钻孔 ZK3 离沟口较远，直线距离为 75 米，岩壁面砂岩风化程度为强风化，风化深度 400 毫米，风化速度 0.26350—0.26882 毫米 / 年；水平钻孔 ZK6 离沟口较近，直线距离为 10 米，岩壁面砂岩风化程度为全风化，风化深度 570 毫米，风化速度为 0.37549—0.38306 毫米 / 年。由此可知，对于风化程度而言，离沟口直线距离近的大于离沟口直线距离远的。

表 2　云冈石窟龙王庙沟风化深度与风化速度统计结果

水平钻孔	相对沟口直线距离（m）	岩壁面风化程度	风化深度（mm）	洞窟开凿年代（年）	距今（年）	风化速度（mm/a）
ZK3	75（较远）	强风化	400	494—524	1518—1488	0.26350—0.26882
ZK6	10（较近）	全风化	570	494—524	1518—1488	0.37549—0.38306

4　结果分析

通过对云冈龙王庙沟西侧崖壁水平钻孔岩壁面风化深度及风化速度进行研究发现，至沟口的直线距离对此处砂岩的风化具有控制作用。岩石的风化是在自身和岩石所处的风化环境双重作用之下进行的。水平钻孔 ZK3、ZK6 朝向相同，都暴露在空气中，风化环境相同，同时水平钻孔 ZK3、ZK6 位于同一沉积层位，岩性相同，属同一层砂岩，因此其风化程度主要受控于岩石所处的地质环境。

石窟陡崖的高差直接控制岩坡卸荷带的发育规模[26]。云冈石窟开凿在武州（周）山南崖，属高边坡，比龙王庙沟西崖壁高一倍，由于自重和卸荷作用，相比之下，此处卸荷裂隙十分发育。卸荷裂隙主要发育在靠近崖壁面的岩体内。裂隙发育影响着岩体风化、渗水病害、危岩体的分布等工程地质与水文地质条件。

卸荷裂隙走向平行于岩体边坡走向时，常常构成石窟所在边坡岩体失稳的滑移面或崩落破坏面。再加上岩体中的构造裂隙、风化裂隙、层面、断裂面或剪切带、软弱夹层等结构面，常构成边坡失稳的各种切割面。各种不同成因的岩石裂隙的互相切割，使石窟所在边坡形成了可能发生变形、滑移、崩塌、错落的分离体，导致石窟岩体边坡的失稳[27]。

从第 18 窟崖顶的探井资料中看到，沿层面的裂隙很发育，宽度 1—2 毫米，分布密集，贯通性好，延伸远。

裂隙的发育不仅降低了岩石的力学强度，同时由于洞窟岩体内各种类型的裂隙发育和交切，为水的入渗和渗流、石雕表面盐类的运移和积聚提供了良好的通道，裂隙水及降雨直接影响岩体稳定性，冻融、温差、干湿交替长期作用于岩体，导致危岩体稳定性不断劣化，更进一步加速了石雕文物的风化。

20 世纪 70 年代以来，文物保护工作者针对裂隙的问题，采用环氧树脂进行裂隙灌浆及锚杆加固，基本上解决了整个洞窟的稳定性，但雕刻局部的开裂等问题仍不同程度地存在，建议对武州（周）山南崖壁表面岩体进行防风化处理，提高其抗风化能力，同时考虑修建保护性窟檐以减小风化营力的作用。

5　结论

（1）利用环境磁学便携式 SM—30 磁化率仪器探测云冈石窟风化砂岩的风化深度是可行的，可为石质文物保护者制定合理的防风化措施提供基础数据，具有重要的科学意义。

（2）云冈石窟片状风化砂岩风化程度分为 5 级。云冈石窟片状风化砂岩在风化退质过程中磁化率值具有先升高后降低的特征。

（3）ZK3 水平钻孔风化深度为 400 毫米，ZK6 水平钻孔风化深度为 570 毫米。

（4）云冈石窟龙王沟西崖壁砂岩经过 1500 多年的风化，ZK3 水平钻孔处砂岩的风化速度为 0.26350—0.26882 毫米 / 年，ZK6 水平钻孔处砂岩的风化速度为 0.37549—0.38306 毫米 / 年。

（5）至龙王庙沟口直线距离对西侧崖壁砂岩的风化具有控制作用，对于风化程度而言，离沟口直线距离越近，其风化程度越高。

（6）云冈石窟南崖壁卸荷裂隙十分发育，是导致龙王庙沟口砂岩的风化深度大于远离沟口砂岩风化深度的主要原因。

参考文献：

[1] 刘成禹，何满潮 . 石质古建筑风化深度确定方法 [J]. 地球科学与环境学报，2008，30（1）：69—73.

[2] 黄克忠，解廷藩 . 云冈石窟石雕的风化与保护 [C]// 潘别桐，黄克忠 . 文物保护与环境地质 . 武汉：中国地质大学出版社，1992.

[3] Tamer Fopa1. Quantification of weathering depths in slightly weathered Turfs [J]. Environmental Geology，2002，42: 632—641.

[4] Takahiro Oyama，Masahiro Chigira. Weathering rate of mud stone and tuff on old unlined tunnel walls[J]. Engineering Geology，1999，55: 15—27.

[5] 李宏松 . 大足宝顶山摩崖造像岩体表层风化深度的研究 [C]// 王思敬 . 第四届全国青年工程地质大会论文集 . 武汉：中国地质大学出版社，1997.

[6] Shoichi Hachinohe，Nobuaki Hiraki，Takasuke，at a1. Rates of weathering and temporal changes in strength of marine terraces in Boso Peninsula，Japan[J]. Engineering Geology，1999，55: 29—43.

[7] 方玉禹，夏鸿，欧宗豪，等 . 地球物理勘探方法在云冈石窟的应用 [R]. 1965.

[8]　黄克忠，钟世航 . 云冈石窟石雕风化的微测深试验 [J]. 文物保护和考古科学，1989（1）：28—33.

[9]　Thompson R & Oldfield F. Environmental Magnetism[M]. London，Allen & Unwin，1986.

[10]　Evans M E & Heller F. Environmental Magnetism [M]. Academic Press，London /San diego，2003.

[11]　Maher B. A.，Characterization of soils by mineral measurements[J]. Phys. Earth Planet. Inter. 1986，42: 76—92.

[12]　俞劲炎，卢升高 . 土壤磁学 [M]. 南昌：江西科学技术出版社，1991.

[13]　Heller F，Liu S T. Palaeocimatic and sedimentary history from magnetic susceptibility of loess in china[J]. Geophys. Res. Letter，1986，13: 1169—1172.

[14]　Hunt A. The application of mineral magnetic methods to atmospheric aerosol discrimination [J]. Phys. Earth Planet. Interiors，1986，42: 10—21.

[15]　Versteeg J K，Morris W A，Rukavina N A. The utility of magnetic propertyes as a proxy for maping contamination in Hamilton Harbor sediments[J]. Great Lakes Research，1995，21: 71—83.

[16]　旺罗，刘东生，吕厚远 . 污染土壤的磁化率特征 [J]. 科学通报，2000，45（10）：1091—1094.

[17]　卢瑛，龚子同，张甘霖 . 城市土壤磁化率特征及其环境意义 [J]. 华南农业大学学报，2001，22（4）：26—28.

[18]　徐海军，金振民，欧新功，等 . 超高压榴辉岩退变质作用对岩石磁化率的影响 [J]. 地球科学—中国地质大学学报，2004，29（6）：674—684.

[19]　郎元强，胡大千，刘畅，等 . 南海北部陆区岩石磁化率的矿物学研究 [J]. 地球物理学报，2011，54（2）：573—587.

[20]　赵不忆，林茂炳 . 大同云冈石窟岩石风化调查报告 [R]. 1964.

[21]　李建宁 . 探索云冈石窟风化崩塌的因素 [R]. 山西云冈文物管理所印，1963.

[22]　黄克忠 . 云冈石窟砂岩石雕的风化问题 [J]. 水文地质工程地质，1984（3）：32—35.

[23]　黄继忠 . 水岩作用与云冈石窟风化病害机理研究 [D]. 中国地质科学院博士论文，2005.

[24]　黄继忠 . 云冈石窟地质特征研究 [J]. 东南文化，2003（5）：91—93.

[25]　牟会宠，杨法志，伍法权 . 石质文物保护的工程地质力学研究 [M]. 北京：地震出版社，2000.

[26]　方云，陈星，刘俊红，等 . 云冈石窟危岩发育的成因分析 [J]. 现代地质，2011，25（1）：137—141.

[27]　黄继忠 . 云冈石窟主要病害及治理 [J]. 雁北师范学院学报，2003（5）：57—59.

（原文刊载于《工程勘察》2013 年第 9 期）

可溶盐对云冈石窟砂岩劣化试验及模型建立

严绍军　方　云　刘俊红　谭松娥

云冈石窟位于山西省大同市西郊武州（周）山。该石窟始建于北魏文成帝和平元年（460），大部分完成于北魏迁都洛阳之前（494），造像工程则一直延续到正光五年（524），距今1500多年。云冈石窟是中国早期石窟艺术的杰作，1961年公布为全国第一批重点文物保护单位，2001年被联合国教科文组织列为"世界文化遗产"。

在云冈石窟保护研究与工程实践中发现，在云冈石窟多种风化地质营力中，可溶盐对文物破坏作用非常明显，特别是其反复结晶与溶解对这类不可移动文物造成难以修复的损害。关于可溶盐破坏作用机制及应对措施是近年来文物保护界普遍关注的难题。

Riontino等[1]对历史建筑表面风化产物研究表明，附着于文物本体表面的石膏主要来源为空气中的SO_2在岩石表面发生氧化反应后形成，另外SO_4^{2-}与岩石中的K^+、Na^+、Mg^{2+}等离子形成的易溶盐以天或季节为周期出现结晶与溶解作用，对岩石造成长期反复破坏；在破坏机制方面，Steiger[2-3]对于Na_2SO_4–H_2O体系进行研究，芒硝晶体形成的挤压力约为0—40兆帕，温度越低，晶体压力越大。而岩石抗拉强度一般小于5兆帕，因此，可溶盐反复结晶足以导致岩石破坏；Theoulakis等[4]研究表明，孔隙岩石（砂岩）遭受可溶盐破坏受岩体的力学和结构参数（如抗压强度、抗压模量、孔隙率及孔隙的分布、总的内部表面积）的影响，是上述因素的函数；丁梧秀等[5]对灰岩进行了化学腐蚀力学效应研究；李黎等[6]对龙游石窟砂岩进行了可溶盐破坏加速试验，表明可溶盐对这类钙质胶结砂岩破坏作用明显；张虎元等[7-8]研究表明，在干旱地区露天土遗址文物本体内，可溶盐存在非常复杂的运移与富集过程，是该类文物破坏的重要机制。

1　云冈石窟可溶盐及其对文物破坏

从地层岩性上看，云冈石窟开凿于侏罗系云冈组（J_2y）上部的一个砂岩透镜体，该组地层岩性为中粗粒长石石英砂岩夹有泥岩、砂质泥岩，泥质和钙质胶结。主要造像地层为钙镁质胶结的长石石英砂岩，地层近水平。砂岩具有一定孔隙性、渗透性。从调查看，石窟区褶皱与断层相对不发育，主要构造形迹为裂隙，至少存在4组构造裂隙（两组间距稀疏的张裂隙，两组相对密集但闭合的剪切裂隙）及平行于崖壁的卸荷裂隙。裂隙网络为渗水病害及可溶盐发育提供了良好的地质条件。

大同是我国重要的产煤区，晋华宫大型煤矿与云冈石窟仅一河之隔，直线距离约1千米。煤矿开采、运输、焦化工业等导致研究区空气污染一直比较严重，造成文物表面粉尘堆积及空气中酸性气体等（CO_2、SO_2）浓度长期偏高。含铁、硫粉尘及酸雨等造成文物表层污染、起壳及溶蚀等直接破坏[9]。由于云冈石窟以钙、镁质胶结的长石石英砂岩为主，遇酸后胶结物将生成泻利盐（$MgSO_4 \cdot 7H_2O$）、石膏（$CaSO_4 \cdot 2H_2O$），颗粒中的长石将向高岭石蚀变，并释放 Na^+ 离子，进而形成芒硝（Na_2SO_4）等次生矿物：

$$CaCO_3（方解石）+H_2SO_4+H_2O \rightarrow CaSO_4 \cdot 2H_2O（石膏）+CO_2$$

$$2Na（AlSi_3O_8）（钠长石）+9H_2O+H_2SO_4 \rightarrow Al_2O_3 \cdot 2SiO_2 \cdot 2H_2O（高岭石）+Na_2SO_4（芒硝）+4H_4SiO_4$$

除了地质背景与环境条件外，云冈石窟可溶盐的发育受局部微环境影响明显，如岩石泛潮、裂隙渗水及空气温、湿度波动等。现场调查可知，非饱和水体与可溶盐富集关系密切：饱和渗水带中，可溶盐将随水体流动而溶解带走，可溶盐难以富集；干燥带（如四周没有山体孤立造像）中，岩体中水汽运移很弱，可溶盐也不易发育；在非饱和水体发育带，水分既存在比较充分来源，又缺乏流失，可溶盐一般以年为单位不断累积，造成严重破坏。

在可溶盐晶体富集带，岩体返潮、空气湿度增加等将会导致可溶盐部分溶解，形成饱和溶液，当岩体失水，溶解的可溶盐又将在岩石中形成晶体，对岩石形成晶体挤压力。这种潮湿—干燥、溶解—结晶循环将会以年为周期反复作用于石窟岩体。

在云冈石窟中，非饱和水体发育带很多。例如第 3 窟，顶板地层较薄的第 1、2 窟及第 20 窟以后的洞窟等，顶板渗水均比

图 1　云冈石窟可溶盐发育现状与分析

较严重，这类洞窟内可溶盐病害普遍发育。除了顶板渗水，洞窟底部长期受地下毛细水影响，在毛细渗水高度范围内发育一可溶盐富集带。可溶盐集中发育导致该石窟群造像岩石表面疏松，结构破坏，强度衰减，形成典型的粉末状、片状脱落。目前，许多文物本体已经弥漫不清，甚至完全破坏。而且这种破坏还有不断加速迹象。（图 1）

实际上，关于石窟岩体可溶盐来源、途径与汇集的长期实时监测、理论分析等研究成果，在目前看有限，本文也仅对可溶盐对岩石破坏进行室内试验研究。

2　试验方案

为了让试验具有代表性和可比性，试验用岩石采自石窟造像区外（石窟本体不允许采取大体积样品），但为同一地层、同一性质岩样，加工成直径为 5 厘米、高度为 10 厘米的标准试件。对试验用岩石与文物本体区岩石进行 XRD 测试比较，见图 2，RS1 为文物本体岩样，RS2、RS3 为试验用岩样。岩石矿物成分均以石英、长石、方解石为主，并含白云石、高岭土与伊利石等矿物。试验前对岩石样品进行了常规物理力学测试，见表 1。需要注意的是，表中的孔隙率为总孔隙率，而采用压汞试验得到孔隙率只有 1.001%（样品 RS3，后面分析均以该样作为初始指标）。

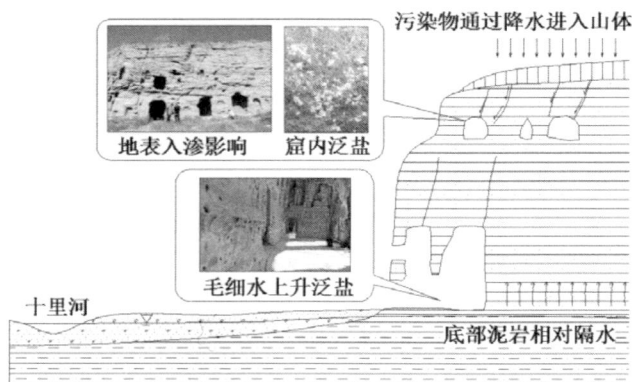

表 1　试验岩石物理力学测试结果表

编号	天然密度 /（g/cm³）	干密度 /（g/cm³）	孔隙率 /%	抗压强度 /MPa	弹性模量 /GPa	泊松比
RS1	2.581	2.559	3.425			
RS2	2.587	2.564	3.229	43.21	12.31	0.245
RS3	2.572	2.551	3.752	42.47	11.10	0.252

试验目的就是为模拟可溶盐在岩石中反复溶解、结晶对岩石的破坏效应。在试验过程中应考虑如下因素。

（1）可溶盐选择。云冈石窟可溶盐的类型很多，研究中仅选择芒硝进行试验。主要是因为：在不同可溶盐中，芒硝对岩石的破坏更为明显[10]；另外，芒硝对文物破坏具有普遍性，芒硝不但在云冈石窟是一个重要可溶盐，在其他石窟中亦然；芒硝对建筑材料（混凝土与石材）的破坏作用得到了国内外的普遍关注，可对比利用文献较多，如 Goudie 等[11] 在其专著中对于这一问题就进行了专门的阐述。

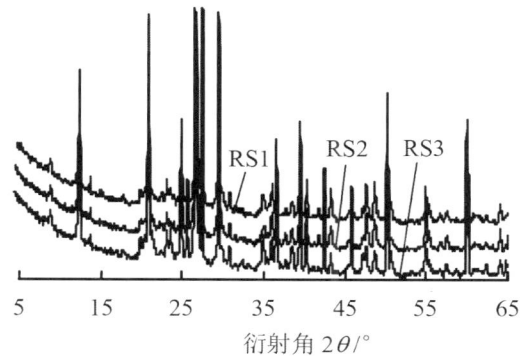

图 2　试验用砂岩 XRD 曲线

（2）温、湿度控制。温、湿度控制实际上是在控制可溶盐晶体的不同相态。在不同湿度与温度环境下，Na_2SO_4–H_2O 体系可以形成 $Na_2SO_4 \cdot 10H_2O$、$Na_2SO_4 \cdot 7H_2O$ 及无水 Na_2SO_4 晶体（其中无水 Na_2SO_4 与 $Na_2SO_4 \cdot 10H_2O$ 相对稳定），不同相态下晶体对岩石破坏能力是不同的。Steiger 等[12] 给出了一个修正过的 Na_2SO_4–H_2O 体系相态控制温度 T 和相对湿度 RH 表。利用该表，并结合云冈石窟洞窟内自然环境条件，设定两大类试验，一类是温度控制为 35℃，湿度为 50%，模拟洞窟在相对高温、低湿度情况下，形成无水芒硝；另一类是温度为 15℃，湿度为 75%，模拟洞窟环境在相对低温、高湿情况下形成十水芒硝。而岩样浸泡温度控制在上述两种情况之间，为 25℃。这样，在一定初始条件下，通过设定不同的温、湿度来模拟无水晶体及含水晶体对岩石的破坏。

在岩石内部，饱和可溶盐液体向晶体转换过程中，晶体膨胀挤压力将导致样品变形，因此，对样品轴向或径向变形进行监测，来研究这种效应产生的时间与幅度。通过在样品顶部和对侧安装高精度位移计，利用 DT85G 采集仪对变形进行实时采集。

无水芒硝（Na_2SO_4 晶体）试验步骤如下：

（1）将样品在 45℃（该温度相当于岩石表面极端高温）干燥后称重，得到样品初始质量。然后将样品置于 25℃饱和硫酸钠溶液中（温度由环境箱控制），饱和 48 小时，称重后置于恒温、恒湿箱中（图 3），并设定温度为 35℃，湿度为 50%，保证进入样品中的饱和溶液形成无水芒硝晶体。

（2）对恒温、恒湿箱中的样品进行变形监测，待变形稳定至少 12 小时后，将岩样取出，进行质量测试和形态描述。

图 3　恒温、恒湿箱中样品

（3）将样品重新置于 25℃饱和硫酸钠溶液中，饱和 48 小时，称重后置于恒温、恒湿箱中形成无水芒硝晶体。在步骤（2）、（3）中均可能出现样品脱落，需对脱落样品进行收集，脱盐后称重，可得到每次循环样品损失质量。再对岩样进行观察描述。重复进行步骤（2）、（3），直到设定的试验次数。

（4）按不同循环次数取岩样进行抗压强度测试、电镜扫描、XRD 矿物成分测试，并通过压汞试验等来比较孔隙砂岩经结晶试验后，微观结构变化的变化规律。

试验循环次数为 5、15、20 和 35 次，对应试样编号分别为 1#—4#。一次循环需要时间约为 4 天，整个试验持续进行了 5 个月。

十水芒硝（$Na_2SO_4 \cdot 10H_2O$ 晶体）试验步骤与前面基本一致，唯一不同的是在可溶盐晶体形成环节，将恒温、恒湿箱的温度控制在 15℃，湿度为 75%，保证岩样形成十水芒硝晶体。该试验失水结晶过程更慢，试验持续时间超过半年。

下面主要对无水芒硝的试验结果进行分析。

3　试验过程中样品变形监测分析

图 4 为 4# 样品在第 1、10、20、30 及 35 次结晶过程中，样品垂直方向变形曲线。通过该曲线可以得到由可溶盐结晶挤压力形成的变形过程。从最大变形出现的时间看，在前面几次，样品变形出现的时间很快（2 小时以内）；而后期随着样品微观结构破损，出现最大变形时间逐渐滞后，从饱和样放入恒温、恒湿箱至晶体挤压效应出现约为 12 小时。也就是说，新鲜样品遭受可溶盐晶体作用时间很短，对环境变化非常敏感，而随着样品不断破坏，敏感性降低，作用周期增长。

图 5 为每次可溶盐结晶导致样品垂直方向与水平方向最大变形监测结果。样品结晶过程中，有一定失水，失水将形成收缩变形，该样品的干缩—湿胀量实测值约为 0.02 毫米。可溶盐参与后，样品不但没有产生干缩，反而在失水过程中产生膨胀变形，变形最大值出现在试验初期，约为 0.7 毫米，而后期每次循环逐渐稳定于一相对恒定值 0.3 毫米，相当于 0.003 应变值。

因此，可溶盐形成过程中，可溶盐结晶挤压导致样品明显增长，这种增长量远大于干缩—湿胀量，也就说，可溶盐结晶是一个重要的地质营力；从本次试验也看出，对于云冈石窟砂岩，这种作用形成变形效应具有一定突然性；不同劣化程度样品对可溶盐挤压效应反应所需时间具有明显差异。在石窟环境中，部分岩体

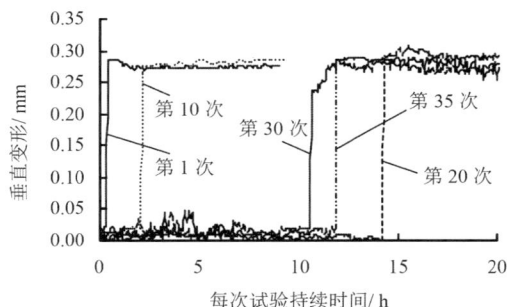

图 4　4# 试验过程中垂直向变形曲线　　　　图 5　可溶盐结晶导致样品最大变形（4# 样）

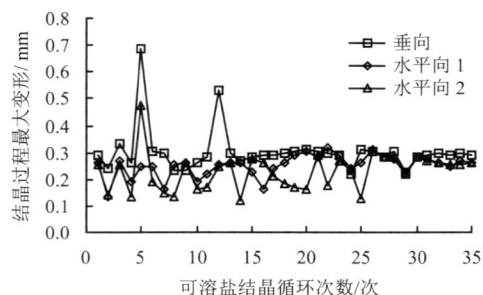

位于垂直受压部位，上、下变形受限，如中柱、窟壁等。当可溶盐结晶导致垂直变形时，将产生很大次生挤压力，导致岩石局部破坏。

4　结构破坏与孔隙增长模型

4.1　宏观与微观结构演化

对样品的宏观形态进行观察发现，在可溶盐作用下，岩石颗粒间逐渐有白色物质生长，并首先将粒间相对软弱的胶结物破坏，进一步出现粉化脱落，造像表面粗糙化，砂岩颗粒形态逐渐清晰。其次，岩石的破坏首先从棱角部位开始，如样品上部水平面与垂直面交界处，出现小型掉块，破坏原始形貌。最后，在局部泥质含量较高部位，可溶盐容易富集，并导致岩石呈层状开裂。上述破坏现象与石窟本体表面风化非常相似（图6）。

从电镜扫描（SEM）结果（图7）可以看出，在初期试验中，可溶盐累计量少，且大部分填充到岩石的孔隙和裂隙中，在 SEM 图像上很难看到芒硝晶体。随循环次数增加，可溶盐填充微观孔隙后，逐渐在颗粒间裂隙富集，从 20 次循环样品可以看出，颗粒间胶结物中出现明显的次生颗粒状和放射状的芒硝晶体，并进一步导致岩石的孔隙增加，裂隙张开度加大。而 35 次循环样颗粒间大量发育芒硝晶体，对岩石结构破坏非常明显。

SEM 观察可知，盐晶体应先充填微观孔隙，然后逐渐向颗粒之间的尺寸较大裂隙富集。这一点与 Steiger[3-4] 认为的可溶盐首先充填大孔隙再充填微观孔隙观点有一定出入。

可溶盐一般以饱和溶液的形式进入岩石孔隙后，由于环境条件改变，如温度升高、持续蒸发，将产生如下效应：温度升高导致溶液的溶解度相应增加，饱和溶液转变为非饱和溶液；蒸发又不断导致溶液浓缩。

图6　样品宏观形态变化过程

图7　样品微观结构变化过程

这样，进入岩石孔隙内的溶液在浓缩过程中逐步向持水能力较强的微裂隙汇聚、结晶，并对裂隙壁两侧造成挤压破坏，导致微观裂隙扩展。下一次饱和溶液进入后，新入的可溶盐将继续填充裂隙，直至出现宏观可见的破损。因此，可溶盐对岩石的破坏是一种由内而外的过程，当可溶盐导致岩石宏观裂隙大量出现时，岩石内部已经遭受严重破损。上述过程与孔隙砂岩实地破坏过程具有可对比性。

163

4.2　质量变化曲线

岩石劣化试验一般导致质量衰减，但在本试验过程中，样品的质量并不是一直降低，这一点与冻融试验过程有所不同。根据试验现象与数据分析，对质量影响主要有如下一些因素：在可溶盐的作用下岩石破损脱落导致质量降低，这种效应一般在第 5 次循环后开始出现；可溶盐不断进入样品内部导致质量增加；通过对样品质量计算发现，除了上述两种因素外，可能还有新的裂隙出现导致岩石吸水性增加，或者是可溶盐晶体在裂隙"喉部"封堵形成含液体空洞也会导致质量增加。

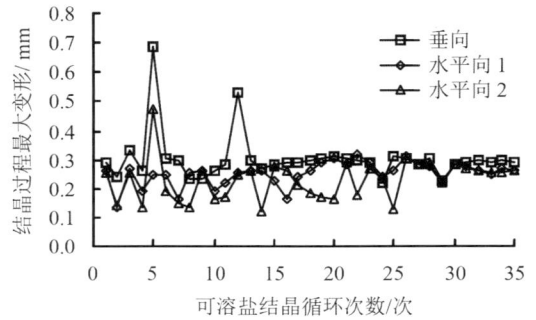

图 8　净质量变化率曲线

图 8 为样品净质量变化率 R 曲线。这里所谓的净质量变化率定义为剔除吸入样品中的可溶盐质量后，样品质量变化与初始质量之比：

$$R = (m_{cn} - \sum m_{sn} - m_0) / m_0 \qquad (1)$$

式中：m_0 为样品的初始质量；m_{cn} 为第 n 次循环晶体形成后样品质量；m_{sn} 为第 n 次循环后样品吸收的可溶盐质量。

从图可以看出，除了 1# 样外，其余样品质量在试验初期均出现增长，可能与前述新裂隙发育及可溶盐结晶封堵裂隙有关。随着循环次数增加，后期由于岩石表面破损脱落占主导地位，导致净质量的变化为降低趋势。

5.3　压汞试验与孔隙率变化

将可溶盐作用后的岩石进行压汞测试，以分析不同劣化程度下样品的孔隙分布规律。试验表明，随着循环次数增加，压汞得到的孔隙率增加明显，从 1.001% 逐渐向 3.600% 变化，增加了 3 倍多。同时，孔隙直径分布由 0.01—1 微米为主向 0.1—10 微米范围扩展，也就是说孔隙的直径逐渐增加。另外，在前期孔隙增长循环比较明显，后期增加幅度逐渐降低。需要注意的是，压汞试验测得的孔隙率小于通过物相指标计算得到理论值。

利用压汞试验结果，拟合后可以建立起岩石孔隙率与试验次数之间的对数关系：

$$P_n = 1.001 + 0.66 \ln (n+1) \qquad (2)$$

式中：P_n 为第 n 次循环岩石的孔隙率；n 为循环次数。

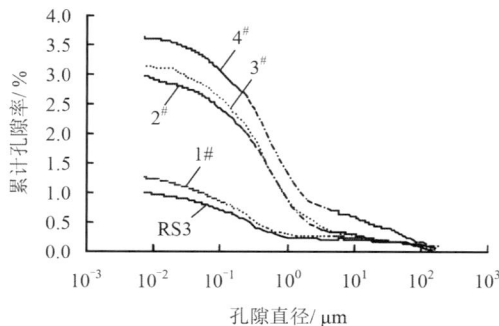

图 9　压汞试验孔隙分布累计曲线

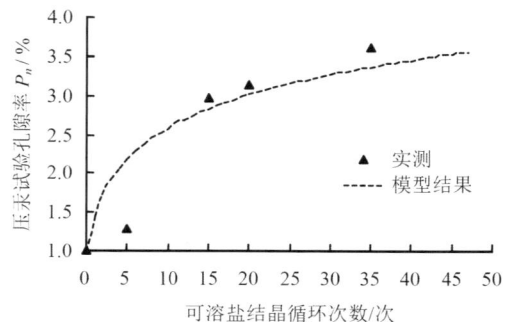

图 10　可溶盐结晶导致孔隙率增长模型

本次试验数据及试验持续时间有限，上述关系仅近似反映了该石窟砂岩结构初期破坏过程，对于后期效应需要进一步研究。

5 力学参数变化与强度衰减模型

对可溶盐结晶循环不同次数的岩石进行力学强度测试（图11）。据弹性模量变化可以看出，岩石在可溶盐的发育作用下，模量降低明显，且在循环初期降低速度比较快，降低幅度约为初始值0.5倍。随着可溶盐吸入数量增加，3#与4#样弹性模量反而有一定上升趋势。因此，随着进入可溶盐数量增加，岩石逐渐表现出一种脆性破坏状态。但总的说来，弹性模量还是以降低为主。

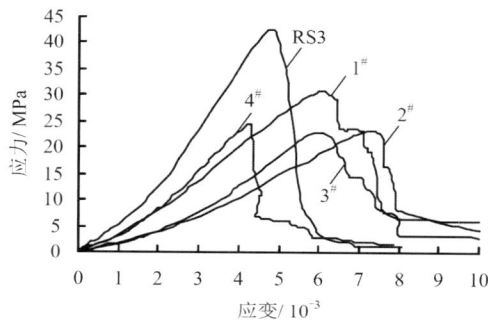

图 11　样品单轴抗压强度曲线

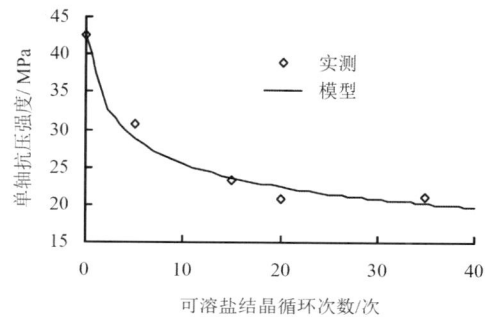

图 12　强度变化实测与劣化模拟曲线

由图11、12可知，岩石抗压强度降低幅度很大。利用试验数据，可以建立起强度变化与可溶盐发育次数的指数关系，为：

$$f_{rn} = f_{rr} + (f_{r0} - f_{rr})(n+1)^{-k_r} \tag{3}$$

式中：f_{rn} 为第 n 次循环岩石抗压强度；f_{r0} 为新鲜岩石饱和抗压强度，$f_{r0} = 42.47$ 兆帕；f_{rr} 为岩石的残余强度，这里取 5 兆帕；k_r 为强度劣化系数。

对试验数据进行拟合，得到劣化系数 k_r 为 0.2524，强度衰减过程函数为：

$$f_{rn} = 5 + （42.47 - 5）（n+1）^{-0.2524} = 5 + 37.47（n+1）^{-0.2524} \tag{4}$$

岩石强度衰减将直接影响文物本体稳定性。另外，岩石刚度降低又会导致应力场调整，改变洞窟原始应力场。

6 十水芒硝试验结果分析

另外进行了十水芒硝劣化试验，从岩石的外观、质量损失等均可发现，十水芒硝对云冈石窟砂岩破坏不明显。将不同循环次数岩石进行抗压强度测试（见表2），表明岩石强度、弹性模量与十水芒硝作用次数间并没有明显的相关性。因此，云冈石窟砂岩在潮湿季节形成的十水芒硝对砂岩的破坏作用远小于干燥季节形成的无水芒硝。

表 2　十水芒硝作用后岩石样品力学参数测试结果

结晶次数 / 次	强度 /MPa	弹性模量 /GPa	泊松比
10	39.83	9.91	0.27
15	40.44	9.40	0.26
40	41.33	10.00	0.23

7　结论

（1）可溶盐发育是云冈石窟文物本体破坏的一个重要的地质营力。可溶盐形成、富集与地层岩性、周边环境及局部环境密切相关。

（2）可溶盐失水结晶过程中，对岩石产生明显的挤压作用，造成岩石膨胀变形，进而在岩体中产生次生挤压力，导致文物本体开裂破坏。

（3）可溶盐发育对岩石的破坏是一个由内而外，先微观裂隙后宏观裂隙的过程，破坏作用具有一定隐蔽性。文物表面粉化脱落、雕刻棱角破损等现象，本次模拟试验结果与现状相符。但关于片状剥落，试验过程中现象不明显，初步分析可能是因为试验样品尺度太小或者是样品处于自由状态，与石窟表面应力场有一定差异。

（4）孔隙率是用来衡量岩石结构的重要参数，通过对不同循环次数岩石进行压汞试验表明，岩石孔隙率随无水芒硝的作用次数逐渐增大。有效孔隙率的增长过程可以近似使用对数函数来分析。

（5）在可溶盐反复作用过程中，随着岩石结构破损，其宏观力学参数（刚度与强度）降低明显。岩石强度随可溶盐发育次数而衰减的过程可以用指数函数近似反映；岩石的刚度同样降低明显，但在后期出现一定增长。强度衰减，特别是廊柱、中心柱、薄壁墙等云冈石窟窟群关键部位的强度衰减，将诱发洞窟失稳，造成不可挽回的损失；而刚度降低，将导致初始应力场的调整。

（6）在无水芒硝作用下，云冈石窟砂岩劣化效应非常明显，而十水芒硝对其影响却比较轻微。因此，云冈石窟在相对干燥环境条件下形成可溶盐晶体对岩石破坏更为显著。但关于云冈石窟可溶盐控制，需要进一步开展现场监测与室内研究。

参考文献：

[1]　RIONTINO CARLO, SABBIONI CRISTINA, GHEDINI NADIA, et al. Evaluation of atmospheric deposition on historic building by combined thermal analysis and combustion techniques[J]. Thermochimica Acta, 1998（321）: 215—222.

[2]　STEIGER M. Crystal growth in porous materials—I: The crystallization pressure of large crystals[J]. Journal of Crystal Growth, 2005, 282（3—4）: 455—469.

[3]　STEIGER M. Crystal growth in porous materials—II:Influence of crystal—size on the crystallization pressure[J]. Journal of Crystal Growth, 2005, 282（3—4）: 470—481.

[4]　THEOULAKIS P, MOROPOULOU A. Microstructural and mechanical parameters determining the susceptibility of porous building stones to salt decay[J]. Construction and Building Materials, 1997, 11（1）：65—71.

[5]　丁梧秀，冯夏庭. 化学腐蚀下灰岩力学效应的试验研究 [J]. 岩石力学与工程学报，2004，23（21）：3571—3576.

[6]　李黎，王思敬，谷本親伯. 龙游石窟砂岩风化特征研究 [J]. 岩石力学与工程学报，2008，27（6）：1217—1222.

[7]　张虎元，刘平，王锦芳，等. 土建筑遗址表面结皮形成与剥离机制研究 [J]. 岩土力学，2009，30（7）：1883—1891.

[8]　张虎元，严耿升，赵天宇，等. 土建筑遗址干湿耐久性研究 [J]. 岩土力学，2011，32（2）：347—355.

[9]　黄继忠. 云冈石窟主要病害及治理 [J]. 雁北师范学院学报，2003，19（5）：57—59.

[10]　WHITE A F, BULUM A E, BULLEN T D, et al. The effect of temperature on experimental and natural chemical weathering rates of granitoid rocks[J]. Geochimica et Cosmochimica Acta, 1999, 63（19）：3277—3291.

[11]　GOUDIE A, VILES H. Salt weathering hazards[M]. Chichester: John Wiley and Sons, 1997.

[12]　STEIGER MICHAEL, ASMUSSEN SONKE. Crystallization of sodium sulfate phases in porous materials: The phase diagram Na2SO4—H2O and the generation of stress[J]. Geochimica et Cosmochimica Acta, 2008, 72（17）：4291—4306.

（原文刊载于《岩土力学》2013 年第 12 期）

五华洞壁画及泥塑彩绘病害原因分析及保存现状评估

闫宏彬　郭　宏　孙延忠　康文友

　　云冈石窟位于山西省大同市城西 16 公里的武州（周）山南麓，石窟依山开凿，东西绵延一公里。主要编号洞窟 45 个，附属洞窟 209 个，大小造像 59000 余尊，为国内现存规模最大的古代石窟群之一，石窟开凿于北魏时期，是北魏王朝开凿的皇家石窟，以恢宏的皇家气势、精美的雕刻造像和中西合璧的艺术风格而著称于世。1961 年被列入全国第一批重点文物保护单位，2001 年被列入《世界文化遗产名录》。

　　五华洞是指云冈石窟第 9 ~ 13 窟五个洞窟，因其窟内保存着大量彩塑壁画而得名。窟内造像雍容华贵、内涵丰富、色彩绚丽，多为清代作品。由于风沙、强阳光辐射、温湿度剧烈变化、粉尘污染等环境因素的长期影响，病害严重，主要有：支撑体严重风化，壁画层酥碱、空鼓、大面积脱落，泥塑彩绘颜料层起甲、粉化脱落等，这些病害严重威胁着现存壁画彩绘的长期保存与展示。

1　壁画及泥塑彩绘保存现状和病害原因分析

1.1　裂隙

壁画及泥塑彩绘地仗层开裂导致纵横交错的裂纹，裂纹最宽处达 4 毫米，如图 1 所示。

清代泥塑彩绘时，五华洞石刻表面砂岩风化严重，因此，壁画及泥塑彩绘的地仗层较厚，且厚薄极不均匀，加之受本地区大气温、湿度环境的影响，窟内温、湿度变化较大，导致地仗层开裂。

1.2　地仗层空鼓

五华洞壁画及泥塑彩绘空鼓病害可分为粗泥层与风化砂岩支撑体分离形成的空鼓，以及细泥层与粗泥塑层分离形成的空鼓。前者表现为粗泥层与岩体支撑体局部脱离形成空鼓，但空鼓部分的周边仍与支撑体粘接，如图 2 所示。后者表现为细泥层局部脱离粗泥层，粗泥层与岩体支撑体有效粘接，如图 3 所示。

　　经现场调查和分析，细泥层与粗泥层所用材料和制作工艺不同，地仗层的细泥层由沙土和麻构成，粗泥层由沙土和麦草构成。造成两层的强度和膨胀性不同。随着窟内温度变化，受热胀冷缩效应的影响，致使两层

图 1　壁画裂痕

地仗层间局部脱离鼓起，形成空鼓。空鼓病害进一步发展，在重力等因素的作用下，地仗层连同颜料层一起脱落，是影响五华洞壁画及泥塑彩绘保存最为严重的病害。

1.3 地仗层剥离脱落

剥离脱落病害可分为颜料层连同细泥层剥离脱落，以及粗泥层剥离脱落二类。二者均是由空鼓病害进一步发展，在自身重力、震动等因素的影响下，造成壁画及泥塑彩绘层大面积脱落，并在脱落处的边缘形成空鼓和剥离，参见图 2 和图 3。

图 2　泥塑彩绘地仗层空鼓、剥离、脱落

图 3　壁画地仗层空鼓、剥离、脱落

由五华洞砂岩支撑体及地仗层材料的 X–射线衍射分析结果可知，两者在组成上存在较大差异。同时，地仗层中因加入麦秆、麻等植物纤维，较之洞窟岩体柔韧。由于该地区温差变化极大，受热胀冷缩效应的影响，致使地仗层与洞窟岩体支撑体局部脱离鼓起，形成空鼓。空鼓病害进一步发展，在重力等因素的作用下，造成壁画与岩体支撑体形成大面积空鼓，由于壁画地仗层较厚（5–10 厘米），厚重的地仗层在自身重力下造成壁画地仗层附带颜料层大面积分离脱落。

同时，地仗层脱落和剥离处暴露出的岩体进一步风化，导致地仗层与岩体粘结力的降低，加剧了壁画地仗层与岩体的剥离和脱落。

1.4 壁画颜料层起甲脱落和粉化脱落

壁画颜料层普遍存在龟裂起甲和片状脱落现象，如图照片 4 和 5 所示。起甲脱落也是影响五华洞壁画及泥塑彩绘保存的最主要病害。

图 4　彩塑表面颜料层脱落

图 5　壁画颜料层粉化、脱落病害

由壁画颜料分析结果可知，壁画颜料使用的是矿物颜料，作画时调入胶以使颜料颗粒粘接在一起并黏附于地仗层和白粉层上。受当地高温、温差变化大等环境因素影响，如果颜料中的胶含量较高，颜料层将发生龟裂，并与细泥地仗层剥离起翘。

1.5　壁画及彩塑表面积尘

壁画及彩塑表面普遍覆盖着一层厚厚的土垢。由于长时间的沉积作用，积尘已经与颜料、表面风化物黏结，使壁画及彩绘文物失去原有的光彩。灰尘的沉积一方面影响了文物的整体艺术风貌，而另一方面灰尘与颜料反应会造成潜在的损害，如图 6 所示。

图 6　彩塑表面积尘

2　壁画及泥塑彩绘保存现状评估

2.1　病害统计

为了治理五华洞壁画及泥塑彩绘病害，我们对五华洞壁画及泥塑彩绘进行了全面勘察，在对壁画及泥塑彩绘保存现状进行了全面调查的基础上，按照国家文物局颁布的《古代壁画病害类型与图示》《古代壁画保存现状调查》规范，对五华洞 5 个洞窟壁画及泥塑彩绘保存现状、病害类型及面积进行了调查统计，结果见下表。

五华洞 5 个洞窟壁画及泥塑彩绘病害统计（裂隙长度：米；其余平方米）

病害	9 窟	10 窟	11 窟	12 窟	13 窟	合计
空鼓	70.39	57.23	35.94	37.23	69.18	269.97
颜料起甲	27.71	32.03	7.71	19.69	67.32	151.46
地仗剥离	27.17	42.03	36.24	22.08	44.16	171.68
刻画	15.84	26.37	27.12	16.6	16.89	102.82
灰尘	184.17	167.57	153.61	107.06	193.82	806.23
裂隙	7.88	16.88	5.89	17.28	25.74	73.67

2.2　壁画及彩塑彩绘保存现状综合评估

五华洞壁画及泥塑彩绘的主要病害是因砂岩支撑体风化脱落，导致地仗层与其失去粘结，并形成大面积空鼓，最终在自身重力作用下脱落。因此，地仗层空鼓与大面积脱落是影响五华洞壁画及泥塑彩绘保存的主要病害，必须进行抢救性保护修复。

（原文刊载于《云冈研究院院刊》2014 年总二期）

云冈石窟泥塑加固方法的研究

苑静虎　温晓龙　牛　春

位于中国历史文化名城大同市城西武州（周）山南麓的云冈石窟是中国石窟艺术中重要的组成部分，是世界石窟艺术史上公元 5 世纪中叶至 6 世纪二十年代（中国北魏和平元年至正光年间）壮丽辉煌、璀璨夺目的篇章。云冈石窟始建于北魏和平元年（460），兴盛于 5 世纪 60 年代至 90 年代，续延至正光年间的 6 世纪 20 年代，是中国早期石窟艺术的代表作品。云冈石窟艺术以规模宏大、题材多样、雕刻精美、内涵丰富而驰名中外，以典型的皇家风范造像而异于其他早期石窟，以融汇东西、贯通南北的鲜明的民族化进程为特色，在中国石窟艺术中独树一帜。云冈石窟以大量的实物形象和文字史料，从不同侧面展示了公元 5 世纪中叶至 6 世纪初中国石窟艺术风格及中国北方地区宗教信仰的重大发展变化，对中国石窟艺术的创新与发展有着重大贡献，具有其他早期石窟不可替代的历史、艺术、科学和鉴赏价值。

1　泥塑彩绘现状调查

1.1　历史考证

查阅资料表明，云冈石窟在开凿后历代曾对云冈石窟进行过多次修整。唐贞观十五年（641）由当地守臣对云冈石窟个别洞窟进行修建。还有资料表明唐代不仅修建第 3 窟后室的三尊"西方三圣"，还在第 5、6 窟进行了包泥贴金。

但最为大规模修整的是辽代。据《金碑》："辽重熙十八年（1049）母后再修"，"清宁六年（1060）又委刘转运监修"。研究资料表明：辽兴宗、道宗时期，辽皇室曾对武州山石窟寺（现云冈石窟）进行过延续十年之久的大规模修整，辽代云冈的工程主要是于石窟前增建木构窟檐而成云冈十寺，它们分别为"一通乐，二灵岩，三鲸崇，四镇国，五护国，六天宫，七崇福，八童子，九华严，十兜率"。这是辽兴宗、道宗崇佛，在西京建寺的最大工程之一。寺成不足百年，"亡辽季世，盗贼群起，寺遭焚劫，灵岩栋宇，扫地无遗"。同时第 13 窟"修大小一千八百七十六尊"（为辽代题记）。第 11 窟西壁七立佛中的北面两尊（抗日战争时期毁）及中心柱面二胁侍菩萨、第 35 窟东壁释迦塑像和纲目纹石绿背光等均是辽代修整后的遗迹。[1]

金代也进行过修整，金皇统三年（1143）二月，由慧公法师化缘积资，"重修灵岩九楹、门楼四所"，"凡三十楹，轮奂一新"，这次修整历时三年半。

清代对云冈石窟也进行过大规模的修整，据《清代大石佛阁碑记》，清顺治八年（1651）重建了云冈第 5、6 窟窟檐。又据《重建云冈寺记》"于康熙三十七年（1698）4 月 15 日起工至 8 月终告竣，修饰庙宇，庄严佛像，其颜料价值并匠……工价，共用银一千六百两四钱七分"。乾隆三十四年（公元 1769 年）《重修云冈石佛寺记》载"又历多年，其所续建……以及金装佛像，移素诸佛，金身重整……"。同治十二年（1873）《重修庙宇碑记》载："废者修之，坠者举之，金装佛像……以迄过殿，无不焕然一新"。民国九年（1920）《重修云冈石佛寺碑》记载"……光绪十七年装彩五佛洞，并修饰东西两楼，金装大佛全身……"[1]。

现在我们不难看到古代修整石窟留下的痕迹，许多洞窟的色彩和包泥佛像以及岩壁上凿的圆孔均为古时维修所留。其方法是：圆孔内插入木楔，用麻绳相连成网状，再填泥塑像，最后贴金上彩。据推测这种方法早在辽金时期就在修整云冈石窟中应用了。第 18 窟明窗西侧、第 17 窟东壁胁佛佛身都有银锭式木楔作为岩体裂隙的加固。

古代历次对云冈石窟修整大多是为了"庄严佛身"，消除残缺，使信仰者心悦诚服。

1.2　保存现状调查

从现状看来，东部二窟（第 1、2 窟）、中部九窟（第 5 ～ 13 窟）及第 5 窟顶部的罗汉殿都有泥塑彩绘，其中第 5、6 窟的前室的东西两壁还存有清朝的壁画。由于壁画和泥塑彩绘主要集中在五华洞（即第 9 ～ 13 窟），因此我们对第 9 ～ 13 窟的壁画和泥塑彩绘的保存现状作了一次详细的调查，结果见表 1—表 8。

表 1　第 9 窟前室

洞窟编号 　种类　＼　项目	第 9 窟前室	
	数量和位置	保存情况
石胎泥塑	东壁　两尊	一般
	南壁　无	
	西壁　无	
	北壁　无	
木骨泥塑	南壁　无	
	西壁　无	
	北壁　无	
壁画	东壁　面积的 10%，分布于下层两佛龛内及	东壁　一般 南壁　很差 北壁　一般
	壁北端一纵列，上层中央佛龛内北侧大部分	
	南面两柱面积的 10% 左右	
	南壁　少量	
	西壁　无	
	北壁　分布于东侧第一层佛龛内东半部及龛外东侧	

表 2　第 9 窟后室

洞窟编号	第 9 窟后室		
种类＼项目	数量和位置		保存情况
石胎泥塑	东壁　4 尊		东壁　主像完整，最上层一尊很差，二、三层各一尊完整。 西壁　完整 北壁　较差
	南壁　无		
	西壁　2 尊，主像及其南侧各一尊		
	北壁　1 尊		
木骨泥塑	东壁　2 尊		东壁　上面的一般，下面的佛头丢失，很差。 西壁　完整
	南壁　无		
	西壁　1 尊，位于主像北侧上层		
	北壁　无		
壁画	东壁　面积的 30%，分布于南侧		东壁　一般 西壁　一般 北壁　一般
	南壁　无		
	西壁　面积的 30%，分布于主像北侧		
	北壁　面积的 5%，位于西侧甬道入口上方		

表 3　第 10 窟前室

洞窟编号	第 10 窟前室		
种类＼项目	数量和位置		保存情况
石胎泥塑	无		无
木骨泥塑	无		无
壁画	西壁　面积的 15%，位于下端佛龛龛内		西壁　较差 北壁　一般
	北壁　少量，位于西侧上下两佛龛内		

表 4　第 10 窟后室

洞窟编号	第 10 窟后室		
种类＼项目	数量和位置		保存情况
石胎泥塑	东壁　1 尊		均一般
	西壁　1 尊		
木骨泥塑	西壁　2 尊		西壁　一般 北壁　很差
	北壁　1 尊		
壁画	东壁　面积的 50% 左右		东壁　一般 南壁　上部很差，下部一般 西壁　较差 北壁　很差 顶部　一般
	南壁　少量，分布于东侧顶部、下部，西侧下部		
	西壁　面积的 50% 左右，分布于南半部		
	北壁　少量，分布于主像周围		
	顶部　少量		

表 5　第 11 窟

洞窟编号	第 11 窟		
种类＼项目	数量	位置	保存情况
石胎泥塑	东壁　17 尊	底层南　1 尊	很差
		二层北　4 尊	2、4 龛很差，其他一般。
		三层北　3 尊	3 龛很差，其他一般。
		四层北　3 尊	3 龛很差，其他一般。
		五层北　4 尊	较好
		六层北　2 尊	1 龛很差，2 龛一般。
石胎泥塑	南壁　12 尊	无规则分布	1 个很差，2 个一般，9 个较好。
	西壁　3 尊	下层 1 尊	较差
		上层 2 尊	完整
	北壁	无	
	中心塔柱东面 1 尊	主佛	较好
	中心塔柱南面 1 尊	一层	完整
	中心塔柱西面 1 尊	一层主佛	完整
	中心塔柱北面 1 尊	一层主佛	完整
木骨泥塑	东壁　1 尊	二层一龛	一般
	南壁	无	
	西壁　3 尊	下层北部	1 个一般，2 个很差
	北壁	无	
	中心塔柱东面	无	
	中心塔柱南面	无	
	中心塔柱西面	无	
	中心塔柱北面	无	
壁画	东壁　约 22 平方米	一层约 75% 的面积，及四、五层北侧	一层北角很差，四、五层北侧很差，其他一般
	南壁　少量	佛龛内	完整
	西壁　约占壁面总面积 30%	分布于上层北部，下层北部	很差
	北壁　约占壁面总面积 10%	分布于北壁顶部	较差
壁画	中心塔柱东面约 20 平方米	一层	主佛背光两侧下方很差，其他较好
	中心塔柱南面少量	一层	完整
	中心塔柱西面约占壁面总面积的 70%	塔柱第一层下部	较差
	中心塔柱北面少量	一层	完整

表 6　第 12 窟前室

洞窟编号	第 12 窟前室	
项目 种类	数量和位置	保存情况
石胎泥塑	无（均为石雕）	
木骨泥塑	北壁　5 尊，位于一层、二层主佛、二层狮子 及两侧雕像	很差
壁画	东壁　共约 6 平方米，分布于一层及二层北侧	均较差
	南壁　约 3 平方米，分布于一层	
	西壁　共约 2 平方米，分布于西壁北角及二层北侧	
	北壁　少量，分布于一层及二层佛龛龛楣外， 龛内佛的背光	

表 7　第 12 窟后室

洞窟编号	第 12 窟前室	
项目 种类	数量和位置	保存情况
石胎泥塑	10 尊，位于东壁二层及北壁二、三层	一般
木骨泥塑	无	
壁画	东壁　一、二层，约 5 平方米	一层较差，二层一般
	西壁　一、二层北侧	较差
	北壁　一、二层	一般
	拱门两侧　约 2 平方米	一般

表 8　第 13 窟

洞窟编号	第 13 窟	
项目 种类	数量和位置	保存情况
石胎泥塑	东壁　4 尊，位于二层	一般
	南壁　无	
	西壁　19 尊，位于二至六层	二、三、六层一般， 四、五层较好
	北壁　2 个主佛及托臂力士	较差
木骨泥塑	南壁　1 尊，位于南壁东侧 2 层	较差
壁画	东壁　约 10 平方米，分布于二层以上北侧	很差
	南壁　约 1 平方米，分布于西侧二层	一般
	西壁　约 20 平方米，分布于一层南角，二至四层 全部，六层北角	一般
	北壁　约 8 平方米，分布于底座正面	较差

从以上调查结果，我们不难看出洞窟内北壁和壁面下层的壁画和泥塑彩绘保存较差，中心塔柱和其他壁面靠上的地方保存较为完好。整体看来，云冈石窟的壁画和泥塑彩绘近年来遭到了较为严重的损坏，采用合适的材料和合理的工艺对壁画和泥塑彩绘进行加固治理是非常必要和迫切的。

1.3　泥塑彩绘制作工艺的调查

关于泥塑彩绘制作工艺，史料没有记载，根据对云冈石窟现存的泥塑彩绘的调查，云冈石窟的泥塑彩绘大致分为以下两种情况：一种是泥塑形式，包括木骨泥塑和石胎泥塑，木骨泥塑数量较少，石胎泥塑其中一些是在已风化的石雕上进行包泥彩绘的，而另外一些是在保存较为完整的石雕上进行包泥彩绘的。另一种是壁画形式。两种情况其结构可分为粗泥层（又称为地仗层）、细泥层和颜料层三层，泥层中含有植物纤维。

云冈石窟的地仗层很不均匀，而细泥层和颜料层较均匀。研究表明大部分包泥彩绘是在原北魏圆雕上进行的，其方法一般是先在岩体上凿孔，然后钉木楔子，再用草秆或麻绳连接楔子，然后先后制作地仗层和细泥层，最后作颜料层，我们把这种泥塑称为石胎泥塑。另外一种是在崩塌的佛龛里重塑泥塑造像，我们把这种称为木骨泥塑。还有一种是在浅浮雕表面上直接制作壁画，因其厚度较薄，这种情况一般不做木楔子，个别因岩体情况也有镶嵌楔子的。

1.4　颜料分析

我们用 X 射线荧光分析方法，对颜料作了成分分析（表 9）。

表 9　颜料成分分析 [2]

样品序号	1#	2#	3#	4#	5#	6#	7#	8#	9#	10#
样品颜色	白色	绿色	土红	黑绿	朱红	蓝色	深绿	褐色	黑色	大红
取样窟号	第 5 窟	第 5 窟	第 5 窟	第 6 窟	第 6 窟	第 9 窟	第 9 窟	第 10 窟	第 11 窟	第 12 窟
颜料成分	S Si Al Na Ca Fe K P Cl Ti As Sr Zr	S Si Al Cu Ca Fe Na K Cl P Ti Pb Sr	S Si Al Ca Fe K Pb P Ti Mn Sr Zr	Si Al Cu Pb S Mg Na Ca K Cl Ti As Sr	Si Al Mg S Fe Ca K Pb Hg Na Ti Sr Zr	Si Al S Ca K P Cl Ti Fe Sn Pb Sr	Si Al Cu Fe S P Ca K Cl Sr Zr	S Si Al Na Ca K Cl Fe Ti Sr P	S Si Al Na Ca Fe Ti Sr P K Cl	S Si Al Pb Hg Na Ca K Cl Fe P

我们用 X 射线衍射的分析方法，对各种颜料进行了物相分析（表 10），以确定其显色物相及物相的组成。

表 10　颜料物相分析结果 [2]

样品序号	样品现状	取样窟号	显色物相	其他物相
1#	小薄片	5	石膏（CaSO$_4$·2H$_2$O）	石英、高岭土
2#	小薄片	5	绿铜矿（Cu$_2$（OH）$_3$Cl）	石英、高岭土、石膏
3#	小薄片	5	铅丹（Pb$_3$O$_4$）	石英、高岭土、石膏
4#	小薄片	6	绿铜矿（Cu$_2$（OH）$_3$Cl）	
5#	小薄片	6	辰砂（HgS）	石英、高岭土、石膏
6#	小薄片	9	天青石（SrSO$_4$）	石英、高岭土、石膏
7#	小薄片	9	绿铜矿（Cu$_2$（OH）$_3$Cl）	石英、高岭土、石膏
8#	小薄片	10	赭石（Fe$_2$O$_3$）	石英、高岭土、石膏
9#	小薄片	11	赭石（Fe$_2$O$_3$）	石英、高岭土、石膏
10#	小薄片	12	辰砂（HgS）	石英、高岭土、石膏

从分析结果看来，云冈石窟所采用的颜料多为天然矿物颜料。如辰砂、铅丹作为基本的红色颜料，绿铜矿作为基本的绿色颜料等，石膏直接用作白色颜料等。各种颜料的填料均为石英、高岭土和石膏。基本颜料配以不同比例的填料，又可得到不同的色调。

1.5　色度测量

我们采用 MINOLTA CR-121 色度仪对几种不同颜色的颜料进行了色度测量，具体测量数据和结果见表 11 和图 1。

表 11　色度测量数据表

测量位置	编号	Y	x	y	L*	a*	b*	颜色
11 窟东壁	1	6.6	0.361	0.375	30.8	0.7	11.0	黄色
11 窟东壁	2	0.3	0.308	0.42	1.2	−6.1	4.7	绿色
11 窟东壁	3	9.0	0.328	0.345	36	0.0	4.0	黑色
11 窟东壁	4	13.6	0.327	0.344	43.6	0.0	4.3	黑色
11 窟东壁	5	9.1	0.274	0.329	36.1	−9.7	−3.1	绿色
11 窟东壁	6	5.6	0.283	0.290	28.5	1.7	−8.1	暗蓝
11 窟东壁	7	15.2	0.384	0.356	45.9	11.2	13.4	红色
11 窟塔柱	8	14.7	0.375	0.391	45.2	0.9	19.1	黄色
11 窟塔柱	9	10.1	0.349	0.367	38.0	0.0	10.1	白色
11 窟塔柱	10	17.8	0.311	0.342	49.1	−4.2	2.7	绿色
11 窟塔柱	11	7.3	0.265	0.266	32.4	3.1	−14.5	蓝色
11 窟塔柱	12	3.6	0.254	0.249	22.3	4.0	−14.8	深蓝
11 窟塔柱	13	3.5	0.289	0.347	22.0	−7.0	0.8	暗绿
13 窟主佛	14	15.3	0.422	0.410	46.1	7.1	30.0	黄色

审核：苑静虎　　　　　　　　　　　　　　　　　　　　　实验：温晓龙　任建光

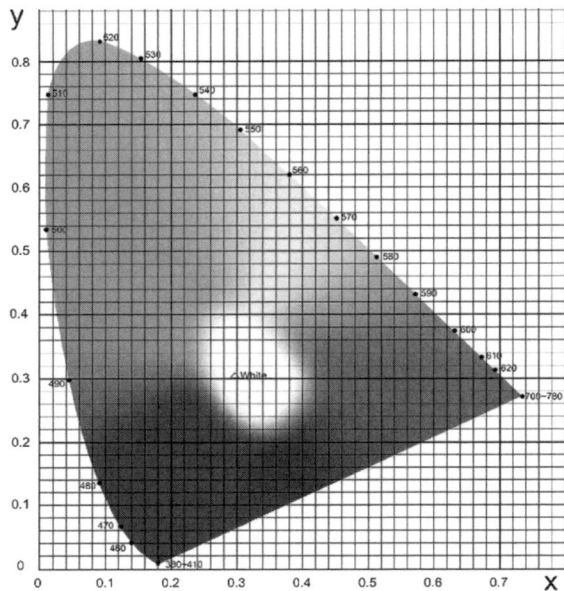

图 1　色度测量图示

进行色度测量的目的是为下一步检验使用材料处理效果提供依据，为修复人为破坏、生物损坏等提供选材比较，同时也可对彩绘的变色、褪色进行监测。色度测量是彩绘保护工艺的基本要求，因此此项工作非常必要。

2　环境条件

2.1　云冈石窟的气候条件

大同地区属温带大陆性季风半干旱气候，其特点是：四季分明，冬季晴冷，降水少；春季少雨，干旱，风多风大；夏季温暖，雨量集中；秋季清凉，"风多"是大同市的基本特征之一，不仅风多，而且风大，年平均风速 3.0 米 / 秒。风速的变化特点是：春季风大，冬季次之，盛夏到初秋风速最小。由于特定的地形影响，全年各月均以"北风"为主导风向。具体就云冈地区而言，气温的月平均变化幅度可达 40℃，日变化可达 24℃，最高气温 37℃，最低气温 −25℃。主导风向一般为西、西北风，风速最大为 216 米 / 秒，年平均为 2.59 米 / 秒。"旱"是大同市气候的又一基本特征，年平均降水量仅 384 毫米，雨量主要集中在 6—9 月。而云冈地区年平均降雨量为 423.8 毫米，大部分集中在 7、8 月，月平均 100 毫米以上，年平均蒸发量 1745.8 毫米，6 月份最大。冻结期从 11 月至翌年 3 月，冻结深度可达 1.5 米。日照夏天 9 小时，冬天 6 小时。

2.1.1　温、湿度的变化

（1）温度

云冈石窟温度变化明显，窟外日温差最大为 24℃，月温差为 40℃，全年平均日温差为 13.74℃，全年温度一月份最低，平均温度为 −11.4℃，七月份最高，平均温度为 23.1℃，窟内外的温度及不同洞窟内的温度变化也各不相同，第 5 窟内最大日温差为 10℃，第 16 窟内最大日温差为 16℃。窟内外及不同洞窟内温度变化见图 2、图 3。

（2）湿度

云冈石窟窟外相对湿度平均为 52.6%，早晨相对湿度平均为 65.9%，中午相对湿度平均为 39.4%，晚上相对湿度平均为 52.4%。一般窟外湿度较高的月是 1、2 月，较低的月为 4、5 月。第 5 窟内最大日湿度差为 39%。洞窟内外湿度变化情况见图 4、图 5。

由此可见，云冈石窟洞窟内相对湿度波动幅度较洞窟外小。冬季窟外湿度大于窟内，而夏季窟内湿度大于窟外。一日内，有窟檐的第 5 窟波动幅度最小，无窟檐的第 16 窟次之，而窟外波动幅度最大。相似地，一日内，1 时至 8 时，湿度逐渐升高并达到最大，8 时之后逐渐下降。

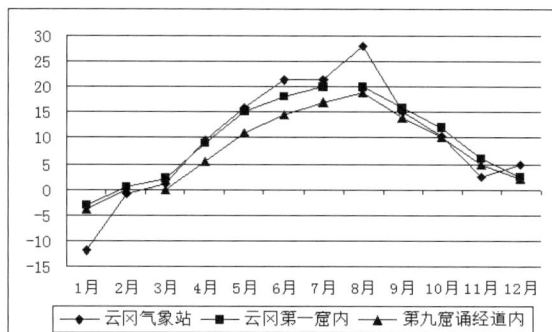

图 2　云冈石窟 1989 年月平均温度变化图　　　　图 3　云冈石窟 1989 年窟内外日温度变化图

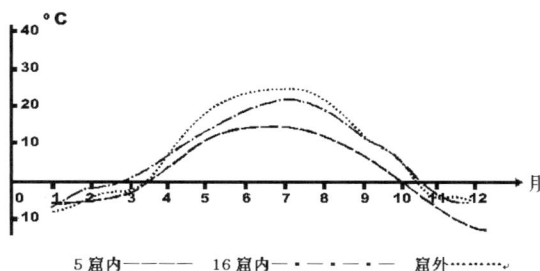

图 4　云冈石窟 1989 年月平均湿度变化

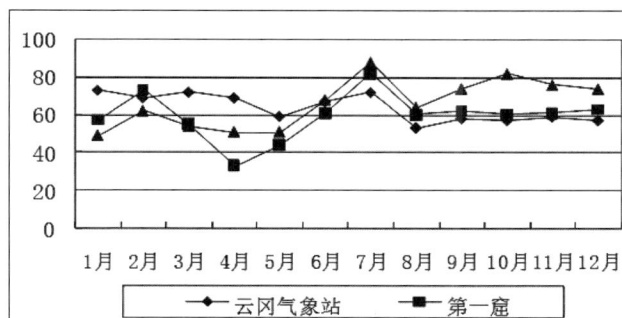

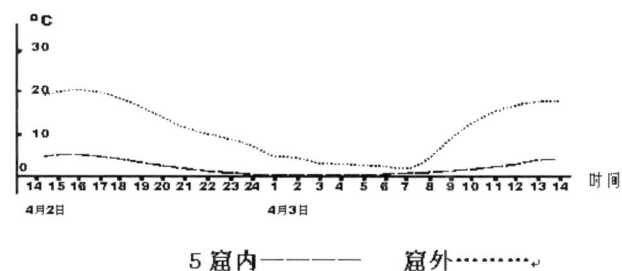

图 5　云冈石窟 1989 年日湿度变化

2.1.2　降水变化情况

云冈石窟的降水变化较为明显，一般降水集中在 6—9 四个月，其降水量为全年降水总量的 77%，一日内最大降水量为 53.6 毫米，一月内最长连续降水量为 71.4 毫米，连续降水时间达 4 天。云冈石窟月降水量见图 6。

2.1.3　蒸发量变化情况

云冈石窟年蒸发量是年降水量的 3—4 倍，蒸发量随季节的不同而变化，4、5、6、7 月最大，占全年总蒸发量的 57.1%，月平均超过 200 毫米。1、2、12 月最低，仅为全年总蒸发量的 7.3%，月平均 20.38 毫米。云冈石窟月蒸发量见图 7。

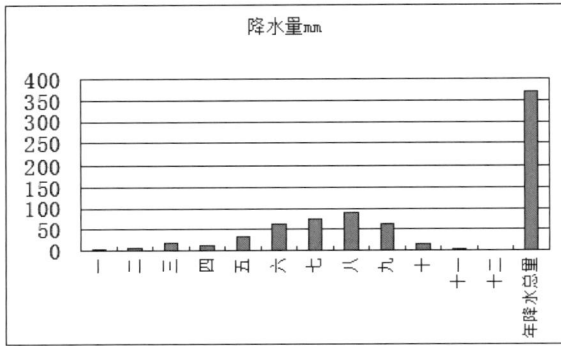

图 6　云冈石窟 1989 年月降水量

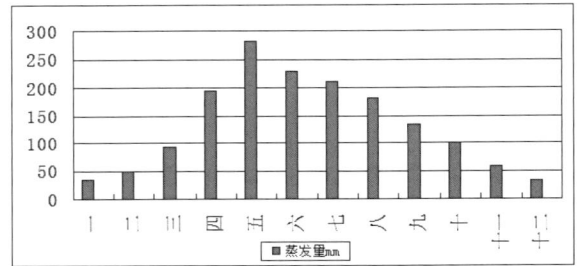

图 7　云冈石窟 1989 年月蒸发量

2.1.4　冰冻变化情况

云冈石窟冰冻期每年从 11 月开始到来年 3 月终，冰冻深度达 1.5 米，在冰冻期一般为晚上结冰，白天融冰，交替变化较为明显，云冈石窟月最高温度、最低温度变化见图 8，可见全年内最高温与最低温相差均在 25℃以上。

2.1.5　风速、风向变化情况

云冈石窟位于武州（周）山北崖，十里河畔的云冈沟内，受地形影响，云冈沟内与大同市区的风向差别悬殊，云冈沟内气流

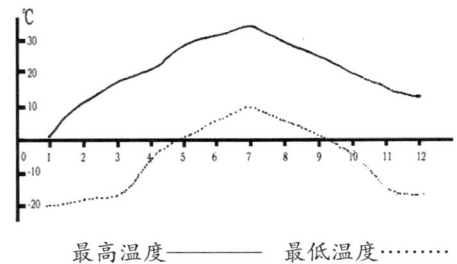

最高温度————　最低温度………

图 8　云冈石窟 1989 年度月最高温度、
最低温度变化

以沿河谷向下游流动为主，风向的垂直分布也表现出明显的渠道效应，山脊以上的流动即摆脱谷地影响。

云冈沟主导风向为西北，次主导风向为西西北，其频率分别为 19%、15%。风速年变化为春天风最大，而 7—9 月风速最小。风速的日变化特点是：冬夏两季白天平均风速基本一样，最大风速夏季出现在 15 时左右，冬季出现在 17 时左右，在夜间 20 时至翌日 8 时，平均风速冬季明显大于夏季。云冈石窟的日风速一般有以下特点：早晚风速小，中午风速大。早上平均风速为 1.8 米／秒，中午平均风速为 3.91 米／秒，晚上平均风速为 2.07 米／秒。

2.2　云冈石窟的大气环境条件

云冈石窟旅游区的大气污染源主要有三种：①工业污染源：主要是石窟周边各厂矿企业燃煤排放的废气和矸石山自燃产生的废气，以及煤场、煤台、运输过程中产生的煤尘。②生活污染源：石窟周边区域居民取暖，炊事用煤产生的污染。③交通污染源：机动车辆排放的尾气、运输过程的扬尘及路面起尘，主要污染物是总悬浮颗粒物（TSP）、二氧化硫（SO_2）、降尘、硫酸盐化速率、氮氧化物（NO_x）和一氧化碳（CO）。对云冈石窟的大气污染物分析如下：

2.2.1　总悬浮颗粒物、降尘及硫酸盐化速率

云冈石窟总悬浮颗粒物、降尘、硫酸盐化速率的污染是严重的。所有的单项污染指数值均大于 1，这说明全部污染指数均超过国家一级标准。1999 年、2000 年 TSP 值超过国家一级标准 7.0 倍和 7.3 倍，但 2000 年 TSP 浓度值低于全市平均水平。而降尘和硫酸盐化速率从 1996—2000 年连续五年的年月平均值全部超标，降尘的超标倍数分别为 2.0、1.8、2.3、1.5、0.4 倍，硫酸盐化速率的超标倍数分别为 1.9、2.2、3.2、3.1 和 2.2 倍（图 9、10、11）。

表12　环境空气质量一级标准

单位：mg/N · m^2

污染物名称	年平均	日平均	1小时平均
SO$_2$	0.02	0.05	0.15
NOx	0.05	0.10	0.15
CO		4.00	10.00
TSP	0.08	0.12	
降尘 *	月均值标准 ＝ 清洁对照点月均值 +T/Km^3·月 年月均值标准 ＝ 清洁对照点月均值 +T/Km^3·月		
硫酸盐化速率 *	月均值标准 ＝0.50mgSO$_3$/100cm^2 碱片·日 年均值标准 ＝0.50mgSO$_3$/100cm^2 碱片·日		

＊注：降尘及硫酸盐化速率均采用国家推荐标准。

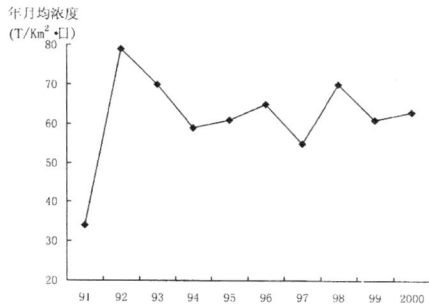

图9　1991—2000年降尘变化及对照图

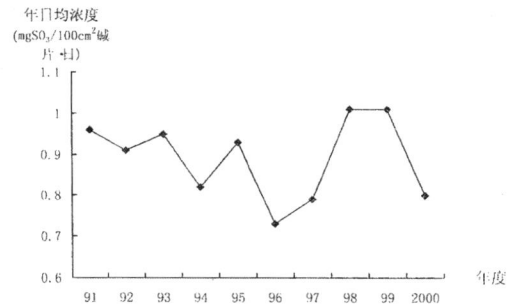

图10　1991—2000年硫酸盐化速率变化情况图

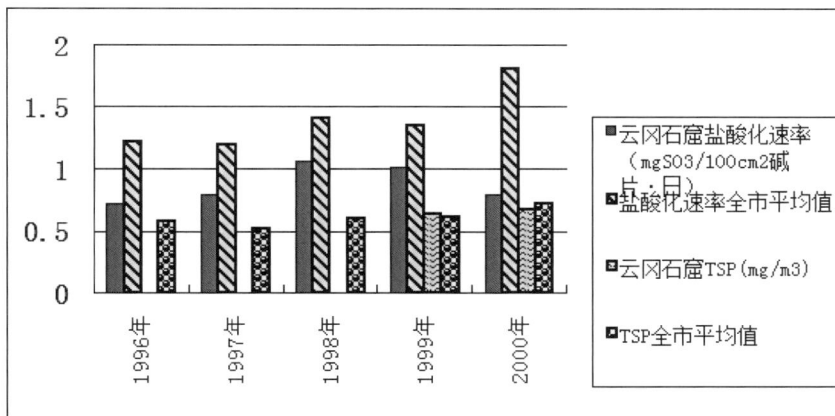

图11　1996—2000年云冈石窟与市内硫酸盐化速率、TSP对比图

2.2.2　二氧化硫（SO$_2$）

1999—2000年SO$_2$年日均值全部超过国家一级标准，超标倍数分别为3.3倍和4.5倍。1999年除第二季度外，其他三个季度均超过日均值1.6倍、1.0倍和0.4倍。2000年四个季度全部超标，超标倍数分别为2.9、1.2、0.5和0.1倍。各年度均以第一季度污染最重。

2.2.3　氮氧化物（NO$_X$）

年均值和各季日均值全部低于国家一级标准。2000 年只有 10% 日均值超标。

2.2.4　一氧化碳（CO）

从 1999 年—2000 年监测结果看，云冈石窟 CO 年日均值和各季日均值均低于国家标准，1999 年日均值超标率只有 10%。

2.2.5　云冈石窟大气污染物的日变化规律

云冈石窟大气污染物浓度的日变化规律，即早 7：00 和晚 19：00 时浓度值较高，中午前后浓度相对较低，基本呈驼峰型分布规律。这与当地的气象变化规律有关，日出前贴地逆温未完全消失，大气较为稳定，不利于污染物的扩散，故出现第一个污染高峰，中午逆温消失，大气由稳定转为不稳定和弱稳定，此时污染物易扩散和稀释，这是一日之中污染物浓度最低的时候，傍晚逆温开始形成，大气又逐步转为稳定状态，因此污染物浓度上升，形成第二个污染峰值（见图 12）。

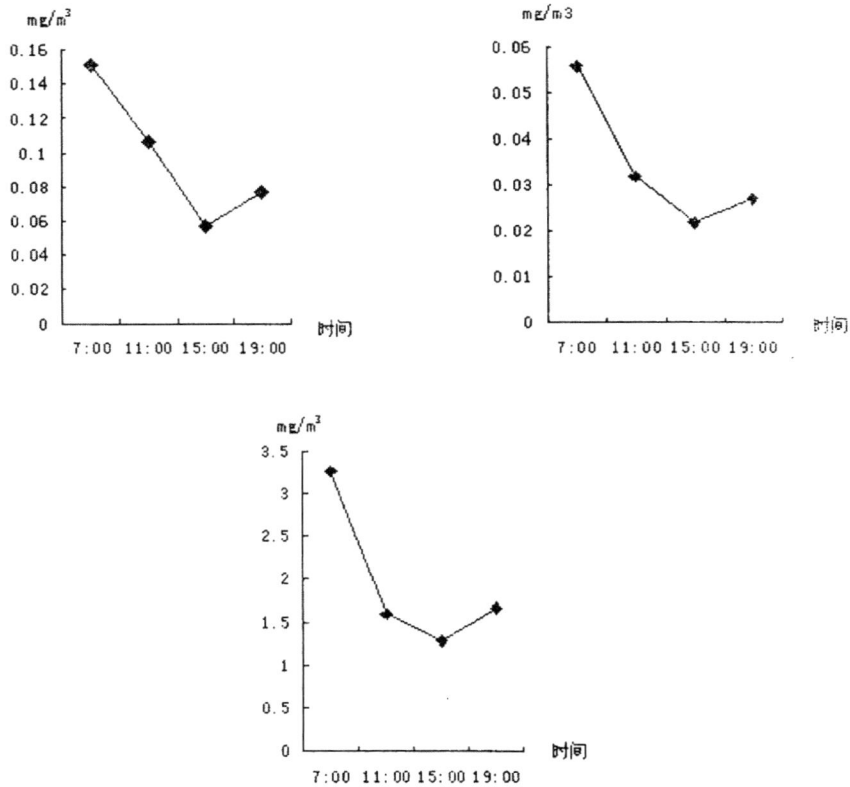

图 12　SO$_2$、NO$_X$、CO 三种污染物随时间变化曲线图

2.2.6　石窟附近大气气溶胶污染现状

大气气溶胶是当前我国大气污染中最主要的污染物之一。它能影响大气中的化学反应，能直接参与大气中云的形成和降水过程，能散射阳光，降低大气能见度，改变大气环境温度以及影响植物的生长，气溶胶粒子会对建筑材料起腐蚀作用，云冈石窟的泥塑彩绘亦极易受到气溶胶腐蚀。

分析结果表明：在云冈石窟，煤飞灰／土壤源是该地气溶胶的主要污染源（见表 13）。冬季气溶胶的主要来源是煤飞灰／土壤和汽车排放，而夏季则是多源性的。

表 13　各污染源对云冈石窟气溶胶 TSP 的贡献 %

季节\比例\源	煤飞灰／土壤	汽车	石灰／建筑	未知
冬季	68.7	23.10		8.02
夏季	41.54	5.10	12.85	40.51

以上分析可以看出：云冈石窟的大气气溶胶污染状态主要是由当地的大气污染源局部地区排放造成的。所以，要保护云冈石窟，必须先治理附近地区的环境问题，尤其削减燃烧飞灰及自然扬尘，应采取燃用煤气和大量绿化的措施来减少大气中气溶胶的来源。

2.3　云冈石窟的水文调查

泥塑彩绘病害机理是一个极其复杂的问题，既与泥塑彩绘本身特性有关，又与泥塑彩绘所在处的水文地质特征有关。所以研究云冈石窟的水文地质特征，对于认识云冈石窟泥塑彩绘病害机理和保护，特别是对泥塑彩绘病害的治理具有重要的意义。

史书记载，云冈石窟依山傍水，北魏郦道元曾有"山堂水殿，烟寺相望"的描述[3]。1993 年考古发掘时，发现在石窟南侧 50 米左右确有建于北魏时期的石砌河坝，现在位于石窟南侧和西侧的十里河是明代时人为改道的。该河在西、南两侧距离石窟均在 400 米以内，为石窟范围内唯一较大的季节性河流，发源于大同市左云县曹家堡北峰北麓，由西向东流经石窟西侧与南侧，又向东 10 千米左右之后在小站村附近注入大同盆地，汇入桑干河，全长 76 公里，汇水面积 1210 平方千米。河床上游宽 50 米，中游宽 200 米，下游最宽处达 600 米，河床坡降为 1—2‰。一般流量 0.64—1.03 立方米／秒，地表迳流在枯水期较小，介于 0.062—1.5 立方米／秒之间；3—4 月份融雪期间，流量稍有增加，在 1.03—3.05 立方米／秒之间；7—9 月份雨季流量最大，在 2.23—5.34 立方米／秒；暴雨期间，洪水来势凶猛，达 145—351 立方米／秒，可查最大洪峰流量为 880 立方米／秒（1969 年 7 月 30 日）。云冈石窟窟底（高程在 1136 米以上）高于河水位 10 米以上。十里河常年迳流均由南北两岸各支流、泉水、降水及矿坑排水补给。冬季冻结，河床冰封至次年 3—4 月份方可解冻。十里河主流流向基本与地层走向垂直，河水补给地下水[4-5]。

云冈石窟被周边煤矿所包围，采煤坑道远在地下水位之下，地下水已长期被疏干，属于水量贫乏的缺水区，现地下水位高程为 1120 米左右，比石窟底板标高低 10 米左右，所以地下水对云冈石窟泥塑彩绘已经构不成威胁。

2.4　云冈石窟泥塑彩绘与岩石中的盐分分析测试

我们对壁画和泥塑及石窟表面砂岩含盐情况作了一个初步的分析测试，从测试结果可以看出地仗层和石窟表面都含有大量相同的可溶性盐，说明这些可溶性盐可能是随水的活动而聚集在岩石表层与泥塑彩绘的地仗层中的，水盐的活动致使泥塑彩绘遭受破坏（表 14 ）。

表 14　泥塑地仗层盐份分析结果

样品序号	检测项目及结果（%）								备注
	Na^+	K^+	Ca^{2+}	Mg^{2+}	Cl^-	SO_4^{2-}	CO_3^{2-}	HCO_3^-	
试样编号 A–1（检验编号 A–1）	1.14	1.79	4.15	0.87	0.25	0.13	4.47	/	具体试样测试方法和试样制备见附件中实验记录一
试样编号 A–2（检验编号 A–2）	1.31	2.10	4.38	0.99	0.20	0.37	4.51	/	
试样编号 B–1（检验编号 B–1）	1.23	2.02	4.39	1.09	0.24	0.15	5.01	/	
试样编号 B–2（检验编号 B–2）	1.13	2.00	4.75	1.12	0.30	0.39	5.15	/	

2.5　云冈石窟渗水记录

从渗水记录可以看出，在大多数有泥塑彩绘的洞窟均有渗水，这些渗水直接影响着泥塑彩绘。反过来，从保护现状调查来看，大部分损坏严重的地方都有渗水现象。

3　存在的病害及原因分析

3.1　泥塑病害种类调查

调查研究表明，云冈石窟泥塑彩绘病害主要有五种形式：（1）脱落、剥离、崩塌；（2）空鼓、裂隙；（3）起甲、酥碱；（4）昆虫、动物引起的病害；（5）人为破坏。分述如下：

3.1.1　脱落、剥离、崩塌

a. 脱落（见图 13—14）

b. 剥离（见图 15—16）

c. 崩塌（见图 17—18）

图 13　第 13 窟后室西北角　　　　图 14　第 13 窟后室西壁　　　　图 15　第 9 窟东壁

图 16　第 13 窟西壁

图 17　第 13 窟北壁东北角

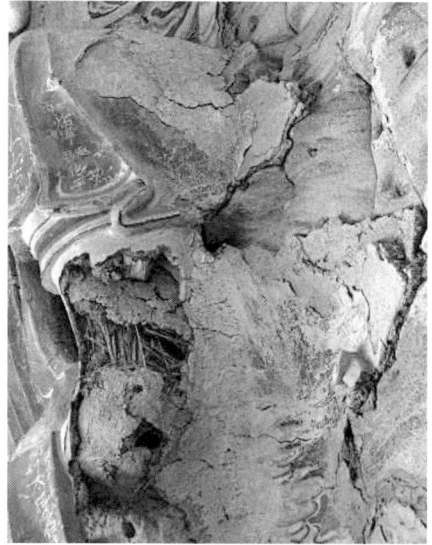

图 18　第 10 窟西壁

3.1.2　空鼓、裂隙

a. 空鼓（见图 19—20）

b. 裂隙（见图 21—22）

3.1.3　起甲、酥碱（见图 23—24）

3.1.4　昆虫、动物引起的病害（见图 25—28）

3.1.5　人为破坏（见图 29—32）

图 19　第 11 窟东壁

图 20　第 13 窟主佛

图 21　第 5 窟外室西壁壁画

图 22　第 5 窟外室东壁壁画

图 23　第 11 窟东壁

图 24　第 11 窟东壁

图 25　第 9 窟后室主佛腿部

图 26　第 9 窟后室西壁

图 27　第 10 窟前室东壁

图 28　第 12 窟后室东壁主佛右肩部

图 29　第 5 窟外室西壁壁画

图 30　第 13 窟主佛腿部

图 31　第 11 窟东壁

图 32　第 11 窟西壁

3.2　壁画和泥塑病害分布情况调查

3.2.1　第 9 窟

（1）第 9 窟前室

a. 剥离，东壁下层两佛龛处及东壁与北壁交会处，南面中央两柱下部；

b. 起甲，北壁东侧下端佛像下部及东壁与北壁交会处部分起甲；

c. 人为破坏，东壁、北壁部分有烟熏痕迹。

（2）第 9 窟后室

①东壁：

a. 剥离，位于主像头部上方的壁画边缘处；

b. 起甲，位于上方石胎泥塑两边的壁画上；

c. 崩塌，位于主像南侧的佛龛龛楣上；

d. 昆虫、动物引起的病害，壁面最上层有鸟类粪便，鸟巢及鸟类活动造成的壁画跌落；

e. 裂隙，主像颈部及胸处各有横向裂隙一条；

f. 人为破坏，壁面下层各处有人为的划痕。

②西壁：

a. 剥离，位于壁画北侧边缘；

b. 崩塌，主像左手大拇指上端；

c. 裂隙，下层近地面壁画上有数条大小纵横的裂隙，其中距地面约 2 米处有一条长约 1 米的较长裂隙；

d. 昆虫、动物引起的病害，壁面最上层有鸟类粪便，鸟巢及鸟类活动造成的壁画跌落；

e. 人为破坏，壁面下端各处有人为的划痕。

③北壁：

a. 崩塌，位于主像身上，占主像身上泥塑总面积的 70% 左右；

b. 裂隙，主像右腿处有数条较小裂隙，佛身东侧亦有数条；

c. 起甲，主像双手均有不同程度的起甲，左手更为严重；

d. 昆虫、动物引起的病害，壁面最上层有鸟类粪便，鸟巢及鸟类活动造成的壁画剥落；

e. 人为破坏，壁面下端各处有人为的划痕。

3.2.2　第 10 窟

（1）第 10 窟前室

a. 剥离，西壁下部佛龛，北壁西侧上、下龛内均有脱落；

b. 起甲，西壁西部佛龛内。

（2）第 10 窟后室

①东壁：

a. 水害，北侧有阴湿；

b. 剥离，主像面部及身上各处，北侧边缘；

c. 崩塌，佛像头部南侧一裂隙南侧壁画崩塌；

d. 空鼓，下层部分空鼓；

e. 裂隙，下层有数条较小裂隙；

f. 人为破坏，下部有人为刻痕及书写痕迹散布各处。

②南壁：

a. 空鼓，下部部分；

b. 裂隙，下部数条较小裂隙纵横；

c. 人为破坏，下部人为刻画严重，并有书写痕迹。

③西壁：

a. 剥离，分布于各处；

b. 崩塌，主像左臂及上层南部部分；

c. 空鼓，位于下层；

d. 裂隙，下部数条小裂隙纵横；

e. 起甲，下部及主像头部上方，南侧上角；

f. 人为破坏，下部有刻痕。

④北壁：

a. 剥离，佛像背部周围；

b. 裂隙，主像身上；

c. 起甲，主像及壁画均有起甲；

d. 人为破坏，刻痕分布于主像身上及下部。

⑤顶部：

a. 剥离，分布于壁画边缘；

b. 起甲，分布于壁画边缘。

4.2.3　第 11 窟

①东壁

a. 水害，一、三、五层北侧有盐分析出；

b. 脱落，一、三、五层北侧大片脱落，另有局部小块脱落；

c. 空鼓，东壁一层北侧大部分空鼓，其他局部有空鼓现象；

d. 裂隙，一层壁画小裂隙较多而且严重，其他部分有许多小裂隙；

e. 起甲，五层北侧残留壁画有起甲；

f. 人为破坏，一层有较多刻痕。

②中心塔柱东面

a. 水害，北下角有盐分析出；

b. 脱落，两侧距地面约 3 平方米的部分脱落；

c. 空鼓，北侧局部有空鼓；

d. 人为破坏，下部刻痕严重。

③南壁

a. 剥离，下层东侧；

b. 崩塌，下层西侧的泥塑；

c. 空鼓，下层东侧；

d. 裂隙，门拱上方的一列壁画。

④中心塔柱南面

a. 空鼓，主佛左下方；

b. 起甲，主佛身上在泥层上贴纸，然后彩绘主佛右下方的纸层起甲（注：这种情况在罗汉殿同样出现）；

c. 人为破坏，大量人为划痕。

⑤西壁

a. 水害，上层水害严重，导致大部分壁画的画层及颜料层脱落；下层北部部分画层脱落，画面模糊不清；

b. 剥离，上层与石刻部分相接处，约1.0平方米；下层底部，面积约0.4平方米，厚度约1—5厘米；

c. 空鼓，上层，散落于各处；下层，亦有数处；

d. 人为破坏，下部，有人为划痕多处。

⑥中心塔柱西面

a. 空鼓，塔柱下部南北两边部分空鼓，壁面北部靠佛头处局部空鼓；

b. 人为破坏，下部有划痕多处，黑色书写痕迹一处，佛身下部及壁面北部靠佛身下部处较严重。

⑦北壁

水害，由于水的原因，壁画大面积脱落。

⑧中心塔柱北面

a. 剥离，下层有少量；

b. 空鼓，下层主佛的东面和西面有大量；

c. 起甲，下层主佛的东面和西面有大量；

d. 人为因素，大量人为划痕。

3.3 病害成因

3.3.1 大面积脱落、剥离、崩塌

病害调查结果表明，水是引起泥塑彩绘破坏的主要原因，水蒸发后引起"干缩"应力，破坏了泥塑及壁画的地仗层与岩体表面的粘接结构及强度。随着地仗层与岩体粘结强度的下降，致使地仗层开裂，同时随着地仗层的木楔子糟朽腐烂，在它们自身重力作用下脱离岩体，最终导致泥塑和壁画脱落、剥离、崩塌。

3.3.2 空鼓

空鼓分为地仗层空鼓、细泥层空鼓与颜料层空鼓。在上述地仗层病害中，由于局部病变的迅速发展，局部地仗土粉化、脱落而造成颜料层悬空。

3.3.3 起甲

由于窟内气候环境的影响，画层中的水分不断蒸发，这种水的长期活动使得颜料层在湿胀作用下起甲。

3.3.4 昆虫、动物引起的病害

调查发现，在洞窟中有各种昆虫，鸽子、麻雀等鸟类出现，有时飞来飞去不时在泥塑彩绘表面留下划痕，致使颜料层剥落，同时在表面还发现各种昆虫和鸟类的排泄物，这些排泄物中很可能含有蛋白质之类有机物和酸性物质，危及泥塑彩绘画面。

3.3.5 人为破坏

调查中发现，壁画和泥塑彩绘上存在着许多人为划痕和题字，这种人为因素的破坏严重地损坏了壁画和泥塑彩绘。

3.4 病害机理分析及影响因素

总体来看，洞窟 2 米以下的壁面的壁画几乎都已脱落，这些都是因为毛细水的作用所制，尤其是雨后雨水倒灌进洞窟，毛细水作用更为强烈。"八五工程"（1992—1997 年）之后这个问题得到了根治。其次，洞窟北壁泥塑彩绘脱落严重，个别洞窟（例如第 11 窟）北壁的壁画已经荡然无存，究其原因，是因为洞窟北壁与山体相连，有水渗出，在水盐作用及其他外界因素的综合作用下泥塑彩绘脱落。而在没有渗水、通风较好的地方，泥塑彩绘保存相对较好，例如第 12 窟的前室等。

3.4.1 病害机理

研究表明，水的存在与水盐的活动作用之间存在着密切关系。由于地仗岩体中存在大量可溶性盐分，随着水的渗透，盐分迁移至壁画地仗及颜料层表面，而且随着地仗中水分的流失，大量的盐分在地仗中重结晶形成晶体并不断积累起来。

通常，壁画和泥塑彩绘发生病变是由于壁画和泥塑彩绘内部结构中的水分蒸发引起的。随着水分的蒸发，水中的可溶性盐类就会在壁画内部（岩体表层与表下层、地仗层、颜料层）结晶，破坏壁画内部结构，从而导致壁画酥碱破碎和脱落。水分中的可溶盐结晶于何处，由洞窟空气气象环境及水的运动情况所决定。壁画和泥塑彩绘病变是一个相当复杂的物理化学过程，影响因素很多，主要有以下四个方面：①地仗层中是否含可溶盐及其含量多少；②洞窟空气气象环境；③泥塑彩绘内部的水分含量及移动方向；④洞窟岩体中所含可溶盐。所以，存在壁画和泥塑彩绘中的水分及溶解在水中的可溶盐是壁画和泥塑彩绘病害成因的基本物质条件，而水分的蒸发则是病变发生的主要原因。决定水分蒸发的关键因素有两个，其一是壁画和泥塑彩绘自身的状况（制作工艺及材料的化学成分），其二是洞窟内空气气象环境（温度、湿度、空气流通速率等）[6-7]。

关于其一，如果洞窟岩体及地仗材料多孔，则水很容易渗入岩体内部，材料中含有可溶盐，泥塑彩绘含水的情况下，一方面溶解了这些盐，改变了壁画原本相对稳定的结构；另一方面，材料中的某些矿物质随着吸水与失水而产生"湿胀干缩"效应，产生各种机械压力，彩绘的稳定性进一步到受到破坏[8-10]。

关于其二，空气气象环境决定着壁画中水分蒸发的可能与否，因此也就决定了水分中盐的结晶过程与地点。云冈石窟壁画和泥塑彩绘材料中，围岩中的胶结物、壁画地仗土及水质等都普遍含盐，是壁画和泥塑彩绘病害产生的关键因素。但是，如果没有水的参与，只有可溶盐存在也不可能产生壁画和泥塑彩绘病变。

例如第 9 ~ 13 窟东西两壁的上部壁画中尽管可溶盐较多，但未遭受水的作用，至今壁画仍完好无损。此外，同是一个洞窟中的地仗材料，水所能到达的地点发生了病变，而水不能到达的地方，壁画和泥塑彩绘保存比较完整。这些都充分证明水在壁画和泥塑彩绘病变中承担着溶解、运载、富积盐分的角色，是引起壁画和泥塑彩绘病变的关键因素之一，也是壁画和泥塑彩绘病变中最为活跃的因素。因此，岩体中水分的来源及分布是决定病变发生以及发展的关键因素，也是防治病害发生首先应考虑的因素。水溶解了岩体中的可溶盐后，向壁画和泥塑彩绘表面移动，水分蒸发后，这些可溶性盐在壁画和泥塑彩绘内部结晶，当有新的水分通过彩绘表面蒸发后，不但使得壁画和泥塑彩绘内部的含盐量越积越多，而且这些盐分的结晶位置始终处于变动之中，这样破坏腐蚀壁画和泥塑彩绘内部结构导致其发生病变[8-9]。

云冈石窟泥塑彩绘的现状调查及洞窟渗水记录表明，在大多数存有泥塑彩绘的洞窟都有渗水，而且凡渗水严重的地方泥塑彩绘几乎荡然无存，同一洞窟无渗水的干燥地方，泥塑彩绘保存较好。同时调查还表明，地仗层较厚的泥塑壁画大部分表层画层保存较好，而地仗层较薄的泥塑壁画表层病害比较严重。并且在潮湿的地方，泥塑彩绘的病害较发育。窟内色彩保存完好，而窟外保存较差。有前后室的洞窟，后室保存情况较前室好，其表现形式和病变程度因洞窟而异，总体上具有以下几条规律：

①水是壁画和泥塑彩绘产生病害的关键因素，也是我们防止病害发生要控制的关键环境因素。降水通过洞窟窟顶崖体或裂隙以及窟内的凝结水入渗到洞窟岩体中的，通过吸水、失水等过程腐蚀地仗层。病害不只是物理过程，在其病变过程中伴随化学反应发生。

②云冈石窟气象环境特点是昼夜温差大，受窟内温湿度变化的影响，壁画和泥塑彩绘中的可溶盐始终处于"溶解—结晶"的频繁活动中。

③从时间角度看，全年各月都存在着水分蒸发，每年夏季（6—8 月）是病变最严重的时期。这一时期正对应着降水量最高时期，洞窟壁画和泥塑彩绘这一期间最易受到侵蚀。由于各个洞窟环境条件的差异，病害在洞窟中的表现也不尽相同，如泥塑彩绘大面积脱落、起甲等。

④导致云冈石窟洞窟壁画和泥塑彩绘病害发生的主要是可溶性盐类，随着洞窟温湿度变化，在泥塑彩绘表面不断发生风化、潮解，不断失去结晶水或形成结晶水合物，形成含不同水分子的结晶水合物，致使壁画和泥塑彩绘颜料层发生龟裂、起甲、酥碱，引起泥塑彩绘颜料层及地仗层剥离、脱落[6、11]。

综合以上全部讨论结果，云冈石窟泥塑彩绘的病害机理为：由于水的作用，地仗层失去粘结力，导致地仗层与附着的岩体发生开裂，在它们自身重力的作用下发生脱落、剥离、崩塌、裂隙等。

总之，产生病害的主要原因是水的活动，同时又受气候环境、水文地质等因素影响。

3.4.2　影响因素

（1）温度

温度分析研究证明。温度是引起地仗脱落的外因。随着温度变化，泥塑彩绘颜料层与地仗层、地仗层与岩层、岩层与岩层之间发生不同程度的膨胀收缩，减弱了层与层之间的结合力，致使泥塑彩绘空鼓、剥离。由于长期作用，引起壁画和泥塑彩绘地仗层脱落[12]。

（2）湿度

湿度分析研究证明，湿度也是引起地仗脱落的外因之一，湿度的不断变化直接引起地仗岩体中盐分的异常活动，降低地仗材料的物理强度，造成地仗破坏[12-14]。

（3）光照和相对湿度

光照和相对湿度的高低对壁画颜料老化变色影响因颜料品种不同而异。土红是一种很稳定的红色颜料，通常情况下湿度和光都不会使它产生变色。但是在高湿度条件下，土红颜料表面容易吸水，使其色度变深，但这只不过是一种可逆性的物理变化，当颜料变得干燥后又恢复原来的色度。铅白也是一种较稳定的白色颜料。通常状况下湿度变化和光照都不会使它产生明显变色。光照可以使朱砂色度明显变暗，但不受湿度变化影响。湿度和光照是铅丹变色的最主要因素，当相对湿度大于或等于 70% 时，光照加速铅丹的老化变色[15-19]。

（4）水汽

地仗脱落证据表明，岩体中所含的水汽是泥塑彩绘地仗脱落及产生洞窟潮湿环境的重要原因[12]，从水汽的运动方向看，其水汽、水分渗透方向透过岩层由内向外。洞窟地仗中水汽、水分来源主要有两种可能：山顶渗水、窟内凝结水。

（5）大气环境

近年来随着外界环境的变化，洞窟环境相应地也发生了变化，外界环境也是影响洞窟环境的一个不可忽视的因素之一[20-21]。云冈石窟环境监测表明，空气中的有害气体均超过国家一级标准。经过长期的观察，我们发现壁画和泥塑彩绘有所褪色，这和云冈石窟的环境条件是有一定关系的，当洞窟空气中的颗粒物附着在壁画和泥塑彩绘表面时，由于这些颗粒物本身具有一定的腐蚀性和表面活性，它自身不仅会对壁画和泥塑彩绘产生损坏，而且会吸附有害的潮湿气体，如二氧化硫（SO_2）、氮氧化物（NO_x）和一氧化碳（CO）等，生成酸性介质，加速对壁画和泥塑彩绘的损坏[22]。

（6）昆虫对石窟壁画的危害

昆虫对石窟壁画的危害主要是：成虫飞行时碰撞壁画，使起甲、酥碱严重的壁画脱落；鳞粉及成虫排泄物撒落在壁画表面，严重污染壁画。更为严重的是，昆虫排泄物中的水分、有机物质与壁画地仗成分、颜料成分起化学反应，引起局部壁画颜料褪色、变色，甚至导致颜料层翘起、脱落，加速了壁画病害的发生[23-26]。

因此，对石窟的壁画和泥塑彩绘进行全面详细的调查、评估保存现状及研究病害机理是非常必要和迫切的，而采用合适的材料和合理的工艺对壁画和泥塑彩绘进行加固治理对壁画和泥塑彩绘的保护和长期保存具有更深远的意义。

4　云冈石窟壁画和泥塑彩绘分析及所用材料的测试分析

云冈的彩绘分为两种：一种是泥塑形式，一种是壁画形式。泥塑又大致分为木骨泥塑和石胎泥塑，木骨泥塑数量较少。石胎泥塑中一些是在已风化的石雕上进行包泥彩绘的，而另外一些是在保存较为完整的石雕上进行包泥彩绘的，后者就对我们将采用的加固材料提出更高的要求，它既要有适当的力学强度，能够满足我们加固的需要，又要具有可逆性、无腐蚀性等，也就是说使用这种材料后既能起到加固保护泥塑的作用，又不会对包有泥塑的石雕造成损坏。

4.1　壁画和泥塑的分析

4.1.1　壁画和泥塑成分分析（见表 15）

表 15　壁画和泥塑制作成份分析结果

项目编号	试块重量(g)	层次	厚度（cm）	纤维（%）	泥土（%）	砂（%）	取样地点
1	9.2654	画层	0.42	3.1%	66.5%	30.4%	
2	8.6383	画层	0.44	2.7%	68.3%	29.0%	
3	11.1427	画层	0.51	3.5%	63.8%	32.7%	
4	7.0831	画层	0.59	3.6%	64.2%	32.2%	
5	5.0615	画层	0.58	8.4%	61.9%	29.7%	第 13 窟西北角脱落处
6	67.6945	地仗层	3.21	1.7%	86.2%	12.1%	
7	55.9038	地仗层	2.82	2.2%	83.9%	13.9%	
8	106.1756	地仗层	5.81	0.7%	85.2%	14.1%	
9	59.1785	地仗层	2.43	1.0%	87.1%	11.9%	
10	58.2541	地仗层	2.22	0.8%	86.1%	13.1%	

审核：苑静虎　　　　　　　　　　　　　　　　实验：牛春、温晓龙

4.1.2　壁画和泥塑比重分析（见表 16）

表 16　壁画和泥塑比重测试结果

项目编号	体积（cm³）	重量（g）	比重（g/cm³）	平均（g/cm³）	采样地点
1	9.62	15.9022	1.653		五华洞（第 9 ~ 13 窟）
2	6.21	8.5175	1.372		
3	9.48	14.0814	1.485	1.529	
4	13.12	19.8998	1.517		
5	17.32	27.4764	1.586		
6	1.80	2.1882	1.216		五华洞（第 9 ~ 13 窟）
7	2.00	3.7148	1.857	1.618	
8	3.90	6.6270	1.699		
9	4.12	6.8134	1.654	1.618	五华洞（第 9 ~ 13 窟）
10	4.20	6.9865	1.663		

4.1.3　厚度与重量

根据云冈现存的包泥彩绘塑像和壁画情况的调查，云冈的包泥彩绘塑像的地仗层薄厚不一，最厚的地仗层厚度可达 15 厘米，最薄的地仗层为 4 厘米。画层比较均匀，平均厚度为 0.5 厘米。通过对云冈地仗层和画层的比重测试分别为 1.529 克 / 立方厘米和 1.611 克 / 立方厘米。由此可推算出每平方厘米的地仗层深 1 厘米的厚重为 1.529 克。每平方厘米画层深 1 厘米的厚重为 1.611 克。由此计算出最厚地仗层每平方厘

米重为 22.935 克，最薄地仗层每平方厘米重为 6.116 克，画层每平方厘米重为 0.806 克。根据我们对云冈石窟洞窟中的泥塑、壁画彩绘的比重分析，地仗层与画层的比重分别为 1.529 克 / 立方厘米和 1.611 克 / 立方厘米，地仗最厚层为 15 厘米，画层平均厚度为 0.5 厘米，由此而计算出地仗层产生的最大应力为 0.023 千克力 / 平方厘米，画层产生的应力为 0.00081 千克力 / 平方厘米。

云冈石窟泥塑彩绘的破坏应力分为两种，一种是拉伸力，一种是剪切力。有些地方是由于拉伸力作用而破坏的，有些地方是由于剪切力作用而破坏的，还有一些地方是上述两种应力同时作用而破坏的。所以，我们选择的材料在力学强度方面应当要满足云冈石窟泥塑彩绘的加固要求。

4.2 拟采用的材料

4.2.1 文物保护的原则

文物作为特殊的保护对象，其保护处理一般遵循以下原则：①只在十分必要的情况下，才对文物实施保护性处理；②不改变文物的原貌，保持石质品表面的美观；③在保护方面兼具有效性和持久性；④保护材料具有可逆性，以便于将来的再处理；⑤符合生态要求，在选择保护材料的同时，必须考虑施工条件和对周围环境的影响[27]。

4.2.2 材料的筛选

针对云冈石窟的气象环境特征，除选用在莫高窟使用成功的聚醋酸乙烯酯乳液外，我们又考虑增加了聚乙烯醇缩丁醛和丙烯酸酯，这三种材料也是目前国际、国内比较常用的壁画和泥塑修复材料。以聚醋酸乙烯酯乳液和丙烯酸酯为主要原料的产品更是种类繁多，例如普通白乳胶和 Paraloid B72。普通白乳胶可以满足云冈石窟泥塑的粘接强度要求，但它的耐水性较差，和水互溶，而云冈石窟有泥塑彩绘的窟内都有水的活动，所以普通白乳胶不能满足云冈石窟泥塑彩绘的加固要求，需要选用改性后的耐水性能好的白乳胶。再如 Paraloid B72，它是以丙酮作为溶剂使用的，在馆藏文物的修复方面及其他地方使用较为成熟，但在云冈石窟使用时，发现 Paraloid B72 的渗透效果欠佳，用 Paraloid B72 丙酮溶液加固塑像表面时，低浓度情况下，溶剂挥发过快、渗透时间短、粘接效果不好，且对塑像表面颜料颜色改变较大。材料筛选的同时发现聚乙烯醇缩丁醛的乙醇溶液渗透加固效果较好，而且不炫光，4115 建筑胶（主要成分为丙烯酸酯）的粘接效果较好。所以我们拟采用聚乙烯醇缩丁醛、耐水白乳胶（主要成分为聚醋酸乙烯酯乳液）、4115 建筑胶作为本次研究选用的材料。

4.2.3 拟采用的材料

基于文物保护对材料的特定要求，我们拟采用聚乙烯醇缩丁醛、耐水白乳胶、4115 建筑胶作为本次研究选用的材料。以下就这三种材料的化学和物理性质逐一介绍。

（1）聚乙烯醇缩丁醛

聚乙烯醇缩丁醛是由聚乙烯醇和丁醛在酸的催化作用下，缩合反应而成的合成树脂。聚乙烯醇缩丁醛的制备：将聚乙烯醇溶于水中，边搅拌边往溶液中加入盐酸和丁醛，在强烈搅拌下，混合物于 35℃回流 20min，开始析出聚乙烯醇缩丁醛，然后混合物继续反应 30min，接着升温至 50℃下反应 30min，再升到 60℃下反应 1h，冷却沉淀干燥，产品为白色粉末。

主要性质：①聚乙烯醇缩丁醛依其组成不同，物理性质和化学性质不同，且随聚合度的变化，机械性质和溶液性质有所改变。②溶解性：可溶于醇类、酯类、酮类等溶剂中，也可使用乙醇和芳香烃类混合物作为溶剂。③相溶型：a. 相溶的树脂：酚醛树脂、脲醛树脂、三聚氰胺树脂、环氧树脂、天然树脂等。b. 相溶的增塑剂：邻苯二甲酸酯类、磷酸酯类、癸二酸及已二酸酯类等。④具有良好的透光性、绝缘性、耐候性、耐磨、耐水、耐油、耐老化、耐无机酸和脂肪烃的作用。此外，聚乙烯醇缩丁醛无毒、无嗅、无腐蚀性。

（2）耐水白乳胶

耐水白乳胶是用聚醋酸乙烯单体经乳化聚合反应制得的一种热塑性胶，其外观为细腻粘稠白色乳液，溶于水，无毒无味、无腐蚀、无污染；具有很强的粘接力和成膜性，可在室温下干燥、粘合面柔软、抗冲击、耐老化，性能优良。普通白乳胶存在着耐水性能差、耐低温性能差、粘接力低、抗冻融性能差等弊病。因此我们采用新型的耐水白乳胶，它克服了普通白乳胶的弊端，其技术指标见下表 17。

表 17　耐水白乳胶技术指标

外观	蒸发剩余物%	残存单体%	灰分%	PH 值
白色乳状液	35.0 ± 2.0	≤ 0.5	≤ 3.0	4—6

（3）4115 建筑胶

4115 建筑胶具有以下特点：常温快速固化，粘接强度高，耐寒、抗热、抗湿、耐水，耐氧化、耐紫外线辐射，在 −40℃至 80℃可以使用。

这三种材料均不溶于水，而且很容易被酒精溶去，这种物理性质正好满足了我们对材料可逆性的要求，非常适用于云冈具有双层文化层（石雕层和泥塑层）泥塑的加固。

4.2.4　实验结果分析

（1）测试实验结果

通过调研过去所做的工作，我们选用了聚乙烯醇缩丁醛、聚醋酸乙烯乳液酯、丙烯酸酯三种材料分别作了拉伸强度、剪切强度和粘度测试，测试结果如下。

a. 粘度测试结果（见表 18）

表 18　粘度测试结果

编号	测试值(cp)	项目说明	备注
项目编号 1#（检验编号 4#）	0	空白试样	无水乙醇（分析纯）
项目编号 2#（检验编号 1#）	2	3% 的聚乙烯醇缩丁醛乳液	具体配制方法由实验记录得出
项目编号 3#（检验编号 2#）	4	5% 的聚乙烯醇缩丁醛乳液	
项目编号 4#（检验编号 4#）	71	7% 的聚乙烯醇缩丁醛乳液	
项目编号 5#（检验编号 5#）	3200	1：2 的聚醋酸乙烯酯乳液	
项目编号 6#（检验编号 6#）	3800	聚醋酸乙烯酯乳液	纯的聚醋酸乙烯酯乳液

②拉伸强度测试实验结果

a. 空白试样（泥块—泥块）的拉伸强度测试结果（见表 19）

表 19 空白试样（泥块—泥块）的拉伸强度测试结果

编号	样品编号	测试值（MPa）	平均值	说明	备注
项目编号 7[#] （检验编号 6#）	7[#]—1	0.46	0.50MPa ＝5.102 千克力 / 平方^{厘米}		具体配制方法 由实验记录得出
	7[#]—2	0.53			
	7[#]—3	0.51			
	7[#]—4	0.48			
	7[#]—5	0.52			

b. 聚乙烯醇缩丁醛乳液拉伸强度测试结果（见表 20—22）

表 20 3% 的聚乙烯醇缩丁醛乳液（泥块—泥块）拉伸强度测试结果

编号	样品编号	测试值（MPa）	平均值	说明	备注
项目编号 8[#] （检验编号 1#）	8[#]—1	0.68	0.77MPa ＝7.857 千克力 / 平方^{厘米}		具体配制方法 由实验记录得出
	8[#]—2	0.89			
	8[#]—3	0.74			
	8[#]—4	0.74			
	8[#]—5	0.80			

表 21 5% 的聚乙烯醇缩丁醛乳液（泥块—泥块）拉伸强度测试结果

编号	样品编号	测试值（MPa）	平均值	说明	备注
项目编号 9[#] （检验编号 2#）	9[#]—1	0.81	0.84MPa ＝8.571 千克力 / 平方^{厘米}		具体配制方法 由实验记录得出
	9[#]—2	0.85			
	9[#]—3	0.87			
	9[#]—4	0.84			
	9[#]—5	0.83			

表 22 7% 的的聚乙烯醇缩丁醛乳液（泥块—泥块）拉伸强度测试结果

编号	样品编号	测试值（MPa）	平均值	说明	备注
项目编号 10[#] （检验编号 3#）	10[#]—1	1.27	1.22MPa ＝12.449 千克力 / 平方^{厘米}		具体配制方法 由实验记录得出
	10[#]—2	1.25			
	10[#]—3	1.19			
	10[#]—4	1.16			
	10[#]—5	1.23			

b. 聚醋酸乙烯酯乳液拉伸强度测试结果（见表 26—27）

表 23　1：2 的聚醋酸乙烯酯乳液（泥块—泥块）拉伸强度测试结果

编号	样品编号	测试值（MPa）	平均值	说明	备注
项目编号 11#（检验编号 0#）	11#—1	0.58	0.66MPa ＝6.735 千克力 / 平方厘米		具体配制方法由实验记录得出
	11#—2	0.72			
	11#—3	0.68			
	11#—4	0.63			
	11#—5	0.69			

表 24　聚醋酸乙烯酯乳液（泥块—泥块）拉伸强度测试结果

编号	样品编号	测试值（MPa）	平均值	说明	备注
项目编号 12#（检验编号 5#）	12#—1	1.58	1.62MPa ＝16.530 千克力 / 平方厘米		具体配制方法由实验记录得出
	12#—2	1.61			
	12#—3	1.64			
	12#—4	1.63			
	12#—5	1.64			

表 25　聚醋酸乙烯酯乳液（泥块—岩块）拉伸强度测试结果

编号	样品编号	测试值（MPa）	平均值	说明	备注
项目编号 13#（检验编号 ⑧#）	13#—1	0.97	0.93MPa ＝9.490 千克力 / 平方厘米	在粘接部位外断裂	具体配制方法由实验记录得出
	13#—2	0.92			
	13#—3	0.95			
	13#—4	0.87			
	13#—5	0.92			

d. 丙烯酸酯乳液拉伸强度测试实验结果（见表 26—27）

表 26　1：2 的丙烯酸酯乳液（泥块—泥块）拉伸强度测试结果

编号	样品编号	测试值（MPa）	平均值	说明	备注
项目编号 14#（检验编号 4#）	14#—1	1.33	1.27MPa ＝12.959 千克力 / 平方厘米		具体配制方法由实验记录得出
	14#—2	1.21			
	14#—3	1.24			
	14#—4	1.30			
	14#—5	1.27			

表 27　丙烯酸酯乳液（泥块—岩块）拉伸强度测试结果

编号	样品编号	测试值（MPa）	平均值	说明	备注
项目编号 15#（检验编号⑨#）	15#—1	1.18	1.13MPa＝11.531 千克力/平方厘米	在粘接部位外断裂	具体配制方法由实验记录得出
	15#—2	1.07			
	15#—3	1.15			
	15#—4	1.13			
	15#—5	1.14			

③剪切强度测试试验结果

a. 聚醋酸乙烯酯乳液剪切强度测试结果（见表 28—29）

表 28　聚醋酸乙烯酯乳液（泥块—泥块）剪切强度测试结果

编号	样品编号	测试值（MPa）	平均值	说明	备注
项目编号 16#（检验编号①#）	16#—1	0.47	0.56MPa＝5.714 千克力/平方厘米	在粘接部位以外断裂	具体配制方法由实验记录得出
	16#—2	0.58			
	16#—3	0.60			
	16#—4	0.62			
	16#—5	0.53			

表 29　聚醋酸乙烯酯乳液（泥块—岩块）剪切强度测试结果

编号	样品编号	测试值（MPa）	平均值	说明	备注
项目编号 17#（检验编号②#）	17#—1	0.40	0.42MPa＝4.286 千克力/平方厘米	在粘接部位以外断裂	具体配制方法由实验记录得出
	17#—2	0.47			
	17#—3	0.39			
	17#—4	0.41			
	17#—5	0.43			

b. 丙烯酸酯乳液剪切强度测试结果（见表 30—31）

表 30　丙烯酸酯乳液（泥块—泥块）剪切强度测试结果

编号	样品编号	测试值（MPa）	平均值	说明	备注
项目编号 18#（检验编号③#）	18#—1	0.58	0.65MPa＝6.633 千克力/平方厘米	在粘接部位以外断裂	具体配制方法由实验记录得出
	18#—2	0.62			
	18#—3	0.72			
	18#—4	0.67			
	18#—5	0.66			

表 31　丙烯酸酯乳液（泥块—岩块）剪切强度测试结果

编号	样品编号	测试值（MPa）	平均值	说明	备注
项目编号 19#（检验编号④#）	19#—1	0.45	0.48MPa＝4.898 千克力 / 平方厘米	在粘接部位以外断裂	具体配制方法由实验记录得出
	19#—2	0.51			
	19#—3	0.48			
	19#—4	0.52			
	19#—5	0.44			

c. 5% 的聚乙烯醇缩丁醛乳液剪切强度测试结果（见表 32—33）

表 32　5% 的聚乙烯醇缩丁醛乳液（泥块—泥块）剪切强度测试结果

编号	样品编号	测试值（MPa）	平均值	说明	备注
项目编号 20#（检验编号 A#）	20#—1	0.55	0.55MPa＝5.612 千克力 / 平方厘米	在粘接部位以外断裂	具体配制方法由实验记录得出
	20#—2	0.54			
	20#—3	0.59			
	20#—4	0.52			
	20#—5	0.56			

表 33　5% 的聚乙烯醇缩丁醛乳液（泥块—岩块）剪切强度测试结果

编号	样品编号	测试值（MPa）	平均值	说明	备注
项目编号 21#（检验编号 A1#）	21#—1	0.61	0.61MPa＝6.224 千克力 / 平方厘米	在粘接部位以外断裂	具体配制方法由实验记录得出
	21#—2	0.57			
	21#—3	0.61			
	21#—4	0.61			
	21#—5	0.67			

d. 7% 的聚乙烯醇缩丁醛乳液剪切强度测试结果（见表 34—35）

表 34　7% 的聚乙烯醇缩丁醛乳液（泥块—泥块）剪切强度测试结果

编号	样品编号	测试值（MPa）	平均值	说明	备注
项目编号 22#（检验编号 B#）	22#—1	0.55	0.57MPa＝5.816 千克力 / 平方厘米	在粘接部位以外断裂	具体配制方法由实验记录得出
	22#—2	0.58			
	22#—3	0.60			
	22#—4	0.55			
	22#—5	0.59			

表 35　7% 的聚乙烯醇缩丁醛乳液（泥块—岩块）剪切强度测试结果

编号	样品编号	测试值（MPa）	平均值	说明	备注
项目编号 23#（检验编号 B¹#）	23#—1	0.63	0.64MPa ＝6.531 千克力 / 平方厘米	在粘接部位以外断裂	具体配制方法由实验记录得出
	23#—2	0.65			
	23#—3	0.62			
	23#—4	0.63			
	23#—5	0.66			

（2）拉伸强度结果分析

用 3%、5%、7% 的聚乙烯醇缩丁醛处理后的样品拉伸强度分别为 7.857 千克力 / 平方厘米、8.571 千克力 / 平方厘米、12.449 千克力 / 平方厘米，拉伸强度随聚乙烯醇缩丁醛浓度提高而增大，比空白样品的拉伸强度 5.102 千克力 / 平方厘米分别约提高了 54%、68%、144%。

用 1 ：2 和纯的聚醋酸乙烯酯乳液处理后的样品拉伸强度分别为 6.735 千克力 / 平方厘米和 16.530 千克力 / 平方厘米，拉伸强度随浓度的降低而下降，比空白样品的拉伸强度分别约提高了 32%、224%。

用丙烯酸酯处理后的样品拉伸强度为 12.959 千克力 / 平方厘米，比空白样品的拉伸强度约提高了 15%。

同时，我们把泥样与岩样分别用聚醋酸乙烯酯乳液和丙烯酸酯粘接后，拉伸强度测试结果为聚醋酸乙烯酯乳液粘接的拉伸强度为 9.490 千克力 / 平方厘米，用丙烯酸酯粘接后的拉伸强度为 11.531 千克力 / 平方厘米。

以上所有测试的样品，拉伸后它们均没有在粘接处破坏，而是在泥样处破坏，这就说明所测试出的值均为泥样自身的拉伸强度，换句话说使用所选用的三种材料粘接后的拉伸强度均大于泥样自身的拉伸强度。

（3）剪切强度结果分析

我们对制备好的泥样与岩样分别用 5%、7% 的聚乙烯醇缩丁醛、聚醋酸乙烯乳酯液和丙烯酸酯进行泥样与泥样、泥样与岩样的粘接，粘接后测试其剪切强度，结果用 5% 和 7% 聚乙烯醇缩丁醛进行粘接的泥样与泥样的剪切强度分别为 5.612 千克力 / 平方厘米和 5.816 千克力 / 平方厘米，用 5% 和 7% 聚乙烯醇缩丁醛进行粘接的泥样与岩样的剪切强度分别为 6.224 千克力 / 平方厘米和 6.531 千克力 / 平方厘米；用聚醋酸乙烯酯乳液进行泥样与泥样、泥样与岩样的剪切强度分别为 5.714 千克力 / 平方厘米和 4.286 千克力 / 平方厘米；用丙烯酸酯进行粘接的泥样与泥样、泥样与岩样的剪切强度分别为 6.633 千克力 / 平方厘米和 4.089 千克力 / 平方厘米。

以上所有测试的样品，剪切后它们均没有在粘接处破坏，而是在泥样处破坏，这就说明所测试出的值均为泥样自身的剪切强度，换句话说使用所选用的三种材料粘接后的剪切强度均大于泥样自身的剪切强度。

（4）粘度的测试分析

我们对 3%、5%、7% 三种不同浓度的聚乙烯醇缩丁醛进行粘度测试，测试值分别为 2 厘泊、4 厘泊和 7 厘泊，而纯聚乙烯醇缩丁醛乳液的粘度为 3800 厘泊，1 ：2 聚醋酸乙烯酯乳液和纯聚醋酸乙烯乳液的粘度分别为 3200 厘泊和 3800 厘泊。所测的两种材料的粘度都随浓度的升高而增大。但聚醋酸乙烯酯乳液的粘度要高于用聚乙烯醇缩丁醛所配的不同浓度的溶液，这就说明聚乙烯醇缩丁醛在渗透泥样方面要优于聚醋酸乙烯酯乳液，而聚醋酸乙烯酯乳液的可灌性优于聚乙烯醇缩丁醛。

综合上述的测试数据分析，渗透加固材料选择聚乙烯醇缩丁醛较为合适，因为无论它的拉伸强度还是剪切强度都与泥样自身的强度较为接近，而聚醋酸乙烯酯乳液与丙烯酸酯力学强度过大，同时由于二者粘度过大，其渗透性能较差，而且渗透不均匀，这样就容易造成由于应力差异而产生新的破坏。聚乙烯醇缩丁醛能够均匀渗透，而且配置不同浓度的聚乙烯醇缩丁醛可调节其渗透性能，对于不同情况的病害处理可采用不同浓度的聚乙烯醇缩丁醛渗透加固，最为主要的是聚乙烯醇缩丁醛渗透加固后，无色、无炫光，符合修复文物的要求，而其他材料无法与之相比，因此选用聚乙烯醇缩丁醛作为渗透加固材料较为适合。

对于加固空鼓、剥离的泥塑和壁画，则选用聚醋酸乙烯酯乳液较为合适，因为聚醋酸乙烯酯乳液具有较强的粘接强度，同时具有可灌性，可满足不同泥塑产生的应力要求。更为重要的是它具有可逆性，使用方便，不会破坏双层文化层（石雕层与泥塑层）。而对于泥塑壁画残断落块的归安复位则选用丙烯酸酯比较合适。

5　现场试验应用情况

通过上述分析我们进行了小面积的现场实验，现场工艺描述如下：

5.1　泥塑壁画残断落块的归安复位

首先将残断落块用软毛刷清理干净，然后用 3% 的聚乙烯醇缩丁醛在画层的背后渗透，刷渗后用红外线灯烘干固化。根据资料照片，将残断落块自然拼接完整，背后编号，再绘制成修复图。根据落块大小，落块面积较大的按从上自下顺序，依次用丙烯酸酯归安复位，待前一块归安复位并固化后再进行下一块归安复位，直至全部归安复位完毕；面积较小的落块可根据资料将较小的几块拼接成较大的一块，然后再归安复位，这样可以保证归安复位的准确性[28]（见图 33）。

对于残断的泥塑，首先对残断泥塑进行临时加固，方法是在刷有桃胶的白绫纸上，将残断泥塑归安复位。然后在背后刷渗 3% 的聚乙烯醇缩丁醛，同样用红外线灯烘干固化，再用涂有丙烯酸酯的纱布条粘在背后，待背胶固化后再取掉表面临时加固的白绫纸[28]（见图 34）。

图 33　剥离、脱落的加固　　　　　　　图 34　残断落块的归安（力士飘带）

5.2 空鼓、剥离泥塑壁画的灌浆加固

根据现场情况，首先制作合适的临时支护板，将要加固的部位支护，在空鼓泥塑壁画的最下方往往存有积土砂粒。在下方安装 φ12 钢管，用小功率吸尘器吸干净积土砂粒，此法的目的是提高灌浆加固的质量。然后用白乳胶和制素泥缝堵裂隙，并隔 15 厘米安装一个灌浆管，然后用小于 1 千克力 / 平方厘米的压力检漏，确认无漏后用 1 ∶ 2 的耐水聚醋酸乙烯酯乳液进行灌浆，灌浆自下而上分阶段灌。在灌了一定量浆液后停止灌浆，固化后再继续灌，直至灌饱满为止。灌浆压力控制在 1 千克力 / 平方厘米以下 [28]（图 35 ）。

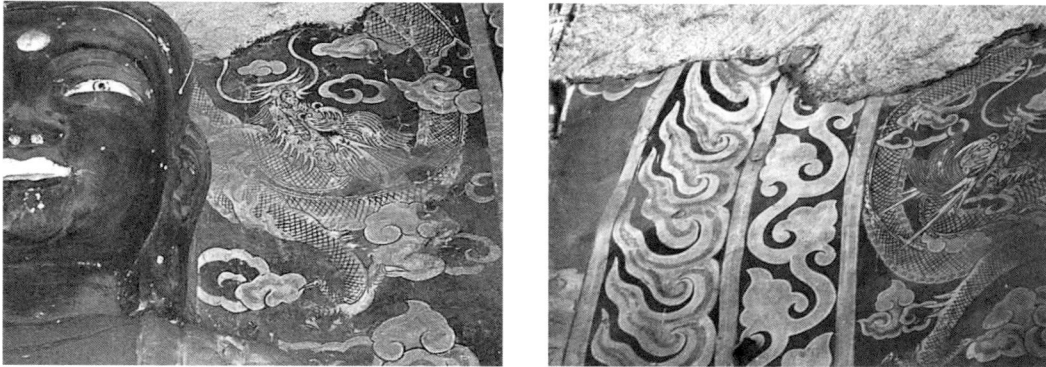

图 35　空鼓、剥离的灌浆加固

5.3 起甲泥塑壁画的修复

首先用吸耳球和软毛小排笔清除起甲壁画内外的尘土，这样可以防止壁画表面受污染，同时能保证粘接效果，然后测量并记录色度。

在起甲壁画的边缘及背部注射 3% 的聚乙烯醇缩丁醛，如果遇到起甲面积较大时，可选择壁画线条不集中的地方斜刺针眼进行注射，这样在每处注射 2—3 遍，待稍干后用修复刀小心将起甲部分的壁画轻轻贴回地仗，然后用棉球滚压，滚压的方向应从未裂口处向中心滚动，这样一方面不会使修复中的壁画产生气泡，另一方面也不会出现皱褶。检查起甲壁画全部修复完没有遗漏时，根据开始所测的色度值，再用选择好的适合浓度的聚乙烯醇缩丁醛喷涂一遍，对壁画表面进行封护。稍干后，将一平方米左右的细纺绸铺在壁画表面，用胶皮滚压，滚压时用力要适度，避免壁画上出现滚迹或将壁画的颜料粘在纺绸上（见图 36—37 ）。[29-30]

图 36　起甲表面处理前　　　　　　　　　　图 37　起甲表面处理后

6　结论与有待解决的问题

本课题取得以下成果：

1. 对云冈石窟现存泥塑壁画保存情况作了详细调查，查明了现有的主要病害有五种：（1）脱落、剥离、崩塌；（2）空鼓、裂隙；（3）起甲、酥碱；（4）昆虫、动物引起的病害；（5）人为破坏。

2. 通过对环境条件的监测分析，查明了环境条件对泥塑、壁画损坏的影响，提出了泥塑、壁画的破坏机理。

3. 对三种材料进行了测试，针对不同的病害应用相应的材料进行加固处理，认为三种材料对相应病害的加固处理是合理可行的，解决了加固材料的选择应用问题。

4. 初步建立了各种病害加固处理的工艺路线和方法，达到了课题预期的目的。

5. 通过对材料的测试及现场应用情况，得出如下结论：对于加固空鼓、剥离的泥塑和壁画，宜选用耐水白乳胶较为合适。对于泥塑壁画残断落块的归安复位，宜选用4115建筑胶比较合适。对于起甲泥塑壁画的修复，宜选用3%的聚乙烯醇缩丁醛较为合适。

目前，国内外还没有统一的泥塑、壁画保存情况评价标准，本课题对泥塑壁画保存情况的评价标准作了探索性研究。填补了云冈石窟壁画、泥塑病害机理研究的空白。壁画、泥塑修复加固材料的测试方法属国内首创。残断落块的归安复位工艺是国内壁画、泥塑修复工艺的一项技术创新。

同时，我们认为加固工艺的研究也非常重要。成熟的材料只有配合先进合理的工艺才能发挥出它的优良性能。影响加固工艺的因素有：（1）技术人员的熟练程度及施工经验；（2）合适的修复工具及临时支护工具；（3）针对不同病害，多种修复材料和工具的交叉使用等。所以培养技术熟练、经验丰富的技术人员，制作适合不同病害的修复工具对于泥塑壁画的修复也非常重要。

另外，本课题组在盐对泥塑壁画的影响上做了一些初步研究，并作了一些盐分方面的测试，通过测试数据可以定性地看出，泥塑壁画和石窟表面砂岩中的可溶性盐成分基本相同，其定量的关系有待进一步深入研究。与此同时，通过长时间的观察发现，外面包有泥塑彩绘的石雕较没有包泥塑彩绘的石雕保存完好，且在泥塑层的表面出现少量盐分富集的现象，也就是说外面的包泥有吸盐的作用。这样就将一个新的问题摆在了我们面前，那就是包泥彩绘是否有利于石雕的保存。这个问题，我们将在以后作更深入的研究。

在课题研究过程中，我们还发现在壁画和泥塑彩绘的保存现状和病害评价方面没有统一的标准，其次，在大气环境条件对壁画和泥塑彩绘的影响方面，国内都没有深入的研究，这两个问题都有待我们探索。

参考文献：

[1]　云冈石窟文物保管所. 日本平凡社. 中国石窟·云冈石窟 [M]. 文物出版社，1991.

[2]　李海，陈顺喜，陈昆松，等. 云冈石窟彩绘颜料初步分析 [J]. 文物，1999（06）.

[3]　郦道元. 灅水 [M] // 戴校本. 水经注：卷十三.

[4]　建设综合勘察研究设计院. 云冈石窟防水保护工程岩土勘察报告 [R]. 2004.

[5]　建设综合勘察研究设计院. 云冈石窟防水保护工程勘察报告（附件2）地球物理勘探报告 [R]. 2004（03）.

[6]　苏伯明，陈港泉. 不同含盐量壁画地仗泥层的吸湿和脱湿速度的比较 [J]. 敦煌研究，2005（05）.

[7] 郭宏，李最雄，裴元勋，等.敦煌莫高窟壁画酥碱病害的机理研究之二 [J].敦煌研究，1998（4）.

[8] 郭宏，李最雄，裴元勋，等.敦煌莫高窟壁画酥碱病害的机理研究之三 [J].敦煌研究，1999（3）.

[9] 郭宏，李最雄，宋大康，等.敦煌莫高窟壁画酥碱病害的机理研究之一 [J].敦煌研究，1998（3）.

[10] 郭宏，黄槐武.文物保护中的"水害"问题 [J].文物保护与考古科学，14（1）.

[11] 张明泉，张虎元，曾正中，等.莫高窟壁画酥碱病害产生机理 [J].兰州大学学报（自然科学版），1995，31（1）.

[12] 陈庚龄，马清林.酒泉丁家闸五号壁画墓现状调查 [J].文物保护与考古科学，2002，14（1）.

[13] 马清林，陈庚龄，卢燕玲，等.潮湿环境下壁画地仗加固材料研究 [J].敦煌研究，2005（5）.

[14] 陈庚龄，马清林.潮湿环境下壁画地仗修复材料与技术 [J].敦煌研究，2005（4）.

[15] 吴荣鉴.敦煌壁画色彩应用与变色原因 [J].敦煌研究，2003（5）.

[16] 李最雄，Stefan Michalski.光和湿度对土红、朱砂和铅丹变色的影响 [J].敦煌研究，1989（3）.

[17] 李最雄.莫高窟壁画中的红色颜料及其变色机理探讨 [J].敦煌研究，1992（3）.

[18] 李最雄，樊再轩，盛芬玲.铅丹朱砂和土红变色研究的新进展 [J].敦煌研究，1992（1）.

[19] 盛芬玲，李最雄，樊再轩.湿度是铅丹变色的主要因素 [J].敦煌研究，1990（4）.

[20] 王岩松.山西古代壁画损毁成因及其保护 [J].文物世界，2003（2）.

[21] 于群力.空气污染对文物的危害 [J].陕西环境，2003，10（6）.

[22] 刘刚，薛平，候文芳，等.莫高窟 85 窟微气象环境的检测研究 [J].敦煌研究，2000（1）.

[23] 汪万福，蔺创业，王涛，等.仿爱夜蛾成虫排泄物对敦煌石窟壁画的损害及其治理 [J].昆虫学报，2005 年第 1 期.

[24] 汪万福，马赞峰，蔺创业，等.昆虫对石窟壁画的危害与防治研究 [J].敦煌研究，2002（4）.

[25] 唐玉明，孙元俊，孙儒僴，等.莫高窟洞窟中异味气体成分试析及治理 [J].敦煌研究，1990（4）.

[26] 马清林，胡之德，李最雄.微生物对壁画颜料的腐蚀和危害 [J].敦煌研究，1996（3）.

[27] 温晓龙.纳米材料在石质文物保护中的应用与展望 [J].文物世界，2004（5）.

[28] 苑静虎，杨烈，解廷凡.辽宁义县奉国寺壁画整体加固技术维修工程验收报告 [R].1990.

[29] 李最雄.丝绸之路石窟壁画彩塑保护 [M].北京：科学出版社，2005（9）.

[30] 樊再轩.莫高窟第九十四窟病害壁画的修复报告 [J].敦煌研究，2000（1）.

（原文刊载于《云冈石窟研究院院刊》2014 年总 2 期）

云冈石窟砂岩特性与岩石风化试验

严绍军　陈嘉琦　窦　彦　孙　鹏

云冈石窟是我国的一个重要世界文化遗产，该石窟主要建造于北魏时期，反映了公元 5 世纪中叶至 6 世纪二十年代中国早期石窟艺术风格及北方地区宗教的重大发展，具有不可替代的文化与艺术价值。该石窟群开凿于一套侏罗系的砂岩地层中，石窟依山开凿，东西绵延 1 千米，由东向西可分为东部、中部、西部 3 部分，东部诸窟（第 1 ~ 4 窟）位于石窟东院，中部诸窟（第 5 ~ 20 窟）、西部诸窟（第 21 ~ 53 窟）位于石窟西院。洞窟距今已有 1500 多年的历史。

石窟区属于大陆性半干旱气候，一月平均气温为 –11.4℃，七月平均气温为 23.1℃。云冈石窟与同煤集团毗邻，由于受周边采煤及燃煤的影响，空气中煤的粉尘较多，大气 SO_2 含量较高，形成酸雨、酸雪，对石窟保护工作造成严重威胁 [1]。诱发洞窟砂岩风化的主要地质营力为冻融、溶蚀及次生可溶盐，上述作用均以水体作为介质 [2]。测试表明，云冈石窟砂岩表面风化厚度达到 20 厘米，对石窟文物本体造成了严重影响 [3]。因此，研究石窟砂岩基本特性及风化特征、抗风化能力，可为石窟保护提供重要数据。

1　云冈石窟砂岩

1.1　砂岩地层沉积地质环境与过程

云冈石窟主要分布地层为中生代侏罗系地层。早侏罗世大同盆地由多个规模不等的分割性较强的洼地或凹陷组成，沉积产物主要为冲积湖积的杂色碎屑岩地层 [4]。中侏罗世早期气候温暖湿润，湖盆扩展，出现大型聚煤型坳陷，大同盆地作为鄂尔多斯坳陷的东北缘，形成多层煤层 [5]。中侏罗统大同组岩性为河相、湖相含煤中—细粒碎屑岩，是云冈地区主要开采煤层。中侏罗世中期再度呈现统一的大型坳陷，气候逐渐变干。在云冈组（J_2y）形成过程中，鄂尔多斯坳陷的构造由以西部挤压为主转化为以东部挤压为主，从而引起大同地区的差异性区域抬升，使得地面坡降增大；加之气候条件改变，使原来适宜于曲流河和沼泽湿地发育的条件发生了根本变化，曲流河逐渐转变为辫状河 [6]。云冈石窟砂岩主要为这种辫状河流产物 [7]，其上部和下部的颗粒较细，以粉砂岩和页岩等为主，中部为一灰绿色巨大透镜体状杂砂岩（又称云冈石佛砂岩）。

1.2　云冈石窟砂岩特征

云冈石窟崖壁展布的地层可划分为 11 层：底部第 1 层为湖相沉积，构成崖壁的基座；第 2—10 层构成云冈石佛砂岩的主体；第 11 层渐变为湖相沉积，局部出露。地层沉积过程复杂，不同岩层的风化破坏差异明显（表 1，第 1—10 层）。除了局部出露的顶部外，其余各层的典型沉积构造见图 1。砂岩岩性主要为钙质胶结砂岩，在砂岩透镜体底部常可见砾石。砂的主要成分为石英颗粒、长石及岩屑，砾石主要为石英角砾、岩块，可见泥岩团块。云冈石窟的砂岩分选一般，磨圆较差，总体属于近距离搬运沉积而成。除砂岩外，还可见泥岩或含泥岩砂岩夹层，如第4、8、10层；第3层中夹带状的青灰色泥岩。

从沉积环境看，上部和下部为湖相沉积为主，中部为河流快速沉积而成。河流整体流向由北而南，物质来源于北侧基底地层。从空间分布看，东西两侧渐变为以湖相沉积的泥岩为主，洞窟砂岩透镜体为辫状河流主要分布区。

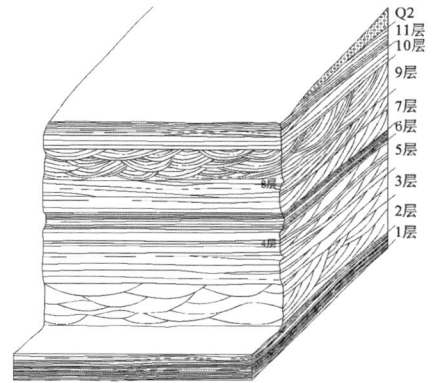

图 1 云冈砂岩沉积构造示意图

表 1 云冈石窟砂岩分层特性与工程地质问题

层位	定名	层理	沉积环境	分布位置	工程地质问题
1	褐红色泥岩	水平层理	高温湖相	砂岩透镜体底部	云冈石窟砂岩陡壁的软弱基座，加剧崖壁卸荷作用，有利于崖壁形成与卸荷裂隙发育
2	含泥砾长石石英砂岩	槽状交错	辫状河流	洞窟区下部	构成了崖壁底部主要岩石，雕刻底部与基座岩层。岩性均匀性差，易风化，危及石窟壁、柱等稳定性，极易出现表面片状剥落
3	粗粒石英长石砂岩	弱交错层理	河流快速	洞窟开凿主要地层	抗风化能力强，均匀性好，以大块崩塌为主。泥质条带发育，差异风化导致局部破坏，下伏第2层风化致该层局部悬空，局部形成危岩体
4	灰青色粉砂质泥岩	水平层理	漫滩相	第1窟至第3窟段窟门与窟顶	抗风化能力极差，形成风化凹槽，致上部岩层悬空，形成危岩体。表面风化严重，主要问题是片状脱落
5	钙质胶结长石石英砂岩	交错、水平层理	河湖相	第3窟以西洞窟及洞窟顶板	岩性差异比较明显，出现条带状风化，表面层片状脱落，在第3窟西构成大型石窟的顶板，顶部顺层掉块严重
6	杂色砂岩与粉砂质泥岩互层	水平层理	湖相	第1窟至第3窟区域	在第3窟最为发育，是3号顶板主要岩层。形成风化凹槽，导致崖壁表面岩体大量掉块崩塌；岩层强度低、滞水性好，导致第3窟开凿以来不断坍塌破坏
7	含砾长石石英砂岩	槽状交错层理	辫状河流	窟顶岩体	差异风化明显，表面片状开裂严重，中夹泥岩夹层，容易形成风化凹槽，导致局部掉块
8	褐红色泥岩	水平层理	湖相	第3窟东顶部	分布范围有限，对第3窟东地形有所影响，形成缓坡崖壁
9	铁锰质泥质长石石英砂岩	水平、斜层理	河漫滩	五华洞段窟顶	差异风化明显，表面片状开裂严重。夹泥岩夹层容易形成风化凹槽，致局部掉块。危岩体相对参观平台位置较高，对下部游人威胁加大
10	粗粒长石石英砂岩	水平、斜层理	湖相	洞窟中、东段崖壁局部	卸荷作用明显，形成窟顶块状危岩体，对下部游人威胁较大

2　云冈石窟砂岩风化特征与产物

石窟砂岩为钙质胶结的长石石英砂岩为主，胶结物为 $CaCO_3$ 与 $CaMg(CO_3)_2$，该类砂岩的风化主要体现在胶结物的流失和长石的蚀变。对第 3、5、7 层造像不同风化程度的样品，进行化学成分及矿物含量半定量分析。对测试结果按如下公式进行处理：

$$W_{ck} = (C_{CaCO_3} + C_{MgCO_3}) / C_{SiO_2}$$

式中：W_{ck} 为胶结物残留度；C_{CaCO_3} 为方解石含量；C_{MgCO_3} 为白云石含量；C_{SiO_2} 为石英含量。

通过对酸敏感矿物与不敏感矿物含量之比来衡量岩石的胶结物的流失程度。强—全风化岩石的 Wck 值明显偏低，均小于 0.29，未—微风化岩石的 Wck 值均大于 0.45，而中风化岩石介于二者之间，规律性强（图 2）。云冈石窟长石主要为钾长石和钠长石，在酸性环境下，H^+ 离子置换 K^+：

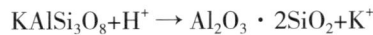

$$KAlSi_3O_8 + H^+ \rightarrow Al_2O_3 \cdot 2SiO_2 + K^+$$

置换导致长石出现高岭土化，而风化后析出的 K、Na 离子又为可溶盐的形成提供基础。从长石含量与碳酸盐岩矿物含量之间的关系图（图 3）可以看出，长石含量与碳酸盐岩矿物的含量具有正相关性，这表明在胶结物流失的过程中，同时发生长石的蚀变[8]。伴随岩石风化，石窟砂岩可溶盐富集是砂岩石窟破坏的一个重要因素[9]。可溶盐主要集中在云冈石窟岩体含水量较高而又未有明显长期渗水部位，即高含水量的非饱和带。采取第 9、10 窟两壁样品进行测试，结果见表 2。

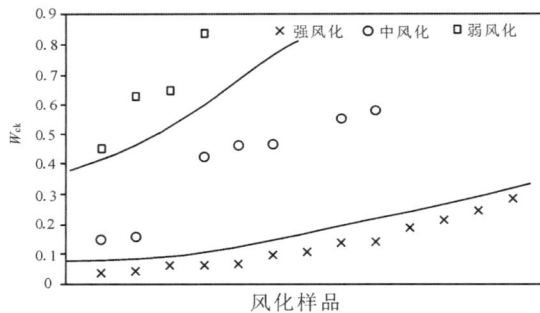

图 2　风化程度与 W_{ck} 关系

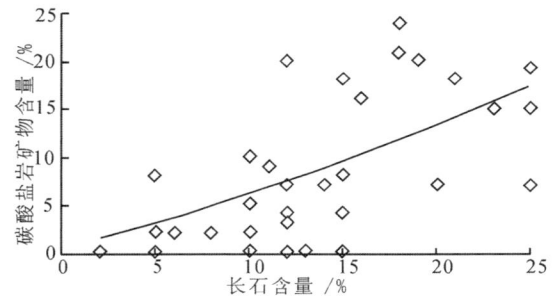

图 3　碳酸盐岩矿物含量与长石含量关系

表 2　表面风化析出物 XRD 半定量分析结果

取样编号	取样位置	伊利石	高岭石	石英	长石	白云石	石膏	六水泻盐	七水泻盐
1	9 窟北	5	20	38	22		15		
2	9 窟西	0	5	56			5	34	
3	9 窟西	0	5	29				42	24
4	9 窟西	0	5	22			5	46	22
5	10 窟北	5	25	44	21	2	3		
6	10 窟西	5	15	22	17		20	21	
7	10 窟西	5		19	12		10	54	

由于岩石风化，碳酸盐岩矿物流失严重，方解石与白云石残留量少，长石蚀变形成的高岭石含量增加。次生的可溶盐岩为石膏（$CaSO_4 \cdot 2H_2O$）以及六水泻盐（$MgSO_4 \cdot 6H_2O$）、七水泻盐（$MgSO_4 \cdot 7H_2O$）等硫酸盐岩。

3 石窟砂岩劣化试验模拟

3.1 酸对石窟砂岩的风化作用

云冈石窟所在的大同市是我国重要的产煤基地，石窟地区大气中 SO_2、粉尘含量严重超标。粉尘中的 Fe 离子催化使 SO_2 氧化成 SO_3，进一步以岩石内部的渗水或石雕造像表面的凝结水为介质，导致长石与胶结物风化破坏。

实验采用不同 pH 值（pH＝1、2、3、4）的硫酸溶液浸泡标准砂岩试件。首先将岩样用硫酸溶液静水浸泡 3—4 天，分时段测试溶液的 pH 值变化，直至数据趋于稳定，再称岩样饱和质量；烘箱的温度设定为 50℃，对上述样品低温烘干后称重、测波速。连续进行 30 个循环，最后对岩样进行抗压强度、电镜扫描等实验，比较岩石强度降低及结构变化情况。

本文仅列出 pH 为 3 溶液浸泡后样品的测试结果。图 4 为不同循环次数下波速衰减曲线，从测试结果可以看出，随着干湿浸泡次数加大，岩石的波速降低比较明显，特别是 10 次以内，后期波速降低幅度减少。从试验完成后样品的微观结构（图 5）可以看出，砂岩颗粒表面出现溶蚀裂缝，粒间胶结物结构疏松，残留的矿物主要为难溶的粘土矿物，这些特征加大了酸性溶液向内部渗透的效应，导致砂岩孔隙率增加，强度衰减，波速降低。

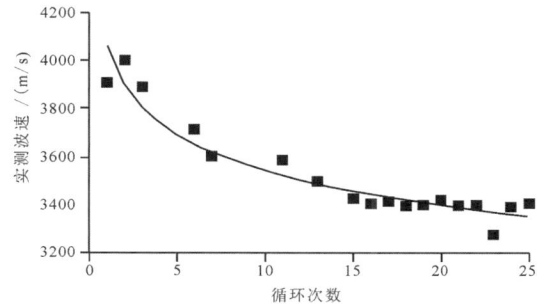

图 4 样品波速衰减曲线（pH＝3）

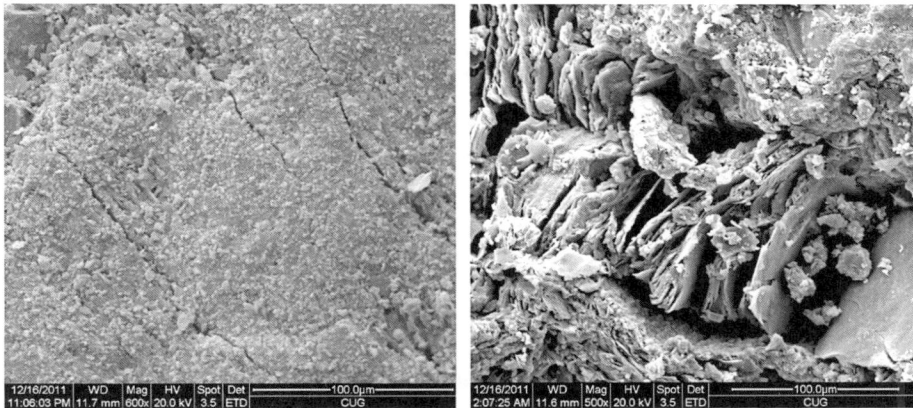

图 5 劣化样品微观结构 SEM 照片

3.2 可溶盐对岩石的破坏试验

通过易溶盐的饱和溶液浸泡标准石窟砂岩试件，吸盐后在特定温度和湿度下脱水，形成的特定形态结晶盐为一个循环，反复循环模拟可溶盐对砂岩的破坏[10-11]。试验模拟两种环境：第一种实验为模拟高温低湿情况下生成稳定的无水硫酸钠实验，温度为 35℃，湿度为 50%；第二种实验模拟低温高湿情况下生成稳定 $Na_2SO_4 \cdot 10H_2O$，温度为 15℃，湿度为 75%。

从样品在劣化前后宏观与微观形态变化（图 6、7）可以看出：可溶盐结晶对岩石表面砂破坏与石窟表

图 6　可溶盐结晶破坏前（左）及劣化后（右）样品

图 7　初始（左）和 35 次（右）结晶后样品微观结构

面风化形态非常类似，即岩石颗粒间有白色晶体析出，将粒间胶结物破坏，导致表面出现粉状脱落。可溶盐在棱角凸出部位破坏最为明显，岩石表面出现形态模糊现象，与石窟表面雕刻细节丧失过程类似。可溶盐分布与岩性差异有明显关系，在局部泥质含量较高部位，可溶盐容易富集，并导致岩石呈层状开裂。在岩体内部，可溶盐首先充填岩石微观裂隙，然后逐渐向宏观裂隙发育，并最终在颗粒裂隙中结晶，当岩石表面出现宏观晶体时，岩石内部实际已经出现结构性破坏。

在不同循环次数下，对样品进行力学强度测试，得到岩石的弹性模量和强度的变化[12]。从测试结果可知，随可溶盐的结晶循环次数增加，岩石的弹性模量降低比较明显，降低幅度为初始值的 1/2，但后期有一定的增加，表现出岩石早期为刚度降低，而后期随着可溶盐的增加，岩石表现出一定的硬化现象。而且随着循环次数的增加，岩石强度明显降低，本次实验的强度降低幅度就超过 1/2。

从 $Na_2SO_4 \cdot 10H_2O$（十水芒硝）劣化实验结果可知，岩石的外观、质量损失等变化不明显。将不同循环次数的岩石进行抗压强度测试，发现岩石强度与弹性模量同十水芒硝作用次数没有明显的相关性。因此，石窟砂岩在潮湿季节形成的十水芒硝对砂岩的破坏作用远小于干燥季节形成的无水芒硝的作用。

3.3 冻融试验与数据分析

将样品制作成标准试件，烘干后进行真空饱和，然后置于 –16℃冻结超过 8 小时，再在 10℃水中解冻约 4 小时，不断循环，用于模拟现场岩石冻融过程。对不同循环次数样品进行抗压强度测试，得到岩石的强度衰减曲线（图 8）；同时进行非风干样品的冻融对比试验。从测试结果可以看出，非饱和样品在冻融结束后强度基本没有损失；岩石抗冻性较好，冻融导致岩石的破坏速度远小于酸和可溶盐的破坏速度。

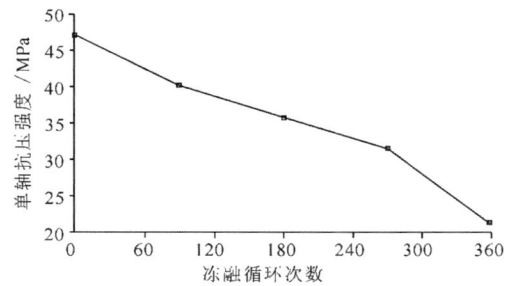

图 8　岩石抗压强度冻融衰减曲线

4　结论

云冈石窟分布透镜体状砂岩整体为河流冲积而成，砂岩的分选一般，磨圆较差，总体属于近距离搬运沉积而成、碳酸盐岩矿物胶结的长石石英砂岩。从沉积环境看，上、下部以湖相沉积为主，中部为河流快速沉积而成，在不同沉积环境下形成的砂岩其风化破坏差异性大。石窟砂岩的风化主要体现在胶结物的流失和长石蚀变两个方面，在风化产物中测出以硫酸盐为主的可溶盐。在室内进行了酸、盐及冻融劣化模拟试验，试验表明，酸对这类岩石的破坏非常明显；而可溶盐随溶液运移，形成由内而外的劣化过程，对岩石的破坏非常严重；云冈石窟抗冻融能力强，当岩石处于非饱和情况下，岩石劣化过程非常缓慢。

由于云冈石窟砂岩抗渗性非常好（接近于灰岩岩块的抗渗性），岩石的风化以溶液为介质，风化过程由表及里逐渐发育。酸性水体在岩石表面富集时，与岩石内的碳酸盐岩及长石反应，析出易溶盐，随着湿度和温度的变化，含盐溶液析出不同相态的晶体，在岩石内部造成挤压破坏导致岩石出现力学破损。由于岩石抗冻融能力较好，完整岩块的破坏可能性较低，但当裂隙饱水后，水体结冰基岩导致岩体顺裂隙整体脱落却非常普遍。

云冈石窟砂岩的破坏是一个物理与化学风化的综合作用结果。岩石的特性决定化学风化占主导地位，抑制化学风化的措施除了改善宏观环境条件外，重点应以控制化学风化的中介即水为主。但是过于干燥的环境却可能加剧可溶盐析出、结晶及其破坏，特别要重视干燥环境条件下形成的无水盐晶体对砂岩结构的破坏。

参考文献：

[1]　黄继忠 . 云冈石窟主要病害及治理 [J]. 雁北师范学院学报，2003，19（5）：57—59.

[2]　方云，魏海云，王金华 . 隧洞排水法治理大足石刻渗水病害 [J]. 现代地质，2001，15（3）：351—354.

[3]　方云，邓长青，李宏松 . 石质文物风化病害防治的环境地质问题 [J]. 现代地质，2001，15（4）：458—461.

[4]　陈庸勋，戴东林 . 山西省大同地区侏罗系的沉积相 [J]. 地质学报，1962（3）：321—337.

[5]　李思田，程守田，杨士恭，等 . 鄂尔多斯坳陷东北部层序地层及沉积体系分析 [M]. 北京：地质出版社，

1992：1—12.

[6]　程守田，黄焱球，付雪洪 . 早中侏罗世鄂尔多斯古地理重建与内陆坳陷的发育演化 [J]. 沉积学报，1997，15（4）：43—49.

[7]　王随继 . 大同盆地中侏罗世大河流沉积体系及古河型演化 [J]. 沉积学报，2001，19（4）：501—505.

[8]　石建省，叶浩，王强恒，等 . 水岩作用对内蒙古南部砒砂岩风化侵蚀的影响分析 [J]. 现代地质，2009，23（1）：171—177.

[9]　李黎，王思敬，谷本親伯 . 龙游石窟砂岩风化特征研究 [J]. 岩石力学与工程学报，2008，27（6）：1217—1222.

[10]　Steiger M. Crystal growth in porous materials. I. The crystallization pressure of large crystals[J]. Journal of Crystal Growth，2005，282: 455—469.

[11]　Steiger M. Crystal growth in porous materials. II. Influence of crystalsize on the crystallization pressure[J]. Journal of Crystal Growth，2005，282: 470—481.

[12]　Theoulakis P，Moropoulou A. Microstructural and mechanical parameters determining the susceptibility of porous building stones to salt decay [J]. Construction and Building Materials，1997，11（1）：65—71.

（原文刊载于《现代地质》2015 年第 2 期）

云冈第 9 窟微环境概述

宁 波

云冈石窟第 9 窟位于云冈石窟中部，第 9 窟与第 10 窟为一组双窟。2005 年 7 月起，采用全自动环境监测设备对第 9 窟进行温度、相对湿度、地温和风速进行了全面监测。1 号探点位于窟门顶部，2 号探点位于明窗上，7 号探点位于洞窟主室，8 号探点位于 7 号探点上边，4 号探点位于诵经道北壁，4 号探点位于诵经道南壁。具体探点位置如图 1 所示。

我们以 2005 年 8 月至 2006 年 7 月为一个水文年进行数据分析，可得出未修建窟檐的第 9 窟相关微环境变化规律。一年中，最高温度为 30.8℃，最低温度为 –15.7℃，温度波动幅度超过 45℃；最大相对湿度为 99%，出现在洞窟后室，最低相对湿度为 8%，相对湿度波动幅度超过 90%；最高地温为 26.7℃，最低地温为 –17.8℃，温度波动幅度达 44.5℃。最大风速达到 0.7 米 / 秒。

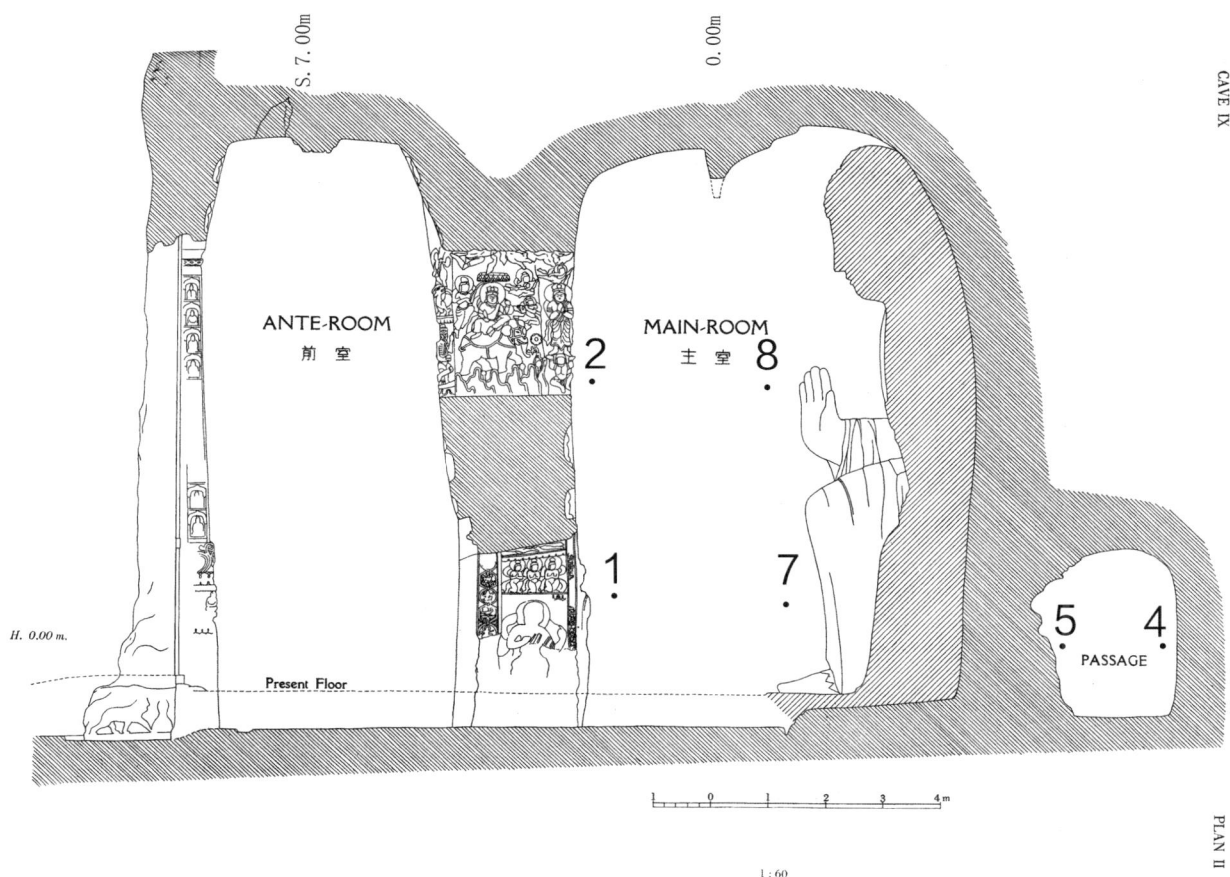

图 1　第 9 窟探点位置图

1　各探点温度月平均值对比

表 1　各探点温度月平均值表（0.1℃）

探点号＼月份	1	2	3	4	5	6	7	8	9	10	11	12
1	−55	−38	22	88	145	186	240	200	167	103	44	−50
2	−55	−36	33	106	164	206	263	213	174	104	44	−50
4	−36	−27	19	75	125	162	211	183	157	105	53	−29
5	−43	−32	15	73	124	162	210	184	156	101	47	−36
7	−55	−41	15	79	134	174	226	190	159	97	40	−51
8	−53	−38	20	87	143	184	237	198	165	102	44	−48

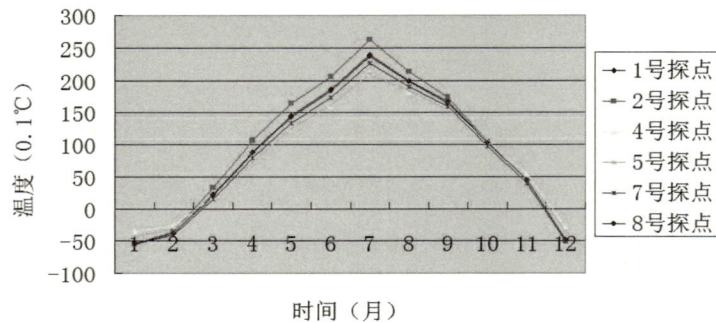

图 2　各探点温度月平均值对比图

分析以上数据和图表（表 1、图 2），我们发现：①月平均温度变化趋势相同，有明显的周期性，谷值出现在 1 月份，峰值出现在 7 月份。② 2 号探点温度变化幅度最大，4 号探点变化幅度最小。由此可得出，越靠近窟外，温度变化越大；越往窟里，温度变化越小。③在 1 月、7 月时，各探点间平均温度相差较大；在 3 月、10 月时，各探点间平均温度相差较小。由此可得出，在夏、冬两季，洞窟内的不同位置的温度差异较大；在春、秋两季，洞窟内的不同位置的温度差异较小。④在 3、4、5、6、7、8、9 月，1 号点平均温度高于 4 号点，而在 1、2、10、11、12 月，4 号点平均温度高于 1 号点。

2　各探点相对湿度月平均值对比

表 2　各个探点相对湿度月平均值表（1%）

探点号＼月份	1	2	3	4	5	6	7	8	9	10	11	12
1	37	29	21	23	41	50	76	66	59	42	26	25
2	40	32	24	25	41	49	72	61	57	44	28	29
4	30	25	20	24	44	57	84	71	60	39	23	20
5	29	24	19	23	42	55	82	70	59	38	22	19
7	35	28	20	23	41	52	79	66	59	41	25	24
8	46	39	32	34	51	60	82	70	64	49	34	34

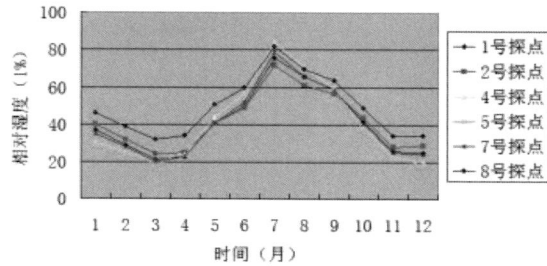

图 3　各探点相对温度月平均值对比图

分析以上数据和图表（表2、图3），我们发现：①月平均相对湿度变化趋势相同，谷值出现在 3 月份，峰值出现在 7 月份。② 8 号探点的相对湿度始终相对较高。③ 4 号探点相对湿度变化幅度最大，2 号探点变化幅度最小。由此可得出，越靠近窟外，相对湿度变化越小；越往窟里，相对湿度变化越大。④在 1 月、7 月时，各探点间平均相差较大；在 3 月、9 月时，各探点间平均相对湿度相差较小。由此可得出，夏、冬两季，洞窟内的不同位置的相对湿度差异较大；春、秋两季，洞窟内的不同位置的相对湿度差异较小。

3　各探点地温月平均值对比

表 3　各个探点地温月平均值表（0.1℃）

月份 探点号	1	2	3	4	5	6	7	8	9	10	11	12
1	−57	−43	9	69	122	160	211	182	156	100	43	−47
2	−61	−45	20	93	153	195	252	207	169	102	48	−45
4	−24	−20	12	55	96	128	169	154	136	97	54	−14
5	−39	−35	−2	50	100	137	183	166	145	100	49	−24
7	−39	−33	6	59	108	145	192	170	148	99	49	−29
8	−69	−51	13	82	139	180	234	193	158	88	28	−67

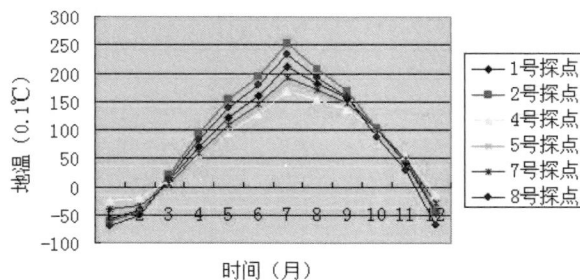

图 4　各探点地温月平均值对比图

分析以上数据和图表（表3、图4），我们发现：①月平均地温变化趋势相同，且与月平均温度变化趋势相同。谷值出现在 1 月份，峰值出现在 7 月份。②在 1 月时，探点地温排序为 8 号＜ 2 号＜ 1 号＜ 7 号；而在 7 月时，探点地温排序为 2 号＞ 8 号＞ 1 号＞ 7 号。可见，在洞窟内，离地越高，地温变化越大。③在 1 月、7 月时，各探点间平均地温相差最大；在 3 月、10 月时，各探点间平均温度相差最小。由此可得出，夏、冬两季，洞窟内的不同位置的相对湿度差异较大；春、秋两季，洞窟内的不同位置的相对湿度差异较小。

4　各探点风速月平均值对比

表4　各个探点风速月平均值（0.1m/s）

探点号\月份	1	2	3	4	5	6	7	8	9	10	11	12
1	0	0	1	0	0	0	0	0	0	1	0	1
2	3	5	4	4	4	5	3	4	4	5	4	6
7	0	0	0	0	0	0	0	0	0	0	0	0
8	0	0	0	0	0	0	0	0	0	0	0	0

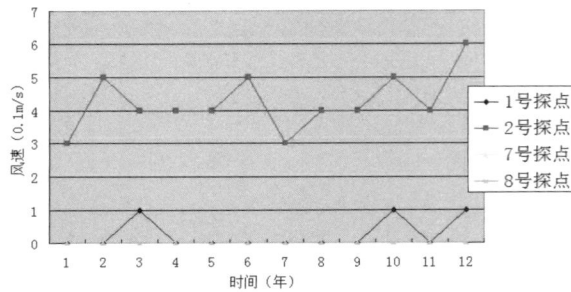

图5　各探点平均风速对比图

分析以上数据和图表（表4、图5），我们发现：①只有1、2号探点测得有风，2号探点始终有风。②2号探点风速是1号探点的3—6倍。

5　相同位置，不同高度温度、地温对比

1号探点和2号探点、7号探点和8号探点是两组位置相同，高度不同的探头，将这两组探头的月平均温度和地温进行对比分析，以期得到一些规律。

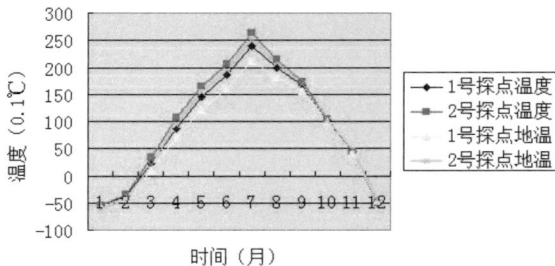

图6　1、2号探点月平均温度和地温对比图

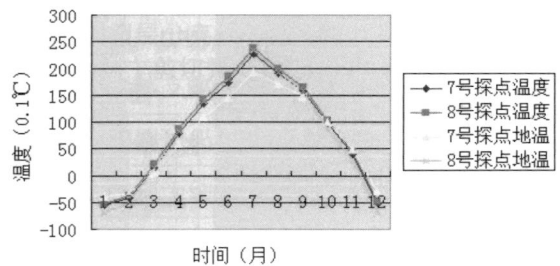

图7　7、8号探点与平均温度和地温对比图

对比图6、图7，我们发现：①2号探点与平均温度始终高于1号探点；8号探点与平均温度始终高于7号探点。也就是说位置越高的探点，月平均温度越高。②各探点月平均温度始终高于月平均地温。

6 夏、冬两季一天内温度、湿度、地温变化规律

为了分析夏、冬两季一天内温湿度变化规律，我们在夏季（8月）、冬季（1月）各取一个月来进行比较。通过对一天内各钟点月平均温度和相对湿度的比较来寻找一些规律。

表5 8月1、4号探点各钟点温湿度月平均值表　　　　　　温度（0.1℃）、相对湿度（1%）

温度	1	2	3	4	5	6	7	8	9	10	11	12	13	14	15	16	17	18	19	20	21	22	23	24
1	192	189	187	184	181	178	178	183	190	196	204	208	211	215	217	218	219	217	214	210	205	201	198	195
4	178	176	174	172	170	169	169	172	177	181	186	188	191	193	195	196	196	195	193	190	187	184	182	180
湿度	1	2	3	4	5	6	7	8	9	10	11	12	13	14	15	16	17	18	19	20	21	22	23	24
1	71	71	72	72	73	73	74	73	72	69	66	63	59	57	54	55	56	56	59	62	66	68	69	70
4	73	74	74	74	74	74	74	75	73	76	73	67	63	65	63	62	64	65	67	70	73	73	73	73

表6 1月1、4号探点各钟点温湿度月平均值表　　　　　　温度（0.1℃）、相对湿度（1%）

温度	1	2	3	4	5	6	7	8	9	10	11	12	13	14	15	16	17	18	19	20	21	22	23	24
1	−64	−68	−72	−75	−78	−81	−83	−85	−85	−75	−61	−47	−36	−28	−24	−2	−24	−29	−35	−42	−48	−53	−56	−60
4	−42	−45	−47	−50	−52	−54	−56	−57	−57	−50	−40	−30	−23	−19	−16	−14	−14	−16	−20	−25	−30	−34	−36	−39
湿度	1	2	3	4	5	6	7	8	9	10	11	12	13	14	15	16	17	18	19	20	21	22	23	24
1	38	38	38	38	39	39	39	40	40	40	40	38	36	35	34	31	33	35	35	36	36	37	37	38
4	30	30	30	30	30	30	31	30	30	31	31	31	31	29	29	29	29	30	30	30	30	30	30	30

表7 8月1、4号探点各钟点地温月平均值表　　　　　　温度（0.1℃）

温度	1	2	3	4	5	6	7	8	9	10	11	12	13	14	15	16	17	18	19	20	21	22	23	24
1	180	179	178	176	175	174	173	175	178	180	182	183	185	186	187	188	189	189	188	186	185	183	182	181
4	152	152	151	150	149	148	148	149	151	152	154	155	155	156	157	157	158	158	158	157	156	155	154	153

表8 1月1、4号探点各钟点地温月平均值表　　　　　　温度（0.1℃）

温度	1	2	3	4	5	6	7	8	9	10	11	12	13	14	15	16	17	18	19	20	21	22	23	24
1	−60	−62	−64	−65	−67	−69	−70	−72	−72	−66	−60	−54	−49	−46	−44	−42	−42	−44	−46	−49	−51	−54	−55	−57
4	−26	−27	−29	−29	−31	−32	−33	−34	−34	−30	−26	−21	−18	−16	−15	−14	−14	−15	−17	−19	−20	−22	−23	−24

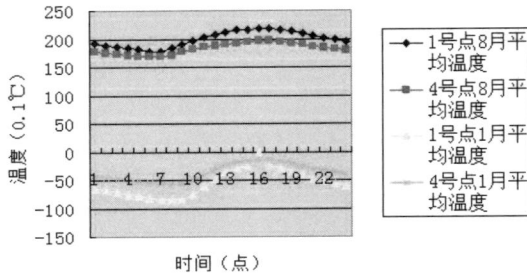

图 8　1、4 号探点月平均温度对比图

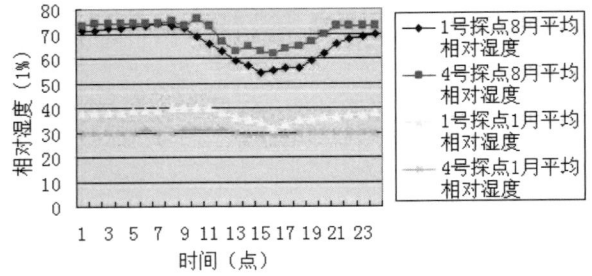

图 9　1、4 号探点月平均相对湿度对比

8月平均温度和相对湿度对比图

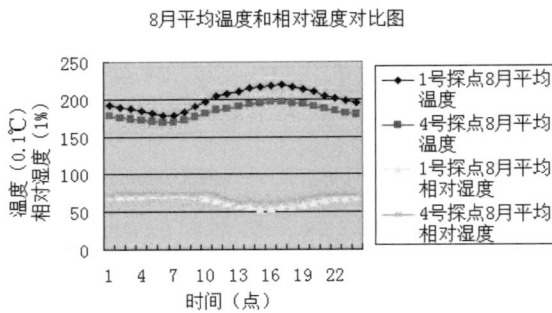

图 10　8 月平均温度和相对湿度对比图

1月平均温度和相对湿度对比图

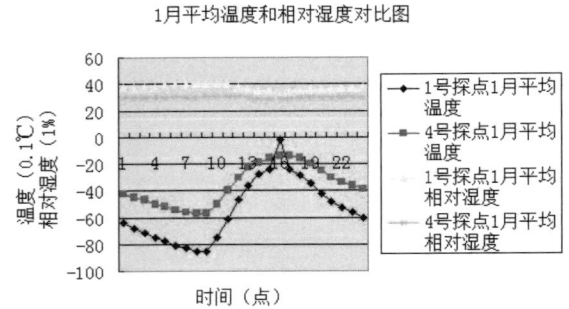

图 11　1 月平均温度和相对湿度对比图

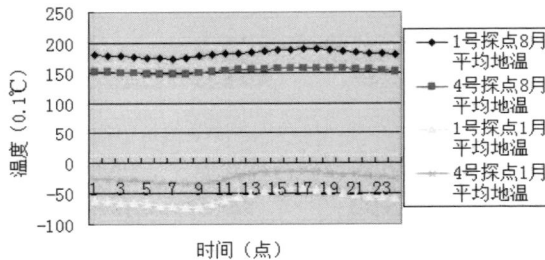

图 12　1、4 号探点地温度月平均值对比

　　分析以上数据和图表（表 5—8，图 8—12），我们发现：①夏、冬两季一天内的温度变化趋势基本相同，有明显的周期性。夏季谷值出现在早上 7 点，冬季谷值出现在早上 9 点，峰值则都出现在下午 4 点。②温度与相对湿度的变化趋势相反。温度上升时，湿度下降；温度下降时，湿度上升。③夏季温度变化幅度较小，相对湿度变化幅度较大；冬季温度变化幅度较大，冬季相对湿度变化幅度较小。④夏、冬两季一天内的地温变化趋势基本相同，有明显的周期性。

（原文刊载于《云冈石窟研究院院刊》2015 年总 3 期）

基于太赫兹光谱的云冈石窟风化物 svm 预测模型

孟田华　杜瑞庆　侯　征　杨　进　赵国忠

作为世界文化遗产的云冈石窟位于东经113°20′，北纬40°04′，至今已经有1500余年的历史。石窟依山开凿，东西绵延一公里，现存主要洞窟45个，大小造像59000余尊。云冈石窟雕凿在侏罗纪云冈统砂岩透镜体上。岩性为中粗粒长石杂砂岩和砂质泥岩。尽管很多研究学者从不同角度对云冈石窟风化的原因和因素进行了研究，如砂岩上的烟熏壳（Zhang et al.，2013）、洞窟岩体的稳定性（Li et al.，2012b）、水分蒸发传递（Wan et al.，2012）等。其他研究人员使用多种技术对风化石刻进行了研究，如VIS/NIR高光谱成像（Zhou et al.，2012）、电泳技术（Yan et al.，2012）、扫描电子显微镜和X射线衍射（Weng et al.，2011）、火焰原子吸收光谱法（Liu et al.，2011a，b）。然而，这些方法是不完善的，因为它们对文物具有侵入破坏性，而且耗时、费力和昂贵，致使大多研究处于探索阶段，而未能付诸实施。

太赫兹（THz，$1THz=10^{12}Hz$）波是介于微波和红外线之间的电磁波，是一种新型的电磁辐射。而且太赫兹时域光谱系统(THz-TDS)已被广泛应用于生物分子鉴定、材料调查、炸药检测和药物分析等研究领域(Liu et al.，2012；Jin et al.，2010）。在文化遗产方面（Jackson et al.，2011），THz-TDS被用于分析绘画文物的主要成分（Filippidis et al.，2013；Manceau et al.，2008），THz-TDS成像技术用于壁画和画布上隐藏油漆层的识别（Jackson et al.，2008；Adam et al.，2009；Walker et al.，2013），文物相关材料的太赫兹光谱研究（Fukunaga and Picolio，2010；Todoruk 等人，2008）。相比于其他方法，THz-TDS是一种无损、非电离、灵敏度高、效率高的检测技术。THz-TDS可以提供研究样品的高信噪比透射光谱。此外，通过重量仅为0.2克的文物获得其非接触式太赫兹光谱是及其容易的。1THz对应的能量为4.1meV，比X射线的几千eV要低得多。THz-TDS的信噪比可达1010，大大高于傅里叶变换红外光谱，稳定性也更好。然而，云冈石窟样品的太赫兹透射谱如果没有明显的特征吸收峰，就不能通过指纹谱来研究。支持向量机是一种新的非线性分类建模方法。支持向量机理论基于VapnikeChervo-nenkis（VC）维数理论和统计学习理论的结构风险最小原则。支持向量机学习速度快，具有良好的泛化能力。它还可以解决小样本情况下的非线性、高维数、局部极小点等问题。支持向量机被广泛用于分类识别和回归分析（Li et al.，2012a；Zhou et al.，2012；Qi et al.，2012）。

本研究基于云冈石窟风化样品的太赫兹光谱，利用支持向量机回归估计算法建立了云冈石窟风化深度预测模型。该方法的突出优点是，即使样品的太赫兹透射光谱相差不大，没有特征吸收峰，也能分辨和识别太赫兹光谱。通过THz-TDS分析得到了云冈石窟0.2—2.6THz范围的太赫兹透射谱。以部分透射谱数据作为训练和测试数据，建立支持向量机预测模型。基于光谱的模型可以有效地识别云冈石窟的样本，并预测其深度，为云冈石窟的修复和保护提供了一种更为高效和经济的方法。

1　实验系统与样品制备

1.1　实验系统

THz-TDS 试验系统（Meng et al.，2011）如图 1 所示。钛蓝宝石飞秒激光器用于泵浦和探测太赫兹波，中心波长 800 纳米，脉冲宽度 100 飞秒，平均输出功率 960 毫瓦。太赫兹脉冲是通过泵浦脉冲照射 InAs 而产生的。探针脉冲由太赫兹脉冲信号通过 ZnTe 调制。调节两个脉冲之间的时间延迟，通过电光采样测量检测太赫兹脉冲的波形。为避免水蒸气对太赫兹波的强吸收，将高纯度氮气冲入样品室，如图 1b 虚线所示。样品放置在离轴抛物面镜 PM2 和 PM3 之间的中心。样品上的太赫兹辐射光斑直径约为 1 毫米。样品室的湿度保持在 4% 以下，温度控制在 22℃。

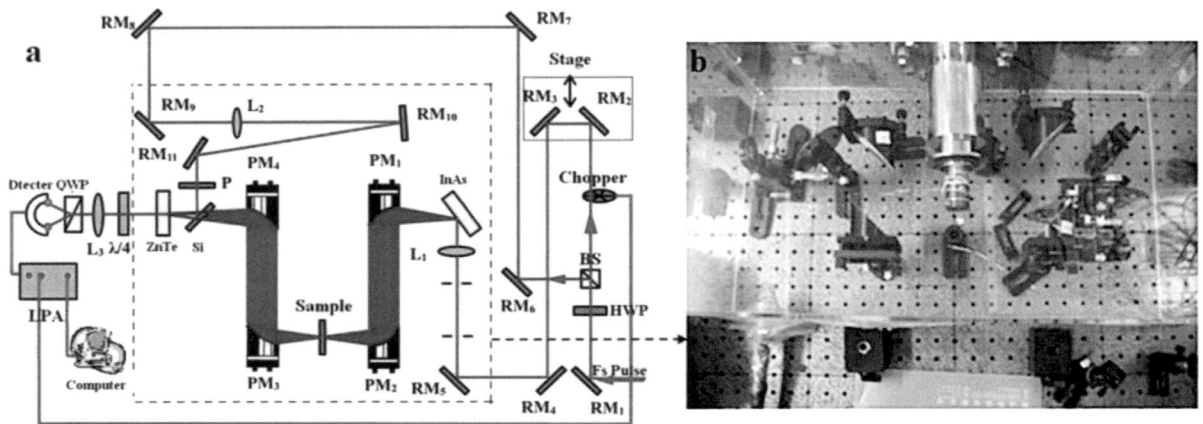

图 1　THz-TDS 实验装置 a. 原理图，b. 充氮气 THz-TDS 样品室实物图

THz-TDS 可以直接获得参考或样品的时域信号，此时域谱里包含 THz 电场的强度和位相信息。通过傅里叶变换（FFT）转换到频域谱里，利用公式（1）就可以得到样品的透射系数：

$$T(\omega) = \frac{A_{sample}(\omega)}{A_{reference}(\omega)} = |t_N(\omega)|\exp[\varphi_N(\omega)] \tag{1}$$

$A_{reference}$ 和 A_{sample} 是频域谱中参考和样品的振幅，$|t_N(\omega)|$、$\varphi_N(\omega)$ 是透射系数和相位，ω 是太赫兹频率。

1.2　样品制备

对于云冈石窟的风化深度及风化效应沿纵深的梯度变化是石窟修缮前希望了解的关键问题。然而，现有的无损分析技术手段很难做到精确到内部结构的分析。微损取样检测分析技术作为一类简便、快捷的探测手段，加之对目标体损害性小的特点，在检测石质文物的风化程度、评价风化石雕加固效果等方面具有其他方法不可比拟的优势。为避免影响文物的原貌，本研究所选钻孔位置位于云冈石窟第 4 窟与第 5 窟之间的龙王庙谷西崖，如图 2a 所示。钻孔直径约为 10 厘米。钻孔位置距地面 1.5 米，距离洞口 10 米水平钻井确保了岩心位于相同的砂岩沉积物中。选取具有典型风化程度的 85 厘米地核前端进行研究。整个岩心长度为 4 米，如图 2b 所示。云冈石窟龙王庙谷西崖风化岩心特征见表 1。接着从所得岩柱头开始间隔不同距离取样，每个地方取两个样品，共取得 24 个样品，分别以深度标记，如距离表面 3 厘米的样品记作 3。

图 2   水平钻孔现场图（a），岩心表面图（b）

表 1   云岗石窟龙王庙谷西崖风化岩心特征

Distance below surface (cm)	Weathering degree	Lithologic description
0–11	Completely weathered	Light gray feldspathic lithic medium sandstone. The structure is almost completely destroyed,the strength of the residual structure is identifiable, and the weathered fissures are extremely developed.
11–13	Strongly weathered	Light gray feldspathic lithic medium sandstone. Most parts of the structure are damaged, the mineral composition has changed significantly,rock mass is broken, and the weathered fissures are developed.
13–52	Moderately weathered	Light gray feldspathic lithic medium sandstone. Parts of the structure are damaged, secondary minerals are developed along the joint surface,and weathered fissures are developed.
52–57	Slightly weathered	Light gray feldspathic lithic medium sandstone. Feldspar sandstone structure has little changes,the joint surface has a little discoloration, and the fissures are slightly weathered.
>57	Unweathered rocks	Gray and white feldspathic lithic medium sandstone. Rock is fresh, with accidentally traced weathering.

为了减少样品的散射，先将各个样品进行标准研磨，然后与聚乙烯粉末按 1 : 1 的比例混合后再次研磨均匀，最后使用红外压片机以 5 吨的压力对其压片，制成直径 1.3 厘米、厚度 1 厘米左右的薄片。使用聚乙烯进行掺杂，是因为聚乙烯在此可以起到粘合和稀释的作用，而且聚乙烯在太赫兹波段无特征峰，便不会对所得谱线产生附加影响。

2   结果和讨论

2.1   太赫兹光谱测量

用 THz-TDS 测量 24 个样品，图 3 中只绘制了其中一半样品（12 个）的时域和频域谱。可以看出透过这些云冈石窟样品后的 THz 时域波形相对于参考波形有不同程度的振荡和衰减，这是由样品对 THz 波的反射、色散及吸收共同作用所产生的。岩石风化越严重，其颗粒越松散，其光谱延迟越长。由表 1 可知，风化程度随着岩石深度的增加而逐渐减弱。虽然在同一沉积物中样品的组合体和组成有所不同，但与参考光谱相关的延迟并不是随深度的线性变化，这是 THz–TDS 高灵敏度的表现。太赫兹频域谱表明，样品与参考样品之间存在显著差异。第一，样品中不同的波速引起 THz 脉冲相对于空载时的时间延迟不同。第二，样品对 THz 波的反射和吸收使脉冲强度下降。第三，样品的色散造成脉冲的展宽。频谱的最大峰值为 0.7905THz，也即此处 THz 光强最大。从图 3b 还可以看出，样品的有效频段范围为 0.2—1.7THz。因此，在下面的分析中，只研究这个波段。

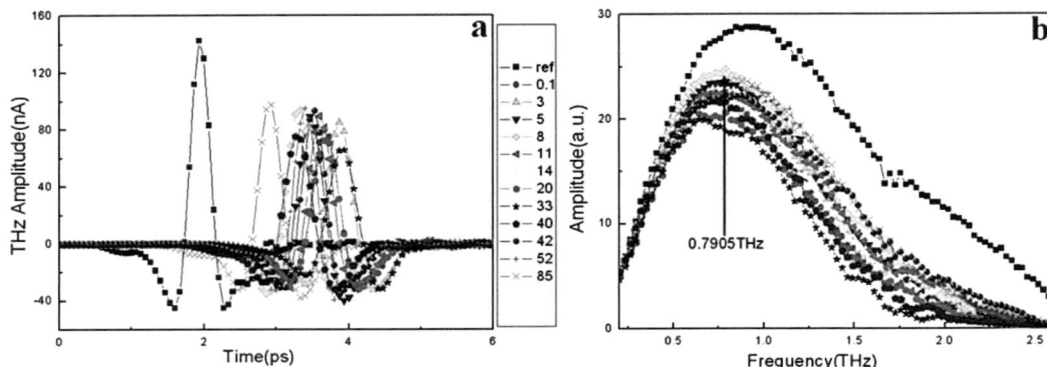

图 3　12 个样本的太赫兹信号（a）时域波形，（b）频域频谱

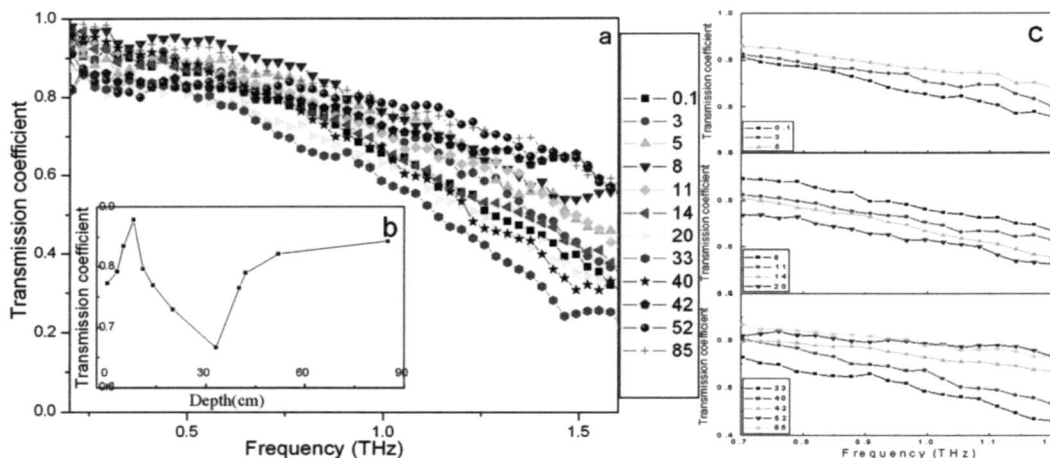

图 4　12 个样品的透射光谱：（a）THz 波长的透射光谱，（b）0.7905 THz 的透射系数，（c）0.7–1.2 THz 的透射光谱放大图

　　图 4 为 12 个样品的透射系数谱。由于没有明显的特征峰，我们无法识别它们。而且不同样品的光谱互相交叠，亦很难区分和分析他们的透射特征。当我们分别提取图 4a 中峰值 0.7905THz 处对应的各样品的透射系数做比较，如图 4b 结果显示，0—8 厘米段和 33—85 厘米段随深度的增加透射系数递增，8—33 厘米段随深度的增加透射系数递减。这与文献中对云冈石窟不同深度的温度变化趋势描述一致，0—5 厘米处于单向热传导状态，5—30 厘米段处于交叉热传导状态，30—80 厘米段处于单向热传导状态（Xing Chen，2012）。云冈石窟砂岩的风化主要由温度变化和水分引起，对于深度梯度样品的风化则与温度变化的关系更为密切。因此，我们若能对其深度定位，也就能间接了解风化程度，这对于石窟的维护和修缮是很重要的。

因此，我们将样品分为两组：一组样本深度为 5—30 厘米，其余样本属于第二组。

综合以上的分析，我们选取透射谱数据作为支持向量机的训练和检测样本进行回归建模。为提高区分度，并避免维数过高的现象，我们选取的 20 个数据点为：第 281—300 个（整个透射系数谱对应 512 个数据点），其对应频率为（0.7—1.2）THz（如图 4c）。

2.2 SVM 建模及预测结果分析

我们所用的 SVM 算法软件是由张志忠（Chih-Chung Chang）和林智仁（Chih-Jen Lin）提供的网络共享软件 libsvm（Chang C C and Lin C J.2012）。支持向量机既可建立定性分类识别模型，也可以建立定量回归分析模型。本文选择回归预测模型中的径向基函数作为核函数，用留一法对模型进行验证，用平均相对误差来评价模型。所谓留一法就是有 n 个样本，留一个样本作为预测样本，其他样本作为训练样本，重复此过程，直到每个样本都作为训练样本 n–1 次，作为预测样本 1 次。

基于径向基核函数的支持向量机回归算法包括建模和预测两个步骤。建模的主要任务是建立能够预测不同样本深度的支持向量机模型。建模包括三个步骤，即：（1）THz-TDS 测得的不同深度石窟样品的透射谱作为输入向量，深度作为输出量；（2）利用 LOOCV 优化三个参数；（3）建立云冈石窟不同深度样品预测的支持向量机模型。这三个参数分别是惩罚因子 c、核函数参数 g 和敏感损失函数 ε。因子 c 控制着经验风险，较大的 c 值可以减少误差，以获得对训练样本较好的拟合。参数 g 控制支持向量机对输入量变化的敏感程度，而 ε 控制误差的边界。本研究的主要目的是利用所建立的模型仅通过云冈石窟样品的太赫兹光谱来预测其风化深度，然后用相对误差评价模型的预测结果。

因此，将上面提及的两组样品对应的透射系数再次分别分成两组数据集，一组数据集用来建立模型，并用留一法循环寻参建模检验；另一组未参加建模训练的数据集用来检验预测结果，我们用相对误差评价模型预测结果。

用支持向量回归机进行建模训练和检验时，各输入特征量间可能存在多个数量级差别，因此有必要对输入特征量进行归一化。归一化是指将属性数据按比例缩放，使之落入一个小的特定区域，如 [0，1] 或 [–1，1] 范围内，归一化公式为：

$$x_s = \frac{x - x_{min}}{x_{max} - x_{min}} \tag{2}$$

此外，无论是建模程序（建立 SVM 学习机模型）还是预报程序（应用 SVM 做预报），都需要对数据格式进行转换。数据格式要满足一定要求才能调入 CMSVM 系统中运行。为了与国际通行的软件兼容，我们采用了与 SVMLight 相同的数据文件格式。如深度为 3 厘米的样品作为训练和预测样本时的输入数据格式如表 1 所示。最后，我们将归一化后的数据变换成合适的格式，并将数据文件保存为 .txt 格式。结果见表 2 和 3 所示。

分别对两组数据进行建模和 LOO 循环验证，得出对 0—8 厘米和 30—80 厘米样品的建立模型参数值为 c＝300，ε＝0.001，γ＝4，5—30 厘米的建立模型参数值为 c＝10，ε＝0.001，γ＝4。模型的计算预测结果与实际值符合的很好。预测值和真实值间的相对误差如表 4 所示。模型的相对误差在 0.85% 以内，表明该模型是可靠和适用的。同一层石雕差异非常小，从而保证了预测模型对同一区域的适用性。

表 2　训练数据集

深度	传输系数数据集						
0.1	1:0.474	2:0.455	3:0.446	⋯	18:0.369	19:0.373	20:0.332
3	1:0.501	2:0.499	3:0.498	⋯	18:0.456	19:0.476	20:0.473
5	1:0.574	2:0.576	3:0.587	⋯	18:0.613	19:0.555	20:0.573
⋯	⋯	⋯	⋯	⋯	⋯	⋯	⋯
42	1:0.439	2:0.463	3:0.479	⋯	18:0.596	19:0.572	20:0.616
52	1:0.491	2:0.527	3:0.566	⋯	18:0.711	19:0.723	20:0.699
85	1:0.589	2:0.569	3:0.583	⋯	18:0.710	19:0.694	20:0.726

表 3　预测数据集

预言	传输系数数据集						
0	1:0.635	2:0.648	3:0.648	⋯	18:0.593	19:0.590	20:0.572
0	1:0.499	2:0.506	3:0.507	⋯	18:0.507	19:0.522	20:0.538
0	1:0.467	2:0.468	3:0.464	⋯	18:0.364	19:0.366	20:0.371
0	⋯	⋯	⋯	⋯	⋯	⋯	⋯
0	1:0.322	2:0.349	3:0.337	⋯	18:0.304	19:0.296	20:0.293
0	1:0.298	2:0.278	3:0.278	⋯	18:0.183	19:0.165	20:0.162
0	1:0.464	2:0.454	3:0.444	⋯	18:0.325	19:0.246	20:0.245

表 4　模型计标结果

样品编号	实际深度（cm）	预测值（cm）	相对误差（%）
1	0.1	0.100848	0.848
2	3	3.00104	0.035
3	5	5.00108	0.022
4	8	8.00088	0.011
5	11	11.0009	0.008
6	14	14.0011	0.007
7	20	19.9993	0.003
8	33	33.001	0.003
9	40	39.9986	0.004
10	42	41.9993	0.002
11	52	52.0011	0.002
12	85	84.9987	0.002

3 总结

应用 THz-TDS 分析云冈石窟梯度样品是可行的，由于太赫兹脉冲的高信噪比和独一无二的宽带特性，可以用来分析和识别材料成分和结构的微小差异。风化梯度样品在 0.7905 THz 处的透射系数变化趋势与云冈石窟温度梯度变化趋势一致。通过这种方法可以研究石质文物和其他文物材料文物，只要取样量只有 0.2g 即可。当光谱信息中不存在特征峰或多个样本间差异很小时，支持向量机方法具有较强的数据处理能力，可以对样本信息进行分析、识别和预测。实验和预测结果表明，无论是定性识别还是定量预测分析，基于光谱数据的支持向量机模型都具有较好的检测性能。预测的相对误差均小于 0.85%。

致谢

感谢云冈石窟研究院任建光先生在云冈石窟样品采集工作中给予的宝贵支持。国家自然科学基金项目（no.51971094）；北京市教委科研项目、北京市自然科学基金项（no.KZ201310028032）；山西省高等学校哲学社会科学研究基金项目（no.2013141）。

（原文刊载于《考古科学（美国）》2015 年第 3 期）

云冈石窟大气细颗粒物水溶性离子污染特征

杨文妍　耿　红　魏海英　张润平　任建光　张　媛　赵　磊　赵云鹏　史旭荣　卢铁彦

云冈石窟位于山西省大同市西郊（北纬 40°，东经 113°），北依武州（周）山，南临十里河，东西长约 1 千米。它开凿于 1500 多年前的北魏时期，现存主要洞窟 45 个，窟龛总计 254 个，雕像 59000 多尊。云冈石窟以雕像气魄雄伟、内容丰富多彩、历史悠久和规模宏大而著称于世，它与甘肃敦煌的莫高窟、河南洛阳的龙门石窟并称为我国三大佛像石窟，具有重要的文化、宗教、艺术和建筑等研究价值。2001 年被列入由联合国教科文组织世界遗产委员会承办的《世界遗产名录》中[1]。

随着知名度的提高，前来旅游观光的游客数量逐渐增加，景区内环境空气质量越来越受到关注，因为大气污染不仅对游客心理、生理产生较大影响，而且对石窟雕像也造成威胁，虽然风雨侵蚀、岩石风化、自然坍塌和人为破坏均可使雕像受到损坏[2]，但大气颗粒物或扬尘对雕像表面的危害也不容忽视[3]，黄继忠等和 Salmon 等经过长期观察发现，云冈地区的风沙降尘、煤矿粉尘、车辆行驶引发的二次扬尘、周围工矿企业和民用燃煤等均可导致大气颗粒物含量升高，对石窟造成一定的损害[4-5]，刘仁植等经过调查发现：在云冈石窟所有污染物和病害种类中，粉尘沉积居首位，占总污染物病害总面积的 53%，超过 3700 平方米[6]；严绍军等进行的劣化试验表明可溶性盐对云冈石窟造像层砂岩有破坏作用[7]，近年来，由于大同地区社会经济发展、城市化进程加快、机动车辆剧增，导致大气细颗粒物（$PM_{2.5}$）浓度上升，灰霾天气日益增多，但它们对景区环境空气质量和石窟雕像的影响尚不得而知。为此，本文通过测定云冈石窟景区大气 $PM_{2.5}$ 质量浓度和水溶性无机离子含量，分析各采样期大气 $PM_{2.5}$ 水溶性无机离子浓度变化和可能来源，为景区环境空气质量改善提供科学依据，为进一步探究 $PM_{2.5}$ 对石窟雕像的影响提供参考。

1　材料与方法

1.1　采样

综合考虑地形、人流量、电源、仪器安全等因素设置采样点（图 1），1# 采样点选择位于人流量较大的第 20 窟前 25 米处，2# 采样点位于人流相对较少的云冈石窟研究院办公楼前的空地。使用武汉市天虹仪表有限责任公司的 TH-150C 中流量大气 $PM_{2.5}$ 采样器进行采样，距地面高度 1.5 米，流量 100 升每分钟，采样时间为每天连续 8 小时（9：00—17：00），同步记录采样时的温度、湿度（表 1），共获得 $PM_{2.5}$ 样品 42 个。采样膜使用直径 90 毫米的石英纤维滤膜（Whatman 公司）。采样前，石英滤膜用铝箔包裹，置于马弗炉中 450℃烘烤 6 小时，以去除膜上挥发性成分的影响。采样后滤膜在干燥器中平衡 48 小时，用万分之一天平称量。称重后计算 $PM_{2.5}$ 浓度，然后将滤膜置于冰箱中 -20℃冷冻保藏，尽快用于成分分析。

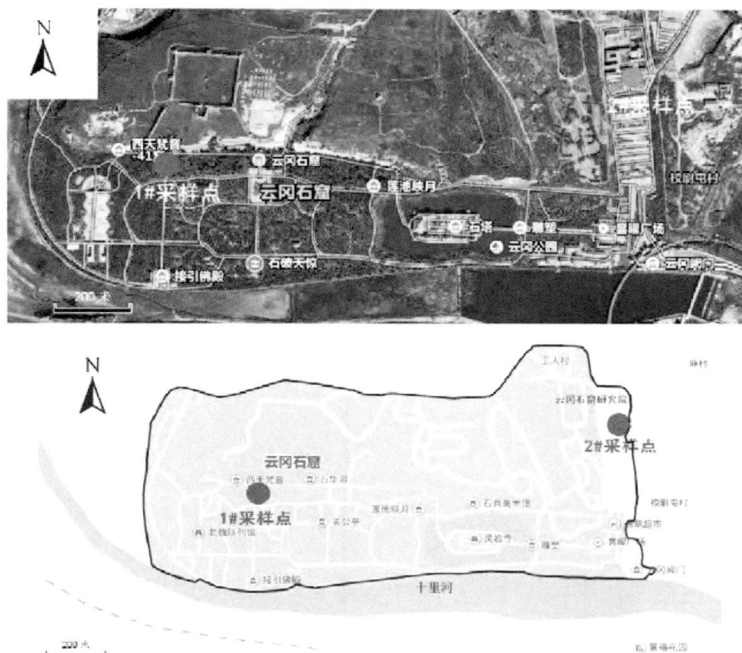

图 1　云冈石窟采样点

表 1　大气颗粒物采样时间、个数及温湿度记录表

采样期	采样时间	采样数 / 个	平均气温 /℃	平均湿度 /%
12 月	20121216–20121222	14	−9.8	35.1
7 月	20130703–20130706	8	23	58.9
10 月	20131028–20131031	8	3.5	56.3
4 月	20140413–20140418	12	13	43.2

1.2　仪器与试剂

采用戴安 ICS-90 离子色谱仪及分析系统测定样品中 5 种水溶性阳离子（Na^+、NH_4^+、K^+、Mg^{2+} 和 Ca^{2+}）和 4 种水溶性阴离子（F^-、Cl^-、NO_3^- 和 SO_4^{2-}）的含量。所用试剂均为优级纯，9 种离子的标准储备液（1000 微克·毫升）购自国家标准物质研究中心。根据样品浓度配制混标溶液并制作标准曲线。所用溶液均用 18.2 兆欧·厘米的超纯水配制。

1.3　色谱条件

阳离子分析条件：CS12A 阳离子分析柱（4 毫米 ×250 毫米），CG12A 阳离子保护柱（4 毫米 ×50 毫米），CSRS-300 抑制器（4 毫米），淋洗液：20 毫摩尔 / 升的甲基磺酸。

阴离子分析条件：AS14A 阴离子分析柱（4 毫米 ×250 毫米），AG14A 阴离子保护柱（4 毫米 ×50 毫米），AERS-500 抑制器（4 毫米），淋洗液：3.5 毫摩尔 / 升 Na_2CO_3 与 1 毫摩尔 / 升 $NaHCO_3$ 混合溶液。

电导检测器：DS5；流速：1 毫升 / 分钟；抑制器电流：60 毫安；定量环：10 微升；柱温：25℃。

1.4 样品分析

取四分之一滤膜，剪碎置于 50 毫升烧杯，加入 10 毫升超纯水使之完全淹没，低温超声提取 1 小时。提取液用无菌一次性注射器和针筒式水系滤膜过滤器（孔径 0.45 微米）过滤，滤液转移到 20 毫升具塞比色管中，定容。同样的方法对空白膜进行超声提取，作为对照。样品置于 –4℃待测。

9 种离子的标准曲线相关系数均大于 99.9%，最小检出限 LOD 为 0.001—0.007 毫克 / 升（$S/N=3$），标准溶液重复进样 7 次得到相对标准偏差（$RSD\%$）为 0.19%—4.82%。

2　结果与讨论

2.1 大气 $PM_{2.5}$ 质量浓度

2 个采样点在采样期内大气 $PM_{2.5}$ 日均质量浓度变化趋势相似（图 2，1），最大值出现在 12 月石窟采样点（257.8 微克 / 立方米），最小值出现在 7 月研究院采样点（28.1 微克 / 立方米），平均浓度为（109.0 ± 65.5）$\mu g/m^3$。总体而言，石窟采样点 $PM_{2.5}$ 浓度均值大于研究院（图 2，2），采样期内大多数时间，20# 石窟前的 $PM_{2.5}$ 质量浓度高于研究院采样点。可能由于 20# 石窟前游客较集中，人为活动（如烧香祈福）影响较大。云冈石窟景区属于国家《环境空气质量标准》（GB3095–2012）中规定的一类区，大气 $PM_{2.5}$ 适用于一级参考限值（日平均浓度为 35 微克 / 立方米）。虽然本次测量时段为 8 小时平均浓度（为每天景区开放时间），但也可看出大部分时间景区内大气 $PM_{2.5}$ 质量浓度属于超标状态，其中 12 月采样期间超标倍数达 3—7 倍。大同每年 10 月底进入采暖期，云冈石窟景区周围煤炭和化石燃料燃烧可能是造成大气 $PM_{2.5}$ 浓度升高的主要原因。

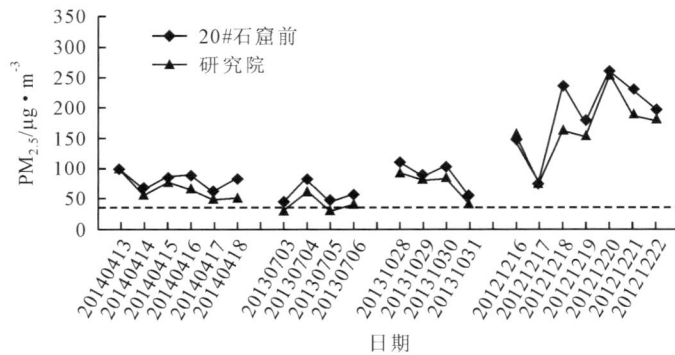

1. 采样期内各采样点每日（8h）质量浓度变化

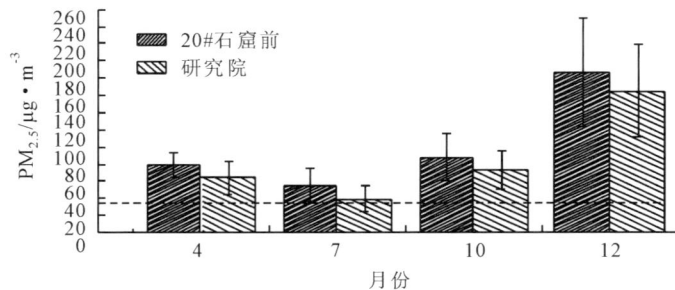

2. 大气 PM2.5 各采样期平均质量浓度

图 2　2 个采样点采样期内大气 $PM_{2.5}$ 质量浓度比较

表2 9种水溶性离子质量浓度 （ug/m³）

水溶性离子	20# 石窟前				研究院			
	4 月	7 月	10 月	12 月	4 月	7 月	10 月	12 月
F^-	0.06 ± 0.04	0.06 ± 0.02	0.04 ± 0.05	0.27 ± 0.14	0.04 ± 0.02	0.04 ± 0.04	0.03 ± 0.04	0.24 ± 0.12
Cl^-	0.45 ± 0.43	0.58 ± 0.06	1.35 ± 1.2	2.43 ± 1.46	0.33 ± 0.34	0.39 ± 0.26	0.93 ± 0.68	2.41 ± 1.68
NO_3^-	3.67 ± 3.48	1.27 ± 0.30	8.64 ± 7.58	5.34 ± 2.89	1.84 ± 1.50	0.83 ± 0.5	2.39 ± 1.39	4.80 ± 2.86
SO_4^{2-}	8.81 ± 3.84	6.68 ± 2.65	8.59 ± 5.51	75.3 ± 19.47	5.40 ± 4.16	3.43 ± 1.24	3.76 ± 2.25	67.70 ± 17.90
Na^+	0.10 ± 0.05	0.06 ± 0.04	0.49 ± 0.79	1.43 ± 1.26	0.09 ± 0.06	0.03 ± 0.03	0.02 ± 0.02	2.12 ± 1.61
NH_4^+	4.02 ± 1.92	2.28 ± 1.17	11.84 ± 4.53	17.48 ± 4.34	2.64 ± 1.48	1.06 ± 0.96	3.41 ± 1.02	16.14 ± 4.86
K^+	0.31 ± 0.11	0.21 ± 0.18	1.72 ± 0.59	1.64 ± 0.53	0.23 ± 0.05	0.12 ± 0.13	0.51 ± 0.22	1.53 ± 0.47
Mg^{2+}	0.09 ± 0.05	0.06 ± 0.07	0.06 ± 0.05	4.89 ± 1.18	0.09 ± 0.07	0.05 ± 0.01	0.02 ± 0.02	4.59 ± 1.55
Ca^{2+}	1.67 ± 0.87	0.46 ± 0.37	1.08 ± 0.76	5.54 ± 1.61	1.32 ± 0.69	0.46 ± 0.15	0.72 ± 0.23	5.17 ± 1.94

2.2 水溶性离子特征

采样期间两采样点 $PM_{2.5}$ 中 9 种水溶性离子质量浓度总和的顺序与 $PM_{2.5}$ 质量浓度顺序相似（表2），表现为 12 月 >10 月 >4 月 >7 月，且不同采样期各离子含量大小有所变化（图3）。1# 采样点 4 月水溶性离子浓度大小顺序为 SO_4^{2-}>NH_4^+>NO_3^->Ca^{2+}>Cl^->K^+>Na^+>Mg^{2+}>F^-，7 月为 SO_4^{2-}>NH_4^+>NO_3^->Cl^->Ca^{2+}>K^+>Mg^{2+}>F^->Na^+，10 月为 NH_4^+>NO_3^->SO_4^{2-}>K^+>Cl^->Ca^{2+}>Na^+>Mg^{2+}>F^-，12 月为 SO_4^{2-}>NH_4^+>Ca^{2+}>NO_3^->Mg^{2+}>Cl^->K^+>F^-。

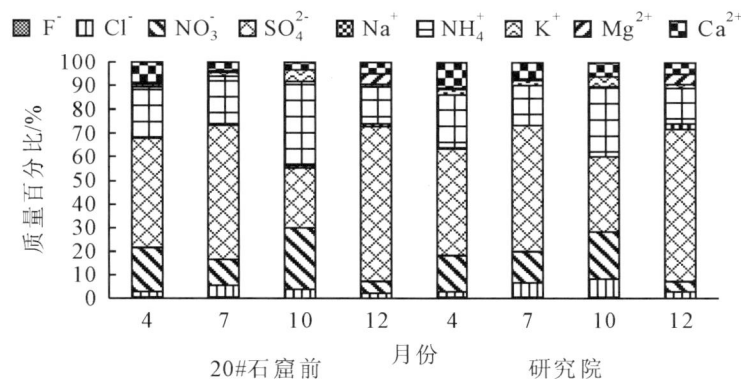

图3 不同离子占9种离子总质量浓度的百分比

在 9 种水溶性离子中，SO_4^{2-}、NO_3^-、NH_4^+3 种离子含量最高，4 月、7 月、10 月、12 月分别占所测总离子浓度的 86.1%、87.8%、85.9%、85.8%。3 种离子主要由周围居民区、工业区、交通等排放的气态前体物（SO_2、NO_x、NH_3）经二次反应转化而来[8-9]。NH_3 可能来源于周围农村畜禽养殖、农业施肥、有机质的降解和人体排放等[10]。SO_2 主要由燃煤产生，12 月采暖期消耗大量煤炭，造成 SO_2 浓度升高。NO_x 主要由汽车尾气产生，少量由燃煤产生[11]。普遍认为大气中 SO_4^{2-}、NO_3^- 分别为燃煤、汽车尾气排放的污染物转化而来，可以用其质量浓度比值 $[NO_3^-]/[SO_4^{2-}]$ 判断固定源和流动源对大气中 N 和 S 的贡献大小[12]。本研究中 1# 和 2# 采样点除

10 月个别采样日外，其他采样日 $[NO_3^-]/[SO_4^{2-}]$ 值均小于 1（图 4），说明总体而言，景区周围固定源对大气二次颗粒物的影响大于移动源，景区周围固定源主要为村民生活燃煤、周边煤矿，移动源主要是景区内外机动车尾气排放。10 月部分样品该比值大于 1，可能与 10 月旅游人数较多，道路机动车流量较大，排放产生 NOx 较多有关。Ca^{2+}、Mg^{2+} 主要来源于土壤、道路扬尘等[13]，表 2 显示 4 月和 12 月大气 $PM_{2.5}$ 中 Ca^{2+}、Mg^{2+} 含量较高，可能受当地风沙影响所致，该地区 12 月、4 月常有扬沙产生，导致大量矿物尘悬浮。在 10 月 K^+ 的浓度明显上升，含钾颗粒可能主要来源于 10 月秋收后周围村庄秸秆等生物质的燃烧[14]。Na^+ 和 Cl^- 含量较低，推测来源于附近十里河河水的挥发、游客汗液及景区周围饭店烹饪等[15]。F^- 主要来源于煤炭燃烧和煤灰飘散[16]，本研究中 F^- 检出率低，且各采样期变化不明显，说明当地煤炭等化石燃料中 F^- 含量很少。

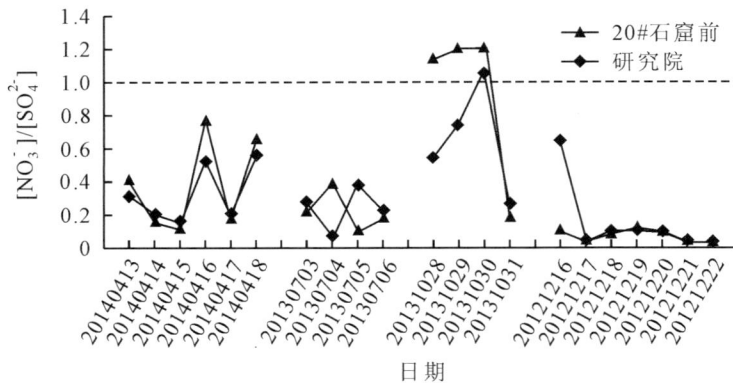

图 4　各采样期 NO_3^- 与 SO_4^{2-} 质量浓度比值

2.3　水溶性离子相关性

对 $PM_{2.5}$ 中各离子进行相关性分析（表 3）发现：在 4 月 SO_4^{2-} 与 NH_4^+ 的相关系数为 0.966，NO_3^- 与 NH_4^+ 的相关系数为 0.673，Cl^- 与 NH_4^+ 的相关系数为 0.649，相关系数较高，可以推测三者的结合方式可能是 $(NH_4)_2SO_4$、NH_4HSO_4、NH_4NO_3 和 NH_4Cl。7 月 SO_4^{2-} 与 NH_4^+ 的相关系数、NO_3^- 与 NH_4^+ 的相关系数为四季中最高，分别是 0.988、0.844，这可能由于 7 月相对湿度较高，有利于二次颗粒物的生成[17]，大同地处温带大陆性季风气候，7 月较为凉爽，采样期平均温度为 23℃，低于 NH_4NO_3 分解成硝酸气体和氨气的温度 30℃[18]。在 10 月 NO_3^- 与 NH_4^+ 的相关系数为 0.738，SO_4^{2-} 与 NH_4^+ 的相关系数为 0.353，说明 10 月二次离子结合方式主要为 NH_4NO_3，可能由于 10 月采样期 NOx 排放量较大，生成 HNO_3 较多。12 月与 10 月相反，SO_4^{2-} 与 NH_4^+ 的相关系数大于 NO_3^- 与 NH_4^+ 的相关系数，为 0.895，这可能由于大气中 SO^2 浓度较高，SO_4^{2-} 优先于 NO_3^- 与 NH_4^+ 结合。另外在 12 月含量较高的 Mg^{2+}、Ca^{2+}，与 Cl^- 的相关系数都很高，分别为 0.875、0.886，说明 3 种离子结合方式为 $MgCl_2$ 和 $CaCl_2$，且 Mg^{2+} 和 Ca^{2+} 间的相关系数为 0.993，表明 2 种离子来源相近。4 月、7 月、12 月 SO_4^{2-} 与 NH_4^+ 平均摩尔浓度比值分别为 0.38、0.88、0.80，介于完全形成 $(NH_4)_2SO_4$ 的比值 0.5 与完全形成 NH_4HSO_4 的比值 1 之间，说明 $PM_{2.5}$ 中硫酸盐既有 $(NH_4)_2SO_4$ 又存在 NH_4HSO_4 形态[19]。

表3 水溶性离子相关矩阵

4月	F^-	Cl^-	NO_3^-	SO_4^{2-}	Na^+	NH_4^+	K^+	Mg^{2+}	Ca^{2+}
F^-	1								
Cl^-	0.139	1							
NO_3^-	0.304	0.166	1						
SO_4^{2-}	0.213	0.646	0.717**	1					
Na^+	0.223	−0.035	0.474	0.356	1				
NH_4^+	0.032	0.649*	0.673*	0.966**	0.278	1			
K^+	0.118	−0.262	0.448	−0.040	0.170	−0.080	1		
Mg^{2+}	−0.020	−0.790**	−0.180	−0.660**	−0.209	−0.604**	0.455	1	
Ca^{2+}	−0.437	0.540	−0.177	−0.164	0.132	−0.044	0.023	0.386	1

7月	F^-	Cl^-	NO_3^-	SO_4^{2-}	Na^+	NH_4^+	K^+	Mg^{2+}	Ca^{2+}
F^-	1								
Cl^-	0.444	1							
NO_3^-	0.453	0.694*	1						
SO_4^{2-}	−0.224	0.772	0.755	1					
Na^+	−0.084	0.489	0.567	0.557	1				
NH_4^+	−0.085	0.855	0.844*	0.988**	0.602	1			
K^+	0.053	0.820	0.763	0.874	0.153	0.877	1		
Mg^{2+}	0.944	0.154	0.150	−0.495	−0.368	−0.377	−0.150	1	
Ca^{2+}	−0.209	−0.966*	−0.949	−0.905	−0.492	−0.953*	−0.914	0.081	1

10月	F^-	Cl^-	NO_3^-	SO_4^{2-}	Na^+	NH_4^+	K^+	Mg^{2+}	Ca^{2+}
F^-	1								
Cl^-	0.918	1							
NO_3^-	0.734	0.777	1						
SO_4^{2-}	0.901	0.698*	0.775	1					
Na^+	0.593	0.347	0.701	0.319	1				
NH_4^+	0.138	0.152	0.738	0.353	0.790	1			
K^+	0.499	0.210	0.578	0.179	0.987*	0.620	1		
Mg^{2+}	−0.110	−0.453	−0.593	−0.485	0.095	−0.513	0.234	1	
Ca^{2+}	0.936	0.812	0.448	0.406	0.674	−0.206	0.344	0.152	1

续表

12 月	F^-	Cl^-	NO_3^-	SO_4^{2-}	Na^+	NH_4^+	K^+	Mg^{2+}	Ca^{2+}
F^-	1								
Cl^-	0.822*	1							
NO_3^-	0.660	0.682*	1						
SO_4^{2-}	0.510	0.045	0.297	1					
Na^+	0.780	0.871**	0.775	0.080	1				
NH_4^+	0.346	−0.138	0.197	0.895**	−0.023	1			
K^+	0.551	0.356	0.812	0.603	0.515	0.608	1		
Mg^{2+}	0.271	0.875**	0.049	−0.219	−0.115	0.284	0.504	1	
Ca^{2+}	0.338	0.886**	0.072	−0.157	−0.068	0.380	0.529	0.993**	1

注：* 在 0.05 水平（双侧）上显著相关；** 在 0.01 水平（双侧）上显著相关。

3　结论

（1）观测期间，云冈石窟景区内大气 $PM_{2.5}$ 日均质量浓度大部分时间超过《环境空气质量标准》（GB3095-2012）一类区浓度参考限值，其中 12 月采样期间超标最为严重。

（2）20# 石窟采样点（1#）大气 $PM_{2.5}$ 浓度均值普遍高于研究院采样点（2#），这与 20# 石窟前游客较集中、人为活动较多有关。

（3）在 9 种水溶性离子中，二次离子（SO_4^{2-}、NO_3^-、NH_4^+）所占比重较大，经相关性分析，推测在 4 月主要以（NH_4）$_2SO_4$、NH_4HSO_4、NH_4NO_3 和 NH_4Cl 存在，在 7 月主要以（NH_4）$_2SO_4$、NH_4HSO_4、NH_4NO_3 存在，10 月主要为 NH_4NO_3，12 月主要为（NH_4）$_2SO_4$。

（4）除 10 月外，其他采样期内 $[NO_3^-]/[SO_4^{2-}]$ 比值均小于 1，说明景区周围固定源对大气二次颗粒物的影响大于移动源。10 月部分样品该比值大于 1，可能与 10 月旅游人数多，机动车流量大，排放 NO_X 较多有关。

（5）为提高景区的环境空气质量，加强石窟雕像的保护，建议减少景区周围煤炭燃烧，加强周围煤矿企业的大气污染物排放监管，禁止燃油机动车车辆在石窟雕像附近道路行驶，同时增加景区内外的绿化面积。

参考文献：

[1]　张焯．中国石窟艺术——云冈 [M]．南京：江苏凤凰美术出版社，2011．

[2]　苑静虎，石美凤，温晓龙．云冈石窟的保护 [J]．中国文化遗产，2007（5）：100—108．

[3]　李腊平，杨淑华，冉宇辉，等．大同市空气污染分析与防治对策 [J]．山西科技，2009（3）：88—90．

[4]　李海，石云龙，黄继忠．大气污染对云冈石窟的风化侵蚀及防护对策 [J]．环境保护，2003（10）：44—47．

[5]　Salmon L G，Christoforou C S，Gerk T J，et al. Source contributions to airborne particle deposition at Yungang Grottoes，China[J]. The Science of the Total Environment，1995，167：33—47．

[6] 刘仁植 . 不可移动石质文物表面有害污染物化学清洗技术研究 [D]. 杭州：浙江大学理学院，2012.

[7] 严绍军，方云，刘俊红，等 . 可溶盐对云冈石窟砂岩劣化试验及模型建立 [J]. 岩土力学，2013，34（12）：3410—3416.

[8] 魏玉香，杨卫芬，银燕，等 . 霾天气南京市大气 PM2. 5 中水溶性离子污染特征 [J]. 环境科学与技术，2009，32（11）：66—71.

[9] 张碧云，张承中，周变红，等 . 西安采暖期 PM2.5 及其水溶性无机离子的时段分布特征 [J]. 环境工程学报，2012，6（5）：1643—1646.

[10] 刘爱霞，韩素芹，姚青，等 . 2011 年秋冬季天津 PM2.5 组分特征及其对能见度的影响 [J]. 气象与环境学报，2013，29（2）：42—47.

[11] 申进朝，陈纯，多克辛 . 部分中原城市 PM2. 5 中水溶性离子污染特征 [J]. 环境科学与技术，2014，37（7）：154—156.

[12] Yao X H，Chan C K，Fang M，et al. The water—soluble ionic composition of PM2. 5 in Shanghai and Beijing，China[J]. Atmospheric Environment，2002，36（26）：4223—4234.

[13] 曹玲娴，耿红，姚晨婷，等 . 太原市冬季灰霾期间大气细颗粒物化学成分特征 [J]. 中国环境科学，2014，34（4）：837—843.

[14] Li X H，Wang S X，Duan L，et al. Particulate and trace gas emissions from open burning of wheat straw and corn stover in China[J]. Environmental Science & Technology，2007，41（17）：6052—6058.

[15] 陈远翔，修光利，于颖，等 . 封闭式博物馆室内空气颗粒物离子成分特征 [J]. 环境科学与技术，2013，36（5）：134—140.

[16] Chen J，Liu G，Kang Y，et al. Atmospheric emissions of F，As，Se，Hg and Sb from coal—fired power and heat generation in China[J]. Chemosphere，2013，90（6）：1925—1932.

[17] 宋少洁，吴烨，蒋靖坤，等 . 北京市典型道路交通环境细颗粒物元素组成及分布特征 [J]. 环境科学学报，2012，32（1）：66—73.

[18] Chow J C. Measurement methods to determine compliance with ambient air quality standards for suspended particles[J]. Air & Waste Manage Assoc，1995，45：320—382.

[19] Krupa S V. Effects of atmospheric ammonia（NH_3）on terrestrial vegetation：a review [J]. Environmental Pollution，2003，124（2）：179—221.

（原文刊载于《环境科学与技术》2016 年第 4 期）

石窟寺保养维护的实践和思考
——以云冈石窟为例

卢继文

石窟寺的价值在于其洞窟造像雕刻具有的历史、艺术、科学、文化和社会价值，以及其对历史环境空间的标识性。保养维护是文物古迹保护的基础，能够及时消除影响文物安全的隐患，是延缓石窟寺病害发展的最基本的方法之一。所以应将洞窟造像雕刻置于保养维护的核心位置，同时对崖体、洞窟附属构筑物以及其他影响石窟寺安全的环境因素整体考虑，谨慎地进行保养维护，并通过日常监测和其他合理有效的保护措施来确保文物安全。

1　石窟寺保养维护阐述

1.1　相关定义

石窟寺：开凿于山崖上的洞窟式的寺院遗迹。

保养维护工程：系指针对文物的轻微损害所作的日常性、季节性的养护。

1.2　原则

使用恰当的保护技术，通过最低限度的干预真实完整地保存石窟寺及其环境所反映的历史、文化、艺术等相关信息，延续与其相关的文化传统，实现对其价值各个要素的完整保护。

1.3　内容

石窟寺造像雕刻、彩绘、泥塑等本体的轻微损伤；崖体小体量落石的加固治理，裂隙的灌浆加固，护坡整治，排水设施的清理整治；洞窟附属构筑物顶部屋面破损板瓦、筒瓦、滴水等的更换，以及杂草清除和必要的勾抿，洞窟附属构筑物墙体的剔补和勾抿等。

1.4　流程

通过洞窟的病害调查和日常监测做出初步评估，并确定保养维护的对象、区域、范围，然后开展保护对象的资料收集和必要的勘察测绘工作，制定保养维护组织设计并实施，将相关资料整理成册存档。

2　病害调查和日常监测

详细的病害调查可以使保养维护有的放矢，通过调查确定病害的种类、位置、分布面积，针对不同的病害采取不同的保护措施，调查过程中要以文字、图片、数据统计表详尽地记录有关病害的详细信息，并绘制主要保养维护区域的病害图，作为保养维护组织设计的重要依据。条件允许则制作三维扫描模型，详尽描述重叠式病害，形成立体档案。

监测方式包括人员的定期巡视、观察和仪器记录等。监测内容应包含以下几方面：对可能发生变形、开裂、位移和损坏部位的仪器监测记录和日常的观察记录；洞窟的渗水记录；常规的大气环境记录；洞窟赋存环境即崖体保存状况的记录；洞窟附属构筑物保存状况的记录等。监测数据的积累可以为石窟寺保养维护和预防性保护提供有力的数据支持（图1）。

1. 第5窟病害调查

2. 洞窟环境监测

3. 第5窟各病害类型面积对比图

4. 第11窟病害图

图1　病害调查和日常监测

3　资料收集和勘察测绘

确定了保养维护对象之后，应尽量收集与其相关的历史资料、修缮沿革资料、图片资料、图纸资料（包含各种比例尺的地形图、线描图和剖面图等）等。条件允许的情况下，应对保养维护对象进行必要的勘察测绘，例如三维激光扫描，既可作为原始资料保存，又可作为保养维护效果的一种评价手段。

完成上述两项工作后，制定一定时间段和一定区域内的保养维护计划，此为主动性保养维护。同时根据实际情况，制定相应的应急预案，解决突发问题，此为被动性维护，将主动性和被动性保养维护结合起来是目前工作的基本状态。

4　保养维护的实施

作为日常工作，石窟寺保养维护虽然通常不需要委托专业机构编制专项设计，但应依据不同对象制定不同的保养维护组织设计，说明保养维护的基本操作内容和要求，选用经过验证的保护材料，以免不当操作造成对石窟寺尤其是雕刻造像的损害。云冈石窟保养维护主要选用的是砂岩加固专用材料和 SN100 型环氧树脂，前种材料已在大足石刻等砂岩类石窟有所应用，后种材料多年来在石窟寺得到了广泛的应用，可以说安全可靠、科学有效。同时，为了同类型保养维护项目的安全实施，可在实施前请相关专家进行基本判定和分析，确定工作重点和最终目标。

4.1　雕刻造像的保养维护

4.1.1　除尘去污（以第 5 窟为例）

使用软毛刷或洗耳球对雕刻造像进行除尘，不建议使用大功率气泵或吸尘设备。如遇表面结壳、结垢、锈变、烟熏等表层病害，在保养维护中只对其表面进行除尘处理，不再采取进一步的保护措施；如遇动物粪便附积、植物及微生物附着，在保养维护中只对其进行清理，不再采取进一步的保护措施（图 2）。

4.1.2　表面脱盐（以第 5 窟为例）

脱盐主要针对盐分析出严重区域，利用纸浆的吸附作用将岩体内部部分盐分析出，降低岩体盐分含量，从而减轻水盐对雕刻造像的破坏。具体做法：将宣纸用去离子水浸湿，用软毛刷将其与泛盐区域紧密贴敷在一起，利用毛细作用将岩体内部的盐分吸附至纸浆上，待贴敷宣纸干透后，揭取已干燥的宣纸，脱盐过程按照此方法多次反复操作，直至测量宣纸电导率恒定时，说明雕刻造像内盐分已无法再析出，脱盐操作完成（这种方法主要是表面脱盐）（图 3）。

4.1.3　表层劣化治理（以第 5 窟为例）

表层劣化治理主要针对剥落、空鼓和龟裂三种病害，这三类病害零散分布，分布面积不大且个体体量极小，病害发展整体呈缓慢而持续的趋势，此类情况应纳入保养维护的范畴。在具体的保养维护中，应本着"最小干预"的原则，对剥落、空鼓病害只进行补强加固，将其在原位固定，使其不再脱落；对龟裂病害只进行表面封护，延缓其风化速度，同时进一步加强监测，不倡导再采取进一步的保护措施。不同病害的具体做法如下：

（1）剥落修复

剥落形态分为粉末状剥落、粒状剥落、层状剥落、鳞片状剥落、片状剥落、板状剥落六种类型。在保养维护中只对后四种剥落类型采取保护措施。云冈石窟洞窟中的这四种剥落类型，多数剥离部分与岩体结合较差，且剥离部分酥化较为严重，一触即掉，针对此种保存状况，具体做法为：使用注射器将砂岩加固

1. 软毛刷除尘

2. 除尘时通风设备

图 2　除尘去污

图 3　第 5 窟脱盐

专用材料均匀喷洒在剥离部分的风化严重区域，如此重复喷洒 3 至 5 次直至剥离部分具有一定的强度和完整性，然后在剥离部分与岩体结合处注射适量 SN100 型环氧树脂，将剥离部分固定，除产状极薄且体量极小的鳞片状剥落可采取归安复位的保护措施外，其余层状剥落、鳞片状剥落、片状剥落、板状剥落在封护作旧后不再采取进一步的保护措施（图 4、5）。

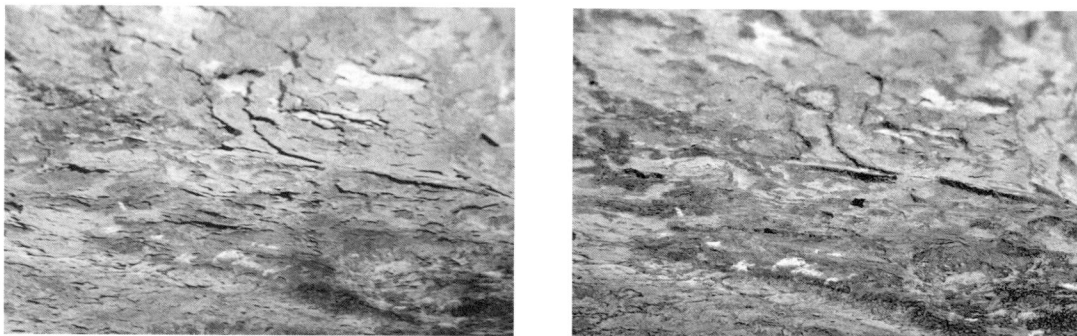

图 4　第 5 窟鳞片状剥落修复前后对比

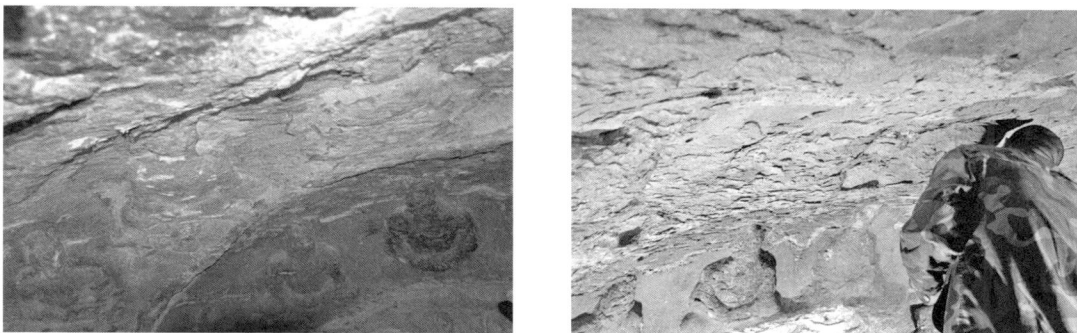

图 5　第 5 窟片状剥落修复前后对比

（2）空鼓灌浆

空鼓是指岩体表层一定厚度的片板状体发生隆起变形，且在片板状体后形成空腔的现象。此类病害发展缓慢，如不作保养维护，随着时间的推移，空鼓区域极易崩裂破损，对雕刻造像造成无法挽回的损失。空鼓灌浆加固的具体做法为：使用电钻在空鼓区域边缘较高位置打 2—3 个微孔，清理空腔内的附积物，然后使用注射器将 SN100 型环氧树脂由钻好的孔位注入空腔，直至饱满度的 70—75% 为止，整个过程要少量多次，防止漏浆，待浆液固化后进行做旧处理（图 6）。

1. 修复前　　　　　　　　　　2. 空鼓处钻孔　　　　　　　　　　3. 修复后

图 6　空鼓灌浆

（3）龟裂填充

龟裂是指岩体表面形成的网状微裂隙组将岩体表面分割的现象。微裂隙起初不会对岩体稳定性构成威胁，但随着其风化程度的加剧，势必对雕刻造像的完整性和稳定性造成影响，因此将其纳入保养维护的范畴；在其发展趋势加剧前采取保护措施，将其对石雕造像的影响尽可能消除在萌芽状态。具体做法如下：先用洗耳球局部小范围吹尘，若清理不干净时，使用低压气枪对裂隙进行吹尘清理，使用 SN100 型环氧树脂拌制水硬石灰作为填充物，在微裂隙开裂处进行填充粘接，其后平色做旧（图 7）。

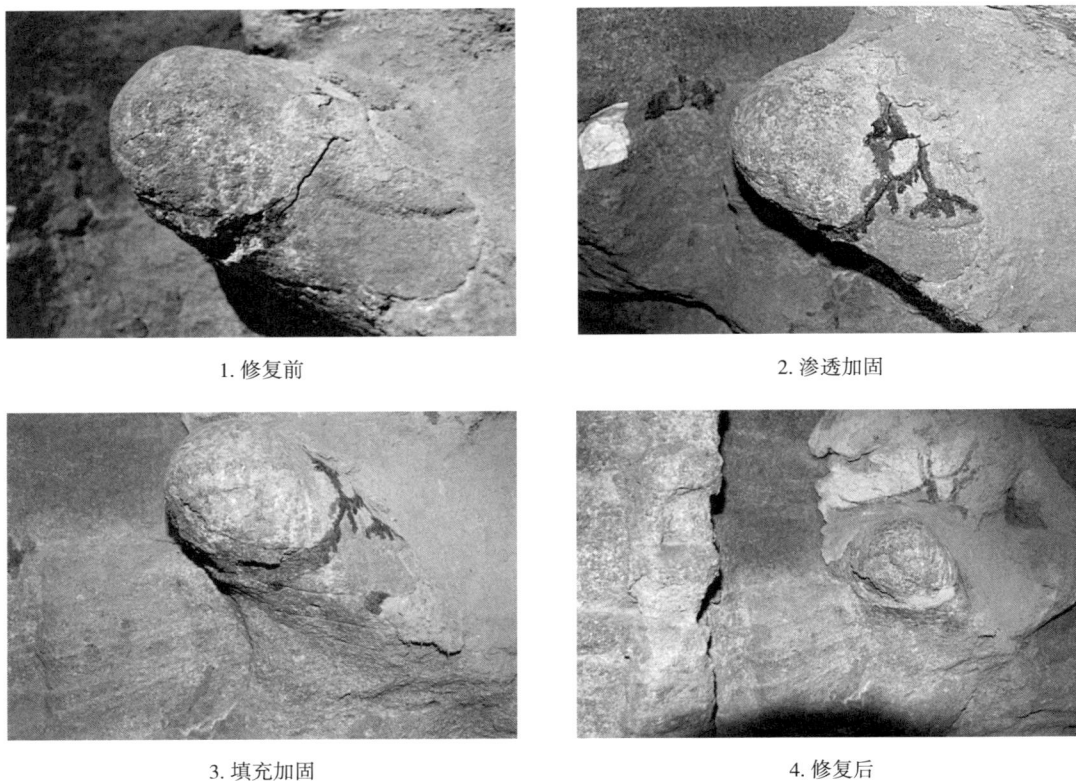

1. 修复前	2. 渗透加固
3. 填充加固	4. 修复后

图 7　龟裂病害修复

4.1.4　剥离（以第 4 窟为例）

剥离是指洞窟内岩壁发生表层与母体完全分开，但未完全脱离的现象。第 4 窟南壁存在剥离病害，其长约 2.4 米、宽约 0.3 米，与母体剥离约 0.2 米，剥离部分与母体间筑有鸟巢，剥离程度严重且剥离部分保存有雕刻造像。此类情况若不及时处理，剥离部分随时都有脱离母体进而碎裂的可能，后果不堪设想。

针对此类病害，在洞窟保养维护中，本着尽量减小对其的扰动，但又要确保不再脱落的原则进行治理，具体做法为：首先对剥离部分采取预加固，防止在治理过程中造成二次损害，然后使用洗耳球或低压气枪清除空腔区域的杂物，在剥离部分与母体的连接处滴注适量 SN100 型环氧树脂，滴注时少量多次且滴注量不宜太多，防止浆液过量产生的挤压力致使剥离部分脱落，以确保将剥离部分固定在母体上为准。待浆液固化逐步达到强度后，在空腔内充填轻质的用纱布包裹的聚苯板，再将剥离部分边缘用黄泥封护，并在其上倒插铁钉，防止鸟类再次筑巢，其后不再采取进一步的保护措施。这种做法的好处是，既使文物安全得到了保障，又能保证修复的可逆性，为今后的保护治理预留了足够的时间和空间（图 8）。

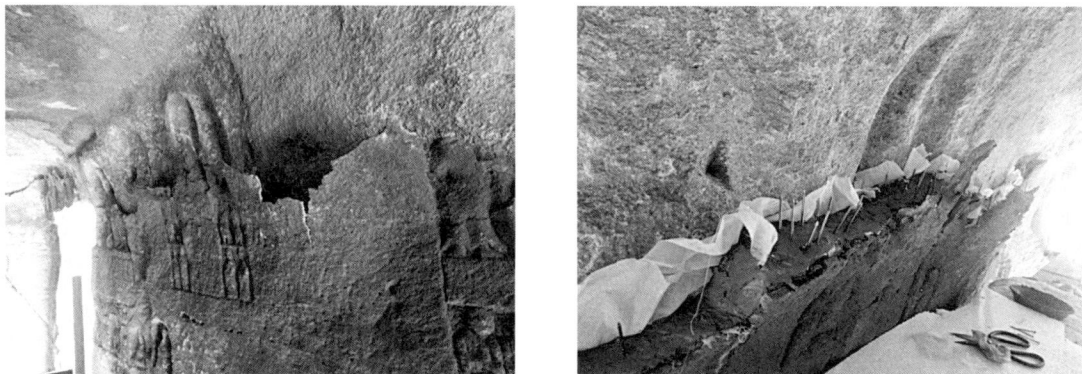

图 8　剥离病害修复前后对比

4.2　崖体治理（以第 19 窟为例）

崖体治理是指对洞窟载体的保养维护，主要内容包括危岩清理、小体量危岩的加固、浅表性裂隙补强封护、蚀空带的补强加固、护坡整治以及崖体排水设施的维护。

具体做法为：对风化较为严重且对整体结构稳定性没有影响的小块危岩体直接补强（图 9-1、2）；对整体稳定性有影响的小体量危岩体，采取灌注 SN100 型环氧树脂加固的方法；对浅表性裂隙采取使用 SN100 型环氧树脂拌制水硬石灰作为填充物进行补强封护的保护措施，其后平色做旧；对于蚀空带，先将其失去力学强度的表层风化碎屑剔除，其后使用 SN100 型环氧树脂拌制水硬石灰作为填充物进行补强封护，最后平色做旧；护坡整治主要针对崖顶有一定坡度的覆盖层（图 9-3、4），第 19 窟护坡整体稳定性较好，仅存在雨雪天后表层小体量碎石滑落的安全隐患，在保养维护中采取在其上覆盖主动防护网且种植草皮的保护措施（图 9-5）；对于崖顶的排水渠采取清除杂草杂物、勾抿补强、局部破损严重区域重新砌筑的保护措施（图 9-6）。

1. 崖壁浅表性裂隙及风化

2. 崖壁病害补强修复

3. 护坡加固前

4. 护坡加固后

5. 土质护坡铺盖防护网

6. 修补清理排水渠

图 9　第 9 窟崖体治理

4.3　附属构筑物保养维护（以第 7 窟窟檐为例）

附属构筑物保养维护的具体内容有：构筑物顶部屋面破损勾头、滴水、筒瓦、板瓦等构件的更换，杂草杂物的清理，顶部损坏区域的勾抿等（图 10）；构筑物墙体的剔补勾抿等。

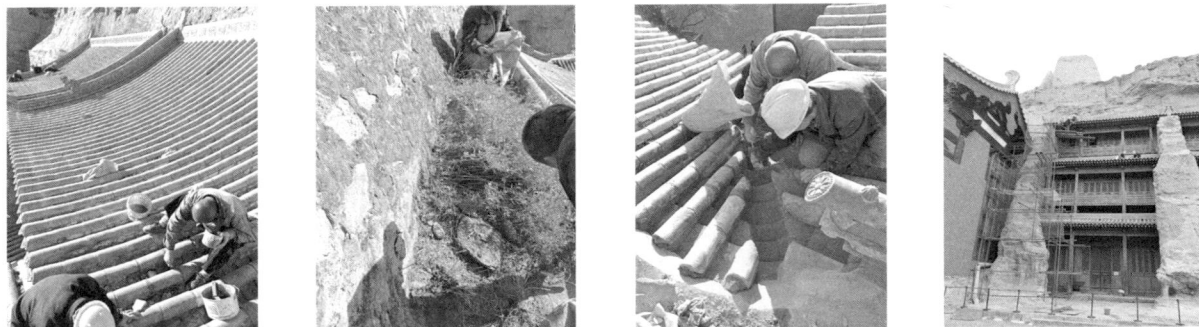

图 10　第 7 窟窟檐保养维护

5　资料整理

资料整理是保养维护的一个重要组成部分，应完整详细地记录与保养维护对象相关的所有资料，真实客观地描述保养维护的全过程，为今后的效果评价以及可能采取的进一步保护措施提供详尽的资料。

具体内容应包括：前期收集的基础资料；保养维护对象病害的分布范围、面积、类型的图片影像资料、图纸资料、文字描述资料；各种病害的保护措施记录，保护材料的类型及用量资料等。

6　存在的问题

目前还没有具体的石窟寺保养维护准则与规范，因此在实施过程中有诸多问题值得我们思考。

（1）从国家行业指导管理部门来讲，还没有相关具体的石窟寺保养维护准则和规范。需要各相关单位在实践中有针对性、有目标性地开展实验和研究，在准则、规范、标准如何确定，文物本体、文物载体、文物赋存体、文物环境、附属物、构筑物等多方面急需制定规范来分别对待。是否可以考虑整个行业的保护状态从抢救性保护到主动性、预防性保护这个新常态转变，或者二者有机结合。从宏观上，一是切实阻止或延缓进一步劣化和病害蔓延，防止小病变成大病，国家资金被迫投入更多；二是为更有效、更科学地保护提供更多时间和空间，特别是一些不可逆的现象。

（2）就石窟寺保护管理单位来讲，全国共有 1000 余处，其中国保单位 133 处（截止第七批国保，含摩崖造像、石刻），省级保护单位 94 处。整体而言，保护管理单位自身具备技术能力、资金能力、人员能力进行定期日常保养维护的并不多。据初步的不完全调查，只有 10 家左右，严重制约了这项工作的正常开展。

（3）就统筹管理资金准备以及使用情况来看，此项工作应由省级文物行政主管部门统筹比较适宜。一是资金有保障；二是能够调动或组织相关工程技术人员，技术上有保障；三是可以统一评估或验收工作成果；四是不会将保养工作变成大规模抢险或修复。

7 结语

做好定期日常性的保养维护，可以及时发现并排除石窟寺存在的安全隐患，将影响文物安全的隐患消除在萌芽状态，延缓病害发展的速度，从而科学有效地确保文物安全。

（原文刊载于《云冈石窟院刊》2017年总五期）

图纸记忆
——一段不可忘却的石窟保护经历

王 恒

来到云冈石窟群最东端的第 1、2 窟，一组并列对称、规范整齐的双窟（图 1）呈现在人们面前。这是云冈 5 组双窟之一，也是云冈双窟中唯一两个均为平面方形、平顶的中心塔柱式洞窟组合。进入洞窟内部，尽管多数造像并不完整，然而中心塔柱巍然屹立中央、壁面层次井然有序、龛式列像整齐划一。殊不知在半个多世纪之前，这里曾是一处山贫荒野、崖壁不整、摇摇欲坠、似被废弃的石窟遗址（图 2）。

| 图 1　云冈第 1、2 窟外景 | 图 2　20 世纪三四十年代的第 1、2 窟 |

同一处石窟前后对比出现完全不同面貌的转机出现在 20 世纪 60 年代。1960 年 5 月，中国古代建筑修整所会同北京地质学院的工程技术人员到云冈石窟进行大规模的联合地质水文调查，寻找危害石窟的主要原因，以便提出保护石窟的可行性方案。为方便观察岩石渗水情况，分别在第 3 窟后室北壁和第 18 窟山顶上凿观察洞一个和探测深井一口。10 月，在北京召开了由中央文化部主持的"云冈石窟保护专家会议"。经过科学对比研究分析，选择规模适当、风化坍塌较重的第 1、2 窟为保护修缮试点。工程于 1962 年实施，1964 年结束，取得良好效果。

以"拉开了应用现代科学技术保护云冈石窟的序幕"，来说明这一工程的重要意义，当之无愧。由此，我们翻阅了收藏在云冈石窟研究院资料室的一批当时的设计图纸副本，近40张图纸中的线条、线段和文字多数已经不很清晰，但仍然传达了对今天乃至以后工作具有借鉴和引导意义的重要信息。

1 图签信息

由图纸右下角的图签中了解到：其设计绘制单位为"古代建筑修整所"，图名为"山西大同云冈石窟修整工程"，图类为"第一、二窟实验工程图"，设计者为"杨烈"，绘图者为"杨玉柱"或"宋森才"，日期为"1961年""1962"年或"1963"年，技术审核人为"余鸣谦"（时任文物博物馆研究所所长）。如上述，虽然是复制的副本图纸，有的很不清楚，但仍然可看出图纸的详细和规范。

关于"古代建筑修整所"，抑或"文物博物馆研究所"，是为今天中国文化遗产研究院的前身。作为国家级文物保护科学技术机构，数十年来，对云冈石窟乃至大同市的文物保护维修做出过很大贡献。根据云冈石窟研究院档案资料，可知其自中华人民共和国成立到20世纪末，参与的大同文物保护维修项目及其人员主要有：

——1954年，位于市内大东街的九龙壁，由于年久失修，壁身倾裂，有倒塌之危险，经中央文化部批准进行维修。中国古代建筑修整所工程师杜仙洲为设计指导。

——1954年，善化寺普贤阁建筑构件腐朽，瓦件残破短缺，经中央文化部批准，保持原状，落架重修。该工程由中国古代建筑修整所工程师祁英涛设计指导。

——1960年5月，北京古代建筑修整所会同北京地质学院派工程技术人员来云冈石窟进行大规模的联合地质水文调查，寻找危害石窟的主要原因，以便提出保护石窟的可行性方案。工作为时一个月，为了观察岩石渗水情况，分别在第3窟后室北壁和第18窟山顶上凿观察洞一个和探测深井一口。

——1961年9月21日，在北京文博研究所所长姜佩文倡议下，大同市成立"云冈石窟保护委员会"。

——1963年4月，第1、2窟试验工程正式开工。北京文博研究所负责设计并指导施工。

——1972年3月，国家文物局拨专款30万元，要求在三年内对五华洞加固完毕。由中国文物研究所工程技术人员指导施工。

——1972年10月，由国家文物局文物研究所高级工程师姜怀英负责，对第9、10窟前地面进行发掘，并清除第12窟崖壁积土。以这次考古工作为基础撰写的《云冈石窟新发现的几处建筑遗迹》一文，发表在1991年出版发行的《中国石窟·云冈石窟》中。

——1974年4月，为落实周总理"三年修好"云冈石窟的指示，成立了以省委宣传部副部长卢梦为组长、大同市委书记和愚以及中国文物保护科学技术研究所副所长蔡学昌为副组长的"山西云冈石窟维修工程领导组"。确定这次保护维修的原则为"抢险加固、排除险情、保持现状、保护文物"。中国文物保护科学技术研究所为技术责任单位。

——1986年9月，中国文物保护科学技术研究所会同城乡建设环境保护部综合勘察研究院，由贾瑞广同志带领，在云冈石窟做立体摄影试验性的拍摄工作。

——1987年8月，中国文物保护科学技术研究所高级工程师李竹君来大同指导下华严寺落架重修工程的设计施工。

——1988 年 7 月 8—10 日，国家文物局在云冈召开座谈会，研究美国盖蒂保护学会与国家文物局在科学技术领域内共同合作保护莫高窟和云冈石窟的问题。参加会议的有：……文物保护科学技术研究所王丹华、黄克忠、杨朝权；……会议确定：……中方技术委员会由王丹华、黄克忠、蔡润、樊锦诗、解廷凡组成。……

——1999 年 3 月 30 日，国家文物局在北京召开工程技术专家会议，对云冈石窟修建保护性窟檐的问题进行了专题讨论，同意在第 9、10 窟前修建保护性窟檐。参加会议的人员有国家文物局保护司晋宏奎、许言，工程技术专家组成员罗哲文、于倬云、杜仙洲、崔兆忠、杨烈、姜怀英、刘江等。

以上并不完全的档案记录中所提到的杜仙洲、祁英涛、姜佩文、姜怀英、蔡学昌、贾瑞广、李竹君、王丹华、黄克忠、蔡润、罗哲文、余鸣谦、于倬云、崔兆忠、杨烈等，以及图签中标示的技术审核人余鸣谦和绘图者杨玉柱、宋森才等，这些名字在云冈老同志听来都是耳熟能详、有知识的本事人。

耳熟能详，是说他们中的大多数人在较长的时段内，为了完成某项石窟保护任务，长年累月居住云冈，与云冈工作人员一起工作、生活，形同单位职工。特别在 20 世纪 50 年代至 70 年代期间，云冈居住条件简陋，单位自办食堂又时断时续，大家一同搭伙是常有之事，甚而老所长员海瑞和另一位老同志李建宁的家，就成了大家吃饭的地方。老同志回忆，大学刚毕业的小黄（黄克忠）是南方人，第一次来云冈正赶冬天，宿舍寒冷不会生火，老所长夫人就每天将火炉生好，直到小黄学会为止。云冈数量不多的职工、家属，与来自北京的工程师们在工作和生活中建立了深厚的友谊。

说他们是有知识的本事人，是形容这些人大多数都是知识分子，并且在工作岗位上做出过很多成绩。不要说在大同，就是在北京乃至全国的文物系统中，也是人人皆知的高级知识分子。就拿1962 年至 1964 年"云冈第 1、2 窟实验工程图"中图签所示的图纸审核者余鸣谦来说，这个 1943 年毕业于北京大学工学院建筑工程系的江苏镇江人，早在中华人民共和国成立前，就曾任北平市工务局文物整理工程处技术员、北平文物整理委员会技士。中华人民共和国成立后，一直在数次更名的中国文化遗产保护研究院工作，由于其在国内外古建筑和石窟寺的保护维修中做出过巨大贡献，被推荐选举为文化部科技委员会委员和中国文物保护技术协会副理事长，享受政府特殊津贴。撰写出版《石窟保护三十年》《中国古建筑构造》等多部专著，翻译了多篇国外技术资料。作为老一辈文物保护专家中的代表，他德高望重，是年轻一代文物保护工程技术人员的榜样。图签中的图纸设计者杨烈，这个在不少云冈老同志看来，是个知识渊博又脾气暴烈却注重感情的老一代知识分子，是入住云冈较早、时间也较长的一位石窟寺和古建筑专家。早在 20 世纪 50 年代就开始参加和主持云冈石窟的保护维修工作，设计绘制了大量云冈石窟的保护维修图纸，提出了重要的保护维修计划、方案。在没有前人经验的条件下，开创和奠定了石窟寺保护工程的技术原则和工艺措施，如"锚杆吊灌法"，为石窟保护专业打下了重要基础。这一成果不仅实践于云冈石窟的数次大规模保护维修工程，并且推广至全国不少石窟寺以及其他文物的保护维修中。1978 年，中央文化部文物保护科学技术研究所与云冈石窟文物保管所的理论与实践成果——"石窟围岩的灌浆加固"获全国科学大会奖（图 3），杨烈的个人贡献当凝聚其中。擅长日语的他，还不同程度地懂俄、英、德等外文，由此翻译了大量实用资料。1995年离休后仍担任国家文物局古建组成员、组长。图纸的绘制者杨玉柱、宋森才，亦是被中国文化遗产保护研究院列入著名专家行列，并参加了包括云冈石窟在内的多项全国重点文物保护单位的保护维修工程的设计施工。其中，杨玉柱从始至终在实地主持和参加了1962年至1964年对云冈石窟第1、2窟的保护维修工程，并撰写《大同云冈石窟第一、二窟实验保护工程简报》，发表在1965年《文物》第5期，揭示了此次工程的设计施工过程及其保护维修所取得的效果。

特别值得一提的是贾瑞广先生。这位擅长石质文物保护与测绘，并将自己的一生贡献给国家的文物保护事业、且在云冈工作长久的老专家，退休后将自己在云冈石窟保护实践中的大量现场照片、工作总结、心得笔记等一批自存档案，捐献给云冈石窟研究院。这些珍贵的第一手资料，无论是1962年的"第1、2窟风化加固试验现场"照片、1974年的"五华洞现场加固工程"照片，还是1985—1987年的"近景摄影测绘技术在石窟中的应用研究"的现场工作照，几乎包含了云冈石窟20世纪后半叶各个重大保护维修项目的工作情况。特别是他捐献的分别记述于

图3　1978年全国科学大会奖状

1974年8月—1975年7月和1975年10月—1976年10月的两本工作日记，详细记录了云冈20世纪最大规模的"三年工程"保护维修项目的实施过程，对今天乃至今后人们了解和认识当时保护维修的设计、施工、用材、管理等各方面的工作细节，具有其他任何资料和手段都不可替代的作用。

2　图纸类别及其主要内容

图纸可分为地形图、洞窟测绘图、保护设计图、施工图等五类，共38张42份。通过对洞窟的系统测绘，掌握洞窟内外地形地貌、洞窟保存现状等第一手资料，并以此为根据设计出符合当时要求的保护维修方案及其施工方法。

2.1　地形图

对云冈石窟群最东端第1、2窟所处位置的地形测绘（图4）。由图纸所标比例尺可知，此图以第1、2窟所处位置为中心，向北、东、南、西，各分别延展约70米、60米、40米、30米，并在第1、2窟周边，以罗马数字标明6个需要维修的位置及其施工项目：Ⅰ、窟顶覆盖层试揭及安装锚定拉杆工程（标明位置在第1、2窟山顶）。Ⅱ、前立壁支护加固工程（标明位置在第1、2窟外前立壁）。Ⅲ、间墙加固工程（标明位置在第1、2窟之间）。Ⅳ、二窟内泉水引出及下降水位工程（标明位置在第2窟）。Ⅴ、一窟塔柱加固工程（标明位置在第1窟）。Ⅵ、陡坎前沿加固及蓄水池工程（标明位置在第1、2窟前约12至15米处）。

图内等值线及所标数字显示，第1、2窟窟前地面海拔高度为1141.445米，洞窟山顶上的海拔高度为1156.68米，向北延伸的山坡缓慢升高，至洞窟崖壁前沿约30米位置的海拔高度为1162.57米。

2.2　洞窟测绘图

对第1、2窟内外当时状态的实地测绘图纸。共22张26份。其中，双窟整体测绘图包括双窟外壁立面，

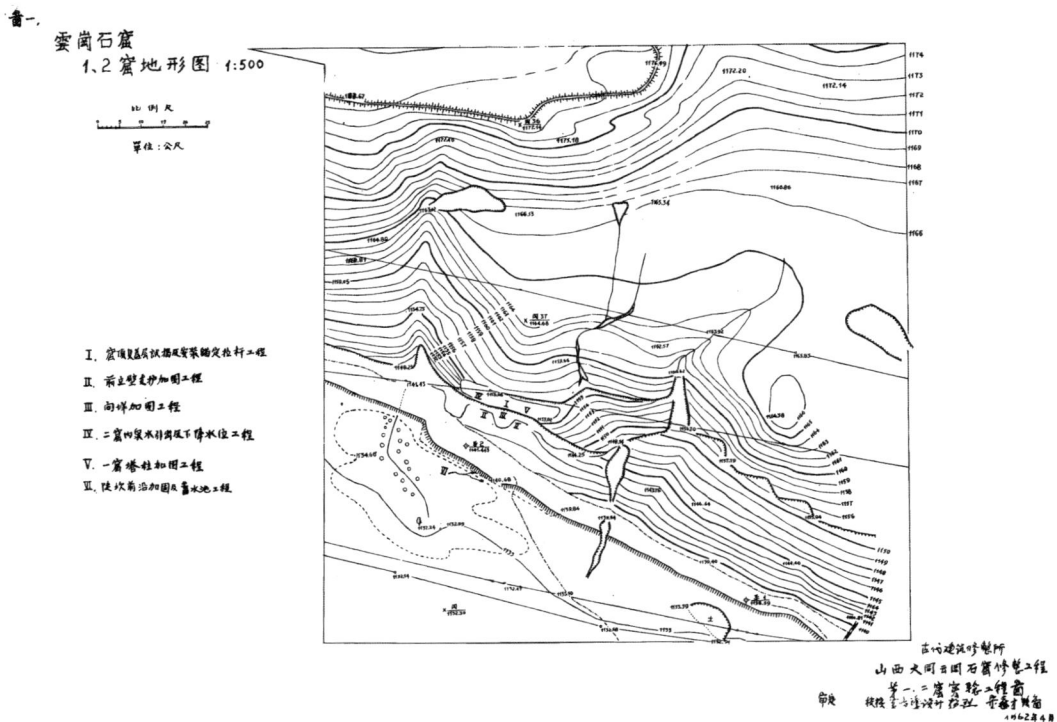

图 4　第 1、2 窟地形图

双窟平面，双窟外左右侧面等 3 种，4 张 4 份；第 1 窟测绘图包括南、东、北、西四壁，中心塔柱和窟顶，洞窟纵向剖图等 3 种，9 张 11 份；第 2 窟测绘图包括南、东、北、西四壁，中心塔柱和窟顶，洞窟纵向剖图等 3 种，9 张 11 份。

2.2.1　双窟整体测绘图

（1）第 1、2 窟正立面图（图 5）。图纸显示，第 1、2 窟所处的位置在一个下大上小的"土堆"形的平缓山体。图纸所标测绘宽度东自"左云交口"东侧，西至第 2 窟西侧一级方塔西侧边。从第 1 窟外东侧一级方塔东侧边至第 2 窟西侧一级方塔西侧边，标示距离为 2743 厘米。此外，第 1 窟的窟门和明窗大致完整；第 2 窟的窟门明窗位置已然是一个不规则的纵向长方形敞口；两窟间的部分岩壁用石料垒砌填充；第 1 窟东侧方塔和第 2 窟西侧方塔两个双窟的左右边标志，由于风化坍塌并不对称；第 1 窟外明窗东侧崖壁上、第 2 窟外崖壁上方和敞口西侧，均画出铭记位置形状。

图纸绘制用笔简练灵活，反映内容全面细致，特别讲究实况效果。不仅通过线条描述了岩石的质感及其风化斑驳状，还通过小草的点缀增强了洞窟外的自然沧桑特征。

（2）第 1、2 窟平面图（图 6）。该图所测平面高度大约在窟内地平面，有两个特征：一是第 1 窟东壁和北壁东侧用实线，其他位置均用虚线表示；二是从第 2 窟北壁西侧向南，经过中心塔柱西侧，到洞窟窟门的一条双线，应是泉水（石窟寒泉）由窟内北壁位置引向洞窟外的示意路线。该图未见各部分尺寸和比例尺标示。作为双窟，虽然在实际感受中两窟的规模一致，但测绘结果表明，在洞窟规模上，第 2 窟明显大于第 1 窟。

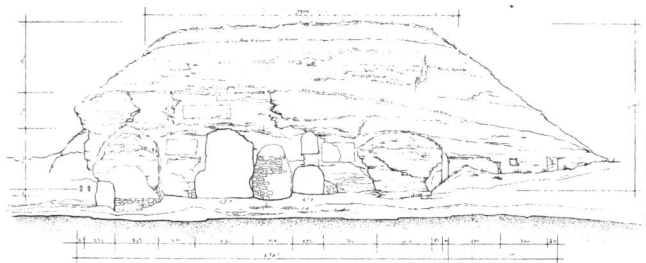

图 5　第 1、2 窟正立面图

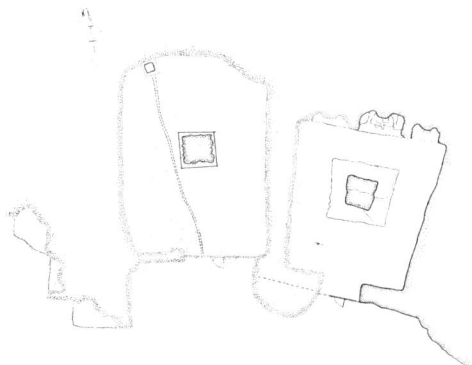

图 6　第 1、2 窟平面图

（3）第 1、2 窟外东西侧面图。包括第 1 窟洞外东侧面图和第 2 窟洞外西侧面图。

①第 1 窟洞外东侧面图（图 7），主要针对窟门、明窗，窟外东侧塔柱西面以及窟外上方山体进行测绘，并标明测绘高宽尺寸，但文字大多模糊不清。好在顶部的两个数字 75 和 140 较为清楚，由此推断，从窟前地面至山顶前沿测绘高度约 2000 厘米；洞窟内南侧高度约 800 厘米；窟门和明窗所在壁面厚度约 80 厘米，两者上下间距约 100 厘米；窟外东侧残存一层塔柱（包括顶部积土）高约 850 厘米，南北底宽 277 厘米，塔顶宽约 210 厘米，顶部积土厚约 200 厘米。绘图线条显示，塔柱西面下层有横向岩石裂纹，塔柱中间有一明显纵向大口。塔顶积土下的岩石残留为较大且不规则的两组瓦垄形沟槽。

②第 2 窟洞外西侧面图（图 8），主要针对窟外西侧塔柱东面以及窟外上方山体进行测绘，并标明测绘高宽尺寸。标示数据显示，从窟门前向南约 130 厘米的位置起始向上至山顶的测量高度为 2862 厘米，窟门上方约有 160 厘米的凸出山体遮掩。塔柱南侧有一垂线标明的尺寸为 140，似乎说明此处的地平面低于窟

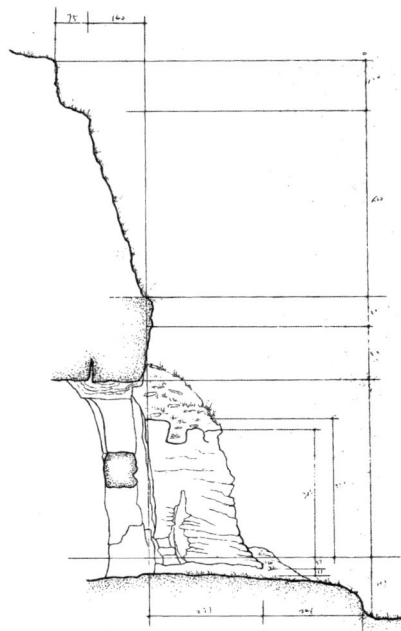

图 7　第 1 窟洞外东侧面图

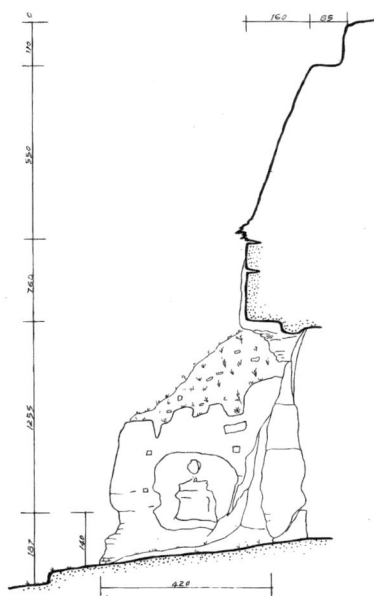

图 8　第 2 窟洞外西侧面图

内地面 140 厘米。由此反证窟内地面存在较厚的积土。图纸显示，第 2 窟外西侧塔柱南北底线为 420 厘米，比第 1 窟外东侧塔柱的 277 厘米的保存规模大了许多，其南边至顶部高度为 1395 厘米，虽然其中有约三分之一为塔顶积土，但也应是一座接近北魏初始规模的塔柱。图纸绘制的塔柱东面显示为一个风化严重的坐佛像圆拱龛，龛像均风化十分严重，佛像的头部已然与身躯分离，两者亦为残存轮廓。龛外上方两侧和右侧中部，各出现一个方形小孔，应是曾经修理过的痕迹。塔顶积土下的岩石残留为较大的四组不规则的瓦垄形沟槽。

2.2.2　第 1 窟测绘图

（1）壁面测绘图。即对洞窟南壁、东壁、北壁和西壁等四个壁面的测绘。

①第 1 窟南壁面图（图 9-1）。图纸显示，第 1 窟内南壁前地面因积土形成为西高东低的不平坦状；窟门东西两侧屋形龛以下的风化壁面用石块砌垒；窟门与明窗间的间隔壁面因裂隙而上下贯通，形成明显的壁面错位。图纸画出壁面及各层高宽尺寸，但所标数字模糊，仅见高宽均为 3 位数，可知单位为厘米，东西两个高度的第一个数字为 4，可知壁面测量高度达到 4 米以上。

②第 1 窟东壁面图（图 9-2）。图纸显示，第 1 窟内地面积土较厚，北高南低。壁面风化严重，但仍可将其划分为五层雕刻：第一层的供养人仅见北侧残存的头顶进贤帽的列像；第二层北侧的佛教故事画出两幅边框；第三层的四大龛可辨为圆拱龛与盝形龛的间隔布局；第四层的坐佛列像较为整齐；第五层的天

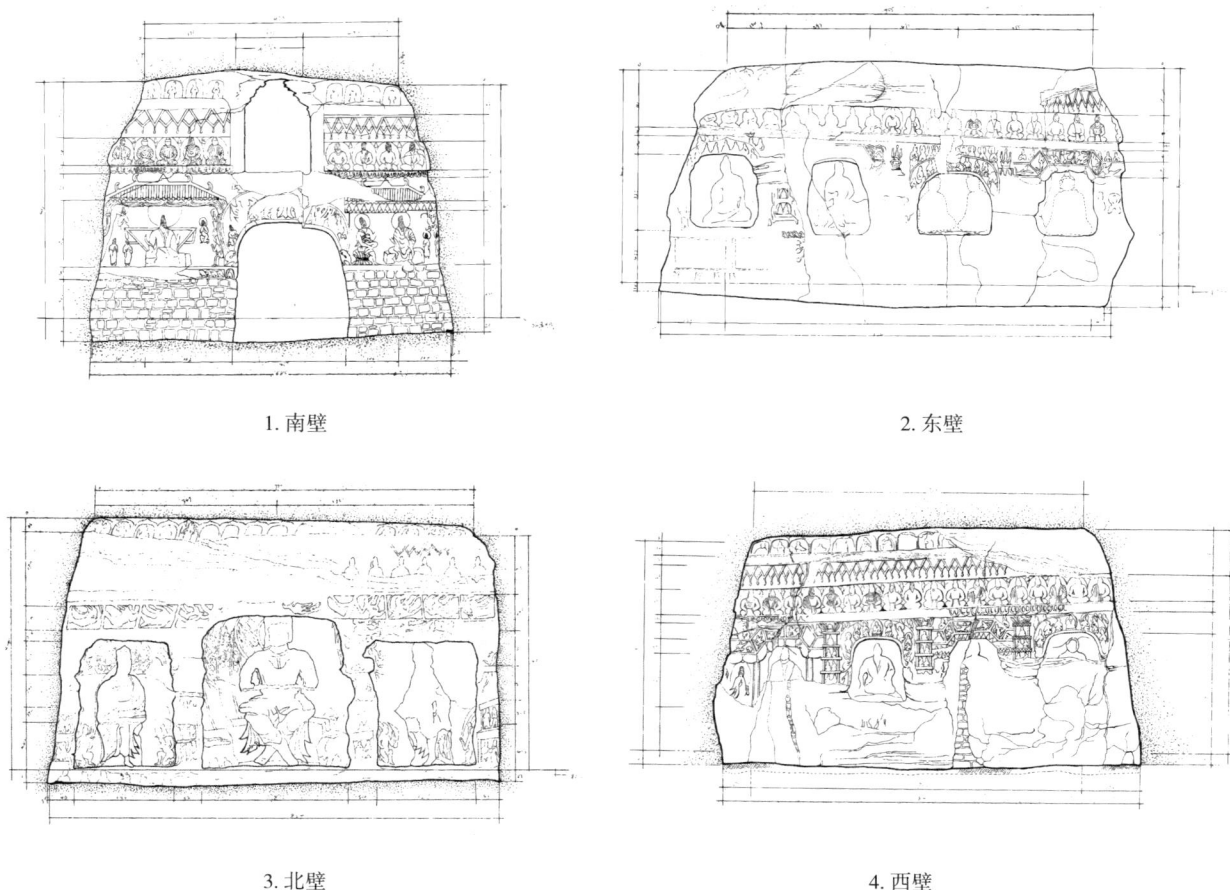

1. 南壁

2. 东壁

3. 北壁

4. 西壁

图 9　第 1 窟壁面图

宫伎乐仅存北侧的 4 个残存龛形。壁面纵向分布 3 条裂隙，均由地面斜向直通窟顶：南侧的一条在南起第一龛内北侧；中间的一条在南起第二龛内中部；北侧的一条在南起第三龛北侧。图纸标出壁面及各层高宽尺寸，但所标数字模糊，仅见高宽均为 3 位数，可知单位为厘米，南北两个高度的第一个数字为 4，可知壁面测量高度达到 4 米以上。上下两个宽度的第一个数字为 7，可知壁面测量宽度达到 7 米以上。

③第 1 窟北壁面图（图 9–3）。图纸显示，第 1 窟内北壁前地面因积土形成东西两侧高，中间凹的不平坦状。四层龛像明确：第一层胡跪供养天下部被积土掩埋，仅见部分造像上半部；第二层壁面通栏三间式盝形龛内造像风化严重，但依旧明确为主像交脚菩萨和两侧梢间的舒相坐姿思惟菩萨；第三层的坐佛列像仅存东侧的几尊轮廓；第四层的天宫伎乐可见龛形。图纸标出壁面及各层高宽尺寸，但所标数字模糊，无法辨认。

④第 1 窟西壁面图（图 9–4）。图纸显示，与东壁相比较，此壁面保存较好。除下两层全部风化，上层北侧因风化造像不存外，壁面的其余图像均可辨别。与东壁一样，亦出现三条上下贯通的裂隙，其中的中间裂隙最宽，南侧的裂隙次之，两者均有石块填充。图纸标出壁面及各层高宽尺寸，但所标数字模糊，仅见高宽均为 3 位数，可知单位为厘米，南北两个高度的第一个数字为 4，可知壁面测量高度达到 4 米以上。上下两个宽度的第一个数字为 7，可知壁面测量宽度达到 7 米以上。

综合以上 4 幅测绘图，主要特点有三：一是第 1 窟因洞窟内积土尚未完全清理，因而地面高低不平，其测绘高度亦略小于壁面实际尺寸；二是窟内各壁面风化程度轻重有别，即南壁和西壁保存较北壁和东壁略好。表明壁面所处位置不同，山体渗水程度亦不同，南壁和西壁特别是南壁，因与山体隔绝而水蚀风化较弱；三是东西两壁均出现纵向贯通壁面的裂隙，是为自然地质作用和人工开挖使岩体应力释放和调整而形成的卸荷裂隙。

（2）第 1 窟中心塔柱和窟顶测绘图。即对中心塔柱 4 面和洞窟顶部的测绘。

①第 1 窟中心塔柱立面图（南、北）。为一幅 2 图，分别为塔柱南面和北面（图 10–1、2）。两图均有高宽尺寸标示，其中左侧的塔柱南面还标有塔柱各层及其风化坍塌层位的尺寸，只因数字太过模糊而不可辨认。两图均可辨明塔柱之塔基、塔身（两层）、塔顶。

塔柱南面图的塔基、塔顶均已风化坍塌，没有图像。两层塔身不同程度地残存雕刻：下层圆拱龛内的造像仅见影像轮廓，龛楣较完整，龛楣左右两上隅亦有残存雕刻，但龛式两侧以下因风化坍塌，两侧缺石，使塔柱变细。塔身上下层之间的仿斗栱和瓦垄雕刻只存中间部分，左右两侧的坍塌面上，画出方形小孔（云冈常见的古代修复痕迹）。塔身上层的龛像较为完整，但其上方的出檐（应为宝盖形）则全部坍塌，可见西侧画出 4 小圆孔。

塔柱北面图的轮廓大致是南面图的镜像。但从上至下没有任何雕刻图像，其中，塔身下层位置坍塌缺石严重，甚而出现了一条横向的断裂纹。

②第 1 窟塔柱立面图（东、西）。亦为一幅 2 图，分别为塔柱西面和东面（图 10–3、4）。两图均没有宽度尺寸标示，只有高度尺寸，但因塔柱北面整体坍塌，尺寸标示仅出现在西面的右侧和东面的左侧。两图均可明确塔柱之塔基、塔身和塔顶，但由于塔柱北侧（图 10–3 左侧，图 10–4 右侧）坍塌严重，塔身缺损较多，极具摇摇欲坠之感。

　　塔柱西面图中，在缺损塔身下端，由上至下斜向贯穿一条裂隙，将塔基与塔身下段的残石一分为二，北侧近正三角的残留岩石支撑着摇摇欲坠的塔柱，不至于即刻坍塌。塔身下层风化严重，仅残存部分圆拱龛楣以及上方少量的斗栱和瓦垄出檐。塔身上层亦存、失参半，残存之半于南侧，可见部分龛像及其上方的部分宝盖，宝盖上不多的并列方格内雕莲花和下垂三角帷幔纹，成为日后艺术修复的重要根据。塔顶仅为残存轮廓，艺术雕刻荡然无存。

　　塔柱东面图与西面图基本为镜像形态，在缺损塔身下端，由上至下斜向贯穿一条裂隙，证实其与西面图中的斜向裂隙呈贯通形态。塔基以及塔身下层的风化坍塌程度较西面图有过之而无不足，显得更加岌岌可危。但塔身上下层的残存龛像却较西面稍多一些。残存的部分圆拱龛楣上，可见两层雕刻，下层残存雕出身光的坐佛列像，上层为胡跪供养天列像，上方存有较西面图多些的斗栱和瓦垄出檐。塔身上层亦存、失参半，残存之半亦于南侧，三间式盝形龛内明间的交脚菩萨和梢间的弟子，仅北侧梢间内的弟子缺损半身。但其上方的宝盖则完全坍塌，头顶亦为残存轮廓。

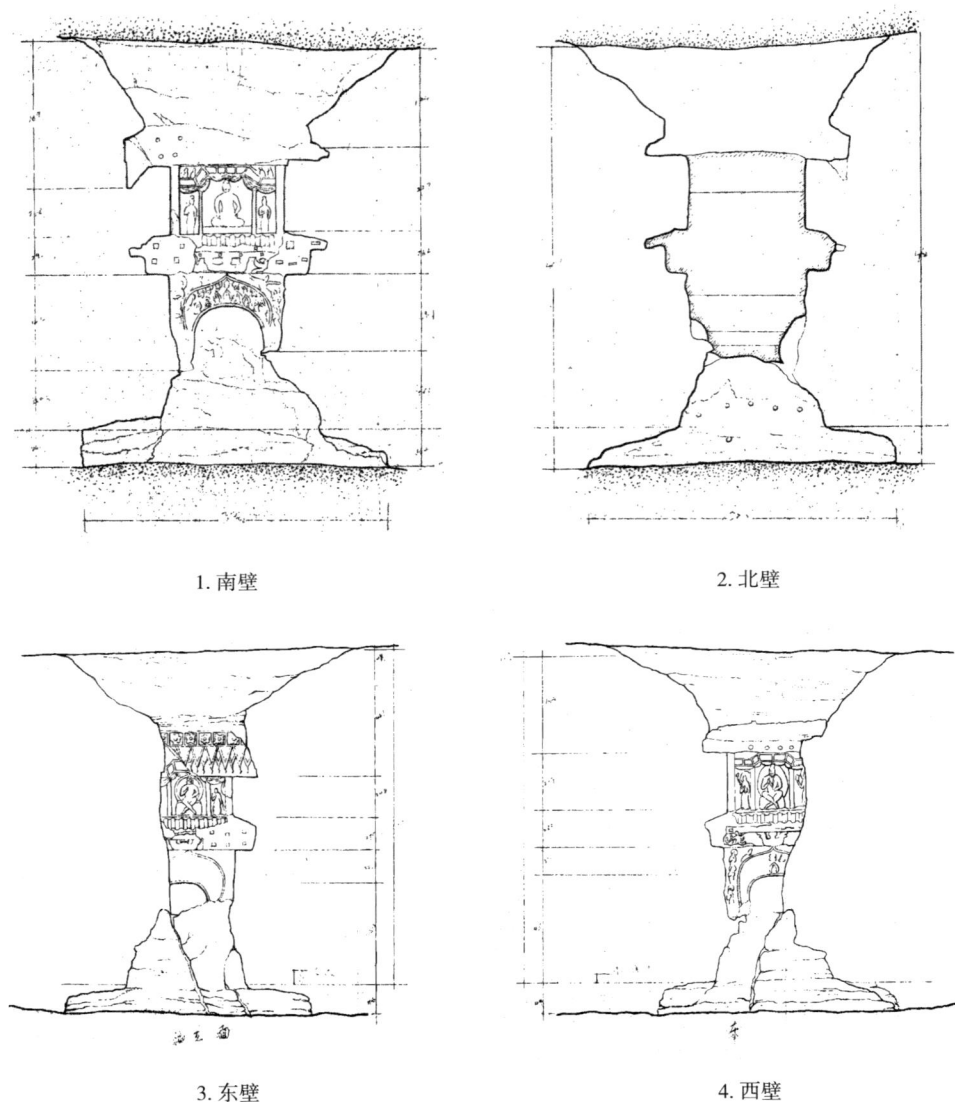

1. 南壁

2. 北壁

3. 东壁

4. 西壁

图 10　第 1 窟中心塔柱立面图

③第 1 窟顶板仰视图。即第 1 窟顶部图（图 11）。图纸显示，整个窟顶南窄北宽，呈纵向梯形。中心塔柱以南可见大部分残存的图像，中心塔柱以北的图像则几乎全部风化不存。南侧可见的图像是并列的三朵大型团形莲花，靠近中心塔柱的雕刻有残存的龙形、飞天和云朵。图纸标出窟顶长宽比例尺，但所标数字模糊，无法辨认。

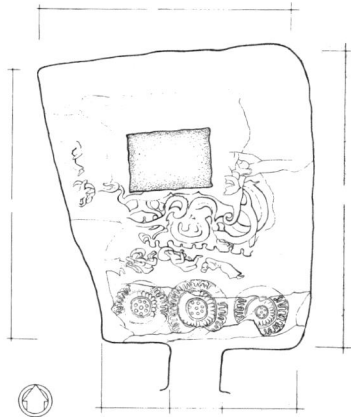

综合以上 3 张测绘图，主要特点有三：一是中心塔柱北侧岩体损失较多，使塔柱摇摇欲坠，亦是呈东西走向的卸荷裂隙造成的塌毁所致；二是塔柱下层局部风化严重，塔柱第一层出檐南面左右两角坍塌面上的人工打凿小孔表明，古代（明清时或者更早）曾经有过修复工程；三是顶部北侧大面积风化，是为后山渗水所致。

图 11　第 1 窟顶板仰视图

（3）第 1 窟剖面图。即洞窟南北向和东西向的纵向剖面图。

①第 1 窟横剖面图（图 12-1）。此图为南北向剖图，剖线大约在洞窟北壁与南壁之间的中心线位置。图中标示了高宽尺寸，但数字全部不能辨认。图纸显示，中心塔柱风化坍塌异常严重，除塔基与地面、塔顶与窟顶有较大接触面外，塔身部分较细，特别是塔身下层仅有较少部分保存，有摇摇欲坠之虞。剖面南侧可见第一层出檐及下层龛像的龛楣部分，上层龛像似有所保存。北壁大龛有较大深度，且龛式上方出檐具下垂留石（应是龛楣帷幕部分）。测绘表明，洞窟中心塔柱前的空间明显大于塔柱后的空间。

②第 1 窟纵剖面图（图 12-2）。此图为东西向剖图，剖线大约在中心塔柱中心及与东西两壁面之对应龛式（约为两壁南起第三龛）位置间。图纸虽然标注了高宽尺寸，但所有文字均模糊或已经消失不见。与南北向剖图相比较，中心塔柱似保存了较多的石量和雕刻，除下层明显细小外，塔基、塔身中腰、塔顶等均见形象轮廓。其中塔身上、下层虽然不全，但却都保存出檐，上层龛像似有所保存。

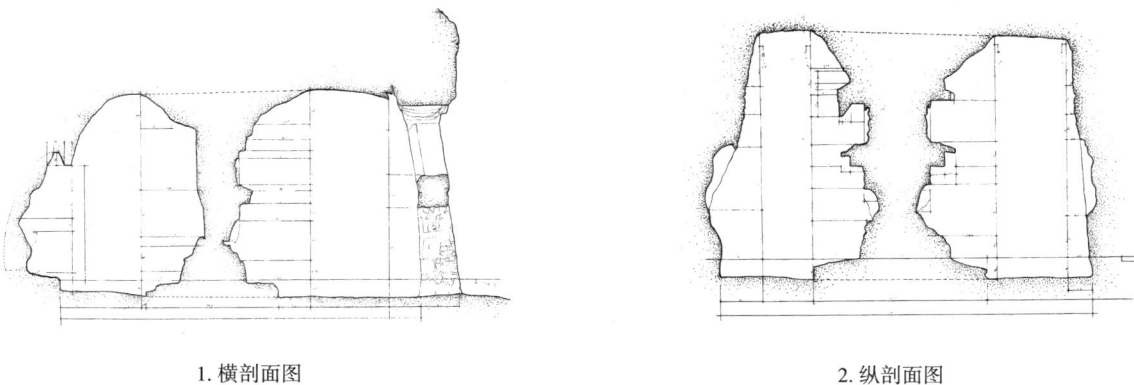

1. 横剖面图

2. 纵剖面图

图 12-1　第 1 窟剖面图　1. 横剖面图

2.2.3　第 2 窟测绘图

（1）第 2 窟壁面测绘图。即对洞窟南壁、东壁、北壁和西壁等四个壁面的测绘。

①第 2 窟南壁面图（图 13-1）。图纸显示，该壁面的窟门、明窗以及壁面东侧完全坍塌不存，由此在壁面偏东侧的位置形成一个不规则的纵向长方形窟口。残存的壁面西侧可见中层的屋形龛和上层的坐佛列

像,最上层的天宫伎乐仅见模糊的轮廓。壁面下层均风化,靠窟门的下部有石块垒砌。该图高宽都标示了尺寸,东侧测绘高度为 447 厘米,向下延伸 64 厘米;西侧测绘高度为 500 厘米,向下延伸 52 厘米。两者还在壁面的间隔、层段间标示了尺寸。

②第 2 窟东壁面图（图 13-2）。图纸显示,此壁面前的地面亦有积土,北侧较高,南侧较低。壁面风化严重,不少图像已然不存。但与风化严重的西壁相比较,整体保存较好。除第一层完全风化、第二层仅存北侧的一幅佛传故事"太子射艺"外,其余四层雕刻均有较多图像。图中显示,由于与第 1 窟西壁间墙,其壁面的纵向裂隙亦为三条,其中南侧和中间的两条裂隙内,可见有石块填充。壁面图的上下左右均标明测绘尺寸:下 992 厘米、上 275 厘米、左（北）474 厘米、右（南）459 厘米。壁面龛像布局上下分层,左右分段,均标示尺寸。

③第 2 窟北壁面图（图 13-3）。壁面风化严重,仅见中层位置三间式大龛明间内的佛像轮廓和两侧梢间的轮廓,亦有残存的造像背光。壁面最上层可见零星的天宫伎乐联龛轮廓。

④第 2 窟西壁面图（图 13-4）。图纸显示,这是一个风化非常严重的壁面。虽然中层的四大龛像轮廓明显,但雕刻内容多残缺不全,或已不复存在。

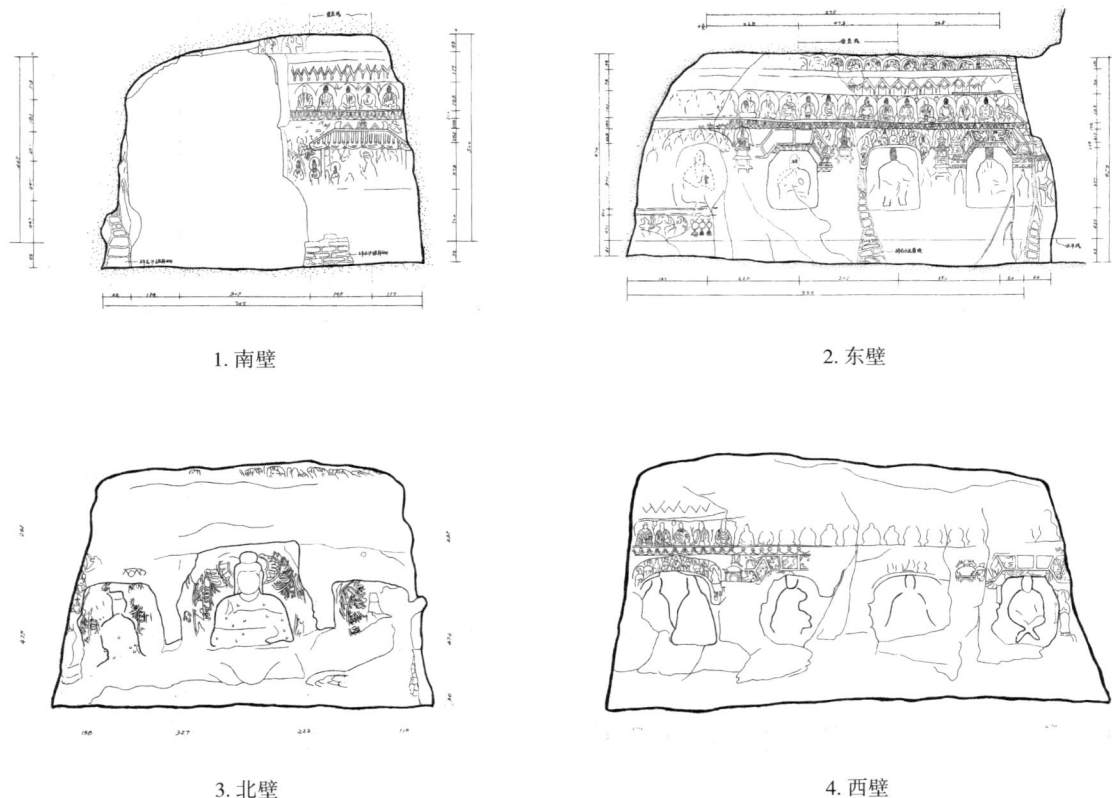

1. 南壁

2. 东壁

3. 北壁

4. 西壁

图 13　第 2 窟壁面图

综合以上 4 幅测绘图,与上述第 1 窟壁面的三个特点基本一致,只是东西两壁的风化程度与第 1 窟正好相反,即西壁风化严重,东壁保存较好。此外,第 2 窟的南北两壁各有自身的特点:在南壁,因窟门、明窗东侧完全坍塌,仅存壁面西侧的中上层龛像,东侧成为一个纵长方形的敞口;北壁的风化亦十分严重,三间式大型造像龛仅存中层部分，上下造像已然风化殆尽，这不仅是北壁后山渗水所然，更与出口于壁面西侧的"石窟寒泉"的长年水蚀有很大关系。

（2）第2窟中心塔柱和窟顶测绘图。即对中心塔柱4面和洞窟顶部的测绘。

①第2窟塔（南、北）立面图（图14-1、2）。亦为一幅2图中心塔柱立面图，分别为塔柱南面和北面。南面测量高度（地面积土深度未测）587厘米，北面测量高度（地面积土深度未测）516厘米。两图均标明塔基、塔身各层和塔顶高度。塔柱南面图明确标示了塔柱的测量高度。塔基高度仅为35厘米，塔身各层高度分别为：第一层19+118，即137厘米，第二层80+29，即109厘米，第三层64+37，即101厘米，宝盖69厘米。塔顶的测绘高度为137厘米。

实测图显示，第2窟中心塔柱南面虽然塔基矮小，塔身的第一层龛像及其出檐有较严重的风化坍塌，但整体塔形保存了较好的状态。特别是塔身第三层并列的三个龛像、支撑出檐的两侧短柱、一斗三升人字栱乃至上方的瓦垄顶出檐均保存完好。塔身最上层的宝盖虽有完整形象，但中间的部分雕刻缺损。塔顶呈倒三角达窟顶，但风化严重，仅隐约可见弧形曲线形，应为龙形雕刻的残存。

同样，塔柱北面亦标明了塔柱的测量高度。塔基高度仅为33厘米，三层塔身分别标出各层龛像和出檐的高度：5+80+91+22+26+45+19+38，即326厘米，上方宝盖与塔顶的高度为157厘米。

图纸显示，塔柱北面的塔基依旧矮小，塔身均有风化坍塌，除第三层并排的三个龛像和第二、三层的檐下一斗三升人字栱保存较好外，其余部分由上至下逐渐加重。塔身上层的宝盖与塔顶的表层岩石均大面积脱落，仅见两者轮廓。

②第2窟塔（东、西）立面图（图14-3、4）。亦为一幅2图中心塔柱立面图，分别为塔柱东面和西面。东西两面均标有纵向测量总高度（地面积土深度未测），亦标有塔基、塔身和塔顶的分别高度，但因字迹不清，不易辨认。从残迹观察，东西两面的测量高度（地面积土深度未测）均在5米左右。

测绘图显示，塔柱东西两面的风化程度均较严重。塔身整体由塔身下层中间向上直达塔顶北侧，纵贯一条裂隙，应为开凿洞窟后山体卸荷作用在中心塔柱中的表现。除塔身第三层具较完整的艺术雕刻外，其余位置的风化坍塌都十分严重。其中塔身上方的宝盖以及上部塔顶北侧有大量岩石坍塌。

③第2窟顶板仰视图（图15）。即第2窟顶部图。图纸不仅在线描图四周标出直线以示四面测绘长度尺寸（但具体数字不能辨认），还在图纸左上角画十字线，标注了东、西、南、北四个方向。图纸显示，整个窟顶南窄北宽，呈纵向梯形，风化十分严重。中心塔柱以南可见不多的残存图像，中心塔柱以北的图像则全部风化不存。南侧可见的图像是并列的三朵大型团形莲花，靠近中心塔柱的雕刻有残存的飞天形象片段。

（3）第2窟剖图。即洞窟南北向和东西向的纵向剖面图。

①第2窟横剖面图（图16-1）。此图为南北向剖图，剖线大约在洞窟北壁与南壁之间的中心线位置。与第1窟横剖面图由西向东不同，该图为由东向西。图中标示了高宽尺寸，由南至北的窟内测绘距离为1110厘米，但其他数字不能全部辨认。图纸显示，窟内地面积土较深，中心塔柱以南地面低于塔柱以北地面，与第1窟中心塔柱一样，位置偏于洞窟北侧，使得塔前空间大于塔后空间。中心塔柱的方形塔基很小，塔柱第一层和第二层龛像风化严重，边沿轮廓不整，第二层的出檐和第三层轮廓清晰，塔柱顶部南侧保存较好，

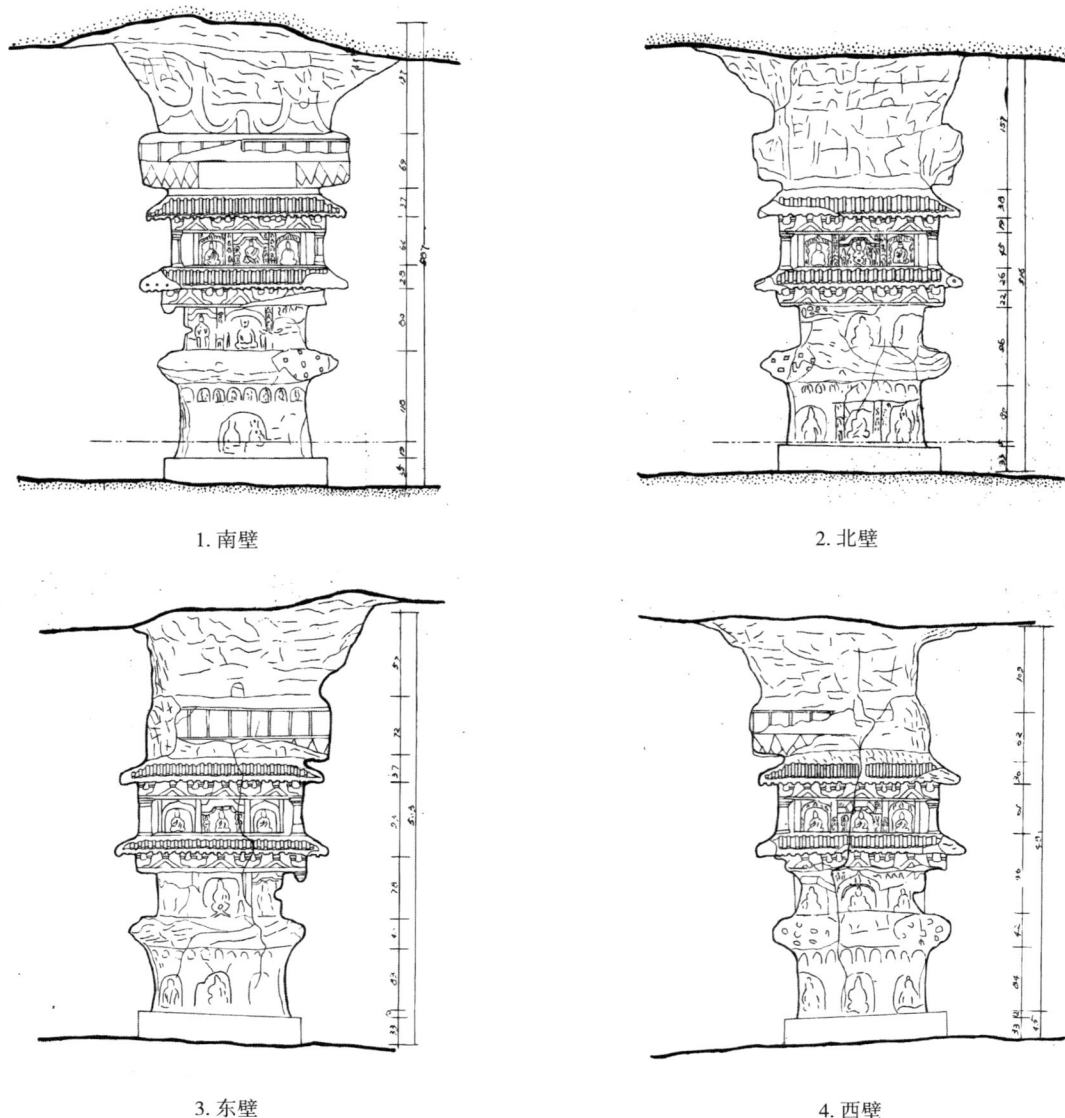

1. 南壁

2. 北壁

3. 东壁

4. 西壁

图 14　第 2 窟中心塔柱立面图

北侧坍塌严重，缺石较多。剖线位置的顶部亦不平整，南侧有明显缺石。

②第 2 窟纵剖面图（图 16-2）。此图为东西向剖图，剖线大约在中心塔柱中心及与东西两壁面之对应龛式（约在两壁南起第三龛）位置间。图纸详细标注了测量位置东西两壁和塔柱的分段尺寸，亦有窟内东西宽度尺寸。其中塔柱的分段标注较为密集。图纸显示，塔柱左侧地面明显高于右侧地面，顶部亦为左高右低。与横剖图一样，中心塔柱第一层和第二层龛像位置风化较重，上方第二层出檐和第三层保存较好，而塔顶的方形宝盖两侧保存都较为完整。

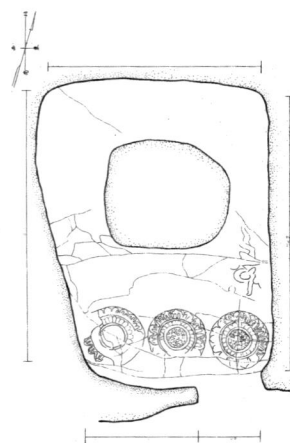

图 15　第 2 窟顶板仰视图

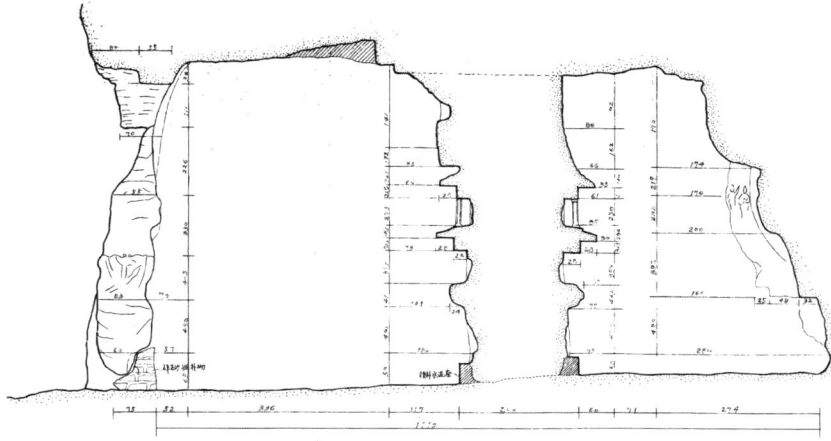

1. 横剖面图

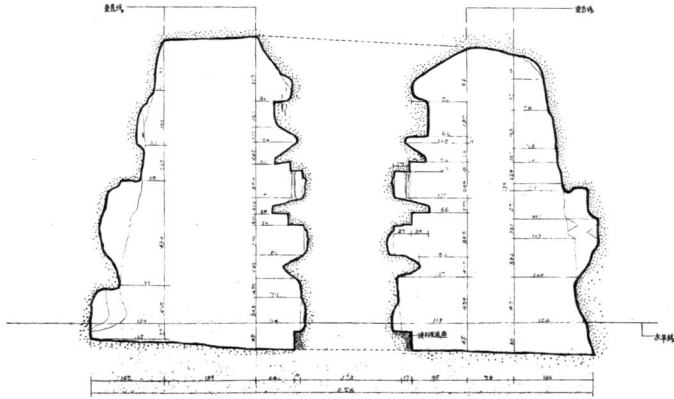

2. 纵剖面图

图 16　第 2 窟剖面图

2.3　设计图

即是对第 1、2 窟全面保护维修所进行的设计图纸。主要有防渗排水设计，第 1、2 窟外立面修复设计，第 1 窟中心塔柱修复设计，以及第 1、2 窟的整体加固设计等。

2.3.1　防渗排水设计图

包括第 1、2 窟山顶防渗排水和第 2 窟泉水导渠设计。

（1）第 1、2 窟崖顶防渗排水工程平面布置设计图（图 17）。该图以图 4（第 1、2 窟地形图）所示山顶的地形高低进行设计。通过在围绕第 1、2 窟较远的山顶不同位置设计截水沟、汇水沟、排水沟，并在距洞窟较近的山顶位置修筑阻水墙和铺设防渗

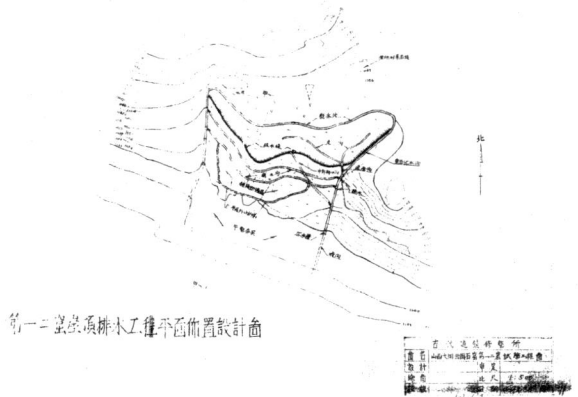

图 17　第 1、2 窟崖顶防渗排水工程平面布置设计图

255

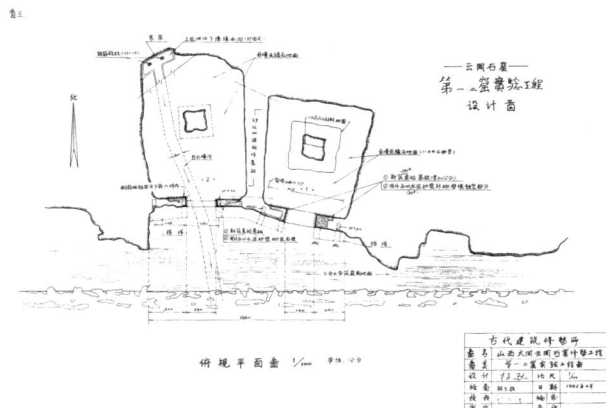

图18　第1，2窟俯视平面图

层，以图解决大气降水流渗浸蚀洞窟之虞。

通过此图纸我们知道，早在半个多世纪前，石窟保护中已经认识到水对石窟风化的直接影响了。此图的设计意义重大，对目前和今后的石窟防水工程，具有引导和借鉴作用。

（2）第1、2窟俯视平面图（图18）。该图以图6（第1、2窟平面图）为测绘基础，对双窟内外的修复加固，特别对第2窟泉水的处理作出详细设计安排，以彻底排除历史上泉水对洞窟的影响损坏。图纸显示，在第2窟北壁西侧的泉水口处修筑封闭式下降接水沟，盖板上部为两根 25×25 的钢筋砼柱（大概为揭取方便），泉水通过洞窟地面的引水暗沟，流经中心塔柱西侧，向东南由窟门位置处流出窟外，并继续以暗流形式排至距洞窟外崖壁约 13 米的护坡出水。

与此同时，该图纸标示出双窟多个部位的修复加固点，并作出设计：

——以高分子材料加固第1窟中心塔柱。

——对双窟窟门和明窗两侧的石壁进行修复加固：第1窟的设计是：①新筑厚 30 厘米的素砼，②用块石以水泥砂浆补砌壁根蚀空部分；第2窟的设计是：①新筑素砼基础，②用块石以水泥砂浆砌筑前壁。施工中的要点是，钢筋砼框架全部嵌入墙内。

——矽（硅）化加固（双窟）间墙基础。

——（双窟内）铺墁无缝石地面；三合土夯筑窟前地面。

2.3.2　双窟修复设计图

包括双窟外立壁及其双窟内南壁和第1窟中心塔柱的修复加固设计。

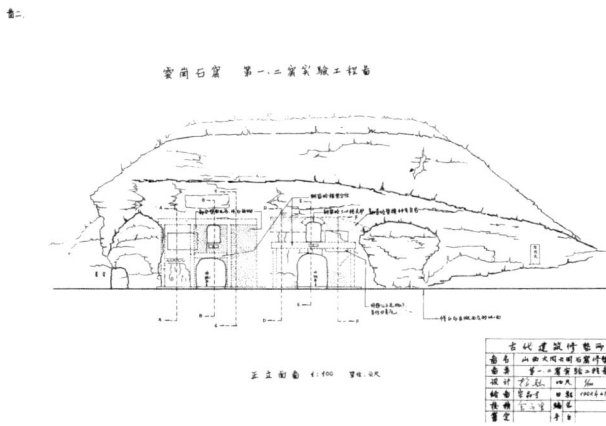

图19　第1、2窟正立面图

（1）正立面图（图19）。此图在图5（第1、2窟正立面图）的基础上设计。图纸以点绘形式将需要修复加固的部分前立壁作出标示。其中第1窟是窟门两侧下层和明窗两侧上层；第2窟为窟门以上和东侧、明窗左右和下方。显然，第1窟是加固，第2窟则是一项对窟门和明窗的再造工程。同时在两窟的窟门、明窗间都增加了一个称作"钢筋砼框架分位"的强化构件。对第1窟明窗东侧的铭记（朱廷翰题记）作出"将题记先拓下，另仿旧复原"的安排。另外，在明窗上方、双窟外东西一层塔柱间的崖壁上，由西向东以 A、B、C、D、E、F 标出6个点，并未说明设计意图，可能是锚定拉杆嵌入的位置，或是需要加固的部位。

（2）第1、2窟纵断南视图（图20）。即第1窟和第2窟内两个洞窟南壁的修复设计。图纸中的第2

窟南壁，绘制出与第 1 窟形制相仿的窟门和明窗，表示为修复以后的继续设计施工。虽然第 1 窟南壁窟门、明窗及其两侧相对保存完整，但由于多有裂隙发育，甚至由于裂隙而使个别部位壁面错位。由此提出"内壁面上所有大于 0.3 厘米的裂隙均以纯水泥浆灌严，大于 1 厘米者用 50# 砂浆"。为强化两窟窟门两侧的基础，还提出"基础以 150# 水泥砼用片石补砌蚀空之壁根"。图纸标示出两窟多个部位的锚定拉杆位置：一是两窟南壁位置之间上方并排嵌入 3 根长 1050 的锚杆；二是两窟间墙上方各嵌

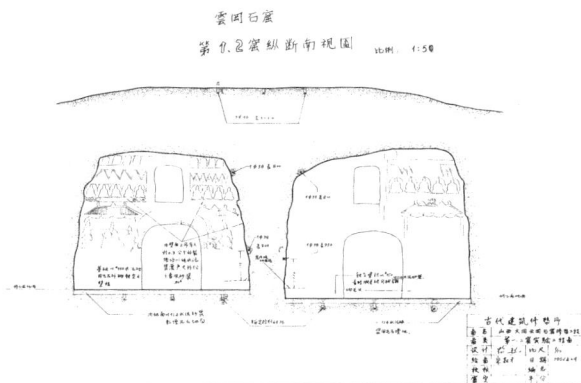

图 20　第 1、2 窟纵断南视图

入 1 根长 800 的锚杆；三是两窟间墙下方分别嵌入 1 根长 900 和 950 的锚杆；四是两窟地面大约以均等距离各嵌入 3 根锚杆。

（3）包含第 1 窟前壁西段西视和第 1 窟前壁面横断东视的第 1 窟横断西视图（图 21）。此图纸的主体图为第 1 窟横断西视图，是第 1 窟横剖面图的镜像剖图。但图纸所表达的重要设计却出现在主体图的左右两侧：一是第 1 窟前壁西段西视，二是第 1 窟前壁面横断东视。通过东西两个相反角度的图示，设计出第 1 窟南壁外侧壁面的加固修整，和在窟门、明窗之间加装强化固件的措施。

（4）包含第 2 窟前壁西半部西视横断和第 2 窟前壁东端西视的第 2 窟横断西视图（图 22）。此图纸的主体图为第 2 窟横断西视图，是第 2 窟横剖面图基础上的设计图。与第 1 窟一样，图纸所表达的重要设计却出现在主体图的左右两侧：一是第 2 窟前壁西半部西视，二是第 2 窟前壁东段东视。通过东西两个相反角度的图示，设计出第 2 窟南壁外侧壁面的修复。明确为"30# 水泥砂浆料石墙，以 1：3：6 混合浆罩面"。

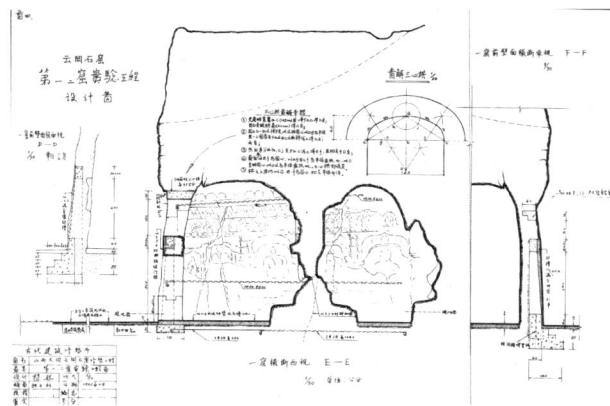

图 21　第 1 窟横断西视图

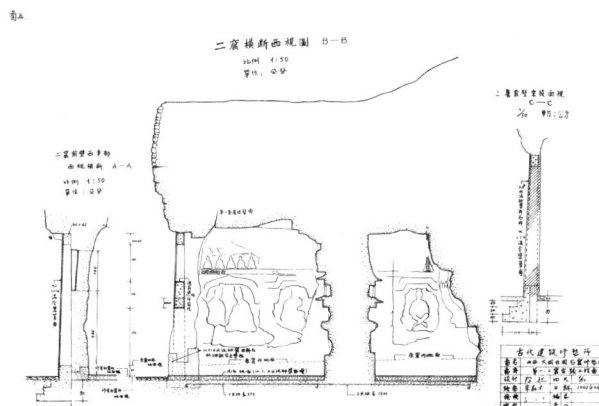

图 22　第 2 窟横断西视图

（5）第1窟塔柱加固设计图（图23）。该图分别以塔柱西侧立面、横断面和背（北侧）立面3幅塔柱立面图阐述设计方案。图纸左侧西侧立面以点绘形式标示出塔基和塔柱北侧需要补石加固的部分。图纸中间横断面图绘出塔柱内部的加固方法：①塔身下部及基座用钢筋砼牢固，表面以混合材料成砂岩外貌。②塔身上部以砂岩块石依图构形象，加工后砌筑表层以混合裱糊成砂岩外貌。③钢制锚定杆加固新旧体。④塔身第一层穿孔入钢梁灌水泥砂浆（1∶3）。⑤塔柱由上至下以水泥砂浆加压灌严。

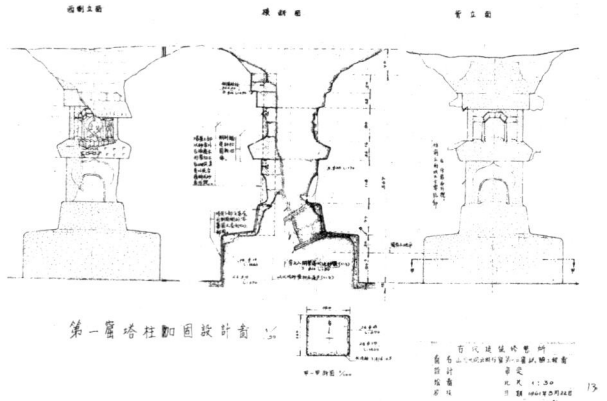

图 23　第 1 窟塔柱加固设计图

图纸右侧背立面（北面）图，亦以点绘形式标示出需要补石加固修复的部分。图纸显示，由于塔柱北面几乎整体坍塌，从塔基、塔身到塔顶均以麻点覆盖。此外，图纸下部还绘出一个名曰"甲—甲断面"的方形图，标明的尺寸是380×360。以尺寸推断，可能是第1窟的塔基平面轮廓设计图。

图签所示的绘制时间是1961年8月22日。由此可见，虽然第1窟塔柱迟至20世纪80年代初才得以修复，但早在20多年前即已有了修复的设计图纸。

2.4　施工图

即是实施第1、2窟山顶防渗排水工程，双窟外立壁以及东西一层塔柱的修复加固工程，双窟间墙加固、第1窟中心塔柱修复加固等工程的施工方法、用材等设计图纸。此类图纸共有8张，即：第1、2窟排水工程大样图（图24），第1、2窟实验工程设计图、总体剖面图（图25），第1、2窟崖顶防渗排水工程总横剖面图（图26），第1、2窟下降水槽及引水沟大样图（图27），第1、2窟护壁工程设计大样图（图28），第1、2窟护壁工程设计图（图29），第1、2窟钢筋混凝土框架立面图、钢筋图、第1窟明窗三心拱大样图（图30），第1、2窟间墙基础加固设计图（图31）。

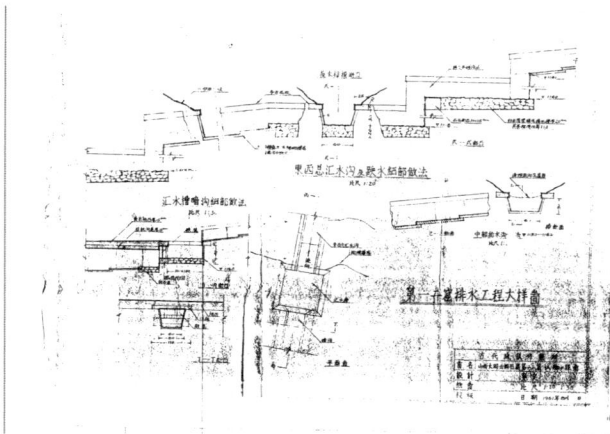

图 24　第 1、2 窟排水工程大样图

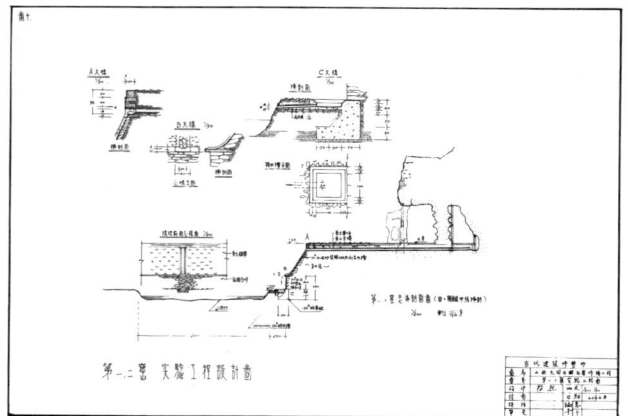

图 25　第 1、2 窟实验工程设计图、总体剖面图

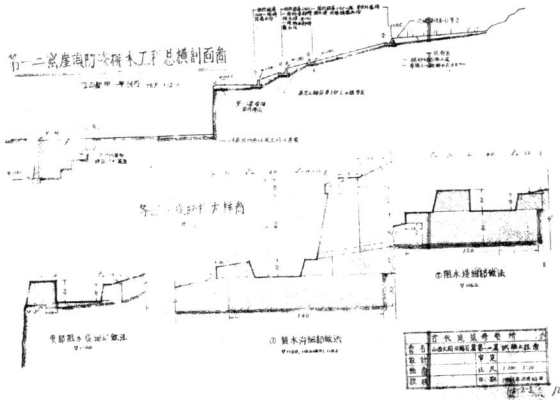

图 26　第 1、2 窟崖顶防渗排水工程总横剖面图

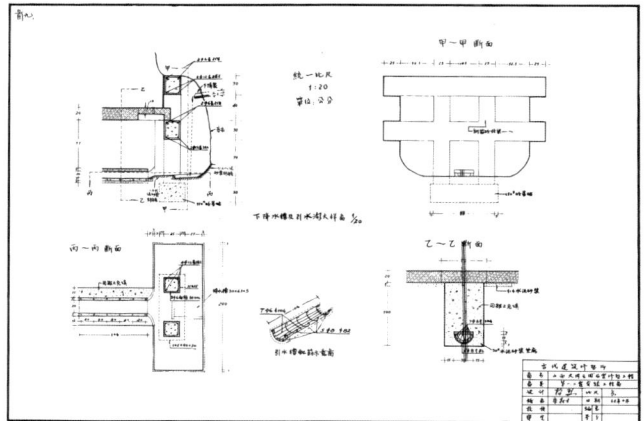

图 27　第 1、2 窟下降水槽及引水沟大样图

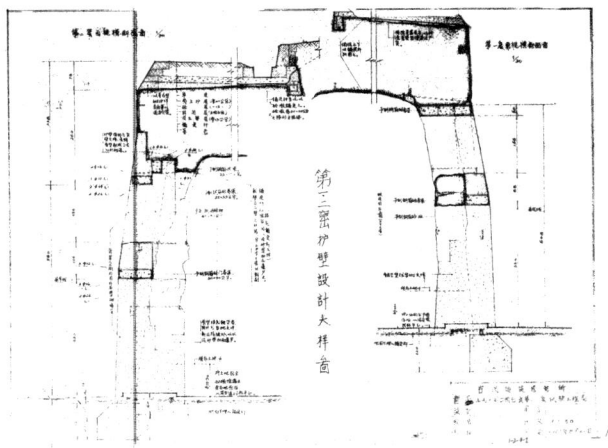

图 28　第 1、2 窟护壁工程设计大样图

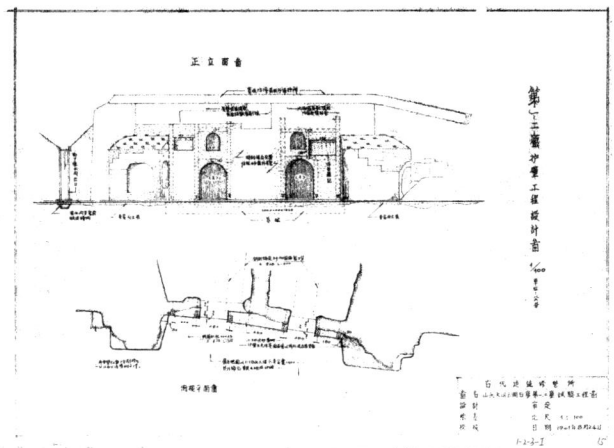

图 29　第 1、2 窟护壁工程设计图

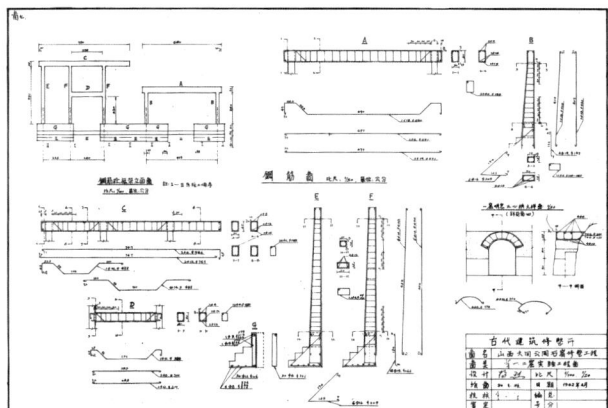

图 30　第 1、2 窟钢筋混凝土框架立面图，钢筋图，
　　　　第 1 窟明窗三心拱大样图

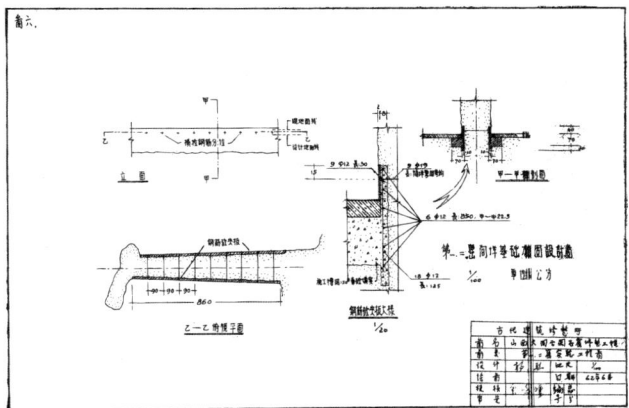

图 31　第 1、2 窟间墙基础加固设计图

8张施工图纸，均将第1、2窟的全面维修加固的各项工程作出具体施工设计，每张图大都包含几个小图，涉及多个内容。如图25"第1、2窟实验工程设计图、总体剖面"，在设计第2窟泉水的导流工程的施工方法时，首先将第2窟从地表下的导流渠到洞窟山顶的南北向剖图绘出，以使施工者明白其意。再以A大样、B大样、C大样、引水横剖面、护坡横剖面、接水槽平面、陡坎前面正视图多达7个具体位置、不同角度的图示，以形象化的绘制（绘出草地、石块、砖砌等细节）将施工方式一一表达清楚。在泉水隐藏的洞窟前地面和流经护坡的剖图中，还标示出"夯土层""50#水泥砂浆铺砌片石流水槽""150#砼基础""150#砼水槽"等字样。再如图24"第1、2窟排水工程大样图"，在设计双窟山顶排水工程中东西总汇水沟及跌水细部做法时，绘制了山顶不同位置的接水槽、汇水槽、排水沟等的平面图、横断面及其尺寸，亦以形象化的图示或文字，表达出所使用材料的名称和特点。

3　工程总结

现存38张图纸均名曰"山西大同云冈石窟第一、二窟实验工程图"，亦即以云冈第1、2窟为实验对象的国家级保护维修石窟文物的重点工程。工程结束后，自始至终参加工程设计施工的杨玉柱先生撰写并发表在《文物》1965年第5期的《大同云冈石窟第一、二窟实验保护工程简报》（以下简称"简报"），对工程的设计、施工以及效果作出全面总结。

3.1　时间和参加单位

《简报》明确，自1960年7月，古代建筑修整所和文物博物馆研究所对该窟进行勘查、测绘工作，经过多次的研讨，于1962年4月确定了修整方案，6月完成技术设计。1963年7月正式施工，至10月底完成主体工程，又于1964年6月间进行罩面仿旧及环境修整等工作。本项实验工程从勘查设计到施工告竣，前后历经三年多的时间，除古建所、文博所配合云冈文物管理所进行工作以外，还邀请了有关学院和工程、科学研究单位大力协助完成。

由此我们知道，从工程的勘察、测绘和技术设计，到施工完结，共用时4年。其中主体工程仅用时4个月，最后的罩面仿旧和环境修整等结尾工程仅用时1个月。而工程酝酿、测绘设计、研讨确定等前期工作最为重要，用时也最长，达3年之久。其中于1960年10月14日在北京召开的"云冈石窟保护专家会议"最为重要。在这次由中央文化部副部长徐平羽主持的会议上，确定了在第1、2窟进行加固实验工程。由于是实验工程，具有示范性意义，因此参加勘察设计的单位除古代建筑修整所和文物博物馆研究所外，还邀请相关大专院校和科研院所参加，可谓力量雄厚。而施工队伍则捉襟见肘，因1962年精简机构、压缩人口，云冈文管所工程队下马，只保留了木、瓦、石各工种的少量技术骨干，不得已在1963年工程正式开工之时，调来永乐宫文管所的队伍参与施工，工程才得以顺利进行。

3.2　设计施工原则

《简报》阐明的设计原则是，在尽可能保持原貌的原则下进行设计。把保固性的新加结构物尽量隐蔽起来，避免突出。为了达到与原来岩石相协调的效果，除去在新加结构的轮廓上尽量求其自然外，在罩面工序上仿岩石旧色和其自然形状，与旧壁协调，也是修整石窟工作中很重要的一项。所有新加构件和施工中各项工序，均不得妨碍和损坏雕刻艺术品。由此可见，所谓"修旧如旧"的文物保护维修原则早在《文物法》没有颁布时，在重要的文物保护中就已经实施了。

为了依照基本原则实施工程，在施工前，即以现代理念撰写了《山西大同云冈石窟修缮工程第一、二窟实验性修缮方案说明书》（藏于云冈石窟研究院资料室），施工中，针对洞窟残破实际，提出《云冈石窟岩石加固的化学处理方法》，效果良好。不仅使石窟面貌变得规范整齐，更极大地提高了洞窟的稳定性，为今后一系列石窟群保护工程的实施，奠定了重要的技术施工基础。

3.3 工程实施

《简报》作出如下总结。

3.3.1 前立壁支护

壁根范围筑钢筋混凝土挡墙基础，加固根部和防止前壁继续向前下方滑动；壁身立钢筋混凝土框架支顶上部悬石，减轻旧壁荷载；浆砌料石复原东前壁。

3.3.2 间墙加固

两窟间墙，由于长期受地下水的侵蚀及重力的影响，造成壁根风化破碎，上部壁体向前下方错动。壁根两侧采用了钢筋混凝土加固，保证间墙基础的稳定。

3.3.3 第1窟塔柱加固

塔柱后半部崩塌无存，残存柱体的下部支离破碎，中部被裂隙切割，严重危害其稳定性。故采用高分子材料进行了灌浆固结实验。

3.3.4 第2窟内寒泉处理

该窟后壁原有泉眼一处，通过地下排水疏流窟外。因原水位高，而又排水不利，造成窟内长年潮湿，使雕刻品逐渐风化脱落。工程方面采取了从原地下降水位，加深引沟及防渗措施。

3.3.5 雕刻品的封护加固

第1、2窟的四壁浮雕，均已风化，严重者酥粉或起壳。对于部分雕刻品以高分子材料进行了封护加固实验，防止继续风化脱落。

3.3.6 罩面处理

凡新加构件和补砌旧壁以后的露明处，均用石灰、白水泥和一般颜料配成旧色罩面，求得与原壁相近。

3.3.7 附属工程

第2窟塔柱基座、壁根蚀空等处，砌石加固；窟内岸边裂隙，在基础前后方向用通长"锚定拉杆"嵌入基岩以下，将前后岩体牵拉牢固；窟内外地面及环境加以修整。

经过1963年的整体加固维修，从土木工程上解决了石窟本身的稳定性；从结构上与旧壁没有明显的不同，保证了石窟原貌；罩面后的效果基本做到了与旧岩石相似。但依旧存在洞窟顶部渗漏、第1窟中心塔柱大面积坍塌（图32-1）等一些随时可能危害石窟安全的问题。为此，1980—1983年间，又对第1、2双窟进行了以山顶防渗加固、第1窟中心塔柱填石加固及艺术修复为主要内容的工程项目。山顶防渗加固工程的位置在第1、2双窟外山顶，经山顶平整后，铺设厚约30厘米的三合土夯实，并依山势在前沿垒砌石料，达到固结要求。对中心塔柱进行填石加固和艺术修复，是在1963年采用高分子材料进行灌浆固结的基础上，对塔柱后半部崩塌无存和残存柱体下部支离破碎、中部被裂隙切割等损害部位进行填石加固，并参照塔柱残留部分的艺术表现，做了雕刻造型（图 32-2）。完成了一座整体面貌较为完整的中心塔柱（图 32-3），也强化了塔柱对洞窟顶部的支撑作用。但艺术造像雕刻似显笨拙粗糙。在完成以上两项工程项目的同时，还对双窟外东西塔柱和部分崖壁蚀空坍塌部位进行了石料填补加固。

| 1. 旧照 | 2.1983 年砌石加固 | 3. 现状 |

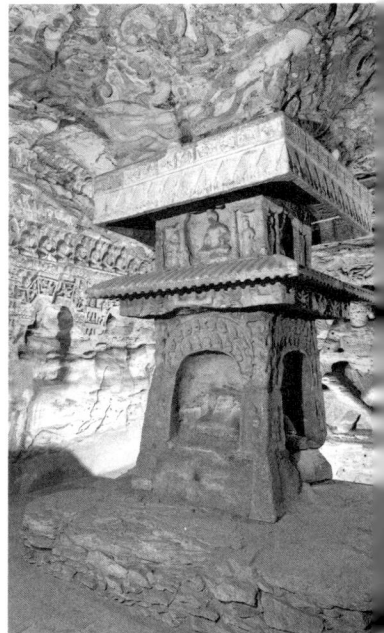

图 32　第 1 窟中心塔柱加固修复前后

（原文刊载于《云冈石窟研究院院刊》2017 年总五期）

鲁班窑石窟病害调查及保护研究

孙　瑜　闫宏彬　张志忠

鲁班窑石窟位于十里河西岸，东距云冈石窟约 700 米，其洞窟形制及造像风格与云冈石窟相近，开凿于云冈石窟早、中期之间，辽代曾重修，明代在其上曾筑有烽火台 [1]。据考古调查，该石窟窟顶遗存可见三层文化层，自上而下分别为表土层、辽金文化层和北魏文化层 [2]，进一步印证了基于传世文献对于该石窟历史沿革的推断。1966 年 4 月 23 日，该石窟被公布为市级文物保护单位；2016 年 6 月 6 日，被公布为省级文物保护单位。作为云冈石窟的组成部分，该石窟的研究对于佛教文化、石窟艺术的传承，以及石窟保护均具有重要的价值和意义。

目前，石窟保护研究多以国家级文物保护单位为对象，针对风化、裂隙、渗水、危岩体、表面污物处理等病害展开研究，并取得了一定的成果，如：黄克忠、解廷凡《云冈石窟石雕的风化与保护》，基于云冈石窟的风化状况，分析了风化成因，并提出治水、建立保护性窟檐及改善环境等措施 [3]。刘祥友等《龙门石窟潜溪寺裂隙灌浆施工技术研究》一文，针对水害较为严重的潜溪寺石窟，就裂隙灌浆的施工工艺和流程进行了研究 [4]。马朝龙《石窟寺渗漏水监测方法研究》一文，通过对龙门石窟的监测，取得了石窟寺渗漏水的资料和成果，为渗漏水治理提供了依据 [5]。刘昌军等《基于激光扫描的高边坡危岩体识别及锚固方法研究》一文，基于三维激光扫描技术，对高陡边坡的危岩体识别、锚固技术及岩体加固方案，提出了专门建议 [6]。黄继忠等《砂岩类石窟寺保护新进展——以云冈石窟保护研究新成果为例》一文，提出了激光清洗等多种石窟文物表面有害污物清除技术 [7]。

我国现存大中型石窟群约 300 处，而小型石窟数以万计 [8]，其病害及保护现状较少被关注。鲁班窑石窟是云冈石窟群的组成部分，研究意义重大。云冈石窟文物研究所曾于 20 世纪 80 年代末，对该石窟进行勘察，但是，仅限于窟龛及造像形制，未涉及病害及保护。因此，本文拟在前人研究的基础上，以鲁班窑石窟为例，通过实地调研及维修加固实践，分析其病害类型及成因，并提出防治建议，以促进小石窟的保护，也为云冈石窟等大型石窟的保护提供借鉴。

1　石窟概况

鲁班窑石窟是云冈石窟的附属石窟。据《水经注》记载："武周川（今十里河）水又东南流，水侧有石祇洹舍并诸窟室，比丘尼所居也。其水又东转，经灵岩南，……川水又东南流出山。" [9] 鲁班窑石窟与云冈石窟隔河相望，地理位置与《水经注》所述极为吻合，因此，被推断为尼寺，是云冈石窟的组成部分，并非独立寺院 [10]。北魏时期，佛教盛行，僧、尼数量剧增，太和初年（477），仅平城（今山西大同）僧、尼数量就达二千人，寺院一百所[11]。北魏太和十三年（489）比丘尼惠定的造像题记、景明四年（503）比丘尼昙媚造像碑的出现[12]，以及唐代武周川沿岸"东为僧寺""西头尼寺"[13]的记载，进一步说明鲁班窑石窟为尼寺之说可能性较大。相传在云冈石窟开凿初期，工匠因受鲁班传授雕凿技法，故在其西侧开窟造像，四时祭祀，该窟因名鲁班窑[14]。

鲁班窑石窟开凿于十里河西岸的土山上，坐西朝东，南北长约 60 米，高约 4 米，分布面积约 240 平方米（图 1）。现存洞窟三座，已调查洞窟两座，形制均为椭圆形、穹窿顶，窟内四壁满雕禅定佛和千佛，造像服饰有袒右肩、通肩两种。20 世纪 80 年代，因周边小型煤矿的开采，煤尘及震动较大，石窟长期暴露在外，且无人看管，保存现状较差。第 1、2 窟内裂隙纵横，风化严重，雕像漫漶不清；第 3 窟堆满积土，窟顶塌陷，内部保存情况不明（图 2、图 3、图 4）。

图 1　鲁班窑石窟地理位置图

图 2　鲁班窑石窟全景图

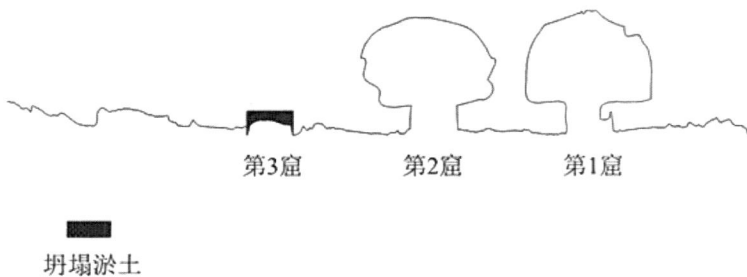

图 3　鲁班窑石窟平面图

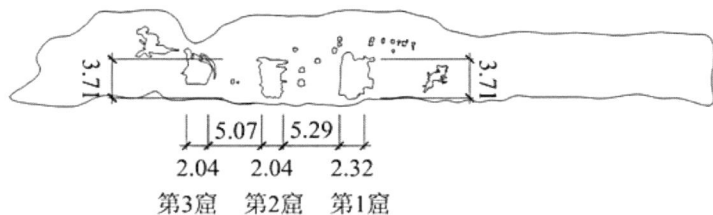

图 4　鲁班窑石窟立面图

2 石窟保存及病害现状

2015年6月，云冈石窟研究院对鲁班窑石窟进行了初步勘察与测量；2016年3月，进行了第二次勘察，与辽宁有色勘察研究院合作，完成了《大同鲁班窑石窟抢险加固工程设计方案》，并报送省、市两级文物局审批通过。经调查，鲁班窑石窟共有洞窟三座，为行文方便，自北向南依次命名为第1窟、第2窟和第3窟，外加窟顶遗存，共四个区域，其保存及病害现状如下。

2.1 第1窟

该窟平面呈椭圆形，面宽6.94米、进深4.76米、高4.49米。窟门局部坍塌。外立壁残存雕像局部，门口左右残存狮子造像。窟内四壁满雕千佛列龛，现残存上部3层，均置于圆拱龛内。现存龛像66身，仅雕轮廓，大小不一，未开面，服饰有通肩、偏袒右肩式两种。佛龛排列不齐，其上雕三角纹内衬以折叠帷幕与窟顶相接，窟顶无雕饰。四壁下层原置突出窟壁裙石高为0.6米，用块石砌宽0.5—0.8米，立面雕像，现残存10块，其中北、东壁保存较好，时间略晚于石窟开凿。窟内中央现存低台，长约2.65米、宽约2.26米。二层，块石平砌，石间用"银锭"铆固定。

该窟存在裂隙、风化、危岩体、人工修补、烟熏及动物病害，其中，裂隙、风化、危岩体为主要的三种病害。以下分窟门、窟顶、西壁、南壁、北壁及石窟外立壁六个部分阐述其病害情况。

该窟东壁开窟门，窟门上方裂隙严重，壁面裂隙多与窟外连通，门拱上方为危岩体，窟门外壁风化严重。该窟门拱由于开凿洞窟而产生的卸荷力形成了比较大的裂隙，在裂隙切割和重力影响下，形成两块比较大的危岩体，左侧为坠落式危岩体，右侧为倾倒式危岩体。门拱中部有塌落痕迹（图5）。

窟顶保存较为完整，但存在一条东西走向贯穿整个洞窟的大裂隙，该裂隙两侧伴生有几条南北走向的小裂隙。烟熏面积较大，几乎布满窟顶。

图5 第1窟门拱上方裂隙及危岩体

该窟西、南、北各壁下层岩石破碎残损严重，雕像全失，上层较为完整，有雕刻残存。中央地面长方形低台的中部及西南角石块缺失。西壁存在裂隙、危岩体、风化、烟熏、动物病害及人工修补等六种病害。上层有雕刻的岩石悬空，为一坠落式危岩体；下层几乎被裂隙、危岩体、风化三种病害覆盖，中部有动物病害及人工修补；上、下层岩体交界处有烟熏痕迹。

南壁下层破碎，西南角塌落一洞与第2窟西北角相通。南壁上层后期凿有圆拱形，破坏了原有的千佛龛。存在裂隙、危岩体、风化三种病害，裂隙在上层及下层岩体均有分布，以下层为主；下层危岩体突出。

北壁破碎严重，上部以泥皮封堵，中间坍塌，留下一个1米见方、深度约60厘米凹坑，下部裙石保存完整。病害以人工修补较为突出。

该窟外壁存在多处危岩体。首先，北侧存在一个高约2.5米、宽约1.5米，深约0.8米的坍塌区域，附近形成两块较大的危岩体（图5）。外立壁上部有多处方形梁孔，窟顶为人工砌体；外立壁存在多处裂隙；

风化有三类——构槽状、条带状及板状风化（图6）。

2.2　第2窟

该窟位于第1窟南侧5.27米处。窟内面宽6.06米、进深4.33米，高3.4—3.8米。窟门拱形，外立壁残存造像局部。窟内四壁雕像6层。第1层为力士像，逆发，胡相。上身裸，下着犊鼻裤。双手上举；第2至5层雕禅定坐佛粗坯，佛像高约0.5米，着偏袒右肩或通肩式袈裟，线刻舟形背光，局部残存红色，现有61身较为

图6　第1窟北侧外立壁沟槽状风化

完整，层间岩石突起间隔；第6层雕双层三角纹，内衬以折叠帷幕与窟顶相接，顶部岩石破碎，窟内中央用块石砌低台，南北长约2.52米、宽约2.42米。形制、用途与第1窟相同。第1、2窟间的外立壁上残存数座佛龛，其中一复合龛保存较好，外方内圆形拱龛，高、宽均为0.4米。龛内原雕二佛并坐像，现已毁。龛楣内雕坐佛9身，着通肩式袈裟。两上隅雕供养天人像。崖壁上凿有方形孔数个，窟前地面残留有辽代砖瓦。

该窟岩石破碎十分严重，特别是顶部存在随时坍塌的危险。洞窟西北角有洞与第1窟相通，西壁中内为空洞，现用小石块支撑，下部用片石补砌。以下分窟门、西壁、北壁、南壁四部分记录病害情况。

第2窟门拱悬空，拱顶下方已坍塌，开凿洞窟后产生的卸荷力使门拱上方岩体成为一块坠落式危岩体。窟门裂隙、风化较为严重。第2窟至第3窟间崖壁下层有一层泥岩夹层，已风化蚀空，后期用块石砌补，上部由于第2窟顶部坍塌后的碎石土挤压与山体完全断开，并向东侧倾斜，上部最大位移已达10厘米以上。该处为一典型的倾倒式危岩体。

西壁顶部破碎，下层多处存在危岩体，裂隙较多，另有部分动物病害；上层多处分布人工修补痕迹。

北壁上层造像较为清晰，下层破坏严重。主要病害是裂隙和风化，西南角存在危岩体。

南壁裂隙纵横、风化严重，部分位置存在危岩体及人工砌体（图7）。

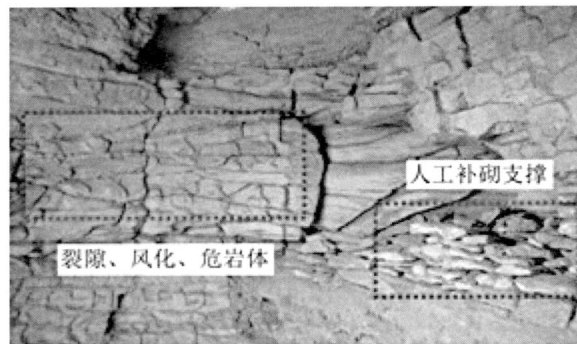

图7　第2窟南壁裂隙、风化、危岩体及人工补砌支撑体

2.3　第3窟

该窟位于第2窟南侧约5米处。20世纪90年代村民清理废土时发现，圆拱形窟门外露，外立壁北侧残存龙首及龛楣内3身供养天人像。窟顶坍塌，窟内堆满废土石块。在门拱北侧人工清理出约0.2—0.3米的空隙，可见门拱东壁雕千佛列龛数层，形象与第1窟略同。第3窟南侧壁面可见3层泥岩层，上层泥岩位于崖顶，厚度约0.4米，中部泥岩层厚度约1.2米，下部泥岩位于崖壁下方，厚度约0.8米，均风化蚀空。其南侧外立壁也由于洞窟顶板坍塌挤压而整体外倾，形成一块倾倒式危岩体（图8）。其

图8　第3窟窟顶坍塌

北侧有一东西走向的垂直裂隙，导致其上部砂岩悬空，整体有由中部泥岩层面向东南方向倾倒和滑移的趋势。

2.4 窟顶遗存

鲁班窑石窟窟顶东西短，南北长，略近长方形。洞窟顶部破碎岩体主要分布于第1—3窟崖顶，总长约34米、高约2.5—3.5米、厚度1—1.5米，岩体后部以杂土填充，结构疏松，透水性好。破碎岩体表面风化严重，呈圆滑曲面。北段保存完整，结构较为稳定；中段保存较差，其中第2窟顶部岩体存在大面积的变形、掉块和块状崩塌，病害面积约32平方米；第3窟顶部破碎岩体已随下方洞窟顶板坍塌，塌落长度约6米。破碎岩体对洞窟顶板造成比较大的压力，加之洞窟顶板岩层较薄，已导致第1窟顶板开裂，第2窟顶板碎裂变形，第3窟顶板坍塌（图9）。2014年大同市考古研究所曾对窟顶遗存进行了考古发掘，发现窟顶现存夯土台基遗址一处[15]。

图9　鲁班窑石窟窟顶破碎砌体堆积现状

3　石窟病害总结及防治建议

据现场勘查，鲁班窑石窟的主要病害有风化、裂隙、危岩体、坍塌、窟顶砌体堆积等（图10）。第一，该石窟的岩石属于典型的辫状河沉积类型，砂岩中泥质含量较高，岩层结构复杂，交错层理发育，层间泥质含量高，易于风化。风化后岩石强度减弱，易在上部岩体压力作用下产生断裂。因此，风化是主要的致病因素。第二，该石窟裂隙发育较多，以构造裂隙为主，同时发育有风化裂隙及岸边裂隙和卸荷裂隙。一般构造裂隙宽度0.2—0.5厘米，且有泥沙充填，少数为闭合裂隙。而卸荷裂隙十分发育，这类裂隙走向平行于岩体边坡走向，常常构成石窟寺所在边坡岩体失稳的滑移面或崩落破坏面。风化裂隙的发育则很不规则，多呈不规则的网状或杂乱无序的状态。裂隙面不太平整。区内裂隙的另一个特征是，在坚硬或中等坚硬的砂岩中，裂隙相对发育，而在较弱的泥岩或砂质泥岩中，裂隙相对不发育。在整个出露的地层中，从

遗迹　砌体　缺失　起翘　裂隙

梁孔　风化

图10　鲁班窑石窟病害整体分布图

表层往下，裂隙的开口由宽变窄，直至闭合。裂隙的发育进一步降低了岩石的力学强度和结构稳定性。第三，危岩体及碎岩体存在较多。洞窟开凿以后，洞窟前壁和洞窟壁面下盘顶板等位置，成为应力集中的区域，易于发生断裂，形成相对破碎的区域。洞窟顶板普遍较薄，特别是第 2 窟、第 3 窟顶板，其上又有比较厚的边坡挡墙，重量较大，造成第 2 窟顶板碎裂，第 3 窟顶板坍塌。第 3 窟外壁下盘为泥岩层，抗剪能力较弱，第 3 窟顶板坍塌后，坍塌物对其外壁造成的侧向压力导致外壁向东侧倾斜。建议防治措施主要有裂隙灌浆、锚杆加固、钢梁支顶防护及混凝土浇筑、窟檐搭建等。

3.1　裂隙灌浆

灌浆加固技术是采用液压、气压的方式将凝固的液体注入岩体裂隙或孔隙中的一种加固技术，能够改善工作对象的物理力学性质，有效地加固石窟岩体[16]。灌浆主要起到的作用有化学胶结、惰性填充和离子交换，可以用于结构加固、基础加固。在加固过程中要注意浆液的渗透能力、稳定性、结石率、含水量等因素。综合考虑，可以采用 PS 浆材。PS 浆材固化后结石的强度、性能与需要加固部分的岩体比较接近；PS 溶液对裂隙两侧的风化层具有渗透加固作用，可以保证浆材的结石体与裂隙岩体的密实性、牢固性和整体性；取材广泛，成本低，灌浆工艺简单，易于操作[17]。裂隙灌浆依据裂隙所处的位置和宽度不同采取不同的方法和材料。对于位于文物本体附近的裂隙和小于 5 毫米的裂隙，采用环氧树脂灌注。对于大于 5 毫米的裂隙，用 M30 水泥砂浆灌注，均采用 42.5 兆帕低碱水泥。对于破碎岩体区域，建议进行注浆孔注浆。注浆黏结材料采用环氧树脂或低碱水泥砂浆，采用无压或低压注浆，部分注浆孔作为小锚杆锚孔使用。

3.2　锚杆加固

据初步调查分析，鲁班窑石窟岩体整体较为稳定，现在这种变形虽然不会产生整体性破坏，但处于蠕动变形状态，再加上大同地区处于火山带，所以，存在较大的潜在威胁。建议参考大足石刻宝顶山观经变造像区岩体的加固方法，对该石窟第 1 窟及第 2 窟的裂隙部位，采取预应力锚杆抗倾覆变形的措施，提高崖壁岩体的安全系数。对于石窟及周边的危岩体，在前期裂隙灌浆加固的基础之上，采用钢筋锚杆锚固进行加固。为了避免影响破坏石窟的整体形象，建议在崖壁岩体上部风化凹槽部位（尤其是孔洞状风化部位）布置。为防止锚杆施工破坏石窟，每根锚杆的位置、倾角都要准确测量和定位[18]。这是一项成熟的技术，并且已应用于云冈石窟、大足石刻等多处大型石窟的修复，对于石质文物保护有显著的优越性[19]。

3.3　钢梁支顶防护及混凝土浇铸

该石窟外壁多处存在危岩体，因其为文物本体，无法采用锚杆进行锚固处理。需根据具体情况采用钢梁支顶及混凝土浇铸措施进行防护。如：第 1 窟西侧壁危岩体，建议采用钢梁进行支顶防护，该方法的优点是具有可逆性。第 2 窟西侧壁破碎严重，危岩体随时有崩塌脱落危险，建议在其下方采用现浇混凝土墙的方式对其进行支顶，同时，也对侧壁破碎的岩体起到防护作用。

3.4　搭建窟檐

鲁班窑石窟作为露天石窟，日晒、风吹、雨淋及大气污染是导致岩石风化、酥碱，进而引发裂隙的主要原因。实践证明，搭建窟檐是防止雨水直接冲刷、减少阳光直射，遏制风化进一步发展的有效方法。龙门石窟研究保护中心以小型坍塌窟龛和小型露天雕刻为对象，进行了窟檐修复实验，取得了良好的效果[20]。王金华、陈嘉琦的《我国石窟寺保护现状及发展探析》一文，在全面总结我国现阶段石窟寺保护现状的基础上，提出了重视本体及预防性保护、开展石窟寺窟檐保护研究和示范工程的建议 [21]。

经实地调查发现，鲁班窑石窟第 1、2 窟间的外立壁上残留方形孔洞多个；第 1 窟门拱两侧及第 2 窟门拱外侧有开凿横梁的痕迹（图 9）。石窟崖壁及窟前地面残留有大量辽代砖瓦，方形孔洞应是建筑窟檐的柱孔，该石窟在辽代时建应有木构窟檐。2014 年大同市考古研究所对鲁班窑石窟的窟顶进行了考古勘察，发现在窟顶存在窟檐顶部夯土遗迹及灰坑遗迹，窟顶探测区西南部的灰坑内，"文化遗物见有大量辽金时期勾纹砖、板瓦、筒瓦、滴水、白灰墙皮等。" [22] 鲁班窑石窟的残留孔洞及开凿横梁的痕迹与晋北地区的盘山石窟的孔洞及沟槽极为相似。由此断定，鲁班窑石窟的孔洞亦属于木构窟檐建筑的遗痕，该石窟有窟檐建筑的历史和基础。此外，武周川沿岸的雕落寺石窟窟檐建筑尚存，石窟的风化及病害程度，较鲁班窑石窟明显较轻。因此，建议恢复鲁班窑石窟的窟檐建置，以减少雨水及风沙的侵蚀。

目前，鲁班窑石窟窟顶堆积物厚重，已造成第 1 窟顶板压裂、第 2 窟顶板破碎和第 3 窟坍塌。此外，洞窟顶板厚度已不足以承担其自身重量和顶部挡墙及覆盖层，需要有外加结构承载顶板重量。因此，建议建构仿古混凝土结构窟檐，其支点落在洞窟范围之外。首先，对石窟内开展支顶防护，之后拆除顶部破碎岩体和覆盖层，复位加固未塌落的顶板，并进行顶部防水处理。然后，搭建窟檐，以达到以下五方面的保护功能：一是减轻窟顶荷载；二是为窟顶破碎危岩体提供着力点，并最大限度保留窟内文物原貌；三是保护洞窟前崖壁雕刻，使其免受风吹、日晒及雨淋的影响，减缓其风化速度；四是支顶加固洞窟外壁，特别是第 3 窟外壁，增加其稳定性；五是解决其顶板渗水问题，减缓窟内雕刻风化。

4 结论

鲁班窑石窟开凿于云冈石窟早、中期，距离云冈石窟约 700 米，是云冈石窟的组成部分，可以视为其附属石窟。由于长期处于露天环境，自然地理及气候条件较差；岩层沉积环境复杂，层理节理发育，岩性较差且差异较大，病害情况较为严重。经现场勘察，风化、裂隙、危岩体及窟顶砌体堆积是主要病害，其中，风化有沟槽状、条带状及板状三类，满布于石窟内外岩体；裂隙广泛分布于石窟内壁及窟外立壁，发育种类较多，以构造裂隙为主，同时发育有风化裂隙、岸边裂隙和卸荷裂隙。危岩体主要分布于洞窟内壁下层、窟门及外立壁，危岩体破坏模式主要以坠落式破坏和倾倒式破坏为主。窟顶破碎岩体分布面积较广、荷重较大，不仅是导致石窟危岩体产生的重要因素，而且对石窟顶板造成严重破坏。在"最小干预、保护为主、抢救第一"的原则下，宜采用裂隙灌浆、锚杆加固、钢梁支顶防护及混凝土浇筑、窟檐搭建等措施和技术消除并防治病害，对该石窟进行保护性修复。

参考文献：

[1] 陆屹峰, 员海瑞. 云冈石窟尼寺考 [C]// 云冈石窟文物研究所. 云冈百年论文选集（一）. 北京：文物出版社，2005：255—258.

[2] 大同市考古研究所. 鲁班窑石窟考古勘察报告（内部资料）.12.

[3] 黄克忠, 解廷凡. 云冈石窟的风化与保护 [C]// 云冈石窟文物研究所. 云冈百年论文选集（二）. 北京：

文物出版社，2005：18—27.

[4]　刘祥友等.龙门石窟潜溪寺裂隙灌浆施工技术研究 [J]. 石窟寺研究（第五辑），2014：410—418.

[5]　马朝龙.石窟寺渗漏水检测方法研究 [J]. 石窟寺研究（第一辑），2010:214—220.

[6]　刘昌军等.基于激光扫描的高边坡危岩体识别及锚固方法研究 [J]. 岩石力学与工程学报，2012（10）：2139—2146.

[7]　黄继忠等.砂岩类石窟寺保护新进展——以云冈石窟保护研究新成果为例 [J]. 东南文化，2018（1）：15—19.

[8]　樊昊等我国石窟寺旅游资源的空间分布特征及影响因素分析 [J]. 西南大学学报，2015（6）：98—103.

[9]　郦道元.水经注：卷十三漯水 [M]. 长春：时代文艺出版社，2001：102.

[10]　陆屹峰,员海瑞.云冈石窟尼寺考 [C]// 云冈石窟文物研究所.云冈百年论文选集（一）.北京：文物出版社，2005：257.

[11]　（北齐）魏收.魏书：卷一百一十四释老志 [M]. 北京：中华书局，1974：3039.

[12]　员小中.云冈石窟铭文楹联 [M]. 太原：山西科学技术出版社，2014：33—34，50—52.

[13]　高楠顺次郎,渡边海旭,小野玄妙等.大正新修大藏经：第 52 卷 [M]. 东京：大正一切经刊行会，1924—1932：103.

[14]　大同市东方历史文化研究院.云冈传说 [M]. 太原：山西人民出版社，2004：89—91.

[15]　大同市考古研究所.鲁班窑石窟考古勘察报告（内部资料）.17.

[16]　唐智亮.固结灌浆在保护云岗石窟石质文物遗址的应用研究 [D]. 长春：吉林大学，2013：39.

[17]　赵海英等.西北干旱区石窟遗址保护 [J]. 中国地质灾害与防治学报，2007（2）：78—80.

[18]　王金华.锚固加固技术及其在石质文物保护领域中的应用 [C]// 云冈石窟研究院.2005 年云冈国际学术研讨会论文集（保护卷）.北京：文物出版社，2006：125.

[19]　中国文化遗产研究院.中国文物保护与修复技术 [M]. 北京：科学出版社，2017：58.

[20]　范子龙.龙门石窟窟檐遗迹调查与日常维护中的防风化保护 [J]. 石窟寺研究（第二辑），2011：351—355.

[21]　王金华,陈嘉琦.我国石窟寺保护现状及发展探析 [J]. 东南文化，2018（1）：6—14.

[22]　大同市考古研究所.《鲁班窑石窟考古勘察报告》（内部资料）.34.

（原文刊载于《中国国家博物馆馆刊》2018 年第 9 期）

吴官屯石窟 A 区病害调查及保护研究

闫宏彬　富中华　康敬亭

1　吴官屯石窟简介

吴官屯石窟位于山西省大同市吴官屯村西，东距离举世闻名的云冈石窟仅四公里，属于市级文物保护单位。该石窟的窟龛形制、造像组合、题材及风格与云冈石窟相近，较为典型的龛形是北魏较普遍的圆拱形和盝形，可能是由下层官僚和平民开凿。[1] 吴官屯石窟也因此被称作云冈石窟的"姊妹窟"。

吴官屯石窟坐北朝南，东西长约 200 米。现存窟龛 32 个，多为小型窟龛。整个石窟依山而建，最高的石窟距离地面约达 8 米，距离地面最低的石窟只有 30 多厘米，几乎每个窟龛内都有不同规格造型的佛教造像，总计三四百余，最高的佛像大约有 1 米多高，最低的佛像仅仅有 3 厘米，造像人物包含佛、菩萨、弟子、护法等，在一些石龛上，还刻有飞天的造像。

吴官屯石窟历经千余年的风雨侵蚀，风化现象十分严重，大多佛像几乎看不见本来面目，只剩下大体轮廓。除了自然病害之外，也存在人为破坏，当地人为了保护佛像，用水泥和胶泥将佛像重塑，导致了文物的进一步破坏。1996 年，吴官屯石窟被公布为首批市级文物保护单位。2009 年以来，109 国道的建成及通车，使吴官屯石窟的破坏情况进一步加剧，在国道修建的过程中，忽视了文物保护的重要性，使吴官屯石窟离距离国道不足两米；地面增高数米，其中，A 区的窟 1、窟 2 几近被地基掩埋。2010 年之前，109 国道是晋煤外运的主干道，过往车辆产生的煤灰、粉尘对石窟造成极其严重的破坏。2011 年 8 月中旬，云冈石窟研究院开始正式接管并保护吴官屯石窟，改善了吴官屯石窟周边地区脏乱差的环境状况，拆除了影响石窟整体面貌的砖墙，为石窟遗址换上了铁艺围栏，之后又派出文物保护人员对吴官屯石窟进行看护。但是，要从根本上解决吴官屯石窟的保护问题，必须对其进行系统的调查和深入的研究。

2　吴官屯石窟 A 区病害调查

2017 年 4 月，云冈石窟研院与山西大同大学的相关人员组成联合调查小组，对吴官屯石窟的病害情况进行了调查。为了行文方便，将吴官屯石窟分为自东向西的 A、B、C、D、E、F 六个区域，其中，A 区保存最为完整，此次病害调以 A 区为例展开。A 区总长 7 米、高 1.92 米，是整个吴官屯石窟保存最为完好的一部分，该区域的佛教造像数量大，规格完整，具有重要的历史文化研究价值。A 区域又可划分为窟 1、窟 2、龛 1、龛 2、龛 3、龛 4、龛 5 共七个部分（图 1）。

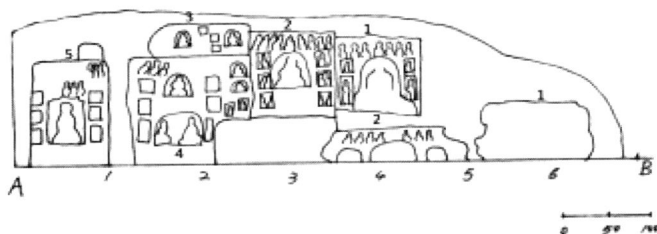

图 1　A 区立面图

2.1　窟 1 病害

窟 1 为方形石窟，长为 95 厘米、高为 115 厘米、进深为 116 厘米，洞窟内佛造像已无存，残留若干现代瓷质造像及其他杂物。主要病害有表面污染、泛盐、风化及裂隙。洞窟正面被大量煤灰覆盖，污染面积约 1.3 平方米，约占洞窟面积的 10%。表面泛盐位于洞窟正面左上方，面积约 0.6 平方米，约占洞窟总面积的 4%。洞窟左右两侧各有一条裂隙，左侧中部的裂隙病害较为严重，最窄处约为 0.2 厘米，最宽处约为 3 厘米、长度约 156 厘米。洞窟右侧右上部位的裂隙相对较轻，均宽为 0.3 厘米、长度为 37 厘米。

2.2　窟 2 病害

从正面看，窟 2 上部分为梯形，下部分为方形，上窄下宽，上部分为露出地面的部分，进深相同。上宽为 146 厘米、下宽为 167 厘米、整体高为 132 厘米，露出地面的部分高为 34 厘米、进深为 48 厘米。窟 2 现存佛造像 12 尊，分为上下两部分，下部有两个主佛像壁龛，分别位于洞窟正面和洞窟左侧，洞窟正面主龛有两个副龛，洞窟左侧有 1 个副龛，共 5 尊佛像，上部分为佛家弟子造像，共计 7 尊小佛像，洞窟右侧无造像。

窟 2 主要病害有大气及粉尘污染、人为刻画及修补、表面泛盐、残缺、风化及裂隙。窟 2 的大气及粉尘污染的程度最为严重，面积约 2.1 平方米，占整个洞窟面积的 30%。表面泛盐主要位于洞窟左侧，是由于该洞窟左侧裂隙密布，在石窟内部形成贯通的渗水系统，洞窟顶部的雨水携带可溶盐通过渗水网进入洞窟内部，在洞窟表面形成盐渍，盐渍主要分布在裂隙附近，表面泛盐的面积约为 1.2 平方米，约占该洞窟总面积的 25%。不当修补位于洞窟右侧的中间部位，与原洞窟形成鲜明的对比，是后人为保护洞窟，进行不规范的操作所形成的，病害较为严重，不当修补的形状相当于矩形，长约为 60 厘米、宽约为 15 厘米、面积约为 0.09 平方米。层间裂隙位于洞窟左侧和洞窟正面的中间部位，有上下两条，两条裂隙的成因相似，都是由于自然风化，加之雨水溶蚀，石材沿着自身的文理发育，形成较浅的裂隙，这两条裂隙的宽度都在 0.2 厘米左右、长度约 220 厘米。构造裂隙位于洞窟左侧的中右部位，是由于石材结构不稳定，而引起的变形，裂隙的上部分较深，深入石材内部，宽度较大，宽约 2 厘米，下半部分较浅，宽度较小，宽约 1 厘米，整条裂隙长约为 140 厘米。

2.3　龛 1 病害

龛 1 为小型的矩形佛龛，宽为 85 厘米、长为 103 厘米，整个佛龛分为三个部分，主佛像龛、副佛像龛、弟子龛。主佛像龛宽为 39 厘米、长为 43 厘米，内有一尊佛像，在佛像两边有两个大小相等的副佛像龛，副佛像龛宽为 20 厘米、长为 32 厘米。每个佛龛各有一尊佛像，在龛 1 的顶部有一处弟子龛，内有 9 名弟子像。

主佛像龛中的佛像除了头部缺失外，其余地方相对保存较好，佛像的衣服纹饰仍清晰可见，但在佛像的合手处有一处残缺。副佛像龛中的佛像同样缺失头部，但两尊佛像的形体姿态仍可看出。弟子龛的多名弟子仅剩 9 尊，其余多处弟子像由于自然风化的原因，基本辨别不出来（图 2）。

龛 1 的病害主要在于自然风化，其中佛龛的上部与下部最为严重。佛龛的下半部分附着厚厚的煤灰，属于大气及粉尘污染。龛 1 共有三条层间裂隙，弟子龛上、下各有一条，副佛像龛与主佛像龛下部横穿一条。龛 1 表面泛盐不明显，该病害位于弟子龛右侧。主佛像龛的头部缺失严重，是在人为破坏的基础上，再风化所形成的。大气及粉尘污染主要在龛 1 的下半部位，尤其在主佛像龛的佛像的基座处，煤灰层最厚，大气及粉尘污染的病害面积约为 0.25 平方米。第一条层间裂隙位于弟子龛上部，与地面几乎平行，裂隙的宽度约为 0.2 厘米、长度约为 90 厘米；第二条层间裂隙位于弟子龛的下部，相切于主佛像龛的顶部，裂隙的宽度约为 0.5 厘米、长度约为 120 厘米；第三条层间裂隙位于两个副佛像龛的下部，主佛像龛的中部，裂隙较长，宽度较浅，走势不明显，该条裂隙的宽度为 0.2 厘米、长度约为 150 厘米。其中第一条与第二条裂隙是由于石质本身的构造发生改变造成的，第三条是由于自然风化，风和雨沿着石材的纹路所侵蚀成的裂隙。表面泛盐位于弟子龛的右侧，分布范围较小，表面覆盖层较浅，泛盐的面积约为 0.05 平方米。

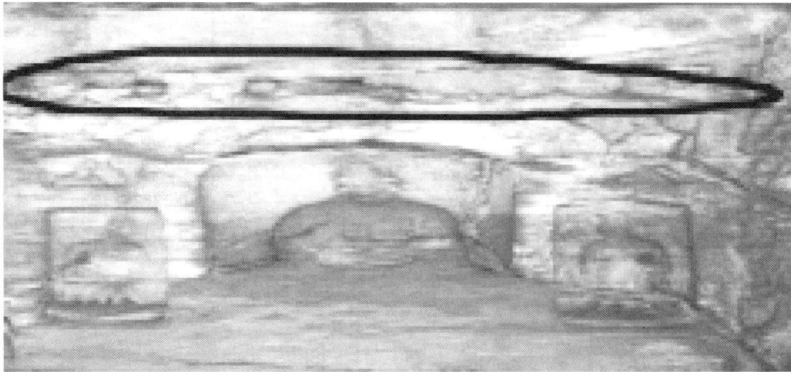

图 2　龛 1 正面

2.4　龛 2 病害

龛 2 为小型矩形佛龛，宽为 87 厘米、长为 124 厘米。整个佛龛分为八个部分，一个主佛像龛，六个副佛像龛，一个弟子龛。主佛像龛的宽为 41 厘米、长为 62.5 厘米。主佛像龛有一尊佛像，左上龛有一尊佛像，剩下的副龛都是两尊佛像，弟子龛共有 12 名弟子像。主佛像龛的佛像大部分已经残缺，只剩下佛像的外形轮廓，左上副龛缺少一尊佛像，左中、左下、右中、右下的副龛保存完好，弟子龛上半部分还能看清楚，下半部分已经消失（图 3）。

龛 2 的病害主要有大气及粉尘污染、局部缺失、构造裂隙、表面泛盐、表面粉化剥落。大气及粉尘污染位于主佛像龛的下部，病害面积约为 0.04 平方米。局部缺失位于主佛像龛的佛像身上，病害面积约为 0.06 平方米。构造裂隙位于整个佛龛的下部，宽度约为 0.5 厘米、长度约 80 厘米。表面泛盐位置分散，病害程度较轻，面积约为 0.01 平方米。表面粉化剥落位于左上副龛与弟子龛左侧，面积约为 0.02 平方米。

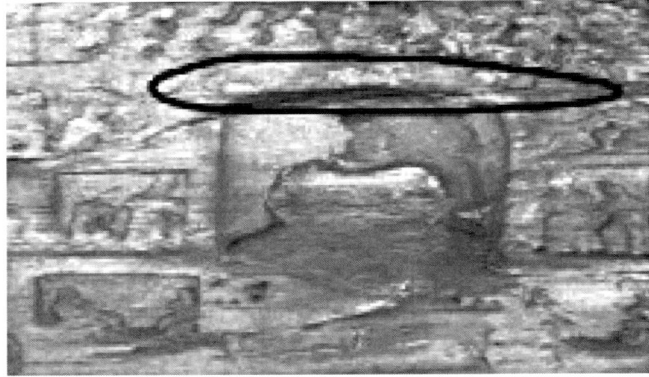

图 3　龛 2 正面

2.5　龛 3 病害

龛 3 分为左右两部分，全长 1.58 米、高 0.48 米，总面积约为 0.76 平方米。龛 3 内有六个较为完整的小龛，龛内各有一坐佛。其中左一龛和左二龛的龛楣均雕有供养人像。左二龛可见尖拱龛楣。造像风化较为严重，只留下模糊的身躯轮廓。

该龛整体保存状况不佳，风化很严重，大面积分布着严重的大气及粉尘污染与盐害，还有着明显的人为破坏痕迹。该龛的主要病害类型有：大气及粉尘污染、表面泛盐、层间裂隙、浅表性裂隙、表面片状剥落、人为污染、局部缺失。层间裂隙主要集中于龛 3 右半部（图 4），调查共发现三处，总长度约为 100 厘米。典型的一处病害位于龛 3 右上方，为一条长约 40 厘米的层间裂隙。该裂隙沿着岩石肌理发育，病害程度一般。

图 4　龛 3 层间裂隙

大气及粉尘污染附着于龛 3 内石质造像表面的大部分区域，覆盖面积较广，病害程度较严重，总面积约为 0.55 平方米。人为污染主要位于龛 3 中部，为一红色油漆书写的“佛”字，总面积大约为 0.04 平方米。表面泛盐在龛 3 区域内伴生于大气及粉尘污染病害，并且分布广泛，病害程度较为严重，应当及时进行处理，总面积约为 0.33 平方米。

2.6　龛 4 病害

龛 4 长 1.35 米、高 1.38 米，总面积约为 1.45 平方米。龛 4 分为左右两部分，右半部分长 0.53 米、高 0.6 米，左半部分长 0.82 米、高 1.38 米。两龛因同在一龛楣下而被划分为同一个龛。左龛可见上下重龛，其上层龛龛顶略作圆拱形，内雕一交脚弥勒佛像，左手下垂置于体侧，右手上举，体态依稀可见。下层龛形制为近方形，上有尖拱门楣，龛内雕刻释迦多宝二佛并坐像。上、下两层龛楣均雕供养人群像，具体数目已不清晰。左龛的左右两侧各凿出对称的三层小龛，小龛中均雕二立人或二立菩萨像。右半部分共有四小龛，龛内各有一座坐佛像。龛 4 内全部造像的面部、四肢均风化比较严重，模糊不清，只留下身躯轮廓。该龛整体结构保存完整，但风化较为严重，有较为明显的表面泛盐病害。龛中部上方接近龛楣的位置有大面积局部缺失，并伴有大面积的大气及粉尘污染。除此之外，整个龛还有严重的粉尘污染，分布范围较广。该龛的主要病害类型有：大气及粉尘污染、表面泛盐、层间裂隙、表面片状剥落、断裂、鳞片状风化剥落、局部缺失。层间裂隙在龛 4 有两处，总长度约为 83 厘米，病害程度较为严重，但石质文物整体结构较为稳定。局部缺失主要分布在龛 4 中部龛楣下方，面积较大，病害程度严重，并伴有大面积的大气及粉尘污染。总面积约为 0.058 平方米。

表面片状剥落在龛 4 内多处发生（图 5），主要集中在龛 4 左半部分下层龛中两对坐造像的底部，可见有较大面积的岩石表面片状剥落，病害程度一般，总面积大约为 0.053 平方米。

图 5　龛 4 表面片状剥落

大气及粉尘污染附着于龛 4 石质造像表面大部分区域，尤其是石质文物局部缺失的部分，病害程度较严重，总面积约为 0.73 平方米。建议及时进行表面清洗。龛 4 左半部分中上层龛的顶部有一条明显的断裂，大约 8 厘米长，病害程度严重，应当及时修补。

2.7　龛 5 病害

龛 5 长 0.94 米、高 1.33 米，总面积约为 1.5 平方米。龛 5 中央主龛内雕一坐佛，其左手下垂置于体侧，右手部位缺失。主龛龛顶略圆，龛饰为宝帐式。龛楣分为上、下两层，上层雕供养人群像，数量不甚清晰；下层雕过去七佛，造像数量依稀可见。主龛左右两侧凿出互为对称的三层小龛，小龛中各雕一立人或菩萨像。龛 5 其造像风化程度较为严重，除龛中央主佛像之外，其余石质文物造像均只留下模糊的身躯轮廓。

该龛整体结构保存较为完整，但风化严重，有较为明显的表面泛盐病害。其左半部为明显的水泥人工修补痕迹。该龛的主要病害类型有：表面泛盐、人工修补、局部缺失、表面片状剥落。人工修补集中分布于主龛内造像之上（图 6），有 4 处明显的人工开凿圆形坑，形状大小类似，共 5 个，总面积约为 0.005 平方米。龛 5 左侧被水泥抹平大约 4.5 厘米宽的一条，剩余露出部分也被部分水泥痕迹污染（图 7），病害总面积约为 0.2 平方米。

图 6　龛 5 人工修补

图 7　龛 5 水泥修补

表面片状剥落主要分布在龛 5 中主像下方，尤其是主龛造像底部，病害程度较为严重。总面积约为 0.13 平方米。表面泛盐严重程度一般，主要分布于龛 5 中央的顶部区域，总面积大约为 0.08 平方米。局部缺失主要集中分布于主龛的造像之上，造像的头部、左手部有明显的缺失，病害程度一般。总面积约为 0.05 平方米。大气及粉尘污染主要集中分布于主龛的造像及其周围，以及龛右半部分的三层小龛处，病害程度一般。总面积约为 0.5 平方米。

3　吴官屯石窟 A 区病害成因分析及保护方法探讨

3.1　病害成因分析

3.1.1　煤尘污染

运煤车辆带来的扬尘和煤灰污染是导致吴官屯石窟大气及粉尘污染病害的直接原因。大同干燥且常年多风，又是一个以煤矿产业为主的工业城市，运煤车辆及吴官屯地区的风沙引发的扬尘尾气、煤灰以及石窟附近范围内的民用燃煤与工矿企业的存在，都是吴官屯石窟周边自然环境恶化的因素。需要强调的是，吴官屯石窟距离 109 国道仅十几米，石窟内的佛龛石雕与轰然飞驰的运煤车辆仅仅隔着一道无法起到保护作用的铁栏杆，汽车扬尘、尾气及粉尘污染严重，往来载重数十吨的重型运煤车辆使石窟处于不间歇的震动之中，加速了吴官屯窟内石质文物的老化速度。

3.1.2　风沙侵蚀

风沙侵蚀对吴官屯石窟内石质文物的破坏作用也不容小觑。大同地区风沙较大，吴官屯石窟直面 109 国道，洞窟和石雕造像没有屏障和遮挡，其所受到的风力大且直接。此外，吴官屯石窟周边环境绿化面积小，又有来往运煤车辆产生的扬尘尾气及煤灰，导致吴官屯石窟的洞窟与石雕被风携带的石质颗粒和尘垢不断吹蚀、磨蚀，造成石雕造像表层的磨损与石质成分的损失，最终使得石质文物严重风化，窟龛之内的造像模糊不清，失去了许多重要的历史信息。

3.1.3　太阳辐射和空气污染

太阳辐射和空气污染也是造成吴官屯石窟内多种病害的原因。大同市属大陆性季风气候，且纬度较高，日照强烈。白天在太阳曝晒下，石质文物表里层产生了温度差异，其温差应力一旦超过岩石本身的抗拉强度，就会给石质文物带来不可逆的破坏。大同常年强烈的太阳辐射尤其是紫外线辐射，是导致岩石矿物黏结能力降低的罪魁祸首。岩石的黏结能力降低，风化作用也就乘虚而入。此外，吴官屯石窟面临一条公路，来往的重型车辆排放的尾气中含有大量的有害物质，尤其是二氧化碳、二氧化硫。遇到下雨的时候，这些污染物在雨水的共同作用下，会和石窟内的石质文物产生酸化、氧化还原等化学反应。在这一系列化学反应的作用下，岩石中的胶结物和碳酸钙逐渐溶蚀，岩石强度降低，造成吴官屯石窟石质文物的表面形成了严重的风化解体病害。

3.2 保护方法探讨

吴官屯石窟规模较小且分布集中，这有利于对其实施集中的管理与保护。保护措施的实施也需要全面地、多方位地考虑病害的成因，可以采取多种保护技术相结合的保护修复方法，做到因地制宜、有针对性的保护。

3.2.1 修建保护性建筑

日晒、风吹、雨淋及粉尘和大气污染是导致石岩风化的主要因素，根据吴官屯石窟的特点，首先选择修建窟檐或棚罩。保护性窟檐既能有效阻止日晒引起的石质文物表面温度剧烈变化，减缓石质文物表面的风化、剥蚀，又能减少恶劣的天气因素对石窟的直接破坏。大同地区的小石窟多有窟檐搭建的先例，保护效果较好。在修筑窟檐时，要注意把握窟檐的构造形式、体量、与石窟的关系，尽量做到不破坏文物本身所表现的历史面貌和所表达的历史信息，避免对石窟岩体本身造成干预，把保证石窟安全放在第一位。此外，修筑简易棚罩也可以对吴官屯石窟石质文物起到同样的保护效果，这样一来改变了石窟的向阳背阳情况，并且能够有效减少吴官屯石窟受到的汽车尾气扬尘及粉尘的污染。

3.2.2 灌浆加固

灌浆加固技术是采用液压、气压的方式将凝固的液体注入岩体裂隙或孔隙中的一种加固技术，能够改善吴官屯石窟的物理力学性质，有效地加固石窟岩体。在加固过程中要注意浆液的渗透能力，浆液的稳定性、结石率、浆液的含水量、容许灌浆压力。综合考虑可以采用PS浆材。PS浆材固化后结石的强度、性能与需要加固部分的岩体可以比较接近；PS溶液对裂隙两侧的风化层具有渗透加固作用，保证浆材的结石体与裂隙岩体密实性、牢固性和整体性，加固性优越；取材广泛，成本低，灌浆工艺简单，易于操作。

3.2.3 表面清洗

吴官屯石窟长期暴露于外，受到煤尘、雨水、微生物、低等生物的侵损腐蚀，表面生成了大片黄黑色的污斑，还有人为污染（烟熏）、水泥、苔藓等表面污垢的沉积病害对石材的寿命造成了极大的威胁，只有经过清洗，才能使其呈现出本来面目，使其价值得以再现。清理石材表面时，先用毛刷或竹签等机械物直接去除文物表面附着的植物、菌类、灰层等，再用溶剂进行清洗。常见的清洗方法水清洗、机械清洗、热清洗和化学清洗，针对吴官屯石窟较大面积的、陈旧性的煤尘污染，建议采用激光清洗技术，该项技术曾于2011年在云冈石窟进行现场实验，取得了较好的效果，尤其对灰尘沉积类污染具有较强的去除力。

4 结论

吴官屯石窟A区调查总面积为13.74平方米，病害总面积为8.706平方米，超过63%的区域存在明显的病害。病害种类主要有大气及粉尘污染、表面泛盐、层间裂隙、浅表性裂隙、表面片状剥落、人为污染、局部缺失、人工修补、断裂、烟熏、表面粉剥落等。其中，大气及粉尘污染病害所占比重最大，占 62%，程度十分严重。风化病害所占比重达 32%（其中，表面泛盐 26%、剥落 6%），裂隙占 3%，病害总长度达 11.87 米，纵横交错，有个别裂隙不仅威胁到洞窟的稳定性，而且裂隙渗水将会诱发诸多病害。人工修补及其他病害占 3%。

该石窟紧临 109 国道，且长期暴露于外，几乎没有保护措施。过往车辆尤其是运煤车所造成的扬尘、尾气，以及震动，是主要的致病因素。此外，风沙侵蚀及强烈的太阳辐射导致岩石矿物粘结能力降低，再加上雨水冲刷，导致石质文物产生酸化、氧化还原等化学反应，岩石中的胶结物和碳酸钙逐渐溶蚀，岩石强度降低，最终造成石质文物风化解体。

针对病害比例较大的大气及粉尘污染、风化及裂隙等三类病害，建议采取以下保护措施。首先，修建窟檐或棚罩，以减少日晒、风吹、雨淋及粉尘和大气污染等主要导致石岩风化因素的产生。其次，采用灌浆加固技术，改善吴官屯石窟的物理力学性质，有效地加固石窟岩体。最后，采有激光清洗技术，去除石窟表面的煤尘沉积、结晶盐、黑色硬壳及其他污渍。

参考文献：

[1]　〔韩〕梁银景 . 平城地区北魏小石窟群的分期与云冈之关系 [C]. // 云冈石窟研究院 . 2005 年云冈国际学术研讨会论文集·研究卷 . 北京：文物出版社，2005：64—82.

[2]　段爱军 . 龙山石窟病害调查及保护初探 [J]. 文物世界，2012（5）：28—31.

[3]　赵海英，李最雄，王旭东，等 . 西北干旱区石窟遗址保护 [J]. 中国地质灾害与防治学报，2007（2）：78—80.

[4]　齐扬 . 激光清洗技术在文物保护领域的应用 [M]. 北京：文物出版社，2014：126—127.

[5]　丁明夷，李治国 . 焦山、吴官屯调查记 [C]. // 云冈石窟文物研究所 . 云冈百年论文选集（一）. 北京：文物出版社，2005：263.

[6]　黄继忠，王金华，高峰，等 . 砂岩类石窟寺保护新进展——以云冈石窟保护研究新成果为例 [J]. 东南文化，2018（1）：15—19.

[7]　严绍军，皮雷，方云，等 . 龙门石窟偏高岭土——超细水泥复合灌浆材料研究 [C]. // 龙门石窟研究院（第四辑）. 石窟寺研究 . 北京：文物出版社，2013：393—404.

[8]　闫宏彬，黄继忠，赵新春，等 . 温度、湿度的变化对云冈石窟保存的影响 [J]. 山西大同大学学报（自然科学版），2007（6）：25—29.

（《山西大同大学学报》（社会科学版）2018 年 10 月）

预防性保护理论指导下的石窟寺日常保养工作
——以云冈石窟第 7、8 窟为例

闫宏彬　范　潇　孙　波

预防性保护的概念始于对馆藏文物的保护，现已逐步扩展到其他文物类型。石窟寺的保护工作也逐步由被动的抢险性保护向主动的预防性保护发展。本文围绕云冈石窟第 7、8 窟日常保养工程，介绍云冈石窟在预防性保护理论指导下的探索与实践。

石窟寺作为一种文物类型，与历史上宗教在我国的兴盛和传播息息相关，具有分布广泛、规模庞大、内容丰富等特点。新中国成立以来，我国开展了大量的石窟寺保护工作，由早期的简易性支护，到工程学方法的加固，到如今理论和技术逐步成熟的科技保护乃至预防性保护，石窟寺的日常保养工作已逐渐引起大家的关注并将越发重要。

1　云冈石窟日常保养工作的目的、原则和意义

新中国成立以来，云冈石窟开展了"三年工程""八五工程""防水工程""环境整治工程""五华洞综合保护工程"等一系列工程和相关研究工作，洞窟的稳定性基本得到有效解决。

2015 年 6 月 29 日上午，第 5 窟掉落岩石，所幸没有对游客造成伤害。为了确保安全，我们立即对洞窟采取封闭措施，并搭设脚手架开展病害调查，发现了大量起翘、风化裂隙等小尺度病害。这些表层病害所在位置也是雕刻最精华的部分，如不加以保护，极易在未来的若干年掉落，影响到云冈石窟的价值。之后，云冈石窟启动了日常保养工作，陆续开展了"第 5 窟日常保养工程""第 14～19 窟外立面日常保养工程""第 7、8 窟日常保养工程"。

开展洞窟日常保养工作，目的在于消除影响本体保存的隐患，延长文物的寿命，要围绕不改变文物原状、最低限度干预、评估贯穿始终、保存真实性等原则，并关注影响文物保存的边界条件。

石窟的日常维护保养也是一项基础工作，是推动"被动的抢救性保护"向"主动的预防性保护"转变的必要工作。加强日常保养工作，一是可以及时解决文物出现的险情，节约维修成本，使国家保护专项经费得到充分利用。二是可以加强重点文物的监测和评估，为文物保护提供扎实科学的保护依据，以制定更为准确有效的保护方案。三是有利于推广先进的文物科学保护技术，建立有效实用的行业技术标准。同时有利于培养文物保护专业技术人员，提高文物保护行业的整体水平。

2 第7、8窟日常保养工程的内容和程序

2018年4月，通过现场调查，我们发现第7、8窟主要存在表面污染、裂隙、空鼓、缺失、起翘、粉末状风化、表面泛盐和分离等病害（图1）。针对这些病害，结合日常保养工作的目的和原则，我们开展了清除表面污染物、除盐、裂隙注浆、起翘空鼓及劣化边缘加固、归安粘接、防风化等一系列日常保养工作（图2）。

空鼓

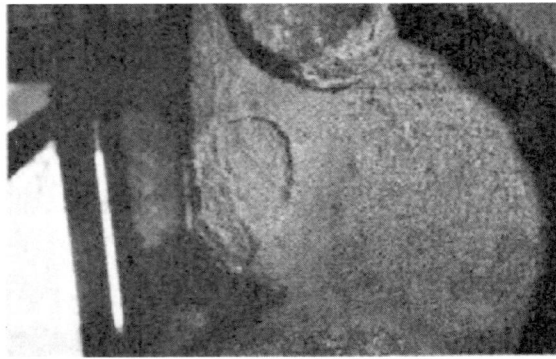
起翘

粉末状风化

分离、泛盐

表面污染物

风化裂隙

图1　第7、8窟主要存在的病害

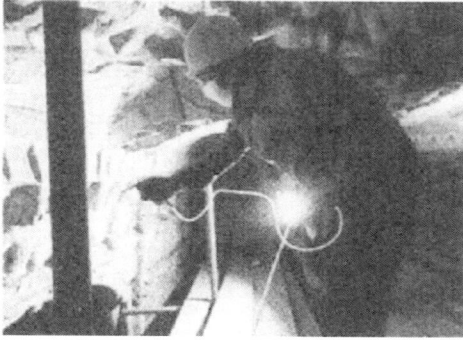

除尘

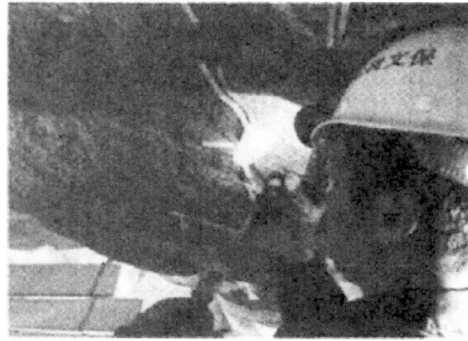

裂隙封堵

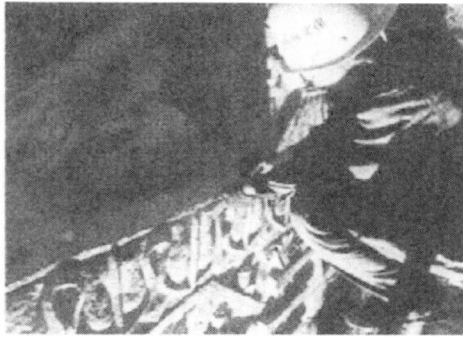

裂隙注浆

做旧

病害调查培训

病害调查

加固材料试验

灌浆材料试验

图2　第7、8窟日常保养工作

2.1　病害调查

针对日常保养工作中可治理和必须治理的病害，填写《洞窟调查表》。在每次病害调查前，组织病害调查人员和现场修复工人开展定期培训和不定期学习，统一认识和标准。病害调查期间，修复工人全程参与，加强其对病害现状的了解程度。

2.2　制定方案

针对洞窟存在的上述病害进行统计，开展相关材料试验和工艺试验，绘制相关图件并编制日常保养修复方案。逐级讨论、审批、修改后方可实施。

2.3　工程实施

根据病害编号和类型，按照修复方案，开展日常保养修复工作，记录修复环境，拍摄修复前、修复中及修复后现场照片，并填写《本体修复记录》。

2.4　编制保养档案

将现场修复资料和照片进行归档，逐一电子化，形成长期档案并编制修复报告。

2.5　长期监测

在修复后的区域，开展短期监测和长期监测，及时发现可能引起的次生问题和复发问题，重点防治。

2.6　评估贯穿始终

保养工程实施过程中，要不断探讨和改进病害分类、描述参数、病害成因、主控因素、关键部位等的描述记录方法，检验加固方法的效能，及时判断对文物可能产生的影响等。

云冈石窟日常保养工作已开展数年，未来也将作为一项长期工作继续开展。同时，我们也认识到，目前的日常保养工作尚缺乏完善的理念、标准，未形成体系规模，尚需更大范围地实践、探讨，促进提升我国文物日常保养的整体水平。

（原文刊载于《中国文物报》2018 年 11 月 23 日）

云冈石窟五华洞第 13 窟壁画泥塑抢救性保护修复研究

付有旭　牛贺强　杨金礼　赵林毅　尹　刚　刘洪斌　孙延忠　郭　宏　汪万福

云冈石窟位于山西省大同市西郊武州（周）山南麓，石窟依山开凿，现存主要洞窟 45 个，大小造像 59000 余尊，为国内现存规模最大的古代石窟群之一，1961 年被国务院公布为全国首批重点文物保护单位，2001 年 12 月 14 日被联合国教科文组织列入《世界遗产名录》。

"五华洞"指云冈石窟第 9 窟至第 13 窟，因清顺治年间对这五个洞窟进行彩绘，壁画及造像雍容华贵、内涵丰富、色彩绚丽，注重装饰而得名。第 13 窟的主尊佛像为"交脚弥勒"，像高 13 米，左臂与腿之间雕有一托臂力士像，经后世敷泥包裹。五华洞内壁画、泥塑由于地质环境、自然侵蚀和人为活动的长期影响，出现支撑体（岩体石刻）风化，壁画及泥塑存在颜料层起甲、粉化、脱落和地仗层酥碱、空鼓、剥离、脱落等诸多病害，严重威胁现存壁画和泥塑的长期保存与展示。

云冈石窟壁画及泥塑彩绘的保护，受到国家文物局、山西省文物局以及云冈石窟研究院的高度重视，为了治理云冈石窟五华洞壁画及泥塑彩绘病害，于 2001 年由中国文化遗产研究院完成了五华洞壁画及泥塑彩绘抢救性保护修复工程的方案设计，2012 年通过国家文物局批复，2015 年敦煌研究院承担了保护工程实施，于同年 9 月 25 日完成第 13 窟的保护。

1　第 13 窟壁画泥塑保存现状

根据现场病害调查分析，第 13 窟无地仗彩绘及石胎彩绘保存现状相对稳定，不属于本次抢救性保护范围。有地仗的壁画存在的病害主要有起甲、粉化、酥碱、空鼓、剥离、脱落、裂隙、覆盖和污染等（图 1、2）。其中起甲、粉化和酥碱主要分布于主室东壁北侧、西壁北侧及北壁主尊造像，约占整窟壁画总面积的 45%；空鼓、剥离不同程度地分布于东壁北侧和西壁北侧以及两壁中上部，约占壁画总面积的 40%，因空鼓和剥离病害程度严重，且同一处壁画多种病害共存的原因，东壁上部边沿处壁画离开岩体约 5 厘米。若壁画空鼓和地仗剥离病害进一步发展，在自身重力、外界震动和环境等因素的影响下，壁画及泥塑层将会发生大面积脱落、坠毁消失。

泥制泥塑各部位均有严重病害，主要分布于面部、肩部、衣褶处、腿部，均存在颜料层起甲、酥碱、粉化等病害，颈部、肩部和腿部空鼓较为严重，其中主尊佛左肩破损边沿处已开裂且离开岩体约 4 厘米，臂部至肩部空鼓向上深度约 80 厘米，因肩部地仗泥层较厚重，并且地仗层存有酥碱病害，左肩下部又无支撑结构，随时有坠毁的可能；右肩大面积酥碱、剥离，其中衣褶处最为严重，局部位置已脱落，泥塑病害见图 3。

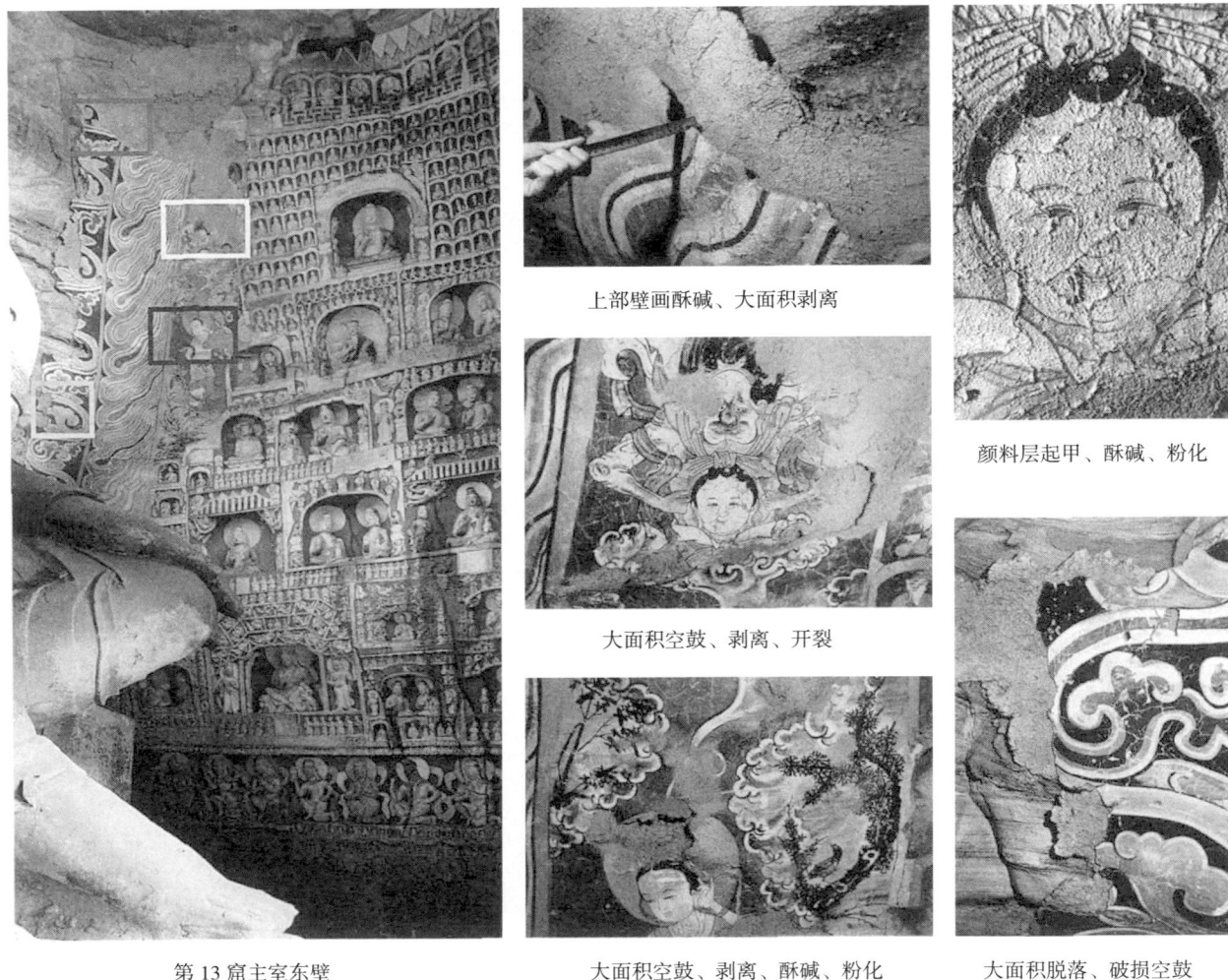

第 13 窟主室东壁　　　　大面积空鼓、剥离、酥碱、粉化　　大面积脱落、破损空鼓

上部壁画酥碱、大面积剥离

颜料层起甲、酥碱、粉化

大面积空鼓、剥离、开裂

图 1　第 13 窟东壁壁画病害情况

经对第 13 窟保存现状调查，壁画泥塑病害较为严重，在窟内外环境如温度、相对湿度、降雨、光、微生物等的影响下，威胁到壁画彩绘泥塑的长久保存，急需对其进行抢险和保护加固。

2　壁画泥塑制作材料及工艺分析

对五华洞壁画及泥塑的岩石、地仗层和颜料层进行取样，分析壁画及泥塑的制作材料，为病害原因分析及病害保护修复提供科学依据。

2.1　支撑体

壁画及泥塑的支撑体是岩石，X 射线衍射分析结果如图 4 所示。

云冈石窟保护区内出露的地层比较简单，主要是中生界侏罗系云冈组和新生界第四系上更新统及全新统地层，石窟就雕刻在岩性为中粗粒长石砂岩夹有泥岩、砂质泥岩的砂岩透镜体之上。据岩体的岩性组合、结构、构造和物理力学指标以及工程地质特征，可以将云冈石窟岩体分为如下几种类型：整体块状和厚层夹薄层状坚硬岩类、薄层—中厚层状半坚硬岩类、薄层—中厚层状软弱岩类、松散岩类[1]。

壁画剥离、脱落、酥碱　　　　　　　　颜料层起甲、粉化

第 13 窟主室西壁　　　　壁画剥离、空鼓　　　壁画边缘破损、脱落分层剥　　壁画大面积颜料层起甲酥
　　　　　　　　　　　　　　　　　　　离、空鼓　　　　　　　　　碱、粉化

图 2　第 13 窟西壁壁画病害情况

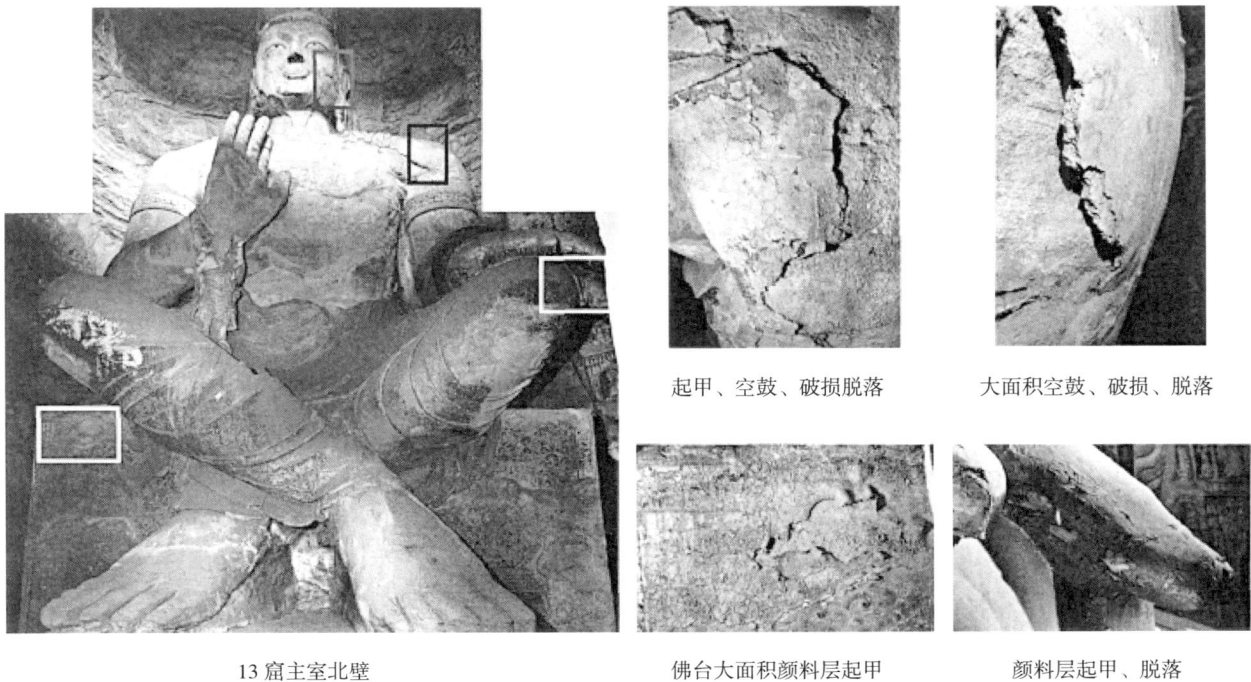

起甲、空鼓、破损脱落　　　　大面积空鼓、破损、脱落

13 窟主室北壁　　　　　佛台大面积颜料层起甲　　　颜料层起甲、脱落

图 3　第 13 窟北壁塑像病害情况

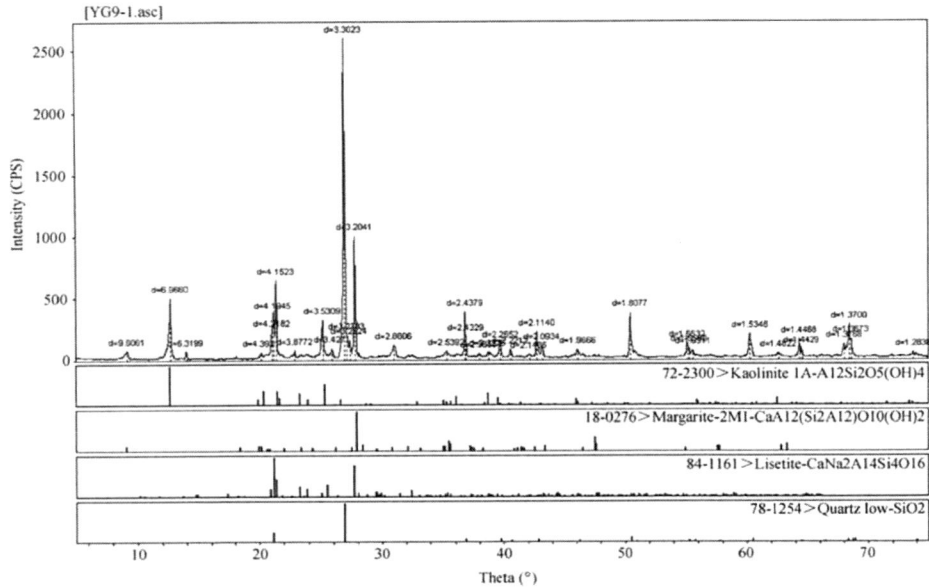

图 4　第 13 窟壁画支撑体岩石 X 射线衍射谱图

云冈石窟及周边地区岩石岩性为中粗粒长石砂岩并夹有泥岩和砂质泥岩。为全面分析云冈石窟砂岩微观特性，在云冈石窟西围墙以西 80 米处采样。所采集风化较严重的砂岩试样呈浅灰黄色，中厚层状，层理发育，属中等坚硬的岩石。较为新鲜的砂岩呈浅灰褐、灰黄色，由铁质和钙质胶结，岩性较坚硬，层理较发育。相对于较新鲜的砂岩，风化严重的砂岩由于胶结物及长石的风化，造成微观结构松散，片层间有较大的空隙，这与砂岩胶结物的风化有直接联系，由此造成宏观上岩石强度下降[2]。

2.2　地仗层

地仗层是在支撑体表面为绘画做准备的结构层。地仗层分为粗泥层和细泥层。粗地仗厚度不均，一般起找平作用，视支撑体表面情况不同而不同；细地仗的作用主要是为绘画提供良好的吸水和着色表面。因此，地仗层的优良是决定壁画能否长期保存的关键因素之一。为了分析地仗层的化学成分和矿物成分，对地仗层进行 X 射线荧光和 X 射线衍射分析，结果列于表 1、2 和图 5 所示。

表 1　壁画及泥塑地仗层制作成分分析结果

编号	试块重量（g）	厚度（cm）	纤维（%）	泥土（%）	沙（%）
1	67.6945	5.21	1.7	86.2	12.1
2	55.9038	4.82	2.2	83.9	13.9
3	106.1756	7.81	0.7	85.2	14.1
4	59.1785	4.43	1.0	87.1	11.9
5	58.2541	4.22	0.8	86.1	13.1
平均		3.30	1.3	85.7	13.02

表2 地仗层 X 射线荧光化学成分分析结果

窟号	取样类型	分析结果（%）							
		SiO_2	CaO	Fe_2O_3	Al_2O_3	K_2O	SO_3	TiO_2	MnO
13窟	地仗	37.87	12.38	8.15	34.31	3.83	1.13	1.05	0.16

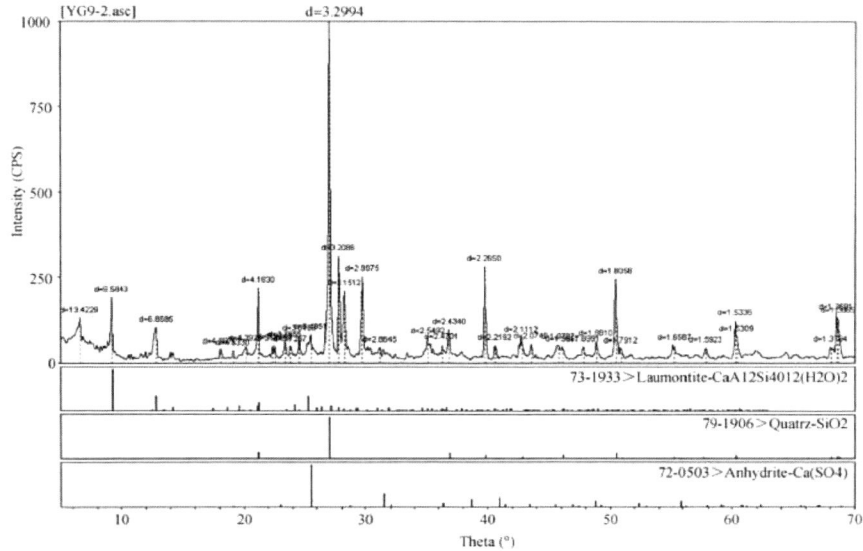

图 5 第 13 窟壁画地仗层 X 射线衍射分析谱图

分析结果表明，壁画和泥塑地仗层厚度不均，最厚可达 15 厘米，最薄为 4 厘米。地仗层主要成分是石英、长石、方解石，说明地仗层是由粘土、沙和麦草配制而成的，配比为粘土、砂、麦草质量比 6.5 ∶ 1 ∶ 0.1。

2.3 壁画颜料层

对壁画及泥塑的颜料进行 X 射线衍射及激光拉曼分析，分析结果见表 3。

表3 五华洞第 13 窟壁画及泥塑颜料成分 X 射线衍射分析结果

取样编号	颜色	取样位置	分析结果	显色成分
06 号	红色	主龛主佛莲瓣（佛体已毁）	朱砂（HgS）、铅丹（Pb_3O_4）、石英、方解石和高岭土	朱砂、铅丹
07 号	黄色	主室东壁高二米处的黄色	石英、高岭土、铁黄	铁黄
08 号	绿色	主室东北角高处泥塑花边下端	石膏、石英、高岭土、绿铜矿［$Cu_2(OH)_2CI$］	绿铜矿
09 号	蓝色	外室东壁龛内南边菩萨身上	石英、石膏、群青、高岭土、水草酸钙	群青
10 号	黑色	外室东壁上方花纹	石膏、石英、二水草酸钙，未能测出显色物相	炭黑
11 号	白色	主室东壁北侧二米白色	石音、高岭土、石英、方解石、二水草酸钙，云母，	石膏
12 号	棕色	主室东壁北侧二米高处花边图案	石膏、铁红（aFe_2O_3）、高岭土、石英，	铁红

根据 X 射线衍射及激光拉曼分析结果，壁画和泥塑颜料主要是朱砂、铅丹、铁黄、绿铜矿、群青、炭黑、石膏、铁红，大部分颜料为矿物颜料。各种颜料的填料均为石英、高岭土和石膏，基本颜料配以不同比例

的填料，以得到不同的色调。

2.4　可溶盐成分

对壁画及泥塑表面盐析样—可溶盐样品进行 X 射线衍射分析，分析结果列于表 4。

表 4　五华洞壁画及彩绘泛碱样品 X 射线衍射分析结果

样品编号	样品说明	分析结果
13 号	水分带出的盐类结晶	硫酸钠，石英、高岭土
14 号	石窟墙壁上析出盐	七水硫酸镁、六水硫酸续、石英、高岭土、长石

分析结果表明，壁画及泥塑可溶盐主要是硫酸钠和硫酸镁，是造成壁画及彩绘地仗层酥碱病害的主要原因。

3　病害机理分析

3.1　壁画泥塑空鼓和剥离病害产生原因分析

空鼓是壁画、泥塑地仗与支撑体（胎体）或地仗之间分层的现象。第 13 窟空鼓病害面积较大，病害严重时表现为地仗向外凸起，凸起处存有裂隙。部分裂隙为水平分布或纵横交错，且地仗层较为疏松，壁画处于十分危险状况，若此时有外力作用以及壁画自身的重力等均能造成壁画泥塑的大面积脱落（图 6）。第 13 窟壁画泥塑空鼓和剥离病害产生与支撑体岩体的风化脱落或继续风化、支撑体与地仗材料的兼容性差、地仗制作工艺、环境因素和结构等多种因素有关。

图 6　岩体风化、壁画颜料层粉化、颜料起甲、空鼓、地仗脱落病害

3.1.1　岩体的风化脱落以及继续风化

从第 13 窟多处壁画泥塑脱落部位裸露的支撑体部位可看出，早期的第 13 窟主室内各壁面均为石刻造像。在长期自然环境的影响下，东壁的北侧中部、西壁及北壁主尊的石刻造像都出现了不同程度的风化、脱落、

层状剥离、开裂等情况（图6—8）；为了满足宗教信仰需求，对第13窟主室北壁主尊多处石刻已风化脱落部位进行大面积敷泥彩绘壁画或彩绘泥塑，在未出现风化脱落的石刻部位为无地仗彩绘壁画。因此目前所看到的壁画及泥塑造像均是在以前的石刻造像基础上所绘制的。即壁画支撑体为已风化的石刻，壁画地仗为泥质材料，泥塑是已风化石刻为胎体的泥塑。若岩体石刻风化程度严重，将造成岩体风化层从未风化层处剥离，使风化层以及风化层表面的壁画和泥塑空鼓、剥离或脱落。或已风化的石刻（即支撑体或胎体）表面有微生物病害，如有低苔藓类和其他菌类微生物的存在，再敷裹上带有麦草和棉麻的胶泥提供营养物质，低苔藓或菌类继续生长分泌酸性类物质继续腐蚀风化支撑体，并掏蚀地仗层，使支撑体与地仗层之间产生空鼓。

图7　主室壁画空鼓、剥离　　　　　　　　　　图8　主室西壁壁画剥离、脱落

3.1.2　支撑体与地仗材料的兼容性差

地仗与支撑体物理性质越接近，空鼓产生的情况越小。例如石墙或砖墙表面以石灰砂浆做地仗，一般结合较好，很少有空鼓病害发生的情况。然而，石墙或砖墙表面以粘土做地仗，土坯、夯土或生土墙表面以石灰做地仗一般结合都不紧密，很容易发生空鼓[3]。这是材料的兼容性差、对温湿度变化时的反应行为差别大的原因造成的。第13窟壁画和泥塑支撑体为风化的石刻，表面敷泥壁画泥塑本身制作材料因素产生空鼓是不可避免的。

3.1.3　地仗制作工艺

云冈石窟第13窟壁画泥塑岩石表面为了更好地与泥质地仗结合，将岩体表面凿有许多小洞，用镶嵌的方式来更好地黏结固定地仗。但从后期壁画脱落处看到岩体表面凿的小洞由于施工难度大的原因，小洞凿的深度较浅，且小洞数量较少，分布不够密集（图9）；此外，为了提供较平整的面或一定塑像部位形状的原因，岩体表面敷裹的地仗泥层较多较厚，自重大，很难牢固稳定地支撑整个壁画或泥塑。若支撑体岩体表面处理状况差，或支撑体（岩体）表面风化层较厚，加上地仗泥层较厚自身重力大因素，严重时导致壁画泥塑在支撑体表面空鼓，甚至剥离脱落。

图 9 石胎塑像及岩体表面凿的小洞

3.1.4 温、湿度的影响

据研究云冈石窟砂岩内部的平均温度约 9℃，波动范围在 6℃ 以内，夏季温度低于 12℃，冬季高于 6℃[4]。云冈石窟冬季岩体温度高于空气温度，因此冬季水分的主要运移方向是从岩体内部到空气中，即蒸发；夏季岩体温度总体低于空气温度，因此夏季水分的主要运移方向是从空气中到石刻内部。特别在洞窟内空气相对湿度达到 70% 以上，温度达到 20℃ 以上，在石雕表面或表层某一深度会产生凝结水[4]。雨季时大气降水通过裂隙渗入洞窟，部分水分通过裂隙渗入壁画结构层。然而第 13 窟内壁画和泥塑的地仗层较厚，且厚薄极不均匀，加之石窟处于完全开放体系中，受降雨和大气环境的影响大，窟内温、湿度变化较大，支撑体岩体和泥层受温度变化的影响产生不同程度的热胀冷缩，和地仗泥层受湿度变化的影响产生湿涨干缩，导致石雕表面的泥质壁画泥塑产生空鼓，且温、湿度变化越大，产生空鼓和剥离的可能性越大。

3.2 酥碱病害产生原因分析

酥碱是指壁画结构内部失去内聚力而造成材料机械强度丧失的现象。酥碱表现为地仗体积膨胀、土颗粒变小、疏松松散、土质酥软、粉末状流失等现象。第 13 窟酥碱病害的产生与壁画结构中水的冻融和盐分的溶解、结晶有关。

3.2.1 水的冻融作用

1990 年黄继忠等人[5]选用试纸、剥离、塑料布和岩样集中材料在第 5 窟内东壁及诵经道进行凝结水试验，粗略估算，第 5 窟表面砂岩的凝结水量可达 28 千克之多，这说明窟内表面砂岩凝结水量是可观的。另外 2006 年彭涛等[6]通过对包含云冈石窟在内的面积约 4 平方千米独立水文地质单元的调查、试验、研究，证明窟区内完整砂岩地层横向水力联系差，对石窟渗水起主导作用的是分布于岩体内的各种裂隙网络，部分地下水就是通过高角度裂隙直接渗入洞窟，导致石窟漏水、岩体软化、侵蚀石雕壁画泥塑，对石窟造成很大的危害，如砂岩体成鳞片状壁面剥落现象，主要是由于岩石孔隙、裂隙中的水结冰，在水的冻胀作用下形成岩石表面解体，形成碎块和粉末化[7]。如果壁画结构的微孔中充满了水，一旦环境温度降低到冰点以下，水就会在微孔中结晶，体积膨胀。冰晶生长对孔壁产生的巨大压力能够破坏微孔结构，反映在宏观上就是壁画结构机械强度丧失，材料脱落。根据毛细现象的规律，结构中孔径细的孔从孔径粗的孔中夺去水分，当冰晶融化后，水从已撑大的孔隙中转移到更细的孔隙中，当环境温度再次降低到冰点以下，水将再次结晶，破坏结构。水的这种冻融循环对壁画结构破坏的宏观表现就是酥碱[8]。

3.2.2　盐分的溶解、潮解、结晶与水的毛细作用

与上述的水冻融作用相比，盐分的溶解、结晶作用造成的酥碱更为普遍。云冈石窟各壁分布各种形态盐类，粉状的盐类是渗水经过的岩石表面留下的白色粉状物[9]。云冈石窟中的液态水都是浓度不同的盐溶液。这些水分来自于毛细水、渗透、冷凝或盐分的潮解，分布在壁画结构中的微孔中。水分的不断挥发使盐溶液的浓度逐渐增高，当浓度达到饱和时盐分就会从溶液中结晶出来。晶体的生长与上述冰晶的生长一样对结构造成破坏。当晶体再次遇到水分时又会溶解，形成溶液，并通过毛细作用迁移到另外一个地方，当水分挥发时盐分再次结晶，造成新的破坏。盐分的这种溶解、结晶的循环就造成了壁画的酥碱[8]。在方案设计中，对壁画及泥塑表面盐析样品进行 X 射线衍射分析，表明造成壁画及泥塑酥碱的可溶盐主要是硫酸钠和硫酸镁。

3.3　颜料层粉化病害产生原因分析

颜料层粉化是壁画颜料层内聚力丧失的现象。颜料层粉化表现为颜料颗粒松散、脱落，严重时微风都能将颜料吹掉。当颜料层脱落到一定程度时整个画面看上去显得苍白、模糊、细节丧失。主要原因是受壁画表面可溶盐的活动、汽液态水的作用和胶结材料老化而引起的粉化病害。

3.3.1　可溶盐的影响

如果壁画泥塑地仗中有可溶盐的存在，当可溶盐通过水分运移至颜料层表面时，因可溶盐通过壁画界面的微孔隙中透过，在颜料层表面形成盐霜或盐结晶，盐运移过程发生在颜料层各颜料颗粒之间的孔隙中，破坏颜料层表面结构，则颜料层的胶结材料无法继续将其表面的颜料颗粒黏结在一起，形成粉化病害。

3.3.2　汽液态水的作用

云冈石窟夏秋季节因降雨较多，环境湿度较大，外界温度高于窟内温度和壁画泥塑表面温度，水汽交换时当空气中气态水碰到温度较低的壁画泥塑表面时，水汽在壁画泥塑表面产生冷凝水，水的存在一方面使壁画泥塑表面些许的湿胀干缩，体积微小变化，另一方面，水可以再次溶解壁画泥塑中的部分有机胶结材料，降低颜料颗粒之间的粘结力，造成颜料层粉化。

3.3.3　胶结材料老化

我国壁画颜料层的胶结材料主要是有机材料。各种因素造成胶结材料老化降解使其无法将颜料颗粒粘结在一起，因而形成粉化。影响有机胶结材料老化的原因主要有氧化、光化学反应、微生物侵害和空气的污染。胶结材料在空气中氧化属于缓慢的自然老化过程；光化学反应时由于光照产生自由基引发与胶结材料的反应，破坏胶结材料交联结构；生物侵害是指微生物将胶结材料作为营养机制进行繁衍生长，将胶结材料消化；空气污染造成酸雨、各种污染的沉降能够导致或加速胶结材料的水解、降解过程，造成破坏[8]。

4　修复材料及工艺

4.1　保护修复材料

4.1.1　颜料层修复材料筛选

纯丙烯酸乳液具有涂膜光泽柔和,耐候性、保光性、保色性、耐水解性及机械物理性能较好等特点。此外,相比溶剂型丙烯酸酯,纯丙烯酸乳液不易燃、不易爆、无（低）毒、对环境污染轻微等特点[10]。丙烯酸乳液作为目前常用的一种壁画保护材料,已广泛用于国内外的壁画保护。

ZB-SE-3A 改性丙烯酸乳液是一种常用的壁画保护材料,苏伯民等人[11]采用高分子材料科学的方法,确定了乳液的固含量、水乳液（0.5%—3%）的黏度和表面张力。以扫描电镜分析了壁画试块和经乳液加固后试块的微观形貌,结论是乳液成膜后对试块表面没有明显改变,仅使试块的微观形貌在一定程度上变得更加平滑均一。

ZB-SE-3A 改性丙烯酸乳液的基本特性（表5）和技术指标（表6）。改性丙烯酸乳液优点：涂膜光泽柔和,耐候性、保光性、保色性、抗水解性及机械物理性能较好。缺点主要集中在：最低成膜温度（MFT）偏高、乳液稳定性偏低、乳液流变性特别是黏度不能有效调节。透湿性、耐水性、耐溶剂性差,容易出现低温变脆、高温发黏的现象。

表5　ZB-SE-3A 改性丙烯酸乳液组成

组成	含量（重量比）	组成	含量（重量比）
水	33%	消泡剂	0.7%
聚丙烯酸酯	57.2%	助成膜剂	1.7%
羟乙基纤维素	0.5%	防霉、杀菌剂	0.2%
乳化剂（阴离子、非离子表面活性剂）	1.7%	NH_4OH	0.4%
乙二醇	4.5%	其他	0.1%

表6　ZB-SE-3A 改性丙烯酸乳液技术指标

项目	指标	项目	指标
外观	乳白或浅蓝色,无粗颗粒和异物	丙烯酯单体残留,%	0.1
pH值	8-9	稀释稳定性	合格
固含量（或不挥发物）,%,≥	44	机械稳定性	合格
黏度,Pa·s,≥	0.48	冻融稳定性	合格
最低成膜温度,℃,≥	5	化学稳定性	合格

ZB-SE-1 有机硅改性丙烯酸乳液中有大量的有机硅单体,有机硅单体是一种同时具有反应性官能团（双键）和可水解基团（硅醇的烷基醚）的硅烷。含有不饱和乙烯基官能团的有机硅氧烷单体能够与丙烯酸酯单体共聚,得到有机硅改性的丙烯酸酯共聚物。硅氧烷因含有多个硅醇烷基醚结构而易水解,水解后生成

硅醇——SiOH 键，进而产生缩聚，形成硅氧烷键 Si–O–Si 键的网状交联结构。

改性后的有机硅丙烯酸乳液除具有丙烯酸乳液的一般特点外，乳液的耐候性得到了明显提高，耐高低温性能较好，很好地解决了丙烯酸乳液成膜后易出现的低温变脆、高温发黏现象。此外，有机硅改性丙烯酸乳液在抗沾污性、耐水性、透气性等方面也较前者有较大幅度的提高。

ZB–SE–1 有机硅改性丙烯酸乳液的组成（表 7）和技术指标（表 8）：

表 7 ZB–SE–1 有机硅改性丙烯乳液的组成

组成	含量（重量比）	组成	含量（重量比）
水	47%	（乳化剂（OP–10）	2%
有机硅改性聚丙烯酸酯	57%	助成膜剂（乙二醇丁醚、二乙二醇丁醚）	2%

表 8 ZB–SE–1 有机硅丙烯酸乳液的技术指标

项目	指标	项目	指标
外观	乳白或浅蓝色，无粗颗粒和异物	残留单体含量，%	0.1
pH 值	8~9	Ca^{2+} 稳定性	合格
固含量（或不挥发物），%，≥	44	稀释稳定性	合格
黏度，Pa·s，≥	0.48	机械稳定性	合格
平均粒径，nm	100	冻融稳定性	合格
最低成膜温度，℃，≥	5	化学稳定性	合格

经实验室试验研究，改性丙烯酸乳液与有机硅改性丙烯酸乳液 1∶1 混合时效果最佳。针对第 13 窟壁画颜料层起甲、酥碱、粉化的特征，又经过前期试验筛选，选用稳定性能较好的改性丙烯酸和改性有机硅丙烯酸乳液 1∶1 混合，浓度为 1% 溶液进行渗透加固颜料层，对于病害程度轻微的空鼓和剥离病害，选择 1.5% 改性丙烯酸和改性有机硅丙烯酸混合乳液进行渗透加固，待地仗软化后，回贴空鼓和剥离区域。

4.1.2 地仗空鼓和剥离修复材料筛选

针对云冈石窟第 13 窟地仗层空鼓、剥离病害，根据汪万福等 [12] 对西藏空鼓病害壁画灌浆加固技术研究，形成了一套较为成熟的保护加固工艺。赵林毅等 [13] 对墓室壁画地仗加固材料烧料礓石的研究，确定了当地土中掺加 1/15 的烧料礓石，以水做流动剂，水灰比为 0.55，可有效提高浆液结石体的耐环境因素能力，具有适宜的初凝速度和终凝速度，有好的水稳定性、抗冻融性、耐碱性，以及较强的耐温、湿度变化对其强度的影响等优点。

为验证烧料礓石加粉土配制的浆液作为云冈石窟空鼓壁画灌浆材料的可行性，对灌浆材料的配比进行室内筛选。我们以丙烯酸乳液为胶凝材料和粉土做成的试块，与料礓石为胶凝材料和粉土做成的试块进行对比实验，即将烧料礓石和粉土以（质量比）1∶5、1∶8、1∶10、1∶15 配制浆液、以粉土和 6% 丙烯酸配制浆液，将以上 5 种浆液制作不同规格的结石体进行物理力学性质及耐候性诸因素影响的对比筛选实验，5 种浆液分别以 YG1 ∶ 5（烧料礓石和粉土质量比为 1 ∶ 5）、YG1 ∶ 8、YG1 ∶ 10、YG1 ∶ 15 表示。

（1）浆液的基本物理力学性质

根据壁画灌浆材料的特性，主要从浆液的流动性、凝结时间、结石体的收缩变形、强度、孔隙率等方面进行评价。

1）流动性试验

由于不同配比的材料需水性不同，为使各种浆液和浆液结石体具有可比性，采用 JC/T958-2005 型流动度测试仪，参照 GB/T2419-2005《水泥胶砂流动度测定方法》测试浆液的流动性。采用相同流动度不同配比的浆液所对应的水灰比作为该种浆液的最佳水灰比。以不同比例烧料礓石和粉土（当地土）为填料的浆液流动度测试，当流动度为 265 毫米时浆液的流动性能满足壁画空鼓灌浆的要求。故确定浆液的流动度为 265 毫米时所对应的水灰比为该种浆液的最佳水灰比，即 YG1 ∶ 5（烧料礓石和粉土质量比为 1 ∶ 5）的水灰比为 0.47；YG1 ∶ 8 的水灰比为 0.45；YG1 ∶ 10 的水灰比为 0.40；YG1 ∶ 15 的水灰比为 0.39；6% 丙烯酸的水灰比为 0.57。

2）凝结时间测定

以各种浆液的最佳水灰比配制浆液，参照 GB/T1346-2001 标准，采用 ISO9597-1898 型标准稠度及凝结时间测定仪，测定浆液的凝结时间，测试结果见表 9。

表 9　浆液凝结时间

浆液类型	质量比	水灰比	凝结时间（min）	
			初凝	终凝
烧料礓石、粉土	1 ∶ 5	0.47	425	1440
	1 ∶ 8	0.45	461	1620
	1 ∶ 10	0.40	513	1740
	1 ∶ 15	0.39	546	1860
粉土、6% 丙烯酸乳液	—	0.57	615	2400

3）收缩变形测试

采用 ZL00261525 砂浆膨胀收缩仪，测试结石体 28 天后的收缩变形，结果见图 10。

从测试结果可以看出，除粉土与 6% 丙烯酸乳液的浆液结石体有较大的收缩变形外，掺有烧料礓石结石体的收缩变形都较小，有利于浆液与地仗很好地结合。

4）龄期强度测

以各种浆液的最佳水灰比制成 40 毫米 × 40 毫米

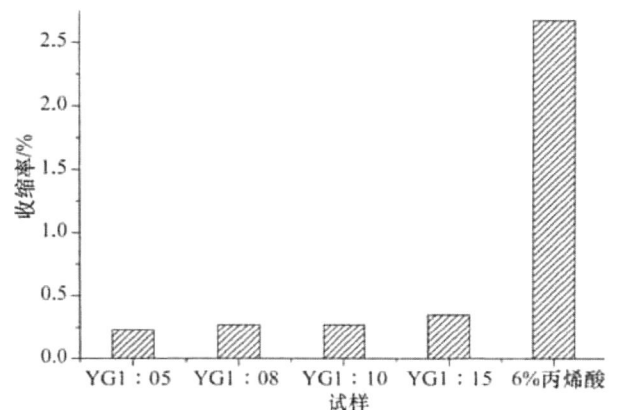

图 10　浆液结石体的收缩变形性比较图

×160 毫米试样，采用 WDW-200 微机控制电子万能试验机，分别测试结石体在 3 天、7 天、14 天、28 天龄期的抗折、抗压强度，见图 11、12。

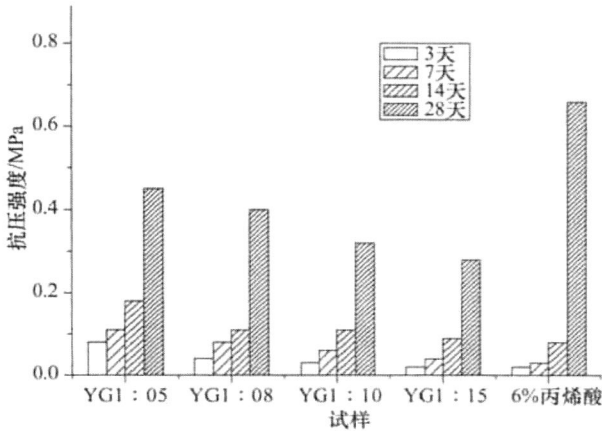

图 11　抗折强度随龄期的变化

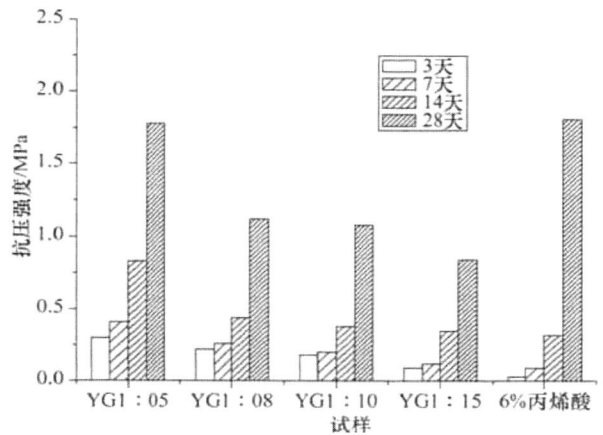

图 12　抗压强度随龄期的变化

从测试结果可以看出，浆液结石体的强度随龄期都呈增长的趋势，随粉土中烧料礓石掺量的减少，浆液结石体的强度有明显的降低，当掺入量为 1 ：15 时，结石体的抗压强度仍和地仗强度相近。

5）含水率与孔隙率测试

依据《GBT50123-1999TUG 土工试验方法标准》进行实验，所用的试验仪器有 JA5003A 电子天平、DHG 恒温干燥箱、JDM-1 土壤相对密度仪、WH-1 土壤湿度密度仪等。采用 40 毫米 ×40 毫米 ×160 毫米试样、分别测试试样 3 天、7 天、14 天、28 天龄期的含水率变化及孔隙率，测试结果见图 13。

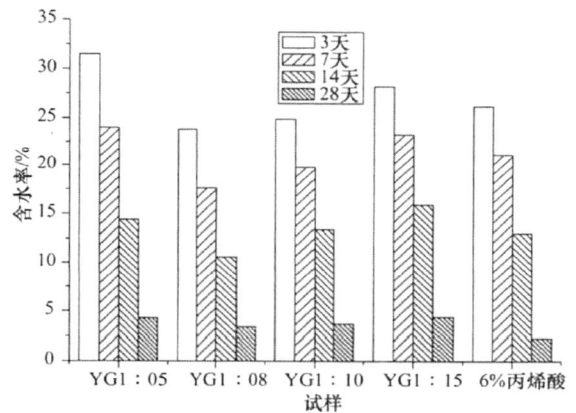

图 13　结石体龄期含水率变化

从测试结果可以看出，随着龄期的增长，含水率呈明显的降低趋势。28 天后，结石体的干密度基本接近地仗土，而且掺有烧料礓石的浆液结石体有较大的空隙率，而丙烯酸浆液结石体孔隙率相对较小。

（2）浆液结石体的耐候性

耐候性是对灌浆材料结石体性能的重要评价指标。对灌浆材料而言，考虑到云冈石窟五华洞壁画所处的温、湿度变化，我们主要对空鼓灌浆材料浆液结石体的水稳定性、耐冻融性、安定性等进行评价。

1）结石体的水稳定性实验

将 50 天龄期的 40 毫米 ×40 毫米 ×160 毫米一组试样，在室温水中浸泡 24 小时，取出后立即进行试块的强度测试，结果见图 14、15。

同时将 50 天龄期的 40 毫米 ×40 毫米 ×160 毫米另一组试样，在室温水中浸泡 24 小时，取出后在室内自然风干后进行强度测试，结果见图 16、17。

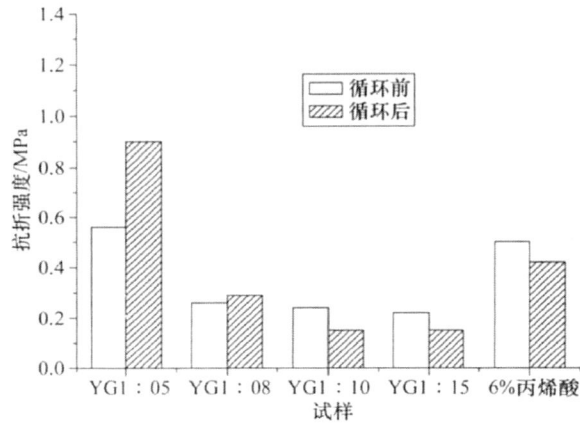

图 14　经水浸泡后抗折强度的变化

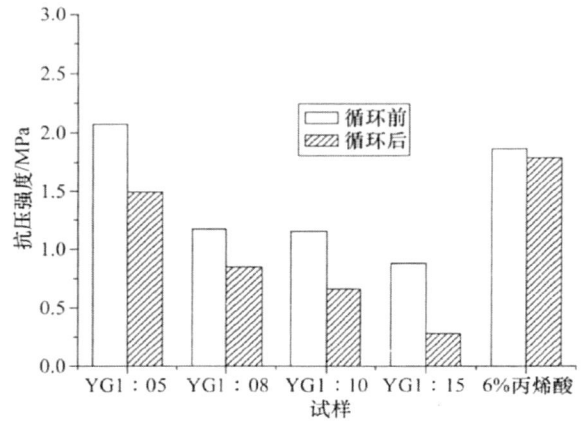

图 15　经水浸泡后抗压强度的变化

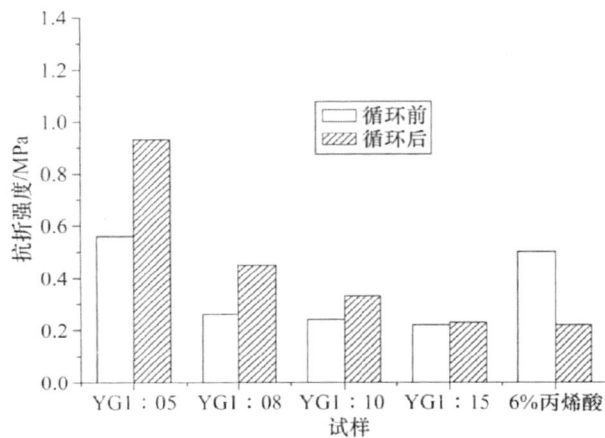

图 16　经水浸泡自然干后抗折强度的变化

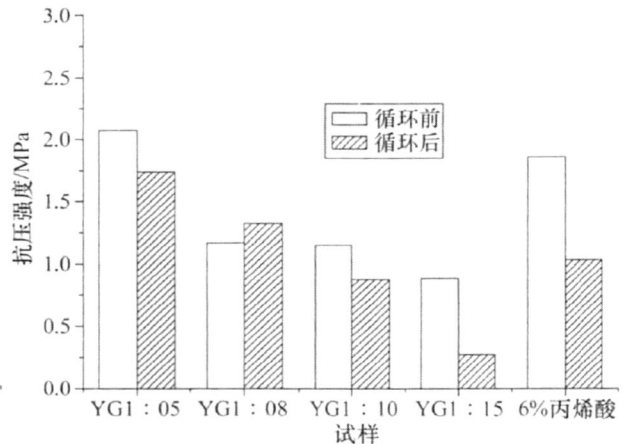

图 17　经水浸泡自然干后抗压强度的变化

2）结石体的冻融实验

采用 40 毫米 ×40 毫米 ×160 毫米试样，DW–FL90 型超低温冷冻储存箱，HBY–20 型恒温恒湿箱。先将 50 天龄期的结石体（含水量约 2.16%）在 –30℃低温下冻 12 小时，然后在温度 25℃、相对湿度 90% 条件下融 12 小时，如此反复 18 个循环后对试样进行抗折、抗压强度测试，每 6 个循环后观察并做外观描述，结果见图 18、19。

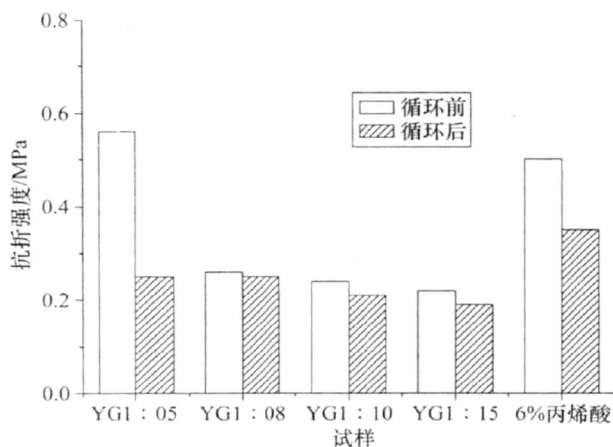

图 18　冻融前后抗折强度的变化

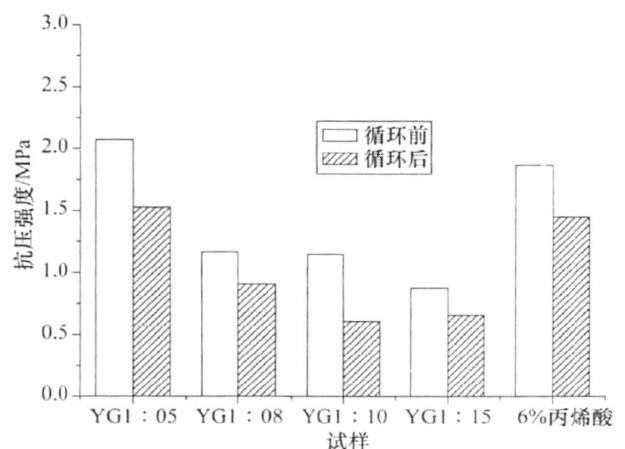

图 19　冻融前后抗压强度的变化

3）结石体的安定性实验

将 50 天龄期的 40 毫米 ×40 毫米 ×160 毫米试样，先在饱和 Na_2SO_4 溶液中浸泡 20 小时，取出后在 105℃烘 4 小时，如此反复循环 5 次，观察试块外观变化，最后对试样进行抗折、抗压强度测试，结果见图 20、21。

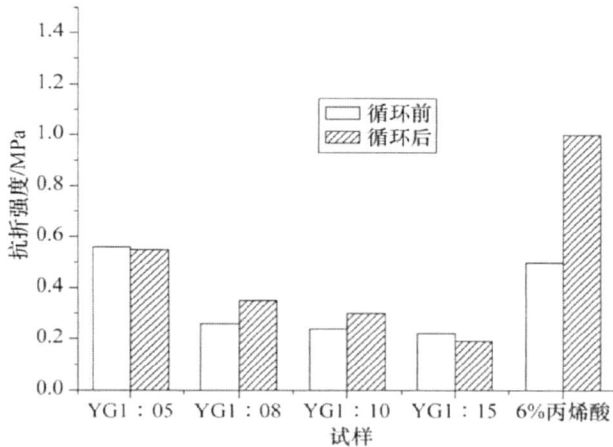

图 20　安定性实验抗折强度的变化

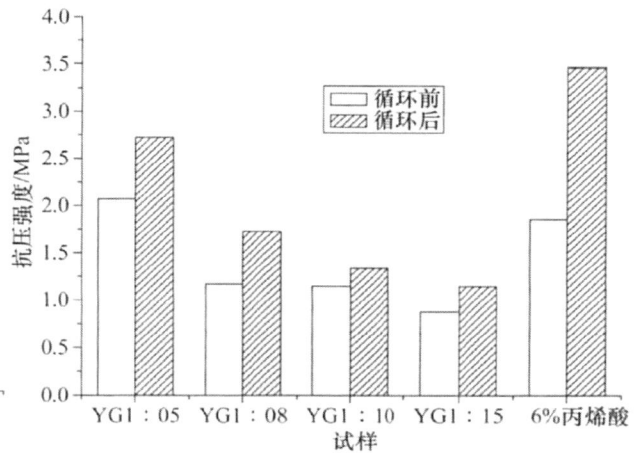

图 21　安定性实验抗压强度的变化

空鼓灌浆材料和剥离病害修复材料实验表明：

①试验中的各种浆液都有较好的流动性，6％丙烯酸浆液的终凝时间较长，其余四种浆液都有适宜的初凝和终凝速度。

②YG1 ：5、YG1 ：8、YG1 ：10、YG1 ：15 浆液结石体都有较小收缩变形性，6％丙烯酸浆液结石体收缩变形性较大。

③各种浆液结石体的龄期强度增长趋势明显，YG1 ：5 和 6％丙烯酸两种浆液 28 天的强度差别不大。YG1 ：5、YG1 ：8、YG1 ：10、YG1 ：15 四种浆液结石体的强度随料礓石掺入量的减少强度逐渐降低，这种变化趋势对不同强度岩体的壁画灌浆十分有利。

④ YG1 ：5、YG1 ：8、YG1 ：10、YG1 ：15 浆液结石体都有较大的孔隙率，6％丙烯酸浆液结石体的孔隙率较小。

⑤将试块在水中浸泡 24 小时后，各种试块的抗压度都微降。各种浆液结石体试块经 18 次冻融循环后，力学强度都稍有下降。经 5 个循环的安定性试验后，试块的抗压强度都有稍增。经耐碱性试验后，YG1 ：5 和 6％丙烯酸两种浆液结石体试块的抗压强度都稍减，其余试样强度稍增。

综合以上对浆液及浆液结石体的物理力学性质实验结果表明，烧料礓石与粉土以不同比例配制的浆液流动性好、凝结速度适宜、收缩变形性较小、强度增长明显、耐候性好、较大的孔隙率等的特点，可作为云冈石窟壁画空鼓的灌浆材料。

4.2　壁画修复工艺

4.2.1　颜料层起甲修复工艺

（1）除尘

用洗耳球小心将颜料甲片翘起背后的尘土和细沙吹干净，然后用软毛刷将塑像表面的尘土清除干净（图22、23）。

（2）注射粘结剂

用注射器将1.5%改性丙烯酸和有机硅改性丙烯酸乳液注射到起甲颜料层的背部（图24），掌握注射粘结剂的量最为关键，视起甲病害严重程度的不同，每处注射2—3遍。

（3）回贴颜料层

待注射的黏结材料被地仗层吸收后，用垫棉纸防护的修复刀，将起甲甲片颜料轻轻压回原位（图25）。

图22　洗耳球除尘

图23　软毛刷除尘

图24　注射黏结剂

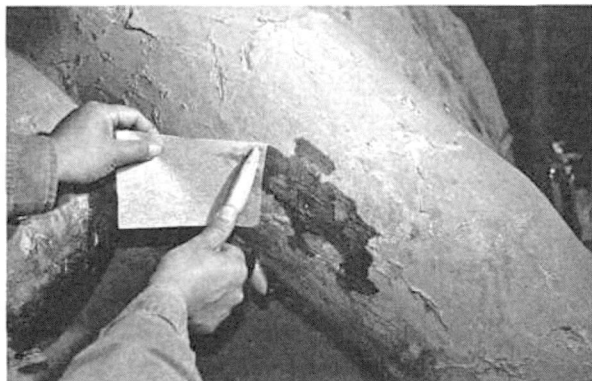

图25　回贴颜料层

（4）滚压

颜料甲片回贴至原位后，用纺绸包裹药棉制成的棉球滚压，滚压的方向应从颜料层未裂口处向开裂处轻轻滚压，排出颜料甲片中的空气。

4.2.2　壁画酥碱病害修复工艺

（1）用软毛刷和洗耳球对酥碱部位表层的尘土进行清理，由于酥碱部位的颜料层和地仗层较为脆弱，除尘时要掌握好力度，既要清除浮尘，又要保留已酥碱的颜料层或地仗层。

图 26　清理尘土

图 27　洗耳球清理

图 28　注射粘结剂

图 29　回贴颜料层

图 30　棉球滚压

（2）用较长针头的注射器将 1% 改性丙烯酸和有机硅改性丙烯酸乳液注入病害区域，待吸收后多次注入稀泥浆，补充缺失部位的地仗。

（3）修复材料待地仗层完全吸收后，用垫有棉纸的木质修复刀或用棉球对酥碱部位进行回贴或滚压。

（4）酥碱部位压平压实后，用带有 2 厘米厚海绵的透气性顶板把吸水脱盐材料敷贴在酥碱表面，进行脱盐处理（图 26—30）。

4.2.3　壁画地仗层空鼓病害修复工艺

（1）清理壁画表面

用软毛刷、洗耳球等工具除去壁画表层的浮尘或污物。

（2）预防保护处理危险病害区域

在壁画空鼓病害区域中，对颜料层起甲、酥碱病害严重区域进行初步保护修复处理，避免在灌浆回贴时，造成不必要的损坏或脱落。

（3）布设灌浆孔

在空鼓壁画破损处或无画面的部位，钻取直径约 0.3 厘米的孔洞。

（4）清除空鼓内部杂物

在裂隙或破损处通过内窥镜观察空鼓内部，取出内部已风化掉落的碎石。

（5）封堵裂隙和破损处

用可再次热熔处理的橡胶泥封堵裂隙和破损处。

（6）灌浆前预处理

因岩体风化和地仗层酥碱病害复合，为确保灌浆回贴时黏结性，在灌浆前对岩体和地仗层进行渗透加固，待干燥后再进行灌浆回贴。

（7）灌浆

在开设好的灌浆孔里植入 20—70 厘米长度不等的注浆管或 20# 注浆针头，用注射器将已配制好的灌浆材料注入空鼓部位。

（8）支顶脱盐处理

用透气性壁板将脱盐垫支顶到注浆加固部位，并尽可能多的将水和可溶盐吸附到吸水脱盐材料上，壁板的边缘比灌浆区域大出 30—40 厘米，防止水分向注浆区域外围扩散。

（9）更换脱盐材料

监测壁画注浆部位，根据壁画表面潮湿程度和脱盐垫的吸水脱盐能力，更换吸水脱盐材料；并使用红外测温设备对灌浆加固区域进行监测。

（10）修补注浆孔

壁画干燥后，去除壁板，用草泥填补灌浆孔并协调处理。其灌浆修复工艺见图 31。

开设注浆孔　　　　　　　　　　植入注浆针头　　　　　　　　　　植入注浆管　　　　　　　　　支顶保护后灌浆

加固岩体及地仗层　　　　　　　　注射浆液

支顶回贴并脱盐　　　　　　　　　　　　　　　　　　　　　　支顶回贴并脱盐

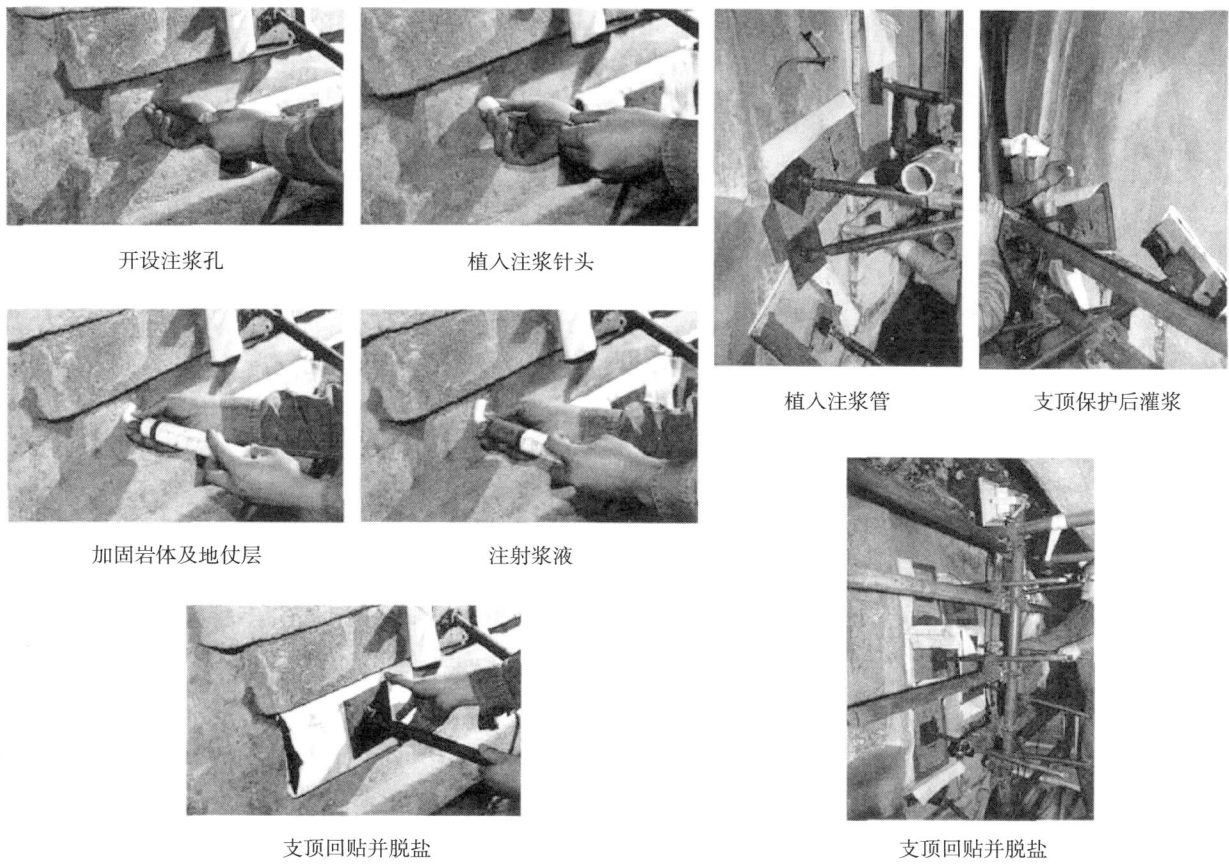

图 31　壁画空鼓病害修复工艺

4.2.4　壁画地仗层剥离病害修复工艺

视地仗层剥离的情况决定相对应的修复措施：

（1）对于地仗剥离起翘程度较小，并未出现地仗缺失的情况，对此类地仗层剥离病害的修复则用黏结剂渗透逐步回贴，回贴后用支顶壁板进行支顶。

（2）对于地仗剥离起翘程度较大，并出现地仗缺失的情况，对此类剥离的修复则用黏结剂和灌浆材料或草泥共同回贴。修复工艺见图32—35，具体方法如下：

图 32　清理边沿破损开裂处杂物　　　　　　　　图 33　加固地仗层及岩体进行加固

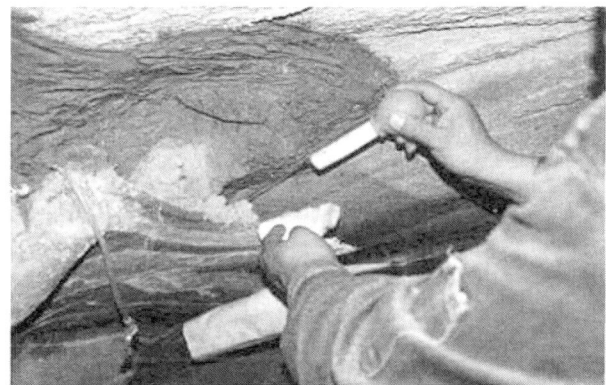

图34　填垫麦草泥

图35　回贴边沿部位

1）清理壁画表面和岩体及壁画之间的杂物

用软毛刷、洗耳球等工具除去壁画表层的浮尘或污物，以及壁画起翘剥离部位的岩体进行清理。

2）预防保护处理剥离部位的危险病害

对剥离部位表面的严重病害如颜料层起甲、酥碱等病害进行初步保护处理，避免在回贴时造成破坏。

3）岩体疏松层的处理

对于壁画所依附的岩体，若岩体疏松层为尚有雕刻的石刻部位，则用3%~5%有机硅改性丙烯酸渗透加固后，使石刻部位达到不掉粉的牢固状态即可；若壁画翘起剥离部位的岩体表面未曾雕刻，对其疏松层进行清理，并适当进行斜向打毛处理，增加岩体与地仗黏结的表面积。

4）渗透加固岩体和剥离壁画地仗

多次用黏结剂渗透加固剥离部位背部的地仗，稍干后，用配制好的浆液注射在剥离部位背部；或用配制好的草泥、麻泥填垫至岩体凹下处。

5）支顶回贴剥离壁画，并脱盐处理

泥浆的含水稍干后，用小型壁板进行逐步回贴，回贴时应间断回贴，且逐渐加力，确保剥离部位黏结牢固，回贴时应由未剥离起翘处向剥离处开始，根据剥离程度不同确定需要回贴的距离，避免用力过大或局部回贴现象。

6）修复效果监测

对已回贴的剥离部位进行全面监测，检查已修复区域回贴后黏结情况，确保修复区域完全黏结至稳定后，进行定期监测检查，保证壁画处于稳定状态。

5　问题讨论

（1）第13窟修复期间为夏秋季节，降雨量较多。因洞窟处于自然开放体系中，降雨时窟内相对湿度急剧升高，相对湿度由40%迅速升高至79%。

因第11、12、13窟是一个组合的整体形式，以第12窟为中心。第12窟为前后室结构的洞窟，前室外壁上方凿建屋檐，下方雕有列柱。后室南壁中央上凿明窗，下开窟门。两侧的第11窟，第13窟窟门上方各开明窗，与第 12 窟形成左右对称的布局。为了更全面地监测第 13 窟微环境，在第 11 和 13 窟主室内不同区域放置环境温、湿度监测设备，在修复期间，随时监测窟内微环境温、湿度变化（图 36、37）。

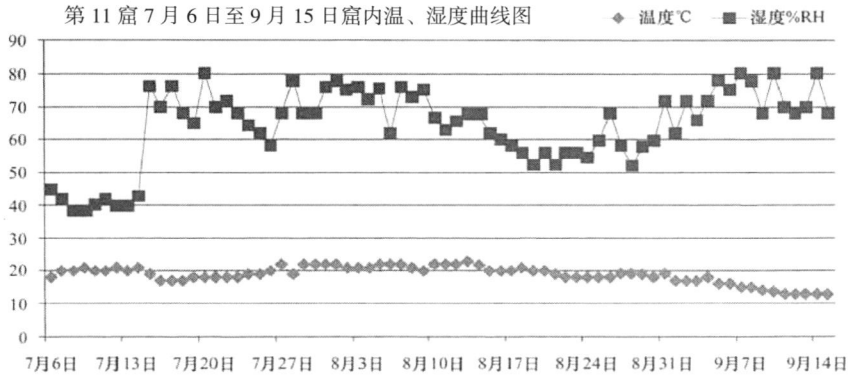

图 36　第 11 窟主室温、湿度变化曲线

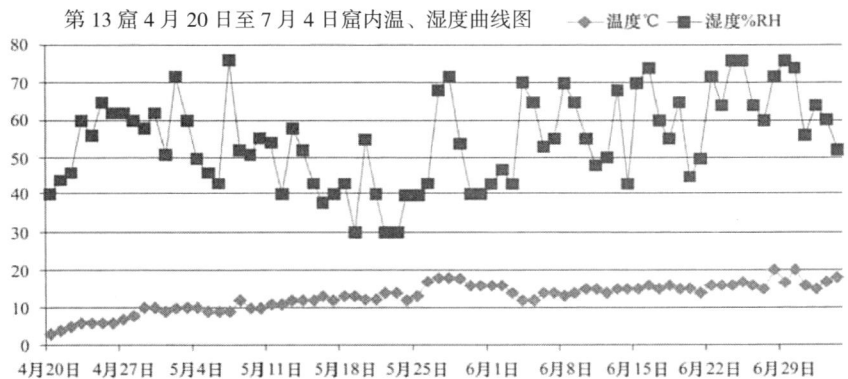

图 37　第 13 窟主室温、湿度变化曲线

（2）降水对洞窟内部环境的影响具有一定的持续性，而且在雨停后的几天洞窟内相对湿度一直处于较高的水平，与外界环境湿度变化具有一定的滞后效应。

（3）修复期间，在 5 月 1 日、6 月 24 日、7 月 29 日有持续性较长的强降雨，窟内相对湿度受降雨影响加剧上升。北壁大佛头部两侧的岩体在下雨期间及下雨后期间，由于降水会造成洞窟内连续几天的高湿度效应，洞窟岩体表面湿润，且有凝结水的存在，严重时会出现水流的痕迹（图 38）。

（4）洞窟顶部在降雨后的一段时间内，可看到洞窟西壁岩体表面有裂纹或裂隙的部位，洞窟岩体裂隙渗水较为明显（图 39—41），符合黄继忠等人观察到的岩体裂隙渗水情况，此类裂隙渗水严重影响洞窟内各壁上绘制的壁画和泥塑的保存。

（5）第 13 窟在下雨期间，顶部岩体局部出现小颗粒状的坠落现象，显示出环境的变化对石窟结构和石窟文物的影响，从结构稳定性和安全性方面来讲，洞窟北壁岩体风化剥落严重，如在已修复完工两个月后，在 9 月这一个月期间，洞窟北壁及顶部都有岩体剥落的情况，洞窟佛台两侧地面上均有岩体剥落物（图 42）。

图 38　第 13 窟主室北壁佛台下部东侧（2015 年 6 月 24 日）

图 39　第 13 窟主室北壁上部东侧

图 40　第 13 窟主室北壁上部西侧（2015 年 5 月 1 日）

图 41　第 13 窟主室北壁佛台下部东侧（2015 年 7 月 29 日）

图 42　第 13 窟主室北壁佛台下部东侧和佛台下部西侧（2015 年 9 月 17 日）

6　结论及建议

6.1　结论

第 13 窟经过全面的保护修复，共计修复各类病害壁画 408.01 平方米，其中空鼓壁画灌浆加固面积 37.47 平方米；修复地仗剥离回贴面积为 32.27 平方米；修复颜料层起甲壁画 104.22 平方米；加固修复酥碱、粉化面积 40.71 平方米；清理表面污物 89.94 平方米；修补地仗脱落及边沿加固面积 87.95 平方米；修补裂缝 15.55 米。

（2）地仗剥离病害是本次抢救性项目中的重点和难点，尤其是严重剥离病害，经过现场勘查和实验室分析研究，采用打毛岩体的方法增加粘接表面积，以及烧料礓石和当地土等较强粘接性材料进行灌浆加固，或烧料礓石、当地土、麻制成的泥填垫剥离部位，支顶回贴，达到牢固粘接的效果。

（3）此次保护修复过程中，采用环境监测设备对洞窟内微环境进行实时监测。在高湿度的状态下，采取通风、物理除湿剂、除湿机等措施进行缓慢降低湿度的方法，避免高湿度对壁画泥塑造成粉化、盐吸湿溶解运移等二次病害损坏，尤其减少对危险类病害壁画和泥塑造成再次恶化，如严重空鼓和酥碱、剥离病害。在修复过程中，提高保护文物的意识需在以后的修复工作中继续加强，借鉴优良的方法和手段保护各类文物。

6.2 建议

保护效果的维护和预防性保护是一项长期且重要的内容，因此：

（1）构建长期监测壁画泥塑病害区域和洞窟地质环境，应以监测数据和影像图片为准，增加对岩体表层、石雕表层、壁画泥塑结构层以及岩体内部温湿度变化的监测，客观地评价云冈石窟地质变化和温湿度变化以及凝结水对石雕和壁画泥塑保存的影响。

（2）修缮防水排水窟檐，减少雨水对外壁岩体直接冲刷和直接湿度效应，稳定窟内微环境。

（3）加强石窟管理和日常维护工作。做好日常石窟周围环境维护和排水设施检查维护工作，加强石窟窟顶防水排水及周围环境排水措施，减少渗水对窟内环境和文物安全的影响。

（4）全面深入的调查、监测、研究岩体结构和岩体稳定性以及洞窟渗水状况，确保岩体的安全性和稳定性，保证窟内石雕、壁画及泥塑安全。

注释：

[1] 黄继忠 . 云冈石窟地质特征研究 [J]. 东南文化，2003（5）：91—93.

[2] 翁履谦，杨海峰，王逢睿等 . 云冈石窟砂岩微观风化特征研究 [J]. 材料导报，2011，25（S2）：425—428.

[3] 付有旭，牛贺强，马竞等 . 敦煌莫高窟第 98 窟壁画的保护与修复 [A]// 付有旭，牛贺强，马竞等 . 石窟寺研究：第 6 辑 . 北京，科学出版社，2015：424—439.

[4] 阎宏彬、黄继忠、赵新春等 . 温度 . 湿度的变化对云冈石窟保存的影响 [J]. 山西大同大学学报（自然科学版），2007（3）：25—29.

[5] 黄继忠 . 云冈石窟主要病害及治理 [J]. 雁北师范学院学报，2003（5）：57~59.

[6] 山西省地矿局第三综合勘察公司 . 云冈石窟顶部防渗工程地质调查及试验报告 [R]. 1990

[7] 张红梅，马国栋，速宝玉 . 大同云冈石窟文物渗水病害防治方案探讨 [J]. 水文地质工程地质 . 2004（5）：64—67

[8]　中国文化遗产研究院 . 中国文物保护与修复技术 [M]. 北京 . 科学出版社 . 2009

[9]　黄继忠，水与盐对云冈石窟石雕的影响初探 [J]. 文物世界 2004（5）：61—66

[10]　陈立军，张心亚，黄洪等 . 纯丙乳液研究进展 [J]. 中国胶黏剂，2005（9）：34—38.

[11]　苏伯民，张化冰，蒋德强等 . 壁画保护材料纯丙乳液的性能表征 [J]. 涂料工业，2014（2）：54—59.

[12]　汪万福、马赞峰、李最雄等 . 空鼓病害壁画灌浆加固技术研究 [J]. 文物保护与考古科学，2006（1）：52—59.

[13]　赵林毅、李黎、樊再轩等 . 古代墓室壁画地仗加固材料的室内研究 [J]. 敦煌研究，2016（2）：108—116.

（原文刊载于《石窟寺研究》2019 年）

附　五华洞第 13 窟修复前后对比照片

主室北壁主尊中部脚部颜料层起甲、酥碱、剥离修复前后对比

主室西壁下部壁画颜料层起甲、酥碱修复前后

主室西壁中部壁断颜料层起甲、剥离、边沿开裂、破损修复前后对比

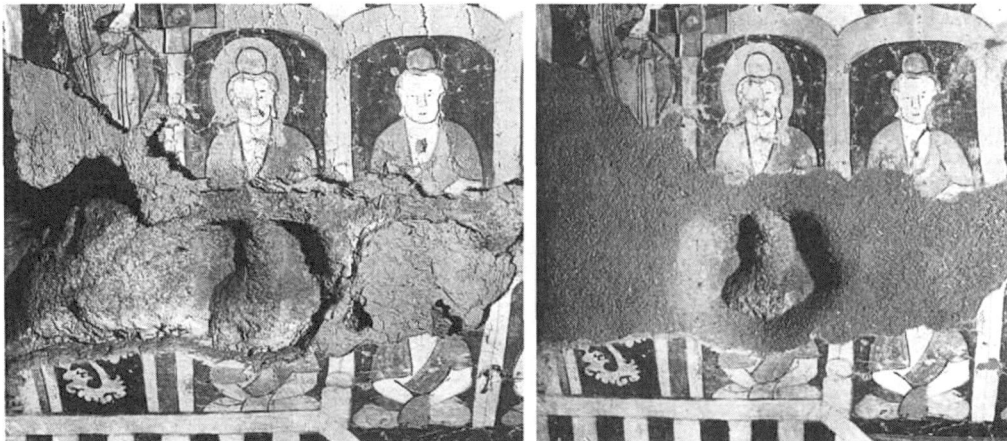

主室西壁上部壁画地仗脱落、破损残缺修复前后对比

云冈石窟风化特征与风化产物研究

邓云王　金　华

云冈石窟位于山西大同市西约 16 千米的武州（周）山南麓，原名武州（周）山石窟寺，明代改称云冈石窟。为佛教向东传播后，甘肃以东最早出现的大型石窟群，云冈石窟佛教艺术按开凿时间及风格[1] 分为早期、中期、晚期 3 个阶段，是皇家开凿石窟的典范，与其他早期石窟在风格和规模上均有较大差异。云冈石窟目前暴露于窟外壁的雕像与题记更是全部消失[2]。在所消失的雕像中，被盗的雕像约 1000 尊，而风化破坏才是造像消失的主要原因。关于云冈石窟风化形态的研究自 20 世纪 60 年代已经有较多研究成果，本文通过对风化特征的分类及风化产物的研究进行梳理和总结，为防止风化进一步破坏提供参考。

1　云冈石窟开凿与地质条件的关系

云冈石窟洞窟开凿规模、方式等均与地质条件有着密切关联，云冈石窟位于大同侏罗纪沉积盆地西缘，东侧距离位于盆地东缘的青磁窑约 8 千米，窟区内的地质构造情况较为单一[3]。云冈石窟及其雕刻品均雕刻在长石石英砂岩层，向东西两侧变薄形成透镜体，长石石英砂岩层不仅在厚度上变化较大，同时还有岩性上的变化，而石窟的风化程度、类型等均在一定程度上受岩性的控制。严绍军副教授将云冈石窟划分为 11 层（表 1）。

表 1　云冈石窟地层划分一览表

层位	岩性	分布位置	稳定性问题特征
1	泥岩	仅在 3# 窟区以东壁面底部及 9、10 窟底部局部出露	云冈石窟砂岩陡壁的软弱基座，加剧崖壁卸荷作用，有利于崖壁形成与卸荷裂隙发育[4]
2	长石石英砂岩	窟区崖壁面底部均有出露	构成了崖壁底部主要岩石，雕刻底部与基座岩层。危及石窟壁、柱等稳定性
3	石英长石砂岩	窟区崖壁面底部均有出露	抗风化能力强，均匀性好，差异风化是此层位的主要病害，主要原因是由于发育的泥质条带导致局部破坏
4	粉砂质泥岩、页岩	仅窟区东段（1~3 窟）崖壁面中部出露，至 3 窟东边缘尖灭	抗风化能力极差，故而出现风化凹槽，使得上层岩层处于悬空状态
5	石英长石砂岩	窟区崖壁面中上部均有出露，与第 3 层共同构成了佛像雕凿的主要岩层	主要为片状脱落，表面风化严重，此层是 3 号窟西侧大型石窟的顶板，顶部顺层掉块严重
6	砂岩、粉砂质泥岩互层	主要分布于龙王沟东西两侧山体上，主要分布 3 号窟顶部和龙王沟西侧平台	3 号窟最为发育，形成风化凹槽，导致崖壁表岩体大量掉块崩塌

层位	岩性	分布位置	稳定性问题特征
7	长石石英砂岩	在 1 窟以东、五华洞窟区及 14 窟以西的崖壁面上部出露	表面片状开裂严重。由于中间夹杂泥岩，极其容易形成风化凹槽，出现局部掉块现象
8	泥岩	该层在云冈石窟崖壁出露较少，仅 3# 窟区东侧局部出露	发布范围有限，对 3 号窟东地形有所影响
9	长石石英砂岩	仅在 1 窟东侧、3 窟及五华洞窟区崖壁面顶部出露	易风化，表面片状开裂。构成崖顶地层，卸荷块体发育
10	长石石英砂岩	仅在 5~10 窟段崖壁顶部出露	下部砂岩风化后上部悬空，同时构造裂隙、卸荷裂隙发育，形成规模较大的块状危岩体
11	长石石英砂岩	仅在 3# 窟顶部出露	

由此可见，云冈石窟的开凿大小和位置与地层分布有较大关联，云冈石窟主要砂岩地层为第 2、3、5、7 层，上述地层是石窟主要开凿和顶板部位，从岩石均匀性来看，第 3、5 层是石窟造像开凿较好的地层，也是石窟的主要分布层位，如第 1、2 窟在东部，此处厚为 8—15 米，故洞窟高度均在 8 米左右，较厚之处为第 5—16 窟，故该段的洞窟规模最大。而西部石窟厚度逐渐变为 5 米左右，因此西部的洞窟一般规模较小。当透镜体厚度较高时，各窟一般为大型洞窟；而当透镜体厚度较薄时，则一般开凿为小型窟龛。由此可见，地质构造是窟型大小的最主要控制因素之一，也反映了古人因地制宜、因势利导的聪明智慧。

2　云冈石窟风化特征及成因

云冈石窟开凿于钠质胶结的长石石英砂岩上，抵抗风化能力较弱，并且胶结能力较差，这是窟内普遍遭受风化的内在条件[5]，但其产生的具体影响有下列几个方面。

在岩性不均一，粗细粒砂岩相互成层的情况下，一般是粒度较小的岩石要比粒度粗的岩石风化得更加强烈些，第二窟西壁锯齿状风化岩石，第三窟后室南壁锯齿状风化岩石均可见此种现象。若中粗粒砂岩中含暗色矿物的条带时，因暗色矿物多为黑云母类，极易风化，若暗色矿物的条带较密集，也易于导致整体岩石风化加剧，暗色矿物条带所在处因风化较剧烈而向壁面内深凹形成深坑，这一问题在东部和中部窟群中出现较多。在含长石石英砂岩砾石中大部分为粉砂岩，因粉砂岩易于风化，常常迅速被破坏，仅残余空洞，这在各窟均可发现。若岩性较均一，但交错层理较发育时，往往可以在岩石的原生构造处风化较剧烈，而形成沟槽。

由上可知，岩石的矿物粒径大小、成分组成以及原生构造对岩石的风化程度均有较大影响。前述的受岩性控制的各种风化形态大部分都是因为岩性差异而引起的差异风化的结果，另外，岩石本身的孔隙率和吸水性等也会对风化产生影响。

黄克忠先生曾将石雕分为粉状风化、页片状（波壳状）风化、带状洞穴状风化、板状风化[6]。另外，《大同云冈石窟岩石风化调查报告》[7] 根据控制岩石风化的内在因素，将风化类型分为：①发育在砂岩岩石中的风化类型，包括刷落状风化、页片状风化、锯齿状风化、洞穴状风化、网格状风化；②发育在裂隙中的岩石风化类型，包括板状风化、砖块风化、圆块风化；③发育在粉砂质岩石中的风化类型，包括碎块状风化、劈柴状风化、波状风化等。之所以出现分类的差异，主要是因为分类的标准和角度不同，将形态、发育部位和形成原因等杂糅在一起。然而据笔者实地考察，认为部分风化类型虽命名不同，但其所指相同，本文结合已有的分类标准，对不同分类标准中同一类型但不同称谓的风化进行合并描述。将云冈石窟风化类型归纳为以下几种。

2.1 粉状（刷落状）风化

主要发育于中粗粒砂岩表面间或在细砂岩及粉砂岩上的一层粉末状或絮状风化产物，粉状风化部位的岩性一般比较均匀。主要表现为沿崖壁呈不规则的分布，风化处的表面一般也较为平坦，与层理关系较小，在表层常有白色粉末，矿物颗粒间疏松不密实，部分已脱落，残留的矿物一般凸于岩石表面上，手触之即落[8]。多见于石窟下部及东部窟群，且多风化强烈。其中粉状物是由不同类型的盐组成，它的分布和成因均与水有密切关系。而石窟外部的凝结水、窟内的渗水和底部的毛细水与空气中的 CO_2、SO_2、O_2 等，长期对石窟表面的长石、胶结物中的钙质以及黏土类矿物发生水合溶滤反应，同时水又将盐类带到石雕石窟的表面而形成聚集的盐。当胶结物被淋滤之后，此时石窟表面则仅剩没有胶结物的石英颗粒，即为粉状物或絮状物（图 1）。

图 1 粉状（刷落状）风化

2.2 页片状（波壳状、鳞片状）风化

页片状风化主要存在于石窟的表面，表现为薄片状剥落，薄片的厚度与矿物颗粒粗细大小密切相关，粗砂岩形成的薄片厚度在 3—4 毫米，细砂岩形成的薄片厚度在 0.5—1 毫米。页片的表面常常翘起或卷曲，且一般多层重叠。在片与岩体或片之间常有白色粉末状或雪花糊状物（当到达片内一定深度时减少或消失），关于页片状风化的成因，可能是水深入岩石以后，经过长期的溶蚀及温差作用而导致的岩石表层发生涨缩所致。其产物多为碳酸盐和硫酸盐的水化物，质地坚硬，均匀地附于页片的背面。其成因系多种因素造成。由于地下水沿裂隙通道和层理渗透至表层，经过水的蒸发后可溶性盐析晶，并且由于盐在表层的聚集，孔隙逐渐被堵塞，使水只能沿薄弱面渗出。另外，云冈石窟所处的大同地区温差较大，矿物的膨胀系数不同（石英的体积膨胀系数约是长石的一倍），产生不同的涨缩应力，便造成平行壁

图 2 页片状（波壳状、鳞片状）风化

面的裂隙（图 2）。

2.3 带状（洞穴状、蜂窝状）风化

指与层理平行，凹凸相间成洞穴状或带状的风
化形态[9]。带状风化常分布于含大量粉砂岩或砂质
页岩的砾石和透镜体的粗粒砂石中粒砂岩上，由于
其抗风化的能力较弱，导致差异风化。一般表现为
不规则的洞穴。

带状风化是与盐性有关的差异性风化。因为云
冈石窟砂岩的层理交错发育，含有泥、粉砂岩夹层
及大小砾石，砾石风化后则形成不同大小的洞穴，
其中薄夹层或透镜状的粉砂岩，由于含泥量较高，
经水的分解后，带状凹槽深度可达到 10—30 厘米。
另外由于砂岩中胶结物泥质与钙质的比值不同，在
水的侵蚀作用下，其风化形态也不相同。此类风化
对石窟的破坏较严重，水渗透出露位置的洞穴往往
比较大[10]（图 3）。

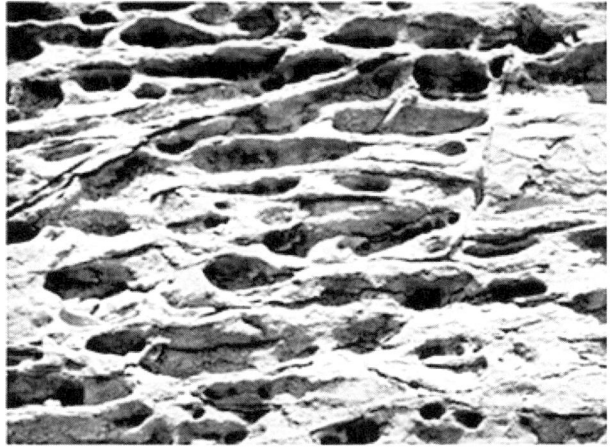

图 3　带状（洞穴状、蜂窝状）风化

2.4 板状（砖块状、圆块状）风化

板状、圆块状、砖块状风化在形态上不同，但
由于其均主要是受应力重分布作用而形成的，故将
其划为一类。这些风化类型都发生在裂隙发育的砂
质岩石中，常形成与壁面平行的减荷裂隙，呈板状
剥落。板厚为 2—4 厘米，然而在有地下水流长期作

图 4　板状（砖块状、圆块状）风化

用的位置，分布高度大多都在 1.5 米以下，如图 4 所示。

虽然板状、圆块状、砖块的形态不同，但上述风化形态的形成原因都与裂隙有关，并且矿物间的微裂
隙十分发育，水则沿裂隙通道活动，导致石窟表面盐类聚积。裂隙是造成水进入窟内侵蚀石雕的通道，危
害较大的主要有三种：第一种为岸边减荷裂隙，它平行崖壁排列，离崖壁 30 米范围是其发育带，愈近崖壁
密度越大，间距为 1.5 米、5 米、8 米等。裂隙上宽下窄，平均裂隙宽度 0.5—2 厘米。第二种是构造裂隙，
裂隙面平整闭合延伸远，每组裂隙间距小。第三种是风化裂隙，普遍存在于窟顶部 5—10 米范围内，大多
呈树枝状和毛发状。

如前所述，各种风化类型都是在不同因素的影响下风化过程不同的表现。但不同风化类型之间也存在
一定的联系。在各种风化类型中，以粉状（刷落状）风化类型为主，其他风化类型大部分是在刷落状风化
的基础上派生的，因此，可将以上风化类型归结为由于刷落状风化受到某些特殊因素影响而表现为其他形态。

关于刷落状与页片状风化的关系，在岩壁比较平坦的情况下，往往可以发现：在刷落风化岩石的某一
部分尚叠加有页片，同时在页片与壁面之间，通常充填有白色粉末。由此现象可以初步推断部分刷落风化

岩石的表面原应有页片的覆盖，当页片下坠以后，就使壁面呈现刷落状风化的形态。

探索各种风化类型的关系，实际上也是了解各种因素的影响下岩石风化过程的重要方面，这不仅对保护维修工程有意义，同时对掌握岩石风化过程的规律也是有意义的。

3　云冈石窟风化产物

岩石风化产物最典型的就是絮状物质，一般分布在被风化的长石周围，初步推断絮状物质可能为长石以及砂岩的胶结物风化而成。其白色、疏松、少数干燥后成淡黄色，多填充于壁面上岩石孔隙附近，如岩石表面有窪坑时可大量集中成团状。絮状粉末物质分布在呈刷落状风化的岩壁表面，另外也可分布在页片状风化岩石的小页片间，往往在揭开页片后，均可发现有絮状物质的充填。

絮状物质加盐酸后，一般起泡微弱，甚至不起泡。其成分多为水化物，SiO_2、Al_2O_3、Fe_2O_3、K_2O 等含量均比新鲜岩石要大大减少，Fe_2O_3 则稍有增加，其余，Na_2O、CaO 等则变化不大（表 2）。上述化学成分

表 2　风化产物与新鲜岩样的化学成分对比

样品	风化产物量 /%	新鲜岩样量 /%
SiO_2	34.78	74.66
Al_2O_3	7.31	12.29
Fe_2O_3	1.34	1.17
FeO	0.59	1.64
MgO	10.62	0.56
CaO	1.48	1.72
Na_2O	0.22	0.32
K_2O	1.62	2.62
H_2O	9.14	3.18

可以说明，絮状物质为岩石风化的产物。

砂岩颗粒成分主要为石英和长石，风化岩样中含有大量的黏土矿物及少量的石膏，通过对不同风化程度的样品进行分析，由于碳酸盐胶结物对酸作用非常敏感，而石英对酸作用不敏感，可以通过建立碳酸盐胶结物与石英的比值评估风化程度。因此，云冈石窟岩石风化不但与胶结物的破坏有关外，砂岩颗粒中的长石黏土化也是一个重要的原因。反应如下：

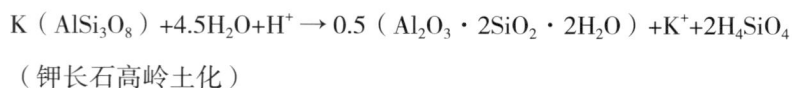

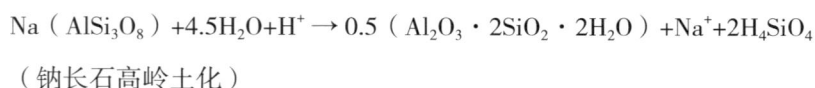

$$K（AlSi_3O_8）+4.5H_2O+H^+ \rightarrow 0.5（Al_2O_3 \cdot 2SiO_2 \cdot 2H_2O）+K^++2H_4SiO_4$$

（钾长石高岭土化）

$$Na（AlSi_3O_8）+4.5H_2O+H^+ \rightarrow 0.5（Al_2O_3 \cdot 2SiO_2 \cdot 2H_2O）+Na^++2H_4SiO_4$$

（钠长石高岭土化）

除此之外，水岩反应是另一导致风化的重要原因，其中碳酸盐胶结物溶解较早发生且对岩体强度软化

影响最大，而长石等矿物的水解则导致岩石力学强度降低，可溶盐类矿物结晶削弱了已风化岩石表面颗粒间的作用力；而含铁胶结物由于受浸水的影响，在赤铁矿发生转变的过程中，其力学强度也受到了极大破坏。

可溶盐发育可以看作是导致风化破坏的另一重要不利因素，也是伴随风化破坏的衍生产物，其破坏作用主要体现在文物表层富集，导致文物表层粉化，导致造像模糊、壁画脱落等；同时，可溶盐在反复结晶与溶解的过程中，产生非常巨大的结晶挤压力，导致岩石内部结构破坏，强度降低。另外，可溶盐在岩石结构面富集时，将会导致挤压作用，加上尖端应力集中，加速局部危岩体的发育。

云冈石窟可溶盐集中在较高含水量的岩体中。在长期渗水部位虽然也有短期可溶盐的富集，但水体冲刷将可溶盐溶解带走。目前可溶盐发育比较集中的主要在两个部位：一个是上部，顶部平台雨水入渗导致岩体表面泛盐；另一个是底部，地下毛细水上升导致石窟底部约 1.5 米高范围大量析出可溶盐。

云冈石窟可溶盐主要为石膏、六水泻盐、七水泻盐等硫酸盐。其主要反应过程如下：

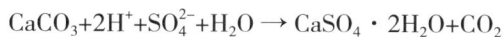

$$CaCO_3+2H^++SO_4^{2-}+H_2O \rightarrow CaSO_4 \cdot 2H_2O+CO_2$$

（方解石胶结物溶蚀形成石膏）

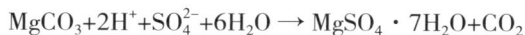

$$MgCO_3+2H^++SO_4^{2-}+6H_2O \rightarrow MgSO_4 \cdot 7H_2O+CO_2$$

（白云石胶结物溶蚀形成泻利盐）

长石高岭土化过程中，形成的 K^+、Na^+ 离子可以与 SO_4^{2-} 离子进一步形成 K_2SO_4 和 $Na_2SO_4 \cdot 10H_2O$ 芒硝。上述盐类均具有水合能力，在干湿交替的环境下，特别容易在岩石的微孔隙内产生结晶压力而导致岩石损坏[4]。

云冈石窟处于干燥气候条件，无论是泻盐、石膏或者芒硝，在干燥气候条件下，容易失水。而一旦空气潮湿，就又向高水盐转化。在晶体形成与转换过程中，不断向岩石微小孔隙渗入、结晶，结晶过程产生巨大的挤压力导致岩体结构破坏，强度降低。

由此可见，云冈石窟风化产物主要为矿物的高岭石化和胶结物的流失，以及其产物与 SO_4^{2-} 离子的反应产生可溶盐。

4 总结及展望

研究石窟岩石风化问题，不仅是对文物保护有重要的意义，而且其成果对其他类似的建筑工程也有着一定的参考价值，甚至还可以对岩石风化理论提供一定的资料。

在今后的工作中，应将风化特征分类详细化和规范化，除概略性分类外，还需对各部石窟内不同部位、不同岩性上岩石风化特征及形成原因进行深入探讨，并关注风化程度在一定时间内的变化。需要对不同窟型、同一洞窟不同位置进行全面的监测，包括温湿度、渗漏水情况、窟底潜水面变化情况、窟区外围地下水动态、气体类型及含量等，探讨风化的影响因素。另外对窟内不同部位、不同岩性、不同风化类型岩石进行系统的矿物组成以及岩石的孔隙度、渗透率、含水性等性质的研究也至关重要。总之，风化问题的研究是一个较复杂也较为重要的课题，还需要长期的研究和探讨。

参考文献：

[1]　谷敏 . 北魏时期的云冈石窟 [D]. 太原：山西大学，2013.

[2]　王媛 . 云冈石窟第 9、第 10 窟窟前立柱形制考 [D]. 杭州：中国美术学院，2011.

[3]　黄继忠 . 云冈石窟地质特征研究 [J]. 东南文化，2003（5）：91—93.

[4]　严绍军，陈嘉琦，窦彦，等 . 云冈石窟砂岩特性与岩石风化试验 [J]. 现代地质，2015，29（2）：442—447.

[5]　苑静虎，丰晓军 . 云冈石窟风化研究 [J]. 文物世界，2004（5）：74—76，81.

[6]　黄克忠 . 云冈石窟砂岩石雕的风化问题 [J]. 水文地质工程地质，1984（3）：32—35，51.

[7]　黄继忠，袁道先 . 水岩作用与云冈石窟石雕风化病害研究 [C]//2005 年云冈国际学术研讨会论文集（保护卷）. 大同：云冈石窟研究院，2005.

[8]　牟会宠，杨志法，伍法权 . 石质文物保护的工程地质力学研究 [M]. 北京：地震出版社，2000.

[9]　刘强 . 基于生物矿化的石质文物仿生保护 [D]. 杭州：浙江大学，2007.

[10]　黄继忠 . 世界文化遗产云冈石窟的防水保护 [J]. 文物保护与考古科学，2008，20（S1）：114—121.

（原文刊载于《遗产与保护研究》2019 年第 3 期）

云冈第 9、10 窟列柱风化程度环境磁学无损评价

任建光　黄继忠　孟田华　王旭升　胡翠凤

岩石风化程度评价是研究石质文物风化病害涉及的重要内容，然而多年以来却没有太大的突破。长期以来，工程上对岩石风化程度的划分，国内外的有关规范、规程中都采用宏观地质特征的定性描述方法。虽然这种方法简单、有应用方便等优点，但因缺乏数量指标，标准不易掌握。20 世纪 70 年代，国内外开始应用表征岩石微观特征的指标 [1、2]、岩石物理力学性质的指标 [3] 和表征岩石矿物化学成分变化的指标 [4] 对风化程度定量分级。虽然这些指标作为岩石风化程度定量划分标准，但这些指标不能及时测出，需要现场取样在实验室进行检测。文物是一种不可再生资源，在保护研究中不应该为了研究而对其造成任何损害，所以，前述许多研究方法和划分标准多难以在石质文物保护实际中推广采用，期许便捷、高分辨率的无损探测技术解决石质文物研究中的瓶颈问题。

环境磁学是 20 世纪 80 年代发展起来的一门介于地球科学、环境科学和磁学之间的新兴学科。它通过研究环境物质的磁性特征，探索磁性矿物在环境系统中的迁移、转化和组合规律，利用物质在磁性特征上的联系及其所反映的环境内涵，研究不同时空尺度的环境问题、环境过程和作用机制 [5]。磁学参数磁化率是表征岩石受磁化难易程度的物理量，主要用于土壤学研究 [6]、古气候与古环境变迁 [7]、人类活动影响与环境污染 [8] 等研究中。近年来也被应用于与岩石风化相关的研究 [9-11] 中。本文在定性观察的基础上，应用环境磁学便携式仪器，现场无损探测了云冈第 9、10 窟列柱风化砂岩的磁学特征，划分了风化等级，评价了其风化程度，为了解云冈石窟第 9、10 窟列柱的风化病害提供科学依据，也是石质文物无损探测技术的一次新的有益的尝试。

1　云冈第 9、10 窟列柱的概况及研究区的气候特征

1.1　第 9、10 窟列柱的概况

云冈石窟第 9、10 窟是一组双窟，初建于公元 484 年，为冯太后的阉官王遇负责设计监造。每窟前雕凿两根八角列柱，颇具汉魏以来中国建筑"金楹（金柱）齐列，玉局（柱础）承跋"的遗风，类似于殿堂廊柱式的雕刻形制，却带有明显的印度甚至是希腊、罗马式的建筑风格式样，为当时中西方文化的交流与融合的典范。列柱为露明通顶石柱，上细下粗，柱面各雕十层佛像，柱下为须弥座，座置于大象柱础上。朝北柱面雕刻保存完好，朝南柱面全部和朝东、西柱面部分雕刻及柱础象头皆已风化殆尽，已不能显示当年的富丽景象。列柱的风化病害类型主要是片状风化，部分已经起壳、片状剥落，详见图 1、图 2。

图 1　云冈第 9、10 窟

1. 朝南柱面　　　　　　　　2. 朝东柱面　　　　　　　　3. 朝北柱面

图 2　云冈第 9、10 窟列柱

1.2　研究区的气候特征

云冈石窟区域属温带大陆性半干旱气候。年平均气温 7—10℃，1 月最冷，月平均气温 –11.4℃，7 月最热，月平均气温 23.1℃；年平均降水量 432.8 毫米，雨季集中在 7—9 月，月最高降水量达到 100 毫米以上；年平均蒸发量 1748 毫米，其中 6 月最大蒸发量为 801.8 毫米，12 月蒸发量为 74.9 毫米；年积雪在 20 毫米左右，冻结期为 10 月下旬至次年 4 月，平均冻结深度 1.5 米，全年无霜期 120 天。

2　岩石风化程度环境磁学定量分级标准

2.1　理论基础

岩石磁性主要是由岩石所含铁磁性矿物产生的。EDX 能谱分析表明，云冈石窟新鲜砂岩中含有丰富的铁元素。对新鲜砂岩及风化砂岩不同深度的化学成分测试表明：不同深度的风化砂岩，铁氧化物的成分、含量会发生变化[12]。云冈石窟砂岩在风化过程中，伴随着氧化铁及氢氧化铁矿物形成和转变[13]。

2.2 SM-30 便携式磁化率仪

现场测试使用的是捷克产 SM-30 便携式磁化率仪，在地理和地质方面用途广泛，由于具有高敏感度，达到 1×10^{-7}SI，能精确地测出顺磁性、反磁性、铁磁性岩石的磁化率。体积 100 毫米 ×65 毫米 ×25 毫米，重量 180 克。6 个测量模式，传感器直径 50 毫米，在 20 毫米范围内可获取 90% 的信号；自动调整测量，操作简单。打开开关后，凭借复杂的信号处理系统，在几秒内，就能显示出精确的测量数值，同时它能有效地减少外部的电磁干扰和电子设备的噪音影响。具有体积小、重量轻、快速、成本低、对被测物体无破坏性的特点，是非常理想的野外无损磁测仪器。

2.3 定量分级标准

云冈石窟开凿于中侏罗统上部云冈组（J_2y）砂岩透镜体上[14]。岩性以中粗粒长石石英砂岩为主。根据云冈石窟风化岩石颜色光泽、岩体组织结构的变化及破碎情况、矿物成分的变化情况、物理力学特征的变化和锤击声等定性划分为五类：新鲜砂岩、弱风化砂岩、中等风化砂岩、强风化砂岩、全风化砂岩。利用 SM-30 便携式磁化率仪现场对云冈石窟新鲜中粗砂岩、片状风化砂岩进行测试。使用 EXCEL2003 软件进行数据分析统计。图 3 中，不同风化程度片状风化砂岩磁化率值频率分布曲线呈偏正态分布，根据正态曲线在区间（$\mu-2\sigma$，$\mu+2\sigma$）内取值的概率为 95.4%，以及与相邻磁化率值频率分布曲线相交点数值，对片状风化砂岩的风化程度进行划分，结果见表 1。

总体上看，云冈石窟片状风化砂岩在风化过程中磁化率值具有先升高后降低的特征，这种趋势为：弱风化阶段，磁化率低；中等风化阶段，磁化率最高；强风化阶段，磁化率高，较中等风化略有下降；全风化阶段，磁化率较低。

表 1 云冈石窟片状风化砂岩现场无损测试磁化率值统计表

风化程度	平均值 μ（10^{-6}SI）	有效值范围（10^{-6}SI）	标准方差 σ（10^{-6}SI）	最大值（10^{-6}SI）	最小值（10^{-6}SI）	个数
新鲜砂岩	0.056			0.107	0.004	287
弱风化	0.051	0.035—0.066	0.016	0.117	0.005	140
中等风化	0.099	0.086—0.121	0.022	0.196	0.056	503
强风化	0.082	0.066—0.086	0.022	0.154	0.025	540
全风化	0.060	0.044—0.070	0.016	0.097	0.016	325

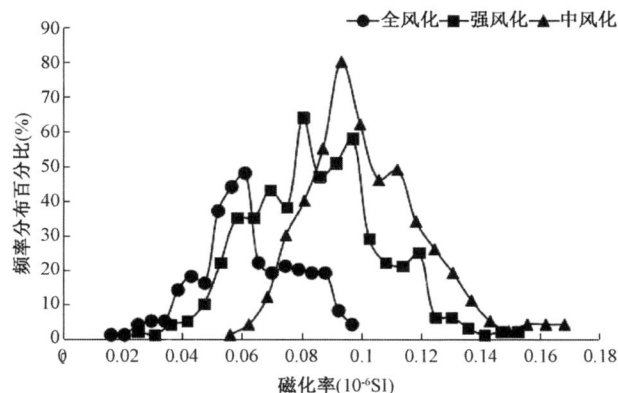

图 3 云冈石窟片状风化砂岩现场无损测试磁化率频率分布曲线图

3　云冈第 9、10 窟东列柱风化程度环境磁学无损评价

对于云冈第 9、10 窟东列柱，选取离地面 2 米高相对平坦表面作为现场测试位置，从列柱的西北角起，记为 0 起点，软皮尺沿水平线环绕一周，拉紧后用木质夹子固定，以此来标示测试点位置。利用 SM-30 便携式磁化率仪按西→南→东→北逆时针方向一周，每隔 3 厘米进行测试。将现场所测试的数据，使用 EX-CEL2003 软件制作出云冈第 9、10 窟东列柱测试点磁化率值随位置的变化曲线图。

3.1　云冈第 9 窟东列柱无损检测磁化率特征

从图 4 中可知，云冈第 9 窟东列柱朝东、西柱面磁化率值变化幅度比较大，朝南、北柱面磁化率值比较平稳，但朝北柱面的磁化率值高于朝南柱面。根据云冈石窟片状风化砂岩风化程度分级标准（见表 1）可知，云冈第 9 窟东列柱各柱面测试点的风化情况为：朝西柱面测量区磁化率值变化范围（0.05—0.117×10）$^{-6}$SI，平均值为 0.0831×10^{-6}SI，为强风化砂岩；朝南柱面测量区磁化率值变化范围（0.05—0.074×10）$^{-6}$SI，平均值为 0.0629×10^{-6}SI，为全风化砂岩；朝东柱面个别磁化率值异常，是因为该测试点所处位置有残留裂隙加固过的痕迹，除去异常点后，磁化率值变化范围（0.058—0.117）$\times 10^{-6}$SI，平均值为 0.085×10^{-6}SI，为强风化砂岩；朝北柱面磁化率值变化范围（0.089—0.124）$\times 10^{-6}$SI，平均值为 0.1053×10^{-6}SI，为中等风化砂岩。

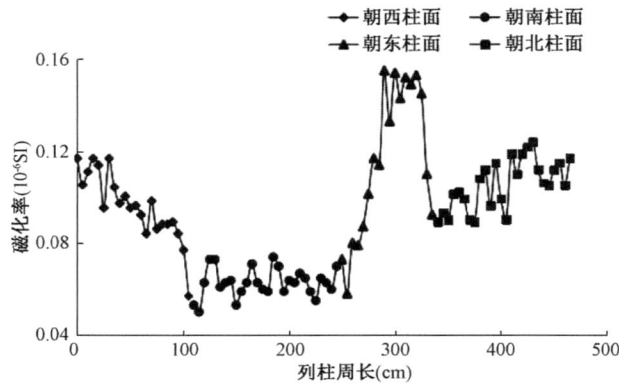

图 4　云冈第 9 窟东列柱现场无损测试磁化率值曲线图

3.2　云冈第 10 窟东列柱无损检测磁化率特征

从图 5 中可以看出，个别磁化率值大于 0.2×10^{-6}SI，是因为该测试点所处位置有残留裂隙加固过的痕迹，除去异常点后，曲线图变为图 6，从图 6 中可知，云冈第 10 窟东列柱朝东、西柱面磁化率值变化幅度比较大，朝南柱面、北柱面磁化率值比较平稳，变化幅度小，但朝北柱面的磁化率值高于朝南柱面。云冈第 10 窟东列柱的风化情况为：朝西柱面磁化率值变化范围（0.058—0.122）$\times 10^{-6}$SI，平均值为 0.082×10^{-6}SI，为强风化砂岩；朝南柱面磁化率值变化范围（0.053—0.071）$\times 10^{-6}$SI，平均值为 0.062×10^{-6}SI，为全风化砂岩；朝东柱面磁化率值变化范围（0.065—0.123）$\times 10^{-6}$SI，平均值为 0.084×10^{-6}SI，为强风化砂岩；朝北柱面磁化率值变化范围（0.092—0.168）$\times 10^{-6}$SI，平均值为 0.116×10^{-6}SI，为中等风化砂岩。

将云冈第 9、10 窟东列柱 4 个朝向柱面的磁化率平均值、最大与最小值以及相应的风化程度整理为表 2，由表 2 可知，不同朝向柱面的测量区风化程度差异较大，朝向相同的柱面测量区风化程度相同。相比较而言，

列柱面朝北的测量区风化程度最小，属中等风化，朝东、西的测量区风化程度为强风化，朝南的测量区风化程度最大，属全风化。可知，对于风化程度而言，朝南 > 朝西 ≈ 朝东 > 朝北。

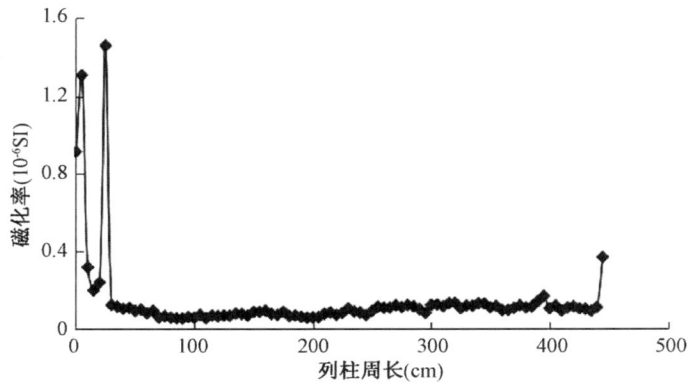

图 5　云冈第 10 窟前东列柱无损测试磁化率值曲线图

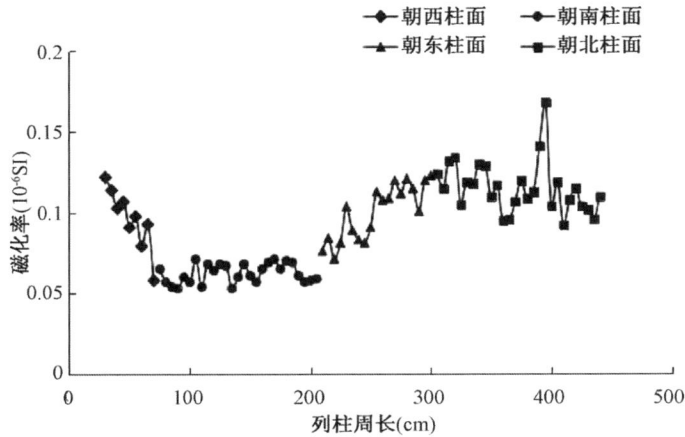

图 6　云冈第 10 窟前东列柱无损测试去噪后磁化率值曲线图

表 2　云冈第 9、10 窟前东列柱现场无损测试磁化率值统计表

名称	柱面朝向	平均值（10^{-6}SI）	最大值（10^{-6}SI）	最小值（10^{-6}SI）	风化程度
第 9 窟 东列柱	西	0.083	0.117	0.05	强风化
	南	0.063	0.074	0.05	全风化
	东	0.085	0.117	0.058	强风化
	北	0.105	0.124	0.089	中等风化
第 10 窟 东列柱	西	0.082	0.122	0.058	强风化
	南	0.062	0.071	0.053	全风化
	东	0.084	0.123	0.065	强风化
	北	0.116	0.168	0.092	中等风化

3.3　结果分析

利用环境磁学便携式 SM-30 磁化率仪器无损评价风化砂岩的风化程度是可行的，与传统的超声波[15]检测石质文物风化程度技术相比，SM-30 便携式磁化率仪也可以评价岩石表面约 2 厘米的风化程度，而且精度高，在现场能直接读取数据进行直观评价，避免了由于使用耦合剂对文物造成不必要的污染。因此，可为石质文物保护者制定合理的防风化措施提供可靠的基础数据，具有重要的参考价值。

通过对云冈第 9、10 窟东列柱风化程度进行研究发现，朝向对此处砂岩的风化具有控制作用。岩石的风化是在自身（如岩石的结构、物质组成及含量、胶结物类型等）和岩石所处的风化环境（如日照、风、降水和大气中的有害气体等）双重作用之下进行的。对于同一类岩石来说，风化程度主要受控于岩石所处的风化环境。而对处于半干旱环境下的云冈石窟来说，第 9、10 窟东列柱的风化程度主要受太阳辐射和雨水直接冲刷的影响，而朝向决定了受太阳辐射和雨水直接冲刷程度的大小。一般而言，朝南柱面、朝东西柱面受到的太阳辐射和雨水直接冲刷高于朝北柱面；其中南面太阳照射时间最长，西面次之，然后是东面，北面不照射。

岩石是由多种矿物组成，各矿物的热膨胀系数不一致。温差使岩石内部产生了热应力。热应力达到一定程度便可破坏岩石颗粒之间的连接。于是，南面和东西面的岩石的风化程度较大。热应力引起的岩石风化多呈片状剥落风化[16]，这与现场观察到的一致。另外，因为太阳辐射的影响，南面和东西面的砂岩发生干湿循环和盐析风化的频率更大[17]。

雨水对列柱的直接冲刷不仅使松动的岩石颗粒和切割体脱落，沿裂隙贯入发生机械潜蚀，雨水还浸湿软化岩壁的泥质物，造成岩体胶结力下降，使大片风化层脱落，且导致岩体体积膨胀、直至胀裂。2003 年 7 月云冈石窟总降雨量为 115.1 毫米，第 9 窟两列柱风化落砂量分别为 739.2 克、490.0 克。云冈石窟周围分布着许多煤矿及生活区，生产和生活中发出大量含有 SO_2、NO_2、NH_4^+ 和 F^- 等气体污染物，当 SO_2、NO_2 与 H_2O 作用后，氧化成 SO_4^{2-}、NO_3^-，使窟区雨（雪）水成分复杂，PH 值呈酸性，对石窟石雕有强烈的腐蚀作用[13]。历经千百年雨水冲刷使列柱风化破坏不断积累加剧，必然会造成列柱的失稳，危及洞窟的安全。

自北魏开凿石窟时，古先民们即已认识到太阳辐射和雨水直接冲刷对石窟保存的影响，在第 13 窟顶部还残留雕凿石檐的遗迹，辽代的"十寺"和清代的第 5、6 窟，第 7、8 窟窟檐等木结构建筑，对石窟起到了一定的保护作用。另外，窟檐还可以隔离风沙、保持洞窟内温湿度的相对稳定。因此，为云冈第 9、10 窟修建保护性窟檐是延缓列柱风化的最有效方法[12、18]。

4　结论

（1）利用环境磁学便携式 SM–30 磁化率仪器无损检测结果评价风化砂岩的风化程度是可行的，可为石质文物保护者制定合理的防风化措施提供基础数据，具有重要的科学意义。

（2）云冈石窟片状风化砂岩风化程度分为 5 级。云冈石窟片状风化砂岩在风化过程中磁化率值具有先升高后降低的特征。

（3）云冈第 9、10 窟东列柱柱面朝向相同的测量区的风化程度相同，而不同朝向的柱面的测量区的风化砂岩的风化程度有较大的差异。相比较而言，列柱面朝向北的测量区的风化程度最小，属中等风化，朝向东、西的测量区的风化程度为强风化，朝向南的测量区的风化程度最大，属全风化。在当地风化环境下，云冈第 9、10 窟列柱的风化程度受朝向控制，为：朝南 > 朝西 ≈ 朝东 > 朝北。

（4）太阳照射和雨水直接冲刷是云冈第 9、10 窟列柱风化的主要外部因素，修建保护性窟檐是延缓列柱风化的最有效办法。

参考文献：

[1] 胡瑞林，岳中琦，王立朝，等 . 斜长石溶蚀度：一种评价花岗质岩石风化度的新指标 [J]. 地质论评，2005，51（6）：649—655.

[2] 尚彦军，王思敬，岳中琦，等 . 全风化花岗岩孔径分布—颗粒组成—矿物成分变化特征及指标相关性分析 [J]. 岩土力学，2004，25（10）：1545—1550.

[3] 陈洪江，崔冠英 . 风化花岗岩物理力学指标的统计分析 [J]. 港工技术，1999（4）：49—53.

[4] 陈旭，许模，康小兵，等 . 玄武岩风化程度化学指标及微观特征研究 [J]. 人民长江，2008，39（16）：32—34.

[5] Maher B. A. Characterization of soils by mineral magnetic measurements [J]. Phys. Earth Planet. Inter. ，1986，42（1—2）：76—92.

[6] 俞劲炎，卢升高 . 土壤磁学 [M]. 南昌：江西科学技术出版社，1991.

[7] Heller F，Liu S T. Palaeocimatic and sedimentary history from magnetic susceptibility of loess in china. Geophys. Res. Letter，1986，13（11）:1085—1189.

[8] 旺罗，刘东生，吕厚远 . 污染土壤的磁化率特征 [J]. 科学通报，2000，45（10）：1091—1094.

[9] 郎元强，胡大千，刘畅，等 . 南海北部陆区岩石磁化率的矿物学研究 [J]. 地球物理学报，2011，54：573—587.

[10] 徐海军，金振民，欧新功，等 . 超高压榴辉岩退变质作用对岩石磁化率的影响 [J]. 地球科学—中国地质大学学报，2004，29（6）：674—684.

[11] 任建光，黄继忠，王旭升 . 云冈石窟龙王庙沟风化砂岩风化深度与风化速度环境磁学无损探测 [J]. 工程勘察，2013，41（9）：69—74.

[12] 黄克忠 . 云冈石窟砂岩石雕的风化问题 [J]. 水文地质工程地质，1984（3）：32—35，51.

[13] 黄继忠，袁道先，万力，等 . 水岩作用对云冈石窟石雕风化破坏的化学效应研究 [J]. 敦煌研究，2010（6）：59—63.

[14] 黄继忠 . 云冈石窟地质特征研究 [J]. 东南文化，2003（5）：91—93.

[15] 孙进忠，陈祥，袁加贝 . 石质文物风化程度超声波检测方法探讨 [J]. 科技导报，2006，24（8）：19—24.

[16] Turkington A V, Paradise T R. Sandstone weathering: A century of research and innovation [J]. Geomorphology，2005，67（1—2）：229—253.

[17] Sancho C，Benito G. Factors controlling tafoni weathering in the Ebro Basin（NE Spain）Z [J]. Geomorphology，1990，34（2）：165—177.

[18] 任建光，王旭升，黄继忠，等 . 云冈石窟建造特征与水患的关系 [J]. 工程勘察，2012（11）：17—21.

（原文刊载于《工程勘察》2019 年第 7 期）

云冈石窟顶部土层水盐分布特征研究

刘　成　孙文静　黄继忠　任建光

据统计，作为世界文化遗产之一的云冈石窟在历史上有大小佛像约十万尊，现仅存五万九千余尊。盐分对石窟的破坏是造成这种状况的主要原因，学者们对此做了相关的调查和研究。

张赞勋等[1]发现造成石刻风化的可溶盐主要为硫酸盐和碳酸盐。李黎等[2]用浙江龙游石窟石材进行反复浸泡—干燥循环试验，证明了SO_4^{2-}和Cl^-能够加速砂岩风化。LEHMANN[3]于1971年提出了盐分的积累会对石质文物造成破坏。田秋林等[4]提出盐分的积累与土中水分的迁移密切相关：盐分在水的作用下，由覆盖土层迁移至石质文物内部。郭芳[5]的研究表明，云冈石窟岩体内部的硫酸盐是通过雨水进入岩土体内部的，进而导致岩体的破坏。JIANG等[6]的研究表明，石窟中的盐源于土壤覆盖层，在水的作用下，盐分经过砂岩风化带，最终在石窟中富集。黄继忠[7]的研究表明，石雕表层可形成结晶水的盐类在干燥环境下失去结晶水，在梯度作用下，表层盐分不断增加，当石雕表面的空隙和微裂隙中盐分积累至一定量时，盐分在低温或高湿时又吸水膨胀产生压力，加速了矿物颗粒间连结的破坏和裂隙的扩张，从而促使石雕表层的剥落。王金华[8]以及张兵峰[9]研究了重庆大足石刻的可溶盐破坏机理：风化作用生成的石膏、芒硝等可溶性盐聚集在岩石孔隙中，潮湿时吸水结晶膨胀，失水时收缩。膨胀收缩反复作用，破坏效应积累，导致岩石结构遭到破坏。

由此可见，石质文物的破坏离不开水和盐的共同作用，为防治石窟文物表面的盐害，非常有必要研究石窟顶部土层的水盐分布特征，从而更有针对性地开展石窟顶部的防渗工作。

在水盐分布特征方面，杨善龙等[10]研究了榆林窟崖体砾岩中水盐分布特征，许健等[11]阐释了水盐分布规律及黄土边坡盐蚀剥落病害的机理，李小倩等[12]研究了潜水埋深对土体水盐分布的影响。但是目前，将土体渗透性、植被覆盖率以及地势等因素与土体水盐分布特征研究相结合还较少。因此，本研究针对上述因素开展了对云冈石窟顶部土层水盐分布特征的研究，为云冈石窟顶部土层增强防渗提供重要的数据支撑和理论依据。

1　取样情况

1.1　取样位置和取样方法

云冈石窟顶部土体为第四纪覆盖层，其中：第3窟顶土体属中更新统，主要成分为亚黏土，厚度约1—3米；第5窟和第18窟顶土体属上更新统，主要成分为轻亚黏土，厚度约0.5—1.5米；第42窟顶土体属全更新统，主要成分为亚黏土，厚度约0.4—1米[13]。第3窟、第5窟、第18窟和第42窟包含了所有类型第四纪覆盖层。此外，第 18 窟属昙曜五窟之一，是云冈的第一期石窟；第 5 窟为云冈第二期石窟；第 3 窟为云冈石窟空间最大的洞窟，其洞窟开凿于北魏，但雕像为唐代所雕凿，位于昙曜五窟以东；第 42 窟为云冈第三期石窟，位于昙曜五窟以西[14]。所有取土位置均靠近土壤含水率监测装置，故取第 3 窟、第 5 窟、第 18 窟和第 42 窟顶作为取样部位，取土位置分布如图 1 所示，具体位置和取土深度详见表 1。本次试验采用人工取土方式进行取样，取土类别分为环刀样和碎散土。

图 1　取土位置标识

表 1　取土位置与取土深度

取样位置	具体位置	经度（东经）	纬度（北纬）	高程 /m	取土深度 /cm	
					环刀样	散土样
第 3 窟顶	第 3 窟监测点西北 23m 处	113° 7'40″	40° 6'38″	1170.7	10	1、10
第 5 窟顶	第 5 窟监测点东 1.5m 处	113° 7'34″	40° 6'41″	1160.8	10	1、10
第 18 窟顶	第 18 窟监测点东南 6m 处	113° 7'24″	40° 6'39″	1152.9	10	1、10、20
第 42 窟顶	第 42 窟监测点东北 2m 处	113° 7'15″	40° 6'37″	1171.9	5、18	1、6、10、18、24

1.2　取样位置地势分析

利用百度地图绘制取样位置周边等高线图，并计算得到取样点坡度值，如图 2 所示。图中橙色标记点为取样位置，取样位置坡度值在图左上角，粗实线表示山谷，虚线表示山脊，箭头方向为地势降低方向。从图 2 中可以看出，所有取样位置的坡度都在 15° 以内，相对比较小，各取样位置处坡度从小到大排序依次为第 3 窟、第 5 窟、第 42 窟、第 18 窟。蒙宽宏等[15]提出随着坡度增大，土壤稳渗率下降，达到稳渗所需时间逐渐增长。因此，坡度越大，雨水的入渗量越小，土体内部含水率降低，随水下渗到土体内部的盐分间接减少。

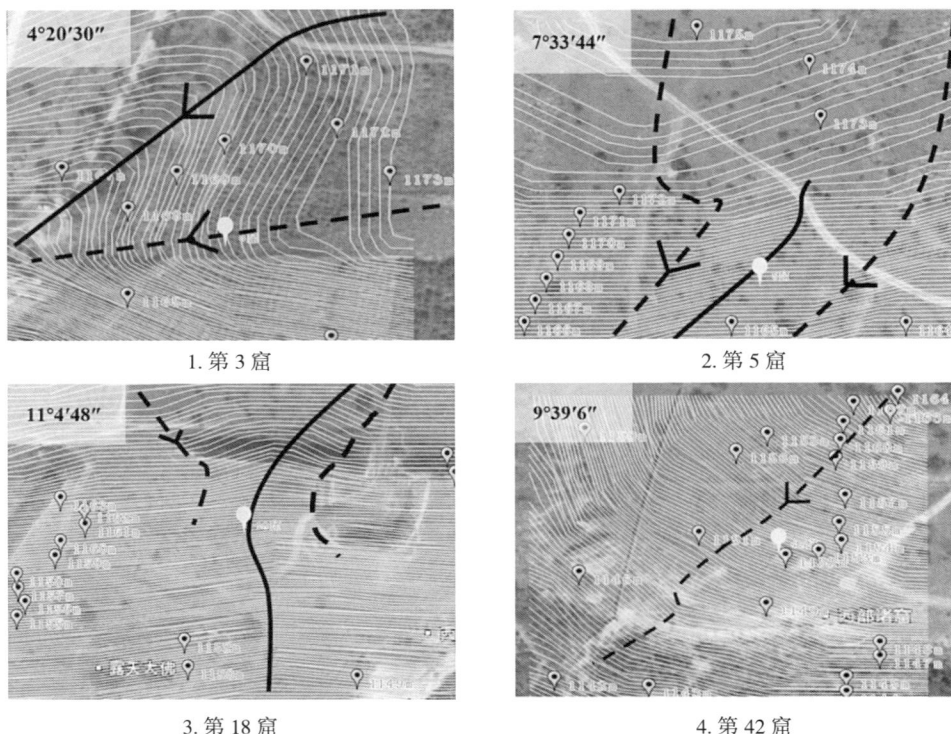

1. 第 3 窟

2. 第 5 窟

3. 第 18 窟

4. 第 42 窟

图 2 等高线图及取样点坡度

1.3 取样位置植被覆盖率

图 3 为取样位置处的植被覆盖率，图左上角注有取样位置和植被覆盖率。对图片进行二值化处理，通过计算即可确定植被覆盖率，相关公式为：

$$VGC（\%）=（平均灰度值/255）\times 100 \tag{1}$$

式中，VGC（visual grading characteristics）为视觉分级特征。

图 3 中第 3 窟和第 42 窟顶部植物为野牛草，第 5 窟顶部植物为狗牙根，第 18 窟顶部植物为艾。虽然取样部位植物种类不同，但根据吴宏伟[16]的研究，植物的蒸腾作用是造成土体含水率变化的主要因素。而本次取样时间为 2018 年 7 月下旬，夏季多雨，取样前该地已多次降雨，植物吸收水分充足，且空气相对潮湿，植物蒸腾作用很小，故可忽略植物蒸腾对土体水分变化的影响。由图 3 可知，第 18 窟植被覆盖率最大，第 42 窟植被覆盖率最小，第 5 窟与第 3 窟植被覆盖率介于两者中间。植被会使地表径流雨水流速减小，增加下渗到土体内部的雨水。若下渗的雨水中含有盐分，会间接增加土中盐分含量。

图 3 取样位置处的植被覆盖率

2 试验概况

2.1 试验用土

将取自云冈石窟顶部土层的试验土样风干后过 2 毫米筛，采用《土工试验方法标准》（GB/T50123-1999）的比重瓶法、液塑限联合测定法以及击实试验测定土样的基本指标（表 2）。

表 2 土的基本物理指标

颗粒密度 /（g·cm^{-3}）	液限 /%	塑性 /%	最优含水率 /%	最大干密度 /（g·cm^{-3}）
2.67	21.57	17.42	16.37	1.73

2.2 孔隙比、饱和渗透系数测定试验

将云冈石窟顶部采集的原状土环刀样称重，记录其质量 m，然后去除环刀，环刀体积 V 为 60 立方厘米，称取环刀质量 m_0，将其环刀样放入柔性壁渗透仪进行固定水头压的饱和渗透试验，试验采用气压控制水头压，试验仪器见图 4。环刀样孔隙比的计算公式为：

$$e = 1 - \frac{m - m_0}{\rho V} \tag{2}$$

式中，e 为孔隙比，ρ 为土样颗粒密度。

2.3 盐分测定试验

土体含水率采用烘干法测定，土体可溶盐含量通过离子色谱法（IC）测定。试验所用仪器为 ICS-1100 离子色谱仪，测量精度可达 0.01 毫克 / 升。

含盐量测定试验操作步骤[17] 如下：①采用精度为 0.0001 克电子天平称量 5 克粒径小于 2 毫米的烘干土样，将其置于干燥的 200 毫升锥形瓶中，并注入 50 毫升去离子水；②将盛有土样和去离子水的锥形瓶放在振荡器上振荡 12 小时；③用注射器将锥形瓶上部上清液抽出，插上滤膜孔径为 0.45 微米的过滤头，将溶液挤压入离心管中，过滤渗出液需要 20 毫升；④将过滤液倒入色谱仪器配套容器中，放入仪器进行检测。

图 4 柔性壁渗透仪

3 结果及分析

3.1 孔隙比与饱和渗透系数

表 3 为测得的环刀样孔隙比和饱和渗透系数，图 5 为根据表 3 数据绘制的孔隙比 e 与饱和渗透系数 k 的关系图。由图 5 可知，不论取样在哪个部位哪个深度，土样的孔隙比与渗透系数在双对数坐标系中基本呈线性关系。因原状土样中含有石块或土样中有较大孔隙，导致部分数据偏离线性关系。不同土样 10 厘米处的渗透系数由低到高排序为第 5 窟、第 3 窟、第 18 窟、第 42 窟。第 42 窟 10 厘米处土样渗透数据，按

插值法计算。董佩等[18]测定云冈石窟顶部第四纪覆盖层土体渗透系数集中在 10^{-4} 厘米 / 秒左右，与本试验结果基本吻合。

表 3   土样孔隙比和饱和渗透系数

取样位置	取土深度 /cm	孔隙比 e	饱和渗透系数 k/（cm·s⁻¹）
第 3 窟顶	10	0.91	6.70×10^{-5}
第 5 窟顶	10	0.57	4.91×10^{-5}
第 18 窟顶	10	0.76	9.78×10^{-5}
第 42 窟顶	5	0.92	1.60×10^{-4}
	18	0.74	1.84×10^{-4}

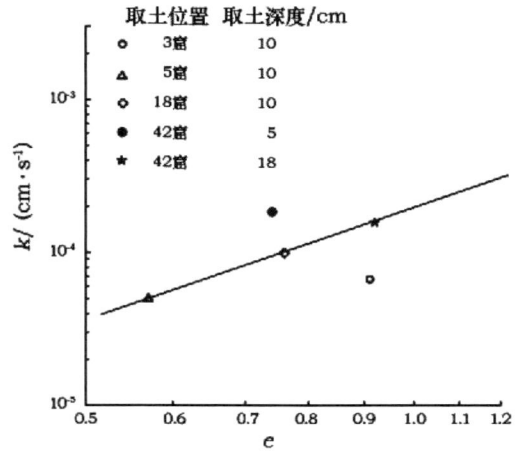

图 5   土样 lge – lgk 关系

3.2 含水率变化规律

表 4 为云冈石窟顶部不同位置、不同深度处土样含水率的测试结果，其中黑体内容为云冈土壤含水率监测装置所测得数据。图 6 为含水率与深度关系图。对含水率测试结果进行分析，得到不同位置同一深度以及同一位置不同深度土样的含水率变化规律。据此分析土样含水率差异的原因。

表 4   含水率测试结果

取样位置	取土深度 /cm	含水率 /%
第 3 窟顶	1	13.72
	10	11.91
	20	10.37
第 5 窟顶	1	9.99
	10	9.78
	20	8.92
第 18 窟顶	1	16.95
	10	12.86
	20	10.56
第 42 窟顶	1	1.37
	10	8.73
	18	5.93
	24	2.59

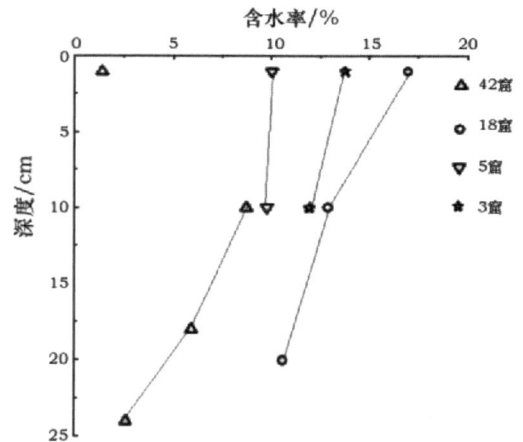

图 6   含水率和深度关系图

3.2.1 不同位置同一深度土样的含水率

由图 6 可见，相同深度处，如 10 厘米处，土样含水率从低到高为第 42 窟、第 5 窟、第 3 窟、第 18 窟。不同取土位置顶部土体的植被覆盖率不同。由 1.3 节可知，土样取土部位植被覆盖率从低到高为第 42 窟、第 5 窟、第 3 窟、第 18 窟。结合植被覆盖率和不同部位相同深度的土样含水率变化规律可知，植被覆盖率与土样含水率之间的相关性较大，植被覆盖率越大，土样含水率越大。

从图 6 中还可得知，在 1 厘米、10 厘米和 20 厘米深度处，第 3 窟顶部土层含水率均大于第 5 窟。结合 1.2 节地势分析结果和 1.3 节取土位置处植被覆盖率结果可知，两者取土位置植被覆盖率基本相同，但第 3 窟顶部土层取土位置坡度小于第 5 窟的，引起雨水下渗量高于后者，从而不同深度的含水率均大于后者。因此，除植被覆盖率外，坡度也会对土体含水率产生一定影响，当植被覆盖率相近时，坡度越大，土体内部含水率越低。第 42 窟顶部土层取样位置植被覆盖率最小，坡度亦较大，因此，第 42 窟顶土层不同深度土样的含水率均为最小。

3.2.2　同一位置不同深度土样的含水率

由图 6 可知，除第 42 窟顶 1 厘米和 10 厘米土样外，同一部位不同深度的土样含水率随着取土深度的增大，土样含水率逐渐减小。出现该现象的主要原因在于云冈石窟地处半干旱区域，土体含水率低，降雨量小。降雨后，表层土体会吸收大部分雨水，下层土体吸收水分逐渐减小，植被生长需吸收水分，也会将土中水分吸引到土体上层。而第 42 窟顶 1 厘米至 10 厘米土样含水率异常的原因为：第 42 窟顶土样植被覆盖率最小，地表水分受蒸发作用影响大，会在较短时间内减少，较深部土样受蒸发作用影响小。其余取土部位植被覆盖率都比较高，土样受蒸发作用的影响较小。因此，土体含水率分布规律较统一，即随深度的增大而减小。

3.3　土样盐分含量结果及分析

土体水分是土体盐分运移的载体，土体孔隙比会影响水分的下渗速率，同样也会影响盐分的浓度和迁移速率，孔隙比与土体的渗透特性相关。因此，需结合各取样点土样的含水率、孔隙比和饱和渗透系数的变化规律分析窟顶土层盐分分布规律。

表 5 为土样中可溶盐离子浓度测试结果。可以看出，随着取土深度的增加，第 18 窟和第 42 窟顶土层中盐分含量基本都在增大，分别在最大取土深度 20 厘米和 24 厘米处酸根离子浓度达到最大，主要因为大同地区煤炭业发达，空气污染严重，酸性降雨频率高[19]。所测酸根离子中，硝酸根离子所占比例较大，其原因可归为雷雨天气中雷电释放的巨大电能会将空气中氮元素氧化成硝酸，随雨水进入土壤[20]。

表 5　土样中可溶盐离子浓度

取土位置	取土深度 /cm	离子浓度 / (mg·L^{-1})			
		NO_3^-	Cl^-	SO_4^{2-}	合计
第 18 窟	1	1.37	4.50	2.82	8.68
	10	0.38	3.15	4.60	8.12
	20	196.93	25.04	12.09	234.05
第 42 窟	5	3.74	4.19	2.46	10.39
	18	5.16	64.81	3.84	73.81
	24	195.19	24.84	11.96	231.99
第 5 窟	1	35.75	15.04	3.00	53.79
	10	5.65	2.56	2.15	10.36
第 3 窟	1	13.57	2.42	5.01	21.00
	10	10.28	8.23	3.17	21.67

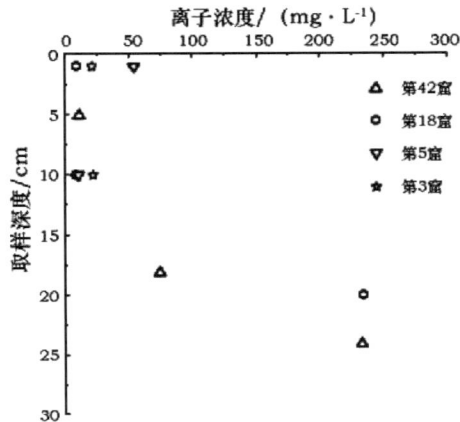

图 7　离子浓度与深度关系图

图 7 为可溶盐离子浓度与深度关系图，可以看出，随着取土深度的增加，第 18 窟和第 42 窟顶土样盐分含量基本都在增大。再结合图 5 可知，第 18 窟和第 42 窟顶土样渗透系数大于其他窟顶土样渗透系数。由此可推测，土样渗透系数越大，对应的孔隙比越大，含盐的水分较容易下渗，使得下层土体盐分含量越大。

由图 7 还可以观察到，第 18 窟顶部土层 20 厘米深处土样盐分浓度大于第 42 窟顶部 18 厘米深处的盐分浓度。而由图 5 可知，10 厘米深处渗透系数却是前者小于后者。再结合图 6 可知，第 18 窟顶土体含水率大于第 42 窟顶土体含水率大，由此也会使得土体中盐分含量增大。

由表 5 可以看出，第 5 窟顶部 1 厘米处土样离子浓度大于 10 厘米处的，第 3 窟顶部 1 厘米和 10 厘米处土样盐分含量基本相同，与第 42 窟顶部 1 厘米至 10 厘米处土样离子浓度分布特点不同。结合图 5 和图 6 进行分析，第 3 窟和第 5 窟取样点渗透系数较第 42 窟的小，含水率较第 42 窟的大。说明具有较小孔隙比的土体，对应的渗透系数较小，阻止了盐分的下渗。渗透性是影响土体盐分含量的主要因素。

3.4　土体水分和盐分含量分布图

根据取样点土样含水率及含盐量规律作各层土在一定范围内（10 米 × 10 米）的含水率分布图（图 8）和含盐量分布图（图 9）。各图左上角注释了土层深度，不同色系代表不同水分或盐分含量，所对应的水分和盐分含量分别见（图 8-3）和（图 9-3）。同一色系的深浅程度代表土体水分或盐分含量的高低，颜色越深，代表的水分或盐分含量越高，反之越低。颜色的深浅程度代表的水分或盐分差异均在 0.3 个单位内。

因为在该范围内土体的植被覆盖率和孔隙比相近，由植被覆盖和孔隙比造成的土层含水率及含盐量变化可忽略不计，再结合 3.2.1 和 3.3 节分析可知，土层含水率及含盐量变化主要由地形变化引起。距离山谷越近越容易汇水，土体含水率越高，较多的水分会带来大量盐分，导致土体盐分含量增加。而坡度越大，雨水下渗量越小，且对地面冲刷力较大，因而土体含水率和盐分含量较小。比如：（图 8-2、3、4）中在山谷处（实线处）水分含量最高，越接近山脊处（虚线处）水分含量越低；图 9-2—图 9-4 中在山谷处盐分含量最高，越接近山脊处盐分含量越低；（图 8-1）中山脊线上侧等高线稀疏地形较缓，雨水容易下渗，土体含水率高，山脊线下侧等高线密集地形较陡，雨水较难下渗，土体含水率低；（图 9-1）中山脊线上侧地形较缓，雨水容易下渗，从而携带大量盐分下渗，导致土体盐分含量高，山脊线下侧地形较陡，雨水较难下渗，不利于盐分下渗，因此土体盐分含量低。

1. 第 3 窟

2. 第 5 窟

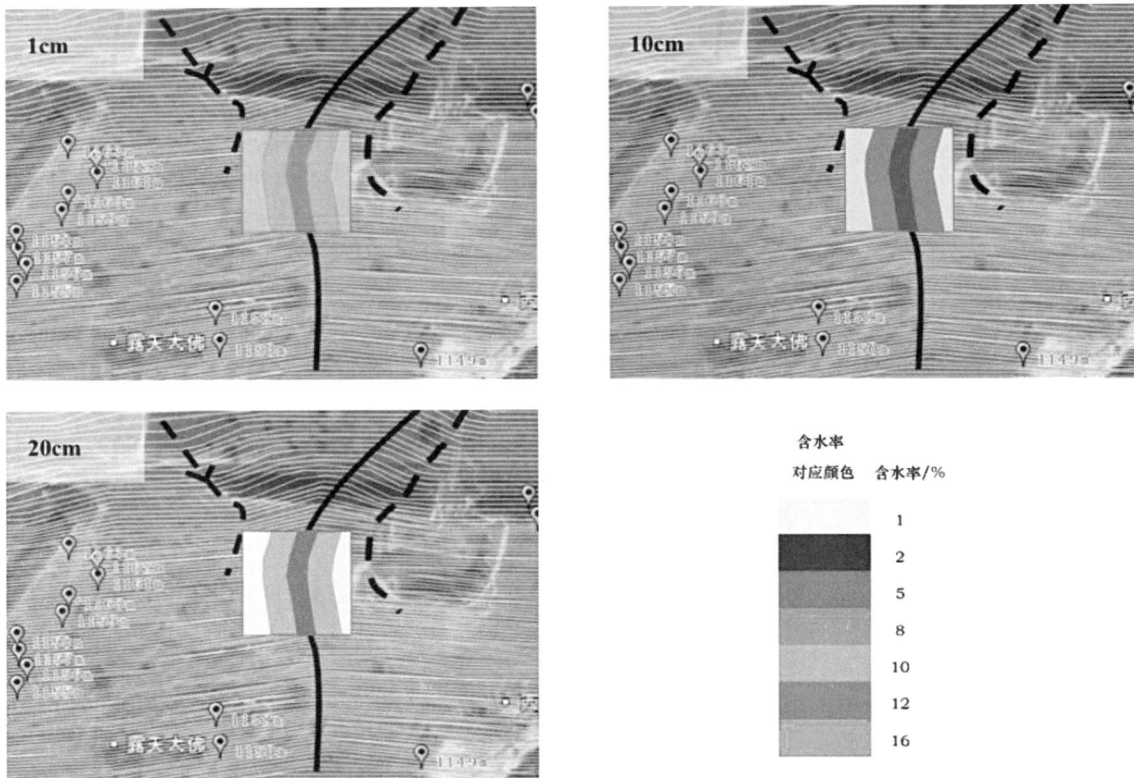

3. 第 18 窟

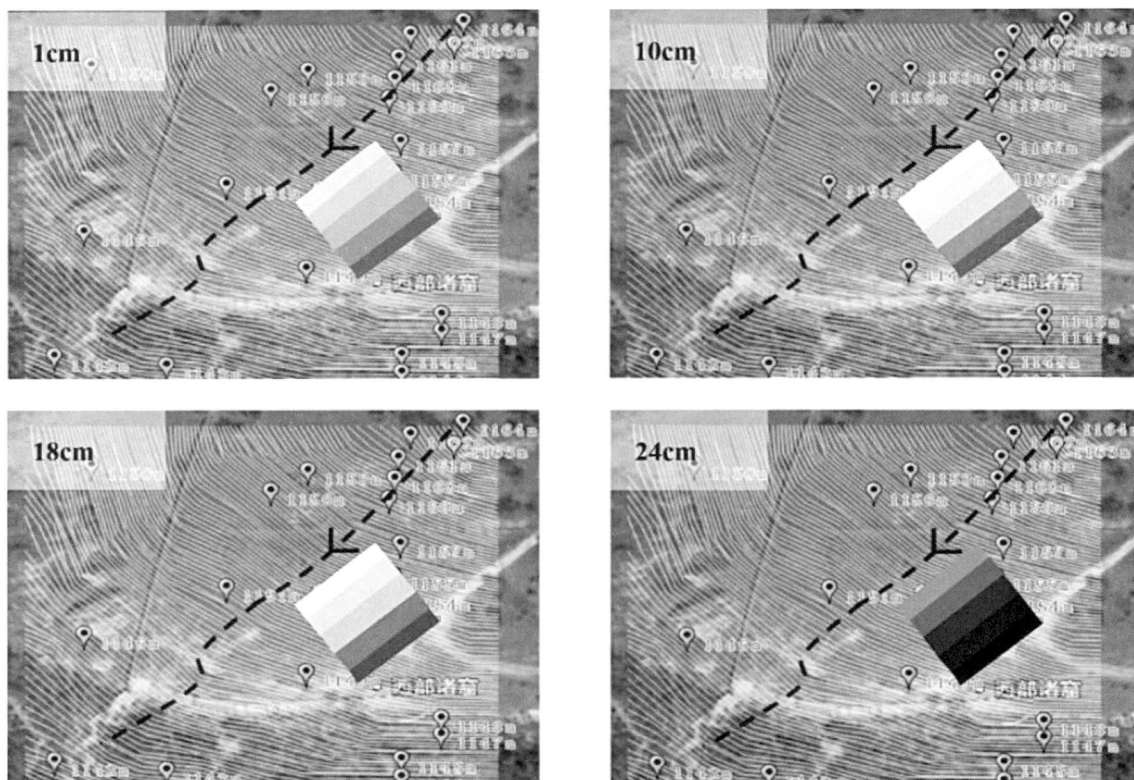

4. 第 42 窟

图 8　各窟土体水分含量图

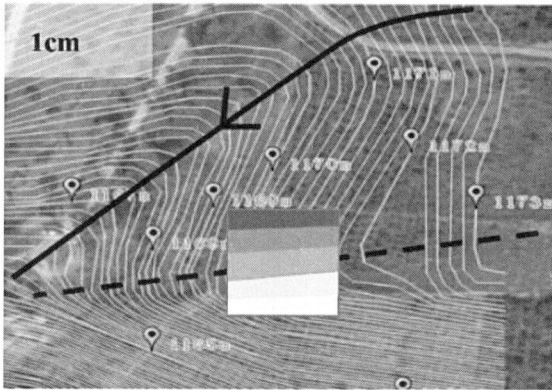
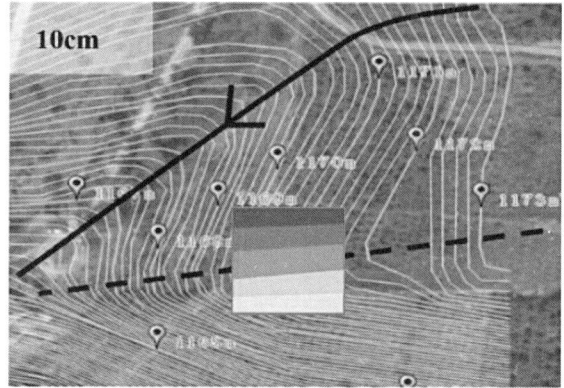

1. 第 3 窟

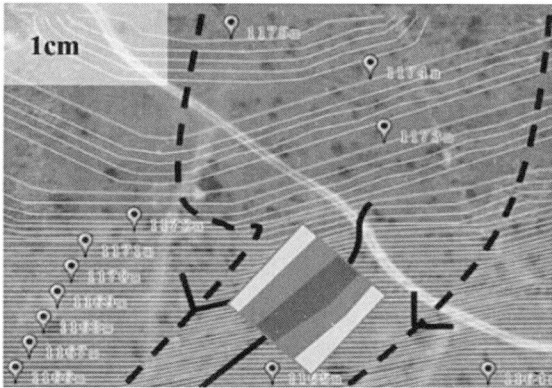
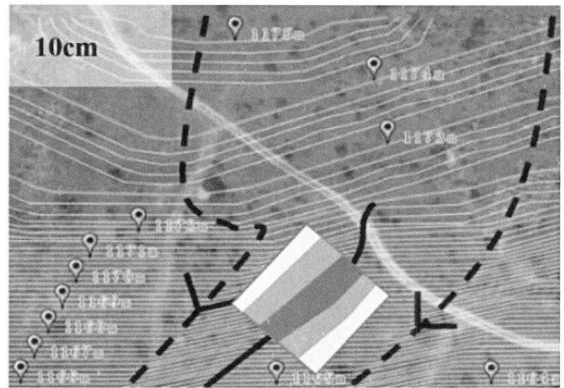

2. 第 5 窟

盐溶液浓度对应颜色	盐溶液浓度 / (mg·L⁻¹)
	8
	10
	20
	50
	70
	230

3. 第 18 窟

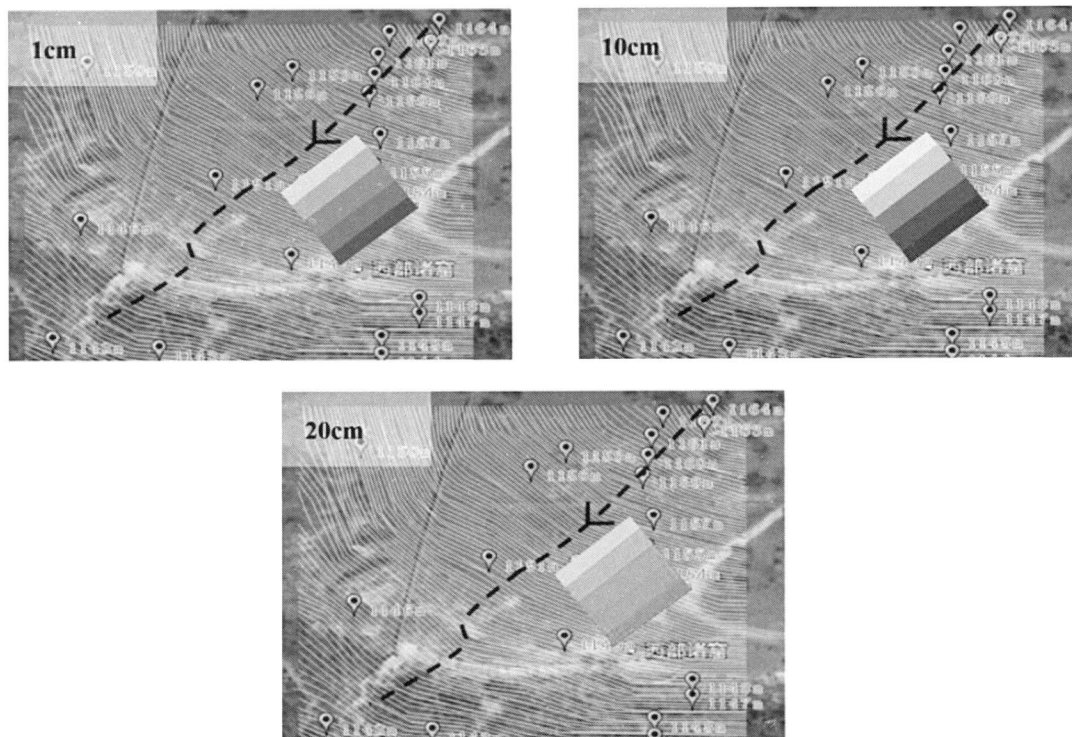

4. 第 42 窟

图 9　各窟土体盐分含量图

4　结论

本研究通过对云冈石窟顶部试样的孔隙比、渗透系数、含水率和盐分含量等各指标的综合分析，并结合云冈石窟顶部土层取样位置处的植物覆盖率和坡度数据，得到云冈石窟顶部表层土的水盐分布特征，主要结论如下：

（1）植被覆盖率和地形坡度是影响土体含水率的主要因素，植被覆盖率越高，土体含水量越高；取样位置坡度越大，土体含水率越低。

（2）土体盐分含量与孔隙比、渗透性和含水率密切相关。孔隙比与渗透系数在双对数坐标下，基本呈线性关系，土体孔隙比越大、渗透系数越大，水分越易下渗，从而携带盐分下渗，导致下层土体盐分含量越大。

（3）山谷附近容易汇水，较多雨水汇集会带来大量盐分，水盐的下渗量增大，土体水分和盐分含量增加。而坡度越大，雨水下渗量越小，且对地面冲刷力较大，因而土体水分和盐分含量较小。

所测数据基本能够反映云冈石窟顶部土层中水盐分布规律，接下来还需获取更多不同位置、不同深度、不同时间土样的水盐信息，进一步研究云冈石窟顶部土体水盐的时空分布规律及盐分运移规律，从而有针对性地采取适当措施，减小水分入渗引发盐分下渗造成的石窟病害。

参考文献：

[1]　张赞勋，付林森，江东云，等．大足石刻风化物可溶盐形成及破坏作用机理 [C]// 中国地质学会工程地质专业委员会，中国科学院地质研究所工程地质力学开放研究实验室．第五届全国工程地质大会文集．

北京：地震出版社，1996：17—24.

[2] 李黎，王思敬，谷本親伯. 龙游石窟砂岩风化特征研究 [J]. 岩石力学与工程学报，2008，27（6）：
1217—1222.

[3] LEHMANN J. Damage by accumulation of soluble salts in stonework [J]. Conservation of Stone，1971，1（11）：
35—45.

[4] 田秋林，朱世煜，陆军，等. 西北寒旱区盐渍土水盐迁移规律研究 [J]. 公路，2019（8）：22—27.

[5] 郭芳，姜光辉. 大同云冈石窟可溶盐的分布及硫同位素特征 [J]. 水文地质工程地质，2013，40（3）：
126—130.

[6] JIANG Guanghui，GUO Fang，POLK J S. Salt transport and weathering processes in a sandstone cultural relic，
North China[J]. Carbonates and Evaporites，2015，30（1）：69—76.

[7] 黄继忠，袁道先. 水与盐对云冈石窟石雕的影响初探 [J]. 文物世界，2004（5）：61—66.

[8] 王金华. 大足千手观音造像保存状况及病害专题研究 [J]. 中国文物科学研究，2007（2）：70—78.

[9] 张兵峰，蒋思维. 重庆大足石刻大佛湾渗水病害初探 [J]. 中国文物科学研究，2016（1）：68—71，120.

[10] 杨善龙，王彦武，苏伯民，等. 瓜州榆林窟崖体砾岩中水盐分布特征研究 [J]. 敦煌研究，2018（1）：
136—140.

[11] 许健，郑翔，王掌权. 黄土边坡盐蚀剥落病害特征调查及其水盐迁移规律研究 [J]. 工程地质学报，
2018，26（3）：741—748.

[12] 李小倩，夏江宝，赵西梅，等. 不同潜水埋深下浅层土壤的水盐分布特征 [J]. 中国水土保持科学，
2017，15（2）：43—50.

[13] 山西省地矿局第三综合勘察公司. 云冈石窟顶部第四纪覆盖层勘察报告 [R]. 山西云冈：云冈石窟顶部
防渗保护工程会议资料之五，1990，4.

[14] 宿白. 云冈石窟分期试论 [J]. 考古学报，1978（1）：25—38.

[15] 蒙宽宏，姚余君，柴亚凡，等. 环境因子对土壤水分渗透特征的影响 [J]. 防护林科技，2006（3）：
25—27.

[16] 吴宏伟. 大气—植被—土体相互作用：理论与机理 [J]. 岩土工程学报，2017，39（1）：1—47.

[17] 朱朝娟，周光明，余娜，等. 离子色谱法同时快速测土壤中的 F^-，Cl^-，NO_2^-，Br^-，NO_3^-，HPO_4^{2-}，SO_4^{2-}[J].
西南大学学报（自然科学版），2010，32（9）：54—58.

[18] 董佩，王旭升，万力，等. 云冈石窟覆盖层特征及其对石窟渗水的影响 [J]. 科技导报，2013，31（10）：
62—66.

[19] 李亚军，吕红玉，初桂华，等. 山西省酸雨变化趋势特征分析 [J]. 环境科学与技术，2014，37（增刊1）：
67—71.

[20] 李生秀，寸待贵，高亚军，等. 黄土旱塬降水向土壤输入的氮素 [J]. 干旱地区农业研究，1993，11（增
刊1）：83—92.

（原文刊载于《文物保护与考古科学》2020年第3期）

明清时期云冈石窟保存状况析论

杨俊楠

北魏皇家寺院云冈石窟，曾是皇帝行幸祭拜之所，所受保护自然周全，后代也多有维护。明清云冈石窟是连接古代与近代石窟保护的重要一环，但学界在此着力不多，不少问题有待于分析。笔者不揣浅陋，对明清时期云冈石窟的保护及其内在的传承变化试作梳理，不当之处，敬请批评指正。

1　明代云冈石窟的衰败

明代云冈石窟基本处于不断颓败衰微之中，究其原因与大同的周边局势有关。

洪武二年（1369），常遇春攻取大同。《明太祖实录》载"副将军常遇春率师至大同，故元守将竹贞等弃城走"[1]。同年，明朝政府在大同建制，设府并"领州四，县七"[2]。至此开始，大同作为明朝北疆之极边，用以抵御蒙古等外敌，成为拱卫京师的军事堡垒与重要屏障。明迁都北京后，大同军事地位越发重要，一旦失守，北京西侧将无险可依，因而大同府的一切行政部署均以军事为先，中央政府及当地主政官员的焦点都集中于军事层面，兴修寺庙等宗教事宜基本不在官方的考虑之内。何况常年的整备军事使各级政府承受极大财政负担，已难有余力管顾其他。

明朝立国近三百年，蒙古进兵大同及周边而导致双方的军事冲突无数，甚至不少战事直接交战于云冈石窟范围内 ①。蒙古屡次犯边，大同周边战火不断，社会安全尚且无法保障，兴修寺院、旺盛香火等事宜在战火纷飞中断然无法实现，有的只是石窟不断破败。另外，当地驻军同样对石窟保存起到消极影响。双方交战态势下，明军通常以防守为主，为有效抵御蒙古铁骑冲击，明军在长城边墙内大量修建军堡、墩台。至于云冈石窟，明军自嘉靖朝开始在石窟前及山顶修建军堡：

云西堡、云冈堡、灭鲁堡、三屯堡，以上四堡建自明嘉靖、隆庆、万历年间，俱设官兵。国朝顺治年间奉裁。[3]②

除两座军堡及辅外的夹墙外，还需安置士兵的屋舍，洞窟随即成为饲养战马的马厩、存放粮草的仓库，石窟因此受到极大破坏。

明军执行焚烧防线周围荒草的"烧荒"政策，同样不利于石窟保护。焚烧荒草便于明军瞭望敌情，同

---

① 例如，成化十九年（1483）八月"己丑，镇朔大将军、保国公朱永等奏，虏贼侵扰大同等边，臣永等督兵击之。初十日，都指挥使刘统等与战于石佛寺"（《明宪宗实录》卷243）；正德九年（1514），蒙古"以五千骑从八股泉入……复以百骑从大窑山墩入，来往石佛寺堡、滑石岭、安边堡至东山村诸处，四散大掠"（《明武宗实录》卷117）。

② 据相关学者研究，窟前的军堡大约于公元12世纪前后的金朝末期就已经修建，嘉靖时期对其增筑，窟顶的云冈堡为明朝筑（张焯《云冈筑堡与古寺衰微》，《敦煌研究》2007年第6期）。

时敌方战马失去赖以生存的水草，不利进攻。作为惯例，秋冬时节北方气候干燥，明军便组织士兵大规模烧荒，范围往往上百里。明军烧荒通常兵分三路，"一出宣府以抵赤城、独石，一出大同以抵万全，一出山海以抵辽东，各出塞三五百里，烧荒哨瞭"[4]。云冈石窟所在的大同一线恰好是明军"烧荒"的重要区域。经年累月的"烧荒"令云冈石窟及周边自然生态急剧恶化，大量的烟尘也对石窟造成极大的破坏。

可以说，由明代大同周边紧张局势引发的连年战乱、修筑军堡、烧荒等，是云冈石窟不断衰颓的最主要因素。除此之外，明代政府对佛教的严苛管理也在客观上加剧了这一趋势。

作为佛教寺院，其兴盛与衰败必然受国家的佛教政策左右，分析明代的佛教政策可以发现有明一代虽没有采取激进的禁止措施，但严格的政策管理却几乎从始至终，甚至被清代的历代帝王奉为圭臬①。实质上，在明朝肇立，朱元璋践祚伊始，对佛教给予过一些优待政策，如编纂新版《大藏经》，派遣僧伽出访西域，免费发放度牒等等②，甚至亲自参加南京紫金山举办的法会。这些举措并不意味着国家对佛教的友好态度。相反，伴随着浅显的友好姿态而来的是越发严苛的管理体系。朝廷希望构建完善、严密的制度以规制佛教来满足集权统治，这一意愿在洪武时期就初见端倪。

洪武元年（1368），朱元璋废除前代管理佛教事务的宣政院，在南京设立全新的管理全国僧伽的僧官机构——善世院。善世院受职从二品，内部官职有统领、副统、赞教等职，负责管制全国僧伽、任免名刹主持等事宜[5]。洪武十五年（1382），朱元璋准吏部咨，增设僧录司替代善世院以加强管理[6]。僧录司负责管理僧众、发放僧伽度牒、重要寺院主持的考核任命、编印佛教经典等事宜。与善世院相比，僧录司行政覆盖面更广，不仅有中央机构，而且府、州、县设有僧录系统的僧纲、僧正、僧会等分支机构。僧录司的设立标志着明代僧官体系基本架构的完成，这套等级森严、体系完备的僧官系统更易于中央政府权力在僧团中延展，尤其是地方僧官机构的出现，成为中央命令易于传达地方的有利抓手，僧伽团体的自主性大大降低[7]。虽然后期的政策韧性较洪武时期已经松动，但将教团置于中央的掌握之中，整体把控佛教的基本面仍然坚挺。

在寺院管理上，明政府压制佛教寺院数量。洪武六年（1373），朱元璋便以"释老二教，近代崇尚太过，徒众日盛，安坐而食，蠹财耗民，莫甚于此"为由，裁剪寺院数量，"令府、州、县止存大寺观一所，并其徒而处之，择有戒行者领其事"[8]。洪武二十四年（1391），再次强调归并寺院一事，要求每个府、州、县只能保有一处大型寺院，"自今天下僧道，凡各府、州、县寺观虽多，但存其宽大可容众者一所，并而居之"[9]。实际效果也比较显著，如"洪武年间，湖州新建、复建或修缮了 92 座寺院，杭州 115 座，而在永乐年间，这两地的相关数字掉到了只有 9 座和 8 座"[10]。

严密的僧官制度，大量削减寺院数量，加强僧众的人身控制等措施，无一不透露出明朝政府对佛教的限制与戒备之心，其目的一方面是由于朱元璋曾利用宗教起义，登极之后戒备之心甚重，以防备这类事件

---

① 本文所指的国家的佛教政策，主要针对汉地佛教。明清时期，政府在国家统一考虑下，对广泛分布于蒙藏等地区藏传佛教给予了相当的礼遇优待，这一政策同时也普惠到内地的藏传佛教。另，因清代佛教政策整体基本沿袭明代，且云冈石窟在清代受佛教政策直接影响较小。涉及要点在下文有所提及，为行文简洁，本文不再赘述清代佛教政策。

② 纵观明代，度牒的发放形式几经变迁，从早期的免费度牒并对之严加控制，延至景泰年间政府又利用重开出卖度牒的鬻牒方式来赈灾救济，到嘉靖后期售卖度牒沦为政府吸纳财政的一种渠道。

的重演；另一方面，政府要将佛教纳为国家机器的附属。事实上也达到明朝政府预期的局面，佛教影响力、自主性遭到极大削弱，宗教成为朱明王朝教化民众、阴翊王度的工具，并深深根植于明朝政府中央集权网络中的一环。以限制佛教为主的政策大背景下，一些名山大刹的处境尚且艰难，甚至面临归并，何况地处明朝疆域之极边、接壤于蒙古、常年遭受战乱摧残的云冈石窟呢？加之客观上国家佛教政策的冷落，明代云冈石窟的颓废衰微不可避免。

2　清代"官"营与"民"修

清代大同、宣化一带不再作为边防前线而战火四起，周边局势相对稳定。军队所筑军堡被弃用，云冈石窟再度恢复为一座普通寺院。与明代不同，清政府主动维护云冈石窟，虽不及北魏、辽金之规模，整体保护的规模也有限，却开展数次维护工程，其中也包含官方介入。然而清代的云冈石窟保护维修有内在原因，不可一概而论。

纵观云冈石窟清代维修保护相关资料，清代前期修护由官方主导。需要指出的是，清代官方维护是出于政治因素考量，并非有主观保护的意愿。清前期较有规模的兴修石窟有两次且都是官方主导。顺治八年（1651），由时任宣大总督佟养量主持，政府首次兴修云冈石窟①。佟氏兴修云冈石窟动机的内因与顺治五年（1648）的姜瓖大同兵变有直接关联。

姜瓖，陕西延川县人，原明朝大同总兵官。崇祯十七年（1644）春，姜瓖归降李自成的大顺政权。五月，李自成兵败山海关后，姜瓖立即"斩贼首柯天相等，以大同来降"归顺清朝[11]。顺治五年（1648），姜瓖因朝廷对其猜忌，遂在大同举兵起事反清，随后阿济格率军围大同。顺治六年（1649）二月，"摄政王多尔衮征大同"，三月，"多尔衮拔浑源州"，应州、山阴等地均投降或被攻破，大同遂成孤城；四月，和硕敬谨亲王尼堪移师大同；秋七月，"摄政王多尔衮复征大同"，于八月还京后再派遣"英亲王阿济格、贝子巩阿岱等征大同"[12]。清军此时围城近九个月，大同城防已成强弩之末，城内军民"饥死殆尽"，姜瓖部将杨振威"斩姜瓖及其弟琳"开门献城[13]。二十九日，清军入城，九月二日清军屠城：

斩献姜瓖之杨振威等二十三员及家属并所属兵六百名，俱着留养，仍带来京。其余从逆之官吏兵民尽行诛之，将大同城垣自剁彻去五尺，其城楼、房舍不得焚毁。[14]

大同府移治于阳和卫②，顺治九年府治还于大同。

顺治六年（1649），清廷讨伐姜瓖后，任命佟养量为宣大总督。佟氏上任后采取怀柔措施，减少大同屯田所需缴纳的钱粮数额。佟氏认为："边地种迟霜早，沙碛相望，加以岁盗频仍，荒残愈甚。若复援例起科，势必闻风俱溃。"[15]经济上休养生息之外，佟养量还利用宗教手段来稳定姜瓖兵变后的社会秩序，兴修云冈石窟、观音堂的目的便是在精神上安抚民众，镇祭亡魂。战后的大同满目疮痍、尸骸遍野，佟养量"敛

---

① 佟养量，辽东人，崇德八年（1643）从皇太极伐明，清兵入关后，与弟佟岱从克太原府，后又平定江南，克扬州、江阴。顺治六年（1649）任宣大总督。

② 阳和卫，今山西阳高县。

而葬之"并建报忠祠[16]。顺治八年（1651），佟养量完成了云冈石窟以及观音堂大殿的维修工程①。石窟维修主要是重修今第5、6窟前的阁楼，即佟养量所称："此予集材鸠工，重修杰阁，并出山妙相。"[17-18]顺治年间维修工程的发起者基本以官员为主体，包括佟养量在内，有钦差整饬大同左卫等处兵备、山西提刑按察司佥事吕逢春，钦差整饬阳和等处兵备、山西承宣布政使司右参议陈宏业，宣大总督部院中军、副总兵官范埛，协守右卫等处副总兵徐长春，阳和府知府胡文烨，威远路参将戴维藩，阳和中路通判陈禹谟等人[17、19]。

康熙到访云冈石窟直接促成第二次官方修护云冈石窟工程。此次工程是山西当局秉承"圣意"的结果，政治导向意味更为明显。

康熙三十五年（1696），康熙第二次亲征噶尔丹，在昭莫多将之大败，随后"十一月戊寅，噶尔丹遣使乞降"[20]。康熙于当年十一月回銮。十二月初七，大军行至归化；初十，"次左云县，驻跸生员范澎宅"；十一日，康熙便"幸云冈石佛寺"，并亲题"庄严法相"匾[21]。《乾隆大同府志》对此也有详细记载：

> 康熙三十五年亲征厄鲁特噶尔丹，冬十二月自塞外回銮。十一日，幸云冈石佛寺。次日，幸大同郡城，小民扶老携幼跪迎道左。[22]

但山西政府其实并未立即开展修缮工程，而是在两年后的康熙三十七年（1698）才着手动工。《重修云冈寺记》中载有时任山西巡抚倭伦维修云冈石窟的原委经过：

> 大同府为钦奉上谕事，康熙三十六年五月初七日，蒙巡抚山西太原等处地方，提督雁门等关军务，兼理云镇，都察院右副都御史、加一级倭宪票："恭照皇上行幸云冈寺，已蒙御书匾额，悬挂本院；曾于各官面商，捐俸修饰庙宇，庄严佛像，前因军需事繁，不遑举行。昨皇上回銮，驻跸口外，复蒙问及。本院口奏，正在装修等语。兹值军务告竣，合就饬行。为此，仰府官吏照票事理，即将该府库贮，不拘何项官银，动支五百两，委官星速监修；俟工完，造报捐俸还项。务要焕然一新，不得草率从事。须至票者等因。"[17、23]

从碑文中的日期"康熙三十六年五月初七日"来看，时值康熙结束第三次讨伐噶尔丹后的返京途中。康熙三十六年二月，大军"分两路出师，圣驾巡晋及秦，就近调度"，十四日，康熙入山西境内"驻跸天镇卫城"[24]，十七日，"上驻大同""夏四月辛亥，上次狼居胥山。甲寅，回銮"[25]。早在康熙三十五年，玄烨造访云冈并亲笔题字时，倭伦就有为恭奉皇帝而重修云冈的打算，只是因军务耽搁。时隔一年后，康熙仍对此事十分在意，返京行至独石口附近时仍"复蒙问及"维修云冈之事②。皇帝再次过问，而且战事已

---

① 观音堂位于云冈石窟以东6公里处，修建于辽代，金攻陷辽后观音堂被毁，明代未曾加以保护，佟养量主持的修缮为金代以来的首次修建，此次主要修复了观音堂大殿。

② 碑文所载"皇上回銮，驻跸口外"一语中，"口"即长城关口，"口外"则泛指长城以北地区，具体在此碑文中的"口"应是独石口一带。判断"口"的具体位置需结合碑文中有关日期。康熙五月初七"驻跸齐齐尔哈纳地方，是日阅庆丰寺牧场牛羊"（参见《清圣祖实录》卷183）。清代庆丰寺牧场位于北京西北的张家口一带，但碑文所指的关口却并非是张家口。因为五月初五时，康熙"驻跸色德勒黑地方，是日阅太仆寺牧场马匹"（参见《清圣祖实录》卷183）。此处的牧场是清代设置的太仆寺左翼牧场，在今锡林郭勒盟太仆寺旗附近。八日驻于"魁吞布拉克地方，是日阅礼部牧场牛羊"（参见《清圣祖实录》卷183），魁吞布拉克为清代独石口驿站的一处，"独石口一道，除独石口内地所设一站外，设蒙古站，其第一站奎屯布拉克在察哈尔境内"（参见《嘉庆会典事例》卷745），大致位于"出独石一百二十里"处（参见《嘉庆会典事例》卷559）。可见康熙这几日返京的行经路线是从北向南前行，且八日才抵达魁吞布拉克驿站，而此地位于独石口沿线驿站。因此碑文中倭伦所讲"口外"的具体位置当为独石口。

经结束，身为巡抚的倭伦自当对石窟维修工程全力以赴，如此第二次修护工程才得以开展。

康熙三十七年（1698）四月十五日工程开工，八月结束，先后历时约四个月，耗资方面包括购买工程材料如金子、各色颜料、桐油、胶粉、煤土、砖瓦、木料、石灰、麦糠、羊毛、纸筋、铁钉、铁系、铁锹、石条、扎架绳索、木椽、筛子、煤炭、毛头纸、柳筐、灰包布、水礶等，以及聘请塑匠、画匠、油匠、土工、木匠等施工人员在内，共耗费银两"一千六百零六两四钱七分"[26、23]。

此次维修工程是官方投入最多、规模最大的一次。从消耗物资细目上来看，在以往修护基础上，工程还对洞窟内造像加以修补，例如第 5 窟主室南壁下方的泥塑应当便是成于此时。水野清一、长广敏雄二人曾对这些泥塑的年代发表过议论，认为所表现的风格较晚，应当是由后世追刻而成[27]。近年有研究者确定第 5 窟主室东、西壁等处的泥塑像系清代补塑[28]。

康熙年间的保护工程完工宣告清代以政府为主导修护的结束。此后的保护兴修基本是民间工程，结合现存资料来看，民间发起的保护工程从乾隆一直延续至光绪时期，前后跨度一百余年①。

民间修护以乾隆时期最为频繁。乾隆十七年（1752），云冈寺僧发起修缮云冈堡的道路工程。主持寂容和尚因云冈窟前道路年久失修，从"向之平宽者"变为"行人止步，咨嗟而悼叹；过客停车，畏险而怀忧"[29、30]，于是向民众募化资金修缮道路。民众响应十分积极，捐助者中甚至有阿拉善旗旗王罗布藏多尔济这样的显贵及大同、左云等地的一些官员，但捐助者构成主体仍是大同府及周边地区如杀虎口、平鲁县等地的普通信众。《重修云冈大路碑记》中记录了参与捐助的官员只有十余人，而地方普通信众人数在排除碑文中以商铺及村庄名义捐助情况下都多达近 600 人[31、32]。云冈堡道路完工后，各类修缮工程也在交替进行，并无长久地间断过，这一状况持续近 20 年：

第自乾隆十七年修路立石，而后至今，又历多年。其所续建殿宇、回廊、碑坊、乐楼，以及金装佛像、移素诸佛、全身重整、御题匾额、丹青两壁、彩画栋梁，其工程详备，更难以枚举[33、34]。

之后较有规模的修护工程是在咸丰十一年（1861），云冈石窟"观音殿、东禅堂、乐楼，久经颓废"[35、36]，寺僧在当年募集资金将之整修。施舍钱财的信众仍是小部分的王公官员，绝大部分为周边乡里的普通民众，最终共募集到资金折合铜钱共计"三百一十七千零八十文"[33、37]。同治五年（1866），石窟寺住持通喜和尚募化资金整修石窟内玉皇阁；八年（1869），经信众捐助，通喜和尚请工匠铸钟一口，重约 2500 斤。十二年（1873），寺僧修缮山门三间、钟鼓楼两座。这次为筹集资金，僧人将募化范围扩大，除"募化来往长官及四方善士、蒙古仁人外"[38、39]，还曾前往归化城②；三年后，光绪二年（1876），修缮"大佛寺前殿遗址，更建左右禅室，次第仍补修层楼，土木陶绘"[40、41]；十七年（1891），"兴和县王永昌氏出资购买民院地址，装采五华洞，并修饰东西两楼，金装大佛全身"③。至此，清代民间力量介入的维修整备云冈也告一段落。

---

① 目前存有的记载康熙朝之后修护云冈石窟的碑文资料主要有：乾隆十七年（1752）《重修云冈大路碑记》、乾隆三十四年（1769）《重修云冈石佛寺碑记》、咸丰十一年（1861）《重修大佛寺碑记》、同治五年（1866）《修玉皇庙记》、同治八年（1869）《主持通喜造梵钟记》、同治十二年（1873）《重修庙宇碑记》及光绪二年（1876）《蒙文碑》。

② 归化，今呼和浩特。

③ 厉寿田：《云冈石窟源流考》，云冈石窟研究院藏线装本，1937 年，第 20 页。

在清代前期因缘际会的政治事件左右之下，云冈石窟得到了保护，这样的偶然事件引起的政府保护却注定无法持久，当这些政治因素影响逐渐消退，其政府层面的关注度也立即消失，云冈石窟管护再次出现真空，民间力量参与其中进行填补成为可能，这是云冈石窟在清代中晚期保护主体由官方转向民间的重要因素。

而促使包括王公大臣在内数量众多的善男信女参与其中，绝非是寺中僧人积极募化或是民众捐助这样的表象所能解释的，民间自发修护石窟的背后包含深刻的社会原因。

首先是交通方面的影响。清代大同已成为勾连北京、西北的交通重镇，与周边地区联系增多，交往更为密切。此时，驿路交通在清代已经达到一个相当的高度，驿路、铺递路等数量众多，无论是官方还是民众的出行，便利程度都有所加强。清朝时大同已经是晋北地区的交通孔道，北京去往伊犁以及归化、库伦的两条要道都需经过大同，并有省内通往太原府的驿路[42]。因此，云冈石窟的影响范围也随之扩大，民间的募化、捐助与保护也越来越多，清代中后期云冈寺僧的募化才有能力远至西北一带。

其次受居士佛教在清代的特殊境遇的影响。清代佛教处境艰难，"佛教理论衰微至极，僧徒缺乏必要的佛教知识"[43]。居士佛教的发展则可谓别开生面。以四大名山为首的寺院宝刹香火日益旺盛、信众不断，民间的居士及善男信女对寺院礼拜佛祖投入了极大热情，这些寺院也承托了信众的宗教感情。佛教的世俗扩展一定程度上反致佛教"蒙受了在教义推广、思想展开方面的重大损失"[44]，但对维系处于江河日下中的佛教起到了一些积极作用，起码不致在民间影响力受到波及。云冈石窟作为在晋蒙乃至西北颇具名气的寺院古刹，自然广受周边居士信众的关注，从而具备良好的民间信仰基础。在民间信众的支持下，清中期开展的数次民间石窟维护工程才能屡屡得以成功。

3　结语

云冈石窟的保护是一个延续的动态过程，当中伴随着高峰与低谷的波动，就此而言，明清时期云冈石窟多是处于低谷之中，尤以明代为甚。清代的整修工程虽然保护了石窟，但始终没能扭转云冈石窟的颓废之势。宏观来讲，民国之前社会并没有古迹古物保护观念，政府往往是疏于保护，修缮维护也是出于其他目的而非保护石窟。云冈石窟的破败其实也是大多数文物在明清及前朝社会现实的映照。就这一现状，云冈石窟住持心良和尚在咸丰十一年修整石窟时曾描述得十分确切："特是前人创之，而后人不继之；即一人继之，而众人不助之，则所谓美者无由彰。古迹之废弛，大都类此。"[26、36] 其实，云冈石窟能历经千年风雨而尚且留存已然不易，尽管明清之际云冈保护不周，但不乏亮点，清代前期的两次官方修缮，尤其是清中晚期的民间维修保护多是在清末动荡的社会环境中完成的。总之，明清时期的云冈石窟保存实质是破坏与保护并存，这是明清时期云冈石窟保存的基本特征，也是中华人民共和国成立之前云冈石窟保存的缩影。

参考文献：

[1][8][9]　明太祖实录 [M]. 台北："中研院"历史语言研究所校印，1962：778，1537，3109.

[2]　（清）张廷玉 . 明史：地理志二 [M]. 北京：中华书局，1974：967.

[3][21]　（清）刘士铭 . 雍正朔平府志：建置 [M]// 中国地方志集成：山西府县志辑：第 9 册 . 南京：凤凰出版社，
　　　2005：93，75.

[4]　明英宗实录 [M]. 台北："中研院"历史语言研究所，1962：2001.

[5]　何孝荣 . 明初善世院考 [J]. 西南大学学报（社会科学版），2009（2）：46—50.

[6]　（明）释幻轮 . 释鉴稽古略续集 [M]// 大正藏：第 49 册 . 台北：佛陀教育基金会出版部，1990：931.

[7]　谢重光，白文固 . 中国僧官制度史 [M]. 西宁：青海人民出版社，1990：10.

[10]　张德伟 . 明代佛教政策研究 [J]. 世界宗教研究，2018（5）：64.

[11][12][13]　（清）赵尔巽 . 清史稿：世祖本纪一 [M]. 北京：中华书局，1976：86,112—116，116.

[14]　清世宗实录 [M]. 北京：中华书局，1986：365.

[15][16]　（清）王轩，曾国荃，杨笃，等 . 光绪山西通志 [M]// 续修四库全书：第 644 册 . 上海：上海古籍出版社，
　　　2002：149，148.

[17][26][27][29][31][33][35][38][40]　（日）水野清一，长广敏雄 . 云冈金石录 [M]// 中国社会科学院考古研究所 . 云
　　　冈石窟：第 2 卷 . 北京：科学出版社，2014：13—14，14—15，35，9，9—13，19，15，22，24.

[18][19][23][30][32][34][36][37][39][41]　张焯 . 云冈石窟编年史 [M]. 北京：文物出版社，2006：336，36，
　　　342，346，346—350，351，357，360，363，364.

[20][25]　（清）赵尔巽 . 清史稿：圣祖本纪二 [M]. 北京：中华书局，1976：245，246.

[22]　（清）吴辅宏，王飞藻 . 乾隆大同府志：巡幸 [M]// 中国地方志集成：山西府县志辑：第 4 册 . 南京：
　　　凤凰出版社，2005：140.

[24]　（清）王轩，曾国荃，杨笃，等 . 光绪山西通志 [M]// 续修四库全书：第 643 册 . 上海：上海古籍出版社，
　　　2002：332.

[28]　秦艳兰 . 云冈石窟泥塑的调查与初步研究 [D]. 太原：山西大学，2010：95—100.

[42]　张宪功 . 明清山西交通地理研究：以驿道、铺路为中心 [D]. 西安：陕西师范大学，2014：57—75.

[43][44]　潘桂明 . 中国居士佛教史 [M]. 北京：中国社会科学出版社，2000：803，824.

（原文刊载于《敦煌研究》2020 年第 5 期）

砂岩质文物风化机理研究——以云冈石窟为例

侯志鑫　者　瑞　张中俭

我国 80% 的石窟寺都在砂岩中刻凿的，经过几百、上千年自然营力的风化作用，这些石窟寺遭遇不同程度的自然风化，产生了各种亟需治理的病害，而病害的治理必须先认清其风化原因和风化机理。建于北魏时期的云冈石窟是全国重点文物保护单位，且在 2001 年被联合国教科文组织列入《世界遗产名录》。云冈石窟以砂岩为主，夹有泥岩、砂质泥岩，现已产生了剥落、局部缺失、风化洞、开裂、粉化等多种形式的风化病害，详见图 1。这些病害影响着石窟的艺术价值[1]，同时对石窟的安全也造成较大影响。自 20 世纪 60 年代以来，云冈石窟砂岩风化的研究得到了国内外学者的关注，取得了诸多科研成果。

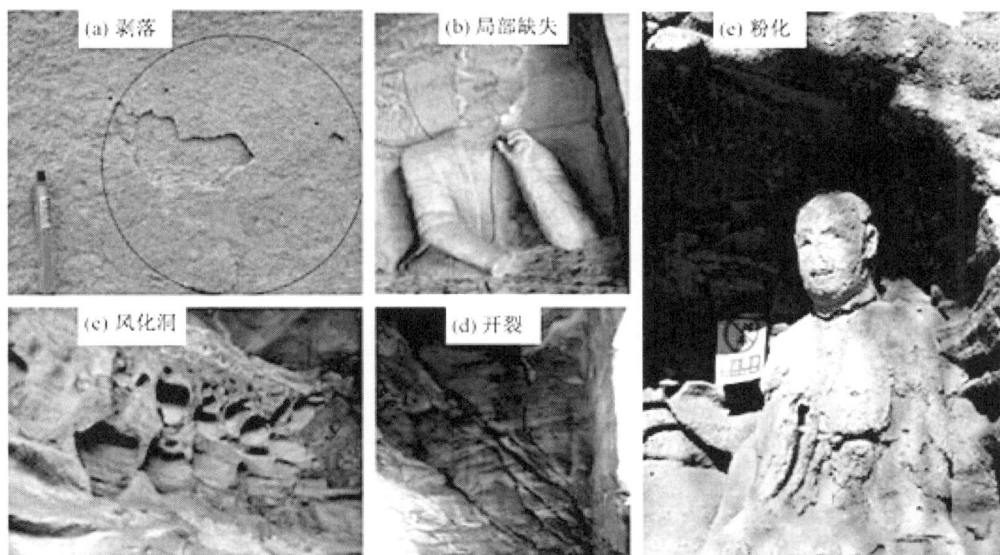

图 1　云冈石窟风化病害现状

云冈石窟砂岩与建筑不同，石窟寺为地质体的一部分，其风化的主要因素为温度和水分的变化[2]、可溶盐的富集[3]。对于温度和水分的变化而言，方云等[2]对云冈石窟砂岩进行了冻融循环试验，得到不同含水状态下砂岩岩样的冻融破坏特征；王来贵等[4]通过室内砂岩样品的冻融试验证明了冻融循环作用是云冈石窟孔状风化的主要因素。对于可溶盐的富集而言，黄继忠等[5]研究云冈石窟石雕表面盐类的分布，认为可溶盐的结晶膨胀是造成砂岩文物风化病害的重要甚至是主要因素；严绍军等[3]使用芒硝对云冈石窟的砂岩进行了室内劣化模拟试验，发现可溶盐发育是导致石窟表面粉化脱落的重要因素。

另外，胡博聆等[6]发现滇中泥质粉砂岩崩解是由岩石浸水膨胀、胶结物溶解和干湿循环产生的拉应力共同引起的；而邵明申等[7]研究了承德避暑山庄砂岩的三个风化机理为：钙质胶结物的溶解、干湿交替作用、盐分的结晶膨胀作用。

可以看出，前人多从环境条件等外部因素角度研究云冈石窟及其他各地砂岩的风化原因，本文从砂岩内部矿物蚀变的角度研究其风化机理。以云冈石窟为例，在云冈石窟取得新鲜岩样和风化剥落样品，利用 XRD 测定其矿物成分、酸碱滴定测定其碳酸根含量、SEM 观察微观形貌并进行 EDS 能谱分析。对比分析新鲜岩样和风化样品的矿物成分差异，研究砂岩石窟矿物蚀变导致的矿物成分变化，提出砂岩质文物的风化机理。

1　材料和方法

1.1　试验材料

依据《石质文物保护工程勘察规范（WW/T0063-2015）》进行现场取样：风化砂岩岩样为云冈石窟第 3 窟壁面的剥落物，共 10 块，编号 YF–1 ~ YF–10；新鲜岩样取自同一层位的岩芯（钻孔深度约 20 米），共 8 块，编号为 YZ–1 ~ YZ–8。参照《工程岩体试验方法标准（GB/T50266-2013）》测定风化与新鲜岩样的自由吸水率、开孔孔隙率和块体密度，结果详见表 1。由表 1 可知，相比于新鲜岩样，风化岩样自由吸水率、开孔孔隙率较大，块体密度较小。

表 1　云冈石窟砂岩物理性质测定结果

试样种类及数量	自由吸水率（%）	开孔孔隙率（%）	块体密度（g/cm³）
风化岩样（n＝10）	4.05 ± 0.73	10.42 ± 0.87	2.36 ± 0.03
新鲜岩样（n＝8）	2.09 ± 0.22	5.68 ± 0.37	2.58 ± 0.03

1.2　试验方法

主要的试验方法包括 XRD 测定矿物成分、酸碱滴定测定碳酸根含量、SEM 观察微观形貌并进行 EDS 能谱分析。具体如下：

使用 Rigaku D/max2400 衍射仪测定矿物成分。每个岩样制备约 15 克的待测样品（粒径 < 0.075 毫米），任取 2 克进行 XRD 测试。测试条件为 Cu 靶，1°–1°–0.3，0.02°/步长，8°/分钟，40 千伏，60 毫安。

利用酸碱滴定法测定新鲜和风化岩样的碳酸根含量。用过量已知浓度的盐酸溶液与样品（粒径 < 0.075 毫米）充分反应。根据反应方程式 $2H^+ + CO_3^{2-} = CO_2 \uparrow + H_2O$ 及 H^+ 的消耗量即可得出岩样中 CO_3^{2-} 含量。

使用 Supra55 型场发射扫描电子显微镜观察微观形貌（SEM）并进行能谱分析（EDS）。测试样品为长、宽约 5 毫米的岩样。工作电压为 15.0 千伏，工作距离为 15 毫米，样品电流为 200 纳安，束流直径为 1 微米。

2　试验结果

2.1　矿物成分测定结果

云冈石窟砂岩样品的 XRD 矿物成分及酸碱滴定测试结果如表 2 所示。结果显示，新鲜与风化岩样中方解石和白云石矿物含量有差别：新鲜岩样中含有 10%—20% 的方解石，而风化岩样中除 YF–1、YF–2、

YF-10 三个岩样含少量方解石（＜7%）外，其余均无方解石；新鲜岩样则不含白云石，而风化岩样中约含 4% 的白云石。酸碱滴定测定碳酸根含量结果与上述结果一致，且所有新鲜岩样中碳酸根含量都大于风化岩样中的相应值。另外，XRD 测试结果显示，风化岩样中黏土矿物含量平均为 37%（±5.8%），高于新鲜岩样中的相应值 26%（±5.3%）。

表 2　云冈石窟砂岩矿物成分测定结果

岩样	编号	XRD 测定的矿物种类和含量（%）					酸碱滴定测定的碳酸根含量（%）
		石英	钾长石	方解石	白云石	黏土矿物	
新鲜岩样	YZ-1	58	15	7	/	18	2.73
	YZ-2	47	19	6	/	28	2.70
	YZ-3	45	14	12	/	29	5.30
	YZ-4	48	7	20	/	24	8.39
	YZ-5	65	11	5	/	19	3.29
	YZ-6	45	8	16	/	32	6.02
	YZ-7	47	13	11	/	28	3.33
	YZ-8	47	9	13	/	30	4.46
	平均值	50	12	11	/	26	4.53
风化岩样	YF-1	51	14	7	1	28	1.92
	YF-2	40	16	5	2	37	2.07
	YF-3	38	16	/	3	43	0.75
	YF-4	44	22	/	3	31	0.66
	YF-5	47	10	/	2	41	0.81
	YF-6	36	16	/	4	45	0.54
	YF-7	43	16	/	5	36	0.87
	YF-8	45	9	/	5	41	0.96
	YF-9	45	20	/	6	30	0.56
	YF-10	40	10	4	5	41	1.63
	平均值	43	15	1	4	37	1.08

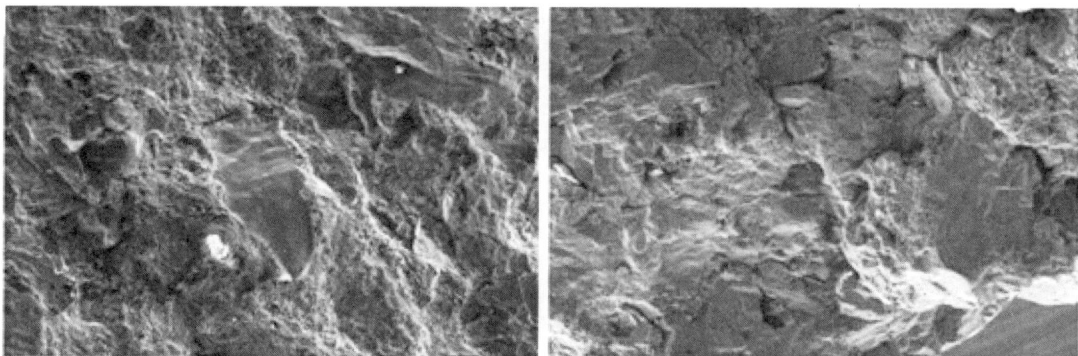

（a）新鲜岩样　　　　　　　　　　　（b）风化岩样

图 2　云冈石窟砂岩新鲜与风化岩样的微观形貌对比（放大 200 倍）

2.2 微观形貌及能谱分析结果

图 2 展示了新鲜岩样与风化岩样微观形貌的差别：新鲜岩样表面较平整，完整性好，只有较少裂隙（2 条 / 平方毫米）和孔洞（1 个 / 平方毫米）；风化岩样较破碎，存在较多裂隙（14 条 / 平方毫米）和孔洞（8 个 /mm^2）。

对风化岩样的 12 个孔洞（见图 3）进行了 EDS 能谱分析，仅在其中的 3 个孔洞中（如图 3 的矩形所示）发现了残余方解石。图 3 所示 1 号点的能谱分析结果显示元素原子百分比 Ca : C : O ≈ 1 : 1 : 3，计算可知分子为 $CaCO_3$，这与方解石的矿物分子式一致。而其余 9 个孔洞（如图 3 的椭圆所示）中均未发现残余方解石，其原因可能是孔洞中的方解石完全溶蚀脱落，或者说由于钙质胶结物（方解石）溶蚀使矿物颗粒间粘结力降低，矿物脱落后产生了孔洞。

另外，在风化岩样中观察到黏土矿物，主要为絮状的伊蒙混层矿物（图 4（a））、书页状的高岭石（图 4（b））。在图 4（b）中还观察到长石边缘高岭石化，这与表 2 所示的风化岩样黏土矿物含量增多是一致的。

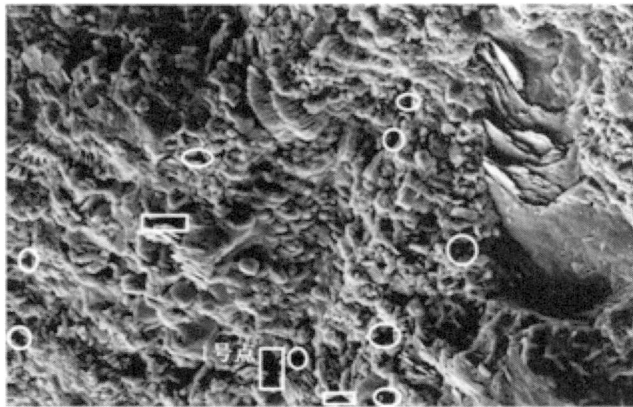

图 3　云冈石窟风化岩样 EDS 能谱分析取点（放大 2000 倍）

（a）絮状伊盟混层　　　　　　　　　　　　（b）书页状高岭石

图 4　云冈石窟风化岩样中的黏土矿物

3　风化机理分析

根据上述 XRD、酸碱滴定、SEM 和 EDS 能谱分析结果，认为方解石的溶蚀和方解石白云石化作用、长石边缘高岭石化和蒙脱石伊利石化是云冈石窟砂岩的风化机理，风化示意图如图 5 所示。

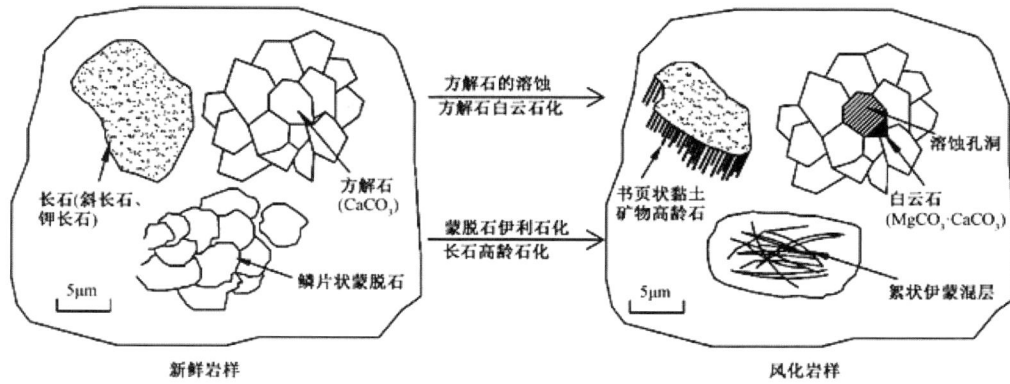

图 5　云冈石窟砂岩风化机理示意图

3.1　方解石的溶蚀和方解石白云石化作用

方解石在水（包括酸）的作用下发生溶蚀。XRD 和酸碱滴定试验结果（表 2）显示，新鲜岩样中方解石含量高于风化岩样，风化岩样中基本不含方解石，仅在少数风化岩样的孔洞中发现未完全溶蚀脱落的方解石。方解石为矿物颗粒之间的钙质胶结物，水对方解石具有溶蚀作用（溶蚀过程为 $CaCO_3 \xrightarrow{H_2O} Ca^{2+}+CO_3^{2-}$），而酸可以加速方解石溶蚀，酸性流体的溶蚀改造作用使砂岩孔隙度增加。云冈石窟中水的来源有多种途径，在水的长期作用下，导致砂岩中的方解石溶蚀，而方解石的溶蚀使砂岩矿物颗粒之间黏结力降低，矿物颗粒脱落。

在 CO_3^{2-}、Ca^{2+}、Mg^{2+} 三者含量适宜的条件下，方解石发生了白云石化[8]。表 2 所示的测试结果显示，新鲜岩样中无白云石，而风化岩样中约有 5% 的白云石。方解石发生白云石化的条件是充足的 CO_3^{2-}、Mg^{2+} 与 Ca^{2+} 比值在 0.15—9.09 之间[8]。云冈石窟因空气含有 SO_2 导致岩壁出现 SO_4^{2-}，而 SO_4^{2-} 会与方解石发生如下反应：$SO_4^{2-}+CaCO_3 =CaSO_4+CO_3^{2-}$，该反应为方解石白云石化提供了充足的 CO_3^{2-}。另外 $CaSO_4$ 的生成降低了 Ca^{2+} 浓度，增大 Mg^{2+} 与 Ca^{2+} 比值，这有利于白云石化的进行。白云石化作用所需要的 Mg^{2+} 来源主要有 3 个方面：①工业粉尘、土壤、道路扬尘等大气中含有的 Mg^{2+}[9]；②蒙脱石等黏土矿物转化为伊利石所析出的 Mg^{2+}[10]，这可由图 3（a）所示伊蒙混层矿物证实；③岩壁渗水、毛细水等携带来的 Mg^{2+}。在干湿交替作用下，达到符合生成白云石的离子浓度条件，方解石发生了白云石化。方解石的白云石化增大了矿物颗粒之间的孔隙，影响不同类型孔隙的形成演化。

3.2　蒙脱石伊利石化与长石高岭石化

蒙脱石在 K^+ 参与下发生伊利石化。虽然高温可以促进蒙脱石伊利石化，但是，当温度作用不明显（<50℃）时，K^+ 含量则对蒙脱石伊利石化起控制作用[11]。显然，云冈石窟砂岩中的蒙脱石伊利石化受温度作用并不明显，但在酸或水的作用下长石等可溶性矿物的溶解，为伊蒙混层向伊利石转化提供必需的 K^+，促进伊蒙混层向伊利石的转化[12]。钾长石溶蚀、蒙脱石伊利石化都会使得矿物体积变小，属于增孔反应，导致砂岩孔隙率增大，块体密度减小。伊利石和蒙脱石都具有吸水膨胀性，在石窟渗水作用下，伊利石、蒙脱石发生吸水膨胀，产生的张应力可导致石窟窟壁产生空鼓、剥落。

长石在酸性水的参与下发生高岭石化。表 2 显示风化岩样中的黏土矿物含量（37±5.8%）高于新鲜岩样中的黏土矿物含量（26±5.3%），SEM 观察到风化岩样中长石边缘高岭石化的现象（图 4）。云冈石窟砂岩的高岭石化是砂岩成岩后长期地质作用的产物，而空气污染形成的酸性降水可加速高岭石的生成。下式给出长石高岭石化的蚀变过程：

$$K_2O \cdot Al_2O_3 \cdot 6SiO_2（钾长石）+nH_2O（酸性水）\rightarrow 2KOH+4SiO_2+（n-3）H_2O+Al_2O_3 \cdot 2SiO_2 \cdot 2H_2O（高岭石）$$

4　结论与讨论

本文对比了云冈石窟新鲜与风化岩样的矿物成分和微观形貌，从矿物蚀变角度提出了砂岩的风化机理，得到如下结论。

（1）新鲜岩样中含有 10%—20% 的方解石，而风化岩样中基本不含方解石；新鲜岩样不含白云石，而风化岩样中约含 5% 的白云石；新鲜岩样中黏土矿物含量为 26%±5.3%，低于风化岩样中的黏土矿物含量为 37%±5.8%。

（2）利用 SEM 发现新鲜岩样表面较平整，有较少裂隙（2 条 / 平方毫米）和孔洞（1/ 平方毫米）；风化岩样则较破碎，有较多裂隙（14 条 / 平方毫米）和孔洞（8 个 / 平方毫米）。另外，在风化岩样中发现絮状的伊蒙混层矿物及长石边缘高岭石化现象，大部分风化岩样的孔洞未发现方解石。

（3）从矿物蚀变角度看，云冈石窟砂岩风化是方解石溶蚀和方解石白云石化作用、蒙脱石伊利石化和长石高岭石化作用导致的。

由于砂岩的胶结物多为钙质（方解石），且砂岩一般都含有蒙脱石和长石，所以上述风化机理可能是砂岩石窟共同的现象。基于上述关于砂岩风化机理的研究成果，提出使用微生物诱导碳酸钙沉淀（MICP）胶结的方法来减缓砂岩风化和加固砂岩，具体实施方案还需要进一步研究。

参考文献：

[1]　侯志鑫，者瑞，张中俭，等 . 基于里氏硬度计无损测量方法评价石质文物的风化程度 [J]. 工程地质学报，2018，26（增）：384—387.

[2]　方云，乔梁，陈星，等 . 云冈石窟砂岩循环冻融试验研究 [J]. 岩土力学，2014，35（9）：2433—2442.

[3]　严绍军，方云，刘俊红，等 . 可溶盐对云冈石窟砂岩劣化试验及模型建立 [J]. 岩土力学，2013，34（12）：3410—3416.

[4]　王来贵，丁盛鹏，何慧娟，等 . 冻融循环作用下含结核砂岩风化特征实验研究 [J]. 工程地质学报，2018，26（3）：611—619.

[5]　黄继忠，袁道先 . 水与盐对云冈石窟石雕的影响初探 [J]. 文物世界，2004（5）：61—66.

[6]　胡博聆，王继华，赵春宏 . 滇中泥质粉砂岩崩解特性试验研究 [J]. 工程勘察，2010，38（7）：13—17.

[7]　邵明申，张中俭，李黎 . 承德避暑山庄砂岩文物的基本性质和风化机理 [J]. 工程地质学报，2015，23（3）：533—538.

[8]　范明，徐良发，刘伟新等 . 碳酸盐岩白云岩化作用实验地质学研究 [J]. 石油实验地质，2012（6）：635—640.

[9] 曹玲娴，耿红，姚晨婷，等 . 太原市冬季灰霾期间大气细颗粒物化学成分特征 [J]. 中国环境科学，
     2014，34（4）：837—843.

[10] 王英华 . 碳酸盐岩成岩作用与孔隙演化 [J]. 沉积学报，1992，10（3）：85—95.

[11] Fishman N S，Turner C E，Brownfield I K. Authigenic albite in a Jurassic alkaline，saline lake deposit， Co-
     lorado plateau—evidence for early diagenetic origin[R]. U. S. Geological Survey Bulleyin 1808—P，United Sta-
     tes Government Printing Office，1995.

[12] 王力娟，刘立，杨会东，等 . 松辽盆地南部红岗阶地和华字井阶地含片钠铝石砂岩中的黏土矿物特征 [J].
     中南大学学报（自然科学版），2013（6）：2392—2401.

（原文刊载于《工程勘察》2020 年第 9 期）

云冈石窟第 21 ~ 30 窟及第 5 窟附窟差异性风化因素初步研究

卢继文　李　彬

云冈石窟位于山西省大同市城西 16 千米处武州（周）山北麓的断崖上，窟前有河水蜿蜒流过。现存主要洞窟 45 座，附属洞窟 209 座，石雕造像 59000 余尊，分布在东、中、西三个区域内。石窟开凿于北魏时期，代表了公元 5 ~ 6 世纪时中国杰出的佛教石窟艺术。其中的昙曜五窟，布局设计严谨统一，是中国佛教艺术第一个巅峰时期的经典杰作。

编号为第 16 ~ 20 窟的昙曜五窟位于石窟西区的东侧，是开凿最早的石窟。五座石窟一字排开，平面均作马蹄形，穹隆顶。窟内各雕一尊大像，高度均在 13 米以上。这是中国石窟史上绝无仅有的洞窟组合，是平城时代的一种全新创造。在此，佛、帝合二为一，佛像就是帝王的化身，礼佛就是礼拜帝王。这种开窟造像的理念迎合了统治者的政治需求，也极大地推动了佛教及佛教艺术的发展。

中部窟区的第 5 窟至第 13 窟及东区的第 1、2 窟和第 3 窟是继昙曜五窟之后开凿的石窟，均开凿于云冈中期。这一时期的洞窟形制出现了新样式，造像组合也由简单转变为复杂，人物形象由糅合多种风格的造型逐渐向"中国式"转变，经历了太和年间大量民间力量入住的激活，石窟雕刻的风格发生了巨变，并最终完成了佛教艺术中国化的历史飞跃，形成石窟艺术的"平城模式"。

晚期石窟大多位于西区的西段（第 21~ 45 窟），第 4 窟，第 14、15 窟，第 5、6 窟和第 11、12、13 窟外壁上的小窟龛，新出现了四壁三龛与四壁重龛式窟，题材内容简单，造像却不乏精品。"六镇起义"后，石窟的凿声远去。

云冈石窟随着开凿工程的推进，造像开始出现问题。因此，云冈石窟的维修保护从石窟开凿不久就已开始。然史书中对云冈石窟的记述资料十分匮乏，《大金西京重修武州山大石窟寺碑》（下文简称《金碑》）的发现，正好弥补了唐迄金一段云冈兴修设置记述的空白。《金碑》中有"唐贞观十五年（641）守臣重建"的记录，说明石窟已有重建工程，第 3 窟中的唐代造像或与此有关。第 13 窟南壁曾有题记，记述了辽天禧二年（1018）修建佛像的历史史实。《金碑》"辽重熙十八年（1049）母后重修。天庆十年（1120）赐大字额。咸雍五年（1069）禁山樵牧，又差守巡使。寿昌五年（1099）委转运使提点。清宁六年（1060）又委转运使监修"，辽代在云冈石窟兴工修建，主要是云冈"十寺"工程，也包括局部石窟造像的重新包泥彩绘及空白石壁补刻。辽末十寺遭焚劫，现石窟遗留有梁孔与柱础坑就是明证。金代在保护方面也有贡献，"天会九年（1131），元帅府以河道近寺，恐致侵啮，委烟火司差夫三千人，改拔河道"，使原本流淌于窟前的河水向南迁移，有效防止河水倒灌石窟现象的发生。"皇统初（1141），缁白命议……于是重修灵岩大阁九楹，门楼四所，香厨、客次之纲常住寺位凡三十六楹，轮奂一新"。清代屡有保护，顺治八年（1651）重修第 5、6 窟前的木构楼阁，之后曾数次对石佛古寺进行修整，洞窟中的泥塑彩绘都是这一时期完成的。

中华人民共和国成立以后，即着手对云冈石窟勘测调查，成立专门的文物保护机构负责云冈石窟的日常保护管理开放工作。1960 年国家文物局召开"云冈石窟保护会议"，从此拉开云冈石窟科学保护的序幕。1961 年国务院公布云冈石窟为全国第一批重点文物保护单位，随之公布了云冈石窟的保护范围，形成地上地下立体交叉的保护体系，为全面保护云冈石窟奠定的基础。

20 世纪 60 年代初，文物保护工作者们就开始使用高分子化学材料对石窟危岩体进行抢救性加固试验并取得了较好的效果，之后在石窟保护工程中加以推广。1973— 1975 年，遵照周恩来总理"云冈石窟三年要修好"的指示，按照"抢险加固、排除险情、保持现状、保护文物"的原则，对一些主要洞窟进行了大规模的抢险加固工程，基本解决了石窟的稳定性问题，保证了石窟及游人的安全。通过近 30 年的实地调查与研究，于 1990 年召开"云冈石窟石雕风化治理规划"专家论证会。其目的是想采取科学有效的治理办法，从根本上解决云冈石窟的风化问题。

云冈石窟特殊的地质结构以及自然气候、地理环境等因素的影响，使得不少雕像不同程度地受到风化侵蚀，尤其是第 21～45 窟和众多附属中小石窟佛龛，长期暴露在风吹日晒雨淋的环境中，自然损坏最为严重，2015 年我们开始关注，并主要从第 21～30 窟及第 5 窟东侧附窟小型窟龛的差异性风化现状调查研究入手，探讨云冈石窟的差异性风化的主要影响因素。

1　第 21～30 窟及 5 窟东侧附窟保存现状

1.1　第 21～30 窟保存现状

第 21 窟到第 30 窟大小不一，保存 28 个中小型石窟窟龛，大多数的石雕风化严重，一些小型佛龛的雕刻已经很难辨认原有的形貌，仅第 27-2 窟和第 28-2 窟两个小型佛龛保存现状较好（图 1），在风化严重的石窟周围，显得难能可贵。

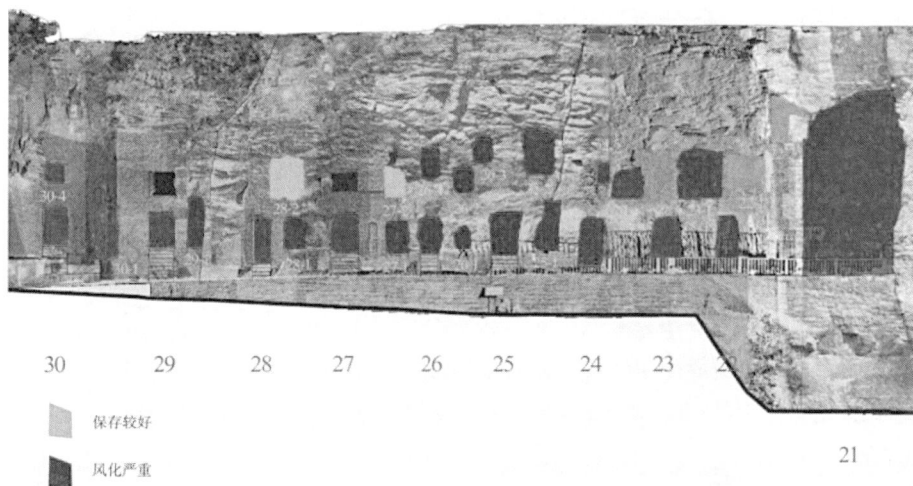

图 1　第 21～30 窟保存现状概况

1.2　第 5 窟东侧附窟保存现状

第 5 窟东侧 10 个小型石窟佛龛中，大多数的石雕风化严重，雕刻已经很难辨认原有的形貌。仅第 5-10 窟一个小型佛龛保存现状较好（图 2），究竟存在有什么差异性的因素，减缓了风化速度，能够让其得以幸运保存下来，是我们关心和研究的重点。

图 2　第 5 窟东侧附窟保存现状概况

2　云冈石窟的差异性风化因素探讨

2.1　地层岩性的差异性

砂岩本身就是由颗粒物、杂基和胶结物组成。云冈石窟的砂岩较复杂（表 1），颗粒物由石英、长石和岩屑成分组成，填隙物成分更为复杂，由不同比例的黏土杂基、铁质、钙质和硅质胶结物组成。表 2 中岩石标本来自 B7 号钻孔的未风化的岩芯，位于核心区五华洞北侧。从石窟底板下的岩层到窟顶上部岩层，比较具有代表性，其中长石含量一般 10—20%，变化相对不明显，石英含量 10%—65%，岩屑含量 15%—75%，且石英含量与岩屑和黏土杂基负相关，在石窟壁面差异性风化观察中，石英含量高的相对风化较弱，形成突起，而岩屑和黏土杂基含量高的相比最易风化，形成凹槽（图 3）。

在以往的研究中，闫宏彬等对不同矿物温度、湿度变化时产生的周边压力不同进行过研究。[1] 黄继忠等对碳酸盐和长石水解、可溶盐再结晶对岩石产生的破坏作用进行过研究[2]，本次不再做重复研究，主要探讨砂岩中岩屑颗粒物和黏土杂基组

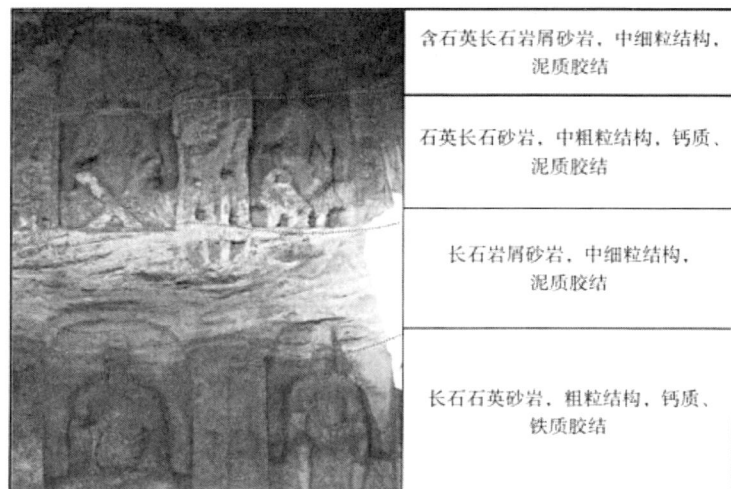

图 3　第 28 窟北壁岩性和差异性风化分布图

分的风化作用。2003 年的岩矿鉴定结果显示，砂岩岩屑中富含黑云母、白云母和绿泥石等水敏性矿物，尤其是在中细砂岩中含有 5% 以上的黏土矿物，是典型的水敏性矿物，典型特征是遇水以后的膨胀性（表 2）和颗粒运移。云冈石窟砂岩中的伊利石、高岭土遇到水的膨胀系数都在 40% 以上，这是由于黏土矿物与水接触时，其表面的负电荷对水的吸附作用及交换性阳离子的水合作用，使黏土矿物的表面及结构层间形成一层水化膜，这种水化膜以氢键与黏土矿物相连。黏土矿物的水敏性使富含岩屑和黏土质的中细砂岩在水的作用下，最先风化崩解，形成凹槽。

表 1　云冈石窟钻孔标本岩矿鉴定结果表

样品编号	主要颗粒成分			胶结物	结构
	石英	长石	岩屑		
B7-1			70%～75%	钙质胶结物 5%～10%，黏土杂基 10%～15%	粉细砂结构
B7-2			60%～65%	黏土矿物为主，铁质次之	泥状结构
B7-3	35%～40%	10%～15%	25%～30%	黏土杂基 < 5%，胶结物（少量铁质、少量硅质、钙质 20%）	粗中粒状结构
B7-4	30%～35%	15～20%	35%	黏土杂基（少量），胶结物（少量硅质、少量铁质、钙质 15%～20%）	中粗粒砂状结构
B7-5	45%～50%	15%	25%～30%	黏土杂基 < 5%，胶结物（硅质 < 5%、少量铁质）	粗粒砂状结构
B7-6	55%～60%	10%～15%	25%	黏土杂基 < 5%，胶纺物（少量硅质、少量铁质）	粗粒砂状结构
B7-7	20%～25%	5%～10%	60%～65%	黏土杂基 10%～15%，为主，铁质胶结物次之	细砂结构
B7-8	40%～45%	20%～25%	15%～20%	少量黏土杂基，胶结物（少量铁质，钙质 20%～25%）	粗粒砂状结构
B7-9	45%～50%	15%～20%	25%～30%	黏土杂基 < 5%，胶结物（少量硅质、少量铁质、少量钙质，均 < 5%）	粗中粒砂状结构
B7-10	35%～40%	20%～25%	25%～30%	黏土杂基 5%，胶结物（少量白云岩、少量铁质、少量钙质）	含砾粗中粒砂状结构
B7-11	40%～45%	20%～25%	25%～30%	黏土杂基 < 5%，胶结物（少量硅质、少量铁质、少量钙质）	含砾粗粒砂状结构
B7-12	10%	5%	< 45%～45%	黏土杂基 5%，胶结物（铁质 1%～5%、菱铁矿 5%）	粉砂质细粒砂状结构

表 2　不同黏土矿物饱水膨胀率

黏土矿物	饱水膨胀率（%）	黏土矿物	饱水膨胀率（%）
钠蒙脱石	形成胶体	伊利石	47.5
钙蒙脱石	107	高岭土	42

在对第 28-2 窟，第 27-2 窟，第 5-10 窟详细工程地质和水文地质调查中发现（图 4、5、6），第 28-2 窟，第 27-2 窟主要雕刻在厚层粗砂岩层，其上下部为中细砂岩层理发育区，N28-1 和 N28-2 两条中细砂岩在第 27 窟东西两壁上可以清晰观察到，顺层理的鳞片状风化强烈，形成条带凹槽。相比较含泥质中细砂岩，这两窟所在的长石石英砂岩抗风化能力较强。这是造成差异性风化的内在因素。

图 4　第 28-2 窟工程地质水文地质特征图　　图 5　第 27-2 窟工程地质水文地质特征图

图 6　第 5-10 窟工程地质水文地质特征图

2.2　构造节理的差异分布

2003 年建设勘察设计研究总院在云冈石窟节理测量面积 4340 平方米，测得节理 588 条，每平方米节理数平均为 0.136 条。其中，41°—60° 方向 162 条，占 27.6%；81°—90° 方向 174 条，占 29.6%；290°—300° 方向 57 条，占 9.7%；350°—360° 方向 63 条，占 10.7%，其他方向上的节理不发育。节理优势方向是41°—60°和81°—90°，即北东向剪切节理和东西向张节理（叠加卸荷）为区内最发育的节理。

第21~30窟区主要发育有东西向、北东向两组裂隙。裂隙之间相互切割，加上风化裂隙的作用，使窟区裂隙的发育与分布变得比较复杂，尤其是石窟开凿后，边坡岩体的平衡受到破坏，卸荷应力的作用又进一步加剧了东西向构造裂隙的开裂，使之延伸加长，裂隙宽度增大，对洞窟岩体的破坏性最大。东西向主要裂隙的两侧还分布有次一级的羽状、枝状、雁状等小裂隙，和北东、北西向裂隙交叉成网状，分布在窟内不同部位，形成以东西向卸荷裂隙为主的渗水通道。

而对于研究区内保存较好的第28-2窟、第27-2窟和5-10窟具有一个共同点，就是石窟后侧都有明显的贯通裂隙，一方面可能影响石窟的稳定性，但是从另一方面看，石窟后侧的贯通裂隙应该是石窟山体地下水的最佳排泄通道，阻止了水分继续向裂隙南侧的石窟运移，从而有利于石窟保持一个相对干燥的环境。

2.3 岩体中水分的差异分布

在云冈石窟保护历史中，水害一直作为保护工作的重要研究对象，本次通过对云冈石窟第21～30窟病害统计中（表3），发现水分的差异分布是造成差异风化的关键因素。在不计算外立壁的情况下，第21～30窟洞窟内面积约为655.74平方米，严重风化区域面积约为368.64平方米，严重风化区域面积已经超过一半，达56.2%。

表3　云冈石窟第21～30窟表面风化状况统计表

编号	规格（米）	壁面	总面积（平方米）	严重风化面积（平方米）	严重风化发育区域	主要类型
21窟	宽8	北	102	102	全部	片状、鳞片状、粉状、孔洞沟槽状、盐害、风化裂隙
	深2.8	西	30.9	15.47	中、下	片状、孔洞沟槽状
		东	30.9	4.2	下	片状、碎块状
	高8.5	顶	26.88	26.88	全部	鳞片状
22窟	宽2.3	北	11.39	5.38	中	片状、鳞片状、孔洞沟槽状
	深1.5	西、东、顶坍塌				
	高3.3					
23窟	宽3.9	北	19.01	19.01	全部	鳞片状、粉状、盐害、风化裂隙、波纹状
	深2.6	西	9.75	0.88	北	鳞片状、粉状
		东			崩塌	
	高3.75	顶	11.15	2.73	北	片状、盐害
24窟	长2.95	北	13.04	13.04	全部	粉状、盐害、波纹状
	深2.8	西	13.33	3.4	北	粉状、盐害、波纹状
		东	13.33	3.4	北	鳞片状、粉状、盐害
	高3.4	顶	9.09	0.89	北	片状、鳞片状

编号	规格（米）	壁面	总面积（平方米）	严重风化面积（平方米）	严重风化发育区域	主要类型
25窟	长 3.4	北	12.82	12.82	全部	粉状、盐害
		西	10.37	2.75	下	片状、粉状
	深 2.75	东	10.37	3.48	北	片状、鳞片状、粉状
		南	9.86	3.3	窟门	鳞片状、粉状
	高 2.9	顶	9.35	3.06	北	片状、鳞片状
26窟	长 2.53	北	8.06	4.55	中、下	粉状
		西	6.91	2.35	下	鳞片状、粉状
	深 2.35	东	6.91	0.39	北	粉状
		南	6.2	1.98	窟门	片状、鳞片状、粉状
	高 2.45	顶	5.95	2.28	北	粉状
27窟	长 4.4	北	30.49	15.25	上、中	鳞片状、粉状
		西	26.68	5.35	上、下	鳞片状、粉状
	深 3.85	东	26.68	1.79	上、下	片状、鳞片状、粉状
		南	3.24	2.11	下，窟门	鳞片状、粉状
	高 4.95	顶	16.94	12.71	北，西	片状、鳞片状、粉状
27-1窟	长 1.2	北	2.17	2.17	全部	鳞片状、粉状
		西	0.9	0.9	全部	鳞片状、粉状
	深 0.5	东	0.9	0.9	全部	鳞片状、粉状
	高 1.8	顶	0.6	0.6	全部	片状
27-2窟	长 1.2	北	2.17	0.9	局部	鳞片状、粉状
		西	1.44	1.44	全部	鳞片状、粉状
	深 1.2	东	1.44	1.44	全部	鳞片状、粉状
	高 1.8	顶	2.16	2.16	全部	片状
28窟	长 2.3	北	9.27	4.64	中、下	鳞片状、碎块状
		西	10.08	5.04	中、下	鳞片状、碎块状
	深 2.5	东	7.75	1.75	下	碎块状
	高 3.1	顶	5.75	5.75	全部	鳞片状
28-1窟	长 1.2	北	2.16	2.16	全部	鳞片状、粉状
		西	0.72	0.72	全部	鳞片状、粉状
	深 0.4	东	0.72	0.72	全部	鳞片状、粉状
	高 1.8	顶	0.48	0.48	全部	片状

编号	规格（米）	壁面	总面积（平方米）	严重风化面积（平方米）	严重风化发育区域	主要类型
28-2 窟	长 1.95	北	4.49	0.8	局部	粉状、鳞片状
	深 2.0	西	4.6	2.5	南	粉状、鳞片状
		东	4.6	3.2	南	粉状、鳞片状
	高 2.3	顶	3.9	2.1	南	鳞片状
29 窟	长 4.15	北	24.82	15.77	上、下	片状、鳞片状、粉状、碎块状
	深 3.2	西	19.14	6.4	上、下	片状、鳞片状、粉状、盐害、碎块状
		东	19.14	8.64	上、下	片状、鳞片状
		南	8.37	4.54	上、窟门	片状、鳞片状
	高 4.6	顶	13.28	4.43	北	片状、鳞片状
30 窟	长 4	北	27.72	27.72	全部	粉状、孔洞沟槽状、鳞片状
	深 3.4	西	22.98	5.78	下	粉状、孔洞沟槽状、鳞片状
		东	22.98	22.98	全部	粉状、孔洞沟槽状、鳞片状
	高 5.2	顶	13.94	2.05	北	鳞片状
合计		北	250.6	207.2	82.7%	板状、粉状、鳞片状
		西	157.8	52.98	33.6%	粉状、孔洞沟槽状、鳞片状
		东	145.72	52.89	36.3%	粉状、孔洞沟槽状、鳞片状
		顶	101.62	55.57	54.7%	板状、片状、鳞片状
		合计	655.74	368.64	56.2%	

其中北壁和顶壁风化最为严重，北壁 82.7% 壁面已严重风化，主要风化类型为板状、粉状和片状风化；其次为顶壁，54.7% 壁面严重风化，主要风化类型为片状和鳞片状风化；东西两壁保存状态相对较好，西壁 33.6% 和东壁 36.3% 严重风化，主要风化类型为板状、粉状和孔洞沟槽状风化，主要位于壁面北侧和下部。

通过对风化病害的统计分析，风化与水害关系最为密切，有渗漏水的北壁和顶壁风化最为严重，与渗漏水较近的东西两壁北侧风化程度次之，而远离渗漏水的壁面南侧即使受到坍塌影响，也是石窟中保存较好的壁面位置。从风化病害类型上看，主要风化类型片状、鳞片状、空洞沟槽状病害与砂岩的干湿循环有关，盐害更是水分的蒸发直接造成，都与水的差异分布有关。

顶板为 N28-1 含泥质中细砂岩与粗砂岩互层，东西向贯穿节理 J28-1 和 J28-2 在遇到其中细砂岩带，出现明显的间断和错位，使地下水在从上部地层向下渗流的过程中遇到阻隔，不能顺畅地向下运动，而沿中细砂岩水平运动，从而延长了地下水的渗流路径，并阻断向裂隙南侧的第 28-2 窟，第 27-2 窟运移。

第 5-10 窟具有相似的工程地质和水文地质环境（图 6），石窟顶部为 0.5—0.8m 厚的中细粒泥质砂岩夹层 N5-1，使从上向下运移的岩体水分受到阻断，同样在第 5-10 窟内和北侧山体均发育有东西向贯通节理 J5-1 和 J5-2，尤其是 J5-2 节理是山体内地下水最佳排泄通道，从而隔断 5-10 窟与山体的水分联系，有利于保持一个岩石含水率相对稳定环境，减缓了风化作用。

综上所述，第 28-2 窟，第 27-2 窟，第 5-10 窟有几项共同特点：①石窟上部为中细粒砂岩；②下面有石窟空区；③石窟与山体之间有东西向贯通节理隔开。独特的岩性和裂隙分布，形成了相对稳定的水分分布特征，从而使这三个石窟得以幸运保留下来。

2.4　日照的差异

云冈石窟位于北纬 40.1°，一年当中最大太阳高度角为 73.2°，冬至日最小太阳高度角为 26.2°，所以在窟内接受光照最强的是底面，东西两壁次之，接受光照最弱的是北壁，夏季基本照射不到北壁，冬季在（高度-深度/2）以下能够照射到。石窟接受日照的范围主要受深度、高度和朝向的影响。

为了简化分析，仅考虑研究与第 28-2 窟，第 27-2 窟，第 5-10 窟形制相似的小型窟，对比分析其高度、深度和朝向差异是否与风化差异有关。通过调查统计（表 4），第 5 窟附窟中第 5-10 窟形制一致，相似，但仅有第 5-10 窟保存较好，而处于相似深度、高度和朝向的第 5-9 窟已经完全风化，第 28-2 窟和第 27-2 窟与周边相似形制石窟也具有同样的规律，说明单一的日照因素不是造成第 5-10 窟差异性风化的主要原因。但是水分的差异会造成岩石表面温度在日照下的不同分布，干燥的岩石是热的不良导体，而含水量高的岩石是热的良导体，同时日照也会造成水分的快速蒸发，生成盐的结晶，产生更大的破坏。云冈石窟位于中国北方，无霜期有 100—156 天，一年有一半以上时间会产生冻融作用，水的差异分布也会造成砂岩冻融程度。

表 4　第 5 窟附窟及 22 ~ 28 小型窟洞窟宽度、高度、深度统计表

小型窟	宽度（米）	高度（米）	深度（米）	保存状态	小型窟	宽度（米）	高度（米）	深度（米）	保存状态
5-1 窟	1.92	3.2	3.4	风化严重	24-1 窟	1.6	2.4	1.3	风化严重
5-2 窟	2.0	2.5	3.2	风化严重	24-2 窟	0.6	0.9	0.7	风化严重
5-3 窟	2.8	2.4		风化严重	25-1 窟	0.9	1.5	1.1	风化严重
5-4 窟	2.6	7.6	6.1	风化严重	25-2 窟	1.5	2.2	1.3	风化严重
5-5 窟	1.5	1	1.3	完全风化	26-1 窟	0.8	1.5	0.9	风化严重
5-6 窟	0.9	1.2	1	完全风化	26-2 窟	1.0	1.1	1	风化严重
5-7 窟	1.1	1.3	0.8	完全风化	26-3 窟	0.95	1.15		风化严重
5-8 窟	1.1	1.5	0.9	完全风化	26-4 窟	0.8	1.4	3	风化严重
5-9 窟	1	1.5	0.8	完全风化	27-1 窟	1	1.8	0.5	风化严重
5-10 窟	1.2	1.5	0.92	保存较好	27-2 窟	1.0	1.4	1.2	保存较好
22-1 窟	1.85	1.8	1.3	风化严重	28-1 窟	1.1	1.6	0.4	完全风化
22-2 窟	1.0	1.5	0.7	风化严重	28-2 窟	1.95	2.3	2	保存较好
23-1 窟	2.1	2.4	1.5	风化严重					

2.5　风蚀与降雨的差异

大同地区属大陆性季风半干旱气候，其特点是：四季分明，冬季晴冷，降水少；春季少雨，干旱，风多风大；夏季温暖，雨量集中；秋季清凉，"风多"是大同市的基本特征之一，主导风向一般为西、西北风。云冈地区年平均降雨量为 423.8 毫米，大部分集中在 7、8 月，本次仅以 2015 年 9—12 月气象数据为例，对不同风向的降雨量进行分别统计，主要考虑雨水冲刷对石窟壁面的影响。统计结果显示（表 5），9—12 月降雨累计 118.24 毫米，主要集中在 9 月，降雨时优势风向是北北东、西南和西北向，分别占到降雨量的 14.7%、29.3% 和 13%。由于石窟朝向南和南偏东，90°—270° 风向的降雨量，约占总降雨量的 56.9%，都会冲刷石窟壁面，本次研究的第 5 窟附窟和第 21 ~ 30 窟大致都朝向南，稍偏东 5°—10°，最易受到 90°—180° 风向时降雨冲刷，这可能是本次所研究石窟风化严重的影响因素之一，而局部朝向南偏西的壁面保存状态较好，如第 21 窟东壁。但重点研究对象第 28-2 窟、第 27-2 窟和第 5-10 窟与周边严重风化的石窟并没有明显风吹雨淋的差异，所以该单一因素可能不是引起研究石窟差异风化的主要原因。

表 5 云冈石窟 2015 年 9~12 月不同风向累计降雨量统计表

风向	9 月降雨量（毫米）	10 月降雨量（毫米）	11 月降雨量（毫米）	12 月降雨量（毫米）	合计（毫米）	比例
0°~30°	11.64	0.54	5.04	0.12	17.34	14.7%
31°~60°	0.18	0	0.24	0	0.42	0.4%
61°~90°	0.66	0.06	0.36	0	1.08	0.9%
91°~120°	5.7	0.48	5.1	0.24	11.52	9.7%
121°~150°	17.22	4.14	12.6	0.72	34.68	29.3%
151°~180°	2.04	1.12	1.62	0.12	4.9	4.1%
181°~210°	2.46	0.18	1.02	0	3.66	3.1%
211°~240°	1.44	0.06	1.86	0.06	3.42	2.9%
241°~270°	4.14		4.92	0	9.06	7.7%
271°~300°	8.28		7.14	0	15.42	13.0%
301°~330°	5.28		5.7	0.18	11.16	9.4%
331°~360°	2.94		2.58	0.06	5.58	4.7%
合计	61.98	6.58	48.18	1.5	118.24	100.0%
91°~180°	24.96	5.74	19.32	1.08	51.1	43.2%
181°~270°	8.04	0.24	7.8	0.06	16.14	13.7%

3 总结

综合分析了地层岩性、构造节理、水文分布、日照和风蚀与降雨等因素，探讨了引起第 21 ~ 30 窟和第 5 窟附窟等中小型石窟差异性风化的主要因素，尤其是影响第 28-2 窟、第 27-2 窟和第 5-10 窟保存状态的关键因素进行了分析。形成以下基本结论：

1. 岩性差异是石窟风化差异的内在因素，中细粒含泥质砂岩在地下水作用下最容易风化，粗粒长石石英砂岩抗风化能力相对较强；

2. 水是石窟风化的关键外在因素；

3. 独特的岩性和节理分布，特别是上部中细粒含泥质砂岩相对隔水，后侧山体贯通性节理、下部石窟空区构成良好排泄通道，是造成第 28-2 窟、第 27-2 窟和第 5-10 窟保存相对较好的关键因素。

以上结论对云冈石窟水害治理具有重要研究意义和指导作用，如果能够深入地把握这种关系，并尝试性地改变洞窟风化因素，做好隔水、疏水功能，可能是主动地减缓风化一项有力措施。

注释：

[1]　闫宏彬，黄继忠，赵新春等 . 温度、湿度的变化对云冈石窟保存的影响 [J]. 山西大同大学学报（自然科学版），2007（3）.

[2]　黄继忠，袁道先，万力等 . 水岩作用对云冈石窟石雕风化破坏的化学效应研究 [J]. 敦煌研究，2010（6）.

（原文刊载于《石窟寺研究》2020 年第 10 辑）

云冈石窟区域水样中的阴离子测定

关翠林　闫宏彬　丰卫青　王尚芝　卢继文　范　潇　王海雁　冯　锋

云冈石窟北依武州（周）山余脉低山丘陵区前缘，南临十里河，是世界文化遗产、首批国家 5A 级旅游景区，与敦煌莫高窟、洛阳龙门石窟和天水麦积山石窟并称为中国四大石窟艺术宝库。

云冈石窟位于大同市区西部 16 千米十里河北岸砂岩陡壁之上。雕像一直存在溶蚀、渗水和崩塌等多种病害，近几十年来风化和溶蚀速度日益突出。黄克忠等的研究表明，石窟盐类风化产物的形成、分布与水活动密切相关，盐类晶体的形成和分布促使石雕表面风化[1]。郭芳等研究了云冈石窟表面可溶盐的形成过程和演化，认为在降水入渗和蒸发过程中发生的盐类沉积作用进一步促发石雕风化[2]。富含可溶盐的水会直接加剧石质文物的风化[1]。钙、镁元素是活性很强的碱土金属，呈正价化合物状态广泛存在于自然界中，极易与阴离子形成可溶或不溶盐。大同矿区云冈沟水质为微碱性咸水，富含钙镁离子[3]，石窟直接渗水和窟区地下水的水化学数据与窟区盐类沉淀物水提取液的化学成分基本一致[4]，因此研究云冈石窟水中阴离子含量及其变化，控制可溶盐形成对云冈石窟的科学保护具有重要意义。

近几年来，水样中阴离子的含量测定多选用昂贵的超高效液相色谱—串联质谱联用技术（UPLCMS/MS）[5]、离子色谱—电喷雾串联质谱法等方法[6]，离子色谱分离结合电导检测器检测的方法也有应用[7]。本实验依据国家标准[8]，应用 ICS–1100 离子色谱仪—电导检测器测定云冈石窟第二窟渗水、以及窟区地下水水样中阴离子的含量，为云冈石窟石质雕像的科学保护提供基础数据支持。

1　实验方法

1.1　主要仪器和试剂

仪器：赛默飞世尔科技戴安 ICS–1100 离子色谱仪，含 AS–DV 自动进样器；Ion Pac AS14 分离柱（4×250 毫米）及 Ion Pac AS14 保护柱（4×50 毫米）；AERS 500 抑制器（含交换柱抑制器、膜抑制器、记录仪、积分仪）。

试剂：配制试剂用水均为去离子水；淋洗液储备液为 0.5 摩尔 / 升 Na_2CO_3 和 0.5 摩尔 / 升 $NaHCO_3$；再生液 I 为 0.5 摩尔 / 升 H_2SO_4，再生液 II 为 25 摩尔 / 升 H_2SO_4；F^- 标准储备液 ρ_F＝1000 毫克 / 升（中国计量科学院，批号 10101）；Cl^- 标准储备 ρ_{Cl^-}＝1000 毫克 / 升（国家有色金属及电子材料测试中心，批号 101808）；NO_3^-–N 标准储备液 $\rho_{NO_3^-–N}$＝500 毫克 / 升（环境保护部标准溶液研究所，批号 102111）；SO_4^{2-} 标准储备液 $\rho_{SO_4^{2-}}$＝1000 毫克 / 升（北京海岸鸿蒙标准物质，批号 1603）。

1.2　实验方法

1.2.1　色谱条件

色谱柱为戴安 Ion Pac AS14 分离柱（4×250mm）及 Ion Pac AS14 保护柱（4×50mm），柱温 30℃，流动相为 3.5 摩尔 / 升 Na_2CO_3-1.0 摩尔 / 升 $NaHCO_3$，流速为 1.2 毫升 / 分钟，泵压力为 1500 帕，进样量为 25 微升，抑制器电流为 24 毫安。

1.2.2　流动相的配制

分别称取 26.49 克 Na_2CO_3 和 21.00 克 $NaHCO_3$，用超纯水溶解，移入 500mL 的容量瓶中，用超纯水定容至刻度，配制成浓度为 0.5 摩尔 / 升 Na_2CO_3 和 0.5 摩尔 / 升 $NaHCO_3$ 储备液。

移取 0.5 摩尔 / 升 Na_2CO_3 和 0.5 摩尔 / 升 $NaHCO_3$ 溶液分别为 7.00 毫升和 2.00 毫升于 1000 毫升容量瓶中，用超纯水定容至刻度，配成浓度 3.5m 摩尔 / 升 Na_2CO_3 和 1.0m 摩尔 / 升 $NaHCO_3$ 的混合溶液，用 0.45 微米微孔滤膜过滤。

1.2.3　混合标准溶液的配制

移取 10.00mL 浓度为 1000 毫克 / 升的 F^- 标准储备液于 100 毫升容量瓶中，用流动相定容至刻度，F^- 浓度为 100 毫克 / 升。

分别取不同体积 100 毫克 / 升的 F^- 标准溶液和 1000 毫克 / 升的 Cl^-、NO_3^--N、SO_4^{2-} 标准储备液于 100 毫升容量瓶中，用流动相定容至刻度，得到 4 种阴离子的混合标准系列溶液。

1.2.4　样品的采集

分别取云冈石窟第二窟渗水、第二窟泉水、云冈周总理纪念馆后井水、云冈西门井水、鲁班窑外十里河水和竹林寺井水各一瓶，用 0.45 微米滤膜过滤后备用。

2　实验结果

2.1　线性关系与检出限

分别移取 0.10、0.50、1.00、1.50、2.00 毫升浓度为 100 毫克 / 升的 F^- 标准储备液，0.50、1.00、3.00、5.00、10.00 毫升浓度为 1000 毫克 / 升的 Cl^- 标准储备液，0.20、1.00、2.00、3.00、4.00 毫升浓度为 1000 毫克 / 升的 NO_3^--N 标准储备液，0.50、1.00、3.00、5.00、10.00 毫升浓度为 1000 毫克 / 升的 SO_4^{2-} 标准储备液于 100 毫升容量瓶中，用流动相定容至刻度，得到 4 种阴离子的混合标准系列溶液。

在最佳色谱条件下，对 F^-、Cl^-、NO_3^--N、SO_4^{2-} 不同浓度的混合标准溶液进行测定（图 1 为阴离子标准溶液色谱图），以各阴离子的质量浓度 x（毫克 / 升）对峰面积 y 进行线性回归，得到 4 种阴离子的标准工作曲线（如图 2）及线性回归方程、线性相关系数、线性范围和检出限（见图 1、2 以及表 1）。

表 1   4 种阴离子的线性回归方程及检出限

阴离子	线性回归方程	线性范围 /mg·L^{-1}	线性相关系数 r	检出限 /mg·L^{-1}	RSD/%
F$^-$	y=0.223x−0.003	0.1~2.0	0.9998	0.1	0.49%
Cl$^-$	y=0.215x−0.605	5.0~100	0.9994	0.4	0.91%
NO$_3^-$−N	y=0.450x−0.256	1.0~20	0.9991	0.4	0.60%
SO$_4^{2-}$	y=0.132x−0.342	5.0~100	0.9990	0.1	1.41%

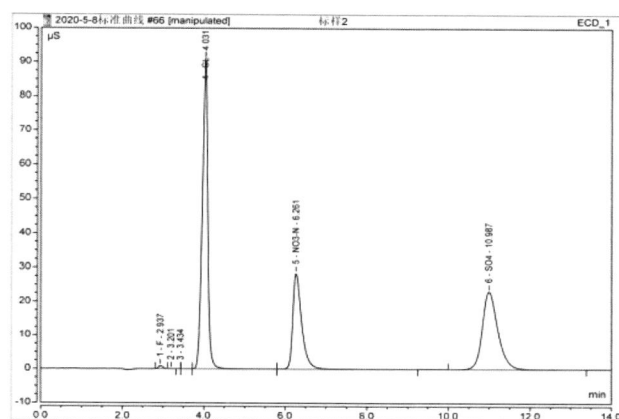

图 1   阴离子标准溶液色谱图

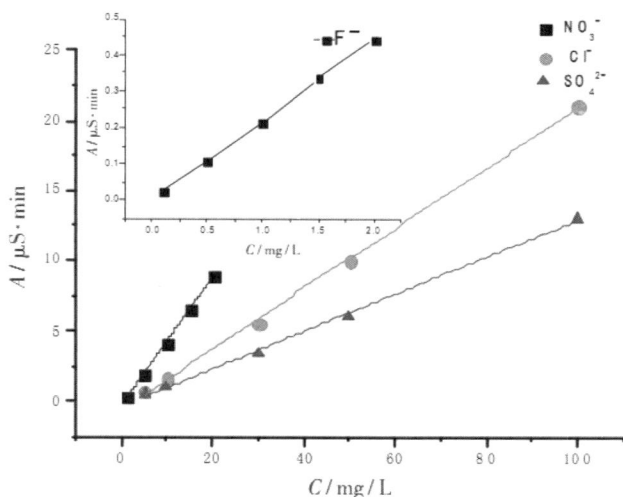

图 2   4 种阴离子的工作曲线

2.2   精密度试验

在色谱条件下，用标准混合液连续进样 4 次，分别计算 4 种阴离子的相对标准偏差，F$^-$、Cl$^-$、NO$_3^-$−N、SO$_4^{2-}$ 的 RSD 分别为 0.49%、0.91%、0.60%、1.41%，均小于 2.0%，说明方法的精密度良好。

2.3   实际水样测定

色谱条件下，分别取云冈石窟第二窟泉水、第二窟渗水、云冈周总理纪念馆后井水、云冈西门井水、鲁班窑外十里河水以及竹林寺井水水样原液进样，测定其中的 F$^-$ 和 NO$_3^-$−N 含量；然后准确移取上述 6 个水样各 5.00 毫升分别于 100 毫升容量瓶中，用流动相稀释定容至刻度，在色谱条件下测定。用标准曲线法计算各水样中阴离子含量，结果见表 2。

表 2　样品中阴离子含量测定结果（ *n*=6 ）

离子	离子含量 /mg · L⁻¹						
	云冈石窟二窟渗水	云冈石窟二窟泉水	周总理纪念馆后井水	云冈石窟西门井水	鲁班窑外十里河水	竹林寺井水	生活饮用水国标 GB5749-2006
F^-	--	0.4798	0.4978	0.5650	0.6368	0.3767	1.0
Cl^-	316.3	316.6	379.1	310.7	307.7	131.7	250.0
$NO_3^-–N$	37.1	8.289	15.16	2.500	4.878	50.16	10.0
SO_4^{2-}	136.3	1222	1368	1289	1310	662	250

3　分析与讨论

气候变化和人类活动使得水化学循环过程愈加复杂。2003 年 7 月，中科院地质研究所对窟区天然水样进行了水质全化学分析，证实水样中 SO_4^{2-} 和 Cl^- 的含量与水样矿化度分级结论一致 [7]。水样中 SO_4^{2-} 和 Cl^- 浓度偏高，表明该采水区域矿化度高，水循环条件不好，水循环较弱。

二窟渗水以大气降水为补给途径 [4]，由表 2 可知，二窟渗水中 SO_4^{2-} 含量为 136.3 毫克 / 升，低于生活饮用水的国家标准 250 毫克 / 升，仅仅是其他 5 类地下水样中 SO_4^{2-} 含量平均值的 11.65%，说明窟顶地层区域水循环较强，矿化度相对较低，属于水循环周期相对较短的浅层水。

煤矿的矿物组分中的硫化物或硫酸盐，在空气和水的作用下会发生氧化、水解和溶滤作用，使矿区水系 SO_4^{2-} 含量增高 [9]。黄铁矿结核在云冈砂岩中普遍分布，矿区地下水中 SO_4^{2-} 含量与煤层中的黄铁矿风化作用相关联 [4]。2019 年大同口泉沟—云冈沟煤矿采空区水质评价结果显示，采空区地下水水样中 SO_4^{2-} 浓度范围是 564.92—10080.4 毫克 / 升 [3]。除二窟渗水外，文中其他 5 类水样均采自浇灌用地下水水源，其中 SO_4^{2-} 含量最高达到了 1368 毫克 / 升，表明水源接受了矿坑排水的补给。

SO_4^{2-} 和 Cl^- 是地下水可饮用评价的最可靠指标 [4]。竹林寺井水曾是一个现已搬迁的村庄饮用水源，现偶尔用于绿化灌溉。竹林寺井水的水样中 Cl^- 和 SO_4^{2-} 2 种离子含量分别是另外 4 种地下水水样中 2 种阴离子含量平均值的 40.09% 和 52.97%，但是 $NO_3^-–N$ 含量却是另外 4 种地下水水样中 $NO_3^-–N$ 浓度平均值的 6.51 倍，这可能是氮肥过量施用的结果，人类活动会渐渐改变水化学循环过程中的量值。

4　结论

对云冈石窟的地质调查、物化测试及多年观测表明，石窟盐类风化产物的形成、分布与水的活动密切相关。本工作重点比较了二窟渗水与窟区地下水样中 SO_4^{2-} 含量。结果表明：二窟渗水中 SO_4^{2-} 含量是国家饮用水卫生标准的 54.52%，是窟区其他地下水水样 SO_4^{2-} 含量平均值的 11.65%。云冈石窟防水工程建设持续已将近十年，基本完成了以下降泉形式排泄二窟泉水的工程，以及在窟顶泥岩层修建排水渠、降低沿岩体层面垂直下渗的石窟顶地下水量的工程。本文的测定数据表明，目前的防水工程是有效的。

参考文献：

[1] 曲永新，黄克忠，徐晓岚，等．大同云冈石窟石雕表面和表层的粉状物及其在石雕风化中的作用研究 [C]//. 全国第三次工程地质大会论文选集．成都：成都科技大学出版社，1988.

[2] 郭芳，姜光辉．大同云冈石窟可溶盐的分布及硫同位素特征 [J]. 水文地质工程地质，2013，40（3）： 126—130.

[3] 关磊声．大同口泉沟—云冈沟矿区煤矿采空区水水质评价 [D]. 淮南：安徽理工大学，2019. Lett，2004， 29（14）：1668—1670.

[4] 云冈石窟研究院．云冈石窟防水工程岩土工程勘察报告 [R]. 北京：建设综合勘察研究设计院，2004.

[5] MOHAMMAD R K，SAIKH MO W，ROSA B，et al. Trace Identification of Sulfate Anion in Bottled and Metropolitan Water Samples Collected from Various Provinces of Saudi Arabia [J]. Journal of King Saud University—Science，2020，32（3）：1986—1992.

[6] ZHANG X，SAINI C，POHL C，et al. Fast Determination of Nine Haloacetic Acids，Bromate and Dalapon in Drinking Water Samples Using Ion Chromatography—electrospray Tandem Mass Spectrometry [J]. J CHROMATOGR A，2020，1621: 461052—461062.

[7] 朱娜，张竹青，秦杨，等．离子色谱法测定水中 5 种消毒副产物和 6 种常见阴离子 [J]. 中国卫生工程学， 2017，16（1）：31—35.

[8] 中华人民共和国卫生部，中国国家标准化管理委员会．中华人民共和国国家标准 GB5749—2006. 生活饮用水卫生标准 [S]. 北京：中国标准出版社，2007.

[9] KIM D M，YUN S T，HONG J H，et al. Hydrochemical Assessment of Environmental Status of Surface and Ground Water in Mine Areas in South Korea: Emphasis on Geochemical Behaviors of Matals and Sulfate in Ground Water [J]. JGE，2017，183：33—45.

（原文刊载于《山西大同大学学报》（自然科学版）2020 年 10 月）

云冈石窟第3窟后室顶板加固治理与监测

范　潇　闫宏彬　孟令松　黄　宇　齐彦明

云冈石窟位于山西省大同市城西16公里的武州（周）山南麓，共有大小洞窟254座，主要洞窟45座。其中，第3窟又称"灵岩寺"[1]，是开凿规模最大的洞窟，也是一座未完工的洞窟，其窟内地面遗迹为后代传递了洞窟开凿方法和取石途径等信息，具有极高的研究价值[2-3]。窟内仅有的3尊造像雕刻精细，面部圆润丰满，推测为初唐时期雕刻而成[4]。

由于历经千年的自然风化和其自身特殊的地质构造，第3窟存在危岩、渗水、片状剥离、粉状风化、生物扰动等多种病害。其中，后室顶板危岩最为危险，极有可能发生局部垮塌，后果不堪设想。本次治理主要采用灌浆粘接结合锚杆牵拉的方法对后室顶板进行加固，基本解决了后室顶板的稳定性问题。

1　第3窟后室顶板地质特征

1.1　地层

第3窟整体以砂岩为主，这也是其开凿成为大型洞窟的有利条件，但是局部偶夹页岩、粉砂岩及泥砾，易发生差异风化，影响洞窟稳定性。本次研究的后室顶板周围地层自下而上可分为3层[5]：①层位于最下方，顶板残存厚度仅0.3—0.5米；②层位于中间，为易风化层，厚度0.2—1.5米不等，是影响洞窟顶板稳定性的主要因素；③层位于最上方，岩层稳定（表1）。

表1　后室顶板地层划分

编号	岩石名称	岩石性质	岩层厚度
①	钙质铁质胶结石英长石砂岩	中—粗粒结构呈褐红色，粗粒结构呈褐黄色；薄—中厚层状；水平层理，夹一层青灰色粉砂质泥岩，局部见砾石。	4.9—5.3米
②	杂色中粒砂岩与粉砂质页岩互层	灰褐色、青灰色、褐黄色，页岩色深，属于还原环境下形成；层理非常发育，见云母顺层理定向排列；中粒砂岩色偏红，铁质胶结，见过渡相粉砂质页岩；形成了第3窟中部的一个主要的风化凹槽，上部崖壁的大量坍塌均与该风化凹槽有密切关系，局部曾修复。	0.2—1.5米
③	粗粒状含砾石长石石英砂岩	褐黄色，水平层理发育，岩性较纯，厚层状，层厚比较均匀，一般为50—100厘米；砾石呈棱角状，主要由石英和少量岩屑构成；局部发育有细（中）粒砂岩。	3.0—3.2米

1.2　岩石性质

按照GB/T50266-2013《工程岩体试验方法标准》，2014年采用万能压力机、电子天平和鼓风干燥箱等设备对第3窟顶部②层3组微风化砂岩样品进行物理、水理和力学性质测试。实验环境条件为温度22℃，湿度 38%，测试结果见表 2。

表 2　岩石性质测试结果

样品编号	物理性质		水理性质		力学性质		
	天然块体密度 /（g·cm⁻³）	孔隙率 /%	含水率 /%	饱和吸水率 /%	天然单轴抗压强度 /MPa	饱和单轴抗压强度 /MPa	软化系数
A	2.37	10.61	0.29	3.99	47.9	14.6	0.30
B	2.38	10.23	0.28	4.02	43.9	15.3	0.35
C	2.37	10.61	0.28	4.04	39.8	9.3	0.23
平均	2.37	10.48	0.28	4.02	43.9	13.1	0.29

1.2.1　物理性质

测试结果显示，砂岩天然块体密度在 2.37—2.38 立方厘米 / 克之间，对比砂岩经验数据 2.2—2.6 立方厘米 / 克适中[6]，岩石孔隙率为 10.48%，说明砂岩存在较多的孔隙，能为水盐运移提供有利通道，加速岩石风化。

1.2.2　水理性质

岩石平均含水率为 0.28%，饱和吸水率为 4.02%，与经验数值对比适中，但由于②层岩石中含有 30% 以上的伊利石、绿泥石等水敏矿物，遇水极易软化膨胀，因此在渗水通道打通后会导致岩石强度严重降低。

1.2.3　力学性质

岩石天然单轴抗压强度为 39.8—47.9 兆帕，属于较硬岩，饱和单轴抗压强度为 9.3—15.3 兆帕，软化系数 0.29，浸水后强度急剧下降，抗水抗风化性和抗冻性较弱。

2　第 3 窟后室顶板勘察

2.1　顶板危岩裂隙分布状况

勘查结果显示，后室顶板存在 73 条主要裂隙，以 SN、EW 和 NW-SE 向为主，将其切割成 3 个危岩区（图 1），局部①层已经掉落。由于顶板处岩性属于中粒砂岩与粉砂质页岩互层，层状裂隙发育，导致洞窟顶板历史上形成大量垮塌掉块。洞窟险情记录显示，近几年裂隙边缘岩体频繁发生小块掉落现象。

危岩区 1 顶板①层残存厚度 230—300 毫米，最薄处 100 毫米，裂缝最宽处 120 毫米，最深 0.6 米。虽然该区域暂时不对游客开放，但其崩落会加速南侧稳定岩体的变形，仍需重点加固。

危岩区 2 顶板①层残存厚度 200—340 毫米，裂缝最宽 120 毫米，最深 0.8 米，表面破碎。该区位于 3 尊造像正上方，是游客逗留时间最长的区域，危险性极大，极易崩落伤害游客，对造像也存在极大威胁。

危岩区 3 表层薄层状风化，裂隙宽约 0.1—0.3 米，深度约 0.4 米。该区域位于栈道正上方，是游客沿线参观必经之路，极易发生片状掉落砸伤游客，威胁较大。

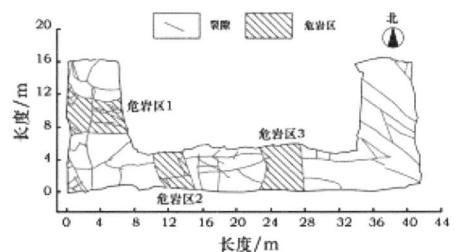

图 1　后室顶板危岩裂隙分布图

2.2　钻孔勘察

孔内摄影资料（图 2）显示，①层砂岩在顶板区域残存厚度仅为 0.3—0.5 米，其上②层岩石局部较薄，仅有 0.2—0.3 米。从①层已坠落区域边缘观察，②层局部已风化缺失，向内掏空深度可达 1 米多，钻孔典型剖面见图 3。

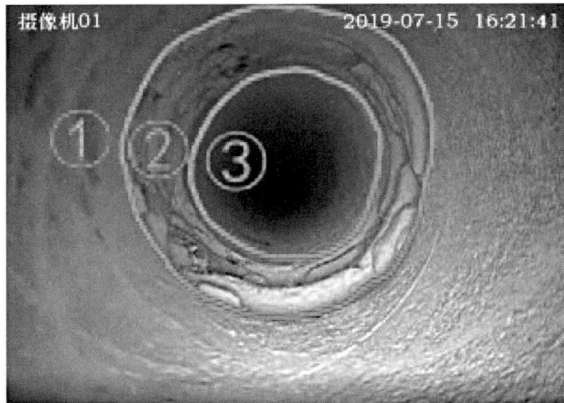

图 2　孔内摄影

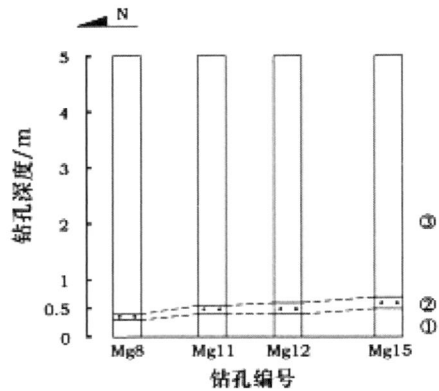

图 3　钻孔剖面图

2.3　物探

利用 GPR Live Full Package 手持雷达对 2.2 中同一剖面测量显示，在顶板底面向上 0.3—0.6 米出现异常（图 4）。图像与钻孔资料一致，印证了该软弱裂隙带的存在。

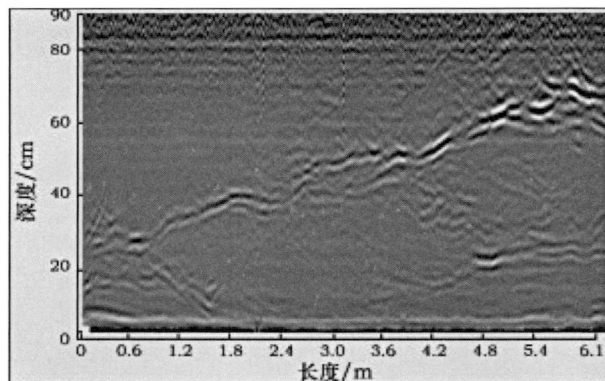

图 4　物探剖面图

3　顶板破坏形式

顶板发生破坏乃至崩塌的主要原因是②层岩石性质特殊，其风化速度相对较快，差异风化形成的空腔导致下方①层岩石与上方岩体分离，发生坠落。

岩体破坏过程细分为 5 个阶段（图 5）：

（1）洞窟开凿前，山体处于原始沉积状态，内部几乎没有贯通裂隙，岩体稳定。

（2）洞窟开凿后，①层砂岩仅剩下不足 0.5 米的厚度，下方临空，依靠岩石自身的结合力维持稳定，并在重力的影响下逐渐变形。

（3）由于②层自身相对滞水，山体上方裂隙的渗水在此聚焦，既增加了岩体自重，又加速了岩石风化。长期影响下，岩体开裂并产生变形。

（4）裂隙不断发育，形成危岩体并局部坠落。

（5）未坠落的岩体由于边缘处的页岩层暴露在空气中，风化加速，不断向内掏空，形成新的危岩体，成为本次加固的主要对象。

因此，对尚未坠落的顶板危岩治理是关键所在。既要防止危岩体坠落，同时也要阻止页岩层的快速风化。

4 第 3 窟顶板加固治理方法

4.1 临时支护和防护

4.1.1 顶板危岩临时支护

为了保证施工时顶板 3 个危岩区的稳定性，本次工程采用临时钢结构支撑加固措施。每个危岩区采用 6—8 根 40a 槽钢对接形成立柱支撑，柱与柱之间利用整体脚手架每隔 4 米设置 φ48 钢管和构件连接固定，最下方横管离地 300—500 毫米，形成横向支撑体系（图 6）。

同时为了保证支撑体系对文物的最小干预，避免对地面和窟顶遗迹造成破坏，立柱底部采用钢垫板下放置柔性材料与地面接触，顶部槽钢与顶板不平处用柔性材料找平。

4.1.2 临时防护

为了防止岩块坠落和灌浆材料渗漏对地面遗迹造成破坏，采取了逐层设置防坠网及地面全铺地毯的方式进行防护。为了防止灌浆材料和施工中产生的灰尘污染，将 3 尊造像整体采用框架式木板和钢板防护，同时使用防水卷材全方位进行防水防污处理。

4.2 裂隙注浆预加固

在开展牵拉锚杆施工前，为了进一步保障施工安全，对顶板向上 0.5 米以内区域裂隙开展注浆预加固，步骤如下：

（1）材料试验。灌浆前选取一试验场地进行灌浆试验以确定最佳的浆液配比及施工工艺。

（2）表面清洁。用手工工具或压缩空气清洁裂隙面，保证其粘接强度。

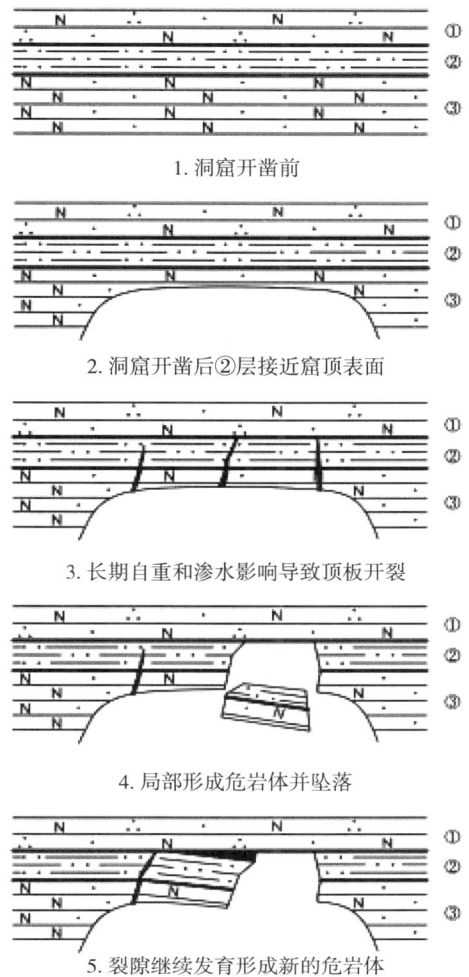

1. 洞窟开凿前

2. 洞窟开凿后②层接近窟顶表面

3. 长期自重和渗水影响导致顶板开裂

4. 局部形成危岩体并坠落

5. 裂隙继续发育形成新的危岩体

图 5　顶板破坏形式

图 6　框架式钢结构临时支护

（3）布设注浆孔。采用沿裂隙线两侧梅花状布设注浆孔，待成孔完成后，使用高压风对孔内进行清理并埋设灌浆管。灌浆孔深度根据裂隙实际深度进行调整，间距 0.2—0.5 米。

（4）裂隙封堵。注浆孔施工前用环氧树脂胶泥对所有外露裂隙进行有效封堵，封堵裂隙要进行 2—3 次，直至裂隙完全封闭。

（5）灌浆。根据裂隙的分布情况，通过高压泵将浆液灌入岩石裂缝，对所有裂隙进行充填及粘接，灌浆压力 15—40 兆帕，对不适合高压区域采用注射器进行浆液的灌注。灌注时及灌注后设置专人观察，存在漏浆点立即暂停灌注并封堵。图 7 为灌浆加固后取出的岩芯，可以看到环氧树脂将原本被密集裂隙切割形成的碎裂岩体有效地粘接成为整体。

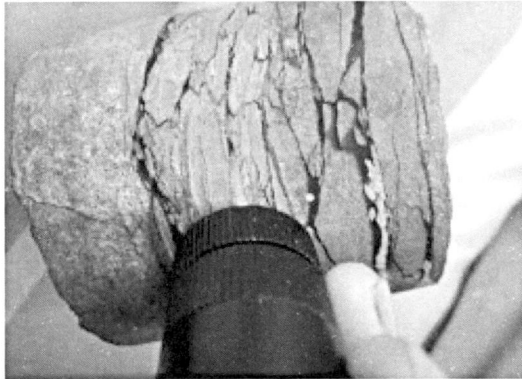

图 7　灌浆加固后取出的岩芯

（6）修补做旧。注浆完毕后采用母岩粉、矿物染料调色后的砂浆在注浆孔口做旧处理，使得颜色、形式与周边协调一致，达到美观的效果。

4.3　锚杆加固

锚固施工质量的好坏直接影响锚杆的承载能力及危岩的稳定性，综合考虑第 3 窟特殊的施工条件和地质条件，选取了适宜的施工方法并进行了精细施工，工序如下：

（1）搭建脚手架。为了减少钻进过程中产生的振动，因此在顶部脚手架的搭建时需要经过详细计算。既要给钻机工作留出合适的空间，也要保证钻机在钻进时脚手架的整体稳定性，确保安全。

（2）钻孔钻进。在保证钻进位置和方向等参数符合要求的条件下，采用了最新改进风动钻机[7]，可将岩体取芯，更直观地了解岩体内部情况，为下一步灌浆提供参考。与此同时，采用的钻孔除尘技术有效地减轻了施工所产生的灰尘对文物的污染。

（3）锚杆制作与安装。由于本次顶板治理的对象均为坠落式危岩体，需要的锚杆应具备较强的抗拉拔能力。本次工程采用的玻璃纤维增强聚合物锚杆相较于传统的钢筋锚杆具有抗拉强度高、不生锈、材质轻、寿命长等优点[8]。对加固后锚杆进行拉拔试验（图 8），数据显示，锚杆在最大荷载 93.1 千牛下（约是设计值的 116%，设计值为 80 千牛），最大位移值 1.87 毫米，最小位移值 0.28 毫米，锚杆的抗拉拔力和位移量均符合规范规定，并满足设计要求。锚杆杆体上每隔 1—2 米安放对中支架，并设置注浆管、排气管和备用管，为锚杆灌浆做好充分准备。

（4）注浆材料试验。采用经试验具备较好流动性的环氧树脂进行灌浆。对 3 组环氧树脂立方体试块抗压强度进行检测，检验仪器为 NYL-20000 型压力试验机，试件尺寸 70.7 毫米 × 70.7 毫米 × 70.7 毫米，标准养护条件下龄期为 15 天，抗压强度为 67—79 兆帕，平均值 72.2 兆帕，略大于砂岩的抗压强度，既能保证粘接的有效性，又能防止强度过高导致岩石内部开裂。

图 8　玻璃纤维锚杆拉拔试验

（5）灌浆施工。灌浆是锚固施工过程中的一个重要环节，灌浆质量的好坏将直接影响锚固的承载能力。灌浆采用螺杆式高压泵进行压力灌浆，若浆液从排气孔中排出，说明灌浆饱满。封堵排气孔并间歇性进行补浆，确保锚杆灌浆质量。

4.4 风化凹槽封护

对于②层岩石裸露区域，表面采用钢丝网及锚杆进行固定，再使用修复砂浆和低碱水泥进行封护，有效地防止碎石块掉落和进一步风化掏空，最后表面做旧处理，跟周围协调一致。

5 第3窟顶板稳定性监测与评估

本次治理项目于2019年8月份完工，对当年9月1日0时至12月30日0时共计121天的监测数据进行了对比分析，监测内容包括裂隙宽度、危岩体下表面倾斜度和锚杆应力。

5.1 裂隙和倾斜监测

裂隙监测设备测量范围 ±10毫米，测量精度 ±0.01毫米，采集频率30分钟，倾斜监测设备测量范围 ±20°，测量精度 ±0.07°，采集频率30分钟。裂隙、倾斜监测数据变化范围见表3。

表3 裂隙、倾斜监测数据变化范围表

位置	裂隙 /mm			倾角东西 /（°）			倾角南北 /（°）		
	最小值	最大值	变化幅度	最小值	最大值	变化幅度	最小值	最大值	变化幅度
勘察孔 1	7.317	7.340	0.023	1.826	2.024	0.198	−0.258	−0.027	0.231
危岩体 W13	10.967	11.129	0.162	2.318	2.541	0.223	−0.664	−0.450	0.214
危岩体 W32	6.212	6.361	0.149	−0.841	−0.648	0.193	3.816	3.949	0.133

由于裂隙宽度和危岩体下表面倾角初始值不同，因此只有一定时间内的变化幅度具有参考意义。经对比，裂隙和倾斜监测数据会随温度变化做周期性变化，裂隙宽度最大变化幅度为0.162毫米，倾角最大变化值为0.231°，变化幅度较小，表明岩体稳定[9]。

5.2 锚杆应力监测

选取3个锚杆的不同深度开展实时应力监测，设备测量范围 ±25千牛，测量精度 ≤ 1%FS，采集频率30分钟。监测数据显示，锚杆内部应力缓慢上升并趋于稳定，表明施工完毕后顶板有微小的变形，引起了锚杆内部应力变化，证明锚杆发挥了拉结作用，达到预期的加固效果（图9）。

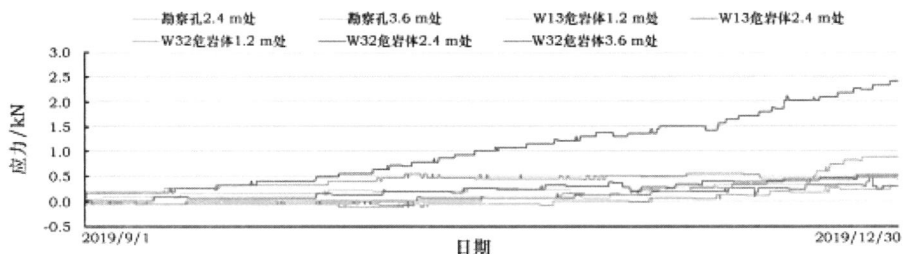

图9 锚杆内部应力监测数据变化趋势图

6　结论

（1）钻孔和物探资料显示，第 3 窟后室顶板危岩体的形成与粉砂质页岩层较易风化密切相关，差异风化直接导致了顶板危岩体的形成。

（2）灌浆后取出的岩芯验证了流动性好的环氧树脂可以充分地粘接岩体内部密集发育的细微裂隙；力学试验显示，环氧树脂试块的抗压强度略大于砂岩的抗压强度，能有效防止凝结后自身强度过高而导致的岩石内部开裂。

（3）顶板危岩治理后 121 天的监测数据显示，裂隙宽度、危岩体下表面倾角变化幅度较小，锚杆内部应力缓慢上升并趋于稳定，表明岩体得到了有效的加固，达到了预期的治理效果。

参考文献：

[1] 宿白."大金西京武州山重修大石窟寺碑"校注——新发现的大同云冈石窟寺历史材料的初步整理 [J]. 北京大学学报（人文科学），1956（1）：71—84.

[2] 刘建军，曹臣民，王克林. 云冈石窟第 3 窟遗址发掘简报 [J]. 文物，2004（6）：65—88.

[3] 郭静娜，范潇. 云冈石窟北魏遗迹及石质文化研究——以第三窟为例 [J]. 山西大同大学学报（社会科学版），2019，33（6）：42—47.

[4] 宿白. 云冈石窟分期试论 [J]. 考古学报，1978（1）：25—38.

[5] 严绍军，陈嘉琦，窦彦，等. 云冈石窟砂岩特性与岩石风化试验 [J]. 现代地质，2015，29（2）：442—447.

[6] 《工程地质手册》编委会. 工程地质手册（第 5 版）[M]. 北京：中国建筑工业出版社，2018：182—188.

[7] 陆清有，兰立志，佟宝华. 风动钻孔除尘装置的研究与应用 [J]. 中国勘察设计，2007（4）：71—72.

[8] 郑晨，白晓宇，张明义，等. 玻璃纤维增强聚合物锚杆研究进展 [J]. 玻璃钢 / 复合材料，2019（4）：90—99.

[9] 姜云辉，王金华，黎利兵，等. 石窟岩体稳定性监测系统应用与研究 [J]. 文物保护与考古科学，2014，26（4）：70—75.

（原文刊载于《文物保护与考古科学》2021 年第 2 期）

云冈石窟砂岩水汽扩散特性研究

黄继忠　郑　伊　张　悦　章云梦

云冈石窟位于我国山西省大同市西郊，背依武州（周）山，面临十里河，东西绵延约 1000 米，现存主要洞窟 45 个，大小造像 59000 余尊。因其造像气魄雄伟，内容丰富多彩，具有丰富的历史、科学和艺术价值，于 2001 年被列入《世界文化遗产名录》[1]。作为我国规模最大的古代石窟群之一，千余年以来，由于自然营力和人为破坏，云冈石窟面临着严重的风化病害。病害成因包括温湿度、可溶盐、大气污染物以及生物等，而水是其中最为关键的因素。湿膨胀[2]、盐反复结晶与溶解[3]、冻融循环[4]、生物有机体的生长[5]等多种劣化现象都与水密切相关。水分能改变砂岩的微观结构和矿物成分，导致其强度降低、结构变形，且黏土矿物含量越多破坏程度越为严重[6-7]。

砂岩是先存岩石遭受风化侵蚀后的碎屑经过压实和胶结作用固结而成的，其内部充满孔隙和微裂纹。因此，空气中的水汽在浓度差下很容易通过扩散作用进入岩石并吸附在孔隙结构表面，从而成为砂岩内水分的主要来源之一。长期环境监测表明，云冈石窟内的水汽环境变化与山体内部水汽运移存在着密切的相互作用关系[8]。一定条件下，水汽易扩散进入岩石内部凝结为液态水，并与酸性气体反应造成酸性环境，溶蚀岩石颗粒骨架间的胶结物[9]。郭青林等发现石窟浅层岩体内的盐分会随着水汽向岩体表面扩散[10]。可见，砂岩的水汽扩散特性直接影响着文物本体的保存，开展相关研究对揭示岩体内部水汽运移规律以及岩石与环境相互作用机制有重要意义。

国内外学者针对砂岩的水汽扩散特性已开展了大量研究。张修硕等以砂岩为对象建立了二维孔隙扩散模型，模拟岩石风化过程中水汽分子在孔隙内的扩散过程[11]。Keppert 等针对孔隙率和矿物组成不同的砂岩测定了水汽扩散和吸附参数，发现扩散阻力系数仅依赖于孔隙率，而水汽吸附量受孔隙比表面积和黏土矿物的强烈影响[12]。Zhao 等强调砂岩的水分扩散和吸附特性与其孔隙结构相关，并且由于砂岩特殊的沉积结构，水分扩散具有明显的各向异性[13]。Pavlik 等指出当砂岩孔隙结构较大且小孔数量很少时，其表现出良好的水盐运移能力，从而降低了盐结晶和冻融造成材料破坏的风险[14]。Stück 等针对多种岩性和孔隙结构的砂岩，开展了真实气候条件下岩体内部水汽分布的数值模拟[15]。

目前，国内针对砂岩质石窟寺文物劣化机理的研究尚不充足，尤其是砂岩水汽扩散特性方面的成果鲜有报道。本文以云冈石窟为研究对象，选择当地的 2 种不同砂岩开展水汽扩散试验，通过冻融循环制备不同风化程度的试样，研究其在 2 种环境相对湿度梯度下的扩散特性，并开展相关的理论计算与分析。

1　试验概况

1.1　试验材料

本文所用砂岩样品取自云冈石窟山体东侧的 2 处不同位置，经 X 射线衍射（XRD）分析，其主要矿物成分类似，均为石英、钾长石、方解石和高岭石。为避免浅表层风化层的影响，开采时选择距表面 20 厘米以上的内部新鲜岩体，并将其加工成 $\phi65.5$ 毫米 ×8 毫米的圆形薄片。

为探究风化程度对水汽扩散特性的影响，参照《工程岩体试验方法标准》（GB/T 50266-2013）对加工好的圆薄片砂岩进行冻融循环以获取模拟风化试样。具体操作如下：首先采用冷冻恒温循环试验机将抽真空饱和岩样在 –20℃条件下冻结 4 小时；随后取出并放入 20℃蒸馏水中溶解 4 小时；每 8 小时为一次循环，共循环 20 次。

针对所有新鲜和风化试样，将其用去离子水清洗后在 110℃条件下烘干 24 小时，直至其重量稳定不变（见图 1）。采用超焦深显微镜和超声回弹仪等无损检测仪器对试样表面形貌、波速等进行测试，剔除缺陷明显的试样后选择性质相近的作为平行样品，每组砂岩试样的基本物理性质如表 1 所示。风化后试样的超声波速为风化前的 0.73—0.78，根据《岩土工程勘察规范》（GB 50021-2018）的定义，属于中等风化程度。

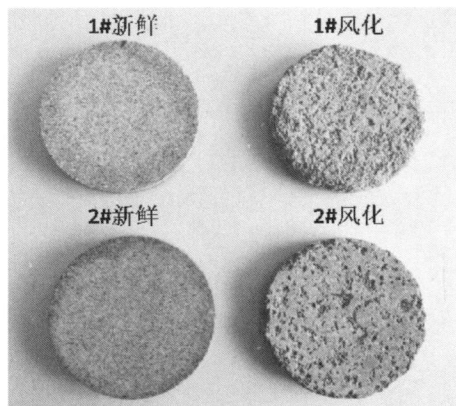

图 1　新鲜和风化砂岩试样

表 1　砂岩试样的基本物理性质

砂岩种类	孔隙率 /%	干密度 /g·cm⁻³	波速 /km·s⁻¹
1# 新鲜	7.36	2.38	2.51
1# 风化	9.06	2.16	1.95
2# 新鲜	3.75	2.63	2.81
2# 风化	4.48	2.48	2.14

1.2　试验方法

水汽扩散试验装置根据建筑材料透湿性能试验标准[16]（GB/T 17146-2015）中的湿杯法设计。如图 2 所示，选用直径 63.8 ± 0.5 毫米的烧杯，在容器顶部开口附近的内壁黏贴 1 圈厚度约 1 毫米的双面胶带作为试样支架，随后向内注入 100 毫升力蒸馏水。针对所有圆薄片砂岩样品，先在其侧面涂抹真空硅脂进行隔离防渗处理，再将其小心置于胶带上，并用熔融石蜡对试样与容器侧壁之间的缝隙进行填充和密封，以确保水汽仅透过试样发生传输和交换。为验证石蜡的密封性，另设置空白对照组，采用相同的容器，并装有等量的蒸馏水，石蜡涂满岩石表面及侧面。

图 2　水汽扩散试验装置

容器内部的相对湿度由蒸馏水控制，在水分蒸发一定时间后可达到 100%[17]。为探究不同湿度梯度对水汽扩散特性的影响，外部环境相对湿度采用 2 种方法进行控制：①直接将水汽扩散试验装置放入温度 25℃、湿度 40% 的恒温恒湿箱中，此时试样两侧形成的湿度梯度为 60%。②先将水汽扩散试验装置放入盛有足量干燥剂的密闭干燥器中，其相对湿度可维持在 5%，即试样两侧形成的湿度梯度为 95%；再将干燥器整体置于温度为 25℃的恒温恒湿箱中。整个试验持续 240 小时，期间定时取出水汽扩散试验装置进行称重，记录其总质量的变化。称重所用的电子天平量程为 300 克，精度为 0.01 克。

每种试验条件均测试 2 个平行样，具体概况如表 2 所示。

表 2　不同试验条件下的砂岩试样概况

相对湿度梯度 /%	外部湿度控制方法	试样编号	试样尺寸	
			直径 /mm	厚度 /mm
60	恒温恒湿箱	1# 新鲜 -1	64.25	7.97
		1# 新鲜 -2	63.86	8.41
		1# 风化 -1	63.11	8.03
		1# 风化 -2	63.52	7.98
		2# 新鲜 -1	63.55	8.14
		2# 新鲜 -2	63.07	8.52
		2# 风化 -1	63.09	8.21
		2# 风化 -2	63.58	7.99
95	干燥器 + 恒温恒湿箱	1# 新鲜 -3	63.62	8.12
		1# 新鲜 -4	63.85	8.31
		1# 风化 -3	62.15	7.96
		1# 风化 -4	62.48	7.97
		2# 新鲜 -3	64.19	7.99
		2# 新鲜 -4	63.73	8.52
		2# 风化 -3	62.23	7.95
		2# 风化 -4	62.67	7.98

2　试验结果

整个试验过程中，由于外部环境相对湿度较低，因此烧杯内蒸馏水会不断蒸发并透过砂岩试样向外散失，实验组水汽扩散试验装置的总质量随时间逐渐减小，而对照组装置质量始终保持不变，石蜡密封效果良好。图 3 是水汽扩散量随时间的变化，可以看出两者呈良好的线性关系，拟合相关系数均大于 0.98。另外，每组试验的 2 个平行样品数据基本相近，说明结果可重复性较好。

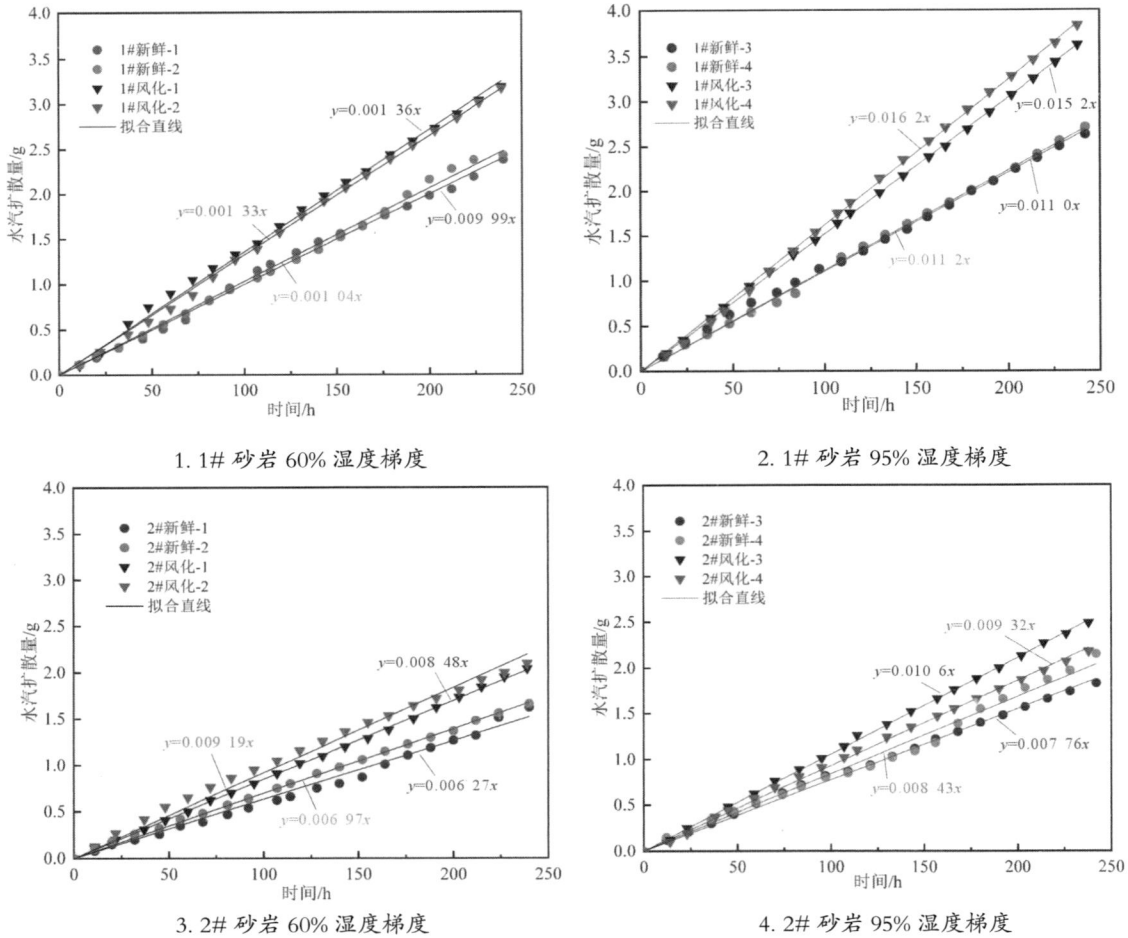

1. 1# 砂岩 60% 湿度梯度

2. 1# 砂岩 95% 湿度梯度

3. 2# 砂岩 60% 湿度梯度

4. 2# 砂岩 95% 湿度梯度

图 3　水汽扩散量随时间的变化

对于 1# 砂岩而言，在 60% 湿度梯度条件下，水汽透过风化试样扩散的总量比新鲜试样高出约 30%。当湿度梯度增大到 95% 时新鲜试样和风化试样的水汽扩散总量均随之进一步提高，且后者的改变程度更为明显。2# 砂岩所得规律与 1# 砂岩类似，即试样的风化程度越高、环境湿度梯度越大，则水汽扩散量越高。但总体而言，水汽透过 2# 砂岩扩散得更加缓慢。

水汽透过砂岩的速率受多种因素影响，将单位时间内通过单位面积试样的水汽质量定义为水汽扩散通量 J，表达式如下：

$$J = \frac{1}{A} \frac{\mathrm{d}\Delta M}{\mathrm{d}t} \tag{1}$$

其中：A 为扩散面积，即试样横截面积，平方米；$\mathrm{d}\Delta M/\mathrm{d}t$ 为试验期间水汽扩散装置的质量损失率，即对应图 3 中拟合直线的斜率。

水汽在砂岩试样中的扩散过程可采用 Fick 第一定律进行描述[12]，即在扩散过程中，各处水汽浓度只随距离变化而不随时间变化，属于稳态扩散，满足式（2）

$$J = -D \frac{\mathrm{d}C}{\mathrm{d}y} \tag{2}$$

其中：D 为有效扩散系数，平方米 / 秒；$\mathrm{d}C/\mathrm{d}y$ 为水汽浓度梯度，负号表示水汽由高浓度向低浓度扩散。

由于本试验所用砂岩试样厚度 L 较薄，因此，式（2）可改写成：

$$J = -D\frac{C_1 - C_2}{L}。 \tag{3}$$

综合式（1）和式（3），可得到有效扩散系数 D，

$$D = -\frac{1}{A}\frac{\mathrm{d}\Delta M}{\mathrm{d}t}\frac{L}{C_1 - C_2}。 \tag{4}$$

由理想气体状态方程 $\rho V = mRT/M$，可得：

$$D = -\frac{1}{A}\frac{\mathrm{d}\Delta M}{\mathrm{d}t}\frac{RTL}{M_{H_2O}}\frac{1}{p_1 - p_2} \tag{5}$$

其中：R 为通用气体常数（8.314 焦耳 /（摩尔·开））；T 为热力学温度，25℃时 $T = 298.15$ 开；M_{H_2O} 为水汽分子的相对分子质量（18.015 克 / 摩尔）；p_1 和 p_2 为容器内外的水蒸气分压，由式（6）计算：

$$P = (\mathrm{RH})P_{sat} \tag{6}$$

其中：RH 为相对湿度；P_{sat} 为饱和蒸汽压，25℃时为 3169 帕。

图 4 是砂岩水汽扩散通量与孔隙率的关系。很明显，无论试样新鲜或风化，其孔隙率越大则水汽扩散通量也越大。在环境湿度梯度 60% 条件下，试样孔隙率从 3.75% 增大到 9.06% 时，水汽扩散通量相应地从 2.111 克 / 平方米·小时增大到 4.272 克 / 平方米·小时，提高了约 2 倍。当孔隙率相同时，湿度梯度 95% 时的砂岩水汽扩散通量略高于湿度梯度 60% 的结果，说明高湿度梯度可促进水汽扩散作用。

图 5 是砂岩水汽扩散系数与孔隙率的关系，两者同样呈正相关关系，因此，孔隙率被认为是控制水汽扩散最关键的因素。可以看出，云冈石窟砂岩水汽扩散系数在（2.654—6.776）×10⁻⁷ 平方米 / 秒之间，而 Keppert 等 [12] 测得孔隙率为 7.2%—14.8%，砂岩的水汽扩散系数在（3.5—7.0）×10⁻⁷ 平方米 / 秒，与本文数值相近，在同一个数量级。另外，图 5 结果还表明，对于孔隙率相同的试样而言，其在 60% 湿度梯度下测得的扩散系数较 95% 湿度梯度下测得的数值大了约 1.4 倍。

由于水汽扩散系数表征的是单位浓度梯度条件下，单位时间内垂直通过单位面积所扩散的水汽质量或摩尔数，因此，理论上该参数只取决于砂岩自身性质以及环境的温度和压力，而与所施加的湿度梯度无关。Pavlik 等也发现类似现象，即当砂岩所处环境整体较为潮湿且试样两侧的相对湿度梯度较小时，实测扩散系数也偏大 [14]。这可能是由于高湿环境下砂岩内部吸湿会形成少量液态水，水汽不但以扩散方式迁移，还通过汽液界面的冷凝和蒸发机制进行转移，因此传输更容易、速率更快。

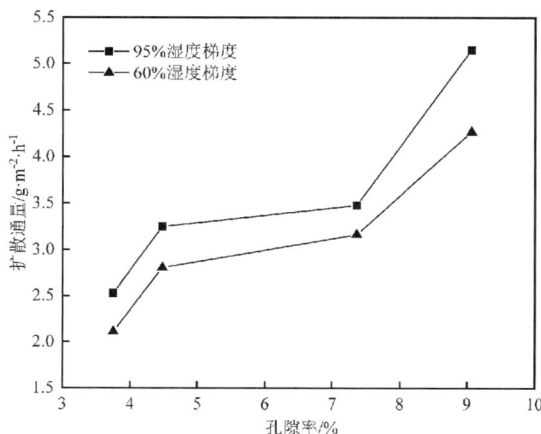

图 4　砂岩水汽扩散通量与孔隙率的关系

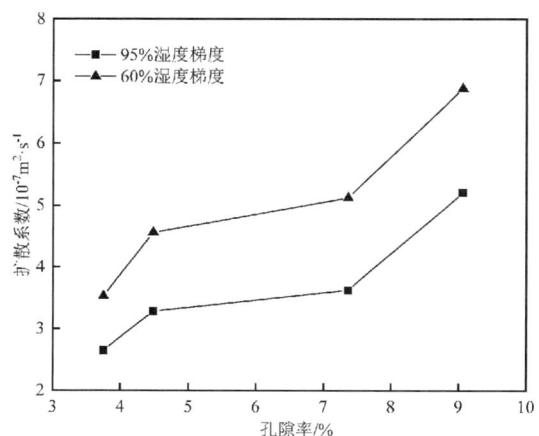

图 5　砂岩水汽扩散系数与孔隙率的关系

3　水汽扩散模式及理论分析

气体在致密岩石中的运移往往偏移传统达西定律和菲克定律所描述的扩散行为。Knudsen 基于分子运动论，提出利用以分子平均自由程和孔隙平均直径表示的努森数 K_n 来判断气体在多孔介质中的运动形式及流动状态[18]，其表达式为：

$$K_n = \frac{\lambda}{d} \tag{7}$$

其中：d 为多孔介质的平均孔径；λ 为气体分子的平均自由程。

根据 Knudsen 数的大小，前人将多孔介质中气体的扩散模式分为不同类型[19-21]。如图 6 所示，当 $K_n \leqslant 0.1$ 时，孔径远大于气体分子平均自由程。因此，气体分子间的相互作用比其与孔壁的碰撞更为频繁。此时连续流动和滑移流动占主导地位，扩散模式服从菲克定理，即扩散通量与浓度梯度成正比。随着孔径减小或分子平均自由程增大，K_n 逐渐增大，当 $0.1 < K_n < 10$ 时，两者大小相近，此时的扩散模式介于菲克扩散与努森扩散之间，两者同时存在，属于过渡型扩散。当 $K_n \geqslant 10$ 时，分子平均自由程远大于孔径，气体分子几乎彼此独立运动，即称为努森扩散[22]。

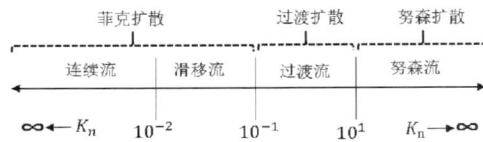

图 6　多孔介质中的气体分子扩散模式

气体分子的平均自由程 λ 指气体分子在相邻两次碰撞间的平均路程，表达式为[23]：

$$\lambda = \frac{\kappa T}{\sqrt{2}\pi\sigma_A^2 P} \tag{8}$$

其中：κ 为玻尔兹曼常数（1.3806×10^{-23} 焦耳/开）；σA 为分子直径（水分子 2.65×10^{-10} 米）；P 为压力。

多孔介质的平均孔径 d 可由式（9）计算：

$$d = 2\sqrt{\frac{8\varphi}{\mu}} \tag{9}$$

其中：φ 为渗透率，平方微米；μ 为孔隙率。

对马在平等实测的云冈石窟砂岩渗透率随孔隙率变化关系[24]进行拟合得到两者的换算公式，如图 7 所示，代入本文试样的实测孔隙率（见表 1）即可获得相应的渗透率。综合式（7）—（9），可分别计算出各砂岩试样有关水汽扩散的基本物理指标值，具体参见表 3。

表 3　砂岩水汽扩散的基本物理指标

砂岩类型	渗透率 $/\times 10^{-4}\,\mu\text{m}^2$	平均孔径 $d/\mu\text{m}$	平均自由程 $\lambda/\times 10^{-7}\text{m}$	k_n
1# 新鲜	1.486	0.254		0.512
1# 风化	2.177	0.277		0.469
2# 新鲜	0.452	0.196	1.302	0.663
2# 风化	0.613	0.209		0.622

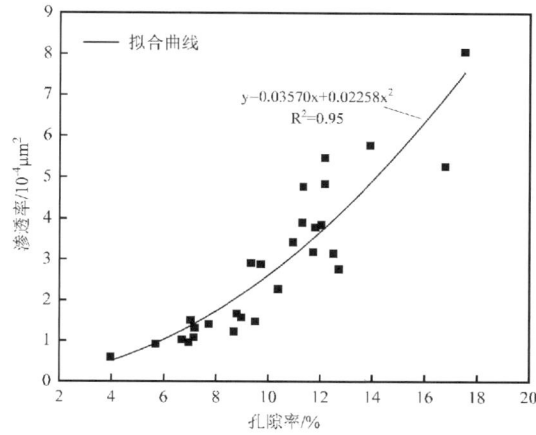

图 7   云冈石窟砂岩渗透率随孔隙率变化关系 [24]

由表 3 中 K_n 值可知，水汽分子在 4 种不同孔隙率砂岩中的流动形式均为过渡流，属于过渡型扩散模式。水汽分子在砂岩中的扩散速率常用扩散系数来量化，对于过渡型扩散，其扩散系数为 [20]：

$$\frac{1}{D_A} = \frac{1}{D_f} + \frac{1}{D_k} \tag{10}$$

其中：D_A 为过渡型扩散系数；D_f 为菲克型扩散系数；D_k 为努森型扩散系数。

菲克型扩散系数和努森型扩散系数可分别由式（11）和式（12）表示 [25]：

$$D_f = \frac{\lambda}{3} \sqrt{\frac{8\kappa NT}{\pi M}} \tag{11}$$

$$D_k = \frac{d}{3} \sqrt{\frac{8RT}{\pi M}} \tag{12}$$

其中：M 为分子质量；N 为阿伏加德罗常数。

如表 4 所示，对于不同砂岩而言，菲克型扩散系数为一常数，而努森型扩散系数随平均孔径的增加而增大，从而导致扩散系数的差异。计算值与试验实测结果类似，即冻融循环处理过的风化砂岩水汽扩散系数较新鲜砂岩更大，且 1# 砂岩的水汽扩散系数普遍大于 2# 砂岩。由此可见，砂岩孔隙结构对其水汽扩散特性起着决定性的作用。

表 4   不同孔隙率砂岩水汽扩散系数

砂岩类型	D_f /10^{-5}m^2·s^{-1}	D_k /10^{-7}m^2·s^{-1}	D_A /10^{-7}m^2·s^{-1}
1# 新鲜	2.570	5.013	4.917
1# 风化	2.570	5.466	5.352
2# 新鲜	2.570	3.868	3.811
2# 风化	2.570	4.125	4.060

图 8 为云冈砂岩水汽扩散系数的计算值与实测值对比，两者在同一个数量级，数值相差不大。理论计算的扩散系数略微偏高，这是由于式（10）—（12）是基于气体分子在平行毛细直孔内运移而进行推导，但实际砂岩的内部孔隙结构是交叉弯曲的，扩散路径更为复杂。

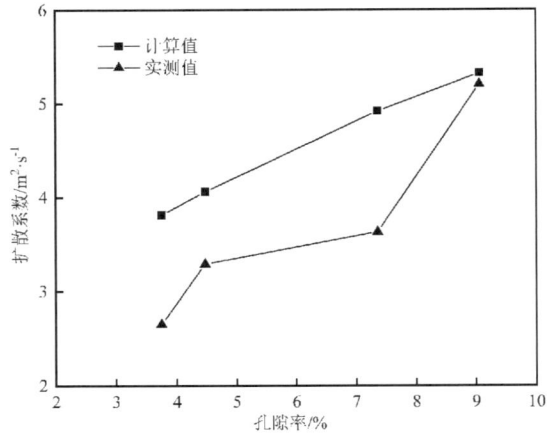

图 8　云冈砂岩水汽扩散系数的计算值与实测值对比

4　水汽扩散对石窟风化的影响

现场勘察表明，当深度超过 0.6 米时，云冈石窟山体内部的空气相对湿度可达到 96% 以上，且长期处于稳定的状态，因此，可将其包气带视为一个含有饱和水汽的空气储藏室。窟内的空气湿度通常随季节显著变化，夏季（6—9 月）相对湿度可高达 100%，此时水汽的主要运移方向是由潮湿空气向岩石浅表层；而冬季气候干燥，窟内相对湿度很少超过 60%，此时水汽主要是从岩体内部向外发生运移[8]。这意味着表层至 0.6 米深度范围内浅层岩体的含水状态受深部山体和大气环境的综合影响，是两者发生相互作用、频繁进行水汽交换的活跃区域。

当砂岩长期处于潮湿环境中时，其长期强度与瞬时强度相比降低了 20%[26]，导致力学性质的弱化。水分子还可以吸附在带负电的黏土矿物表面使其膨胀，从而产生相应的膨胀应力。反复的胀缩过程会降低颗粒之间的联结力，从而引起表层剥落和结构断裂等现象。另外，在夏秋季节，岩石温度较空气温度低，水汽极易在砂岩内部凝结形成液态水。液态水会导致岩石颗粒间的胶结物溶蚀并使主要矿物长石蚀变成黏土矿物，造成孔隙结构的破坏，还可携带可溶盐成分向其他位置迁移、聚集等，一旦水分蒸发，盐分会析出形成盐晶体并对岩石形成挤压力，这种溶解—结晶循环的反复作用会促使矿物颗粒间连结破坏和裂隙扩张，导致石雕表面疏松剥落[27]。

对于云冈石窟这类以石雕为主的文物而言，最珍贵的文化信息都蕴含在其表面，一旦发生风化，文物的重要价值则受到严重损害（见图 9）。作为最容易遭受各类自然因素作用的部位，岩石表面的孔隙率通常高于内部，这使得表面风化砂岩对环境湿度变化的响应更加敏感。水汽通过风化表层的扩散量越大、速率越快，其影响范围也会越大，从而可能进一步加速文物整体的风化进程，最终不利于其长久保存。

综上所述，水汽扩散特性的研究对砂岩劣化机理探究和预防性保护具有重要意义。试验获得的定量结果为云冈石窟砂岩内部水汽运移模型建立等理论研究提供重要基础；同时也表明水汽在石窟砂岩浅表层是活跃的，其在砂岩内部的扩散受到如温湿度、孔隙率等多种因素的影响，因此要进一步加强对洞窟表面和浅表层岩体温湿度的监测。只有获取全面而系统的数据，综合室内研究与现场工作成果，才能制定合理有

图 9 表面风化严重的雕像

效的调控技术与方案，从而预防或降低水汽交换对石窟文物的潜在危害。

5 结论

（1）对于同一砂岩而言，水汽透过试样的质量随时间呈线性发展，且风化程度越高、环境湿度梯度越大，水汽扩散总量越大，但水汽扩散系数主要受孔隙率控制，两者为正相关关系。

（2）水汽分子在云冈砂岩中的扩散模式为过渡型扩散，水汽扩散系数的计算值与实测值基本吻合，处于同一个数量级，数值的微小偏差与砂岩实际的复杂孔隙结构有关。

（3）石窟浅表部砂岩作为珍贵的文化信息层，常年受到水汽交换作用的影响，其风化进程与水汽扩散过程密切相关，因此需要在未来的劣化机理研究中予以重视。

参考文献：

[1] 黄继忠 . 世界文化遗产云冈石窟的防水保护 [J]. 文物保护与考古科学，2008，20（增刊）：114—121.

[2] RUEDRICH J，BARTELSEN T，DOHRMANN R，et al. Moisture expansion as a deterioration factor for sandstone used in buildings[J]. Environmental Earth Sciences，2011，63（7/8）：1545—1564.

[3] 严绍军，方云，刘俊红，等 . 可溶盐对云冈石窟砂岩劣化试验及模型建立 [J]. 岩土力学，2013，34（12）：3410—3416.

[4]　LI J L，KAUNDA R B，ZHOU K P. Experimental investigations on the effects of ambient freeze—thaw cycling on dynamic properties and rock pore structure deterioration of sandstone[J]. Cold Regions Science and Technology，2018，154：133—141.

[5]　BECHERINI F，BERNARDI A，FRASSOLDATI E. Microclimate inside a semi—confined environment：Valuation of suitability for the conservation of heritage materials[J]. Journal of Cultural Heritage，2010，11（4）：471—476.

[6]　GONZALEZ I J，SCHERER G W. Effect of swelling inhibitors on the swelling and stress relaxation of clay bea—ring stones[J]. Environmental Geology，2004，46（3/4）：364—377.

[7]　SEBASTIÁNE，CULTRONE G，BENAVENTE D，et al. Swelling damage in clay—rich sandstones used in the church of San Mateo in Tarifa（Spain）[J]. Journal of Cultural Heritage，2008，9（1）：66—76.

[8]　万力，曹文炳，王旭升，等 . 云冈石窟水汽转化特征的初步研究 [J]. 工程勘察，2012，40（11）：6—11.

[9]　曹文炳，万力，曾亦键，等 . 云冈石窟洞窟内凝结水形成机制与防治研究 [C]//2005 年云冈国际学术研讨会论文集（保护卷）. 北京：文物出版社，2005.

[10]　郭青林，王旭东，薛平，等 . 敦煌莫高窟底层洞窟岩体内水汽与盐分空间分布及其关系研究 [J]. 岩石力学与工程学报，2009，28（Z2）：3769—3775.

[11]　张修硕，徐则民，杨继清，等 . 斜坡非饱和带低渗透岩石中水气分子的扩散机理 [J]. 电子显微学报，2017，36（3）：234—242.

[12]　KEPPERT M，ŽUMÁR J，ĈÁCHOVÁ M，et al. Water vapor diffusion and adsorption of sandstones：Influence of rock texture and composition[J]. Advances in Materials Science and Engineering，2016，2016：1—7.

[13]　ZHAO J H，PLAGGE R. Characterization of hygrothermal properties of sandstones—Impact of anisotropy on their thermal and moisture behaviors[J]. Energy and Buildings，2015，107：479—494.

[14]　PAVLÍK Z，MICHÁLEK P，PAVLÍKKOVÁ M, et al. Water and salt transport and storage properties of Mšené sandstone[J]. Construction and Building Materials，2008，22（8）：1736—1748.

[15]　STÜCK H，PLAGGE R，SIEGESMUND S. Numericalmodeling of moisture transport in sandstone：The influence of pore space，fabric and clay content[J]. Environmental Earth Sciences，2013，69（4）：1161—1187.

[16]　中华人民共和国国家质量监督检验检疫总局，中国国家标准化管理委员会 . 建筑材料及其制品水蒸气透过性能试验方法：GB/T 17146—2015[S]. 北京：中国标准出版社，2015.

[17]　LUO R，LIU Z Y，HUANG T T，et al. Water vapor passing through asphalt mixtures under different relative humidity differentials[J]. Construction and Building Materials，2018，165：920—930.

[18]　KNUDSEN M. Die gesetze der molekularströmung und der inneren reibungsströmung der gase durch röhren[J]. Annalen der Physik，1909，333（1）：75—130.

[19]　ZIARANI A S，AGUILERA R. Knudsen's permeability correction for tight porous media[J]. Transport in Porous Media，2012，91（1）：239—260.

[20] FREEMAN C M，MORIDIS G J，BLASINGAME T A. A numerical study of microscale flow behavior in tight gas and shale gas reservoir systems[J]. Transport in Porous Media，2011，90（1）：253—268.

[21] 聂百胜，何学秋，王恩元. 瓦斯气体在煤层中的扩散机理及模式 [J]. 中国安全科学学报，2000，10（6）：24—28.

[22] 王晓琦，翟增强，金旭，等. 页岩气及其吸附与扩散的研究进展 [J]. 化工学报，2015，66（8）：2838—2845.

[23] DARABI H，ETTEHAD A，JAVADPOUR F，et al. Gas flow in ultra—tight shale strata[J]. Journal of Fluid Mechanics，2012，710: 641—658.

[24] 马在平，黄继忠，张洪. 云冈石窟砂岩中碳酸盐胶结物化学风化及相关文物病害研究 [J]. 中国岩溶，2005，24（1）：71—76，82.

[25] JAVADPOUR F，FISHER D，UNSWORTH M. Nanoscale gas flow in shale gas sediments[J]. Journal of Canadian Petroleum Technology，2007，46（10）：55—61

[26] 杨晓杰，彭涛，李桂刚，等. 云冈石窟立柱岩体长期强度研究 [J]. 岩石力学与工程学报，2009，28（Z2）：3402—3408.

[27] 严绍军，方云，刘俊红，等. 可溶盐对云冈石窟砂岩劣化试验及模型建立 [J]. 岩土力学，2013，34（12）：3410—3416.

（原文刊载于《西北大学学报》（自然科学版）2021 年第 3 期）

超声波无损检测技术在世界文化遗产地云冈石窟保护中的应用

任建光　王　书　孟田华　杨　进　胡翠凤

云冈石窟位于山西省大同市西郊武州（周）山南麓，开凿于北魏和平年间，距今已有 1500 多年的历史。现存大小窟龛 254 个，雕像 59000 余尊，雕刻面积达 18000 平方米。云冈石窟为皇家授意兴建的第一座佛教石窟群，是中国佛教石窟艺术高峰期的经典杰作，在承袭来自南亚和中亚地区佛教石窟艺术影响的同时，赋予佛教石窟艺术以明确的中国特征和地方精神，对其后的中国乃至东亚地区的佛教石窟艺术有着深远的影响，具有极高的文物价值。1961 年云冈石窟被公布为全国重点文物保护单位，2001 年被列入《世界遗产名录》。

云冈石窟所在区域属温带大陆性半干旱气候，冬冷夏热，多风少雨。云冈石窟顶部属高台地构造剥蚀低山丘陵区，南临十里河，窟区内被南北向自然大冲沟分割为东、中、西三部分。出露中侏罗统上部和第四系中上部地层，云冈佛像开凿在中侏罗统上部云冈组（J_2y）砂岩透镜体上[1]。千百年来，由于自然和人为因素的影响，云冈石窟地质病害十分严重，有的甚至已威胁到文物本身的安全，其现状令人担忧，如风化、裂隙等病害，急需应用超声波无损检测技术对云冈石窟文物病害进行检测、评价。

超声波属于弹性波，具有无损和高分辨率的特征，其在岩体介质中传播时，能够了解岩体内部的风化状况、裂隙分布及缺陷几何形态等结构特征，被广泛应用于岩土体和石质文物建筑等工程问题的无损检测中。利用超声波进行无损检测始于 20 世纪 30 年代，1958 年 Mamillan M[2] 首次使用超声波探测石质文物建筑，1991 年 KöhlerW[3] 提出了一种根据超声波脉冲速度值将大理石的损坏度划分为 5 个等级的分类系统。我国从 20 世纪 50 年代初开始逐步引进超声波检测仪器，在石质文物超声波应用方面，孙进忠、陈祥等[4] 利用超声波法检测了浙江义乌古月桥桥身长条石、北京故宫汉白玉栏板和北京西黄寺抱鼓石等石质文物；何发亮等[5] 应用超声波层析技术检测了泸定桥东桥台的内部结构和病害；马涛等[6] 应用超声波探测乾陵石刻内部裂隙；陈祥等[7] 进行了石质文物风化程度的超声波 CT 检测；刘剑[8]、姜效玺等[9] 利用物探方法较好地检测了石质文物的病害。云冈石窟利用超声波技术在检测病害中做了大量工作，取得了较好的检测效果，为石窟文物保护提供了理论依据和技术支撑。

1　超声波检测技术原理

1.1　物性特征

超声波在石质文物中的传播速度与岩石材料的保存状况直接相关，超声波波速高说明岩石保存状况好，波速较低则说明岩石保存状况差。石质文物保存状况的差异受岩体风化和裂隙的发育程度等因素的影响。

用风化岩石与新鲜岩石的纵波速度之比值可以来表征判定岩石的风化等级。根据国家标准《岩土工程勘察规范》计算得出了云冈石窟风化砂岩的波速比与风化程度的关系（见表1）。

表1　云冈石窟风化砂岩的波速与风化等级的划分标准

国家标准			风化程度	描述
速度（m/s）	速度比	等级		
0~593	< 0.2	6	残积土	新近沉积，包括残积土
593~1185	0.2~0.4	5	全风化	结构几乎完全破坏，风化裂隙及其发育
1185~1778	0.4~0.6	4	强风化	结构大部分破坏，风化裂隙很发育
1778~2371	0.6~0.8	3	中等风化	结构部分破坏，风化裂隙发育
2371~2667	0.8~0.9	2	微风化	结构基本未变，有少量风化裂隙
2667~2963	0.9~1	1	未风化	岩芯新鲜，偶有风化痕迹和裂隙

1.2　超声波检测技术原理

目前采用超声波方法探测石质文物结构病害常用透射波法、反射波法和折射波法。在云冈石窟病害超声波检测研究中选用平面超声透射波法，其原理如图1所示。

当发射器T、接收器R的间距较近时，超声波沿表面风化层首先到达R，此时读取的声时值反映了风化层岩石的传播速度。随着T、R间距增大，部分声波穿过风化层，沿未风化岩石传播一定间距后，再穿过风化层到达R，比沿风化层直接传播的声波早到达或同时到达R，计算可检测岩石风化程度。同时，超声波具有良好的指向性，若遇到裂隙等缺陷，将发生反射、绕射等现象，根据不同波形及首波声时、波速、波幅等声学参数的变化特征可分析判断岩石内部裂隙结构、位置和形状等。另外，还可以比较岩石处理前后超声波波速的变化，评价石质文物保护处理的效果。

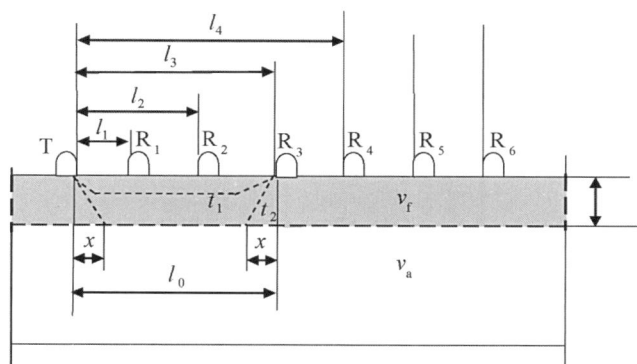

图1　超声波检测原理示意图

2　超声波检测技术在云冈石窟保护中的应用

2.1　超声波在检测窟前列柱风化结构中的应用

云冈第9、10窟前雕凿四根八角列柱，为殿堂廊柱式的雕刻形制，带有明显的希腊、罗马式的建筑风格，为当时中西方文化的交流与融合的典范。列柱露明通顶，上细下粗，柱面各雕十层佛像，柱下为须弥座，置于大象柱础上。朝北柱面雕刻保存完好，朝南柱面全部和朝东、西柱面部分雕刻已风化殆尽。选取第9窟东列柱（U09E）作为测区，测区自下而上分三层（U09E1、U09E2和U09E3层），每层布置8条测线（方向分别为正东、东南、正南、西南、正西、西北、正北、东北），共布置测线24条，每条测线布置9—65个测点（见图2）。

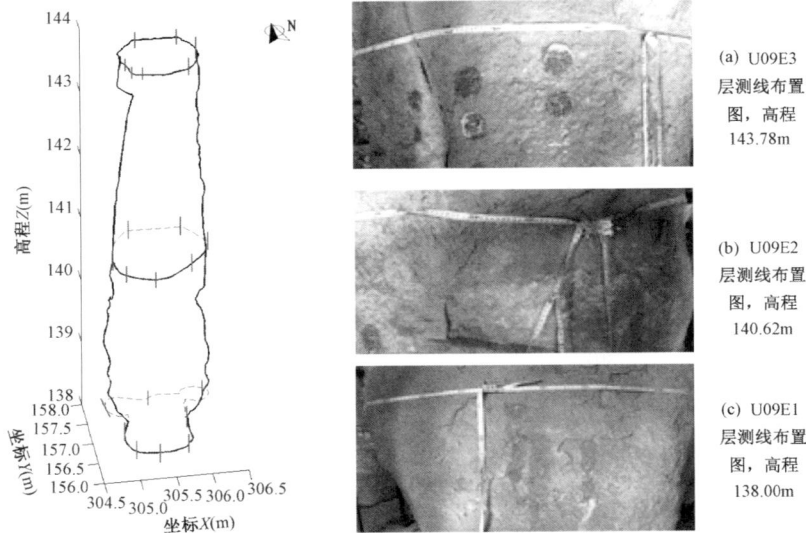

图2　列柱（U09E）测区及各层测线布置示意图

采用DJUS-05非金属超声波检测仪对测区内各条测线进行检测，得到各测线首波到时曲线。数据处理解释步骤：（1）对超声波进行首波声时的提取；（2）利用格鲁布斯法对原始数据进行异常值剔除；（3）对数据进行线性回归拟合；（4）计算风化深度与波速关系；（5）综合各方向数据，得出各层的速度分布图；（6）根据国家标准，得到风化层剖面图。可得到列柱不同高度测线的风化程度解释结果，分述如下。

列柱U09E1层截面距地133厘米，周长510厘米，东西最宽处114厘米，南北长105厘米。图3、图4显示，该截面划分为4层风化层，位于西北、正北、东北、正东、东南、正南测线的表层属强风化区域，其中东北测线象腿处风化最严重，可能为地下毛细水频繁活动所致。表层正西、西南向为中等风化。就风化深度而言，柱面东南向风化深度28.4厘米，其中强风化层厚7厘米，中等风化层厚13.8厘米，微风化层厚7.6厘米；正西柱面风化深度15厘米，其中中等风化层厚8.3厘米，微风化层厚6.7厘米。未风化岩芯南北长49.6厘米，东西宽约21厘米，面积约2240平方厘米，占该层截面积16.41%。

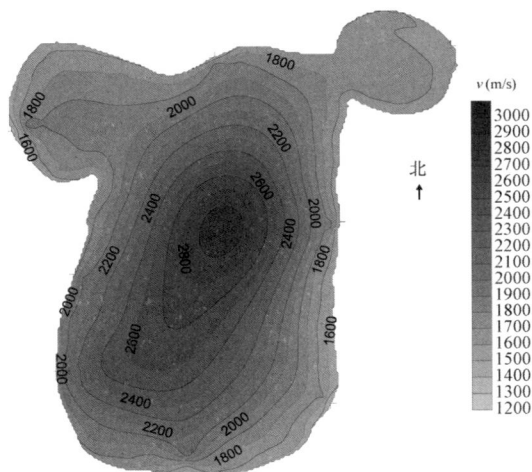

图3　超声波U09E1速度分布图

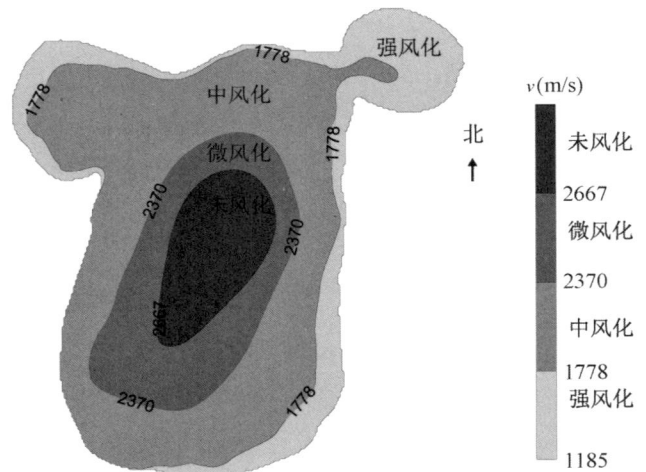

图4　超声波U09E1分层图

列柱 U09E2 层截面距地 395 厘米，周长 380 厘米，最宽处 135 厘米。图 5、图 6 显示，其位于西南、正南、东南、正东测线的表层属强风化，而中等风化层靠近东北、正北、西北及正西测线表层。另外，东南方向岩体表层剥落达 22 厘米，现存岩石风化深度 34.7 厘米，其中强风化层厚 11 厘米，中等风化层厚 15 厘米，弱风化层厚 8.7 厘米；而正北风化深度 32.7 厘米，其中中等风化层厚 20.3 厘米，弱风化层厚 12.4 厘米。未风化岩芯最大直径 40.5 厘米，面积约 1350 平方厘米，占该层截面 9%。

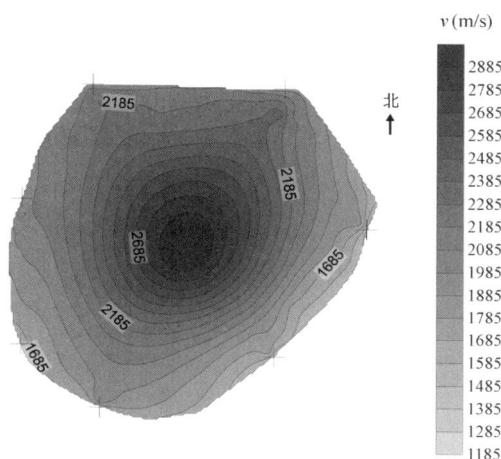

图 5　超声波 U09E2 速度分布图

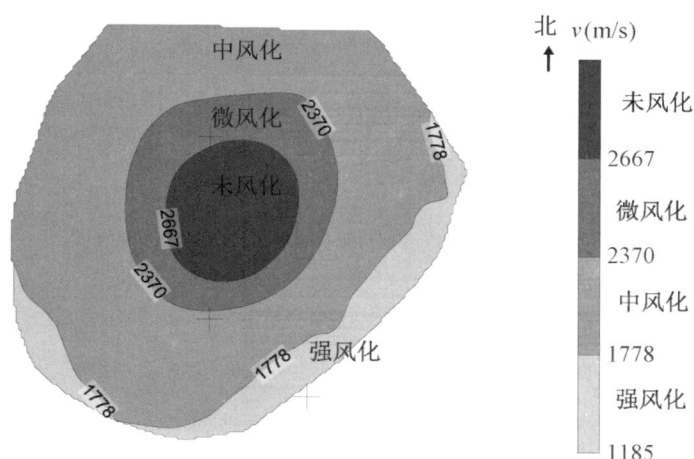

图 6　超声波 U09E2 分层图

列柱 U09E3 层截面距地 711 厘米，周长 310 厘米，最宽处 110 厘米。图 7、图 8 显示，其位于东南、正东测线的表层风化属于强风化，而其余方向为中等风化。东南方向风化深度约 40 厘米，其中强风化层厚 9 厘米，中等风化层厚 21 厘米，微风化层厚 10 厘米；正北方向风化深度 30.5 厘米，中等风化层厚 19 厘米，微风化层厚 11.5 厘米；未风化岩芯最大直径 27.5 厘米，面积 580 平方厘米，占该层截面 6.3%。

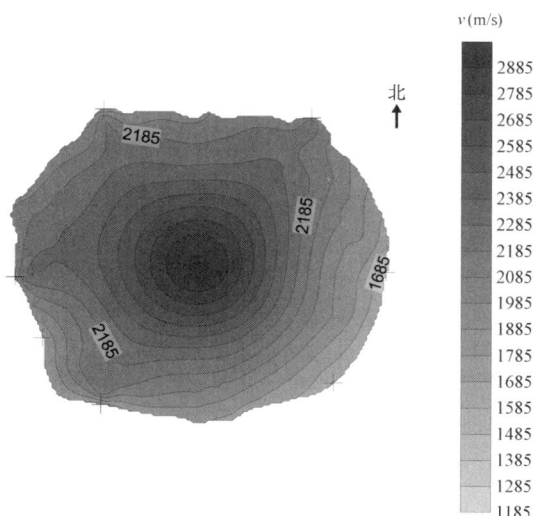

图 7　超声波 U09E3 速度分布图

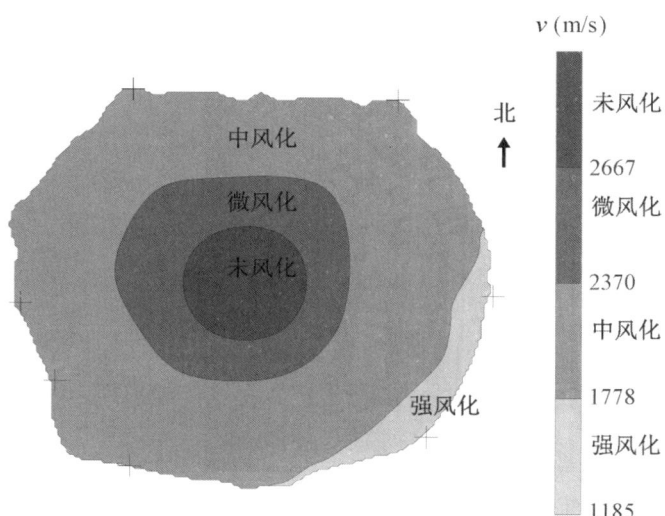

图 8　超声波 U09E3 分层图

从整体综合来看，云冈石窟第 9 窟东列柱（U09E）南侧风化较北侧严重，东侧风化程度较西侧严重，底部风化较顶部严重。

2.2　超声波在石窟表层裂隙检测中的应用

云冈石窟岩体表层裂隙纵横延伸，相互交切，造成石窟及雕像表面岩体发生滑移、脱落、垮塌等现象，严重影响了石窟的文物价值。根据裂隙发育情况、形态特征，结合岩体测试面粗糙起伏程度、测试条件等因素，在窟区由西向东选择 10 块区域作为裂隙测试研究区，以每一测区内发育特征明显的单一裂隙作为测试研究对象，根据选定裂隙的延伸方向、几何特征等布置测线及测点，所有测线均垂直于裂隙延伸方向。

测试结果显示，各个测区裂隙异常反映完全相同，均为低速分布，波速低于 0.4 毫米 / 微秒，0.4—0.7 毫米 / 微秒等值线之间可以认为裂隙影响范围。等值线与裂隙轴线近于平行，异常范围与裂隙的尺寸规模有一定的联系，邻近裂隙位置等值线密集，变化梯度的大小可直接反映裂隙的相对深浅。无裂隙破碎区域，波速为 0.8—1.2 毫米 / 微秒。如 1 号测区两条带状低速分布区正是裂隙的位置及特征反映，左侧小裂隙位置表面岩体遭风化，致使原有表层"波浪"状刻痕磨蚀，故波速较右侧大裂隙还低，等值线较密，变化梯度大；右侧大裂隙较宽，其影响范围较大（见图 9）。10 号测区岩体较为致密，高速区域波速相对均匀，裂隙反映明显，异常分布反映了裂隙的延伸方向，裂隙下端弯曲形成低速异常向外凸出，裂隙右侧等值线平直，岩体完整致密程度区分明显，等值线梯度变化较大，定性分析该裂隙较深，其内部无杂质填充（见图 10）。

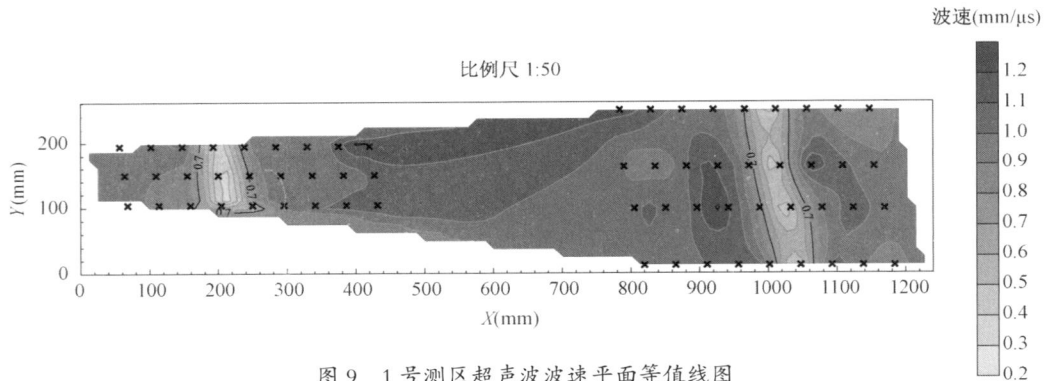

图 9　1 号测区超声波波速平面等值线图

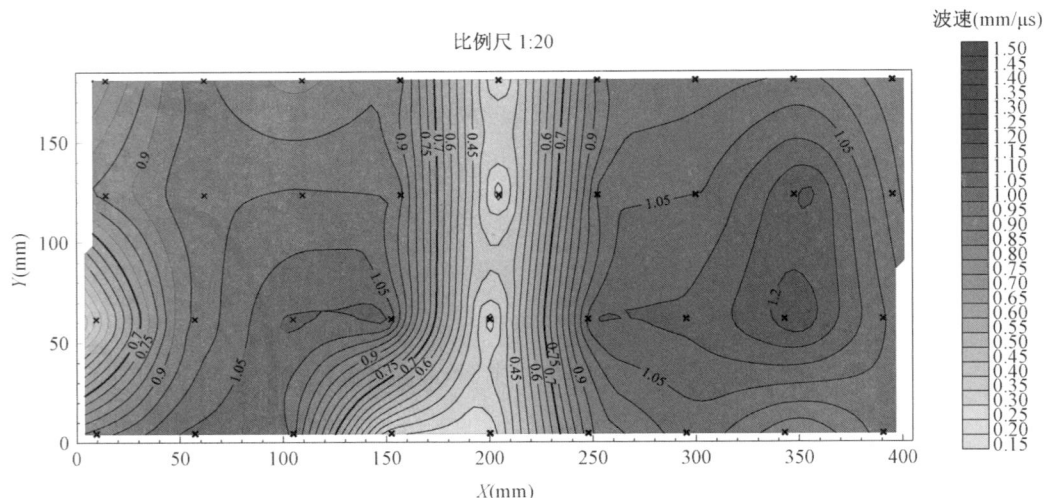

图 10　10 号测区超声波波速平面等值线图

总之，在云冈石窟裂隙详细调查的基础上，超声波检测中的波速等值线图能够很好地反映裂隙异常情况及特征。

2.3 超声波在裂隙灌浆效果检测与评价中的应用

灌浆加固是处理裂隙最常用的技术方法。在云冈石窟选择 1 区、5 区和 10 区作为裂隙灌浆加固区域。因施工时当地气温骤降、环氧树脂材料不固结等原因，选用石膏作为灌浆加固试验材料，以便于快速凝结，完成现场测试。石质文物裂隙灌浆通常按照裂隙内部清理→裂隙口封护→灌浆加固→做旧处理→检测、评价等步骤实施。裂隙灌浆后，缝隙被填充，其弹性波的传播时间及波速等特征必然发生变化。1 号测区大裂隙灌浆加固前后相同测线声时—测点曲线发生明显变化，在跨缝位置的测量值，大幅度降低，其值基本接近无裂隙区域的声时值，加固前后裂隙位置声时值相差约 110 微秒，说明裂隙灌浆较为密实。5 号测区灌浆加固前后声时—测点曲线性状相近，各测线跨缝位置声时值也有所降低，但与灌浆之前相比，其减小幅度较小，变化范围 15—20 微秒，而与裂隙周围位置声时相差 90 微秒以上，说明该区灌浆量不足，裂隙内部尚未充满。10 号测区灌浆加固前后变化明显，灌浆后跨缝位置声时值趋于无裂隙位置岩体近表层声时值，曲线近水平分布，说明灌浆材料完全填充裂隙，较密实，且与裂隙壁胶结较好（见图 11）。

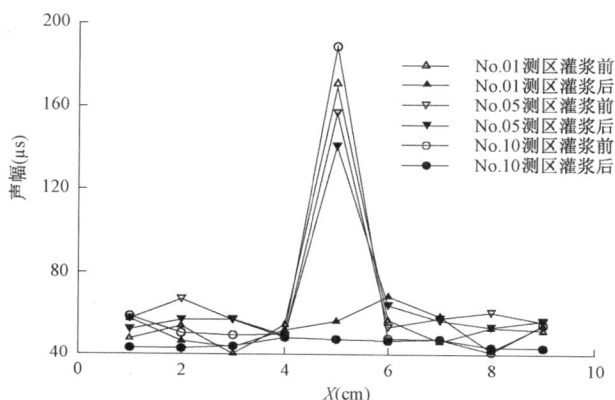

图 11　测区灌浆加固前后声时对比曲线

3　结论

通过超声波技术对云冈石窟窟前列柱风化的检测、对石窟表层裂隙位置及其延伸方向的检测及对裂隙灌浆加固前后的检测，得出如下结论：

（1）云冈石窟超声波检测结果表明第 9 窟前室东列柱南侧风化较北侧严重，东侧风化程度较西侧严重，底部风化较顶部严重。

（2）石窟表层裂隙超声波检测等值线图中的低速异常区域均能清晰明显地反映裂隙位置及其延伸方向，邻近裂隙轴线位置等值线变化梯度可以定性确定裂隙相对深浅，但与实际之间存在较大差距。

（3）裂隙灌浆加固前后超声波检测，其声时变化能够明显地反映出裂隙的加固效果。

从实际勘测结果来看，超声波检测技术对云冈石窟砂岩列柱内部风化结构探测、裂隙检测及裂隙灌浆效果评价具有有效性，从而可为云冈石窟的保护与修复提供技术支撑。

参考文献：

[1]　山西省地质矿产局第三综合勘察公司 . 大同云冈石窟工程地质勘察报告 [R]. 1990（云冈石窟研究院存）.

[2]　Mamillan M. Method devaluation des degradations des monuments en pierre'，in Proceedings of the 6th International Congress on Deterioration and Conservation of Stone，1988，19—24.

[3]　Köhler W. Untersuchungen zu verwitterungsvorgängen an Carrara–Marmor in Potsdam–Sanssouci，Berichte zu Forschung und Praxis der Denkalpflege in Deutschland，Steinschäden Steinkonservierung，1991，（2）：50—53.

[4]　孙进忠，陈祥，袁加贝，等 . 石质文物风化程度超声波检测方法探讨 [J]. 科技导报，2006，（8）：19—24.

[5]　何发亮，李苍松，谷明成，等 . 声波 CT 技术在泸定桥东桥台内部结构探测中的应用 [J]. 文物保护与考古科学，2001，13（1）：28—32.

[6]　马涛，孙渊，Simon S. 乾陵石刻内部裂隙的超声波探测研究 [J]. 文物保护与考古科学，2002，14（2）：9—20.

[7]　陈祥，孙进忠，祁小博 . 石质文物风化程度的超声波 CT 检测 [J]. 岩石力学工程学报，2005，24（AO1）：4970—4976.

[8]　刘剑，邓世坤，彭涛，等 . 地质雷达在石质文物渗水病害探测中的应用 [J]. 工程勘察，2017，45（8）：74—78.

[9]　姜效玺，吴琼，邓小龙，等 . 复杂形态立柱式石质文物的病害调查及防治对策——以浙江省柯岩云骨岩柱为例 [J]. 工程勘察，2016，44（10）：1—5.

（原文刊载于《工程勘察》2021 年第 6 期）

一种石窟寺病害调查的方法
——以云冈石窟为例

张润平

病害调查工作主要分为外业和内业，外业指在现场进行的具体调查工作，包括病害分类、辨识、描述、测量、现场绘图、摄影等工作，简而言之就是各种病害信息、数据的采集；内业指在室内对外业采集回来的数据进行电脑录入、分类、统计、CAD 制图、报告撰写等工作。具体涉及的内容有病害调查工具、人员配备、工作流程等。

1　病害调查工具及设备

病害调查工具和设备也可分为外业和内业部分。

1.1　外业工具及设备

①相机：主要用于拍摄病害照、细部病害照片、工作照；②绘图工具：病害调查表（A4）、病害调查底图（如洞窟壁面正射影像图、线描图等均可作为底图）、A4 绘图夹板、黑色碳素笔、铅笔、橡皮，彩笔（用于现场绘制病害图，每组有 3—5 种即可，方便绘图员记录）；③测量工具：测距仪（60—100 米）、地质罗盘（用于测量裂隙走向、倾向、倾角等）、卷尺（100 米、50 米及 5 米）、细绳（备用，测量不规则病害及使用卷尺不方便时使用）、三角板及 20 厘米直尺（备用）；④照明工具：手电筒或者头灯（强光）；⑤其他辅助设备：梯子、升降机及脚手架等，在具体工作中，特别是调查大型洞窟的时候往往会用到该类设施。

现在一般也采用平板电脑现场记录病害信息和绘图，绘图工具减少了，方便快捷，也可节省大量的内业工作，但是对电脑的要求较高。相信随着文物保护经费的不断投入，这种方法可以很快普及。

1.2　内业工具及设备

外业完成后需要转入内业进行图表录入、照片整理、病害图绘制及编制病害调查报告，主要用到的设备及辅助软件有：

1.2.1　辅助软件

①图形软件：主要有 AutoCAD（主要用于绘制病害分布图）、Photoshop（部分照片及图片的修整）、Photoscan（主要用于前期制作洞窟壁面的正射影像图）；②图表及统计软件：主要有 SPSS（统计产品与服务解决方案）、Excel（表格、图形及统计），实际工作中 Excel 基本可以满足调查所需；③文本软件：主要是 Word、Adobe Acrobat（PDF 文件制作及编辑）用来出具调查报告及病害图纸。

1.2.2　硬件

①计算机：要求能够保证以上所用辅助软件流畅运行；②打印机：用于前期表格、底图及后期报告的打印，出具调查底图及病害分布图时最好使用彩色打印机。

2　人员配备及分工

根据病害调查的工作内容和技术要求，外业工作一般建议配制 4 名工作人员，分别为：记录员、绘图员、摄影员与测量员，实际工作中可以根据具体情况增减人员，但一般不应少于 3 人，否则工作效率会大大降低；内业工作可以缩减人员，但建议至少固定 2 人，即记录员及绘图员。要求调查人员能够熟悉石窟寺病害主要类型、各病害特点及各种病害的调查要素和关键点。具体人员分工及职能如下。

记录员：1 人，外业进行相关文字及数据的记录，要求准备现场记录表，主要为各类病害调查表；内业整理记录内容及数据统计、分析，一般情况下记录员作为工作组的核心人员，负责统筹管理整个调查工作，并负责撰写最终的调查报告。

绘图员：1 人，外业绘制病害图；内业整理病害图，CAD 绘制病害图。要求事先准备调查区域底图（包括外立面及洞窟各壁面正射影像图、照片等），熟悉相关绘图标准（我们根据现有标准及石窟寺特有的病害编制了相关标准及图示，此处不详述）。

摄影员：1 人，外业拍摄病害照片、工作照；内业整理相关照片，包括照片分类及调整，要求熟练掌握各类型病害的拍摄方法、各种相机的使用及 PS 等相关软件。

测量员：1 人，主要从事外业工作，测量病害的基础数据，要求熟悉各种病害的测量要素及测量方法，熟练使用各种测量设备，如地质罗盘、测距仪等。

以上人员我称之为病害调查"四大员"，是病害调查中最为科学、合理，也是工作效率最高的人员配制，为保证工作质量，每个项目"四大员"应该固定，具体工作中各类人员应该相互了解各工种业务，培养病害调查"多面手"。

3　工作流程

调查工作流程一般分为前期准备、现场调查、资料整理、报告撰写几个步骤。

3.1　前期准备

前期准备工作主要包括病害底图、病害统计表的制作打印，调查人员培训，调查工具准备。

3.1.1　病害底图

病害底图指的是标示病害的底版图，主要有外立面图和洞窟壁面图之分，早期多用考古线描图，现在多用正射影像图，其优点是直观、易于辨别、出图精美，正射影像图一般通过倾斜摄影或三维激光扫描两种方法获取相关素材，再通过相关专业软件建立模型获取。如图 1 就是应用无人机倾斜摄影方法获取的云冈石窟龙王沟西侧外立面正射影像图。目前云冈石窟病害调查使用的正射影像图都是通过数字中心提前制作的。

3.1.2 病害统计表

病害统计表主要参考《石质文物保护工程勘察规范》（WW/T 0063-2015），结合每种病害需要记录、统计的不同要素分类制作，如图 2 分别给出了危岩、裂隙、剥离三种常见病害的统计表。

图 1 云冈石窟龙王沟西侧外立面正射影像图（尚美斌等制作）

病害统计表（危岩）

编号	区域	壁面	位置	形态	长/m	高/m	厚/m	体量/m³	边界条件	破坏模式	严重程度	其他说明	照片编号

病害统计表（裂隙）

编号	区域	壁面	位置	走向(°)	倾向(°)	倾角(°)	迹长/m	隙宽/mm	裂隙性质	填充情况	有无渗水	病害程度	其他说明	照片编号

病害统计表（剥离）

编号	区域	壁面	位置	长/m	高/m	面积/m²	剥离类型	病害程度	其他说明	照片编号

图 2 病害统计表示例（危岩、裂隙、剥离）

3.1.3　人员培训及工具

人员培训包括相关规范文件的学习、各类型病害的识别、病害调查流程和方法的学习、各工种相关技术及设备的学习和熟悉，同时应该对所调查的洞窟形制、尺寸、主要病害及可能遇到的困难等有所了解，做好充足的准备。各工种人员负责准备各自需要的设备及工具，并负责相关设备的保养和维护。具体内容前文已述及，此处不赘言。

3.2　现场调查

现场调查是病害调查工作的核心，各工种应在记录员的统筹组织下开展相关工作，每种病害的确定应当在集体讨论的前提下，确认类型、分布范围、分布特点等相关要素，统一观点后应按照病害统计表的相关要求进行记录、绘图、摄影、测量，并逐个填写，防止漏记。需要注意的是记录表中填写的所有内容均应该在现场如实填写，内业只做整理，尽量不做修改。

3.2.1　调查顺序

病害调查的顺序参照考古学调查的顺序开展，即以石窟自身的结构按照由前到后、由左及右、由下至上的顺序，壁面调查按照逆时针方向开展，即左壁、正壁、右壁、前壁、窟顶的顺序，如坐北朝南的洞窟即为东壁、北壁、西壁、南壁、窟顶。外立面按照从左至右顺序，有前后室的洞窟先前室再后室，塔庙窟先洞窟再塔柱。以坐北朝南的洞窟为例，不同位置病害调查的顺序如下。

外立面：东——西

洞窟：前室——后室

壁面：东壁——北壁——西壁——南壁——窟顶

塔柱：东壁——北壁——西壁——南壁

门洞：东壁——顶部——西壁

明窗：东壁——顶部——西壁

单个壁面：下——上，左——右；对于大的壁面，一般需要分层调查，分层方法可根据壁面内容按照由下至上的顺序自然分层。

顶部：东——西，北——南

病害编号及记录时按照以上顺序逐个病害调查并编号记录。

3.2.2　病害调查及记录

现场病害调查时应在一种病害全窟调查完后再进行下一个病害的调查工作，这样方便记录及编号，同时对该病害的认识更具备整体性。对于需要搭设脚手架进行调查的大型洞窟，有时因为条件所限，可以在一个区域调查完所有病害后再换下一个区域。

3.3　资料整理

资料整理是内业的主要工作之一，主要包括现场记录表的整理统计和病害图的绘制。

3.3.1　现场记录表整理

记录员应如实将现场记录表的内容填写至 Excel 电子表格中，并进行必要的统计整理，如病害面积、长度（裂隙）统计，主要病害筛选等，应制作病害统计总表，或根据需要制作饼状图、柱状图等，便于洞窟整体病害情况进行分析。

3.3.2 病害图绘制

绘图员应按照现场绘制的纸质版病害图绘制 CAD 版正式图纸。绘制洞窟内病害图时，应按壁面图顺序展开，便于对整个洞窟病害的总体把握。如图 3，东、北、西壁按顺序平面展开，窟顶沿与北壁的交接处向上展开。

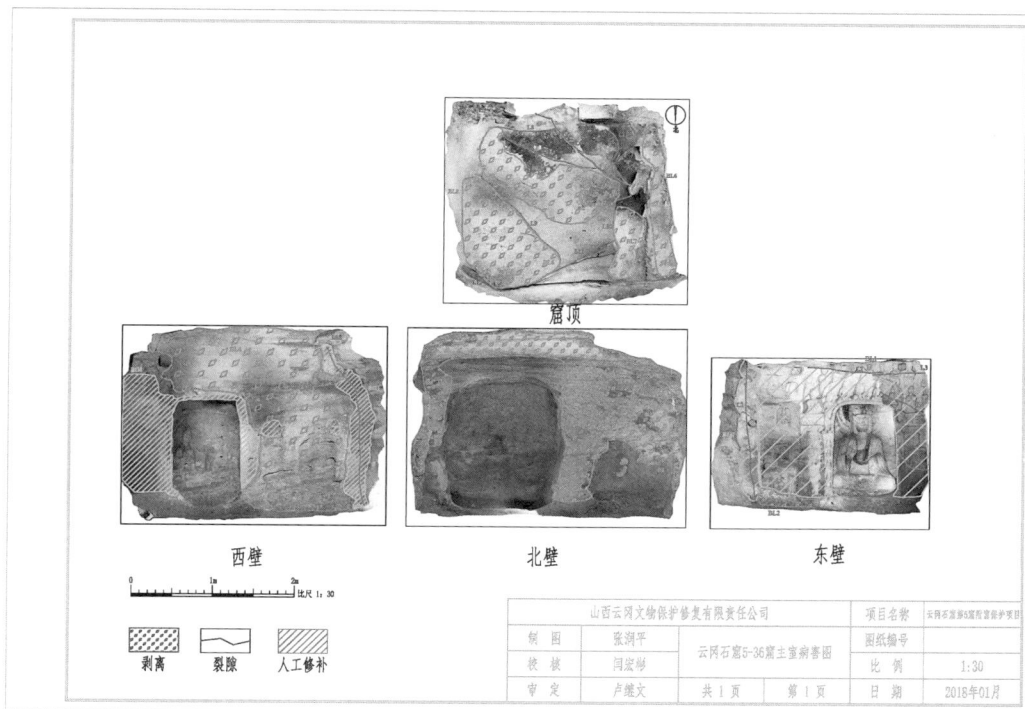

图 3 云冈石窟第 5-36 窟主室病害图

各病害区域绘制好后，应该按照病害图例对病害进行相应的填充（裂隙除外）。目前石窟寺病害及图例还没有一个完整统一的样式，我们参考《石质文物保护工程勘察规范》（WW/T 0063-2015）、《石质文物病害分类与图示》（WW/T 0002-2007），结合近期的石窟寺调查工作制作了针对石窟寺常见病害及图示规范，随着工作的不断开展，该规范也会不断完善成熟并最终成型。

3.4 报告撰写

一个病害调查项目一般包括一组石窟，如"云冈石窟罗汉堂周边及龙王庙沟洞窟抢险加固工程"前期勘察工作中共涉及 27 个洞窟的病害调查工作及 7 个区域的外立面调查工作；也有针对 1 个大型洞窟做的病害调查（如云冈石窟第 5 窟）。根据调查对象的不同，报告形式略有差异，但一般都包括石窟简介、价值评估、病害信息几个部分。

病害信息中应包括病害概况和详情。病害概况中应对整个调查区域做整体的病害分析评估，包括病害种类、总数量、总长度（裂隙）、总面积、总体量（危岩等）、分布特点等，应附病害总量统计表及相关饼状图、柱状图等；病害详情中，应针对每一种病害展开，详细说明该病害的分布特点、危害形式及形成原因等，每种病害都应该附典型照片。病害统计表详表及病害图纸作为附件放在调查报告后。

4　小结

文物保护作为新兴的学科还不成熟，病害调查工作也是如此，虽然看似简单，但要做到科学、合理、规范还需要我们不断努力。本文主要针对石窟寺病害调查的整体流程展开，实际工作中的细节问题很多，比如各种病害照片的拍摄方法，每种病害表现形式不同，需要拍的方式也不同；再如石窟寺病害的分类定名（图 4），目前仍缺少相关规范，是否能从定量或半定量的角度来给病害进行分类定型，这都需要大量科学工作的支撑。相信随着文物工作者的不断努力求索，病害调查工作能够更加系统化、科学化，真正形成一个合理的体系。

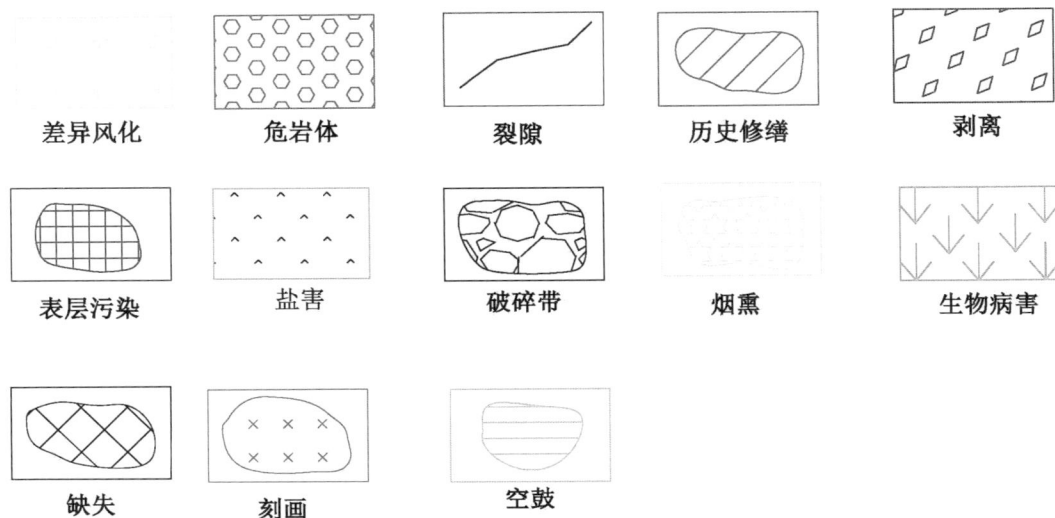

图 4　部分病害名称及图示（完善中）

（原文刊载于《文物鉴定与鉴赏 2021 年第 12 期》）

图书在版编目（CIP）数据

云冈石窟申遗成功20周年纪念文集 / 云冈研究院编
. -- 南京 : 江苏凤凰美术出版社, 2022.7
ISBN 978-7-5741-0147-0

Ⅰ. ①云… Ⅱ. ①云… Ⅲ. ①云冈石窟 – 文集②文化
遗产 – 保护 – 世界 – 文集 Ⅳ. ①K879.22-53②K103-53

中国版本图书馆CIP数据核字（2022）第120857号

项目统筹　　毛晓剑

责任编辑　　郭　渊

项目协力　　王　超

装帧设计　　王　超

责任校对　　吕猛进

责任监印　　生　嫄

书　　　名　云冈石窟申遗成功20周年纪念文集

编　　　者　云冈研究院

出版发行　　江苏凤凰美术出版社（南京市湖南路1号 邮编：210009）

制　　　版　南京新华丰制版有限公司

印　　　刷　南京新世纪联盟印务有限公司

开　　　本　889mm×1194mm　1/16

总 印 张　69.25

版　　　次　2022年7月第1版　2022年7月第1次印刷

标准书号　　ISBN 978-7-5741-0147-0

总 定 价　680.00元（全二册）

营销部电话　025-68155675　营销部地址　南京市湖南路1号
江苏凤凰美术出版社图书凡印装错误可向承印厂调换